高等职业院校新入职教师教育教学职业技能（岗前）培训系列教材

高等职业教育概论

黄景容　著

GAODENG ZHIYE JIAOYU GAILUN

西南财经大学出版社

四川·成都

图书在版编目(CIP)数据

高等职业教育概论/黄景容著.—成都:西南财经大学出版社,2021.6
(2021.11 重印)
ISBN 978-7-5504-4868-1

Ⅰ.①高… Ⅱ.①黄… Ⅲ.①高等职业教育—教育学 Ⅳ.①G710

中国版本图书馆 CIP 数据核字(2021)第 089712 号

高等职业教育概论

黄景容　著

策划编辑:李邓超
责任编辑:李特军
封面设计:摘星辰·Diou　墨创文化
责任印制:朱曼丽

出版发行	西南财经大学出版社(四川省成都市光华村街 55 号)
网　　址	http://cbs.swufe.edu.cn
电子邮件	bookcj@swufe.edu.cn
邮政编码	610074
电　　话	028-87353785
照　　排	四川胜翔数码印务设计有限公司
印　　刷	郫县犀浦印刷厂
成品尺寸	185mm×260mm
印　　张	31.25
字　　数	740 千字
版　　次	2021 年 6 月第 1 版
印　　次	2021 年 11 月第 3 次印刷
印　　数	10001— 12000 册
书　　号	ISBN 978-7-5504-4868-1
定　　价	88.00 元

高等职业院校新入职教师教育教学
职业技能（岗前）培训系列教材
编写委员会

曹均学　西华师范大学马克思主义学院教授

王小蓉　西华师范大学马克思主义学院副院长，教授

李　智　西华师范大学高等职业技术师范学院院长，副教授

陈　玲　中共西华师范大学高等职业技术师范学院直属党支部书记，副教授

彭彬秀　四川机电职业技术学院副教授

韦油亮　西华师范大学高等职业技术师范学院副教授

谭　锐　西华师范大学马克思主义学院副教授

郑银凤　西华师范大学马克思主义学院副教授，博士

吕雪梅　西华师范大学马克思主义学院副教授，博士

沈小强　西华师范大学教师教育学院副教授

刘巧丽　四川省教师继续教育西华师范大学培训中心副教授

明芳宇　南充技师学院服务与管理系系主任，高级讲师、高级技师

范小梅　西华师范大学法学院讲师，博士

陈　沫　西华师范大学马克思主义学院讲师，博士

林　蓉　西华师范大学教师教育学院讲师

罗　怡　南充职业技术学院教师，硕士

苏艳玲　南充科技职业学院教师，硕士

李帅旭　川北医学院教师，硕士

张　莉　西华师范大学马克思主义学院教师，硕士

张莹红　西华师范大学马克思主义学院教师，硕士

王蔚苒　西华师范大学法学院研究生

秦　瑶　西华师范大学法学院研究生

岗培系列教材各分册主编

《高等职业教育政策法规》李敏 李兴荣

《高等职业教育法规概论》李敏 李兴荣

《高等职业学校教师职业道德》王安平 黄元全

《高等职业教育概论》黄景容

《高等职业教育心理学》成云 韦油亮

建设优质岗培教材
助推高职院校新教师专业成长

——高等职业院校新入职教师教育教学职业技能（岗前）培训系列教材总序

四川省教育厅党组成员、副厅长　张澜涛

　　党的十八大以来，以习近平同志为核心的党中央高度重视职业教育和技术技能人才培养。总书记对职业教育发表了一系列重要讲话和重要指示，他指出：职业教育是国民教育体系和人力资源开发的重要组成部分，是广大青年打开通往成功成才大门的重要途径，肩负着培养多样化人才、传承技术技能、促进就业创业的重要职责，必须高度重视、加快发展。2019 年 8 月，总书记在甘肃考察时再次强调：实体经济是我国经济的重要支撑，做强实体经济需要大量技能型人才，需要大力弘扬工匠精神，发展职业教育前景广阔、大有可为。近年来，国家和省先后出台《职业教育改革实施方案》《职业教育提质培优行动计划（2020—2023 年）》等系列政策文件，对职业教育改革发展进行了全面部署，为构建新时代现代职业教育体系，加快职业教育改革发展提供了坚实的基础。

　　教育是国之大计、党之大计。百年大计、教育为本，教育大计、教师为本。没有高素质的教师队伍，就没有高质量的教育水平。高素质教师不会从天而降，需要精心培养培训。加强教师培训是提高教师素质的不二选择，而提升新入职教师的教育教学能力更是要高度重视、强化培训培养。高等职业教育一样，抓好新入职教师的职业技能（岗前）培训，帮助他们系好职业生涯第一粒扣子，尽快入门并完成角色转换，早日成为"四有好老师"和"业精之师"就更为重要。

　　为适应新时代类型教育变革需要，提高职业院校教师岗前培训的针对性、专业性和有效性，从 2020 年开始，我省启动实施高等职业院校新入职教师职业技能（岗前）培训，委托四川省职业院校教师培训中心牵头，联合省内外职业教育理论研究机构、"双高"学校名师以及专家学者组建高等职业院校新入职教师职业技能（岗前）培训教材编写委员会，规划编写了这套高等职业院校新入职教师职业技能（岗前）培训系列教材。教材以习近平总书记关于职业教育重要论述为指引，按照教育部《高等学校教师岗前培训暂行细则》和《高等学校教师岗前培训教学指导纲要》的要求，紧密结合现代职业教育改革发展需要，立足立德树人根本任务，强化教书育人素质能力，突出职业教育类型特征，围绕打造双师双能型工匠之师的培训目标，构建岗培教材体系，本套教材包括《高等职业教育政策法规》《高等职业教育法规概论》《高等职业学校教师职业道德》《高等职业教育概论》《高等职业教育心理学》共五册。教材注重法规导向、理论引领、案例实证，具有体系完备、结构合理、观点鲜明、语言流畅、理实一体、教学互动的特征。我相信该套教材会为广大新入职教师素质能力的提升提供有益帮助。

教无止境，学海无涯。我们期待国内外同行提出宝贵意见，以便再版时修订完善，为高等职业院校新入职教师职业技能（岗前）培训贡献四川力量。

是为序。

2020 年 12 月 15 日

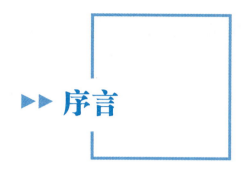

▶▶ 序言

"职业教育与普通教育是两种不同教育类型，具有同等重要地位。"这是国务院印发的《国家职业教育改革实施方案》对我国职业教育的新定位，是国家对职业教育相对独立性特征的新认识。这意味着之前参照普通教育模式办学的职业教育，须通过改革，转向具有相对独立特征的职业教育，标志着我国职业教育步入独特类型教育的新时代。类型教育的中国特色职业教育"大厦"建设从此"开工动土"。

建设类型教育的中国特色职业教育"大厦"既是一项复杂的系统工程，也是一个光荣、艰巨、长期的任务，需要一个科学有效的"施工方案"。这样的方案不能闭门造车，必须要有一些人根据实践体会和研究成果，绘出并试行"施工方案"，等到了一定时期，国家再归纳这些不同"施工方案"的优点，汇成可在全国通行的国家级"施工方案"。本书可以视为若干试行"施工方案"中的一个。

全书分上、中、下三篇，共20章。

上篇为"基础理论篇"，共4章，分别从职业教育历史发展、职业教育两类矛盾、职业教育三个规律、职业教育二元组合原理四个方面勾勒职业教育基础理论框架；

中篇为"内涵建设篇"，共10章，分别从校企合作、专业建设、课程开发、课程教学、教师培养、教学督导、教学研究、职业培训、技能评价、办学质量评价十个方面讨论职业学校内涵建设；

下篇为"学校治理篇"，共6章，分别从教务管理、学生管理、院系管理、干部管理、人事管理、招生就业管理六个方面讨论职业学校治理体系框架构建。

三篇20章内容涉及职业教育各主要业务。

笔者列举和分析众多鲜活案例，结合自身工作体会和他人改革经验，从三个方面布局全书：

（一）方向性与原则性并举。党和国家规定的职业学校办学方向是：服务发展、促进就业。办学原则是：专业设置与产业需求对接、课程内容与职业标准对接、教学过程与生产（工作）过程对接。无论是学校办学，还是理论研究，都应贯彻落实党和国家关于职业教育办学的方向性和原则性要求。笔者旗帜鲜明且始终如一地将二者融通并举，并以此为纲，构建全书各章内容，力图引导我国职业教育各类学校坚持服务发展、促进就业的办学方向，坚持"三个对接"的办学原则。

（二）本土性与广泛性结合。本土性指本书具有鲜明的中国原创性特点。笔者对于西方职业教育，借鉴但不迷信，进入但不陷入，尊重但不跪拜，积极反映中国职业教育的原生态并隐含独立于世界职业教育之林的"企图"。正因如此，倘能推行此"施工方案"，我国职业学校（沿用《中华人民共和国职业教育法》做法，将各类职业院校统称为职业学校）培养的毕业生一定能够适应工作岗位能力需求，为本国经济社会发展贡献力量。在坚持本土性的基础上，笔者有意强化全书内容的广泛适用性，"别有用心"地将本土性和广泛性二者结合起来，努力提高"施工方案"的"含金量"。因此本书既可用作高等职业学校、技工院校、普通中等专业学校、成人中等专业学校、职业高中专业课和公共基础课教师的培训教材，也可作为师范类职业院校学生和职业教育研究生的学习用书，还可用于各类职业院校行政部门相关人员的培训。

（三）创新性与可行性兼具。时代已然转换，"大厦"需要创新，"施工方案"应兼具创新性与可行性。本书的"发展论"介绍了古代、近代、当代三个历史阶段我国职业教育发展概况，但把重点放在近代和当代中国职业教育新发展、新特点的归纳上；"矛盾论"揭示职业教育的基本矛盾和主要矛盾及其调处办法；"规律论"探研职业教育三个规律。此外，本书把10个二元组合视为职业教育办学原理出乎意料，校企深广度合作模式的推介与众不同，用"四度一书"要求设置专业、用15个"一"促进专业发展、用三个指标判断一个专业是否需要调整。这样的专业建设模式源于笔者的独特体会。开发对接型课程体系，倡导以六步教学为核心内容的专业课工学一体教学模式和以五环教学为核心内容的公共基础课理实一体教学模式，创建学制教育和职业培训两类教师培训新模式，探索以学业质量评价、专业建设质量评价、办学质量第三方评价为主要内容的我国职业学校办学质量评价模式，创新教务、学生、院系、干部、人事、招生就业六大管理制度等，都是笔者长期实践的积淀和理论研究的结晶。需要特别指出的是：这一系列创新不是天空漫步的云彩，中看不中用；也不是南橘北枳的青苗，只能适长于部分地区。该"施工方案"在全国各地职业学校都具可行性。

上述三个方面的布局使本书具备问世的资格。

尽管如此，受笔者经验和能力等原因影响，"施工方案"一定存在不少问题，期待读者批评指正。

希望本书力图建构的职业教育新模式，能引起职业教育领域的关注，尤其在转变旧的职业教育办学模式这一重大问题上，形成责任共同体，齐心协力，为促进我国职业教育事业蓬勃发展贡献应有力量。

黄景容

2021 年 2 月 18 日

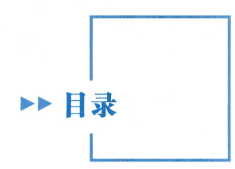

► ► **目录**

上篇　基础理论篇

中篇　内涵建设篇

下篇　学校治理篇

基础理论篇

第一章

职业教育发展论

我国的职业教育不是无源之水，无本之木。按其性质与功能追溯，我国的职业教育具有悠久的历史。了解我国职业教育发展脉络，以史为鉴，对当代和未来职业教育事业发展具有积极意义。

第一节　古代职业教育

我国古代当然没有"职业教育"之名，但当代意义的"职业教育"主要环节，尤其是技术技能的学习、运用、传授等内容古已有之。

一、古代职业教育萌芽期（石器时代）

人与动物的重要区别是：人会使用和制造工具。石器是人类最早制造的工具之一。旧石器时代，打制石器就是一种技能。其过程一般分为三个阶段：采集石料，打击石片，修整石片。每个阶段均需要技术技能，也必须体现技术技能。

以采集打制石器的原料为例，无数次失败使原始先民明白：并不是所有石头都可制成石器，只有既有硬度、锋，又容易打制的石头，才能制成有用的工具。这就使石料选择这一环节汇集着许多经验知识和实践技能。这些经验知识和技术技能不仅被使用，而且被传授与学习。这种授与习，便是古代"职业教育"的一种。

又以修整石片为例，"打下的石片、石核，绝大多数没有一定的器形，是不能马上使用的。为了得到自己所需要的各种各样的工具，人们必须对石料进行进一步加工，即进行必要的修整。这在石器制造工艺上称为第二步加工"[①]。"第二步加工"，就是运用技术技能修整石片。这说明即使在远古的旧石器时代，技能实际上就已经伴随着人类的生存需要而存在并发展了。

1998 年，我国考古工作者在周口店繁昌人字洞发现最早的古人类遗址，发掘出土

[①]　宋兆麟，冯莉. 中国远古文化 [M]. 宁波：宁波出版社，2004：6.

50 多件旧石器，16 件骨器和 900 多件哺乳动物化石。"这批石器以刮削器为主，没有砍砸器，反映了当时人类仍以采集为主，几乎还没有狩猎的能力。同时，这批石器多以锥击法制成，角度很陡，刃口曲折，不稳定，且多为大个的石核石器，石长石器很少，体现的制作工艺比较原始。另一方面，这里的骨器加工比较精细，刃口稳定，说明当时人类侧重于加工骨器。"① 先发明石器，后研制骨器，这不仅表明技术技能在使用和传授，而且证明技术技能在被不断改进，水平在不断提高。

到了新石器时代，石器运用范围进一步扩大。石器加工、使用、授习等方法更加先进。以木料加工为例，其已经出现伐木、劈板、刨平、榫卯四个工序。其中的伐木法现在看来都很科学：

> 用石斧先往树干下斜砍一斧，出现鱼鳞片，再横砍一斧，将鱼鳞片砍下来。再往四周砍去，剩下树心时，再以人力把树推倒。这种方法延续到当代。劈板使用的楔劈法也很科学：把一根树干放在地上，两侧卡住，防止滑动。接着在树干一端砍一裂缝，安上许多木楔，然后再以斧子敲击每个木楔，最后把树干劈为两半。如果想劈成木板，则按上述方法继续进行楔劈法。②

与当代人使用电锯技术伐木相比，远古先民的伐木、劈板技术当然落后。但这项技术却在民间保留至今。20 世纪 70 年代，笔者高中毕业后在福建省仙游县城关公社龙泉大队劳动时，就经常用铁斧砍伐病残树，所用方法与远古先民的基本相同。

为此，我们不能不佩服原始先民伟大的劳动创造。同时，我们也可由此推断，这些促进人类生存与发展的技术技能一定是集体劳动和群体智慧的结晶，也一定很自然地传授给了他人。在尚未有文字记载的漫长时代里，这些技术技能的传授，只能采用口耳相传和手脚模仿的方法进行。到了旧石器时代晚期，原始先民创造了萌芽状态的文字——原始记事方法，包括物件记事法、符号记事法和图画记事法。原始记事方法的发明标志着古代职业教育由以口耳相传与手脚模仿为主转向三种教育方式并存，即记事法传授、口耳传授、手脚模仿。

二、古代职业教育的形成期（夏朝至战国）

夏朝，奴隶社会形成。职业教育的一个重要变化是出现了"专门铸铜、制骨、纺织、制革等的手工艺作坊"③。"作坊"，既是相对固定的生产场所，也是职业教育的载体。中国社科院魏名孔教授把技术技能实践与手工业捆绑在一起："可以说，人类一出现便同时产生了手工艺，因为根据历史唯物论的观点，人类脱离动物界是从打制哪怕最简单的石头工具开始，而这种打制石质工具的本身以及整个打制过程，无疑是手工业的范畴"④。蔡锋先生明确指出："不可否认，在夏代的国家体制中，有手工业管理机构，并设置了专门的人员对手工业进行管理。"⑤ 他以制造和管理陶器的"陶正"以及制造和管理车辆的"车正"为例，考证说明从夏朝开始，手工业发展到了有专门生产

① 杜石然. 中国科技史·通史卷 [M]. 北京：科学出版社，2003：2.
② 宋兆麟，冯莉. 中国远古文化 [M]. 宁波：宁波出版社，2004：137-138.
③ 马洪路. 中国远古暨三代经济史 [M]. 北京：人民出版社，1997：126.
④ 蔡锋. 中国手工业经济通史·先秦秦汉卷 [M]. 福州：福建人民出版社，2005：3.
⑤ 蔡锋. 中国手工业经济通史·先秦秦汉卷 [M]. 福州：福建人民出版社，2005：8.

场地、有一定生产规模、有管理机构、有管理人员的"四有"程度。有了"四有"，就有"五有"，即有手工业技术的传帮带！

更值得重视的是，夏朝开始出现了学校。《孟子·滕文公上》载："设为庠序学校以教之。庠者，养也；校者，教也；序者，射也。夏曰校，殷曰序，周曰庠，学则三代共之。"① 但是，当时教育的内容主要是"养""教""射"。"养"，即养老；"教"，即宗法、礼乐教育；"射"，即射箭技术。这虽然也有技能的成分，但其主要内容是教人明白人的伦常和事理。随着社会的发展，阶级的区分逐渐明晰，特别是士、农、工、商四个行业的排序明确并固定之后，学校形态的职业教育主要不在学校，而在各种各样的作坊和家庭里。这种现象长期延续，直到近代才有明显的改变。

西周时期，盛行一个十分重要的经济制度，叫工商食官制度。"昔圣王之处士也，使就闲燕；处工，就官府；处商，就市井；处农，就田野。"② 这里的"处工，就官府"，就是在官府手工业作坊中生产，把从民间征调来的有技术专长的工匠安置在政府办的作坊（工场）内，要求他们无偿服役。政府工场管理员将这些工匠聚集在一起，展示技能，切磋技艺，互相观摩，互相学习。渐渐地，技艺高的人被提拔为"工师"，负责组织管理工场的生产，也传授技艺，成为传统教育者。可以说，这些官办手工业作坊是古代公办性质的职业学校。这种古代职业学校的特点是教育与生产劳动紧密结合。艺徒训练制度是该类学校的重大创造。当时的艺徒组织形式，一是具有初步的专业分工，"据《考工记》载：当时的官府手工业建有三十个专门的生产部门，提高了艺徒训练的专业化程度；二是确立了师徒关系，在官营作坊中都设有'工师'，它是各种工业制造的主管人，也是艺徒训练的师傅"③。专业的职业教育与专门的生产部门相互对应，确保专业的职业教育具有明确的生产针对性。技能传授者同时也是技能生产管理者。艺徒训练的内容，"一是生产规范的训练。官营作坊的工师们在生产实践中，总结和积累了各门专业的宝贵经验，逐渐形成了一定的规范。他们据此管理生产和训练艺徒。《周礼·考工记》有一段专门记载金工冶炼技术的生产规范：'攻金之工，筑氏执下齐，冶氏执上齐'。二是工业技术的传授。《周礼·考工记》载：'凡铸金之状：金与锡，黑浊之气竭，黄白次之；黄白之气竭，青白次之；青白之气竭，青气次之。然后可铸也。'如此传授，形象、直观，易为艺徒掌握"④。这种训练，包含工艺原理、操作程序、生产观念、劳动纪律、安全意识、职业道德、质量意识等一系列复杂内容。凡生产实践需要的，均纳为训练内容。

工商食官制度虽然对促进手工业发展有积极作用，但也有不足：工匠不但失去了人身自由，而且社会地位低下。到了春秋战国时期，该制度逐渐消失。但职业教育发生了三个明显的变化：

一是进贡制度导致官营作坊规模扩大。地方政府向中央政府按年进献地方特产、工艺品的制度产生于奴隶社会。这种制度的实施促进了地方独特工艺的发展，也促进艺徒训练水平的提高。与之相适应，官营作坊艺徒训练规模和生产规模大幅扩展，手

① 刘英杰. 中国教育大事典 [M]. 杭州：浙江教育出版社，2006：7.
② 刘英杰. 中国教育大事典 [M]. 杭州：浙江教育出版社，2006：7.
③ 刘英杰. 中国教育大事典 [M]. 杭州：浙江教育出版社，2006：321.
④ 刘英杰. 中国教育大事典 [M]. 杭州：浙江教育出版社，2006：325.

工业进一步发展，各类手工业技能传授、学习的范围和规模逐渐扩大。

二是职业教育在其他行业受到普遍重视。《吕氏春秋·尊师》记述了这种情况："治唐圃，疾灌浸，务种树……之田野，力耕耘，事五谷；如山林，入川泽，取鱼鳖，求鸟兽。此所以尊师也。"① 这说明当时与民众生活日用有关的行业也都注重并尊崇师教，而尊师不可能仅仅停留在态度上，更必然体现在"师"对相关知识和技能的传授与学习者对相关知识与技能的学习上。

三是出现了一位与孔子齐名的高技能人才、科学家、教育家、哲学家墨翟。"据考证，墨子可能是出生于一个以木工为谋生手段的手工业者家庭。从小就承袭了木工制作技术，并由于他聪明巧思而成为一个技艺高超的木工匠师和机械制造家。墨子在教学中特别注意教导弟子要学用结合。他反对儒家'君子述而不作'的主张。"② 在知识与技能的学习上，墨子提出了著名的"三知"理论：一是闻知，即人的知识首先是由传授得到的。二是说知，指由推论而得到的知识。例如，由自己接触到火，知道它是热的，则推论各处的火都是热的。三是亲知，即亲身参加实践获取知识和技能。"三知"理论是墨家与儒家、道家、名家的重大区别之一，对当代职业教育也有积极的指导意义。

三、古代职业教育成型期（秦朝至清朝）

秦代及唐初，手工业因战争频繁而进展趋缓。但在唐朝政权逐渐稳定之后，盛唐气象形成，官营作坊的艺徒制也日趋完备。其重要表现是唐代政府设有"掌百工技巧之政"的少府监和"掌土木工匠之政"的将作监。据沈昫《旧唐书·志第二十四·职官三》载："监之职，掌供百工伎巧之事，总中尚、左尚、右尚、织染、掌冶五署之官属，庀其工徒，谨其缮作。"少府监总管生产与艺徒训练。这里的艺徒，就如当代学技术的学徒。少府监训练技术工人，已有一套制度："钿镂之工，教以四年；车路乐器之工，三年；平漫刀鞘之工，二年；矢镞竹漆屈柳之工，半焉；冠冕弁帻之工，九月。教作者传家伎，四季以令丞试之，岁终以监试之。"

判定唐代艺徒制比较完备，其证据之一是有政府职能部门专管并形成一套比较规范的管理制度；证据之二是技工训练也有了基本的标准。《唐语林·贤媛》载："（玄）宗柳婕妤有才学，上甚重之。婕妤妹适赵氏，性巧慧，因使工镂板为杂花，象之而为夹结。因婕妤生日，献王皇后一匹。上见而赏之，因敕宫中依样制之。当时甚秘，后渐出，遍于天下。"③ 这里的"依样制之"，简化了"立样"的环节。在实际操作中，艺徒学习的教材就是"立样""程准"。官营作坊的工师，既是生产管理者，也是艺徒训练的教官，一般都由身怀绝技或谙熟生产技术者担任。"立样"、"程准"、工师讲解与示范、干、学、考，这六个环节构成了唐代职业教育的基本模式。

职业教育到了宋代又有了新的发展，即在唐代管理模式的基础上创造了以"法式"培养技工的新方法，使艺徒训练更加规范。所谓"法式"，是指在总结生产经验基础上

① 刘英杰. 中国教育大事典 [M]. 杭州：浙江教育出版社，2006：325.

② 杜石然. 中国科学技术史·通史卷 [M]. 北京：科学出版社，2003：148.

③ 刘英杰. 中国教育大事典 [M]. 杭州：浙江教育出版社，2006：325.

编制的制作技术规范，也包括一些基本技能理论。据《宋史·职官志》记载：少府监"监掌百工使巧之政令，统有文思院、染院、裁造院、文绣院等手工业局院"[1]。其制定并执行的艺徒训练制度就有"法式"要求："庀其工徒，察其程课、作止劳逸及寒暑早晚之节，视将作匠法，物勒工名，以法式察其良窳。凡金玉、犀象、羽毛、齿革、胶漆、材竹，辩其各物而考其制度，事当损益，则审其可否，议定以闻。"[2] 军器监是负责"掌管督缮治兵器什物，以给军国之用"。其训练艺徒的制度也是"凡利器以法式授其徒，其弓矢、干戈、甲胄、剑戟战守之具，因其能而分任之，量用给材，旬会其数以考程课，而输入武库，委遣官诸所录检察。凡用胶漆筋革，材物必以时，课百工造作，劳逸必均，岁终阅其良否多寡之数，以诏赏罚"[3]。立法式、定标准、严管理、重赏罚，这是宋代职业教育最明显的特点。

宋代以后的元、明、清三代，在宋朝法式的基础上，颁布各自的"法式"，其职业教育水平都有不同程度的提高。

四、古代职业教育特点

（一）职业教育与生产实践紧密结合

从石器时代到明清晚期，在漫长的历史岁月中，职业教育始终以传授、学习、生产实践三者结合的形式进行。石器制造，人工取火，渔猎，游牧，农耕，种植……所有技术创造无一不与授习相联系。职业教育水平伴随技术技能的发展而提高，职业教育的规模伴随技能实践范围的拓展而扩大，职业教育与技术技能实践在相辅相成中发展。

（二）技术技能人才的社会地位与经济收入反差较大

远古时代的技术技能人才社会地位相当高，经济收入也应该不错。高技能者往往成为部落的首领，大禹、神农等都是典型的例子。夏朝沿袭前朝体制，部落首领多为经验丰富、技术超人的高技能者，夏朝的陶正、车正就是管理制造陶瓷、制造车辆技术的官员。后来，这部分人渐渐发展为大私营手工业主，经济力量强大。但是，绝大多数工匠的处境就没那么好，普遍的情况是经济收入可使自己的家庭过上小康甚至比较富裕的生活，但社会地位偏低。这主要是国家政策所致，我国古代社会制度以重农抑商为主。在主要的四类平民的排序中，"士"（知识分子）排第一，"农"（农民）排第二，"工"（工匠）排第三，"商"（商人）排第四。士、农、工、商的排序充分说明了工匠的社会地位不如农民，与"士"相比更是地位低下。比如在晋朝，法律规定了工匠低于农民、与士卒相同的卑微身份。"士卒百工履色无过绿青""士卒百工都得著簪""士卒百工不得服真珠珰珥""士卒百工不得服越叠"。[4]

（三）技能传授与学习具有严格的师承性

在条件落后、信息闭塞的古代，创造一项技术或拥有一种技术的能力很不容易，但人们一旦拥有就能保证小康生活，正所谓"百万家财，不如一技在身"。因此，高技

① 胡小鹏. 中国手工业经济通史·宋元卷 [M]. 福州：福建人民出版社，2004：22.
② 资料来源：《宋史》卷163《职官志三》。
③ 刘英杰. 中国教育大事典 [M]. 杭州：浙江教育出版社，2006：325.
④ 资料来源：《全晋文》卷145，载《全上古三代秦汉三国六朝文》（第3册），第2294页中华书局.

能者特别珍惜自己拥有的技术，往往视之为自己在社会上立足并保持小康生活的看家本领。其对于高技能的传授也特别小心，特别严格。"尽管'不耻相师'是我国历史上工匠的一个优良传统，但是从技术层面上说，我国历史上工匠具有非常严格的师承制度，民间工匠技术只传于家族内是比较普遍的现象，防止技术外传是普遍遵循的一个原则。"[1] 这种严格的师承制度包括三个方面的内容：一是其有两种类型，即个体工匠和官营工匠。二是个体工匠的技能传授还要看被传授者的性别与年龄。古代社会以男性为中心，传男不传女。传女，担心技术外泄，对家庭的存在与发展造成冲击。三是传授技术纪律严，要求高。

（四）官府技能培养实行责任连带制度，以此保证产品质量

官府技能传授带有强制性。因为征集到官府里的工匠往往具有较高技能水平，又在官府条件相当优越的环境中切磋技艺，不仅技艺都比较高，而且又都拥有固定户籍，且须世代相传。虽然他们几乎丧失人身自由，但生活有保证，故把自己的技能传授于人也是责任和义务。《国语》卷6《齐语》载："令夫工，群萃而州处，审其四时，辨其功苦，权节其用，论比协材，旦暮从事，施于四方，以饬其子弟，相语以事，相示以巧，相陈以功。少而习焉，其心安焉，不见异物而迁焉。是故其父兄之教不肃而成，其子弟之学不劳而能。夫是，故工之子恒为工。"[2] 从技能培训的角度看，这样的传授方法有效地保证了技能劳动者的数量、质量和技术学习的效率。特别值得重视的是："秦汉以后对于官府工匠的培训更加成熟，其中如唐代官府工匠根据工种难易程度，师徒传授时间是9个月至4年不等，至于一些简易工种，则是'有三月者，有五十日者，有四十日者'。为了保证当时的师徒培训制度的成效，严格规定：'教作者传家技，四季以令丞试之，岁终监试之，皆物勒工名'。"[3] "物勒工名"，就是师徒名字都刻在培训成果——产品上，若质量有问题，师徒共担责任。这是古代官府手工作坊内技能培训责任制的典型表现，这既是对培训质量、产品质量的制度要求，也是保证职业教育质量的重要而有效的措施。

第二节　近代职业教育

按照史学界新的历史划分，我国近代历史从1840年鸦片战争至1949年中华人民共和国成立，共110年。近代职业教育的划分时间也应与之相对应，但因经历晚清、中华民国两个政府，故我们可以划分为两个阶段：第一阶段从1840年始至1911年辛亥革命止，可谓晚清职业教育；第二阶段从1912年中华民国成立至1949年中华人民共和国成立，可谓民国职业教育。

一、晚清职业教育

晚清职业教育在我国职业教育历史上占有重要地位，主要表现在三个方面：一是产

---

① 蔡锋. 中国手工业经济通史·先秦秦汉卷 [M]. 福州：福建人民出版社，2005：24.
② 蔡锋. 中国手工业经济通史·先秦秦汉卷 [M]. 福州：福建人民出版社，2005：26.
③ 蔡锋. 中国手工业经济通史·先秦秦汉卷 [M]. 福州：福建人民出版社，2005：26.

生新型职业学校——洋务学堂；二是国家颁布职业教育政策；三是实业家办职业教育。

（一）兴办洋务学堂

洋务学堂因洋务运动而兴起。洋务运动的核心是"师夷长技以制夷"。清政府通过开办洋务学堂，引进和学习西方科学技术，培养本国洋务人才。洋务学堂分为两类：一是语言学校，以京师同文馆、上海广方言馆、广州同文馆等为代表，主要培养翻译人才，学生学习的主要内容是外国语。二是实业学堂，以福建船政学堂、福州电报学堂、北洋西医学堂、湖北矿务局工程学堂、山海关铁路学堂等为代表，主要培养造船、兵工、电报、铁路、矿业等实业技术技能人才。这类学校的学生也学外国语，但语言只是工具，核心是学外国先进技术，包括军事、医学、矿业、铁路等专业技术。洋务运动期间，清政府共创设新式学堂30多所，最成功的属福建船政学堂。

福建船政学堂的前身为求是堂艺局。1866年年末，晚清军事家、政治家、洋务派代表人物之一的左宗棠奏请设立船政的附属教育机构，最初命名为"求是堂艺局"，取"实事求是""求是求实"的寓意。清同治五年十一月初五（1866年12月11日），左宗棠奏请设办艺局及章程，二十四日（1866年12月30日）清廷批准左宗棠所奏的艺局及章程。1867年1月6日，学堂正式开学。若按农历算，可谓当月申办，当月批准，当月开学。1867年，马尾造船厂建成后搬迁至马尾，遂改名为船政学堂。

1. 创立国企办校模式

目光长远的左宗棠明确地把学堂性质界定为设厂造船与办校培养造船人才兼而为之："夫习造轮船，非造轮船也，欲尽其制造驾驶之术耳；非徒求一二人能制造驾驶也，欲广其传，使中国才艺日进；制造、驾驶展转授受，传习无穷耳。故必开艺局，选少年颖悟子弟习其语言，文字，诵其书通其算学，而后西法可衍于中国。"[①] 即不仅是造船，而是要造、驾并举；不仅是少数人会造、会驾，还要在全国推广造、驾技术。而要实现这些目标，他们就必须在造船厂内设办艺局，国家造船企业设办人才培养机构，把企业与学校办在一起。

2. 创立学校结构形态

船政学堂下设四个二级机构，分别是：前学堂，后学堂，绘事院，艺圃，如表1-1所示。前学堂下设两个专业：造舰、造机。后学堂下设两个专业：航海、轮机。绘事院下设两个专业：船图、机器图。艺圃教授制图放样、锯木、冷铁、铸锻、刻模、翻砂、车床、钳床等技术。

表1-1　福建船政学堂机构与专业

序号	二级机构名称	专业/技术名称
1	前学堂	造舰、造机
2	后学堂	航海、轮机
3	绘事院	船图、机器图
4	艺圃	制图放样、锯木、冷铁、铸锻、刻模、翻砂、车床、钳床等技术

① 中国史学会. 中国近代史资料丛书·洋务运动五［M］. 上海：上海人民出版社，1961：25.

前学堂主攻制造技术；后学堂主攻驾驶与轮机技术；绘事院主要培养图纸制作人员；艺圃虽也属于学堂的二级机构，但其性质实为我国第一所技工学校，专门培养技术工人。1897 年，艺圃发展为两个层次：艺徒学堂和匠首学堂。艺徒学堂相当于当代的技工学校，匠首学堂相当于当代的技师学院。

3. 创新师生来源方式

学堂教师分为两类：一是汉文课教师，二是专业课教师。汉文课类似于当代的公共基础课，教师从当地相关机构择选。专业课教师的来源主要有两种：一是聘请洋教师，二是择优聘请本学堂毕业生。船政学堂前后共聘任洋教师 43 人。学校招生比较困难，虽面向全国招生，但报读者寥寥，主要以福建人为主，广东人次之。所招学生大都是民间十几岁粗通文义的家庭子弟。原因是国人对新兴的职业学校不认可，为科举制度而设的旧学教育仍被视为就学正途。因此，与当代职业学校一样，存在合格的师资不足和招生难问题。

4. 创设课程体系

船政学堂的课程设置与当代职业学校基本相似，分四个类型：一是公共基础课，如汉文（语文）、算术。二是专业基础课，如制造专业学生学法文和造船需要的基础数学、物理、解析几何、微积分、机械学、水力学、材料力学等专业基础课；驾驶专业学生学习驾驶轮船需要的算术、几何、代数；管轮专业学生学习汽理等；艺圃学生学习机械作图等。三是专业课，如制造专业学生要学习制造、制机等课程；驾驶专业学生要学习航海天文、航海理论、地理、驾驶学、御风、测量、演放鱼雷等课程；管轮专业学生要另授行船汽机、机器画法、机器实练、修定鱼雷等课程；艺圃学生要学习制图放样、打铁、铸造、蒸汽机构造等技术技能。四是实习课程。船政学堂非常重视实习。艺圃以及后来分设的艺徒学堂、匠首学堂都实行亦工亦读，甚至半工半读制度，其实操训练时间多于理论学习时间。前后学堂及绘事院更加重视实习，如"学驾驶者在理论学习三年后经考核转入练船，实践科目有航海术、炮术、指挥等航海技能。先后配置'福星''建威''扬武'号等练船专供学生实习。洋员教其驾驶，由海口、近洋而远洋"①。

这四种课程借鉴于西方国家，体现出了现代职业学校的面貌，与晚清时期的私塾、国学、官学等旧学教育学校的课程设置显然有很大区别。值得重视的是，四种课程构成的福建船政学堂课程体系在当代我国许多职业学校，包括应用本科院校依然使用。这充分说明船政学堂课程体系的科学性、有效性和影响力。

5. 创新学校管理制度

福建船政学堂的管理可以归纳为：宽进与严出结合，体恤与严管结合，学业与就业结合。

（1）宽进与严出结合。宽进，是碍于招生难。不宽，招不到学生。船政学堂虽为朝廷批准，政府主办，但不读"四书五经"，不参加科举考试，要读外国语，要学数理化，影响大不如京师同文馆、天文算学馆等国学、官学机构。这样的教育机构，八旗子弟不屑入读，誓死奔走科举道路的其他家庭子弟也看不起。因此，船政学堂不得不放宽招生

---

① 林璧符. 船政文化内涵及主要精神，船政文化研究 ［M］. 北京：中国社会出版社，2003：27.

标准，只要学生"粗通文义"即可。同时，船政学堂还采取免学费等优惠政策吸引生源。左宗棠离闽赴任陕甘总督后，由其荐举主持福建船政及船政学堂工作的船政大臣沈葆桢以此动员生活穷困的世家旁支子弟报考船政学堂以作表率，产生了积极影响，逐渐吸引大批生计困难的寒门子弟报考。在这样的背景下，入读船政学堂相对容易。但学堂要求严格，淘汰率高。学堂规定：学生每三个月考试一次，三次连考三等者开除。学生淘汰率高达50%。宽进，使一些科举无望的贫穷子弟有机会入读，毕业之后凭一技之长获得就业岗位，这不仅可以解决自身的生存问题，而且可以资助家庭；严出，使学生学到应有的本事，学堂保证了办学质量，很好地解决了办学成效问题。

（2）体恤与严管结合。船政学堂（求是堂艺局）有一个经朝廷批准的高规格的《求是堂艺局章程》，可见学校对学生的关怀和严格管理的情形，其具体如表1-2所示。

表1-2　求是堂艺局章程

第一条	各子弟到局学习后，每逢端午、中秋给假三日，度岁时于封印回家，开印日到局。凡遇外国礼拜日，亦不给假。每日晨起、夜眠，听教学、洋员训课，不准在外嬉游，致荒学业；不准侮慢教师，欺凌同学
第二条	各子弟到局后，饮食及患病医药之费，均由局中给发。患病较重者，监督验其病果沉重，送回本家调理，病痊后即行销假
第三条	各子弟饮食既由艺局供给，仍每名月给银四两，俾赡其家，以昭体恤
第四条	开艺局之日起，每三个月考试一次，由教习洋员分别等第。其学有进境考列一等者，赏洋银十元；二等者，无赏无罚；三等者，记惰一次，两次连考三等者，戒责，三次连考三等者斥出。其三次连考一等者，于照章奖赏外，另赏衣料，以示鼓舞
第五条	子弟入局肄习，总以五年为限。于入局时，取具其父兄及本人甘结，限内不得告请长假，不得改习别业，以取专精
第六条	艺局内宜拣派明干正绅，常川住局，稽查师徒勤惰，亦便剽学艺事，以扩见闻。其委绅等应由总理船政大臣遴选给委
第七条	各子弟学成后，准以水师员弁擢用。惟学习监工、船主等事，非资性颖敏人不能。其有由文职、文生入局者，亦未便概保武职，应准照军功人员例议奖
第八条	各子弟之学成监造者，学成船主者，即令作监工、作船主，每月薪水照外国监工、船主辛银数发给，仍特加优擢，以奖异能

体恤的表现：一是生活方面的关怀，"各子弟到局后，饮食及患病医药之费，均由局中给发"，且包住宿，包伙食，包医药费；二是对学生家庭的现金帮助，"各子弟饮食既由艺局供给，仍每名月给银四两，俾赡其家，以昭体恤"；三是学习方面的激励，"其学有进境考列一等者，赏洋银十元""其三次连考一等者，于照章奖赏外，另赏衣料，以示鼓舞"。

严管的表现：一是假期少，"每逢端午、中秋给假三日，度岁时于封印回家，开印日到局。凡遇外国礼拜日，亦不给假"，且没有寒暑假。二是以考逼学，"开艺局之日起，每三个月考试一次，由教习洋员分别等第。其学有进境考列一等者，赏洋银十元；二等者，无赏无罚；三等者，记惰一次，两次连考三等者，戒责，三次连考三等者斥出"。三是"四不"管理法，"不准在外嬉游，致荒学业；不准侮慢教师，欺凌同学""限内不得告请长假，不得改习别业，以取专精"。

体恤与严管结合符合职业教育规律。体恤，体现学校的人文关怀；严管，彰显职业学校的价值。

（3）学业与就业结合。学堂对学业要求严格的同时，对学成者又事先明示就业岗位和职务。如"各子弟学成后，准以水师员弁擢用"，这里的"员弁"指低级官员，即学生只要完成学业获得毕业资格，就都有各自岗位，并确定最低官职。又如"各子弟之学成监造者，学成船主者，即令作监工、作船主，每月薪水照外国监工、船主辛银数发给，仍特加优擢，以奖异能"，这不仅明确了就业岗位，还规定了工资待遇和奖励政策。

学业与就业结合体现职业教育促进就业的办学方向，把毕业生的就业岗位及其待遇提前公布，可以很好地激励学生学习的积极性。

综上，第一，晚清时期，洋务运动的兴起催生了我国近代职业教育；第二，晚清时期职业学校的核心内容是学先进技术，这与我国古代职业教育以技术技能培养为核心的本质一脉相承；第三，国企办校模式是晚清时期职业教育改革创新的核心成果，对后来我国职业教育的发展产生了深远影响；第四，晚清时期职业教育学校包括两类，以前学堂、后学堂为主的职业学校和以艺圃为主的技工学校。以前学堂和后学堂为主的职业学校影响了我国近代乃至当代职业学校的建设和发展；以艺圃为主的技工学校发展为艺徒学堂、匠首学堂。艺徒学堂类似当代的普通技工学校，匠首学堂类似于当代的技师学院。以艺圃为主的技工学校影响了我国近代乃至当代技工院校的建设和发展。

（二）晚清职业教育政策

1866年12月30日，晚清朝廷批准左宗棠所奏的《艺局章程》，其可视为最早一批晚清政府职业教育政策的代表。其意义在于，这是第一次批准适用于一所职业学校并以学习技术技能为核心的章程。《艺局章程》规定了学校的学制、管理机构、管理制度、学生行为规范、奖惩办法、毕业生就业岗位、就业待遇等，既简明，又可操作，有效地促进了船政学堂的发展。

1902年，清政府颁布《钦定学堂章程》。这是中国近代史上第一个由国家颁布的、面向全国的职业教育政策。这个章程的价值在于将实业教育与普通教育并列。职业教育作为一个独立的类型教育进入了教育范畴。

1904年开始，清政府陆续公布《奏定学堂章程》《奏定初等农工商实业学堂章程》《奏定艺徒学堂章程》《奏定实业补习普通学堂章程》《奏定中等农工商实业学堂章程》《奏定高等农工商实业学堂章程》《奏定实业教员讲习所章程》等章程，把全国实业学堂分为三个层次：高等实业学堂、中等实业学堂、初等实业学堂。此外，清政府还专门设置培养教学人员的实业师范学堂，即实业教员讲习所。由于国家的倡导，晚清末年，职业教育掀起一个小高潮。晚清末年实业教育情况如表1-3所示。

表1-3　晚清末年实业教育统计

年份	实业学堂数/个	实业学生数/人	一般学堂数/个	一般学堂学生数/人	实业学堂与一般学堂百分比/%	实业学生与一般学生百分比/%
1907	137	8 693	37 672	1 013 571	0.36	0.85
1908	189	13 616	47 532	1 284 965	0.39	1.05
1909	254	16 649	58 896	1 626 720	0.43	1.02

数据来源：夏奇. 清末新政时期的职业教育［J］. 郑州铁路职业技术学院学报，2003（2）.

表 1-3 的数据表明：在国家政策推动下，连续 3 年，全国实业学校数、实业学生数及相关占比都呈稳步增长趋势。其增长幅度虽然偏小，但意义很大：其积累了政府规划和管理职业教育的经验，创新了一种与传统教育模式截然不同的职业教育模式，在一定程度上促进国家完成从以手工作坊为基础的工业制度向农工商多产业制度共同发展转变的历史性任务，对我国当时以及后来的产业革命产生了积极影响。

（三）实业家办职业教育

张謇（1853—1926 年），江苏南通人，清末状元。他提倡实业救国，从 1895 年开始投资实业，创建大成纱厂、通海垦牧公司等新型企业数十家，同时也创办了师范学校、艺徒学堂、南通纺织专门学校、河海工程测绘养成所、商船学校、农业专门学校、银行专修科、商业学校、水产学校、医学专门学校、铁路学校、蚕桑传习所等实业学校近二十所，可谓中国近代历史上实业家兴办实业教育成功的典范之一。张謇是晚清状元、企业家、教育家，有丰厚学识，有救国思想，有实业实践，更有实业教育的理论和实践。

1. 创立"教育实业关系论"

第一，"必农工商奋兴，而后教育乃能普及"，阐明教育与经济的关系，即经济决定教育。第二，"有实业而无教育，则业不昌；不广实业，则学又不昌"，阐明实业经济与实业教育二者的辩证关系：没有教育提供人才，实业经济难以昌盛；不把实业经济推向发展，实业教育难以昌盛。第三，"实业、教育，互相孳乳"，"实业、教育，迭相为用"。这里的"孳乳"，即婚配及"繁殖"之意；"迭相为用"即实业与教育二者须叠加组合之意。用当代职业教育的语言表达，即企业与学校二者要形成利益共同体，携手发力，共同发展。[1]

2. 创立校企合作模式

实业家办实业教育的一个突出特点是学校因企业需要而办，学校为企业服务。如创办通海垦牧公司，从事垦牧，即附设农学堂；创立大成纱厂，与棉田、棉种、种棉方法有关，于是创设与之相关的农业学校和纺织学校。其他如商业学校、医药学校、商船学校、工人艺徒学校，铁路学校等，均呈企校联姻态势。企业所需人才由学校培养，学校专业设置紧紧围绕企业需要进行。二者相得益彰，互利双赢。

3. 创立实业学校体系

张謇所办实业学校分三个层次：女子蚕桑讲习所等各种传习所招收文化起点低的女子，学习时间长短不一，有的似当代的职业培训机构，整体上属于初等实业教育；艺徒学堂、商业学校等学制较长，教学正规，学员需初中以上学历，属于中等实业教育；纺织专门学校招收高中毕业生，起点较高，属于高等实业教育。[2]

二、民国职业教育

（一）民国时期职业教育政策

民国与晚清，不同时代，不同政府。职业教育虽存在延续的面貌，但变化是明显

---

① 曹丛坡，杨桐. 张謇全集：第 4 卷［M］. 南京：江苏古籍出版社，1994.

② 陈国平. 实业家兴办实业教育的成功典范：张謇实业教育思想和实业教育实践述评［J］. 职教论坛，2010：34.

的，如1912年9月3日，民国教育部公布的《学校系统令》就明确规定，"实业学校分甲乙两种，各三年毕业"，且把晚清的"实业学堂"改为"实业学校"。1915年1月公布的《特定教育纲要》规定，"实业学校，分甲乙二种，又分农业、工业、商业、实业补习、蚕业、森林、兽医、水产、艺徒、女子职业各种类，均属职业教育，为振兴普通实业之主要准备，亟宜即速设立"，且把"实业教育"改为"职业教育"。国家政策导向方面的变化也比较明显。现就宋恩荣、章咸选编，由江苏教育出版社2005年出版的《中华民国教育法规选编》进行介绍，其简介如下：

1. 职业学校的基本要求

（1）办学宗旨。1932年12月17日，民国政府公布《职业学校法》。这是中华民国政府颁布的规格最高的职业教育法律。全文仅17条。该法律明确规定职业学校办学宗旨为："职业学校应遵照中华民国教育宗旨及其实施方针，以培养青年生活之知识，与生产之技能""生活知识和生产技能"！这是民国政府把职业学校教育的内容视为办学宗旨，表面看，低了，浅了；实际上，因为其具体明确，所以便于操作，反而具有指导性。

（2）职业学校办学经费。《职业学校法》第十五条规定：职业学校以不征收学费为原则。据此，教育部制定相关规程，明确学校办学资金来源及支配办法。1947年，教育部公布《职业学校规程》，其第十八条规定："省市立职业学校之开办经费、临时各费，由省市款支给之"。第二十一条规定："职业学校每年扩充设备费，至少须占经费百分之二十。"上述规定表明，当时的民国政府及教育部门对职业学校比较重视，在经费安排上，凡公立学校均予以保证。

（3）可设补习班。《职业学校法》第五条规定："职业学校得酌量情形，附设各种补习班"。补习班的作用，一是对已从事职业者，补充其现有职业应具之知识技能或增进其他职业之知识技能；二是对于志愿从事职业者，授以职业之知识技能。实际上，除上述两点之外，补习班的举办还可使学校借此扩大生源渠道，增加生源数量；也可以扩大职业学校功能，提高职业学校的社会贡献度。

（4）鼓励职业训练。1945年7月20日，民国政府公布《短期职业训练班实施办法》，并规定：

（1）短期职业训练班的目的：训练某项业务之技术人才。
（2）短期职业训练班的机构：各种传习所、养成所、讲习所。各高级职业学校及专科学校、地方政府部门、私人或团体均可自行举办。
（3）短期职业训练的限期：3个月至12个月。必要时，可缩短或延长。

短期职业训练就是当代的职业培训，这说明民国政府已经部署社会各界开展职业培训。短期职业训练的限期规定为3个月至12个月，必要时可缩短或延长。这也说明民国政府对职业培训质量已经从时间长度方面提出要求。很明显，这一要求是符合技术技能人才培训规律的。特别是《短期职业训练班实施办法》明确规定各高级职业学校及专科学校可自行开展短期职业训练，这说明职业学校开展学制教育和职业培训两项职能在民国时期就已经明确了。

（5）校外实习。1936年3月26日，教育部颁发《职业学校与建设机关协作大纲》。这是一个关于职业学校学生校外实习的专门文件。文件内容只有四点，见表1-4：

表1-4 《职业学校与建设机关协作大纲》的内容

1	各职业学校应与实业机关商定学生实习详细计划及工作程序，尤应力谋校外实习与学校所受训练有密切联络之关系。
2	职业学校学生校外实习，应限于高年级学生，其实习时间或可采用集中办法以资便利。
3	学生校外实习，有实习机关方面指定人员担任指导，必要时得由学校酌送津贴，惟学校原任该项实习学科之教员，应负责参加指导，以资联络。
4	学生校外实习终了时，应由实习机关指导人员，将各生实习情形及成绩，分别摘要评定分数，送交学校，并入学业成绩计算。

第一条规定讲三个内容：一是职业学校负责与实业机构联系学生校外实习事宜；二是双方要商定学生实习详细计划及工作程序；三是校外实习须与学生所学专业对接。第二条规定讲两个内容：高年级学生才开展校外实习；实习时间以集中连续为宜。第三条规定讲三个内容：一是学校及相关部门要制定专人跟踪指导；二是学校应给学生发放校外实习津贴；三是要建立学生校外实习工作机制。第四条规定讲两个内容：一是实习情况要评定分数；二是实习成绩计入学业成绩。上述四条规定，对于当代职业学校的校外实习工作，仍有很高的借鉴价值。

（6）校企合作。1945年12月27日，教育部颁发《工业职业学校学生利用工厂设备实习办法》，并规定：

> 工业职业学校请求利用所在地工厂设备供给学生实习者，应将工厂主管机关及工厂有关情况，连同实习科目、时期、人数等备文呈报主管教育行政机关，转请主管工厂行政机关核准。学习时，以不妨碍工厂生产工作为范围。学生曾在工厂实习者，毕业时该工厂得优先录用。

1947年4月9日由教育部修正公布的《职业学校规程》中也规定：

> 由学校与同性质之农场、工厂、商店等联络合作，供给学生实习之场所。

这是政府出面推行校企合作办职业学校，具有鲜明的强制色彩。

（7）设置职业指导机构。1935年11月30日，民国政府发布《各省市教育行政机关设置职业指导组暂行办法》，规定各省市教育行政机关应斟酌实际需要情形，设置职业指导组。指导组下设四股：文书股、介绍股、研究股、推广股。职业指导范围共10项。其中，"实施指导"一项涉及学生的择业、训练、就业、改业、修学、升学六个方面，即在地方教育行政机关设立职业指导机构，指导学生的择业、训练、就业、改业、修学、升学。简言之，教育行政部门要负责所管学校学生的就业工作。

（8）班级编制。1947年4月9日，民国政府《职业学校规程》规定，"职业学校每学级学生人数依实习设备之容量而定，以十五至四十为度"。这里的"学级"，当如当代职业学校的"班级"。值得注意的有两点：一是班级人数依实习设备工位情况而定；二是每班人数最多不得超过四十人。

（二）黄炎培职业教育思想

黄炎培，1878 年生，上海川沙人，于 1965 年病逝，享年 88 岁。他是清光绪年间举人，是我国近现代著名的社会活动家、民主革命家、政治活动家、教育家，中国民主同盟发起人之一，著名爱国民主主义者，中国民主建国会主要创始人之一。1903 年，他在家乡创办小学，因鼓吹反清，被当地官府逮捕，经保释后流亡日本。1905 年 7 月，他回国后，由蔡元培介绍加入同盟会。1914 年后，黄炎培长期担任江苏省教育司司长、教育会副会长。1917 年，黄炎培在上海发起成立中华职业教育社并任董事长。中华人民共和国成立后，黄炎培历任中央人民政府委员、政务院副总理兼轻工业部部长、政协全国委员会副主席、全国人大常委会副委员长、民主建国会中央委员会主任委员、中国民主同盟中央常委等职务。他著有《中国教育史》《黄炎培教育考察日记》等。

黄炎培先生的职业教育理论具有深刻的思想价值和指导意义，对我国当代职业教育仍产生广泛的影响。

1. 职业教育缘起的界定

这里所谓的"缘起"，指两个方面的内容：一是在中国，"职业教育"这个词最早的提出者是谁？二是在中国，"职业教育制度"最早在哪里创立？在《三十五年来中国之职业教育》一文中，黄炎培先生表达了自己的看法。关于第一个问题，他说："职业教育一名词之见于官文书，以光绪三十年（1904 年）姚文栋《山西农务公牍》为最早。"关于第二个问题，他明确："吾国新教育制度之创始，作者认为宜断自清同治初元北京及广东之设同文馆与上海之设广方言馆。而职业教育制度之最初成立，乃在同治六年（1867 年）。同治六年（1867 年）六月，福州船政局设英文法文学堂，继又设绘事院，驾驶学堂、管轮学堂、艺圃。"①

黄炎培先生这两个看法揭示了我国职业教育历史的缘起：1862 年创立的京师同文馆虽早于福建船政学堂，但京师同文馆只是新式教育，不是职业教育，职业教育始于福建船政学堂；最早称呼"职业教育"的人，是山西的农林学堂总办姚文栋。

2. 职业教育概念的界定

在《抱一日记》中，黄炎培先生界定了职业教育广义和狭义两方面概念："以广义言之，凡教育皆含职业之意味。……以狭义言，仅以讲求实用之知能者为限。"② 在《职业教育释疑》一文中，他说："职业教育 Vocational education，则凡学成后可以直接谋生者皆是。"③ "用教育的方法，使人人一方获得生活之供给与乐趣，一方尽其对群的义务，名曰职业教育。"④ 这里的"群"，指"社会"。黄炎培先生从广义、狭义、效应、受教育者受益与贡献等多角度界定了职业教育内涵，为后人深刻理解职业教育奠定了坚实的基础。

3. 职业教育目的的界定

黄炎培先生对职业教育目的的认识也有一个不断深入的过程。

1917 年，黄炎培先生在《中华职业教育社宣言书》中提出职业教育目的包括两个

---

① 中华职业教育社. 黄炎培教育文集：第三卷 [M]. 北京：中国文史出版社，1994：128.
② 中华职业教育社. 黄炎培教育文集：第一卷 [M]. 北京：中国文史出版社，1994：236.
③ 中华职业教育社. 黄炎培教育文集：第二卷 [M]. 北京：中国文史出版社，1994：210.
④ 中华职业教育社. 黄炎培教育文集：第二卷 [M]. 北京：中国文史出版社，1994：496.

方面：“一方为人计，曰以供青年谋生之所急也；一方又为事计，曰以供社会分业之所需也。”① 即第一是解决青年的就业问题，第二是为社会服务。其可谓"二元目的论"。

1917 年，黄炎培先生在《教育与职业》杂志发表文章，对职业教育目的提出修改意见："为个人谋生之准备，一也；为个人服务社会之准备，二也；为世界、国家增进生产力之准备，三也。"② 这就使职业教育目的涉及个人就业、服务社会、促进生产力三个层面。其可谓"三元目的论"。

1931 年，黄炎培先生在《三十五年来中国之职业教育》一文中，对职业教育目的进行调整："为个人谋生之准备——使无业者有业，使有业者乐业；为个人服务社会之准备；为国家及世界增进生产力之准备。"③ 他将"使无业者有业，使有业者乐业"这个自己所说的职业教育终极目标纳入个人就业的目的之中。

1938 年，黄炎培先生在《我之人生观与吾人从事职业教育之基本理论》一文末，进一步明确职业教育目的：（1）谋个性之发展；（2）为个人谋生之准备；（3）为个人服务社会之准备；（4）为国家及世界增进生产力之准备。④ 其可谓"四元目的论"。但无论如何变化，其核心在于促进就业和奉献社会两个方面；其关键词在于"准备"而并不是"直接"。

4. 职业教育办学导向的界定

在《职业教育机关惟一的生命是怎么》一文中，黄炎培先生认为，"职业学校设哪一科，乃至一科中办哪一种，完全须根据那时候当地的状况。完全筑于社会的需要上。……职业教育机关惟一的生命是怎么？就是社会化"⑤。"人才的培养与地方的需求须极端配合。"⑥这里的"科"如同当代的"专业"；这里的"职业教育机关"，即职业学校。黄炎培先生认为职业学校的人才培养须根据当地经济社会发展的需要。作者所用之词烈度很高，如"完全""惟一""须""极端"。如果说，上述两种意见比较抽象，那么，下面这段话更加具体深刻："办职业学校最大的难关就是学生出路。无论学校办得多么好，要是第一班毕业生没有出路，以后招生就困难了。万一第二班再没有出路，从此没有人上门了。怎样才使学生有出路呢？说几句联络职业界的空话是不够的。设什么科，要看看职业界的需要；定什么课程，用什么教材，要问问职业界的意见。就是训练学生，也要体察职业界的习惯。有时聘请教员，还要利用职业界的人才。不只是参观啦，实习啦，请人演讲啦，都要职业界帮忙哩。最好使得职业界认做为我们而设的学校，是我们自家的学校，那就打成一片了。所以只从教育界做功夫是不行的。"⑦

5. 职业教育通则的意见

"通则"，即"法则"。黄炎培先生认为办职业学校要遵循三个通则："第一，办职业教育，万不可专靠想，专靠说，专靠写，必须切切实实地去做。……比如学游泳，

① 中华职业教育社. 黄炎培教育文选［M］. 上海：上海教育出版社，1985：59.
② 中华职业教育社. 黄炎培教育文选［M］. 上海：上海教育出版社，1985：59.
③ 中华职业教育社. 黄炎培教育文集：第三卷［M］. 北京：中国文史出版社，1994：132.
④ 中华职业教育社. 黄炎培教育文集：第三卷［M］. 北京：中国文史出版社，1994：377.
⑤ 中华职业教育社. 黄炎培教育文集：第二卷［M］. 北京：中国文史出版社，1994：489-491.
⑥ 中华职业教育社. 黄炎培教育文集：第四卷［M］. 北京：中国文史出版社，1994：43.
⑦ 中华职业教育社. 黄炎培教育文集：第二卷［M］. 北京：中国文史出版社，1994：432.

是要真会游泳，单说一大篇游泳的理论，哪里行呢？第二，办职业教育，必须把试验业已有效的授给人家。……职业教育，不惟着重在'知'，尤着重在'能'，在'先知觉后知'以外，还须郑重地补充一句——'先能授后能'。第三，办职业教育，不但着重职业知能，而且还要养成他们适于这种生活的习惯。"① 第一条通则指理论与实践相结合，特别强调实践，以游泳举例，意即教师具备游泳能力要摆在第一位。第二条进一步强调"能力"的作用，"先知觉后知"固然重要，"先能授后能"更重要。第三条强调职业环境的适应，包括学生顶岗实习。总之，三个通则都是黄炎培先生办学实践的经验总结，至今仍具有很强的指导价值。

6. 职业教育办学模式的意见

黄炎培先生眼里的职业教育办学模式可以归纳为"厂校合作，做学合一"模式。

（1）厂校合作。在《中等教育上必须改革的几点》一文中，黄炎培先生说："必须尽量和当地同类工厂密切联系，凡教师、课程、设备、实习种种问题，都宜在厂校合作之下解决。"② 这里的"厂校合作"即当代职业教育界盛行的"校企合作"。

（2）做学合一。在《河车记》一文中，黄炎培先生阐明了他对职业教育模式的意见："职业教育应'做学合一'，理论与实习并行，知识与技能并重。如只注重书本知识而不去参加工作，是职而不能行。不是真知。职业教育目的乃在养成实际的、有效的生产能力。欲达到此种境界，须手脑并用。"③ 黄炎培先生的"手脑并用"、"做学合一"、理论与实习并行，知识与技能并重的观点至今依然具有很强的指导意义。"厂校合作，做学合一"办学模式，如同当代职业教育的"校企合作，工学一体"办学模式。其表达方式虽有所区别，但内容实质一样。

7. 职业学校实习的看法

黄炎培先生十分重视实习。

（1）在《河车记》一文中，他结合中华职业学校实践，谈实习的重要性：

> 另有需注意者，即实习制度。今人每多忽略。实则凡是关于"术"的，均要靠"习"。习之制度要分三种：
>
> 1. 先学后习。
> 2. 先习后学。
> 3. 同时学习。
>
> 中国向来是采用第一种方法，如师范学校往往"学"到末期，仅有短时期之实习。又如工业学校先学种种方法与理论而后实习。此种办法收效甚微。中华职业教育社所办职业学校从前采同时学习方法，后请七位工业专家会议，改革职业学校办法，初级工科，每周上课时间四分之一，工作时间四分之三。如是者三年，至高级工科第四、五年级始学"工作法"，上课时间加多，成效大著。是即先习后学之事实。
>
> 先实习，后再参考理论与方法，其效率更大，所谓"由做而学"。知识与技能完全两事，只有先学会技能，而后求得理论知识，以证明之。如陆上学游泳，对于游泳术及游泳理论均非常透彻。迨一入水中手足无措。④

① 中华职业教育社. 黄炎培教育文集：第二卷 [M]. 北京：中国文史出版社，1994：432.
② 中华职业教育社. 黄炎培教育文集：第四卷 [M]. 北京：中国文史出版社，1994：237.
③ 中华职业教育社. 黄炎培教育文集：第三卷 [M]. 北京：中国文史出版社，1994：263.
④ 中华职业教育社. 黄炎培教育文集：第三卷 [M]. 北京：中国文史出版社，1994：269.

第一种："先学后习"，即先学习理论知识，再参加实践。与孔子"学而时习之"中的"习"（按时温习和实践练习）有关，符合学习规律，为两千多年来中国教育的主流模式。从职业教育的角度看，若"先学"时间过多，"后习"时间不够，就会影响学习和培养效果。

第二种："先习后学"，即先参加实践，后学习理论——"脱学全习"。这在学校自己无企业和校企合作表层化的形势下，全面实施是不可能的。据黄炎培先生对自己学校介绍的情况看，中华职业学校所为的"每周上课时间四分之一，工作时间四分之三"，其实是在一定时间内将理论学习与实践操作交替安排。"先习后学"中"习"与"学"的顺序并非泾渭分明，不过是上课时间少、工作时间多而已。从一个学期的角度看，实为"习学交替"，与德国"双元制"模式相似。

第三种："同时学习"，即"学"与"习"融合并同时进行。这种做法如同人力资源和社会保障部2008年开始推行的工学一体化课程教学。该模式效果好，但条件要求高，实施难度大。

（2）1931年2月，黄炎培先生在《中华职业教育社宣言》一文也谈及学生实习：

> 使学生一面修学，一面实地习其所学。迨学年修了，尤须责令实际服务半年或一年，取得管理者之证明，然后正式给予毕业文凭。

"一面修学，一面实地习其所学"即指"习学交替"，"学年修了，尤须责令实际服务半年或一年"即指毕业前的顶岗实习。黄炎培先生所言均为实践体会，至今依然具有很强的针对性和指导性。

8. 职业教育补习教育的观点

这里的补习，犹如当代的职业培训。黄炎培先生把职业补习教育视为职业教育的一条康庄大道，其所办的中华职业学校本身就开展职业补习教育。他给职业补习教育下了定义：对于就业的青年和成人利用其工作余暇，对于其知识、技能、品格、体格各方面予以相当的训练，谓之"补习教育"。他把补习教育分为两类：一是普通补习教育，即已过义务教育年龄之儿童，未曾受过义务教育，现已经就业，而令补受义务教育；二是职业补习教育，即已受教育，因感知识、技能之缺乏，尤图上进，再予以教育。后者是主要对象。他认为职业补习教育形式主要有七种：日校、夜校、晨校、星期学校、农隙学校、家事教场、通问学塾。开展职业补习教育应注意三个方面：第一，要有弹性，容量要大，不可呆板，应具有活动性。第二，应知受教者之心理，受补习教育者大都年龄较大，他们为生计之解决已经进入职业界，现在受教者之共同目标，还是为生计问题之解决，故办理补习教育者应设法达到他们所欲达到之目标，授以知识、技能，对他们的生计问题有直接利益或间接有效的帮助。第三，要注意非职业学科。非职业学科为多数人所忽视。其体格、品格最重要，绝不在其他职业学科下。

9. 职业道德教育的见解

黄炎培先生的职业道德教育思想由两个阶段构成。

第一阶段是20世纪20年代初期，即中华职业学校创办初期。他提出"敬业乐群"的校训，并以此作为对学生进行职业道德教育的基本指导思想。所谓"敬业"，是指"对所习之职业具嗜好心，所任之事业具责任心"；所谓"乐群"，是指"具优美和乐之情操及共同协作精神"。① 中华职业学校根据这一校训，制订学校训育（职业道德教育）标准，把"敬业乐群"思想具体化，即认识职业之真义再服务社会；养成责任心；养成勤劳习惯；养成互助合作精神；养成理性的服从美德；具有稳健改进之精神；养成对所从事职业之乐趣；养成经济观念；养成科学态度。上述是各科共同的标准。此外，学校还根据农科、工科、商科、家事科各自的职业特点，制订了专门标准。②

第二阶段为 20 世纪 30 年代。当时，社会政治、经济、教育形式发生巨大变化，黄炎培先生自身的政治观、社会观、职业教育观也相应发生变化。1933 年，他要求学生"人人须勉为一个复兴国家的新公民，人格好，体格好，人人有一种专长，为社会国家效用"③。这个要求与之前相比，增加了"人格好"这一新的内容。所谓"人格好"，他的理解是："须有高尚纯洁之人格，须有博爱互助之精神，须有侠义勇敢之气概，须有刻苦耐劳之习惯。而更须以坚强贞固的节操战胜千难百险的环境。……将吾整个生命完全献给我国家民族生存工作上。"④ 黄炎培先生职业道德教育思想在"敬业乐群"的基础上，增加了"四好"：人格好、技能好（人人有一种专长）、身体好（体格好）、行为好（为社会国家效用）。总结起来，就是要求学生敬业乐群，成为人格好、技能好、身体好、行为好的新公民。

黄炎培先生的理论观点之所以珍贵，是因为他不仅是教育家，还是办学成功者。他既有理论研究，又有实践体会。

（三）中华职业教育社

中华职业教育社（简称"职教社"）由黄炎培先生联合蔡元培、梁启超、张謇、宋汉章等 48 位教育界、实业界知名人士，于 1917 年 5 月 6 日在上海发起创立。中华职业教育社是中国近代职业教育发展的先行者、引领者和主要推动者，是中国共产党领导的具有"统战性、教育性、民间性"的群众团体，是党和政府团结、联系职业教育界和民办教育界有关人士的桥梁和纽带。

1. 职教社目的

成立中华职业教育社的目的是：提倡职业教育，改进职业教育，改革普通教育。

2. 职教社工作范围

至 1923 年，中华职业教育社的工作范围包括调查、研究、倡导、咨询、演讲、出版、报告、通信；建立职业学校，组织教育展览，建立农场、工厂等实验站。

3. 职教社所属机构

至 1923 年，中华职业教育社建立以下机构并开展工作：行政部、调查部、出版部、演讲部、职业介绍部、通讯部、顾问部、中华职业学校、职业指导所、农业教育委员会、全国职业学校联合会、上海商业补习教育联合会、职业教育研究委员会、职工教育馆。其中，在中华职业学校之下开办铁工厂、木工厂、学校银行。⑤

---

① 资料来源：潘文安，《新教育评改》（第 3 卷），《最近之中华职业学校》。
② 毛礼锐，沈灌群. 中国教育通史：第五卷 [M]. 济南：山东教育出版社，2005：460.
③ 资料来源：黄炎培，《中华职业学校十五周年纪念特刊》，《职业教育该怎么样办？》。
④ 黄炎培. 吾人在非常时期将以何者为最大贡献乎，空江集 [M]. 上海：上海生活书店出版社，1937.
⑤ 中华职业教育社. 黄炎培教育文集：第二卷 [M]. 北京：中国文史出版社，1994：384-385.

4. 职教社七个“一”

（1）一所学校。1918年成立中华职业学校，其为迄今为止全国历时最久的职业学校。

（2）一本杂志。1917年发行《教育与职业》杂志，其为迄今为止全国历时最久的职业教育杂志。

（3）一副饭具。1917年《教育与职业》第一期将“以幼儿画饭具”置于封面。所画饭具即一个碗，一双筷子，一只汤匙。这表明职业教育就是要解决生计问题。这在当时引起了关于职业教育目的问题的争论：“称之者曰：善哉！今后之学子，其得喫饭地矣。讥之者曰：鄙哉！乃以职业教育为喫饭教育也。”[①] 当时的两派观点，犹如100年后关于职业教育是否即就业教育的争论。

（4）一副横匾。匾名：劳工神圣。其悬挂于中华职业学校及所办铁工厂、木工厂。

（5）一份债券。1920年首发，用于扩充工场，添办商科。

（6）一个口号。口号为“使无业者有业，使有业者乐业。”

（7）一首校歌。校歌为“中华职业学校校歌”。

> 惟先劳而后食兮，嗟！吾人群之天职。
> 欲完此天职兮，尚百业之汝择。
> 愧先觉觉后之未能兮，舍吾徒之责而谁责？
> 同心组成吾社兮，将以求吾道之昌也。
> 研究实验以实施兮，期一一见诸行也。
> 苟获救吾民之憔悴兮，卜吾国族之终强也。
> 手旗兮飞扬！吾何往兮？比乐之堂！
> 将使无业者咸有业兮，使有业者乐且无疆。
> 嗟！嗟！吾愿何日偿兮？
> 天假我以岁月之悠长！

三、近代职业教育特点

（一）技能人才素质要求更高

从18世纪中叶开始，西方列强相继走上国家工业化道路。洋务运动是我国近代工业的开始。为了增强国家的军事实力，军工业率先发展，接着是与之相适应的燃料工业、交通运输业、电讯业、民用工业以及商业的发展。这些新兴产业的发展需要的技能人才是古代师带徒和艺徒训练场培养的工人所不能适应的。如果说，与古代手工业发展相适应的劳动者素质结构是以技术技能为主，理论知识为辅，那么，与近代工业发展相适应的劳动者素质结构是技术技能与理论知识并举。因为面对庞然大物——各种现代机器，没有足够的文化水平，是无法操作的。只有兼备理论知识与技术技能者，才可能在正确操作机器的过程中，发现机器的某种不足，进行技术革新，促使机器的更新换代和劳动生产率的进一步提高。

（二）职业教育规模扩大

工业革命以及近代工业的发展对技术技能人才标准提出了新的要求，而传统师带

---

① 中华职业教育社. 黄炎培教育文集：第二卷［M］. 北京：中国文史出版社，1994：254.

徒的学徒培养制度和官营的艺徒训练制度均无法实现新兴产业对技术技能人才的需求。于是，在 18 世纪就诞生在西方列强国家中的各类职业学校模式也被引至我国。洋务学堂以及 20 世纪初期如雨后春笋般出现在我国大江南北的职业学校，既是西风东进的产物，也是我国近代工业发展催生以职业学校形态规模化培养技术技能人才的成果。据中华职业教育社 1926 年统计，当时全国有职业学校 846 个，职业传习所、讲习所 196 所，设职业科的中学 57 所，职业预备小学 37 所，设职业专修科的大专院校 113 所，职业补习学校及补习科 99 所，职业教师养成机关 8 所，实业机关附设之职业教育 24 所，慈善感化职业教育 132 所，军队职业教育 6 所，共 1 518 所。这是整个近代职业教育历史阶段职业教育机构数目最多，影响最大，业绩最辉煌的时期。

（三）职业教育模式基本成型

近代职业教育虽然只有 110 年左右的历史，但发展迅速。从职业教育要素角度看，其定义、范围、原则、厂校合作、专业建设、课程内容、教师素质、学用结合要求、实习训练、就业促进等要素已经齐备；从职业教育功能角度看，其不仅大力推进学制教育，还开展了职业补习，即职业培训、职业指导；从职业学校管理角度看，其在借鉴西方国家管理经验过程中，结合中国的实际，进行了一系列改革，同时政府也出台了一批政策法规，如《职业学校法》和一系列政府规章，逐渐形成了比较规范的管理体系；从职业教育类型角度看，其形成了两类学校，即职业院校、技工院校。民国政府从 1940 年开始设立技工训练处，专管全国技工训练，其分一、二、三年学制训练特殊、普通、速成技工。技工训练班多数设在工厂，少数高等院校如中央大学、中央工业专科学校也开办了技工训练班。

（四）涌现出一批著名教育家倡行职业教育

近代职业教育的一个特点是职业教育不仅得到政府、实业界的支持，包括一批官员如左宗棠、沈葆桢、周学熙，实业家如张謇等的热情倡导和大力支持，甚至亲力亲为创设实业学堂，更有一批教育家大力支持。除黄炎培从理论到实践大力支持并身体力行推进职业教育外，著名教育家蔡元培、陈独秀、陶行知、邹韬奋、潘文安、钟道赞、江恒源等都曾为近代职业教育发展鼓与呼。

（五）初步构建起中国特色的职业教育理论体系框架

伴随着职业教育的形成与发展，职业教育理论也在"生根发芽"，并"茁壮成长"。除了大量职业教育论文外，还出版了一批职业教育专著，如朱元善编《职业教育真义》、邹恩润编译《职业教育研究》、庄泽宣著《职业教育概论》、庄泽宣著《职业教育》、庄泽宣编著《职业教育通论》、潘文安著《职业教育 ABC》、杨鄂联著《职业教育概要》、张旦初著《职业教育纲要》、熊子荣著《职业教育》、陈选善主编《职业教育之理论与实际》、邵祖恭著《反职业教育论》、江西省实施百业教育委员会编《百业教育理论》、江恒源与沈光烈编著《职业教育》、何清儒著《职业教育学》等。[①]

与漫长的古代职业教育相比，近代职业教育发展时间短，但因为经济社会发生巨变，职业教育也相应地发生了显著变化，表现出与古代职业教育相比更加先进的诸多特点。同时我们也要看到，辛亥革命之后，战争频繁，社会动乱，中国手工业虽有发

---

① 米靖. 二十世纪中国职业教育学名著选编［M］. 北京：教育科学出版社，2011：4.

展但相当缓慢，民族工业逐渐走向凋敝，工业规模有限且技术技能人才数量要求不多，相应地，职业教育的发展空间也受到限制。

第三节　当代职业教育

中国当代职业教育从 1949 年至 2021 年，共 72 年。这段时间的职业教育可以分为三个阶段：

一、1949 年至 1980 年

第一阶段共 32 年，可谓我国职业教育的恢复调整期。1949 年，全国中等技术学校仅 561 所，在校生人数 4.7 万人；技工学校 3 所，学生 3 000 人。从 1953 年开始，国家实行国民经济五年规划，国民经济得到发展，推动职业教育快速发展。到 1965 年，全国中等技术学校 871 所，在校生人数达 39.2 万人；技工学校 400 所，在校生人数达18.3 万人。同时，出现了一种新类型职业学校——职业高中，且其数量已达 61 626 所，在校生人数达 77.5 万人。1980 年，职业教育出现三个变化：一是职业学校层次发生变化。1980 年全国设立 9 所高等职业技术学校。二是中等技术学校和技工学校迅猛发展。中等技术学校增加到 2 052 所，在校生人数达 76.1 万人；技工学校 3 305 所，在校生人数达 70 万人。三是职业高中明显萎缩，剩 3 314 所，在校生人数降至 31.9 万人。①

32 年时间，全国中等技术学校在校生人数增加 16.2 倍，学校总数增加 3.65 倍；技工学校在校生人数增加 233 倍，学校总数增加 1 102 倍。其原因，一是经济社会发展带动职业教育的发展。32 年时间，国家经济虽遭受多种因素干扰，但发展是客观事实。职业教育是经济发展的产物。经济发展快，技术技能人才需求量大，职业教育规模也相应地扩展；反之，便萎缩。二是当时社会各阶层差距不明显，技术技能人才与其他人才收入水平相差不大。但中等技术学校毕业生的社会身份是干部，吸引力大；技工学校毕业生身份虽不是干部，但国家实行统招统配政策，毕业生由政府包分配，收入稳定，社会地位比较高，因此学校对社会的吸引力比较大。

二、1981 年至 1996 年

第二阶段共 16 年。可谓我国职业教育稳步发展期。

（1）党和国家工作重心转移促进职业教育发展。党的十一届三中全会决定把全党全国工作的重心从以阶级斗争为中心转移到以经济建设为中心上来，加快社会主义现代化建设步伐，大力发展生产力。这一转变为我国经济发展带来勃勃生机，与之相适应，职业教育也迎来了春天。

（2）党和国家接连出台一系列重要文件，有效推动了全国职业教育工作。特别是1985 年 5 月 27 日，中共中央发布《关于教育体制改革的决定》（以下简称《决定》）。

---

① 纪秩尚，郭齐家，余博. 职业教育法实务全书［M］. 北京：北京广播学院出版社，1996：67.

《决定》对发展职业技术教育的重要性作了深刻的阐述：

"社会主义现代化建设不但需要高级科学技术专家，而且迫切需要千百万受过良好职业技术教育的中、初级技术人员、管理人员、技工和其他受过良好职业培训的城乡劳动者。没有这样一支劳动技术大军，先进的科学技术和先进的设备就不能成为现实的社会生产力。但是，职业技术教育恰恰是当前我国整个教育事业最薄弱的环节。一定要采取切实有效的措施改变这种状况，力争职业技术教育有一个大的发展。"

这段话，分析了我国社会主义现代化建设与职业技术教育的关系，明确了在社会主义现代化建设中发展职业技术教育的重要性和迫切性。《决定》还从职业技术教育学制、职业技术教育内在结构、职业技术教育与经济社会发展需求之间应有的关系、职业技术教育多种力量办学以及师资培养等方面提出了指导意见。在《决定》的有效指导下，全国职业教育展示出较好的发展势头。1996 年，中等技术学校在校生人数为334.78 万人，比 1980 年增加 4.4 倍；全国技工学校 4 467 所，比 1980 年增加 1.35 倍，其在校生人数为 191.81 万人，比 1980 年增加 2.74 倍。全国职业教育发展达到了一个新的高峰。

（3）实施《中华人民共和国职业教育法》。1996 年 9 月 1 日，我国实施《中华人民共和国职业教育法》。它标志着我国职业教育步入依法办职教的时代。该法分五章共四十条，规定了国家职业教育的性质、实施范围、职业教育方针、职业教育体系构成、职业教育的实施要求和保障条件。

（4）明确职业教育管理体制。《中华人民共和国职业教育法》明确："国务院教育行政部门负责职业教育工作的统筹规划、综合协调、宏观管理。国务院教育行政部门、劳动行政部门和其他有关部门在国务院规定的职责范围内，分别负责有关的职业教育工作。"即各类职业院校由教育部管理，各类技工院校由劳动部（后来的劳动保障部、人力资源和社会保障部）管理。从此，我国将职业教育的院校统称为职业学校。职业学校又包括两类：一是教育部分管的中等职业学校和高等职业院校，简称为"中高职院校"；二是人力资源和社会保障部分管的普通技工学校、高级技工学校、技师学院，简称为"中高技院校"。

（5）实行"双证书"制度。由于《中华人民共和国职业教育法》规定职业学校要"实行学历证书、培训证书和职业资格证书制度"，因此，学历证书和职业资格证书的"双证书"制度在职业学校中得到普遍执行，形成了学历证书与职业资格证书兼具的现代职业教育特点。

三、1997 年至 2021 年

第三阶段共 24 年。这个阶段的职业教育可谓职业教育依法办学期。职业教育发展波澜起伏，留下一些难以磨灭的历史烙印。

（一）扩大职业教育规模

我国采取鼓励、扩大中等职业教育、高等职业教育规模等办法强化职业教育在全国教育领域的地位，优化教育结构，相关文件见表 1-5。

表 1-5　我国优化教育结构的相关文件

1	2002 年 3 月	国务院《关于大力推进职业教育改革与发展的决定》（国发〔2002〕16 号）："要以中等职业教育为重点，保持中等职业教育与普通高中教育的比例大体相当，扩大高等职业教育的规模。"
2	2005 年 10 月	国务院《关于大力发展职业教育的决定》（国发〔2005〕35 号）明确："到 2010 年，中等职业教育招生规模达到 800 万人，与普通高中招生规模大体相当；高等职业教育招生规模占高等教育招生规模的一半以上。"
3	2014 年 5 月	国务院《关于加快发展现代职业教育的决定》（国发〔2014〕19 号）："总体保持中等职业学校和普通高中招生规模大体相当，高等职业教育规模占高等教育的一半以上，总体教育结构更加合理。"
4	2017 年 1 月	国务院《国家教育事业发展"十三五"规划》（国发〔2017〕4 号）中亦明确指出："保持普通高中和中等职业教育招生规模大体相当，在中西部地区以中等职业教育为重点发展高中阶段教育。"
5	2017 年 3 月	教育部、国家发展改革委、财政部、人力资源社会保障部联合颁发《高中阶段教育普及攻坚计划（2017-2020 年）》（教基〔2017〕1 号）指出："高中阶段教育"发展的主要目标包括"普通高中与中等职业教育结构更加合理，招生规模大体相当"
6	2019 年 1 月	国务院《国家职业教育改革实施方案》（国发〔2019〕4 号）规定：要"优化教育结构，把发展中等职业教育作为普及高中阶段教育和建设中国特色职业教育体系的重要基础，保持高中阶段教育职普比大体相当，使绝大多数城乡新增劳动力接受高中阶段教育。"

5 个国务院文件，1 个四部委文件，连绵 18 年"发力"，要求中等职业学校与普通高中招生规模大体相当；高等职业教育招生规模占高等教育招生规模的一半以上。至 2019 年，全国中等职业学校 1.01 万所，在校生人数 1 576.47 万人，占受高中阶段教育学生总数的 41.7%。高职（专科）院校 1 423 所，在校生人数 1 280.7 万人，占普通本科专科学生总数的 52.9%。高职教育已占高等教育半壁江山。

（二）技工院校探索"三技"培养模式

2004 年 11 月，深圳高级技工学校率先提出技能教育、技能就业、技能成才培养模式。其内涵是：让所有进入技工院校学习者明确认识、接受学校教育与个人就业、成才的关系，让更多新成长劳动力接受技能教育，实现技能就业，走技能成才道路。2005 年，该校"三技"中的"二技"，即"技能就业、技能成才"被劳动保障部写入文件，逐渐传向全国。从 2005 年开始，深圳高级技工学校在"三技"基础上探索"三高"培养模式。"三高"即高技能教育、高技能就业、高技能成才。所谓"高技能教育"，是指以高级技工、技师为主要对象的教育；所谓"高技能就业"，就是使教育对象以高技能实现高水平就业；所谓"高技能成才"，就是通过对受教育者进行高技能的教育，使其实现高技能就业，在就业过程中不断磨砺成为高技能人才。其具体做法是：

（1）高技能教育方面，主要采取四个措施：第一，改革学校教育制度，使之与高技能人才要求相适应。减少中级技工班班数，增加高级技工班班数。到 2005 年 10 月，全校高级技工班学生占全校学生人数 94.6%，同时，招收并培养全日制预备技师。从 2006 年开始，学校不再招收中级技工班，只招高级技工和预备技师班，专事高技能教育。第二，开展课程改革，使教学内容体现高技能。学校建立技能实训课、技能节、技能俱乐部、技能竞赛、技能鉴定考试五个制度让学生学到高技能。第三，教师必须拥有高技能教学能力。学校要求规定年龄内的专业教师须考取相应专业的职业资格证书。具备职业资格、能讲授工学结合一体化课、经测评合格的教师，才能被学校认定为"双师型一体化"教师，分等级享受一体化课程教学的特殊岗位津贴。"双师型一体化"教师分三类：一是准双师型，即助理讲师+高级技工+一体化教学；二是双师型，即讲师+技师+一体化教学；三是双高师型，即高级讲师+高级技师+一体化教学。第四，学生所学必须是与市场需求相衔接的高技能。从 2005 年开始，五年制高级技工班全面实行"学两项技能，考多本证书"制度。两项技能，即本专业高级工技能及相关工种的中级工技能；多本证书，即与两个专业对应的高级工职业资格证书、中级工职业资格证书、学校毕业证书、全国计算机等级证书和全国公共英语等级证书。

（2）高技能就业方面，该校对各系各专业毕业生考核八项指标：一是毕业实习到岗率，即最后一学期，毕业生到岗位实习的比例；二是毕业实习转就业率，即毕业生实习结束后从实习岗位转就业岗位的比例；三是就业率，即毕业生与用人单位签订就业合同的比例；四是专业对口就业率，即毕业生就业岗位与所学专业对口的比例；五是工资水平，即毕业生就业后工资收入平均水平；六是毕业生就业企业满意度，即通过问卷调查，了解毕业生就业的企业对毕业生整体素质的满意度；七是毕业生家长满意度，即通过问卷调查，了解毕业生家长对子女就业状况的满意度；八是毕业生满意度，即通过问卷调查，了解毕业生自己对就业状况的满意度。

（3）高技能成才方面，学校为高技能成才构筑了四条通道：一是报读全日制高级技工班成才。二是报读全日制预备技师班成才。按照"3+1.5"（高级技工 3 年，预备技师 1 年半）学制，实行学分管理、校企合作、课题导师等制度培养。学生考取技师学院预备技师证明后，由学校推荐就业，就业两年后，申请技师考评。三是报读业余技师班进一步成才。社会上已在岗的高级技工或我校毕业生就业两年后，可以利用业余时间参加技师学院业余技师班学习，用一年半左右时间，完成规定模块学习并考核合格者，可以申请技师考评。四是报读业余高级技师班进一步成才。所有技师到了规定时间都可以上该校技师学院一年制业余高级技师班，通过规定程序，完成业绩跟踪，合格者由市劳动保障局颁发高级技师证书，成为高等级技能人才。

该校"三高"培养模式由主持该校工作的黄景容副校长于 2006 年 9 月 25 日在北京京西宾馆召开的全国高技能人才工作会议上作经验介绍。

（三）开展校企合作

2018 年 2 月，教育部、国家发展改革委、工业和信息化部、财政部、人力资源社会保障部、国家税务总局联合印发《职业学校校企合作促进办法》（教职成〔2018〕1号）。这是国家层面第一次专门发文推行校企合作；第一次界定校企合作的概念，即职业学校和企业通过共同育人、合作研究、共建机构、共享资源等方式实施的合作活动；第一次明确职业教育的基本办学模式为产教融合、校企合作。2019 年，国务院《国家职业教育改革实施方案》（国发〔2019〕4 号）进一步要求"推动校企全面加强深度合作"。

（四）重视教师专业能力培养

2019 年 8 月，教育部、国家发展改革委、财政部、人力资源社会保障部联合出台《深化新时代职业教育"双师型"教师队伍建设改革实施方案》（教师〔2019〕6 号），明确教师队伍是发展职业教育的第一资源，是支撑新时代国家职业教育改革的关键力量；认识到全国职业学校"双师型"教师短缺，已成为制约职业教育改革发展的瓶颈，需要加强"双师型"教师队伍建设。同时明确："双师型"教师队伍含技工院校"一体化"教师。但实际上，"双师型"教师与"一体化"教师分属两类不同的教师类型。

"双师型"教师是教育部的提法，其内涵是同时具备理论教学和实践教学能力的教师。所谓"双师"，是指既具有理论教学能力，又具有实践教学能力的教师。这里的"实践"包括企业岗位实践、社会实践、课堂实践在内的所有实践活动。简言之，既会教理论，也会教实践的教师即为"双师型"教师，其实质是理实一体化教师。

"一体化"教师是人力资源和社会保障部（简称"人社部"）的提法，其定义是"指按照《一体化课程规范》，进行一体化课程教学设计并组织实施一体化课程教学的专业教师"①。其中最基本的一个能力要求是"能完成任教课程的学习任务实践"。这里的"学习任务"由用人单位（主要是企业）将实际在做的代表性工作任务按规定步骤转化而来。其在企业叫"工作任务"，按照教育教学规律，转化为学校的课程内容后，改称为"学习任务"，但其基本内容与企业的代表性工作任务相同。学生须完成这样的学习任务。这里的"实践"，专指任课教师须在任课之前先完成"学习任务"，即学生须学会的学习任务，任课教师须先学会，做到"以其昭昭，使人昭昭"。笔者是人力资源和社会保障部一体化教师标准课题调研组组长，亲身经历一体化教师标准的制订过程。制订标准的意图十分明确：技工院校专业教师必须既具教学能力，又具企业工作能力。其实质是工学结合一体化教师，简称"一体化教师"。

两个政府主管部门、两类不同学校、两个教师能力标准，在实践中比较，在比较中按不同的办学路径培养不同的人才。

（五）开展学徒培养

进入 21 世纪 20 年代之后，职业学校怎样更好地适应现代企业发展和产业转型升级要求，创新企业技术技能人才培养模式，改革传统的学徒培养方式，探索新的培养模式，是一个体现职业学校社会贡献度的重要课题。教育部从 2014 年开始，站在学校为主、企业配合的角度推进现代学徒制试点；人力资源和社会保障部从 2015 年开始，站在企业为主、学校配合的角度推进企业新型学徒制试点。

（六）开展职业培训

按照《中华人民共和国职业教育法》规定，学历教育与职业培训并举是职业学校的法定职责。职业学校面向全体劳动者广泛开展职业培训，既有利于支持和促进就业创业，也有利于学校提升人才培养质量和办学能力，是深化职业教育改革发展的重要内容。但是，职业学校开展学历教育和职业培训"一条腿长一条腿短"的现象普遍存在，且面向社会开展培训还存在学校和教师的主动性不高、课程及资源不足、针对性和适用性不够、教师实践教学能力不强等问题。2019 年 10 月，国务院办公厅出台《职业技能提升行动方案（2019—2021 年）》，推动职业学校全面开展职业培训。教育部、人力资源和社会保障部等 14 个部委局办公厅也联合出台《职业院校全面开展职业培训

---

① 人力资源和社会保障部职业能力建设司《技工院校一体化教师标准（试行）》（人社职司便函〔2013〕37 号）

促进就业创业行动计划》，要求全国职业学校面向全体劳动者特别是重点人群及技术技能人才紧缺领域开展大规模、高质量的职业培训，加快形成学历教育与培训并举并重的办学格局，为实现更高质量和更充分就业提供有力支持。

（七）开展职业教育办学质量第三方评价

深圳高级技工学校（深圳技师学院）率先开展办学质量第三方评价。2004 至 2005 两年时间，由学校招生就业办牵头，各系配合，每年 10 月份开始，调查当届毕业生对学校工作的评价、毕业生家长对学校工作及子女就业情况的评价、毕业生就业单位对毕业生在岗表现的评价。通过三种评价的调查，了解各系专业建设质量和学校办学质量情况。

2006 年开始，学校委托深圳市企业家协会牵头，由第三方机构——深圳市万人市场调查有限公司对学校 2006 届毕业生就业质量进行第三方调查（学校提供毕业生就业企业、毕业生和家长联络办法等资料后退出调查）。调查结果形成《深圳高级技工学校2006 年办学质量满意度调查报告》。由深圳市劳动局和深圳市企业家协会共同召开新闻发布会，向深圳社会公布该校 2006 届毕业生质量。

（八）组织黄炎培职业教育奖评选

黄炎培职业教育奖评选活动由中华职业教育社负责，两年一届，在全国范围内开展，表彰全国职业教育领域的先进单位和个人。评选项目共 4 个，分别是：优秀学校奖、杰出校长奖、杰出教师奖、杰出贡献奖。

（九）习近平同志高度重视职业教育

随着国家进入新发展阶段，党和国家更加重视职业教育。习近平总书记对职业教育作出密集指示、批示、讲话。

（1）2013 年 4 月，习近平总书记在与全国劳模代表座谈时指出：工业强国都是技师技工的大国，我们要有很强的技术工人队伍。

（2）2014 年 5 月，习近平总书记在上海听取来华外国高层次专家发言时点评：作为一个制造业大国，我们的人才基础应该是技工。

（3）2014 年 6 月，习近平总书记对职业教育工作作出重要批示：职业教育是国民教育体系和人力资源开发的重要组成部分，是广大青年打开通往成功成才大门的重要途径，肩负着培养多样化人才、传承技术技能、促进就业创业的重要职责，必须高度重视、加快发展。

我们要树立正确人才观，培育和践行社会主义核心价值观，着力提高人才培养质量，弘扬劳动光荣、技能宝贵、创造伟大的时代风尚，营造人人皆可成才、人人尽展其才的良好环境，努力培养数以亿计的高素质劳动者和技术技能人才；要牢牢把握服务发展、促进就业的办学方向，深化体制机制改革，创新各层次各类型职业教育模式，坚持产教融合、校企合作，坚持工学结合、知行合一，引导社会各界特别是行业企业积极支持职业教育，努力建设中国特色职业教育体系；要加大对农村地区、民族地区、贫困地区职业教育支持力度，努力让每个人都有人生出彩的机会。

各级党委和政府要把加快发展现代职业教育摆在更加突出的位置，更好支持和帮助职业教育发展，为实现"两个一百年"奋斗目标和中华民族伟大复兴的中国梦提供坚实人才保障。

（4）2014年9月28日，习近平总书记在中央民族工作会议上的讲话：职业教育力度要加大，逐步实现中职免费教育，特别是要搞好未就业初高中毕业生的职业技术培训，使他们在校学一手，就业有技能。

（5）2015年6月17日，习近平总书记在贵州调研时的讲话：职业教育是我国教育体系中的重要组成部分，是培养高素质技能型人才的基础工程，要上下共同努力进一步办好。

（6）2015年8月24日，习近平总书记在中央第六次西藏工作座谈会上的讲话：要统筹考虑教育和就业，改进专业设置和课程设置，办好一批工农医等急需学科专业，提高职业教育质量，培养更多实用人才。

（7）2015年11月28日，习近平总书记在中央扶贫开发工作会议上的讲话：发展教育脱贫一批，治贫先治愚，扶贫先扶志。国家教育经费要继续向贫困地区倾斜，向基础教育倾斜，向职业教育倾斜，帮助贫困地区改善办学条件，对农村贫困家庭幼儿特别是留守儿童给予特殊关爱。脱贫攻坚期内，职业教育培训要重点做好。一个贫困家庭的孩子，如果能接受职业教育，掌握一技之长，能就业，这一脱贫就有希望了。

（8）2016年5月16日，习近平总书记在中央财经领导小组第十三次会议上指出：全国技能劳动者达到一亿六千五百万人，但高技能劳动者仅占百分之二十七。有人说，我国制造业高级技工缺口达四百余万人，像模具钳工这样重要的工种，人才几乎断档。这也是一种供给侧失衡，需要的培养不出来，培养出来的不需要。

我国必须强化人力资本，加大人力资本投入力度，着力把教育质量搞上去，建设现代职业教育体系。

据了解，德国国家认可的职业培训工种有340种。职业教育学校学生同时是合同企业学徒，学习和实践结合得很紧密。德国技工收入普遍高于社会平均水平，不少行业高级技工可以拿到高于高校教授的工资。要深入研究职业教育培训体制机制问题，建设现代职业教育体系，推进产教融合、校企合作，使技能人才越来越多，高技能人才越来越多。

（9）2016年7月20日，习近平总书记在东西部扶贫协作座谈会上的讲话：西部地区要彻底拔掉穷根，必须把教育作为管长远的事业抓好。东部地区要在基础教育、职业教育、高等教育等方面，通过联合办学、设立分校、扩大招生、培训教师等多种方式给予西部地区更多帮助。

（10）2017年5月5日，习近平总书记致中华职业教育社成立100周年的贺信：

> 值此中华职业教育社成立100周年之际，我代表中共中央，向你们表示热烈的祝贺！
> 中华职业教育社是我国成立最早的职业教育社团。在风雨如晦的旧中国，中华职业教育社本着教育救国的宗旨，致力于改革传统教育、推动职业教育发展，参与爱国民主运动，投身民族救亡，成为接受中国共产党领导、追求民主进步的爱国社团。
> 新中国成立后特别是改革开放以来，中华职业教育社紧紧围绕党和国家工作大局，广泛联系社会各界和海内外关心支持职业教育的人士，为发展职业教育、实施科教兴国和人才强国战略、推进祖国和平统一大业作出了积极贡献。

新形势下，中华职业教育社要立足自身特点和优势，广泛联系和团结有志于职业教育的海内外各界人士，加强交流协作，积极建言献策，更好服务社会，不断为促进我国职业教育发展，为实现"两个一百年"奋斗目标、实现中华民族伟大复兴的中国梦作出新的更大的贡献。

习近平

2017 年 5 月 5 日

（11）2017 年 10 月，习近平总书记在中国共产党第十九次全国代表大会上指出：完善职业教育和培训体系，深化产教融合、校企合作。大规模开展职业技能培训，注重解决结构性就业矛盾，鼓励创业带动就业。

（12）2018 年 9 月 10 日，习近平总书记在全国教育大会上的讲话：要着眼于"学好"，围绕立德立志，增智健体，成才用才推进改革，促进学前教育普惠发展，义务教育城乡一体化发展，普通高中多样化有特色发展，高等教育内涵式发展。提高职业教育质量，打好教育脱贫攻坚战，提升民族教育、特殊教育、继续教育水平，为每个人成长成才创造条件。

（13）2018 年 9 月 10 日，习近平总书记在全国教育大会上的讲话：要高度重视职业教育。大力推进产教融合，健全德技并修、工学结合的育人机制，源源不断为各行各业培养亿万高素质的产业生力军，让职业院校毕业生在职业发展上也有广阔空间。要出台灵活有效的优惠政策，厚植企业承担职业教育责任的文化环境，推动职业院校和行业企业形成命运共同体。

把立德树人融入思想道德教育、文化知识教育、社会实践教育各环节，贯穿基础教育、职业教育、高等教育各领域，学科体系、教学体系、教材体系、管理体系要围绕这个目标来设计，教师要围绕这个目标来教，学生要围绕这个目标来学。

（14）2019 年 8 月 20 日，习近平总书记在甘肃张掖市山丹培黎学校视察时强调：我们国家现在缺少的就是大量的合格的技能工人、技师。职业学校就朝这个方向在这方面输送人才，大有前途。①

（15）2019 年 9 月 22 日，人力资源和社会保障部在北京召开第 45 届世界技能大赛参赛总结大会。习近平总书记作出重要指示：劳动者素质对一个国家、一个民族发展至关重要。技术工人队伍是支撑中国制造、中国创造的重要基础，对推动经济高质量发展具有重要作用。要健全技能人才培养、使用、评价、激励制度，大力发展技工教育，大规模开展职业技能培训，加快培养大批高素质劳动者和技术技能人才。要在全社会弘扬精益求精的工匠精神，激励广大青年走技能成才、技能报国之路。

（16）2020 年 8 月 28 日至 29 日，习近平总书记在中央第七次西藏工作座谈会上的讲话：要培养更多理工农医等紧缺人才，着眼经济社会发展和未来市场需求办好职业教育，科学设置学科，提高层次和水平，培养更多专业技能型实用人才。

（17）2020 年 9 月 22 日，习近平总书记在教育文化卫生体育领域专家代表座谈会上的讲话：要大力发展职业教育和培训，有效提升劳动者技能和收入水平，通过实现更加充分、更高质量的就业扩大中等收入群体，释放内需潜力。

（18）2020 年 12 月 10 日，习近平总书记致首届全国职业技能大赛的贺信：

---

① 这是现场手机视频录音转成的文字。

值此我国首届职业技能大赛开幕之际，我向大赛的举办表示热烈的祝贺！向各位参赛选手和广大技能人才致以诚挚的问候！

技术工人队伍是支撑中国制造、中国创造的重要力量。职业技能竞赛为广大技能人才提供了展示精湛技能、相互切磋技艺的平台，对壮大技术工人队伍、推动经济社会发展具有积极作用。希望广大参赛选手奋勇拼搏、争创佳绩，展现新时代技能人才的风采。

各级党委和政府要高度重视技能人才工作，大力弘扬劳模精神、劳动精神、工匠精神，激励更多劳动者特别是青年一代走技能成才、技能报国之路，培养更多高技能人才和大国工匠，为全面建设社会主义现代化国家提供有力人才保障。

预祝大赛取得圆满成功！

习近平

2020 年 12 月 10 日

（19）2021 年 4 月 13 日，全国职业教育大会在北京召开。习近平总书记对职业教育工作作出重要指示：在全面建设社会主义现代化国家新征程中，职业教育前途广阔、大有可为。要坚持党的领导，坚持正确办学方向，坚持立德树人，优化职业教育类型定位，深化产教融合、校企合作，深入推进育人方式、办学模式、管理体制、保障机制改革，稳步发展职业本科教育，建设一批高水平职业院校和专业，推动职普融通，增强职业教育适应性，加快构建现代职业教育体系，培养更多高素质技术技能人才、能工巧匠、大国工匠。各级党委和政府要加大制度创新、政策供给、投入力度，弘扬工匠精神，提高技术技能人才社会地位，为全面建设社会主义现代化国家、实现中华民族伟大复兴的中国梦提供有力人才和技能支撑。

上述习近平总书记关于职业教育的指示、批示、贺信、讲话，表明了党和国家对职业教育的重视，并明确了职业教育性质，即国民教育体系和人力资源开发的重要组成部分；明确了职业学校办学方向，即服务发展、促进就业；明确了职业学校培养目标，即培养大批高素质劳动者和技术技能人才；明确了职业学校办学职能，即学制教育和职业培训；明确了职业学校办学模式，即产教融合、校企合作、工学结合；指出了职业教育存在的主要问题，即人才供给侧失衡，需要的培养不出来，培养出来的不需要；要求职业学校健全德技并修、工学结合的育人机制；要求大力发展技工教育；要求在全社会弘扬精益求精的工匠精神，激励广大青年走技能成才、技能报国之路等，需要全党全国认真学习、领会、落实。

（十）党的十八大之后，党和国家密集出台 7 个职业教育重要文件

党的十八大之后，党和国家又出台了 7 个职业教育重要文件，见表 1-6。

表 1-6　党的十八大之后的 7 个职业教育重要文件

1	2014 年 5 月，国务院《关于加快发展现代职业教育的决定》（国发〔2014〕19 号）
2	2017 年 4 月，中共中央、国务院《新时期产业工人队伍建设方案》
3	2017 年 12 月，国务院办公厅《关于深化产教融合的若干意见》国办发〔2017〕95 号
4	2018 年 3 月，中办、国办《关于提高技术工人待遇的意见》中办发〔2018〕16 号
5	2018 年 5 月，国务院《关于推行终身职业技能培训制度的意见》国发〔2018〕11 号

表1-6（续）

6	2019 年 1 月，国务院《国家职业教育改革实施方案》国发〔2019〕4 号
7	2019 年 5 月，国务院办公厅《职业技能提升行动方案（2019—2021 年）》国办发〔2019〕24 号

这 7 个文件体现出了四个特点：一是相关性。7 个国字号文件精神与习总书记指示批示讲话内容密切相关。二是广泛性。7 个国字号文件涉及职业教育的有 3 个，涉及技术工人的有 2 个，涉及职业技能培训的有 2 个，这体现大职业教育格局。三是密集性。两年时间连发涉及技术工人的 2 个国字号文件，为国家改革开放以来首次。两年时间连发涉及职业技能培训的 2 个国字号文件，为改革开放以来首次。四是影响大。7 个国字号文件都对相关领域业务的改革发展产生了很好的指导、推动作用。在国家 7 个文件的推动下，各省出台落实文件，促进我国职业教育形成一个新的热潮。

四、当代职业教育特点

（一）党和国家高度重视职业教育

2013—2021 年，9 年时间，习近平总书记关于职业教育的指示、批示、贺信、讲话多达 19 次。指示、批示、贺信、讲话内容切合实际、高屋建瓴、丰富而深刻，直接促进国家推动职业教育高质量发展的一系列文件出台。与此同时，各级政府加大职业教育投入，扩大职业教育政策供给，使我国职业教育进入有史以来最好的发展新阶段。

（二）职业教育规模宏大

经过多年艰苦努力，我国基本建成职业教育体系。该体系由中等职业学校、高等职业学校、职业教育本科院校以及普通技工学校、高级技工学校、技师学院两个系列各三个层次构成。至 2020 年 12 月，全国共有职业学校 1.15 万所，在校生 2 857 万人，职业教育覆盖全国 31 个省（直辖市、自治区）333 个市 2 846 个县，其规模为全世界最大。

（三）职业教育地位凸显

国家明确职业教育与普通教育是两种不同教育类型，具有同等重要地位。采取鼓励、扩大中等职业教育、高等职业教育规模等办法强化职业教育在全国教育战线的地位，优化我国教育结构。

（四）职业教育双轨并行

教育部门管理的多数职业院校，走的是以学历为特色，以升学为导向，培养学历人才的办学路径；人力资源和社会保障部门管理的多数技工院校走的是以技能为特色，以就业为导向，培养技能人才的办学路径。两个政府管理部门、两类学校、两条办学路径培养社会需要的不同人才。

第二章
职业教育矛盾论

第一节　职业教育的基本矛盾

一、基本矛盾的内涵

研究职业教育的基本矛盾，首先应该准确理解基本矛盾的内涵。何谓基本矛盾？

毛泽东同志认为："事物发展过程的根本矛盾及其为此根本矛盾所规定的过程的本质，非到过程完结之日，是不会消灭的。"① 毛泽东同志这里所讲的"根本矛盾"等同于基本矛盾。从语言学角度看，"基本"的第一语义就是"根本"。② 而"根本"的语义就包含着"从头到尾""始终"的意思。③ 毛泽东同志的观点包含两个意思：基本矛盾规定事物发展的本质，基本矛盾贯穿事物发展的全过程。

《哲学辞典》认为："事物的基本矛盾是事物存在和发展的基础，基本矛盾不存在，事物也就不存在了。基本矛盾贯穿事物发展的始终。"④ 按《哲学辞典》所释，基本矛盾具有两个特点：一是基础性，事物的基本矛盾犹如房屋的地基，地基在，房屋在，地基陷，房屋塌；二是全程性，事物的基本矛盾贯穿事物发展的全过程。

云南师范大学郭和平教授认为："所谓基本矛盾，是指在矛盾体系发展过程中都存在且处于支配地位，起着决定体系整体的根本性质的作用的矛盾。"⑤ 该观点包括三层含义：基本矛盾产生于一个矛盾体系而不是一对矛盾；基本矛盾处于支配地位，决定矛盾体系的性质，具有支配性特点；基本矛盾存在于矛盾体系的全过程，具有全程性特点。

---

① 毛泽东. 矛盾论 [M]. 北京：人民出版社，1975：5.
② 中国社会科学院语言研究所. 现代汉语词典 [M]. 北京：商务出版社，1980：242.
③ 中国社会科学院语言研究所. 现代汉语词典 [M]. 北京：商务出版社，1980：175.
④ 刘延勃等. 哲学辞典 [M]. 长春. 吉林人民出版社，1983：571.
⑤ 郭和平. 新矛盾观（论纲）[M]. 北京：中国社会科学出版社，2004：166.

综上，所谓基本矛盾，是指在矛盾体系中发挥基础作用，贯穿事物发展全过程，规定事物性质，支配矛盾体系发展的矛盾。

二、职业教育基本矛盾的概念

职业教育的基础实践是教与学。职业学校的中心工作是教与学。教与学的主体是教师与学生。学生在学，有学习收获的需求；教师在教，是教学效果的供给。两个主体背后各有一个特殊主体：教师后面站着学校，学生后面站着家长。为了满足学习收获的需求，家长代表子女，通过缴纳学费等形式购买学校可以满足学生学习收获需求的教育服务。家长通过这一交易，让子女满足学习和成长的需求，为毕业离校、步入社会后的职业发展打好基础。因此，研究职业教育的基本矛盾，应该把视线集中在学生学习收获需求与教师教学效果供给二者关系的探讨上。

（一）什么是学生学习收获需求

学生学习收获需求可以归纳为三个标准需求：

1. 学校标准

学校标准以取得学校颁发的毕业证书为依据。衡量一个学生是否达到学校标准的书面依据是毕业之际是否获得毕业证书。确定这一标准的依据是《职业教育法》的规定："接受职业学校教育的学生，经学校考核合格，按照国家有关规定，发给学历证书。"

2. 国家标准

国家标准以取得国家颁发的职业资格证书或职业技能等级证书为依据。衡量一个学生是否达到国家标准的书面依据是毕业之际是否获得国家认可的职业资格或职业技能等级证书。确定这一标准的依据是《职业教育法》的规定："实施职业教育应当根据实际需要，同国家制定的职业分类和职业等级标准相适应"，实行"学历证书、培训证书和职业资格证书制度"。

3. 市场标准

市场标准以取得与用人单位签定的劳动合同书为依据。衡量一个学生是否达到市场标准的书面依据是毕业之后是否与用人单位签定劳动合同书（自主创业的看其是否领取工商执照本；自谋职业的看其是否出具社区证明书；升学深造的看其是否拥有录取通知书）。确定这一标准的依据是《职业教育法》规定："职业学校、职业培训机构实施职业教育应当实行产教结合，为本地区经济建设服务，与企业密切联系，培养实用人才和熟练劳动者。"

三个标准对应三类证书，既不能合并，也不能替代。三个标准体现职业教育的领域跨界和标准叠加特点。三个标准包含德育、智育、技育、体育、美育、劳动教育，是职业教育领域德智技体美劳全面发展目标的具体化，既可典型地代表学生学习收获需求，也可作为职业教育质量评价的依据。实践与法律都要求职业学校的办学应当执行上述三个标准。

学生方面，客观存有三个标准的学习收获需求但不懂归纳和表达。职业学校学生在心理方面，较成熟与较幼稚并存，不够理智与容易冲动交织，追求理想与不满现实兼具；在学习方面，多数学生学习目标不明确，学习信心不足，学习习惯不良，学习方法不当，认知水平较低，价值观偏向摇摆。心理与学习两个方面的表现在很大程度上影响其对三个标准的理性认识和言行要求。可谓"三有三无"：有此权责无此意识、有此需求无此诉求、有此权益无以维护，任凭学校一方"良心"作为。

学校方面，普遍忽视客观存在的三个标准的学习收获需求，普遍缺乏对三个标准的综合认知和科学规划。究其缘由，一是，因为传统办学过程中从来没有"三个标准"的政策要求和实践积累，学校习惯于按照以学历为特色、以升学为导向培养学历人才的模式办学；二是，因为学校与学生的关系从来都是教育与被教育、管理与被管理的关系，教与学双方，学生从来都是弱势群体，其应有的三个标准学习需求这一核心利益不仅被忽视，而且形成了无视三个标准学习需求的相关制度；三是，因为兼具专业工作经验和专业教学经验的教师长期缺乏。此可谓"三应三无"：应当重视却无此认识、应供所需却无视需求、应改制度却无此自觉。

（二）什么是教师教学效果供给

与学生学习收获需求相对应，教师教学效果供给应该围绕三个标准进行，即三个标准的达标率。

1. 学校标准的达标率

教师教学效果供给影响学校标准的达标率。正常情况下，学校标准的达标率就是学生的毕业率。获取毕业证书的学生越多，毕业率越高，说明教师教学效果供给越到位，职业学校培养质量越高。

2. 国家标准的达标率

教师教学效果供给影响国家标准的达标率。衡量职业学校学生是否达到国家标准的书面依据是职业资格证书或职业技能等级证书，因此，正常情况下，国家标准的达标率就是学生毕业前职业资格证书或职业技能等级证书的获得率。获取证书的学生越多，说明该专业毕业生国家标准达标率越高，也说明教师教学效果供给越到位。

3. 市场标准的达标率

教师教学效果供给影响市场标准的达标率。市场标准就是行业中主流企业标准。市场标准与学校标准、国家标准有相通点，也有相异处。连接相通和相异的关键环节在"教学过程与生产过程对接"[①]。这个"对接"是国家对职业学校及其专业教师的要求。职业学校专业教师要实施"对接"教学。这既是一种能力要求，也是一种经验积淀；既应该成为衡量职业学校教师教学效果供给是否理想的市场标准，也应该成为毕业生学习收获需要是否满足的最严格、最到位的评价标准。一个学校，实施"对接"教学的专业教师越多，学生学习收获就越大，教学效果就越好，毕业生与企业签定劳动合同书的比率就越高，学校的办学效果就越好。

可以说，教师教学效果供给的重要性几乎等于职业教育质量的重要性，教师教学效果供给的不理想几乎等于职业教育的不理想。无数实践证明：职业教育质量的说服力在于职业学校教师教学的质量。最能影响学生学习收获和最能满足学生学习收获需求的因素，不是学校行政级别，不是学生管理制度，不是考核评价机制，而是"对接教学"教师数量。

---

① 资料来源：《国务院关于加快发展现代职业教育的决定》（国发〔2014〕19号）.

综上，所谓职业教育的基本矛盾，就是学生学习收获需求与教师教学效果供给之间的矛盾。简言之，职业教育的基本矛盾，即教与学之间的矛盾。

三、职业教育基本矛盾的特点

（一）基础性

职业教育的载体是职业学校。职业学校运行自然充满各种矛盾，如办学场地类矛盾，设施设备类矛盾，行政管理类矛盾，教学实践类矛盾，行政与教学类矛盾等。但所有的矛盾都不如教与学矛盾更具基础性。基本常识告诉我们：没有学生，就没有教师。反过来，没有教师，能有学生？教与学的有和无决定职业学校的存与亡。学生与教师两者形成的教与学矛盾作为重要的基础性矛盾支配着或影响着其他矛盾的产生和发展。

强调基础性为职业教育基本矛盾的特点，目的在于明确教与学工作在学校一切事务中的地位与作用；在于统一校长们关于教与学工作重要性的认识。

（二）全程性

事物基本矛盾全程性的特点源于"基本矛盾贯穿事物发展的始终"① 的实践归纳。这一特点涉及事物发展的时间和空间。职业教育基本矛盾全程性特点指的是教师与学生之间形成的教与学矛盾贯穿职业教育全过程。全过程的表现包括时空两个领域：

1. 时间领域

时间领域包含两个方面：一是狭义时间，指学校的每一天、每一周、每一月、每一学期、每一学年、每一学制周期都存在教与学矛盾；二是广义时间，既指职业学校从办学的第一天起到学校倒闭，也指职业教育从产生之日起至消失之时止。学生学习收获需求与教师教学效果供给之间的矛盾贯穿全过程。

2. 空间领域

空间领域包含两个方面：一是校内空间。教与学矛盾不仅存在于教室空间，也展示于实训、体育运动、文艺活动、思想品德培育等场所。二是校外空间。教与学矛盾也存在于教学实习、跟岗实习、顶岗实习等场所。

从时间和空间两个方面认识职业教育基本矛盾的全程性特点的目的在于明确教与学矛盾的时间长度、空间广度、工作难度，引起业界对教与学矛盾的高度重视，把妥善调处教与学矛盾视为学校常态化工作，抓好布置与落实。

（三）支配性

根据唯物辩证法原理，事物的基本矛盾在矛盾体系中处支配地位，发挥着支配矛盾体系发展的作用。同样，职业教育教与学矛盾也支配、规定、影响着职业教育矛盾体系的形成与发展。职业教育是个复杂的矛盾体系，除了教与学矛盾，还有许多其他矛盾，如供与求之间的矛盾，学生数量与培养质量之间的矛盾，行政管理与教学管理之间的矛盾，教学设备与实训场地之间的矛盾，学生数量多与教师人数少之间的矛盾等，所有这些矛盾不仅都因教与学这对基本矛盾的存在而存在，而且其运行过程都被教与学这对基本矛盾所规定、所影响、所支配。以学生数量与培养质量之间的矛盾为

---

① 刘延勃，等. 哲学辞典 [M]. 长春：吉林人民出版社，1983：571.

例，国家经济社会发展需要大批合格技术技能人才。对这些人才，一个要求是量要够，要满足市场对技术技能人才量的需求；另一个要求是质要好，毕业生的技术技能水平要基本达到人力资源市场的人才标准。简言之，其既要保量又得保质。而质与量问题的解决，和教与学密不可分——教师数量、教师质量、教学模式、教学条件、教学方法、教学效果等"教"的状况如何；学生人数、学生素质、学习态度、学习时间、学习方法、学习效果等"学"的状况怎样，全都支配、规定、影响着职业教育的培养规模与办学质量。

明确职业教育基本矛盾的支配性特点的目的是提醒业界：教与学矛盾是牵一发而动全身的全局性矛盾。学校办学质量的保证工作主要是教与学矛盾的调处。教与学矛盾的妥善调处，就是学校培养质量的有效保障。

四、职业教育基本矛盾的运动形态

（一）两种类型

基础性、全程性、支配性特点决定了职业教育基本矛盾的运动形态主要有内律和外律两种类型。

1. 内律型矛盾运动

"律"即约束。内律，指校内教与学矛盾双方的互相约束。学生进入职业学校后，一般有两种选择：一是学习技能，达到准职业人水平，毕业后顺利就业，岗位成才；二是毕业后继续升学，推迟就业。实践中，多数学生选择前者。这类学生为了顺利就业，对在校学习期间学到市场需求的技术技能具有或朦胧或清晰的要求，对教师的教育教学能力和教育教学效果具有或潜在或自觉的期待。在这样的情况下，教师教的情况与学生需要学的情况就成为一对矛盾。教师教的和学生学的二者客观上存在自律与互律相互作用的情况：既对立、斗争，又自律、自纠。当双方互律并均感满意时，教与学矛盾进入相适应阶段，职业教育发展就"顺风顺水"；当双方失律并均感不满意，或一方失律另一方感到不满意时，教与学矛盾进入不相适应的阶段，职业教育发展就"暑雨祁寒"。这时，双方须经自律或互律，逐渐进入均感满意或比较满意的境界。教与学矛盾双方相适应与不相适应及其转化是教与学双方内律的结果。

可以说，职业教育基本矛盾内律型运动就是教与学双方互相约束而呈现的相适应与不相适应波浪式转化的运动形态。

2. 外律型矛盾运动

这里"外律"，指教与学矛盾运动受校内外相关因素的约束。

（1）校内因素之律。比如，场地面积、设施设备、规章制度等因素的约束。这些约束在很大程度上影响教与学矛盾的转化和调处。

（2）校外因素之律。比如，市场标准对教师能力的约束。教师教学能力需自觉接受市场职业标准的约束。职业学校的教师，特别是专业教师，必须自觉地学习与所教专业对口企业的技术知识、技术能力、职业素养要求等，以便将之传递给学生。又比如，企业生产过程对学生学习过程的约束。学生学习内容需自觉地与企业生产过程对接，做到：学习的内容是工作，通过工作完成学习。只有这样，学校教学才不会出现学与用"两张皮"的问题。还比如，用人单位评价毕业生质量对教与学的影响。教与学的结果——毕业生的水平很难"逃脱"市场的检验和评价。教与学的效果好、毕业生的水平普遍高的，市场反应好；反之，教与学的效果差、毕业生的水平普遍低的，市场反应肯定不好。这时，教与学矛盾就需要调处，以适应市场对毕业生质量的要求。

可以说，职业教育基本矛盾外律型运动就是教与学双方受校内外相关主体活动约束过程中所呈现的适应与不适应循环往复的运动状态。

（二）二者关系

实践中，外律型矛盾运动潜导潜控内律型矛盾运动。当教师教学接受外律型矛盾运动的潜导潜控，如教学过程与工作过程对接时，矛盾的主要方面在于学生。学生若是积极配合教师教学，矛盾双方和谐共处，教与学产生"谐振效应"。当教师教学不理睬外律型矛盾运动的潜导潜控，如教学过程与工作过程不对接时，矛盾的主要方面在教师。教师教学的内容与市场需求不对接，教与学双方存在"失谐效应"，教学质量下降，在校学生流失，学校声誉下降，新生逐年减少。外律型矛盾运动潜导潜控内律型矛盾运动是根本性、长期性的，其决定着职业学校教与学矛盾的发展方向。

当然，外律型矛盾运动潜导潜控内律型矛盾运动不可能是绝对的和单方面的。内律型矛盾运动作为职业教育发展与否的内在因素，对外律型矛盾运动也会在一定条件下产生积极的影响。比如在校内，教与学矛盾波浪式转化可能暴露出教务工作存在的问题，从而促进学校教学管理制度完善；教与学双方处在不相适应阶段时，矛盾进入调处状态，矛盾的调处可能会使教学设施设备增加或优化等；比如在校外，教与学矛盾处于相适应阶段时，其成果就是为经济社会发展输送高素质劳动者和合格的技术技能人才。这就对国家建设一支适应市场需求的技术技能人才队伍发挥着积极作用，输送的这些人才不仅可以优化企业技术技能人才队伍结构，还可以提高企业的市场竞争力，使企业获得更多经济效益等。

外律型与内律型作为教与学矛盾运动的两种形态，其运动过程也表现为一对矛盾。矛盾的主要方面是内律型矛盾运动。内律型矛盾运动适应外律型矛盾运动，二者的矛盾关系就产生"谐振效应"；内律型矛盾运动不能适应外律型矛盾运动，二者的矛盾关系就产生"失谐效应"。

在认识职业教育基本矛盾三个特点的基础上，进一步明确教与学作为职业教育基本矛盾的两种运动形态，意在促进业界深入了解教与学矛盾双方运行的内在自恰性的同时，洞察教与学矛盾运行的外在关联性，用辩证法思维科学对待和有效处理教与学这对非常重要的基本矛盾。

第二节 职业教育的主要矛盾

一、主要矛盾的认识

（一）主要矛盾的概念

研究职业教育的主要矛盾，首先应该准确理解主要矛盾的含义。何谓主要矛盾？毛泽东同志认为："在复杂的事物的发展过程中，有许多的矛盾存在，其中必有一种是主要的矛盾，由于它的存在和发展规定或影响着其他矛盾的存在和发展"，"然而不管怎样，过程发展的各个阶段中，只有一种主要的矛盾起着领导的作用，是完全没有疑义的"。[①] 毛泽东同志对主要矛盾的看法，至少包括三层含义：一是唯一性，许多的矛盾之中必有一种且只有一种主要矛盾；二是主导性，对于非主要矛盾的存在和发展，主要矛盾具有主导的作用；三是阶段性，毛泽东同志不仅明确地把主要矛盾的主导作用限定在"各个阶段中"，并且强调抓住主要矛盾阶段性特点的重要性，"如果人们不去注意事物发展过程的阶段性，人们就不能适当地处理事物的矛盾"[②]。

《哲学辞典》认为："主要矛盾是在许多矛盾中起主导、决定作用的矛盾，它决定事物发展的进程和方向，规定和影响着其他矛盾的存在和发展。"[③] 主要矛盾的"主导性"表现在两个方面：其不仅"规定和影响着其他矛盾的存在和发展"，而且"决定事物发展的进程和方向"。

云南师范大学郭和平教授认为："主要矛盾是指在矛盾体系发展过程的不同阶段上对矛盾体系的发展有决定性影响的矛盾。"[④] 该观点包括两层含义：一是主要矛盾是阶段性矛盾，二是主要矛盾对矛盾体系的发展具有决定性影响。

归纳之，所谓主要矛盾，是指存在于事物发展的某一阶段，不仅规定和影响着其他矛盾的存在和发展，也决定事物发展的进程和方向的矛盾。

（二）主要矛盾与基本矛盾的区别与联系

1. 区别

主要矛盾与基本矛盾的区别见表2-1。

表2-1　主要矛盾与基本矛盾的区别

层次不同	基本矛盾作用于矛盾体系；主要矛盾作用于矛盾体系发展过程的某一阶段
对立面不同	基本矛盾的对立面非基本矛盾；主要矛盾的对立面是非主要矛盾
效能不同	基本矛盾以其基础性、全程性、支配性特点侧重解决事物存在与发展全过程的基本属性、基本面貌、基本方向问题。主要矛盾以其唯一性、主导性、阶段性特点侧重解决事物特定阶段的发展方向、发展任务、发展质量问题

2. 联系

主要矛盾与基本矛盾的联系见表2-2。

表2-2　主要矛盾与基本矛盾的联系

1	基本矛盾是主要矛盾的基础
2	主要矛盾是基本矛盾发展过程中某个阶段的产物
3	主要矛盾作为非基本矛盾的组成部分，其产生、发展、变化受基本矛盾的规定和影响
4	基本矛盾的发展又依赖于特定阶段主要矛盾的解决

① 毛泽东. 矛盾论 [M]. 北京：人民出版社，1975：3.
② 毛泽东. 矛盾论 [M]. 北京：人民出版社，1975：3.
③ 刘延勃，等. 哲学辞典 [M]. 长春：吉林人民出版社，1983：186.
④ 郭和平. 新矛盾观（论纲）[J]. 中国社会科学出版社，2004：166.

二、职业教育主要矛盾的概念

在职业教育发展过程中，我们总是会面临一系列动态性的复杂矛盾。这些矛盾总是会无处不在、无时不有地影响着人才培养工作的进程和质量。因此，抓住职业教育的基本矛盾并采取有效措施予以解决是必要的，但同时也是不够的。在妥善调处基本矛盾的基础上，我们还要处理好复杂的诸多矛盾中起主导、决定作用的主要矛盾。只有二者兼顾并妥善处理，我们才能使职业教育事业协调发展。

职业教育区别于其他教育类型的本质特征是"职业"。职业教育因职业活动而生，循职业活动而展，与职业活动关系密切，是关于职业的教育。从国家人力资源开发的角度看，人力资源市场来源于职业活动，又以平台为形式，以人力资源的开发、配置、交流、调整、优化为内容深刻地展示和影响职业活动。因此，人力资源市场活动与职业教育关系密切。要准确认识职业教育的主要矛盾，应当考察职业教育与人力资源市场的关系。

（一）职业教育对人力资源市场发展的作用

1. 人力资源市场的构成

人力资源市场包括四大要素：供、求、价、场。具体如表2-3所示。

表2-3　人力资源市场四大要素

供	即人力资源供给。包括两层意思：一指劳动力价值出卖主体——劳动者对自身劳动力价值的出卖；二指劳动力价值培养主体——培养机构对劳动者劳动力价值的增值
求	即人力资源需求。主要指各类各级用人单位——需求侧关于人力资源，包括人才资源量与质两个方面的要求
价	即人力资源价格。主要指市场供与求两个核心主体针对劳动力价值而商定的价格——劳动者的收入
场	即人力资源交易场所。主要指市场供求双方交易的环境，包括在特定场所举办的各类招聘会

上述四要素中，最核心的是劳动力价值需求侧的用人单位与劳动力价值供给侧的两类主体——价值出卖主体和价值培养主体。他们不仅是构成市场的核心主体，也是决定人力资源市场运行是否健康有序的关键因素。从职业教育的角度看，劳动力价值需求侧的核心主体是企业，劳动力价值供给侧的核心主体是技术技能人才及其培养主体。技术技能人才培养主体主要有用人单位、职业学校（包括技工院校，下同）、社会职业培训机构三类。

2. 培养主体的特点

用人单位、职业学校、社会职业培训机构三者虽同属技术技能人才培养主体，但方式、特点与目的各不相同，如表2-4所示。

表2-4　培养主体的区别

用人单位主体	方式：除直接引进外，主要采用自培方式培养自身需要的人才 特点：自培自用 目的：力使本企业人才队伍长期稳定和结构优化

表2-4（续）

职业学校主体	方式：采用自培和校企合作共培两种方式培养不同类型企业都有需求的通用型、复合型或高精尖缺型的技术技能人才 特点：培为众用 目的：尽可能满足不同企业技术技能人才需求；尽可能满足不同专业毕业生技术技能就业、技术技能成才需求
社会职业培训机构主体	方式：采取长短期培训并存，短期培训为主的方式，重点培养不同企业需要但由于种种原因无法培养或不愿培养的初、中级技术技能人才 特点：短培他用 目的：满足不同企业对初、中级技术技能人才的需求；满足自身经济效益的需求

从市场交易的角度看，三类主体之间，企业是技术技能人才的需求侧，职业教育两类主体均属技术技能人才的供给侧。维系人力资源市场充满活力的供求关系主要在企业这一需求侧和以职业学校、社会职业培训机构为代表的职业教育供给侧之间进行。

从职业教育主体培养的角度看，职业学校与社会职业培训机构的共同点是：培养而不自用。

从职业教育服务对象的角度看，职业学校与社会职业培训机构的共同点是：服务企业——供给企业需要的技术技能人才。

从职业教育对人力资源市场发展的作用角度看，职业学校与社会职业培训机构发挥三个作用：技术技能人才培养的重要基地作用；技术技能人才队伍优化的调节器作用；实现国家人力资源强国战略和促进人力资源市场健康发展的支撑性作用。

3. 职业教育培养主体的功能

职业学校与社会职业培训机构两类培养主体都体现以下功能，如表 2-5 所示。

表 2-5　培养主体的功能

1	培养结果有助于劳动力价值出卖主体增值，即提高技术技能人才劳动力价值的功能
2	培养结果有助于提高企业产品质量或服务质量，即促进劳动生产率提高的功能
3	培养结果有助于人力资源市场的技术技能人才队伍结构得到代际性、结构性优化，即优化人才队伍结构功能
4	培养结果可引导更多劳动者学习技能，实现技术技能就业、技术技能成才，即促进成才功能

综上可知，职业学校与社会职业培训机构两类培养主体对人力资源市场发展的作用都比较大。但二者比较，职业学校条件更好，社会贡献度更高，是我国技术技能人才培养规模最大、层次最全、专业覆盖面最广、政府最放心的培养主体，对于人力资源市场发展具有不可替代的促进作用。

（二）人力资源市场发展对职业教育的作用

明确职业教育在人力资源市场中的作用，对于认识和把握职业教育主要矛盾无疑具有重要意义，但，这只是认识事物的一个方面。为了全面认识人力资源市场与职业教育的关系，我们应该进一步探讨人力资源市场需求对职业教育的意义。

人力资源市场的需求主要是企业的需求。企业对技术技能人才的需求直接影响职业教育的存在与发展。道理浅显：职业教育的"产品"——毕业生，职业学校极少自用。谁用？主要是企业用。企业用多少？怎么用？不由职业学校说了算，而由企业做主。在技术技能人才的接收和使用环节上，职业教育要看企业的需求行事。

回顾职业教育发展史，我们会明白：企业的需求与院校的"脚步"之间存在着奇妙的关系：

当社会进入某一经济发展阶段，企业需求变化：对技术技能人才数量的需求增加，而职业学校和社会职业培训机构"脚步"跟不上时，"人才荒"出现，职业学校和社会职业培训机构就得加快"脚步"——扩招学生或学员，扩大培养规模以适应企业的需求，与此同时，职业教育自身得以规模化发展。

当社会进入又一经济发展阶段，企业需求转变：因为使用人工智能、大数据等先进技术，企业一方面要淘汰技能落后的劳动者；另一方面要新招拥有人工智能、大数据等先进技术的劳动者。这时，职业学校的"脚步"又得跟上，即要调整专业结构，更新课程内容，让学生学会使用人工智能、大数据等先进技术，按企业的需求办事；否则，职业学校的培养就落后于市场需求，毕业生难以就业，培养与使用"两张皮"成为现象。

当社会进入一个新的经济发展阶段，经济结构又调整，新一波技术进步出现，企业需求又会转变，对技术技能人才的数量、质量带来新的要求。职业学校又得调整"脚步"以求适应。

经济社会发展阶段不同，企业需求不同，对职业教育的"脚步"要求也不同。依据三个"不同"，我们可得出以下四个判断，如表2-6所示。

表2-6　四个判断

1	企业用人需求决定职业教育的"脚步"。
2	人力资源市场与职业教育这两个不同领域因为"供求"事实存在，关系不仅"暧昧"，简直难以分割！
3	职业教育与人力资源市场的相互作用不对称。职业教育对人力资源市场只有重要影响，人力资源市场对职业教育却具决定意义。
4	人力资源市场技术技能人才需求与职业教育技术技能人才供给之间的矛盾是职业教育发展的主要矛盾。

综上，所谓职业教育的主要矛盾，就是人力资源市场对技术技能人才的需求与职业教育对技术技能人才的供给之间的矛盾。简言之，就是技术技能人才供与求之间的矛盾。

三、职业教育主要矛盾的特点

职业教育作为意识形态的重要组成部分，是个复杂的系统工程，主要体现主导性、阶段性两个特点。

（一）主导性

职业教育是体现内、外两个领域，包括多种矛盾状态的复杂事物。从外部角度看，其存在职业教育与普通教育之间的矛盾，人力资源市场对技术技能人才的需求与职业教育对技术技能人才的供给不到位之间的矛盾，职业教育与政府管理之间的矛盾等；从内部角度看，其存在学生学习收获需求与教师教学效果供给之间的矛盾，行政管理与教育教学之间的矛盾，学生素质与培养目标之间的矛盾等。但是，与职业教育有关的矛盾无论多少，都可分为主要矛盾和非主要矛盾两类。这两类矛盾中，主要矛盾处于主导地位。人力资源市场对技术技能人才的需求与职业教育对技术技能人才的供给的矛盾在两个方面发挥主导作用：一是规定、影响职业教育领域各非主要矛盾运动方向和运动质量；二是规定、影响职业教育事业发展。凡是不配合其主导的非主要矛盾都在矛盾调处范围之内。矛盾调处若不到位，供与求这一主要矛盾就始终处在"失谐效应"状态。

明确主导性是职业教育主要矛盾的第一个特点，目的是强化人力资源市场需求的主导性，淡化职业教育学校毕业生供给的傲慢性。迄今为止，传统的办学制度仍根深蒂固地影响职业教育。表现之一是：学校无视人力资源市场的需求，主张学校培养什么人，市场就得接受什么人。市场倘不接受，学校也基本不管。表现之二是：在校企关系处理上，学校自视过高，居高临下对待企业。举个典型例子：安排教师去企业实践以提高专业能力。许多学校不叫进企业，叫"下企业"。只有淡化学校毕业生供给的傲慢性，使市场在技术技能人才资源配置中起决定性作用，按照企业用人的需求迈开学校培养的"脚步"，职业教育才能彻底解决培养与使用"两张皮"问题。

（二）阶段性

阶段性之所以能够成为职业教育主要矛盾的第二个特点，是因为职业教育矛盾体系发展过程中，主要矛盾是随阶段不同而发生变化的。教与学作为职业教育的基本矛盾可以贯穿职业教育全过程，而作为职业教育主要矛盾的供与求矛盾却没有这样的"能耐"。它只是教与学这一职业教育基本矛盾发展过程中某个阶段的产物。当供与求二者之间的矛盾处于不相适应的阶段时，供与求矛盾上升为这个阶段的主要矛盾。经过调处，供与求二者之间的矛盾如果进入相适应的阶段，那么，供与求矛盾可能依然存在但会由主要矛盾转化为非主要矛盾，原先的某个非主要矛盾可能转化为新的阶段里的主要矛盾。

2017 年 12 月，国务院办公厅印发《关于深化产教融合的若干意见》，明确指出："受体制机制等多种因素影响，人才培养供给侧和产业需求侧在结构、质量、水平上还不能完全适应，'两张皮'问题仍然存在。"[①] 这说明，我国人力资源市场对技术技能人才的需求与职业教育对技术技能人才的供给之间的矛盾正处在激烈冲突时期，冲突的焦点集中在"结构、质量、水平"三个方面的不到位、不充分、不均衡。因此，解决职业教育技术技能人才供给存在的"结构、质量、水平"三个方面的问题便是职业教育供与求矛盾的主要方面。抓住这个"牛鼻子"，采取有效措施调处供与求矛盾，使之尽早进入相适应的阶段便成为当务之急。

四、职业教育主要矛盾的运动方式

技术技能人才供给主体与技术技能人才需求主体形成矛盾及运动的方式可分为五种：

（1）供不应求方式。其特征是：技术技能人才的供给不能满足人力资源市场的需求。供不应求矛盾的主要方面是供给主体在供给数量和质量两个方面不能满足市场需

---

① 国务院办公厅. 关于深化产教融合的若干意见，国办发〔2017〕95 号.

求。供与求双方矛盾冲突尖锐，"失谐效应"明显。

（2）供近于求方式。其特征是：技术技能人才供给基本满足人力资源市场需求。供与求矛盾双方的运动在数量和质量两个方面处于接近相适应阶段。这是供与求双方共同努力，且主要是供给方艰苦努力的结果，可谓接近理想的状态。

（3）供求平衡方式。其特征是：技术技能人才供求平衡。供与求矛盾双方的运动在数量和质量两个方面处于相适应阶段。"谐振效应"明显，供与求双方关系和效应达到理想的状态。

（4）供过于求方式。其特征是：技术技能人才供给大于人力资源市场需求。供过于求的原因有两个：一是经济衰退，在工商业萧条时期，技能培养主体的培养对象多数毕业即失业，技术技能出卖主体"有价无市"；二是经济正常发展，技术技能培养主体——职业学校和社会培训机构规模过度扩张，毕业生或受训人员数量过大。无论哪一种情况发生，两类技能培养主体的调整都很有必要。

（5）供不适用方式。其特征是：用人单位认为培养主体供给的技术技能人才不管用。供不适用主要是指培养的技术技能人才质量不达标，名不副实。

上述五种情况用表格形式归纳，如表2-7所示。

表2-7　主要矛盾的运动方式

序号	方式类型	特征
1	供不应求	技术技能人才供给不能满足人力资源市场需求
2	供近于求	技术技能人才供给的数量基本满足人力资源市场需求
3	供求平衡	技术技能人才供求平衡
4	供过于求	技术技能人才供给大于人力资源市场需求
5	供不适用	用人单位认为供给的技术技能人才不管用

五类之中，最理想的是第二种方式：供近于求。最可怕的是第五种方式：供不适用，其属于浪费式培养。如果是政府办的职业学校毕业生供不适用，就是公共财政的巨大浪费。最需要努力保持的是第三种方式：供求平衡。这种方式很美好但长期保持却不现实。路线正确，条件具备，方法得当，努力保持"供近于求"的方式最值得期待。

第三节　职业教育两类矛盾的调处

把职业教育的基本矛盾和主要矛盾联系起来，我们可以发现两类矛盾主要有四个主体，如表2-8所示。

表2-8　两类矛盾的四个主体

1	需求主体	用人单位（主要是企业）
2	供给主体	职业学校和社会培训机构

表2-8（续）

| 3 | 教学主体 | 教师 |
| 4 | 学习主体 | 学生或学员 |

供给主体和需求主体构成职业教育主要矛盾双方；教学主体和学习主体构成职业教育基本矛盾双方。调处两类矛盾，应当从主体行为入手。

一、职业教育供与求矛盾的调处

（一）政府主管部门牵头，以培养主体为主，解决"供好"问题

所谓"供好"，就是满足需求。有效的需求不断扩大，有效的供给也相应地扩大。这是理想状态。虽然做到不容易，但那是方向。总体上，政府主管部门要牵头，指导并要求培养主体（主要是学校）坚持服务发展、促进就业的办学方向，帮助学校创造相应的培养条件，确保学校培养工作达到学校、国家、市场三个标准，同时，要让学校的教学和管理水平对接人力资源市场需求和学生学习收获需求。具体讲：

1. 以"求"为"导"，把准办学方向

所谓以"求"为"导"，就是培养主体以人力资源市场的技术技能人才需求为导向办学；根据人力资源市场需求，保证技术技能人才供给。关于我国职业教育办学方向，党和国家的要求是明确的，如表2-9所示。

表2-9　国家相关要求

2014 年	国务院	《关于加快发展现代职业教育的决定》	坚持以立德树人为根本，以服务发展为宗旨，以促进就业为导向，培养数以亿计的高素质劳动者和技术技能人才
2014 年	习近平	对职业教育工作的批示	要牢牢把握服务发展、促进就业的办学方向
2017 年	中办国办	《关于深化教育体制机制改革的意见》	坚持以就业为导向，着力培养学生的工匠精神、职业道德、职业技能和就业创业能力
2017 年	国办	《关于深化产教融合的若干意见》	健全需求导向的人才培养结构调整机制

无论是"就业导向"，还是"需求导向"，都要从供与求这一职业教育主要矛盾入手定位办学方向。职业学校应当坚定执行这一正确的办学方向。

2015 年，北京大学和美国斯坦福大学农村教育行动计划（REAP）团队在东中西部 3 个省职业学校学生调查中发现：我国"中职学生在基础知识或技能方面非但没有进步甚至还有退步，在可比的专业技能方面较之普高学生也无明显优势"。按理，中职学校学生在技能方面要比普高学生强，但实际情况令人失望。以市场需求为导向办学未落实应是一个重要原因。

2014 年，中科院农业政策研究中心农村教育行动计划课题组在东中西部 3 个省调研，发现："90% 的中职学生在第一、二学年的学习中没有任何提高。更令人意外的是，计算机应用虽然是信息技术类中职学生的专业基础课，但第一学年结束时，信息

技术类中职学生学到的计算机知识比学年初增长了 3.5 分，比普高学生的增长幅度（6.6 分）低 48%。进一步的分析还发现，即便当初两个学生的基础（中考成绩）一样，如果一个学生进入中职，另一个学生进入普高，第一学年中职学生的计算机成绩提高幅度也比普高学生低 1.5 分。"[1] 追溯原因，这与中职学生素质、教师教学水平、教材内容、教研教改质量、学校管理制度有关，但办学导向存在问题应是重要原因之一。

两个不同的机构相继两年调研了不同学校，得出相似的结论，但结论令人担忧。这与办学方向密切相关。

解决这一问题的根本办法就是以"求"为"导"，不搞"干河撒网——瞎张罗"，而是走以市场需求为导向的办学道路，以市场之需，引教师之教，导学生之学。

2. 以"求"铸"标"，提高培养能力

所谓以"求"铸"标"，就是根据市场对技术技能人才的需求制定市场标准、国家标准、学校标准。在以"求"为"导"的办学方向指导下，以"求"铸"标"是职业学校转型发展的一项改革任务，重要而紧迫。

（1）央地结合铸"标"。市场标准、国家标准、学校标准的制定，既要落实执行国家政策规定，也要结合区域经济社会发展实际。"一刀切"做法违背市场规律。

（2）与时俱进铸"标"。市场标准、国家标准、学校标准不是一成不变的，市场需求变，培养标准也得跟着变。

（3）重视"校标"制定。因为，学校标准既对接市场标准、国家标准，又直接影响培养路径和效果，而相关机构的调研结果也进一步证明制定新的学校标准的重要性和紧迫性。中科院农业政策研究中心农村教育行动计划课题组调查发现："中职学生两个学年累计辍学率高达 25%，中部（30%）和西部（27%）省份更为严重。与 326 位辍学中职学生的访谈结果显示，68% 的学生辍学是因为'想学的东西在中职学不到'。"[2] 25% 的辍学率，68% 的"学非所需"。两个数据非常刺眼！其原因肯定是多方面的，但学校标准歪斜应是重要原因之一。可以认定：新时代职业学校的学校标准改革势在必行。而新时代职业学校学校标准改革制定的基本思路应该包括：

① "三标"融合。在对接市场标准和国家标准的前提下，结合教育规律和本地区经济社会发展趋势制定学校标准；

② "四能"兼具。进入新时代，职业学校功能发生变化。其不仅要办好学制教育，还要履行三个新功能：职业培训、技能鉴定、就业创业服务。学校标准应当囊括上述四个功能；

③ "八务"深改。进入新时代，职业学校应把以下八个方面列入重点改革的要务：专业建设、课程开发、教材编写、教师教学、教学督导、教务管理、学生管理、质量评价。

3. 以"求"设"评"，开展供求测评

所谓以"求"设"评"，就是根据三个标准设立测评机制，对供求两个方面情况

---

① 易红梅，等. 关注中职人才培养质量，促进中职教育健康发展 [N]. 中国科学院农业政策研究中心政策研究简报. 2014（5）.

② 易红梅，等. 关注中职人才培养质量，促进中职教育健康发展 [N]. 中国科学院农业政策研究中心政策研究简报. 2014（5）.

进行阶段性测评。其目的是化解供与求矛盾，促使供求双方在供近于求的状态中运行。这类测评机制应该由地方政府主管部门牵头实施。测评的对象包括供与求两个方面。"求"方面，重点测评"求"人的合理性和"用"人的有效性；"供"方面，重点测评培养主体——毕业生就业率、专业对口就业率、稳定就业率、工资水平、用人单位满意度等情况。政府应该针对技术技能人才培养与使用方面存在的问题，采取法律、行政、经济、媒体宣传等多种手段，调整、促进教与学基本矛盾及其转化，使供求双方始终在基本协调的状态中运行。

（二）以企业为主解决"用好"问题

在供与求矛盾化解问题上，供给侧改革是矛盾化解需要解决的重点方面，而需求侧改革也不能忽视。比如，重学历轻技能、学历高消费、技能高消费就是企业用人方面存在的问题。化解供与求矛盾，如果不重视需求侧存在的问题，也不利于矛盾的调处。需求侧的企业一方"用好"技术技能人才，对促使供与求双方保持相适应状态意义重大。

所谓"用好"，就是在经营状况正常的条件下，用人单位对职业学校合格毕业生（培训合格学员）边使用，边培养，边创造效益，边提高待遇，特别是能够落实"技高者多得"的政策。这样的"用好"，会不声不响地从正面激发职业学校学生学习技术技能的热情，会有效地促使供与求双方保持在相适应阶段。要实现"用好"技术技能人才这个目标，企业应解决四个问题：

（1）解决对技术技能人才地位作用的认识问题。我国社会"学而优则仕"的观念历经数千年，不仅根深蒂固，而且成为了一种集体潜意识，至今依然影响着各行各业，包括很多需要技术技能人才的企业。其表现是：技术技能人才贡献再大，收入低于学历教育毕业生。这是企业工资制度的不合理——干部与工人身份决定工资收入。这种不合理的工资制度既深受不合理的社会集体潜意识影响，又反过来固化这种不利于企业、民族、国家发展的社会集体潜意识。企业应该客观评价和理性对待技术技能人才地位作用。

（2）解决技术技能人才身份问题。用人单位应打破企业干部、工人的身份界限，统称为企业员工；在此基础上，建立依据能力定身份、定等级的制度。

（3）解决技术技能人才待遇问题。用人单位按照多劳者多得、技高者多得的原则合理支付劳动报酬。

（4）解决技术技能人才能力复合性和多岗适应性问题。用人单位采取多岗轮换的办法培养复合型技术技能人才；根据企业发展需要组织岗位技能提升培训，促进毕业生技术技能成才。

二、职业教育教与学矛盾的调处

（一）政府和学校牵头解决"教好"问题

所谓"教好"，就是以学校标准、国家标准、市场标准的达标率为指导，妥善调处教与学矛盾，即教师的教学要使学生达到学校标准、国家标准、市场标准。

1. 要实现这个目标，政府和学校应解决四个问题

（1）教师愿教问题。政府应落实《中华人民共和国教师法》关于"教师的平均工资水平应当不低于或者高于国家公务员的平均工资水平"的规定，保证教师收入不低于当地公务员水平，让教师安心地开展教学。

（2）教师会教问题。所谓会教，就是专业教师会用工学一体化课程教学。这是现代职业教育的专业教师必须拥有的能力。工学一体化课程教学就是国务院《关于加快发展现代职业教育的决定》中要求教师教学要做到的"教学过程与生产过程对接"。对于专业教师来讲，不仅要有教师上岗资格证，要有职称，还要拥有工学一体化教学能力，按照科学方法组织教学。只有这样，才能让学生学到与三个标准相对应的综合能力。而要让专业教师拥有这种能力，政府需要出台专门政策，加大资金投入，设立工学一体化教师培训项目持之以恒地培养。

（3）教学条件问题。学校要根据三个标准要求，提供教学软、硬条件，包括鼓励教师运用大数据、云平台、智能手机等新一代网络技术手段教学。

（4）教学质量激励问题。政府和学校应该联手出台教学质量激励政策，对愿教、会教、教好的教师进行激励，形成全校教师"教好"的局面。

2. 要实现这个目标，教师个人方面，应着力解决三个问题

（1）岗位工作艰巨性认识问题。所谓艰巨性，包括三项内容：第一，社会对职业教育不重视。我国崇尚"学而优则仕"的人生观和职业观，轻视职业教育的社会心理具有长期性和顽固性特点。这些特点会通过观念、政策、舆论等种种方式影响置身其中的职业工作。职业学校教师若不能正确认识岗位工作对国家、社会、家庭、学生的积极影响，不能深刻认识工作的价值性和艰巨性，很难履行好本职工作。第二，生源整体素质相对要差一些。在我国教育系列里，职业教育长期被视为非主流教育。素质高且会考试的学生都会去考大学，入读职业学校的多是考不上大学的学生。他们多数缺乏学习的积极性，教学难度大。教师若不能清醒地认识学生素质的实际，不能以真诚的态度，采取合适的办法去面对，便不能正常地履行教书育人的职责。第三，能力要求高。职业学校教师应该具备普通教育学校教师不必具备的企业技术能力。职业学校教师具备企业技术能力不容易，其不仅需要较长时间，付出艰苦努力，还得与时俱进，及时更新，才能与市场需求能力保持紧密对接。能力要求特别高，教学对象相对较差，工作压力特别大，他们产生职业倦怠的可能性也比较大。

因此，职业学校教师应充分认识岗位工作的艰巨性，坚定职业信心，以干一行、爱一行的信念，把个人职业生涯的拓展与国家职业教育事业发展结合起来，在职业教育低人一等的不合理环境中，抬起头，把工作做好。

（2）职业类业务学习问题。职业教育作为一种比较特殊的教育类型，具有与众不同的规律、特点。教师要教好学生，应该注重职业类业务与教育类业务叠加学习和运用。教育类业务学习，主要是针对"学校标准"，侧重学习掌握现代职业教育教学规律、教师能力要求、教学对象特点、教学质量要求、教学目标定位、教学方法等；职业类业务学习，主要是针对"国家标准、市场标准"，学习技能知识和操作，了解专业对口企业的相关制度，在学校统一安排下，与专业对口企业人员交朋友，共谋招生招工，共商专业规划，共议课程开发，共组师资队伍，共创培养模式，共建实习基地，共搭管理平台，共评培养质量。此外，职业学校教师还要学习、掌握大数据、云计算、人工智能等新技术、新知识、新手段。只有拥有了与三个标准相适应的两类业务和现代化技术，工作才可能落到实处。

（3）能力表现问题。不少教师热爱职业教育，也基本了解职业教育业务，也拥有

工学一体化课程教学能力，但能力的表达有问题，会由于不善于表达，教学效果不佳，达不到三个标准，使学生有意见，学校不满意，自己也着急。因此，职业教育教师拥有相关能力固然重要，但解决善于表达的能力问题更加重要。为了实现三个标准，教师要苦练表达能力。

当前，乃至今后相当长时期内，现代职业教育供给侧结构性改革的重点任务就是解决"教好"问题。"教好"了等于"供给好"了。"供给好"了，职业教育的基本矛盾和主要矛盾就能得到缓解。

（二）政府和学校联手解决学生"学好"问题

所谓"学好"，就是要求职业学校学生以三个标准为指导，从德智技体美劳六个方面努力，达到三个标准要求。

1. 要实现这个目标，政府、企业、学校三方应共同解决三个问题

（1）生源素质差别过大的问题。小学、中学两级学校应该努力提高教育教学质量，尽量均衡地提高初高中毕业生整体素质。

（2）教育投资不均衡的问题。相关部门首先应该调整各级政府教育政策导向，对于普通教育和职业教育的政策供给，可以有所区别但不宜差别过大，因为职业教育办学成本更高；其次，考虑根据新生注册人数和毕业生就业人数核定学校社会贡献度和办学资金量，做到两类教育投资大体相当。

（3）就业待遇问题。落实国家相关政策措施，鼓励用人单位按照技高者多得、多劳者多得原则确定工资收入。

2. 要实现这个目标，学生个人方面，应当着力解决三个问题

（1）学好应学知识。学生一是按照国家规定学好相关课程，提高科学文化知识水平；二是按照国家规定学好与技能有关的知识。

（2）掌握技术技能。学校要采取"加强五技，狠抓两习"的办法促进学生学好技能。所谓"五技"，即技能实训课、技能节、技能社团、技能竞赛、技能鉴定考试。学校通过推行"五技"，对学生操作技能进行多方面的训练，为学生创造技能成长平台，并且通过考核评价等途径对学生掌握技能情况进行检验，保证技能教学质量。所谓"两习"，即跟岗实习、毕业实习。两次实习都具有综合素质阶段性集中验证和展示的特点。每个学生通过两种实习，不仅可实地解决职业思想问题，而且可实地验证和提高技能水平，对就业会有明显促进。

（3）提高职业素养。职业素养包含职业道德、职业意识、职业行为习惯等。学校应按与专业相关的企业文化精神来制订和实施该专业学生的职业素养培育计划，确保所有毕业生以较好的职业素养进入用人单位就业。

第三章

职业教育规律论

规律指"事物之间的内在的本质联系。这种联系不断重复出现，在一定条件下经常起作用，并且决定着事物必然向着某种趋向发展"[①]。规律，具有必然性、普遍性、客观性等特点。职业教育是一个复杂的系统，系统的运行过程中必定存在规律的独特作用。研究职业教育规律，对促进我国职业教育事业健康发展具有重要意义。

第一节　职业教育与人的发展需求相适应规律

职业教育与人的发展需求相适应规律表现为：人的发展需求制约职业教育发展和职业教育促进人的发展二者之间的相互作用。

一、人的发展需求制约职业教育发展

相对于显在而可视的职业教育，人的发展需求是泛在而潜隐的。但是，泛在而潜隐的需求恰如"神灵"一般不动声色地对显在而可视的职业教育施展"魔力"——连绵不断地提出要求，无处不在地强调制约。人的发展需求对职业教育的制约作用主要表现在人的身心成长需要、人的生存需要、人的价值发展需要三个方面。

（一）人的身心成长制约职业教育

人的身心成长包括身体成长和心理成长两个方面。身体成长主要指机体的各种组织系统的成熟度，如骨骼、肌肉、神经系统、呼吸系统等功能的发育和机能的增长；心理成长主要指人的思维能力的形成与提高和人的个性的形成与成熟。人的身心成长对职业教育的制约主要体现为两个方面的要求：

1. "循序"制约

"序"即次序。"循"即遵守，依照。"循序"即遵守、依照次序。人的成长，无论是身体成长，还是心理成长，绝大多数人和一般情况下都"循序"而"渐进"，不

---

① 现代汉语小词典. 中国社会科学院语言研究所词典编辑室［M］. 北京：商务印书馆，1980.

以人的意志为转移。"循序"制约职业教育表现在：职业学校对待学生的教育教学不能随心所欲，不能颠三倒四，更不能揠苗助长。比如，初中毕业入学的五年制学生，前三年与后两年的"循序"制约就有明显区别。前三年，绝大多数学生处于机体突显扩展期，学习初级和中级技术比较合适。后两年，绝大多数学生机体进入成年人发展期，身体器官组织基本定型，思维系统、心理结构渐趋稳定，可以学习高级技术。学校根据学生不同的年龄段先易后难，由浅入深，循序渐进地安排教育教学活动，就是职业教育接受人的身心成长"循序"制约的表现。可以说，"循序渐进"并不是职业教育自身固有的，而是职业教育者在接受人的身心成长需求制约过程中识察到必须"循序"方能获得良效之后才逐渐积累起来的体现规律性的一个宝贵经验。职业教育如果无视此"序"，违背此"序"，就会受到惩罚——或者因学习任务太重、太难导致旧生流失，新生知难而退；或者因学习内容太浅、太易学而收效甚微导致旧生流失，新生却步。无论出现哪一种情况，都会使学校萎靡不振。

2. "补短"制约

"短"，即不足、差距。"补短"，即纠正不足，缩小甚至消灭差距。人与人之间普遍存在智商、情商等差异，同时，人的本性又潜藏"补短"需求。职业学校学生毫不例外地存在"补短"需求。"补短"需求要求职业教育者应充分认识学生个体间的差异性；应按照"取长补短"或"扬长补短"原则，区分层次，因材施教，尽力缩小差距。对于怕数学、怕英语但爱学技术的学生，学校需要定制"补短"培养方案，制定专门的课程标准，明确专门的学习任务和考核要求，不仅要因材施教，而且要因材施考，使这类学生也能别样成才。"补短"制约也并非职业教育天生固有，是职业教育者在接受人的身心成长规律制约过程中识察到必须"补短"方能获得良效之后才逐渐积累起来的体现规律性的一个宝贵经验。职业学校如果不重视"补短"制约，"一刀切"地开展教育教学，必然会受到人的身心成长规律的惩罚——优生"吃不饱"，学困生"难消化"，学生学习兴趣严重削弱，学生个体发展严重受阻，学校教育教学难以收获应有的效果。

（二）人的生存需要制约职业教育

1. 何谓人的生存需要

恩格斯说："人们首先必须吃、喝、住、穿，然后才能从事政治、科学、艺术、宗教等。"[①]"吃、喝、住、穿"就是人的生存需要，与"政治、科学、艺术、宗教"相比，它们的重要性毫无疑问是要排第一位的。美国著名心理学家亚伯拉罕·马斯洛的看法对恩格斯的观点是个很好的支持："一个缺少食物、自尊和爱的人会首先要求食物；只要这一需求还未得到满足，他就会无视或把所有其他的需求都推到后面去。"[②]

马斯洛著名的"需要理论"包括五个等级：生理的需要；安全与保障的需要；爱与归属的需要；自我尊重与他人尊重的需要；自我实现的需要。生理需要列为最基层，其意义也是最基本的：人只有解决了生理的需要，即解决了生存的问题，才可能应对

---

① 中共中央马克思恩格斯列宁斯大林编译局. 马克思恩格斯全集：第3卷 [M]. 北京：人民出版社，1972：574.

② 弗兰克·戈布尔. 第三思潮：马斯洛心理学 [M]. 上海：上海译文出版社，1987：64.

其他问题。这是人的生存需要的精髓。

2. 人的生存需要制约职业教育

其至少表现在两个方面：

（1）导向制约。"导向"包括三层意思：使向某个方面发展，引导方向，引导的方向。人的生存需要制约职业教育表现在：要求职业教育办学导向必须有满足人的生存需要的内容。这也是人性、人权、人生对职业教育的基本制约。黄炎培先生在《职业教育谈》中明确：职业教育"为个人谋生之准备，一也；为个人服务社会之准备，二也；为世界、国家增进生产力之准备，三也。"[①] 黄炎培先生将之排在第一位的"个人谋生之准备"即包括人的生存需求。学生的生存需求可分为两个阶段：一是在校学习期间的生存需求；二是离校步入社会之后的生存需求。二者皆与学校相关。前者，应通过家庭、政府合作的办法解决；后者，与学校教给学生的职业能力的假与真，强与弱密切相关。凭学校教给学生的职业能力解决生存需求就是职业学校办学方向应当包含的内容。在市场经济体制的社会里，经济收入是解决人的吃、喝、住、穿等生理需要问题的关键。有经济收入，生存就有保障。而就业是人获得经济收入，解决生存问题最主要和最有效的方式。正因如此，国家反复强调：就业是民生之本；要坚持就业优先战略。职业教育履行育人功能应当重视就业，将学生毕业后的生存需要结合起来确定办学导向，无视毕业生就业质量、关门育人的导向毫无疑问是错误的。

泛在而潜隐的人的生存需要不是可视性活动，无法对职业教育办学导向直接"命令"或"训话"。其"魔力"影响主要通过两个方面进行：一是借助人力资源市场"无形之手"，通过毕业生生存需要状况启发或影响职业学校调整办学导向；二是借助政府"有形之手"，通过国家和地方政府出台相关政策要求和规定职业院校调整办学导向。例如，国务院《关于加快发展现代职业教育的意见》（国发〔2014〕19 号）就明确要求职业教育要以促进就业为导向办学，就是一个典例。

（2）特色制约。特色是一个事物或一种事物显著区别于其他事物的风格和形式。职业教育办学特色是职业教育区别于其他类型教育的风格和形式。如果说，普通教育最大的特色是学历，那么，职业教育最大的特色是技术技能。人的生存需求对职业学校办学特色的制约主要集中在技术技能水平状况上。在各类教育都重视整体素质培育的前提下，职业教育技术技能水平决定职业学校学生毕业后的就业质量并形成教育类型特色。因此，职业学校学生要想毕业后得到就业岗位解决生存需要，就得有过硬的技术技能。而要让学生拥有过硬的技术技能，学校方面就得在教育教学和管理服务各个方面重视技术技能培养，不仅让职业教育对象有技术技能水平，而且要尽可能使其高和新，让学生在提高整体素质的同时，突出技术技能特色。

办学特色受办学导向规范，为办学导向服务。学校通过办学特色体现办学导向。如同制约办学导向一样，人的生存需要对职业教育办学特色的制约也是借助于人力资源市场"无形之手"和政府"有形之手"。不同的是：人的生存需要对办学导向的制约侧重于过程，体现过程性；对办学特色的制约侧重于结果，体现终结性。

---

① 顾建军，邓宏宝. 职业教育名著导读 ［M］. 北京：教育科学出版社，2015：51.

（三）人的价值发展需求制约职业教育

1. 何谓人的价值发展需求

人的价值发展需求指人在生存需求基本满足的前提下，以价值提高为核心，以业绩进步为载体，以生命质量不断提升为目标的人生追求。以职业教育为例，大部分学生毕业后选择就业，在基本满足生存需求的同时，会以就业单位为平台，以自己在本单位的地位与作用为价值目标努力工作，展示能力，创造业绩，希求得到本单位甚至更高机构的良好评价以不断拓展自己的职业生涯。比如，某毕业生创造性开展业务工作，因为业绩突出得到单位表彰奖励——体现自身创新能力等价值；比如，某毕业生一心一意、一丝不苟、一以贯之地钻研技术，技术技能水平高，在政府部门组织的职业技能大赛中取得好成绩，得到表彰奖励——彰显自身技能等价值；比如，一部分学生学有余力，毕业后不立即就业，而是通过考核，进入高一层次院校深造，取得更高学历，拥有更多更广学识，并凭着高学识获得某领域的不一般的荣誉——展示自身学术等价值，等等。学生获得上述荣誉，既是单位或社会的权威性评价，也是自身职业生涯价值的雄辩性表征。受教育者经过不断努力和不断创造新业绩，既提升自己生命和生活质量，创建比较理想的人生境界；也扩大自身的外在影响，体现职业能力的社会贡献度；还正面影响家庭乃至家族的进步。这些，均属人的价值发展。对类似这样的人的价值成长的心理追求，就叫人的价值发展需要。

如果说人的身心成长需求对职业教育的制约是一般社会人的生长需求，人的生存需求对职业教育的制约是一般社会人的就业谋生需求，那么人的价值发展需求对职业教育的制约则是一般社会人的价值水平需求。

2. 马斯洛的"人的发展需要理论"介绍

马斯洛的心理学之所以被称为人类了解自身过程的"第三思潮"，是相对于之前的两大思潮——弗洛伊德的精神分析学（第一思潮）和华生的行为主义（第二思潮）而言的。弗洛伊德心理学体系的一个最突出的特点就是诸多重要观点均来自医学临床实践，尤其是来自对精神病患者或心理变态者的观察所得。其研究成果虽然具有创新性，对人类认识自身心理世界（显意识、潜意识、意识流）规律具有划时代的意义，但精神病患者、心理变态者的心理毕竟无法代表广大正常人的心理。弗洛依德医生所采用的上述非正常心理依据及其结论也给第一思潮的心理学和哲学带来不可避免的和令人遗憾的局限性。以华生为代表的行为主义学派则把心理学建立在对动物行为模式的研究上。行为主义学派的大多数研究都是在老鼠身上进行的，而老鼠的行为主要出于生理动机。他们往往机械地、简单化地把"S-R（刺激—反应）过程"作为对人的行为的主要解释，甚至把人的复杂心理活动降低到物理和化学的层次。

在综合了上述两个心理学思潮特点的基础上，马斯洛提出了由基本需要和发展需要两个部分共五个层级构成的人的发展需要理论，如图 3-1 所示。

弗兰克·戈布尔这样描述马斯洛人的发展的规律性理论："马斯洛的另一个与潜力有关的概念是发展。经过多年的研究，他得出了这么一个结论：向自我实现的发展是自然的，也是必要的。他这里所说的发展指的是天赋、能力、创造力、智慧以及性格的不断发展。发展就是越来越高的心理要求不断得到满足的过程。用马斯洛自己的话来说：'从人的天性中可以看出，人类总是不断地寻求一个更加充实的自我，追求更加完美的自我实现。'"① 马斯洛的人的发展需要理论与人的价值发展需求观点内涵相通，其基本精神与马克思主义人的全面发展思想基本相通。

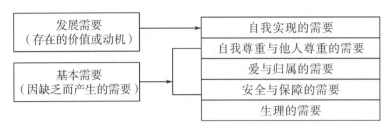

图 3-1　马斯洛的需要等级表

3. 人的价值发展需求制约职业教育的表现

人的身心成长需求、人的生存需求对职业教育的制约及其效果毫无疑问地为人的价值发展需求对职业教育的制约奠定了基础。在此基础上，需要进一步考察人的价值发展需求制约职业教育发展的深广度。

（1）目标制约。我们已经明确：人的价值发展需求指人在基本满足生存需求的基础上，以价值提高为核心，以业绩进步为载体，以生命质量不断提升为目标的人生追求。学生群体的价值发展需要与职业院校的培养目标密切相关。只有培养目标定位准确，职业学校学生的价值发展需要才可能得到满足；反之，难。为此，职业学校应该根据职业学校学生的素质，结合国家对职业学校培养目标的要求，把办学导向与培养目标相结合，把人的身心成长需求、人的生存需求与人的价值发展需求相结合，把满足广大学生的成才需求与适应国家经济社会发展需求相结合，将培养高素质劳动者和技术技能人才定位为职业学校的培养目标。根据这一培养目标，创造条件，精心培养，满足学生这一群体的价值发展需要。

职业学校若是无视这一制约，不在实践中把培养高素质劳动者和技术技能人才作为培养目标而是另树培养目标，就会浪费学生美好的青春；就会出现职业学校人才供给质量与人力资源市场人才需求质量"两张皮"的现象；学校就可能因为社会贡献度低和生源缺失而失去办学的意义。

（2）能力制约。这里的"能力"，指培养能力。从职业教育的角度看，其重点是学校教育教学水平，具体包括三个要素："三观"教育质量、专业能力培养业绩、职业素养培育效果。若是培养目标正确但学校缺乏培养能力，学生群体的价值发展需要也得不到满足。因此，人的价值发展需要对职业学校培养目标和培养能力的需求是相连的。学校拥有这样的培养能力，学生就可能拥有类似的就业能力。当然，学校做到这一点不容易。1930 年 8 月 1 日，蔡元培先生在全国职业教育讨论会上的讲话就提出当时存在的学校培养能力问题。他说："本来教育是为了职业而设的。……现在的教育，就是照着这个方向在计划进行。但有两点须注意：（一）学生在学校毕业后，是不是具有担当职业的能力？现在所办的学校是不是很确当？（二）受教育的人是否能够得到职业？现在因学校的学生与职业界的需求不相应，一方人才无用，他方有事无人，所以办职

---

① 弗兰克·戈布尔. 第三思潮：马斯洛心理学 [M]. 上海：上海译文出版社，1987：64.

业教育要能适应社会的需要。"① 从当前我国职业学校情况看，蔡元培先生90多年前三个问号和一个句号表达的意思没有过时。职业学校若是无视制约，不拥有这样的培养能力，就会继续吞食"学校的学生与职业界的需求不相应，一方人才无用，他方有事无人"的苦果。

二、职业教育促进人的发展

人的发展包括人的身心成长、人的生存需求、人的价值发展需求。人的发展以其特有规律对职业教育产生多种制约。职业教育应该遵循人的发展规律，否则，必然受到规律的惩罚。但是，辩证法告诫我们：任何事物都具有两面性。我们在按照人的发展规律开展职业教育的同时，不能忽视职业教育对人的发展也有反作用。实际上，在实践人的发展规律对职业教育制约的过程中，职业教育起码通过三个方面，对人的发展产生积极的促进作用。

（一）通过"三导"影响受教育者的世界观、人生观、价值观（三观）

"三观"对人的发展具有重要意义。特定社会形态中的人大都需要和大都希望拥有与主流社会价值观相契合的"三观"。人的受教育阶段是树立正确"三观"的重要时期。职业教育的对象绝大多数是中考或高考的失利者，他们因为学业不理想，上不了重点高中或大学，才入读职业学校的，即入读职业学校并不是他们的第一选择。这说明职业学校的学生普遍存在心理上的挫折感。这种心理挫折感很容易影响他们的"三观"。正是这样一种客观存在赋予了职业学校艰巨的任务——"三导"：思品引导、学业教导、职业指导。职业学校正是通过上述"三导"帮助学生树立正确的"三观"，传授职业技能，养成正确的职业意识。

1. 思品引导

思品引导就是对学生思想、心理、品德方面的辅导。重点是帮助学生树立正确的"三观"。思想、品德的引导主要通过课程、活动等方式全方位开展，其心理辅导的对象就是"学业失败"者。联合国教科文组织出版的《教育——财富蕴藏其中》一书中说："学业失败可产生排斥，因此它在许多情况下是某种形式的暴力或个人失控行为的根源。"② "学业失败"者不仅可能酿成社会危害，也可能由此阻碍自身价值的正向发展，因此对他们进行必要的心理辅导意义重大。许多学校通过聘用专、兼职心理辅导教师设立学生心理咨询室，定期向学生开放；举办心理辅导讲座，组织学生心理状态问卷调查等办法对学生进行心理辅导，促进学生的成长。

2. 学业教导

职业学校学制多样化，其中，实行3年和5年两种学制的较多。职业院校不仅重视对学生进行职业技能的训练，也重视学生理论知识的学习以及整体素质的提高。经过三年或五年的时间，学生能够拥有中级技术或高级技术水平。几年时间里，教师的教导、学校的管理、学生之间互相的影响，都有利于学生完成学业，促进学生的发展。

---

① 资料来源：蔡元培《全国职业教育讨论会开会词》，原载《教育与职业》第128期，1930年9月版。

② 资料来源：《教育——财富蕴藏其中》，联合国教科文组织总部中文科翻译，教育科学出版社，1996年版，第42页。

3. 职业指导

对于职业学校学生，职业指导的内容绝不仅仅是向学生提供职业信息、指导面试、推荐就业，而且还包括帮助学生了解自己，在树立正确的"三观"的同时，端正职业态度。一些职业学校会设立职业指导教研室，聘用职业指导教师，把职业指导课列为正式课程开展职业指导。这种指导，重点针对一年级和毕业年级学生。一年级的职业指导重点在于使学生进行正确的职业认知，把所学专业（工种）与今后就业的职业岗位群结合起来，使之有感性认识，并在此基础上，树立正确的"三观"。毕业年级的职业指导重点在于对学生的择业进行正确的指导，引导学生按自身特点和社会提供岗位的可能性选择职业岗位，最大可能地实现个人择业意向与社会岗位能力需求的相对统一。

（二）通过促进技术技能就业，满足受教育者的生存需求

1. 对技术技能就业的认识

（1）对技术技能就业内涵的认识。技术技能就业，就是指劳动者通过技术技能的展示，被用人单位认可而实现就业。技术技能就业的技能等级与生存需求满足程度成正比。技能等级分五等：初级技工、中级技工、高级技工、技师、高级技师。等级越高，技能越强，贡献越大，收入越高，生存需求就越容易满足。技术技能就业的技能有新旧之别。社会在发展，科技水平日新月异，与之相适应的新知识、新工艺、新技术、新设备也不断涌现。倘若固守旧知识、旧技能，不注意及时更新自己的知识结构，不注意提升自己的技术水平，其结果不仅不能满足生存需要，相反可能被人抢走岗位，丢了"饭碗"，出现生存危机。

（2）明确技术技能就业与生存需求关系。生存需求本身也要分类，也要有等级标准之分。按照马斯洛需求层次理论内涵，生存需要作为人的基本层次需求，主要包括食物、水、住所、性生活、睡眠、氧气等。满足这些需求，需要资金，而就业则可通过收入解决资金难题从而实现生存需求的满足。但是，马斯洛认为，人的一生实际上都处在不断追求之中，人是一个不断有所需求的动物。"几乎很少达到完全满足的状态。一个欲望到了满足之后，另一个欲望就立刻产生了。"[①] 即使在生存需求层次，人们的需求也有层级的区分。受教育者应当根据自身地位确定自下而上的需求层级；根据层级定位确定技术技能就业收入在满足生存需求中所占的比例；把节省下来的资金投入在技能水平的不断提升上，以此收获良性循环的效果，在更高程度上满足生存需求。

2. 技术技能就业满足生存需求的表现

技术技能就业可以较好地解决学生的生存需求问题。其具体表现在四个方面："一是因为有技术，可以拥有比普通劳动者更高的收入。二是因为有技术，企业老板一般不会轻易"炒鱿鱼"。因此，技术技能就业者既容易就业，又不容易失业。三是因为有技术，对企业贡献比较大，工资不容易被克扣或拖欠，越是高技术技能人才，劳资纠纷越少。四是因为有技术，自谋创业的机会比普通劳动者多，而成功的把握性也比较

---

① 弗兰克·戈布尔. 第三思潮：马斯洛心理学 [M]. 上海：上海译文出版社，1987：42.

大。"① 此外，毕业生技术技能就业可以使企业保持一支稳定的技术技能人才队伍；可以稳定并不断提高产品质量或服务水平，降低产品次品率或服务质量投诉率，维护和提升企业外在信誉和形象；有利于企业生产技术的更新改造，增强企业创新能力和竞争能力，因而这类人员的经济收入整体水平将稳步提升，其中的高水平技术技能人才会进入中产阶层。总之，职业学校教会学生掌握相关技能，使其具备技术技能就业的能力，毕业之后，学生以此能力实现技术技能就业，完全可以解决自身的生存生活问题。

（三）通过促进技术技能成才，满足受教育者实现自身价值发展需要

1. 技术技能成才的概念

技术技能成才指的是劳动者在技术技能就业过程中，以较高的技术技能水平取得突出成绩，进入技术技能人才行列的高素质劳动者。

2. 技术技能就业不是职业教育的终极目标

职业教育通过促进学生技术技能就业，解决人的生存需求，这是职业教育的阶段性成果，不是最终目标。职业教育的最终目标是技术技能成才，促进学生自身价值的发展。从这一意义看，把职业教育等同于就业教育的观点，是不到位的。江苏技术师范学院的曹稳教授认为："就业其实就是人的发展的一个过程和阶段，而且是一个重要的过程和阶段。人的全面发展就有赖于人在社会中的实践方式，就业无疑是一种重要的社会实践方式。我们所要关心的是，在就业中，人的发展是怎样的？比如说，在哪个方面，能在哪个方面，在哪个层面发展，怎么发展，能发展到什么水平，等等。"② 曹稳教授把就业视为人的发展的一个阶段，准确地道出了就业对人发展的意义。特别重要的是把人的发展放在人的就业过程中来考量，这就启发我们对就业与人的发展之间的关系进行新的认识，即就业，既是人的发展的一个阶段，又是人成为职业人才并谋取发展的平台。

3. 技术技能成才既是目标，又是内容

目标指的是职业教育的宏观目标。技术技能就业只是职业教育的阶段性目标，不是终极目标，其终极目标是技术技能成才。只有把终极目标定位在技术技能成才上，职业教育才能在接受人的价值发展规律制约的同时，利用其自身优势，反作用于人的价值，促进其发展。我们如果把技术技能就业定位为职业教育的终极目标，那么，一方面是将职业教育的作用降低到只是解决人的生存需求的层级了；另一方面又是将职业教育的内在规律性人为地改变了，改变的结果是弱化了职业教育的职责。对于职业学校而言，如果工作目标仅仅是解决毕业生的就业问题，那么工作职责就太简单，也太轻松了。所谓内容，包括两个方面：一是职前校内教学必须涉及就业后技术技能成才内容；二是职后业余时间培训提高内容，即在岗员工可以通过社会化技能培训，不断吸收"四新"内容，提升技术等级，实现进一步的成才。

明确了技术技能成才的目标和内容的两层意义，也就明确了职业教育技术技能成才，促进受教育者人生价值发展的意义，即在技术技能就业平台上的技术技能成才，

---

① 黄景容. 技术技能就业正当时 [J]. 中国劳动保障，2005-4.
② 曹稳. 论职业教育的就业功能与促进人的发展功能 [J]. 职教通讯，2005（6）.

就是职业教育绝大多数学生人生价值的提升。简言之，技术技能成才是职业学校绝大多数学生人生价值的发展方向。

综上，职业教育适应人的发展需求规律主要由三个方面构成，具体如下：

第一，人的身心成长需求从"循序"和"补短"两个方面作用于职业教育，但职业教育通过"三导"反作用于受教育者的身心成长。

第二，人的生存需求从导向和特色两个方面作用于职业教育，但职业教育通过技术技能就业满足受教育者的生存需求。

第三，人的价值发展需求从目标和能力两个方面作用于职业教育，但职业教育通过促进技术技能成才满足受教育者人生价值发展需求。

第二节 职业教育与社会发展需求相适应规律

这里的"社会发展"，重点指社会经济和社会政治的发展，包括以政党政府治理社会，促进国家发展为主要内容的社会政治和以资金、技术、劳动力、产品等为基本要素的社会经济两个方面的发展。这里的"相适应"，主要指职业教育发展状况符合社会发展需求的程度，其适应与否决定职业教育的质量与前景。当职业教育适应社会政治和社会经济发展的需要时，伴随着社会政治和社会经济的发展，自身也发展；当职业教育不能适应社会政治和社会经济发展的需要时，其自身就应实施必要改革以体现适应性，否则，会被社会政治和社会经济调整。

一、社会政治对职业教育的制约与职业教育对社会政治的反作用

从整体看，社会政治对职业教育的目的、制度、职能等都具有明显的制约作用。具体来说，社会政治主要通过三种手段决定职业教育的发展。

（一）社会政治对职业教育的制约

1. 行政手段

在现代社会中，职业教育既是一种社会现象，也是政府的一项行政职能。任何统治阶级都会为了维护自己的阶级利益，采取最直接的行政手段干预、制约、调控职业教育，以达到其社会政治目的。行政手段主要表现在政策供给和人事管理两个方面。政策供给方面，重点通过出台相关文件来指导、制约、调控职业教育；人事方面，通过机构管理、干部任免和编制管理来控制职业教育具体政策的执行。

2. 社会经济手段

职业教育包括多种类型的职业学校和培训机构。其中，占多数的公办职业学校的性质是公益性事业单位，政府财政投入对于学校的生存与发展具有决定性意义。政府采取不同形式的拨款、购买培养服务等方式制约职业教育的类型、结构、规模、质量。

3. 法律手段

政府通过制定并实施相关法律、法规、规章，对职业教育的性质、功能、任务、目标、模式、公民受教育的权利和义务等进行规范。它代表统治阶级最坚定的意志，

具有权威性和强制性。正因有此特点，不少职业教育政策经过实施，比较成熟后就上升为法律、法规、规章，以其强制性特点干预职业教育。

社会政治对职业教育的制约表明：职业教育相对于社会政治，具有被动服从性。职业教育的社会贡献度只能在不以职业教育者的意志为转移的社会政治制约的被动服从中体现。

（二）职业教育对社会政治的反作用

当然，职业教育对于社会政治的被动服从性不是绝对的，在一定条件下，职业教育采用培养技术技能劳动者的方式来反作用于社会政治。

1. 巩固阶级基础

职业教育机构主要包括职业学校和社会培训机构。这两类机构每年都在培养大批新成长劳动力。这是支数量庞大的队伍，累年汇集起来，就形成了一个不可小觑的社会阶层。这个阶层的大多数为以技术工人为主的技术技能人才，是党的阶级基础。职业教育发挥学校教育特有的系统化、制度化、长期性、正规性优势，以学校党团组织及其活动为核心，以课堂、社团、文体技竞赛、跟岗实习、顶岗实习等为平台，以教师、辅导员（班主任）、学生干部三支队伍为骨干实施教育与管理，确保党和国家的社会政治主张较好地融入受教育者的思想、行为中，促使受教育者在学习和掌握技术技能的同时，形成有利于巩固和发展党的阶级基础的世界观、人生观、价值观。实践已经证明：职业教育不仅可以将这支数量庞大的队伍教育成为比较可靠的党的阶级基础，而且可以发挥不断增强的作用。

2. 维护政治制度

根据《中华人民共和国职业教育法》，"实施职业教育必须贯彻国家教育方针，对受教育者进行思想政治教育和职业道德教育，传授职业知识，培养职业技能，进行职业指导，全面提高受教育者的素质"。所有职业学校一般都会依法宣传对政治制度有利的社会主流思想，包括政治观念、政治目标、政治文化；也会利用职业学校课程教学、网络传播、文体节、各类竞赛等活动对学生进行系统化、制度化、长期性、正规性的教育，使学生形成与党和国家政治制度相一致的思想意识，进而认可、执行、维护这种政治制度。职业学校主管部门也会通过社会经济、行政等多种手段制约学校在培养技能劳动者的过程中体现出与维护政治制度相关的社会政治方向、社会政治信仰、社会政治观念、社会政治内容。从职业学校培养的成果角度看，学生经过几年的在校教育，毕业时不仅具有较高技术技能，而且拥有一定的管理和创新能力。无论在工作中，还是在生活中，他们一般都以一定的社会政治角色，发挥维护社会政治制度的作用。

3. 促进社会稳定

职业教育培养受教育者的过程，实际上也是促进社会稳定的过程。设想一下，若每年初中、高中毕业考不上普通高中或大学的数百万青年不进入职业学校接受职业教育，而是流入社会，那么，他们必然会因为既无较高学历，又无一技之长而难以实现正规和正当就业。一旦就业无望，生存问题出现危机，他们中的一部分甚或大部分就可能铤而走险，步入歧途，成为社会的不稳定因素，甚至危及社会的稳定和国家的安全。职业学校不仅将他们纳入教育范围，帮助他们树立正确的"三观"，而且授之以技能，使之就业，促其成才。这样既可维护社会稳定，又能为国家长治久安培养一代又一代的技能型维护者。

二、社会经济对职业教育的制约与职业教育对社会经济的反作用

社会经济与职业教育二者之间至少存在着三个必须明确的关系：一是因果关系。社会经济是因，职业教育是果。因为没有社会经济的发展，也就没有现代意义的职业教育。二是供求关系。社会经济属于需求方，职业教育属于供给方。三是作用与反作用关系。社会经济制约职业教育，职业教育反作用于社会经济。

（一）社会经济对职业教育的制约

社会经济对职业教育的制约既是多方面的，也是多层次的。

1. 制约规模

职业教育作为教育的一部分，一样属于上层建筑，一样接受社会经济基础状况的制约。社会经济不仅在整体上决定职业教育，而且具体地决定职业教育的多个方面，包括规模。

从世界职业教育的历史发展看，我国到了宋代，技术技能人才培养已达到相当高的水平，其典型表现是：已开始以"法式"的制度形式培养新工人。所谓"法式"，是在总结生产经验的基础上编制的包括基本专业技术知识在内的制作类技术规范。宋代政府重视生产的标准化，曾诏令编撰各种"法式"，以统一训练合格艺徒。如果照此情形发展，中国工业化进程和技术技能人才培养都会蔚为大观。可惜的是，由于封建制度长期强有力的束缚，已经萌芽的资本主义难以冲破封建主义重压而自主成长。由于缺乏西方那样惊天动地的工业革命，中国新的资本主义生产方式被扼杀在摇篮之中，农业国性质难以改变，社会化工业生产难以发展，工业化进程极其缓慢，社会经济对技术工人的需求数量相当少，因而，职业教育规模也小得可怜。

西欧国家则不同。1760 年前后，世界第一次工业革命以英国纺织工业机械化为开端，以蒸汽机的广泛使用为主要标志，摧枯拉朽地冲击封建主义，摈弃落后的生产技术和生产方式，催生了以机器体系形成和使用为基础，以机械化为特征的新时代生产力，促进了广大劳动者从体力型劳动到机械型劳动的转变，整个社会经济呈现出生产规模大型化、产业结构工业化、生产分工专业化、企业管理制度化的变革趋向。与之相适应，人类社会沿袭几千年的父传子、师带徒传授技术的传统也被举办职业学校、进行批量性培养技术技能人才的职业教育代替。职业教育蓬勃发展。

从我国近代职业教育角度看，中国现代意义的职业教育始于清政府洋务运动时期。由于近代工业的兴起——先是军事工业，接着，燃料工业、交通业、电讯业、民用业等工业也逐渐兴起并得到了一定程度的发展，工业发展需要大批技术人员和熟练工人，于是，各类职业学校应运而生，职业教育形成了一定规模。到 1926 年，职业教育达到了一个高潮，全国共有 1 518 所职业学校开展职业教育。但之后，因战乱频繁，社会不宁，加上工业基础薄弱，社会经济衰退，职业教育陷入低谷。

从中华人民共和国以来职业教育发展的角度看，我国在 1949 年全国解放到 1958 年，主要借鉴苏联中等专业教育和技工教育模式。由于国家社会经济时强时弱，中等专业教育和技工教育也时盛时衰。20 世纪 80 年代末，改革开放促使社会经济发展，职业教育规模扩大。但是，由于社会经济发展过快，国家加强宏观调控，职业教育再次

萎缩。直到 21 世纪初，随着全国社会经济的快速持续发展，技术技能人才供不应求，职业教育规模再次扩大。无论国内，还是国际，职业教育规模总是随着经济社会的曲折发展而"随波逐流"。

2. 制约质量

社会经济对职业教育质量制约的主要途径是提供就业机会。职业教育质量高，就业机会多；反之，则少。社会经济对职业教育质量制约的途径使职业教育产生内外两类质量竞争。外部的竞争对手是普通教育，即职业教育与普通教育竞争就业。普通教育的学生水平高，就业机会就多；职业教育的学生水平低，就业机会就少。内部的竞争对手是兄弟院校。同样是职业学校的学生，不同院校同专业之间、同班同学之间，也存在就业机会竞争——同一专业毕业，谁的技能水平高，谁夺取就业机会的可能性就大。

3. 制约结构

社会经济本身有结构，产业结构是社会经济结构的重要内容。

首先，社会经济结构制约职业教育结构的产生。以产业结构为例，一定社会的产业结构决定与之相适应的职业教育结构。一次产业催生农业职业教育；二次产业催生工业职业教育；三次产业催生服务业职业教育。随着新一代信息通信技术的进步，三次产业之间的界限不分明了，一次产业"接二连三"；二次产业与三次产业关系"暧昧"，职业教育的结构也相应地发生变化——综合性职业学校批量性产生，一些先进的职业学校把传统的专业系改造成产业系，以专业链对接产业链。

其次，社会经济结构制约职业教育的盛衰。在一定社会的发展阶段里，若一次产业繁荣发达，农业的发展及其在国民社会经济中的比重超过二次、三次产业，那么为适应农业社会阶段的发展，农业方面的职业教育相对发达，职业教育结构向农业技术技能人才培养方向倾斜，表现为以农业知识和农业技能培养为主要内容的学校增多，在校生规模扩大。随着历史的发展，农业向工业转移，产业结构由以一次产业为中心转向以二次产业为中心，当二次产业替代一次产业成为当时社会经济的主流时，工业职业教育就相对发达，表现为农业类职业学校减少，工业类职业学校增多，在校生规模也随之扩大。

最后，社会经济结构制约职业教育的结构。由于社会经济结构的要求，职业教育形成以下多层结构：一是教育类型结构，如职业院校、技工院校、社会职业培训机构三种类型；二是教育层次结构，如职业院校系统的应用类本科院校、高职院校、中职学校三个层次，技工院校系统的技师学院、高级技工学校、普通技工学校三个层次，社会化职业培训系统的各级职业培训机构等；三是职业技能等级培养结构，国家确定初级技工、中级技工、高级技工、技师、高级技师五个等级；四是专业结构，如学校的专业与三类产业结构对应情况，与企业岗位能力结构衔接情况等；五是师资结构，包括公共基础课、专业课、专业基础课各类教师比例在教师结构中的占比情况。

职业教育的上述结构必须与社会经济结构要求相适应，如果不相适应，就会导致学非所用，就会因为教育"产品"不合格而助长本区域劳动者的结构性失业。

4. 制约内容

社会经济对职业教育的制约还直接体现在职业教育的内容上。第一，制约学校的专业建设。人才培养方案和课程标准的制定若不与行业企业实际对接，教育教学就与市场需求脱节。第二，制约教学内容。职业学校教学内容必须反映区域社会经济发展水平和科技成果，特别是与专业教学直接相关的新知识、新技术、新工艺、新设备。第三，制约教学过程。教师教学必须做到教学过程与工作过程对接，只有这样，才能实现教师所教、学生所学、企业所用三者之间相衔接，才能为社会经济发展提供合格的毕业生；反之，教学内容与市场需求相脱离，学校教育就要受到社会经济发展规律的惩罚——就业率低、工资水平低、学校声誉低、社会贡献度低。

5. 制约条件

这种制约主要表现在社会经济对职业教育条件的投入上。职业教育的条件包括校舍建设、生均教育成本、教职员工收入、实训设备、多媒体教学水平等。较之普通教育，职业教育的实训设备和工位要求更多，教学条件要求更高，社会经济投入需求更大。一些地方的社会经济水平高，资金总量充足，对职业教育投入合理，技能教学的条件好，教育质量就相应提高。相反，一些地方的社会经济水平低，社会资金总量不足，对职业教育的投入不合理，这个地方的职业教育发展就受限。受限的结果，一是实训设备紧缺以及教育条件和手段落后；二是教师教学积极性受挫，教育质量必然下降；三是毕业生技术能力弱，难以胜任市场岗位能力要求，影响企业生产质量；四是学校毕业生就业率低，学校的社会声誉每况愈下；五是影响学校来年招生，而且所招新生素质越来越差，最终导致学校因生存困难而关闭。

（二）职业教育对社会经济发展的反作用

从社会经济制约职业教育的五种情况看，社会经济状况决定职业教育状况，职业教育的发展取决于社会经济发展。这是二者本质联系的一方面。另一方面，我们也要看到职业教育对社会经济发展具有反作用。职业教育对社会经济发展的反作用主要表现在三个方面。

1. 人才基地作用

人才基地作用即职业学校和社会职业培训机构是技术技能人才培养的主基地。职业学校和社会职业培训机构通过培养技术技能人才反作用于社会经济，促进其发展。马克思在《资本论》中指出：现代工业使工人的职能和劳动过程的社会结合不断随着生产的技术基础发生变革，"工艺学校和农业学校是这种变革过程在大工业基础上自然发展起来的一个要素；职业学校是另一个要素。在这种学校里，工人的子女受到一些有关工艺和各种生产工具的实际操作的教育"[①]。工艺学校、农业学校、职业学校都是在大工业基础上发展起来的现代工人培养基地。工人子女在职业学校接受工艺和生产工具操作的教育，实质上就是接受职业教育。他们毕业之后进入企业，就成为技术工人，其中的优秀分子就是技术技能人才。

任何国家的企业要生产，都必须拥有一支质量高、数量足、新陈代谢正常的技术技能人才队伍。依靠这支队伍，企业才能将先进的生产工艺与先进的生产设备结合，形成先进的生产力，生产现代化的产品，创造生产利润，在壮大企业自身的同时，为

---

① 中共中央马克思恩格斯列宁斯大林编译局. 马克思恩格斯全集：第 23 卷［M］. 北京：人民出版社，1972：535.

社会进步作贡献。这样一支在社会经济发展中起巨大作用的技术技能人才队伍，单靠企业自身培养是远远不够的，必须借助职业教育的作用。职业学校和社会培训机构通过教育培训的方式提高人力资源水平，特别是技术技能人才的质量，推动全要素生产率的提升，促进社会经济的增长。长期的实践证明，职业学校与社会培训机构已经成为技术技能人才培养最重要的基地并通过供给技术技能人才的方式支撑着社会经济的发展。

2. "人才调节器"作用

"人才调节器"作用指职业教育通过技术技能人才的培养和储备，调节、供给企业需要的技术技能人才，为社会经济服务。

（1）对行业、企业人才需求变化引发的技术技能人才走向的调节。社会经济的发展，科技的进步，企业技术水平的提高，人们生活观、价值观的变化等必然导致一些行业的衰落和新兴行业的兴起。而每一旧行业的衰落与新行业的兴起，都必然导致技术技能人才需求的变化。职业教育会根据这种变化启动调节机制，采取对旧专业（旧工种）减少甚至停止招生的办法减少甚至停止旧专业学生对市场的供给，减少甚至避免其拖累社会经济；同时针对新兴行业设置新专业抓紧培养新兴行业所需人才，促使技术技能人才根据市场需求的主流趋向进行合理而有效的供给，以促进社会经济的持续发展。

（2）对技术技能人才个人职业兴趣与企业岗位需求矛盾的调节。有些企业现代化程度高，对操作人员的第一要求不是很高的技能，而是责任心和组织纪律；有些企业现代化程度不高，需要操作人员具备高技能，甚至是复合型的高技能。不同行业、企业、岗位对操作人员的要求不一样。在这样的情况下，人岗之间能力发挥的效度与岗位效益的合理配量对提高劳动生产率进而提高企业效益关系重大。而从技术技能人才的角度看，由于个性的差异，所处环境的不同，对职业的兴趣和爱好也千差万别。怎样将合适的技术技能人才调整到合适的工作岗位，是一项复杂而十分重要的工作。职业教育通过职业指导、教学实习、毕业实习等多种手段，将不同能力倾向，不同个性特征，不同兴趣爱好的毕业生导向相应的岗位群，使个人兴趣与职业发展相结合，技术能力与岗位要求相匹配。在充分发挥技术技能人才作用的同时，不仅提高社会劳动力的效益，促进企业社会经济发展，而且减少技术技能人才非必要流动，降低社会劳动力成本。

职业教育通过调整社会技能劳动者的总体配量结构来满足社会生产对技术技能人才的具体需求，在处理人力资源市场对技术技能人才的需求与职业教育对技术技能人才的供给之间矛盾的同时，促进社会经济的发展。

3. "人才蓄水池"作用

职业教育的载体是数量众多的职业学校。据教育部公报显示，2020年，全国共有职业学校1.15万所，在校生人数2 857万人；民办中等职业学校1 985所，在校生人数224.37万人。从学制教育看，全日制教育的学制一般为3年、4年、5年三种。3 000多万新成长劳动力在学校里按照不同学制"动态储存"3~5年才离开学校进入社会。这与普通初中或高中学生毕业后直接进入社会竞争就业相比，职业教育对社会的影响显然不可同日而语。职业教育的"蓄水池"作用具有以下社会功能：调节社会就业压力；提高整体素质；调节社会劳动力与社会经济发展之间的供求矛盾，间接促进社会经济发展。

上述三个方面充分说明：职业教育对社会发展具有积极的反作用，为社会经济、社会发展所必须。但是，我们也要清醒地看到，若处理不当，职业教育对社会经济发展也可能存在负面影响。

社会经济发展具有周期性的特点。社会经济的周期性发展对社会劳动力质与量的需求都会相应地发生变化。社会经济发展缓慢时，对劳动力包括技术技能人才的要求就会降低。这时，职业教育的办学规模、发展速度、专业结构就要随之调整。倘不调整，就会出现技术技能人才供给过剩，形成不应有的社会负担。当社会经济快速发展，行业、企业对各类技术技能人才的需求加大，需要更多职业学校培养更多技术技能人才时，职业教育的办学规模、发展速度、专业结构就要随之调整。倘不调整，就出现技术技能人才供不应求，负面影响社会经济的发展。这一过程还可能出现两种情况：一是在某个时期里，社会经济发展对技术技能人才总量要求增加，但专业结构、技术水平要求相对不变。这时，职业学校就要招收更多学生，扩大办学规模，提高发展速度，否则，职业教育就会拖累社会经济发展。二是在某个时期里，社会经济对技术技能人才需求总量不增加甚至减少，专业结构和技术水平要求更新。这时，职业学校就要调整专业结构，更新课程内容，提高培养质量，满足企业的质量需求，否则，职业教育也会拖累社会经济发展。

当然，更多的情况是质与量的需求并存，或者于此之中某种情况更突出一些。但无论是规模扩大，还是质量提高，职业教育倘要更好地为社会经济发展服务，对社会经济发展产生积极有效的影响，就必须自觉调整，努力具备以下条件：办学规模适度、校企合作培养、专业结构优化、教学质量稳定、能位匹配适宜。职业教育只有将这五个方面的工作做到与当地社会经济发展需求相适应，才能更好地发挥它的社会经济性功能，促进社会经济健康发展，而不是起拖累作用。

综上，职业教育与社会发展相适应规律主要由两个方面构成：

第一，社会政治主要从行政手段、社会经济手段、法律手段三个方面制约职业教育，而职业教育从巩固阶级基础、维护政治制度、促进社会稳定三个方面反作用于社会政治。

第二，社会经济主要从规模、质量、结构、内容、条件五个方面制约、影响职业教育，而职业教育通过发挥基地作用、调节器作用、蓄水池作用反作用于社会经济。

第三节　职业教育与技术技能人才培养需求相适应规律

这里所讨论的技术技能人才主要指职业学校培养的适应用人单位需求的毕业生。该规律在遵循职业教育与人的发展需求相适应规律、与社会发展需求相适应规律的基础上体现个性，展示成果。职业教育与技术技能人才培养需求相适应规律由三个子规律构成。

一、"六体协作"律

"六体"是指保证职业学校日常运作的六个主体：培养机构主体——学校；教学主体——教师；学习主体——学生；家庭教育主体——家长；接收就业的主体——用人单位；培养机构管理主体——主管部门。这里的学校既确指机构实体，也泛指包括教师在内的全校教职员工。这六个主体的联系和互动，体现全员育人、全过程育人、全方位育人的主要元素，是职业学校赖以存在的基础。

（一）培养机构主体

学校作为教育部门，在培养技术技能人才过程中应抓住供与求、教与学两类矛盾，遵循职业教育与人的发展需求相适应、与社会发展需求相适应两个规律，积极协调其他五个主体，持之以恒地解决办学条件和培养能力两个问题，其重点工作是提供两类服务。

1. 对内的教育教学服务

服务的重点对象是学生，学校要提供并不断创造好的条件为学生提供优质的教育服务。服务的基本内容是"四帮"：一是帮助学生树立正确的"三观"；二是帮助学生掌握体现职业教育规律的学习方法；三是帮助学生掌握相关知识、学会技术技能、提高品德修养；四是帮助学生顺利就业或继续深造。

2. 对外的人才供给服务

服务的重点对象是用人单位，学校为用人单位提供人才供给服务。学校以人才供给的形式，从数量和质量两个方面展示服务水平。人才供给的质量由毕业生的体能、知识、技能、品德等要素综合而成。服务的基本内容是"四帮"：一是帮助企业解决技术技能人才不足的问题；二是帮助企业培训提高在岗员工技术技能水平问题；三是帮助企业解决技术难题；四是帮助企业开发技术项目，增创利润增长点。

（二）教学主体

教学主体主要指教师。这个主体的协作主要指教师与学校相关部门之间、教师与学生之间、教师与合作企业人员之间的沟通、协调。由于教师是技术技能人才培养各主体中最直接、最活跃、最关键的部分，因此，发挥教学主体作用意义重大。学校应当格外重视，应创造条件满足教师"五个需求"：一是时间需求。保证教师有足够时间备课、上课、开展教学研究。二是条件需求。力使教师使用尽可能先进的教学设备、教学资源实施教学。三是能力需求。建立相关制度，采取多种办法，让教师拥有教学过程与工作过程对接的专业能力和教学能力。四是激励需求。学校出台激励教师教学积极性的政策，力促不同层次教师的教学水平稳步提升。五是氛围需求。学校形成以教学为中心，人人喜欢教学、争当教学人员的热教环境和重教氛围。

（三）学习主体

学习主体指学生。这个主体的协作主要是学校的服务和学生的学习之间的有效配合。与其他类型学校相比，职业学校学生有诸多不同。除了学习基础偏差外，还有三个特点：一是学习目的不同。进入职业学校学习的学生，毕业之后多数不是考大学，而是当生产、建设、服务部门的一线技术类员工。二是学习内容不同。学生既要学知识，也要学技能，还要提高职业素质，内容多、难度大。三是学习方法不同。学技术技能，靠死记硬背不行，学生须手脑并用，以练促学，以赛促学。上述三点使得职业学校学生至少有"五个希望":希望在校期间不受老师、同学歧视;希望和同学友好相处;希望在校期间能够提高整体素质;希望在校期间学会一项受益终生的技术;希望能够顺利毕业并找到满意的就业单位。职业院校应当创造条件,采取一系列有效措施实现学生的"五个希望"。换言之,"五个希望"实现过程便是学校与学生服务与被服务的互动与协作过程。

(四)家庭教育主体

家庭教育主体主要指家长。职业学校学生学习素质相对较低,要把素质偏低的学生培养成技术技能人才,光靠学校、教师的努力是不够的,还应当重视和发挥家长这个家庭教育主体的作用。这个主体的协作靠学校协调,包括两个方面。第一,学校为家长着想。学校着重从五个方面为家长解忧:一是学校严格管理,确保子女在校期间身心健康成长;二是老师教学有效,能使子女在校期间学到知识和技术技能;三是班主任细致耐心,让子女在校期间养成言行两个方面的好习惯;四是后勤服务到位;五是就业推荐好,能为愿意就业的子女推荐一个好的就业单位。第二,家长要协助学校教育子女。学校要建立健全学校、教师、家长三个主体间沟通、协作的联系机制,通过开家长会,设家长咨询热线,微信联络,问题学生家长会议等方法,请家长协助学校解决学生存在的问题。

(五)接收就业主体

接收就业主体指用人单位,用人单位主要指企业。这个主体的协作包括两个方面:

1. 学校要主动

所有职业学校都应该明白:不与企业合作,单靠学校一方是绝对不可能培养出适合市场需求的毕业生的。学校在统一这一认识的基础上,一是要把企业作为合作伙伴纳入学校工作范围,搞好合作关系,做好合作服务;二是要以用人单位对所接受的毕业生就业状况的评价结果作为一个重要标准指导学校办学,改进学校办学;三是要通过"四帮",让企业愿意与学校合作,愿意为学校排忧解难。这"四帮"是:学校尽可能帮助企业解决技术技能人才不足的问题;学校派出高水平教师帮助企业培训提高在岗员工技术技能水平问题;学校派出高水平教师帮助企业解决技术难题;学校派出高水平教师帮助企业开发技术项目,增创利润增长点。

2. 企业应配合

作为合作伙伴,企业应与学校共同培养技术技能人才,做到"十共":共招学生员工、共提员工水平、共克技术难关、共研新尖技术、共参专业建设、共建课程体系、共设实训基地、共组师资队伍、共评教学质量、共促实习就业。企业与学校通过"十共",使企业接收的毕业生达到七个方面的要求,见表3-1。

表3-1 对毕业生的七个要求

1	能吃苦耐劳
2	能遵守纪律
3	能与人沟通
4	能团队协作

表3-1（续）

5	专业能力与岗位要求的契合度高
6	专业基础知识与岗位要求的契合度高
7	具有一定的创新能力

（六）培养机构管理主体

培养机构管理主体即职业学校的主管部门。这个主体的协作主要在于学校与主管部门之间的交流。主管部门对于所辖学校，主要通过统筹规划、政策供给、监督执行、委托评估等方式实施管理；学校在服从管理，执行政策，创造业绩，提高培养质量的同时，也要及时地下情上报，向上级主管部门提出合理而可行的意见建议，促进上级主管部门的政策供给更及时、更到位、更有效。

"六体协作"律可谓职业教育与技术技能人才培养需求相适应规律的基础性子规律。"六体"之间既有相对独立的一面，又有相互依附、相互补充的一面。既区别，又联系的特性使它们在职业学校技术技能人才培养工作中缺一不可。职业学校应该把"六体"视为一个整体纳入工作计划，创造条件，满足需求，使它们既展示自身特有效应，又相互调整，相互配合，聚力促进学校工作。

二、"四环互动"律

（一）对"四环互动"的认识

所谓"四环"即招生、教育、技能评价、就业。我国从计划经济体制转到市场经济体制，职业学校技术技能人才培养工作的内容也相应地发生了变化。变化之一是：学校工作主要由招生、教育、技能评价、就业四个环节构成。上述四个环节对职业学校技术技能人才培养有重要意义。

1. 应科学看待"教育"

"教育"是职业学校工作的主要环节，但不是唯一环节。招生、鉴定、就业三者虽然与"教育"都有关系，但毕竟不是一回事。

2. 应重视技能评价工作

从能力证明的角度看，职业学校学生是否合格有三个衡量标准，见表 3-2。

表 3-2　职业学校学生是否合格的三个衡量标准

学校标准	证明其水平的书面依据是学校学历证书
国家标准	证明其水平的书面依据是国家职业资格证书或职业技能等级证书
市场标准	证明其水平的书面依据是用人单位的聘用合同或自谋职业者的相关证明

三类标准之间有交叉之处，但区别是存在的。实践中，不少学校没有意识到这三个标准的特别性和重要性；有些学校意识到了，不予理睬，视学校标准（学历证书）为唯一标准；有些学校认为学校标准包括国家标准和市场标准。上述三种意见都属于"教育工作即学校工作""学校标准即学历证书标准"思想观念的反映，是传统普通教育模式深刻影响的结果。正是这种偏颇思想观念的影响，使学生职业技能水平认定的

重要性与独立性被忽略了，把本该相对独立的职业技能水平认定环节工作视为"教育"工作的组成部分来处理，按照计划经济体制时代的传统做法，把学校标准（学历证书）视为强制性标准或第一重要标准，将职业技能等级证书视为非强制性标准。

3. 要重视就业工作

计划经济体制下办职业学校，学校可以不管毕业生就业问题，因为国家对职业学校的招生和就业实行"统招统配"政策，学校可以"关门"办学。但市场经济体制下办学就不一样了。职业学校毕业生首先要通过就业，解决生存问题，不给家庭和国家增加就业压力和经济负担。从个人角度看，学生学习技能，以技能立身、技能就业，也是解决生存和发展问题的一条最现实、最有效的道路；从社会发展角度看，重视就业，促进学生技能就业是构建和谐社会的重要措施。贫富悬殊不仅无法构建和谐社会，相反，可能激化社会矛盾，不利于社会的安定；从国家发展角度看，促进学生技能就业可以减少低层次劳动力，优化全国就业人口结构，可以减少失业人口，维持全国高水平就业率，促进居民比较充分就业。可以说，技能就业不仅符合社会发展规律，适应就业市场需求，已经成为中国多样化就业形式中相当重要的一种，而且利民、利企、利国。因此，就业工作应当成为学校技术技能人才培养的重要而相对独立的环节，抓紧抓好。

（二）"四环互动"

1. 招生环节互动

招生是职业学校工作的"入口"。所"入"之人质量高低，水平高低，关系到教学效果好坏，关系到就业质量高低。因此，业界"入口"决定"出口"之说有一定道理。这一环节虽然工作时间不长，但十分重要，可以单列一个环节进行安排。招生环节互动的部门多：对外，主要是校校、校企、校政、校家、校媒五种关系的处理；对内，主要是与教学部门、学生管理部门、财务部门互动。学校对招生环节的要求至少应有三个方面：一是在公正公平的招生政策环境中开展招生工作；二是招生规模与学校办学能力匹配；三是尽可能招到较高水平的新生。

2. 教育环节互动

教育环节是职业学校技术技能人才培养的主要阶段，具有时间长、内容多、情况杂、难度大、责任重等特点。教育环节互动的对象也分内外：对外，主要是与行业协会、企业、相关社会组织在组织教学方面开展活动；对内，与招生环节、技能鉴定环节、学生就业创业环节互动。毕业生能否顺利就业和成才，关键看这个环节的工作成效。教育环节的互动效果与办学条件、内涵建设密切相关。办学条件指办学场地、教学设备、办学资金等软、硬件资源，办学条件解决办学的基础能力问题；内涵建设指校企合作、专业建设、课程开发、师资培养、对接教学、教学督导、教学研究、内部管理、职业培训、技能评价、质量评价等方面内容，内涵建设解决办学质量问题。

3. 技能评价环节互动

把"技能评价"单独列为一个环节，是落实《中华人民共和国职业教育法》的一个举措。其目的是确保学生切实学会技术技能，学校体现技术技能特色。职业学校的培养目标是技术技能人才。接受技能评价，严把学生的技能水平关既是依法办学行为，也是确保学用结合的有效措施。技能评价环节互动的对象有内外之分：对外，一是政府职业技能鉴定工作管理部门。学校应在其领导和指导下开展对校内学生职业技能认定和对社会劳动者的职业技能认定事宜。二是校外职业技能评价机构。学校应与校外职业技能评价机构合作，解决本校学生职业技能认定的"教考分离"问题，体现本校学生职业技能水平认定的真实性。对内，主要是与本校教育环节的相关部门和就业推荐部门之间的交流、合作。评价环节的互动，至少有三个方面要求：一是学校应当按照国家有关规定，支持本校职业技能评价机构开展学生职业资格鉴定或职业技能等级认定工作，解决职业资格证书（职业技能等级证书）和学校学历证书"双证书"制度落实问题；二是学校应当按照国务院规定的职业资格目录清单和国家职业技能等级制度改革要求，配合政府或行业协会开展学生职业技能等级证书和学校学历证书"新双证书"制度落实问题；三是"教考分离"，严把学生职业技能水平关。具体办法：一是本校学生由校外的技能评价机构进行技能评价，只有这样，才能客观、准确地考出学生的实际水平；二是受条件等影响，只能在本校开展评价的，监考人员必须是校外人员。

4. 就业环节互动

这是职业学校技术技能人才培养工作周期的终端环节，是学校工作的"出口"，是衡量学校办学质量的关键。毕业生就业率高，稳定就业率高，说明学校教育质量好，学校的社会影响就大；就业率低，稳定就业率也低，说明学校教育质量差，学校的社会影响就小，甚至不好。这种情况的"出口"也会影响"入口"，其结果必然是学生不愿意报考，对学校形象带来不良影响。就业环节互动的对象也有内外之分：对外，主要是用人单位；对内，与教育环节、技能评价环节关系密切。教育和技能评价两个环节的工作好，质量高，就业环节工作就比较顺利；反之，则难。就业环节互动要求至少有三点：一是学校把毕业生就业推荐工作纳入学校工作计划，视为本职工作，预算资金，明确分工，切实抓好；二是采取考核等办法确保毕业生的就业率；三是实事求是跟踪统计就业率、就业稳定率、专业对口就业率、工资水平、用人单位满意度。

"四环互动"可谓职业教育与技术技能人才培养需求相适应规律的结构性子规律。四个环节之间相互促进是常态。就业率高，来年的招生更容易，生源数量就多，挑选的机率就高，生源质量也好。"出口"带动"入口"，招生阶段不用广告宣传，家长、学生都愿意报考入读。招生好，生源质量高，教育环节的工作也得心应手。学生参加技能评价考试，合格率也会相应地高。反之，就业率低，其他三个环节的工作质量也会相应地下降。职业学校应该创造条件，根据"四环互动"的要求，将"四环互动"需求与"六体协作"需求结合起来，促进学校工作。

三、"三层转化"律

"三层转化"，指市场、技能、就业三者之间的转化。这三者及其相互作用构成了学校在市场经济条件下赖以生存与发展的命脉。

（一）以市场需求为导向层

以市场需求为导向的"落脚点"主要在学校的专业建设上，学校应以市场对技术技能人才的需求为专业建设导向。学校须深入用人单位，调查其对技术技能人才的现实需求和潜在需求，经过规范而有效的市场调研，设立专业、开发课程、制定培养方案、编写教材、组织教学。不仅如此，专业建设与教学工作等教育的全过程都要随着市场需求的变化而调整。调整是否到位的依据是教、学、用三者的对接状况。学校工作只有达到这样的层面，才能说实现了以市场需求为导向的办学。

（二）以技术技能为特色层

职业学校是培养准技术技能人才的学校。绝大多数学生须以一技之长实现就业。这是职业教育与学历教育的本质区别。因此，学校必须把技术技能培养当作学校特色来对待。而且，在可能的情况下，学校应该让学生多学一种或两种技能，毕业后以复合技能的优势去竞争就业。

需要指出的是，我们不能把技术技能培养简单和庸俗地理解为动手能力的训练。现代技术技能培养哪有不与相关知识紧密相连的？以技术技能为特色的要求，并不排斥相关知识的传授、思想品德的提升。恰恰相反，只有在知识够用、品德良好的基础上拥有技术技能的学生，才是学校合格的"产品"。

（三）以技术技能就业为目标层

职业教育的长远目标是成才，近期目标是就业。把就业当作职业学校工作阶段性目标，强调的是学校工作要围绕促进学生就业这一目标来展开，首先解决毕业生毕业后的自食其力问题。其次，尽可能地把技术技能就业和就业后的技术技能成才结合起来进行。这样，既能有效地促进毕业生就业，又能切实地为毕业生今后的成才打下基础。这种学校定位，是市场规律决定的。道理很简单，职业学校学生毕业后，若是其中的大部分失业，那么，久而久之，这所学校自然没人想报读，而一所没人想报读的学校是没有生存资格的。因此，对于职业学校来说，就业是硬道理，就业质量是生命线。毕业生的就业率，就是职业学校工作的阶段性目标。学校以市场需求为导向，以技术技能为特色的目的，就是要尽最大努力，争取让非深造的毕业生全部就业，为区域经济社会全面发展提供技术技能人才支持。

"三层转化"可谓职业教育与技术技能人才培养需求相适应规律的运营性子规律。以市场需求为导向，以技术技能为特色，以技术技能就业为目标三者之间存在着层级转化关系。

其中，市场需求为导向是基础，技术技能为特色必须在符合人才市场规律的基础上运作。即便是技术技能培养，也要根据市场需求进行。比如，一些过时的技术也是技术，但是，因为其不适应市场发展的需求，学校就应该调整。学校以技术技能就业为目标，必须建立在市场需求为导向和技术技能为特色的基础上，根据市场需求设置专业，培养符合这种专业技术要求的学生，而只有严格按照人才市场规律培养的技能人才，毕业后才可能顺利地实现技术技能就业。

当然，切实做到市场需求为导向、技术技能为特色、技术技能就业为目标不容易，会碰到观念、体制、制度等许许多多困难，但是，只要真正解放思想，转变观念，大胆面对并设法克服困难，有效地实现市场、技能、就业的三层转化，学校的发展一定是壮观的。

综上，六体协作律、四环互动律、三层转化律作为三个子规律综合构成职业教育与技术技能人才培养需求相适应规律，可以简称为"职教三律"。

第四章

职业教育原理论

第一节　对原理与规律的认识

一、原理的基本含义

（1）按中国社会科学院语言研究所《现代汉语小词典》的解释，所谓原理，是指"带有普遍性、最基本的、可以作为其他规律的基础的规律；具有普遍意义的道理"。

（2）《科普中国·科学百科》的解释有所不同：原理为"自然科学和社会科学中具有普遍意义的基本规律，是在大量观察、实践的基础上，经过归纳、概括而得出的；既能指导实践，又必须经受实践的检验"。

归纳《现代汉语小词典》的解释，原理有两个基本含义：基础的规律；普遍意义的道理。原理作为一种基础规律区别于其他规律，但原理不等于规律。

归纳《科普中国·科学百科》的解释，原理的性质是具有普遍意义的基本规律；原理的基础是大量观察和实践；原理产生的路径是归纳与概括；原理的功能是"能指导实践"；原理的条件是须经受实践的检验。

综上，所谓原理，指既能指导实践，又能经受实践的检验，可作为支撑其他规律的基础性规律；也指具有普遍意义的根源性道理。

二、规律的基本含义

按《现代汉语小词典》的解释，所谓规律，是指"事物之间的内在的本质联系。这种联系不断重复出现，在一定条件下经常起作用，并且决定着事物必然向着某种趋向发展"。规律，存在于事物之间，是一种本质性联系。换言之，只有本质属性间的联系才是规律。规律可以决定事物发展的趋向，但须具备一定条件。规律是客观的，既不能创造，也不能消灭。规律是必然的，不管人们承认不承认，规律总是以其铁的必然性起着作用，如新陈代谢、四季更替、生产关系一定要适应生产力的发展等。

三、原理与规律的关系

（1）相似处。二者都是适用于自然科学和社会科学的重要概念；都是人们认识世界和改造世界的工具；都属规律范畴；都来源于实践；都对实践产生影响；都经得起实践的检验。

（2）不同点。二者也存在明显的区别，如表 4-1 所示。

表 4-1　原理与规律的区别

项目	原理	规律
含义不同	基础性规律和根源性道理	非基础性规律
功能不同	能广泛指导实践	可决定发展趋向
作用范围不同	具有普遍意义的道理	一定条件下发挥作用

（3）相关关系。原理与规律的交叉点在于都是规律，但原理是规律中的基础性规律，与规律中的其他规律存在层次的区别，尤其需要区分的是：原理除有规律特性外，还有根源性道理的属性。由于这一属性的存在，原理的内涵大于规律，即原理包括但不限于规律。正因如此，大量的规律是原理在不同对象、不同条件、不同实践领域中的具体反映。而原理也往往通过规律发挥指导实践的作用。以马克思主义基本原理为例，该原理不仅包含"四个方面的基本内容：关于人的彻底解放和全面自由发展的观点，关于人类社会发展规律的观点，关于资本主义社会发展运行规律的观点，关于未来社会发展规律的观点"①，而且"作为由不同层次的基本原理构成的一个有机整体，大体上可分为三个相互联系的层次：一是辩证唯物主义和历史唯物主义的观点和方法，包括了物质与意识、社会存在与社会意识、生产力与生产关系、经济基础与上层建筑辩证关系、认识与实践、真理与价值、人的本质与人的价值、人的发展与社会进步等；二是辩证唯物主义和历史唯物主义的观点和方法在人类社会发展的普遍实践中的运用而形成的基本原理，包括了社会形态和社会基本矛盾运动规律、人类社会再生产的四个环节、生产资料所有制、资本主义必然灭亡和社会主义必然胜利、人类从必然王国走向自由王国等；三是核心层次的基本原理与第二层次的基本原理在人类社会发展的不同阶段如资本主义社会、社会主义社会的实践中的运用而形成的基本原理，包括了资本雇佣劳动、资本积累、资本主义基本矛盾、社会主义革命和无产阶级专政、社会主义本质、社会主义主要矛盾等"②。"四个方面"和"三个层次"构成的马克思主义基本原理不仅包含了相关规律，而且通过规律，以其科学性、整体性、严谨性特点有效地指导人类社会发展实践，并在"经受实践的检验"的过程中不断发展完善。

上一章，我们讨论了职业教育的三个规律：职业教育与人的发展需求相适应规律、职业教育与社会发展需求相适应规律、职业教育与技术技能人才培养需求相适应规律。这三个规律分别体现职业教育与学生、与社会、与技术技能人才三类不同事物之间的本质联系，分别决定职业教育三个方面工作的发展趋向，在特定条件下发挥不以人的

---

① 王中汝. 马克思主义基本原理述要 [J]. 徐州工程学院学报（社会科学版）. 34（2）.
② 张雷声. 世界观、方法论与马克思主义基本原理的整体性 [J]. 教学与研究. 2010（12）.

意志为转移的作用。但三个规律均属一般规律，不是基础性规律。本章将影响三个一般规律运行的基础性规律与根源性道理相结合，探求既能指导实践，又能经受实践的检验，具有普遍意义的职业教育原理。

第二节　职业教育二元组合原理的构成

职业教育原理是一个二元组合系统。这个系统由若干个二元组合构成。

一、职业教育性质的二元组合：国民教育与人力资源开发

2014年6月23日，全国职业教育工作会议在北京召开。中共中央总书记、国家主席、中央军委主席习近平就加快职业教育发展作出重要指示。其中，"职业教育是国民教育体系和人力资源开发的重要组成部分"一语就是习总书记对职业教育性质的定位。从国家层面看，国民教育就是国家为本国国民（或公民）实施的学校教育。国民教育的领域主要在教育界，主要对象是学生；人力资源开发就是国家为本国国民（或公民）提供多样化的教育或学习的机会，通过教育、职业培训、技能评价、人才使用、就业创业服务、人才激励、人才宣传等方式帮助其提高整体素质和综合能力的过程。人力资源开发的领域主要在职业界，主要对象是"劳动者"。

国民教育的性质是学校教育，人力资源开发的性质是职业能力提升。前者业务属于教育界，后者业务属于职业界，区别明显。职业教育和普通教育一样，也是学校教育，从这一点看，一样属于国民教育范畴。但是，职业教育不同于普通教育，是以培养高素质劳动者和技术技能人才为目标的教育，与人力资源开发的核心内容相通。因此，国民教育和人力资源开发二者都与职业教育密切相关。职业教育既属国民教育，又不是纯国民教育；既体现人力资源开发内容，又不是纯人力资源开发行为，是国民教育的部分与人力资源开发的部分相叠合的产物。换言之，职业教育天生带有国民教育和人力资源开发两种色彩，且具有普遍意义。其性质是国民教育与人力资源开发二元组合。我们只有按照国民教育与人力资源开发二元组合的思路办学，才可能办出名副其实的职业教育。

二、办学职能的二元组合：学制教育与职业培训

学制教育、职业培训二者的区别明显：学制教育专指有固定学习年限等条件的全日制教育；职业培训指对要求就业新成长劳动力和在职劳动者以培养和提高其素质及职业能力为目的、学习时间长短不一的教育和训练活动。学制教育是全日制培养，职业培训是非全日制教育；学制教育针对校内学生，职业培训针对校外劳动者。

但"亦此亦彼"的区域也存在：一是二者作为职业学校办学职能都有《中华人民共和国职业教育法》规定作为依据；二是二者培养目标都是技术技能人才；三是二者所需师资的能力要求基本相似；四是二者所需的设备、能力要求基本相似。

这说明职业学校凭着自身条件可以开展职业培训。顾名思义，职业学校不是普通的院校，是职业的学校，因此，兼顾对内的学制教育和对外的职业培训不仅是应当的，

而且是必须的，否则就不是名副其实的职业学校。实际上，不少职业学校已经多元组合，且收效明显。

除此之外，职业学校办学职能还应该增加两个，分别为技能评价和就业创业服务。技能评价职能的法律依据是 1996 年颁布的《中华人民共和国职业教育法》第八条规定："实施职业教育应当根据实际需要，同国家制定的职业分类和职业等级标准相适应，实行学历证书、培训证书和职业资格证书制度。" 2019 年 12 月教育部《职业教育法修订草案（征求意见稿）》第八条规定："实施职业教育应当根据经济和社会需要，结合职业分类、职业标准等，实行学历证书、培训证书、职业资格证书以及体现职业技能等级的证书制度。"[1] 无论是正在实施的，还是修订后即将实施的《职业教育法修订草案》，均要求职业学校实行学历证书、培训证书和职业资格证书制度。职业学校可以对应三项业务分别设立三个机构，以三个法人身份开展这三项工作。这就是职业学校应将技能评价作为一项职能来执行的法律依据。就业创业服务职能也有法律依据，即 2019 年 12 月教育部《职业教育法修订草案（征求意见稿）》规定："职业教育是国民教育体系和人力资源开发的重要组成部分，是培养多样化人才、传承技术技能、促进就业创业，推动经济社会发展的重要途径"，"坚持产教融合、校企合作、工学结合、知行合一，培育工匠精神，进行职业指导"。通过"职业指导"等方式"促进就业创业"是职业学校的职责所在。

因此，这个二元组合特殊在其实为四元组合。即职业学校包括职业院校和技工院校的办学职能应该是四个：学制教育、职业培训、技能评价、就业创业服务。

三、培养主体的二元组合：学校和企业

该组合指技术技能人才的培养既应当也必须由职业学校与企业两类主体合作进行。从社会分工看，二者泾渭分明，分工明确：学校属于上层建筑，是技术技能人才培养主体，属技术技能人才供给侧，追求社会效益；企业属于经济基础，是技术技能人才的使用主体，属技术技能人才需求侧，追求经济利益。二者一供一求，分工不同，追求有别，表现为矛盾对立的两个方面。从人才培养与使用的关系角度看，二者"亦此亦彼"，关系"暧昧"：由于人才培养主体的对象和人才使用主体的对象都是"技术技能人才"，因此，二者既有不相干的条件，也有统一的基因——企业要想低成本、批量性、成梯队地获得有素质、管用的技术技能人才，与职业学校合作培养是一条捷径，企业可借助职业学校的相关优势达到解决人才供给问题。因此，貌似对立的双方，存在合作培养的必要；貌似对立的双方，饱含互利共赢的可能。实践证明，批量性地培养企业需要的技术技能人才，最好的办法就是校企"二元"皆以培养主体的身份联手合作，共同培养，仅学校"一元"不可能培养出市场需求的技术技能人才。职业学校是学校但不能太像学校，应当像企业；像企业又不能是企业，应该是学校元素与企业元素的二元组合。

---

① 资料来源：2019 年 12 月 8 日，教育部网站。

四、培养目标的二元组合：成才与就业

该组合指职业学校培养目标既应成才也须就业，二者需兼顾。首先，成才与就业有区别。成才不是一件容易的事。毕业就业者不等于用人单位认可的人才。真正的成才往往需要在就业岗位"摸爬滚打"若干年才有可能。严格地说，职业学校培养的主要是准人才或准职业人。其次，就业与成才之间存在"亦此亦彼"的模糊区域：一是毕业即就业者本身包含着部分成才或者说具备了成才的某些要素；二是促使学生成才的教育教学内容与促进学生就业的教育教学内容基本相同；三是部分学生的成才与就业存在时间的距离，部分学生的就业与成才可以兼得。只要学校严格执行国家确定的面向市场、服务发展、促进就业的办学导向，具备培养条件和培养能力，成才与就业组合推进是完全可以做到的。最后，成才与就业组合实施很有必要：第一，可以直接解决毕业生的生存需求和自食其力问题；第二，可以减轻家庭经济负担，稳定社会；第三，可以减轻国家关于失业人员再就业的负担；第四，可以奠定成才的平台基础和经济基础。职业学校培养目标只有兼顾就业和成才，才可能达到国家规定的培养目标，即高素质劳动者和技术技能人才。

五、学习任务的二元组合：知识与技能

该组合指在坚持立德树人宗旨的前提下，学生学习任务既包括知识也包括技能（职业素养培育渗透其间，下同）。从概念看，知识与技能似乎是"楚河汉界"：知识是人类认识的成果；技能是人类技术的能力。但是，二者之间不可能泾渭分明。联合国科教文组织总干事伊琳娜·博科娃就对知识下了新的定义："可以将知识广泛地理解为通过学习获得的信息、认识、技能、价值观和态度。"[①] "技能"就是技术能力的简称。无论是社会生活，还是职业教育，如同知识中技能元素不可能缺位，人世间也不存在没有知识元素的技术能力。把知识与技能二者的区别过分夸大不妥，将知识与技能混为一谈也不科学。职业学校办学既要摒弃"唯知识传授论"的陋习，又要防止陷入"唯技能训练论"的泥坑，只有将二者联系起来，统筹组合，才能完成培养任务。

六、专业教师能力的二元组合：专业教学能力与专业技术能力

该组合二者既有联系，又有区别。这里的"专业教学能力"，包括理论教学能力和实践教学能力；这里的"专业技术能力"指与该专业对应的用人单位实际运用的技术能力。当专业教师实际拥有这种技术能力时，其"实践教学能力"才具有实在意义。由于这种技术能力是该专业学生应当掌握的，职业学校专业教师只有掌握这样的技术能力，才可能"以其昭昭，使人昭昭"地教会学生掌握这种能力。即，职业学校专业教师既要掌握专业教学能力，又要掌握专业技术能力，要将教学能力与技术能力结合起来开展教学。教师只有具备上述两种能力，才能成为职业学校合格的专业教师，才可能培养出市场需要的既有理论知识，又有技术技能的高素质劳动者和技术技能人才。建设这样的教师队伍，难度很大。但是这是正确的方向，是市场的要求，是职业学校必须攀登的"高峰"。

---

① 引自《反思教育：向全球共同利益的理念转变·序言》。

七、学生身份的二元组合：学生与准职业人

该组合指职业学校学生具有两种身份，应当区别管理。从社会成员角度看，学生与准职业人属于两类不同的社会群体，二者互不相干。在纯属国民教育的学校环境里，学生的身份只能有一个，即学生。在人力资源开发这一特殊环境里，互不相干的二者却有特殊的表现：常态化教室里，学生的身份是学生；进入技能实训场所、跟岗实习场所、顶岗实习场所，他们就增加了一个新的身份，即准职业人。身份的转化，要求学校对学生服务的方式、管理的制度也要发生相应的变化，否则，教育培养的效果就大打折扣。

八、教学过程的二元组合：学习过程与工作过程

该组合指职业学校课程教学应体现学习过程与工作过程的结合。按生活常识，工作过程体现在岗位上；学习过程表现在课堂里。二者各有所需，各得其所，风马牛不相及。将二者扭在一起，似不合常理。但职业学校只有实现工作过程与学习过程的二元组合，才能有效解决所教、所学、所用三者对接问题，才能保证培养质量。一方面，市场需要如此；另一方面，国内外职业学校均有成功的实践，即学习的内容是工作，通过工作完成学习。此外，国家也有明确要求：2014 年 5 月，《国务院关于加快发展现代职业教育的决定》要求的"五个对接"中的第三个对接是教学过程与生产过程对接。

九、校园文化的二元组合：学校文化与企业文化

该组合指职业学校校园文化应是校企文化的融合。学校是人文教化的场所，反映教育者与被教育者共同参与的教育过程及其成果，产生并需要学校文化；企业是生产经营的场所，反映企业各类人员共同参与的生产过程及其成果，产生并需要企业文化。一般情况下，学校文化与企业文化二者不相干，但职业学校不同，校园文化必须是学校文化与企业文化必要元素的二元组合：学校既要开展活跃的学校文化活动，培养学生必需的知识技能，也要渗透必要的企业文化，提高学生必需的职业素质。学校文化与企业文化均为职业学校的文化需求。强调这项二元组合，一是要求学校应当建设有利于学生加强技术技能教育的学校文化；二是要求将学生所学专业对口企业的主流文化提前进入校园，通过课堂、社团、技能竞赛、顶岗实习、讲座等形式，提高学生企业文化意识，为毕业后顺利就业、适应工作奠定基础。

十、服务对象的二元组合：学生与企业

该组合指职业学校有一内一外两个服务对象。职业学校应提供两类服务：第一类服务对象为学生，向学生提供教育服务；第二类服务对象为企业，为企业提供合格的技术技能人才供给服务。职业学校应不断提高两类顾客的两个满意度：学生满意度，即毕业生自己对就业和成才的满意程度；企业满意度，即毕业生就业企业对毕业生整体素质的满意程度。二元对象，二元服务，两个满意度，既有明显不同，又有内在联系。

第三节　职业教育二元组合原理的普适性

普适性的"普适"，即普遍适用的简称。职业教育二元组合原理的普适性即该原理具有普遍适用的特性。

一、职业教育二元组合原理普适性的依据

事物的普适性形成于事物的共同点与特殊点的二元组合。毛泽东同志说过："对于物质的每一种运动形式，必须注意它和其它各种运动形式的共同点。但是，尤其重要的，成为我们认识事物的基础的东西，则是必须注意它的特殊点，就是说，注意它和其他运动形式的质的区别。只有注意了这一点，才有可能区别事物。任何运动形式，其内部都包含着本身特殊的矛盾。这种特殊的矛盾，就构成一事物区别于他事物的特殊的本质。"[①] 这里，毛泽东同志所说的"共同点"就是事物普遍存在的矛盾，具有普遍性、共性特点。这里的"特殊点"，就是特殊的矛盾，具有特殊性、个性特点。"特殊点"表征事物之间质的区别。一方面，"特殊点"与"共同点"之间存在明显的区别；另一方面，区别也不是一成不变的。正如列宁所说的那样："自然界和社会中的一切界限都是有条件的和可变动的，没有任何一种现象不能在一定条件下转化为自己对立面。"[②] 恩格斯将事物的区别与联系二者的关系分析得更加透彻："一切差异都在中间阶段融合，一切对立都经过中间环节而相互过渡。""辩证法不知道什么无条件的普遍有效的'非此即彼'，它使固定的形而上学的差异互相过渡，除了'非此即彼'，又在适当的地方承认'亦此亦彼'。"[③]"亦此亦彼"的存在使"非此即彼"难以绝对化和长期化。职业教育的 10 个组合中每一个组合的双方都不属于纯粹的"非此即彼"二维逻辑。在"非此即彼"对立之间，还有一个"亦此亦彼"的"中介地段"。每一对组合的双方都包含着共同点和特殊点，职业教育原理的 10 项组合就是 10 个"共同点"与"特殊点"的组合。每一个组合的共同点与特殊点二者按照特定的结构方式既相互排斥又相互依存，既相互否定又相互渗透，既各自拥有独立的运行机制又不时地因对方作用而被适度地转化并且形成特定的结构形态运行。共同点与特殊点的互为条件和互为中介作用使之普遍适用于本领域各类型、各层次学校，并贯穿于每个组合实践的全过程。

二、职业教育二元组合原理普适性的表现

（1）职业教育性质的二元组合：国民教育与人力资源开发。国民教育的显著特征是全日制学校教育。这是普通教育学校、职业教育学校的共同点，即职业教育与普通教育一样，都属于国民教育。此外，职业教育也是人力资源开发的组成部分。职业教

---

① 毛泽东. 矛盾论 [M]. 北京：人民出版社，1975：4.
② 中共中央马克思恩格斯列宁斯大林编译局. 列宁选集：第二卷 [M]. 北京：人民出版社，1971：350.
③ 恩格斯. 自然辩证法 [M]. 北京：人民出版社，1971：90.

育除了全日制教育，还要开展与职业培训、技能评价、就业创业服务等有关的业务。这是职业教育与众不同的特殊点。正是由于这一特殊点的存在，职业教育才自我非他地区别于普通教育，成为与普通教育不同的教育类型。国民教育与人力资源开发的二元组合实际上就是共同点与特殊点的二元组合。国民教育与人力资源开发二元组合办学适用于职业教育领域各层次职业院校、技工院校。

（2）办学职能的二元组合：学制教育与职业培训。学制教育就是国家规定的包括固定学习年限等相关事项的全日制学校教育；职业培训，主要指职业技能培训。职业教育的学制教育与普通教育的学制教育之间存在共同点是有目共睹的，但除了学制教育，职业教育还得依法开展职业培训、技能评价、就业创业服务。这是职业教育区别于普通教育的特殊点。这四个要求，不仅有国家政策和法律的依据，也有大量成功的实践依据。职业学校要履行学制教育职业培训、技能评价、就业创业服务四项职能。这个要求适用于职业教育的所有学校。

（3）培养主体的二元组合：学校和企业。学校是教书育人的场所，也是人才培养的主体。这是所有学校的共同点。把企业也作为人才培养主体，与学校共为培养主体，这是职业教育的特殊点。尤其需要关注的是，从职业教育培养技术技能人才的角度看，企业这一主体不可或缺。无数实践证明：单靠学校一个主体，实在是很难培养出合格的技术技能人才。要想培养合格的技术技能人才，只能与企业合作。对于职业学校，以校企双主体形式开展技术技能人才培养工作，不仅都适用，而且都重要。

（4）培养目标的二元组合：成才与就业。现实生活中，几乎每一个非义务教育学生都有不同程度的成才需求。将满足广大学生成才的需求与适应国家经济社会发展对人才的需求结合起来开展教书育人和成人成才活动，是所有学校的共同点。职业教育与技术技能人才培养需求相适应规律就是所有职业学校都应当遵循的一个不以人的意志为转移的规律。它是职业教育与其他教育的共同点，也是成才培养普遍性道理的表现。职业教育与众不同的特殊点在于：第一，将成才与就业视为双目标进行叠合规划；第二，通过落实"专业设置与产业需求对接、课程内容与职业标准对接、教学过程与生产过程对接"，以促进就业为导向，以培养高素质劳动者和技术技能人才为目标，促进绝大多数学生成才与就业同步进行。这个道理适用于所有职业学校。

（5）学习任务的二元组合：知识与技能。任何学校学生的学习任务都离不开知识的学习。特别是我国进入新时代，新材料、新设备、新工艺、新技术等知识日新月异，新知识的学习无疑是非义务教育学校学生都应该完成的任务。这是各类教育的共同点。职业学校在体现共同点的同时也展现出特殊点：既要学习必要知识，也要学习技术技能。这是由国家规定的培养目标决定的。因此，知识与技能组合式教育适用于培养目标规范之下的所有职业学校。

（6）专业教师能力的二元组合：专业教学能力与专业技术能力。专业教师是非义务教育学校教师队伍的主力。其工作效果如何直接影响学校办学目标实现的程度。专业教师须拥有专业教学能力。这是所有学校教师的共同点，而职业学校专业教师还必须加上专业技术能力。这就使职业学校专业教师的角色价值和能力要求明显地区别于其他教育类型院校而凸显出特殊点。这一特殊点表征着职业教育专业教师角色与众不同的本质。共同点与特殊点的融合理应成为普适性特点渗透于各类型、各层次职业学校。

（7）学生身份的二元组合：学生与准职业人。学生的法定身份是学生，所有学校概莫能外。这是共同点。职业学校学生须加一个准职业人的身份。这好像是故意在标新立异，其实不然。这是人力资源开发性质使然，是特殊点的表现，是教育界与职业界叠合、交融的"产物"，具有普遍适用的特点。所有职业学校都应当针对学生的两种身份设计和实施相关制度，与众不同地开展学生教育和管理工作。

（8）教学过程的二元组合：学习过程与工作过程。所有学校的教学过程都不同程度地带动学生合成质量高低不一的学习过程。职业学校的专业课程也不例外地产生学习过程。这是所有学校的共同点。但是，职业学校要求学习过程与工作过程二元组合，按照工学结合的模式开展专业课程教学。这是职业学校专业课程的独特表现。这个独特表现难度很大，但它是正确的方向，普遍适用于所有职业学校。

（9）校园文化的二元组合：学校文化与企业文化。校园文化是以学生为主体，以校园为主要空间，以精神文化、环境文化、行为文化和制度文化建设等为主要内容的一种群体文化。学校建设校园文化，是所有学校的共同点。在校园文化之外，加上企业文化，要求建设校企文化，这是职业学校的特殊点。职业学校的校园文化如果没有企业文化的元素，那就还是普通教育学校的校园文化！学校文化与企业文化二元组合，才是职业教育学校自我非他的校园文化。这一具有普遍意义的根源性道理适用于所有职业学校。

（10）服务对象的二元组合：学生与企业。没有学生便没有学校。学生是学校存在的理由，为学生提供教育服务，是所有学校的共同点。在提供针对学生的教育服务之外，增加企业这一服务对象，是职业学校的特殊点。企业既是职业学校合作培养人才的主体，又是职业学校对外服务的对象。培养主体和服务对象的目的是构建校企双方利益共同体，建立校企双方互利共赢的长效机制。为企业提供的服务项目包括力所能及地解决企业技术技能人才紧缺问题、帮助企业在岗员工提升技术技能水平问题、帮助企业攻克技术难关问题、帮助企业开发新项目或发明新专利以增加利润增长点问题等。职业学校的服务对象客观上需要一内一外两个。一内一外两个服务对象应成为所有职业学校的共识，并落实到具体的行动中。

职业教育领域里，什么样的学校是成功的，什么样的学校是不成功的，并没有明确的边界。公认成功的职业学校，应该是具有普适性特点的 10 个二元组合高质量的实践。

第四节　职业教育二元组合原理的指导性

职业教育原理既是基础性规律，也是根源性、普遍性道理。正因如此，办学原理拥有指导性特质。办学者根据这种办学原理去办学，其"道"就不偏，其"路"就"阳光"。

一、职业教育性质

国民教育与人力资源开发二元组合的指导性。这一组合的指导性表现在引导职业

教育者明白:

（1）职业教育不是单纯的国民教育，而是国民教育与人力资源开发的叠合教育。

（2）切割职业教育与人力资源开发的联系，就职业教育论职业教育、就职业教育环节制定职业教育政策的做法无法体现辩证法，不利于国家职业教育事业和人力资源开发事业发展，应该进行必要的调整；将职业教育事业的管理与人力资源开发事业的管理切割开来的体制设计无法真正有效地建设现代职业教育体系。职业学校应挣脱一元化学校教育的羁绊，准确理解国民教育与人力资源开发的叠合性质，从教育界与职业界叠合的角度，按照叠合教育管理的方法进行办学，培养市场需要的高素质劳动者和技术技能人才，很好地解决技术技能人才需求侧与供给侧"两张皮"问题。

二、办学职能

学制教育与职业培训二元组合的指导性。这一组合的指导性表现在引导职业教育者明白:

（1）将学制教育视为正规教育，将职业培训、技能评价、就业创业服务视为业余训练，只抓学制教育，忽视、轻视职业培训的观念是错误的。

（2）学制教育、职业培训、技能评价、就业创业服务是我国1996年颁布的《中华人民共和国职业教育法》中规定职业学校要履行的多重职能。所有职业学校都应履行学制教育、职业培训、技能评价、就业创业服务四项职能，采取业务相连，资源共享，齐头并进的办法做到学制教育与职业培训组合发展。

（3）学制教育与职业培训职能二元组合需侧重解决职业培训的条件问题：一要拥有一批合格的带头人；二要拥有合适的场地；三要拥有合适的设备；四要拥有一支会理论实操一体化的教学的教师队伍。

（4）学制教育与职业培训职能二元组合需重点抓好四项组合：一是业务组合。该组合要求学制教育与职业培训二者的业务要连通。要长（学制教育）短（职业培训）结合拓展业务。二是资源组合。该组合要求学制教育与职业培训双方以提高利用率，获取社会效益与经济效益最大化为原则，对场地、设备、师资、资金等办学要素合理调配，做到物尽其用，人尽其才。三是教学组合。该组合要求学制教育与职业培训双方及时交流经验，取得互利共赢的教学效果。学制教育培养学生的技术技能，是从无到有的过程；职业培训培养学员的技能，是从低到高的过程。学制教育3至5年，职业培训3至5个月，二者培养要求和培养时间的明显区别决定了教学要求的明显不同。但不同之中又有相似之处，具备组合的条件。四是管理组合。该组合要求学制教育与职业培训双方以建立利益共同体为指向，及时交流管理经验，各自实现规范管理。

三、培养主体

学校与企业二元组合的指导性。这一组合的指导性表现在引导职业教育者明白:

（1）单靠学校一方培养技术技能人才，其效果如同"驼背翻跟斗，吃力又难看"。因为学校对企业不断变化的人才需求缺乏常态化了解；学校缺乏拥有企业岗位技术水平的教师；学校缺乏单独培养合格技术技能人才的经验。在"三缺乏"的情况下，学校要想培养技术技能人才，只能主动与企业合作。学校与企业双主体合作培养，是解决人力资源市场技术技能人才短缺问题的最佳路径。

（2）学校与企业培养主体二元组合应达到"是学校，但不能太像学校，应该像企业，像企业又不能是企业，是学校形态与企业形态的叠合"的要求。"是学校"指的是职业学校与其他教育类型的学校一样，是批量性培养学生的专门教育机构，职业学校具有学制教育的功能。"不能太像学校，应该像企业"指的是要有企业的元素，包括企业职业标准进入学校课程内容，教师教学过程与企业生产过程结合，企业兼职教师在学校教学，企业文化在学校校园文化中有所渗透等。"像企业又不能是企业"，指的是学校虽然必须具有企业元素但学校机构的本质不能变。

（3）培养主体二元组合应满足以下三个要求：

第一，坚持市场标准第一，兼顾国家职业标准和学校学业标准的要求。所谓市场标准，主要指用人单位对毕业生的认可。衡量毕业生是否达到市场标准的依据是是否与用人单位签订了劳动合同书。国家职业标准，即技能考核机构对学生技能水平的认可。衡量毕业生是否达到国家标准的依据是是否获得国家职业资格证书。学校学业标准，即学校对学生学业水平的认可。衡量毕业生是否达到学校标准的依据是是否获得学校的毕业证书。人力资源市场主要由用人单位组成。市场标准主要是用人单位标准。用人单位的标准变化必然引起国家标准和学校标准的变化。这是规律。国家标准和学校标准都得看市场标准的"脸色"行事。从这个角度看，市场标准第一。学校办学应当以市场标准为导向，兼顾国家标准和学校标准。培养主体二元组合必须建立在市场标准第一的基础上。

第二，建立校企合作基本制度的要求。职业学校要建立校企合作基本制度，将校企合作工作渗入各主要业务，其重点是促进毕业生高质量就业。全校上下要明确：不与企业合作培养，不坚持校企合作基本制度的职业学校，不是真正的职业学校。培养主体二元组合能否成功，取决于校企双方是否形成利益共同体。

第三，实施工学结合的课程改革的要求。工学结合课程改革的核心内容有两个：一是课程内容与职业标准对接；二是教学过程与生产过程对接。学校只有实施工学一体的课程改革，才能实现"两个对接"，确保培养质量。实施工学一体的课程改革，一要"洗脑"，即全校上下统一思想；二要按照教学与生产相结合的方式进行教学；三要不断推出鼓励工学一体课程教学的政策，提高教师开展工学一体课程教学的积极性。

四、培养目标

就业与成才二元组合的指导性。这一组合的指导性表现在引导职业教育者明白：

（1）职业学校应当统筹兼顾就业和成才两项工作。

（2）对于学生，成才之事比较遥远，就业之事比较迫切。刚毕业的职校学生，当务之急不是成不成才的问题，而是尽快解决就业养活自己的问题。

（3）应该将就业与成才视为既有区别又相互促进的两个阶段目标：近期目标设定为就业，远期目标设定为成才。二者虽然都是目标，但要缓急有别。确定这样的二元培养目标，既符合学生就业与成才的实际需要，也有利于学校培养方案的具体安排和有效实践。

（4）"捆绑"兼顾实现两个目标最佳的办法是落实"三个对接"：专业设置与产业

需求对接、课程内容与职业标准对接、教学过程与生产过程对接。切实做到"三个对接"，就业和成才两个目标都可推进。

五、学习任务

知识与技能二元组合的指导性。这一组合的指导性表现在引导职业教育者明白：

（1）职业学校分设理论课和技能实操课两类课程，分设理论教师队伍和实操教师队伍的做法不利于知识与技能的组合教学，而知识与技能分开教学必然影响技术技能人才的培养质量。

（2）无论是课程内容的确定，还是教学过程的安排，都应当按照企业技术技能人才完成岗位工作任务的能力要求将知识与技能结合起来，依据工学结合的模式确定课程的内容，安排具体的教学，以知识与技能相结合的形式教育学生，培养复合型、实用性技术技能人才。

六、专业教师能力

专业教学能力与专业技术能力二元组合的指导性。这一组合的指导性表现在引导职业教育者明白：

（1）满足于"双师型"教师（同时具备理论教学和实践教学能力的教师）的要求是不够的。"双师型"教师的"实践教学能力"要求只有在与专业技术能力划等号的条件下才可认定这位教师具有专业技术能力。但大量的现实是，符合这种条件的教师占比比较低，大多数教师所拥有的实践教学能力只是一般的或粗浅的动手能力并不是企业正在使用的专业技术能力。"理论教学和实践教学"二者的核心词都是一个字——"教"。而现阶段只强调了教学能力，并以"实践教学能力"掩盖了专业技术能力的要求。

（2）"同时具备理论教学和实践教学能力的教师"的要求适用于公共基础课教师，但未必适用于专业课教师。合格的专业课教师应当兼具专业教学能力与专业技术能力。

（3）"双师型"教师（同时具备理论教学和实践教学能力的教师）的要求应该改为"双能型"教师（同时具备专业教学能力和专业技术能力）的要求。

（4）专业教师如果只会在教室讲台上授课，不敢在实训基地里像企业技术人员那样操作，是很难培养出合格的技术技能人才来的。因此，职业学校必须要求专业教师具有专业教学和专业技术两种能力。只有这样，才能有效地开展工学结合的教学实践，提高教学质量，实现培养目标。

七、学生身份

学生和准职业人二元组合的指导性。这一组合的指导性表现在引导职业教育者明白：

（1）职业教育学校学生具有与普通教育学校学生不同的身份，不能搬用普通教育学校学生管理的制度管理职业学校的学生。职业学校应当根据学生双重身份的特点制定和实施体现两种身份的教育制度和管理制度，促使学生形成混合型学识结构和复合型能力结构。

（2）学生准职业人身份主要体现在实训、跟岗实习、顶岗实习三个方面。学校应特别重视这三个地域空间学生的教育制度和管理制度的建设，用特殊的政策教育和管理特殊地域空间的学生。

（3）要让学生也明白自己拥有两种身份，并在不同的场合以不同的身份完成不同的学习任务。

（4）职业学校学生虽然具有两种身份，在不同的地域空间有不同的教育和管理要求，但也不能因此而走入绝对化迷途，应该将二者有机地组合起来，既有区别，又有联系地进行，体现其针对性与有效性。

八、教学过程

学习过程与工作过程二元组合的指导性。这一组合的指导性表现在引导职业教育者明白：

（1）学习过程与工作过程二元组合教学就是"教学过程与生产过程对接"，就是工学一体化教学，就是落实教育与生产劳动相结合的教育方针。这是人力资源市场的需要，是国家文件明确的要求，是培养技术技能人才唯一正确的教学路径。

（2）实现学习过程与工作过程二元组合教学的前提条件是：采取召开企业实践专家访谈会的方法，通过企业实践专家，提炼代表性工作任务和典型工作任务，再将之转化为学习任务和课程标准，完成专业课程内容中体现学习过程与工作过程相结合的基础工作。

（3）学习过程与工作过程二元组合教学难度很大，需要合适的教师、合适的激励措施、合适的教学条件等，学校应当摒弃普通教育学校传统的教学方式，创造条件，优化政策供给，大力而持续地推进此项正确而艰巨的工作。

九、校园文化

学校文化与企业文化二元组合的指导性。这一组合的指导性表现在引导职业教育者明白：

（1）学校文化与企业文化均为职业学校校园文化不可或缺的元素。学校校园文化应该是校企文化的二元融合。学校应当建设有利于学生由纯学生身份转化为准职业人身份的校园文化。

（2）学校应将与学生所学专业相对应的企业文化通过课堂、社团、技能竞赛、顶岗实习、讲座等形式进入校园、课堂、学生心理，使其影响并提高学生学校文化和企业文化意识，为毕业后顺利适应工作奠定基础。

十、服务对象

学生对象与企业对象二元组合服务的指导性。这一组合的指导性表现在引导职业教育者明白：

（1）所有职业学校都应该明确学校有内外两个服务对象：一类是学生；另一类是企业。学生是学校的校内服务对象；企业是学校的校外服务对象。

（2）所有职业学校都应该获得内外两个服务对象的较高的满意度。学生满意度是指学生自己对学习和就业状况的满意程度；企业满意度是指企业对毕业生整体素质和综合能力的满意程度。

（3）如何实现两个服务对象较高的满意度？职业学校应有制度的安排。

10个二元组合的指导性贯穿于职业学校办学全过程。每一项二元组合都体现出形式上的相对独立性，内涵上的不可替代性，整体效能上的有效指导性。

第五节　职业教育二元组合原理的系统性

中国著名科学家钱学森认为：系统是由相互作用、相互依赖的若干组成部分结合而成的，是具有特定功能的有机整体，而且这个有机整体又是它从属的更大系统的组成部分。职业教育二元组合原理不是一句话，而是一个由10个相互作用、相互依赖、展示特定功能的二元组合叠合而成的系统。该系统主要由结构形态、自洽形态、发展形态三个方面构成。

一、职业教育二元组合原理的结构形态

结构，是指事物自身各种要素之间的相互关联和相互作用的方式。它包括构成事物要素的数量比例、排列次序、结合方式。结构是事物的存在形式，也是任何系统形成和作用的载体。无结构不系统。职业教育二元组合原理的结构主要由要素、关系、类型等部分组成。

（一）要素

要素包括个体要素和群体要素。个体要素指每个组合的两个要素，如职业教育性质的二元组合的两个要素为国民教育与人力资源开发；服务对象的两个要素为学生与企业。群体要素指由20个要素汇成的10个组合。主体包括多个层面：一是某些组合的群体。比如，学生与准职业人，是一个群体；学习过程与工作过程中的教师，是一个群体。二是学校。如学制教育、职业培训、技能评价、就业创业服务的主体都是学校。三是教育领域。如国民教育与人力资源开发的主体包括学校、学校主管部门乃至国家相关部门。

（二）关系

关系包括两个层面：一是每一个组合表现为一对对立统一的关系。比如，教学过程的二元组合：学习过程与工作过程。学生身份的二元组合：学生与准职业人。二者既对立，又统一。二是10个二元组合表现为系统的整体与部分之间的关系，即每个组合作为一个"部分"与一系列组合"整体"之间的关系。相对于一个组合，10个二元组合是整体；相对于10个组合这一整体，某个组合只是部分。职业学校二元组合可以不止10个，但不管多少个，每个组合相对于整体，都只是部分。

（二）类型

职业教育二元组合原理可分为应该式与必需式组合两种类型。

（1）应该式的组合，指的是从事理、经验、发展趋势的角度看，理应执行的事项的组合。比如：培养目标就业与成才的二元组合；学生身份学生与准职业人的二元组

合；专业教师专业教学能力与专业技术能力的二元组合等。这类组合符合事理，来源于经验，其内涵与原理的"规律"含义相切，具有不以人的意志为转移的"韧性"。

（2）必需式组合，指的是国家政策法规已经明确规定了的一定要执行，不可少的事项的组合。比如，职能的二元组合：学制教育、职业培训以及技能评价、就业创业服务；培养主体的二元组合：学校与企业；学习任务的二元组合：知识与技能等。这类组合，表面看是国家政策规定，其实质是原理具有普遍意义的道理对国家政策法规产生积极的影响。其内涵与原理的"道理"含义相切，体现正确、规矩、理应执行的要求。

当然，上述两种组合并非一成不变。部分应该式二元组合在一定条件下可能发展为必需式二元组合。其指导性由相对软性变为相当刚硬，比如培养目标，按照国家关于职业教育要"服务发展，促进就业"的办学导向，或许在不远的将来，毕业生既要成才，又要就业将成为全国所有非义务教育学校都必须执行的二元培养目标。

二、职业教育二元组合原理的自洽形态

自洽的"洽"，即谐和、融洽之意。自洽，即自身内部体现谐和、融洽，相互之间不存在错误。

（1）从整体角度看，由相关要素、关系、类型等有机整合而成的职业教育 10 个二元组合本身之间不是没有矛盾而是矛盾的斗争性与统一性共处于同一体中，斗争性为统一性所制约，使对立转化为同一，相互依存，整体融洽地发挥作用。

（2）从具体角度看，职业教育原理的 10 个二元组合中没有一个是呈现出尖锐对立的状态，各组合双方之间普遍存在的是相关与否的关系，而且这些关系都体现在教育界与职业界的范围内。自洽在每一个组合中都以主流形态发挥正面作用。相关主体倘能认同组合、推行组合，那么，对学校发展均会有所促进。

（3）从数量的角度看，职业教育二元组合原理可能不止这 10 个。作为一个复杂形态的原理体系，除了二元组合，也可能有三元、四元等多元组合，比如，职业教育标准就可有学校标准、国家标准、市场标准三元组合。只要具有普遍意义的道理，就可以与二元组合并列为子集，共同构成一个自洽形态的系统，发挥职业教育原理的作用。

三、职业教育二元组合原理的发展形态

（一）原理的普适性、指导性与发展性关系

办学原理与任何其他原理一样，存在被重新认识，被改造发展的另一面。道理很简单，任何原理都不具备绝对有效性。即使是对人类社会发展具有很强指导意义的马克思主义基本原理，也在发挥作用的过程中，不断地被与时俱进的人类社会以新的经验和新的认识所改造、所发展。马克思主义基本原理只能在普适性发挥与发展性改造对立统一的矛盾运动过程中体现其规律性和具有普遍意义的道理。办学原理也一样。我们在充分认识其普适性和指导性的同时，也要清醒地认识其发展性的客观存在。这是我们认识、把握、实践职业教育办学原理过程中应该明确的一个重大问题，即任何办学原理既具普适性和指导性，又具发展性。办学原理的普适性和指导性不是无限有效的，其强大的生命力只有在与发展性形成互洽性过程中，才能显现和相对持久。没

有发展性支撑的普适性和指导性会因缺乏与时俱进的元素而逐渐"苍白无力"。当然，缺乏普适性和指导性实践基础的发展性是不存在的。

（二）职业教育二元组合原理发展形态的表现

在职业教育原理的系统体系中，其发展形态主要表现为三种方式：

1. 数量式发展

数量式发展包括二元组合的数量增减，组合"元"数的增减。无论哪一种情况，都会影响原理的效应和原理的发展。比如"元"数的增加，一些职业学校的职能已经在学制教育和职业培训的基础上增加了技能评价、就业创业服务、技能竞赛，形成职业学校办学职能的五元组合。职业学校发展为既是全日制的技术技能人才培养基地，也是非全日制的职业培训基地，还是技术技能人才评价基地、就业创业孵化基地、技能竞赛集训基地。

2. 同步式发展

同步式发展指 10 个组合朝着共同方向并进。一个学校 10 个组合同步式推进，这样的学校一定辉煌。取得这样成就的学校一般具备以下条件：一是需要一个观念先进，很有水平的领导班子；二是学校上下对二元组合原理认识到位；三是条件具备，环境合适，二元组合措施到位。

3. 异步式发展

异步发展指被组合的双方的发展形态是方向基本一致，但进展差异，或者一方基本没有进展。比如，某个学校专业教师专业教学能力与专业技术能力二元组合工作出色，60%以上专业教师为兼有专业教学能力与专业技术能力的"双能型"教师，教师所教、学生所学、企业所用"三所"对接，教学质量高，学生学习的内容是工作，通过工作实现学习。学生学习热情高，真正学到了技术技能，就业好，影响大，学校的社会贡献度也高。但对学校应该履行的四项职能，只有学制教育职能履行较好，其他职能或根本没有认识，或认识到但履行较慢，或根本不予理睬。当前，我国处于这种形态的学校不少。其共同特点为：一是办学理念不到位，依然参照普通教育模式办学；二是对二元组合原理缺乏认识或认识肤浅甚至"不知秦汉，无论魏晋"；三是条件欠缺，环境不好，实现二元组合困难大。

10 个二元组合构成职业教育二元组合办学原理。普适性、指导性、系统性是职业教育二元组合办学原理的三个特点。认识并掌握这一原理及其特点，对于办好职业学校，促进职业教育事业更好更快发展，具有重要意义。

内涵建设篇

第五章

校企合作

第一节　对校企合作的认识

职业学校开展校企合作之前，先要认识校企合作。校企合作的内涵丰富，需要深入到合作的主体、合作的必要性与合作的原则、特点、目标等多个层面去认识和把握。

一、校企合作的构成

字面看，校企合作由学校和企业两个主体构成；实际上，涉及校企合作的主体至少有学校、企业、行业协会、政府、家长五个，当然，直接合作且具代表性的是学校和企业两个显在主体。而学校和企业两个显在主体又各包含着两个潜在主体。学校一方的潜在主体是教师和学生。企业一方的潜在主体是人力资源部门相关人员和一线技术技能人才。双方的潜在主体都是校企合作过程中的具体行为者。这些具体行为者行动的效果情况，决定校企合作的质量。因此，认识校企合作的构成，切莫只看到显在主体而忽视潜在主体。四类潜在主体中，学校一方的两个潜在主体——教师和学生特别重要。因为这两个主体一旦互动，就形成教与学关系，就产生教与学矛盾，就呈现教与学效果。而教与学效果决定学校办学质量，决定职业教育的水平。因此，教师与学生两个主体的需要和状况是校企合作应当高度关注的焦点。政府、学校、企业要想推进校企合作，就应立足于教师与学生两个主体的需要和状况。只有这样，政策措施才算到位。

二、校企合作的必要性

校企合作对于职业学校办学，不是可有可无的选择，而是必由之路。不开展校企合作的学校不是真正的职业学校。

（一）没有校企合作，培养目标难以实现

我国职业教育的目标是培养高素质劳动者和技术技能人才。多数毕业生毕业后要

到各类企业就业，在市场经济的大海里搏风击浪，成才立业。这是职业学校毕业生职业发展的主流方向，也是国家经济社会发展的需要，符合职业教育与社会发展需求相适应的规律。因此，职业学校就应实施与就业单位高素质劳动者和技术技能人才需求相对应的教育。只有这样，职业学校作为技术技能人才供给一方才能为技术技能人才需求一方提供适用的毕业生。只有这样，技术技能人才的供给与需求双方才可能处于相对平衡状态，供与求的双方在各自领域正常发展。遗憾的是，受普通教育单独办学培养学历人才模式等影响，一些职业学校存在没按企业要求培养技术技能人才的情况。学校校名是职业教育的，培养模式是普通教育的，其结果正如习近平总书记所说的："需要的培养不出来，培养出来的不需要"。培养与使用"两张皮"渐成普遍现象。为此，国家要求职业学校由参照普通教育办学模式向企业社会参与、专业特色鲜明的类型教育转变。这里的"企业社会参与、专业特色鲜明的类型教育"的核心就是"校企合作"，即由参照普通教育办学模式转向以校企合作为核心的职业教育办学模式。只有这样，国家确定的职业教育培养目标才可能实现。

（二）没有校企合作，产教融合难以落地

1. 产教融合的含义

产教融合，是产教结合的升级版。1996 年颁发的《中华人民共和国职业教育法》就提出产教结合。"产教融合"的"产"指产业，包括第一产业、第二产业、第三产业；"教"指教育。产教融合，即产业与教育融合。"融合"即"你中有我，我中有你"。产教融合是职业教育的一种规律特性，也是国家对职业教育的强制性要求。

2. 产教融合的目的

产教融合的目的是解决人才培养供给侧和产业需求侧在结构、质量、水平上的"两张皮"问题，使教育培养的适合产业需求的。

3. 产教融合的关系

产教融合的主体——"产"与"教"二者虽然各有所需，互有所求，但实践中，双方不是对等关系。"教"应看"产"的需求行事，即要主动为产业发展服务；教育只能在主动融合于产业的过程中对产业发挥技术技能人才供给等作用，体现职业教育的重要性和贡献度。

4. 产教融合的载体

产业，是无数经济个体集合的概念；教育，是培养人的机构及范式的总称。产业的实体是企业，教育的实体是学校。校企合作是产教融合的载体。产教二者的"意志"，只有通过校企二者的"携手"才能落地。没有校企合作的产教融合只是"空中楼阁"。细看国务院办公厅《关于深化产教融合的若干意见》，触目皆谈校企合作。而"产教协同育人"的实质就是校企合作育人。

（三）没有校企合作，工学结合难以支撑

工学结合指工作与学习相结合。与产教融合和校企合作相比，工学结合更加微观，但其结合的结果直接影响培养质量。因此，如果说，校企合作是产教融合的载体，那么，工学结合是校企合作的焦点。产教融合应与校企合作、工学结合联成一组来认识，来执行。三者连接形成三个组合：产教融合——校企合作——工学结合。三个组合分别列位于宏观、中观、微观。从学校执行产教融合的角度看，产教融合侧重于专业建

设层面，强调专业设置与产业需求对接；校企合作侧重于课程改革层面，强调课程内容与职业标准对接；工学结合侧重于教学模式层面，强调教学过程与工作过程对接。从学校执行产教融合责任分担的角度看，产教融合工作的责任人应包括校长。校长应参与全校专业建设工作。因为办学校就是办专业。专业好，学校旺；专业弱，学校衰。校长参与此项工作可促进全校专业与产业需求结合。校企合作工作的责任人应是院系一把手。院系一把手应具体抓全系的课程改革工作。因为课程质量与学校培养质量密切相关。院系一把手参与此项工作，可促进全系课程内容与职业标准对接。工学结合工作的责任人应是专业教师。专业教师应投入所教课程教学模式改革工作。因为教师是学校办学水平的决定性因素。只有专业教师践行工学结合，才可确保教学过程与工作过程对接。"三个组合"——"三个对接"——"三种责任"。产教融合落到实处是校企合作，落到深处是工学结合。

工学结合的载体，首先是课程内容，其次是教师教学。怎么样的课程内容决定怎么样的教学。工学结合课程内容的确定是学校办学很重要的一项工作，但单靠学校教师是不行的。因为学校教师不知道企业工作过程的情况和工作过程变化的情况。这两种情况，企业的一线人员不仅知道，而且熟悉。学校与企业合作，双方召开实践专家访谈会，以企业实践专家为主，学校教师为辅，按照规定要求和相关程序，共同确定每个专业每一门课程的内容，是每一个职业学校都应该牢记和遵循的重要实务。校企合作的阳光必须朗照在工学结合课程内容的确定上。工学结合教学的实现取决于工学结合课程内容的实现。在校企合作确定课程内容的基础上，由学校教师实施体现工作过程与教学过程对接的工学结合教学。

三、校企合作的原则

长期的实践证明，有效而持续的校企合作应坚持三个原则：

（1）平等自愿原则。平等自愿是校企合作的基础。企业属经济基础，学校属上层建筑；企业追求经济效益，学校追求社会效益；企业是用人单位，学校是育人单位；学校办学受《中华人民共和国职业教育法》保护，企业运营受《中华人民共和国公司法》保护。企业与学校的单位属性、设办目标、业务功能、社会分工等各不相同，双方都是法人单位，法律地位平等。是否合作，只能自愿，不宜强制。如果强制，必难持续，正所谓"强扭的瓜不甜"。

（2）育人为本原则。校企合作的项目可以多个，但根本任务是育人。育人之事，皆为企业和学校之本。企业一方，"企"之字，无"人"即成"止"，有"人"方有"企"。凡人均须育，企业才发展。学校一方，学校的本职是育人。学校要通过校企双方的密切合作，努力将学生培育成德技体美劳全面发展的高素质劳动者和技术技能人才。这里的"技"，指技术技能，包括专业知识、职业技能等方面的教育。育人之事，校企双方可以各尽所长，互相帮忙，各得其所。相比之下，学校学生的成长是校企双方合作育人的重点。合作事务应围绕学生成人成才这个根本性要求进行。

（3）互利共赢原则。企业与学校的社会分工虽然不同，但在技术技能人才这一问题上存在交集——学校要想培养出合格的技术技能人才，没有企业参与不行；企业没有学校的支持，很难招到批量性高素质新员工。二者各有所需，各有所求。校企双方只要合作，就能互惠互利，各得其所；只有达成互利共赢，才可能长期合作。校企双方应求同存异，着眼长远，努力合作，构建互利共赢的长效机制。

四、校企合作的特点

从实践看，校企合作具有三个特点：

（1）普适性。校企合作适用于职业教育各主要业务：学制教育、职业培训、技能评价、技能竞赛等。校企合作适用于学制教育的专业建设、课程开发、师资培养、课程教学、实训开展、实习实施、就业推荐、质量评价等。对于坚定不移地将技术技能人才视为培养目标的职业学校而言，校企合作开展学制教育的质量一定高于职业学校一方人员单独开展学制教育的质量。校企合作也适用于职业培训的课程开发、培训师资队伍建设、培训教材编制、培训质量评价等。对于坚定不移地将技术技能人才视为培养目标的职业学校而言，校企合作开展职业培训的质量一定高于职业学校一方人员单独开展职业培训。校企合作也适用于职业技能等级评价和技能竞赛。就技能水平评价而言，评价考核的题库不能没有企业技术技能人员的参与，邀请企业人员参与学生和劳动者的技术技能考核评价，其评价质量远胜于职业学校一方人员单独开展职业技能水平评价。校企合作开展职业技能等级评价是保证职业学校技能评价质量的最佳方式。校企合作也适用于职业学校组织或参加的技能竞赛。任何技能竞赛标准都不能没有企业实践专家的参与，无论是组织竞赛，还是参与竞赛，校企合作进行的效果总是好于学校一方人员单独进行。

（2）条件性。任何合作都是要讲条件的。校企合作也一样。对于求合作的学校，如果其不拥有资格、具备条件，企业一般不会同意合作。这里的条件，至少包括"四帮"和"两让"。所谓"四帮"：一是学校能帮助企业解决技术技能人才短缺的问题；二是学校高水平老师能帮助企业攻克技术难点问题；三是学校能帮助企业培训员工使其知识技能不断提升；四是学校高水平老师能帮助企业开发新技术或新项目，开拓新的经济增长点。所谓"两让"：一是让企业共享学校的实训基地和先进设备；二是让合作企业优先选择适用的毕业生。校企合作的条件性特点不仅仅指企业一方。一般情况下，具备"四帮""两让"条件的学校也有资格设置合作门槛，选择具备合作条件的企业合作。这类企业应具备以下条件：愿意与学校合作全过程培养学生；能安排岗位供学生跟岗实习、顶岗实习；能接收毕业生就业。这类企业可称为校企合作的目标企业。只有与具备这样条件的企业合作，学校才能达到预期效果。

（3）周期性。校企合作以学生为对象，以学生成长为核心内容，一届学生的成长为一个校企合作周期。届与届之间，合作的主体、目标、环节等基本不变，但合作的具体时间、具体内容、具体人员及数量等安排会受市场变化、企业发展等因素影响而相应地有所调整，即既有相似点，也有差异处。只要合作持续，周期特点就重复呈现，校企双方的合作在循环往复的周期过程中不断完善。

五、校企合作的目标

校企合作的目标是促进毕业生就业。这里的就业包括正规就业和灵活就业。灵活就业指在"无人经济""新个体经济""宅经济"等新业态中的分时就业、兼职就业、自主创业、副业创业、多点执业等新的就业形式。将促进毕业生就业视为校企合作的目标是因为：

（1）就业是技术技能人才需求与供给的连接点。就业，一边连着技术技能人才需求，一边连着技术技能人才供给。就业决定毕业生收入，收入决定毕业生需求。就业，不仅是经济问题、社会问题，也是教育问题。充分就业、稳定就业是扩大中等收入群体，释放内需潜力，促进国家经济社会高质量发展的战略性举措。职业学校的社会贡献度表现之一是：为社会提供的不仅仅是高学历的毕业生，而且是能够实现充分就业、稳定就业的毕业生。技术技能人才供给能否提升质量，技术技能人才需求能否扩大均取决于就业。职业学校作为技术技能人才供给的一方，对学生的培养是否合格，要通过就业才能得出准确的结论；用人单位作为技术技能人才需求的一方，对技术技能人才的需求是否满足，也要通过就业才能得出准确的判断。

（2）只有把毕业生就业视为目标，校企合作才能发挥解决技术技能人才需求与供给之间"两张皮"问题的重要作用。校企双方可合作的项目可涉及多个方面，但核心是共同促进毕业生就业。因为技术技能人才的需求与供给之间"两张皮"问题集中表现在就业环节。其突出表现是"供不适用"。校企合作中的企业是技术技能人才的需求方，同时，由于其也与职业学校合作，因而也是技术技能人才供给方的组成部分。学生接受怎样的培养才能顺利就业而且"供而适用"，企业比学校清楚。学校与企业结为伙伴，携手培养，可以做到所培与所用对接，需求与供给之间形成有效的循环。

（3）只有把毕业生就业视为目标，相关主体的合作才能各得其所：从职业学校的角度看，只有让所有愿意就业的毕业生实现就业，才算落实了国家关于"服务发展，促进就业"的办学导向要求；从家长的角度看，子女毕业后只有顺利就业，才能解决子女自食其力问题，消除子女给家庭带来的经济负担；从不再继续深造的学生角度看，毕业后只有上岗就业或灵活就业，才拥有可能成才的平台；从国家的角度看，学生毕业后只有就业了，才能确保经济社会发展有持续不断的技术技能人才支撑；从企业的角度看，只有合格的毕业生在本企业就业，才能解决因技术技能人才不足而影响企业生产和服务质量的问题。校企合作如果无法为企业提供合适的技术技能人才支持，企业经济效益就难以保证，反过来，企业就不会有持续合作的积极性。因此，将学生毕业就业视为校企合作目标是必要的。

六、校企合作的定位

实践证明：将校企合作视为技术技能人才培养的桥梁纽带、必由之路、培养模式等都有道理，但还不到位。根据校企合作的构成、必要性、原则、特点、目标，我们应该将校企合作视为职业学校办学的基本制度纳入学校章程，以学习"基本法"的形式在全校贯彻落实。校企合作作为我国职业学校办学的一项基本制度，至少应该包括以下内容：

（1）在合作形式上，校企双方按照平等自愿、育人为本、互利双赢的原则，以签订协议、依法办事的形式进行。

（2）在合作过程中，双方设立相关机构，安排相关人员，建立健全相关制度，在各有所需和互有所求的基础上，互相帮忙，共同努力，确保合作有效开展。

（3）在合作方向上，以服务发展、促进就业为导向，走技术技能教育、技术技能就业、技术技能成才的道路。

（4）在合作目标上，以传授知识、培养能力、提升品德为重点，以促进就业为目标，培养高素质劳动者和技术技能人才。

（5）在合作内容上，以企业所需的技术技能人才供给、岗位员工水平提升、专业建设、师资培养为重点，确保所教、所学、所用对接。

（6）在合作范围上，纵向开展学制教育校企合作，横向开展职业培训、技能评价、技能竞赛、就业创业服务的校企合作，所有专业校企合作、所有学生接受校企合作培养，体现校企合作的深度和广度。

（7）在合作规范上，地方政府主管部门应制订校企合作负面清单，明确不应触碰的"红线"，并在此基础上，实行校企合作容错制度，鼓励校企双方放心合作、大胆合作、有效合作。

把校企合作界定为职业学校办学的基本制度，有利于坚持国家关于职业教育办学方向和落实职业教育培养目标，是基于职业教育由参照普通教育办学模式向企业社会参与、专业特色鲜明的类型教育转变的需要，是构建中国特色职业教育模式的制度要求，是职业学校办学制度改革创新的重要成果，是职业学校开展真正的职业教育的根本保证。

将校企合作视为职业学校办学基本制度，在学校各主要业务工作中推行这一制度，对于每一个职业学校都是一场触及灵魂的"革命"。学校需要政府的政策支持，社会各界的关心，更需要学校全体员工的积极参与。毫无疑问，凡是以技术技能为特色，以促进就业为导向，培养技术技能人才的学校，都会克服种种困难，推进该项制度；凡是以学历为特色，以升学为导向，培养学历人才的学校，都会在这种制度面前选择想方设法"拐弯"。但是"青山遮不住，毕竟东流去"，校企合作办学制度代表方向，体现规律，已见成效，终将在全国职业学校全面执行。

综上，校企合作是职业学校主动联系企业，按照平等自愿、育人为本、互利共赢原则签订协议，以学生和社会劳动者为主要对象，以促进就业为主要目标，体现普适性、条件性、周期性特点的办学基本制度。

第二节　校企深度合作的实践

一、校企深度合作的理解

校企合作实践中，由于校企双方单位性质、功能作用、目标任务、条件差异等多方面因素的影响，合作形态必然"五花八门"。浅度、中度、深度合作都客观存在。浅度、中度、深度合作之间没有"楚河汉界"，只能凭行为、效果进行"定体则无，大体须有"的经验判断。

浅度合作，一般限于简单化协议，企业人员来校举办若干次讲座、开展顶岗实习、推荐就业等。

中度合作，一般在浅度合作基础上增添若干项目，如订单班、定向班、生产性实训基地共建、邀请企业相关人员举办讲座、聘请企业兼职教师、开展跟岗实习、顶岗实习、推荐就业等。

多年的实践证明：这两种层次的合作均有一定效果，但都不容易实现"二稳"：校企双方稳定合作；学校办学水平稳步提升。为此，国务院《国家职业教育改革实施方案》要求职业学校"推动校企全面加强深度合作"。但深度合作的"深度"是个模糊概念。如何认定"深度"？没有也不可能有"泾渭分明"的标准。比如，理论界的看法就"众说纷纭"：

李荣认为，校企深度合作是提升办学水平的有效途径，要做到"文化对接、专业对接、资源对接和项目对接"[①]；洪贞银认为，校企深度合作是学校与企业之间的合作，其不仅是"结果"的合作，更是"过程"的合作，校企之间形成积极互利的关系；[②]张庆海认为，深层次合作指企业与学校相互渗透，建立利益共享关系，真正实现"教学—科研—开发"协同发展的三位一体模式，是一个双赢的模式。[③]

实践界的探索也是"莫衷一是"：有些学校把"校中企，企中校"视为深度校企合作；有些学校将产、学、研、工、创一体化视为深度校企合作；有些学校把校企互为部门与互用资源的做法视为深度校企合作；有些学校将合作办学、合作育人、合作就业、合作发展的"四合"视为校企深度合作。

理论界的"众说纷纭"和实践界的"莫衷一是"各有千秋，皆为经验之谈。综合两界观点与经验，结合自身实践体会，笔者认为，从合作双方的角度看，校企深度合作至少应具备五个条件：

（一）须平等自愿合作

按照平等自愿原则，双方签订有法律效应的协议，明确双方的责权利。

（二）须有双方项目

合作协议中须有具体合作的项目内容。学校一方合作内容包括专业、课程、教师、实训、实习、评价、就业、新项目研发等；企业一方合作内容包括技术技能类员工短缺、员工水平提升、技术合作、其他新项目合作等。

（三）须是双方获益

校企双方各有所长且各有所需，各有付出故各有所得。

（四）须形成命运共同体

按照习近平总书记关于"推动职业院校和行业企业形成命运共同体"的要求，在合作常态化基础上，实现合作的效益化，形成长效合作的命运共同体。

（五）须建立保障机制

校企双方应合作设立高层协调指导机构和具体实施机构，双方指派相关人员负责处理合作过程中出现的相关问题；合作双方都为合作项目开展提供必要条件；建立合作项目考核评估机制，对每一届学生培养的合作按周期进行行业绩考核评估，在肯定成

① 李荣. 高职教育校企深度合作的路径与对策［J］. 教育与职业. 2014 年第 14 期
② 洪贞银. 高等职业教育校企深度合作的若干问题及其思考［J］. 高等教育研究，2010（3）.
③ 张庆海，邹靖坤. 深层次校企合作模式在我院的实践与探索［J］. 中国校外教育，2015（3）.

绩和不断改进中实现合作的常态化。

"五须"之中,第二"须"是"双方获益"和能否形成"命运共同体"的基础,是校企深度合作的关键支撑,运行状况决定校企合作质量和"命运"。江西商贸职业学院"3+3"模式就是重视第二"须"的典型例子。① 所谓"3+3",见表 5-1。

表 5-1　"3+3"模式的主要内容

学校为企业做"3"件事	1. 培养人才,培养符合企业需求的人才
	2. 提供技术,推动企业技术升级或帮助研究制定完善产业规划、经营模式等
	3. 研发新产品
企业为学校做"3"件事	1. 提供新信息,与学校共同制定人才培养方案、编写活页教材,共同教学等
	2. 提供新设备,共建技术技能创新服务平台
	3. 提供新订单,企业技术骨干与学校师生共同完成市场订单

江西商贸职业学院"3+3"模式的特点:一是把学校为企业做事摆在第一位,体现了教育为经济服务,学校为企业服务的规律要求;二是双方都有利己项目;三是项目数量对等。此类合作项目倘能落地,必是深度与效度兼具。但略显不足的是,双方项目的范围均偏广偏泛,难以一目了然,应该具体一些。笔者认为,校企深度合作可细化为"十共",见表 5-2。

表 5-2　"十共"的主要内容

1	共招学生员工
2	共提员工水平
3	共克技术难关
4	共研新尖技术
5	共参专业建设
6	共建课程体系
7	共设实训基地
8	共组师资队伍
9	共评教学质量
10	共促实习就业

"十共"有几个特点:一是合作项目涉及双方利益;二是只要正常合作,双方均可获益;三是不仅将学校为企业做事摆在前面,而且企业直接、间接获益项目多达 6 个。

1. 企业获益方面

有的是整个项目受益,有的是部分项目受益:第一,共招学生员工是部分项目受益,指学校在一定程度上帮助企业解决技术技能人员短缺问题;第二,共提员工水平是整个项目受益,指学校根据企业要求,制定方案,帮助企业提高在岗员工专业知识

---

① 张晓斌,陈衍发. 产教融合 赋能高质量发展 [N]. 中国教育报. 2020-09-01.

和技术技能水平，使企业拥有一支高水平的技术技能人才队伍；第三，共克技术难关是整个项目受益，指学校有能力的教师帮助企业解决他们自身解决不了的技术难题；第四，共研新尖技术是整个项目受益，指学校有能力的教师对口帮助企业增加经济增长点，实现产学研用结合；第五，共设实训基地是部分项目受益，其中的生产型基地可以为企业增加经济收益；第六，共促实习就业是部分项目受益。其中的"就业"就是让合作企业优先选择满意的毕业生，为帮助企业建立一支高水平的技术技能人才队伍提供支持。

2. 学校受益方面

学校受益比企业大：共招学生员工，共参专业建设，共建课程体系，共设实训基地，共组师资队伍，共评教学质量，共促实习就业 7 个项目可使学校直接获益。即使是共提员工水平、共克技术难关、共研新尖技术 3 个支持企业的项目，学校也间接获益。因为教师发挥优势，支持企业的同时，自身也在技术技能方面得到新的锻炼和提高，对学校优化教师队伍整体素质有积极意义。

校企深度合作，合作项目并非越多越好，关键看深度与效度的结合。职业学校若能推行以"十共"为核心的合作，企业尝到甜头，大都愿意与学校开展深度而持续的合作。

二、校企深度合作的障碍

开展校企合作已不容易，推动深度合作更加艰难。校企深度合作无疑是一项方向正确，效果很好的改革任务，但难度很大，至少存在三大障碍：

（一）企业方面

企业方面，参与深度合作的意愿偏低。有关学者结合教育部重大课题要求，对浙江省、上海市 161 家企业进行结构式访谈，并运用净现值法、方差分析法对校企合作成本收益及差异性进行研究，发现："我国有近 50% 的企业在与学校合作中处于亏损状态。学生留任率均值为 39.3%"[①]。

近 50% 的企业在与学校合作中亏损；只有 39.3% 的学生毕业后留在企业就业。这两个数据有力说明：校企合作企业无利可图。如此，则深度合作必动力不足。动力不足的结果必是难以为继。经济发达的浙江省、上海市尚且如此，其他中等发达和欠发达城市的情况应更不乐观。

（二）学校方面

学校方面，普通教育模式影响根深蒂固。2019 年 1 月，国家出台《国家职业教育改革实施方案》，要求"经过 5~10 年时间，职业教育基本完成由参照普通教育办学模式向企业社会参与、专业特色鲜明的类型教育转变"。这不仅是职业教育的一项正确的决策，也是一个紧迫的任务。但完成任务难：一是涉及面广。据相关专家估计，大多数学校仍不同程度地在参照普通教育模式办学。二是影响度深。许多学校的课程体系仍不是以综合能力培养为主，科学文化知识兼顾，而是以学科知识体系为主，职业技

① 冉云芳. 企业参与职业教育办学的成本收益及差异性分析［J］. 教育发展研究. 2018（19）：28-35.

能实训为辅。"关门办学的保守观念依然存在。"[①] 三是观念转变难。办学模式转变是一场"伤筋动骨",甚至要"脱胎换骨"的教育革命,许多学校教职员工尚未有大胆改革的思想认识。对于普通教育模式,他们了然于胸,烂熟于心,形成了思维定势,养成了职业习惯。应付浅层的校企合作可以,真要他们转变观念,改换模式,实行深度校企合作,难度很大。

(三)校企合作现状不理想

不少职业学校校企合作不深入,效果不理想,致使人才需求侧与供给侧"两张皮"问题长期存在。

1. 合作协议阶段

合作协议阶段,主要有两种表现:一是形式化。许多学校虽然与企业签订了合作协议,但"以应付督导和评估检查为主,无法真正达到合作办学的目的"[②]。二是简单化。"多为安排学生到企业去参观,请企业专家来学校讲座、交流,有时只是为评估需要而签署一份简单的协议,或者只是挂个实习基地的牌子而已。"[③]

2. 校内学习阶段

在校内学习阶段,主要表现为学校"在制定人才培养方案时,很少征求企业意见,对于企业所需的人才类型,又缺乏相应的关注"[④]。大部分教学活动无企业参与,即使有企业参与,也只是到校走个过场或涉及个别教学环节。

3. 校外实习阶段

校外实习阶段,主要表现为"两个低":一是教师参与率低。校外实习包括跟岗实习和顶岗实习。其中,顶岗实习特别重要。国家设计该制度的目的是让学生在临毕业前到专业对口的企业岗位锻炼,以此综合检验在校期间学习的成效,使学生在真实工作岗位上展示素质和能力的同时,发现和改进其不足。实习不是就业,而是学习的一个组成部分。专业教师不仅不能撤离,相反要"紧贴"。但是据了解,不少学校把学生送到企业后,没人跟进企业参与教育和管理,教师参与率很低。不少学校视顶岗实习为毕业而"拂袖"不管,并依此统计就业率。二是学生满意率低。或因实习岗位与所学专业不对口;或因虽对口但岗位技术含量低,学不到新技术,也验证不了在校期间学习效果;或因实习条件差、工作时间过长且实习待遇低,多数学生不满意。

三、校企深度合作的条件

这里的条件,单指职业学校一方。要想实现校企深度合作,职业学校须具备资格条件。

(1)思想认识的条件。职业学校的首要任务是摒弃普通教育办学模式的思维定势,

---

① 刘永刚,季秀杰.地方应用型本科院校校企合作存在的问题及对策 [J].经济研究导刊.2019 (36):5-6.

② 宁莉.产教融合背景下的校企深度合作策略研究与实践 [J].商讯.2020 (3):144-145.

③ 刘永刚,季秀杰.地方应用型本科院校校企合作存在的问题及对策 [J].经济研究导刊.2019 (36):5-6.

④ 刘永刚,季秀杰.地方应用型本科院校校企合作存在的问题及对策 [J].经济研究导刊.2019 (36):5-6.

把思想观念转到产教融合、校企合作、工学结合办学模式上来；要全校动员，全面部署，入心入脑地把校企深度合作视为一场推翻旧办学模式的职业教育革命，人人都自觉树立新时代职业教育思想观念。

（2）机构职能的条件。第一，调整相关部门职能。学校应在当地政府主管部门的指导下，按校企合作工作需要，调整相关部门职能，增加校企合作职责。如教务管理部门，学校应对其原有职能进行改造，明确教务管理部门代表学校规划、协调、指导、考核全校各部门校企合作工作。第二，设立两级机构。一是设立学校一级的校企合作协调指导委员会。校长担任主任，分管校领导和所有合作企业相关负责人任副主任。校级合作机构应阶段性召开会议，讨论解决全校校企合作过程中需要处理的和下一级合作机构解决不了的问题；二是成立院系一级的合作机构，即校企合作工作小组。院系主要负责人为组长，院系副职和合作企业相关人员为副组长。安排专职人员处理合作的日常事务。第三，明确责任。职业学校要以学校文件的形式，重新确定各有关部门与校企合作有关的职责，确定两级合作机构的责任，明确校企合作工作业绩与收入挂钩。

（3）政策制度的条件。校企深度合作需要政策的支持。第一，要积极争取上级主管部门的支持，出台促进学校校企深度合作的相关政策；第二，要制定学校支持各专业校企深度合作的政策，支持院系有效开展合作工作；第三，要尽力解决各专业开展校企合作所需的场地、设备、师资等设施和相关资源问题；第四，要改革原来的相关制度，包括教学管理制度、课程管理制度、教师管理制度、课酬制度等，使学校各主要制度都体现对校企深度合作工作的支持，在全校范围内营造支持校企深度合作的工作氛围。

（4）有效运行的条件。一是制定并实施深度合作的年度工作计划；二是建立校企深度合作工作考核、表彰、改进制度，按学年考核各专业校企合作工作业绩，肯定成绩，表彰先进，寻找问题，限期改进，促使全校各专业校企深度合作工作在不断改进中保持互利多赢局面。

四、校企深度合作的实践

在具备深度合作资格条件的基础上，职业学校与企业协商，实施"十共"合作，步入真正的校企深度合作的阶段：

（一）共招学生员工

所谓共招学生，是指校企双方另外签定设办定向培养班或订单培养班或工学交替班的合作协议，由学校依据协议，以学校和企业的名义完成招生任务；所谓共招员工，是指学校从多个方面协助企业招聘所需员工，重点是适时召开应届毕业生双选会，让毕业生与企业双向选择，鼓励合适的毕业生进入合作企业就业。以此行动，可在一定程度上帮助企业解决技术人员、技术工人紧缺问题。

（二）共提员工水平

这里的"员工"专指企业在岗人员。每个企业每年都需要培训在岗员工。许多中小微企业未必都有自己的培训机构负责培训自己的在岗员工，往往需要职业学校支持。因此，学校应与企业合作制订在岗员工培训计划，共同设计培训课程并实施培训。以此行动，可在一定程度上帮助企业不断提高技术技能人才队伍的整体水平。

（三）共克技术难关

无论是生产型企业，还是服务型企业，都会遇到技术性难题。当企业遇到此类难题而凭自身能力难以解决时，学校应该伸出援助之手，根据企业的要求，派出高水平教师参与企业的技术攻关，帮助企业攻克技术问题。

（四）共研新尖技术

这里的"新尖技术"包括科技研发与服务。共研新尖技术要落实在产学研用上，要从健全我国各产业技术体系的战略高度完善我国职业教育领域的产学研用四结合机制，强调合作的实用和效率。学校应根据企业的要求，派出高水平教师，与企业共同研发新技术、新项目、新工艺、新产品，共同促进成果转移、转化，帮助企业创造新的经济增长点，依法获取更多经济效益。

（五）共参专业建设

这里的专业建设包括三个环节：专业设置、专业发展、专业调整。学校应与企业协商，由企业派出实践专家小组，阶段性参与学校的专业建设。

在专业设置环节，企业要参与学校组织的市场调研和专业规划事务，协助学校制定专业人才培养方案，指导学校实现专业设置与产业需求对接。

在专业发展环节，实践专家小组应根据学校要求，到学校与相关专业教师进行阶段性交流，共同解决专业发展过程中存在的问题，特别是学生专业能力培养和职业素养培育方面的问题；在可能的情况下，接受聘请成为兼职教师参与教学和质量评价，帮助学校所有专业课教学实现教学过程与工作过程对接。

在专业调整阶段，学校要建立专业动态调整机制，邀请企业实践专家小组帮助，及时调整专业，以确保学校所有专业都与市场需求对接。

（六）共建课程体系

课程体系是决定学校培养质量的重要环节。设哪些课程？每门课程教哪些内容？这两个有区别又有联系的工作特别需要企业实践专家小组的支持。企业实践专家要参与学校专业的课程开发，参加实践专家访谈会，采取头脑风暴法、集体协商等方式确定每个专业的课程体系，解决课程内容与市场标准对接问题。

（七）共设实训基地

这里的实训基地主要指设在学校的生产型实训基地。一般的做法是校企双方根据政府相关规定签订协议，由学校提供场地、水、电；企业提供设备、技术人员、耗材、生产任务。这类基地的特点以生产为主，教学为辅，既要培养学生，也要培养教师。学生学习的内容是工作，通过工作完成学习。学生在生产型实训基地就可以学到真实的工作任务。共设这类基地，由于学校提供相关条件，生产成本低，经济利润高，所以，企业乐意，学校也能实现教学场所与工厂车间对接，教学过程与生产过程对接，这对学生专业能力的锻炼和提高具有积极意义。

（八）共组师资队伍

职业学校专业教师普遍缺乏企业实践经验，普遍缺乏企业在用的技术技能。这是职业学校培养质量不理想的关键因素。在此情势下，倘不依靠企业的力量改造教师，学校的教学水平就很难提高，学校的社会贡献度就会长期不高。为此，学校应在政策允许的范围内，主动与企业协商，借助企业的力量共同建设合格的教师队伍。

一是创造条件直接从对口企业招聘符合条件的技术技能人才来校任教；二是与企业协商，学校以较高薪酬水平聘合适的企业技术技能人才为学校的兼职教师；三是创造条件，让企业兼职教师按学校要求传帮带学校新教师；四是在条件许可的情况下，与企业协商设置教师实习岗位，让学校定期安排教师进入企业顶岗实习，掌握"四新"技术。

共组师资队伍需要企业做出贡献，但在实践中，不少企业不愿意。一般情况下，企业不会让高水平的技术技能人才去学校任职，即使是派去当兼职教师的也未必是企业高手。因此，学校一方应对企业有所帮助，使企业心甘情愿地支持。

（九）共评教学质量

这个环节的工作不可能体现在教师日常教学上，主要体现在一门课程的阶段性评价和学期末的终结性评价上。学校可与企业协商，在企业同意的条件下，制定校企共评教学质量的制度。学校邀请企业实践专家与学校督导教师共同组成教学质量评价小组，采取阶段性听课评价和期末真实工作任务实操考核等方式对每一位专业教师和企业兼职教师的教学进行阶段性评价和终结性评价，促进全校教学质量不断提高。

（十）共促实习就业

实习，包括跟岗实习和顶岗实习，重点是顶岗实习。在签订顶岗实习三方协议的基础上，共促顶岗实习需要企业支持的工作主要有五项：一是企业尽量多安排与学生所学专业对应的技术技能实习岗位；二是指派指导学生实习的师傅；三是尽量让学生试做和实做真实岗位任务；四是指派相关人员与学校共同组成顶岗实习指导小组，及时处理实习过程中出现的各种问题；五是顶岗实习结束，要为每个学生进行实习考核，向学校提供考核成绩。共促顶岗实习需要学校做的工作：一是每个实习班级都安排一位专业教师管理该班学生。二是这位老师在这个班的学生顶岗实习期间不必在校上课，专门负责全班实习同学的思想、实习、生活等事务。三是建立顶岗实习协调机制。在工作过程中，一旦发现问题，顶岗实习老师马上协调企业方合作小组人员共同处理。处理不了的，上报教研室主任解决；教研室主任处理不了的，上报院系领导处理；院系领导处理不了的，上报分管校领导处理。四是实习结束，所有学生回学校总结，该补课的，由相关教师补课。五是毕业之前，校企召开双选会，推荐学生就业。

"共促就业"，主要体现为就业率。校企双方应该积极配合，共同促进合作培养的学生都能实现就业。

第三节　校企深度合作典型案例点评

在实践中，一些学校探索出多种深度合作模式，现做如下摘要介绍及简要点评，供需要的院校参考。

一、"校中企"模式

（一）模式介绍

"校中企"，就是校企双方协商后决定在学校内设办企业，既完成生产任务，又开展学生培养。以江苏畜牧兽医职业技术学院为例，该校与合作企业协商，在校内与二级学院合办公司，采取"双岗+双职+双导师+双证书"方式合作培养技术技能人才。[①]

所谓"双岗"，即"一企双岗"，设企业类和学院类两种岗位；所谓"双职"，即岗位由校企两类人员双向兼职。企业一方的公司总经理兼任学院院长；副总经理兼任学院副院长；学校一方的专业带头人、教研室主任兼任质检部、研发部部长或生产部、销售部经理；骨干教师兼任车间主任。所谓"双导师"，是指将企业一方的总经理、副总经理、部门负责人、车间主任、工程师等技术骨干聘为学院的兼职教师，作为工学一体化教学和学生顶岗实习的"企业导师"；学院相关专业教师为"学业导师"。所谓"双证书"，即要求学生毕业前须获得学历证书和职业资格证书或职业技能等级证书。

（二）点评

（1）"双岗"的价值：江苏畜牧兽医职业技术学院"校中企"模式体现校企深度融合。"双岗"的设置改变了一般企业单纯生产的性质，增添了育人的功能。

（2）"双职"的价值：从学校角度看，一是通过双方互相兼职，"逼迫"教师将教学与企业真实工作岗位对接，有效地解决了专业教师实践能力欠缺问题；二是借助企业导师的技术优势，共同制定该专业人才培养方案，共同开发该专业课程，共同编制工学一体化课程教学资源，使学校教学与市场需求对接的同时，提高培养质量。

（3）"双导师"的价值：一是由企业导师负责学生"校中企"岗位技能训练和素养培育，既可以最大限度地发挥企业技术技能训练优势，展示企业职业素养培育作用，又能使学生在校内就可以学到市场所需的技术技能，受到企业职业素养的熏陶；二是"双导师"分工又合作，可以规范学生的职业行为，培养学生的职业习惯，让学生既学到专业知识，又掌握专业技术技能。

（4）"双证书"的价值：主要是体现两种证书的含金量，强化"双证书"的必要性，体现职业教育特色。

（5）"四双"模式的意义。"四双"模式作为校企双方协商后的制度性安排，显然具有深度。"双岗"与"双职"解决责任心问题；"双导师"解决学校教师专业能力不足问题；"双证书"解决技术技能特色问题。"四双"模式的持久度，取决于项目价值、双方配合质量、运行效益三个因素。

二、"政行校企"合作模式

（一）模式介绍

宁波职业技术学院在实践中探索的模式。"政行校企"的"政"，指政府相关部门，即宁波开发区政府和原宁波市信息产业局；"行"，指行业协会，即北仑区设计师联盟；"校"，即宁波职业技术学院；"企"，即设在宁波职业技术学院校区内，按照公

---

① 葛竹兴，等."双岗双职一体化"校企合作体制创新实践 [J]. 中国职业技术教育. 2013 (2).

司模式组建的数字科技园及相关企业。具体做法为：

（1）设立两级管理机构。一是成立数字科技园董事会。董事长单位是学院，宁波开发区政府等为董事单位。二是数字科技园董事会之下设立专业建设管理委员会，主任由国内工业设计界的知名教授担任，副主任由知名企业技术专家担任。

（2）签订特别的合作协议。一是明确规定：校企全过程一体化合作工作是合作企业正常经营的一项业务。二是用协议方式描述和固化校企全过程一体化合作育人的要求，明确校企双方在合作过程中各自的责、权、利。

（3）创新专业建设管理委员会职责。专业建委会的职责：全面负责规划专业的建设定位和方向；负责选定合适的企业与专业进行合作；制定具体的校企一体化育人工作实施方案；在培养方案制订、实施、课程教学、项目实践、企业实习等环节建立完整的规章制度和规范文档；针对质量要求建立质量监控点，开展开放性的评估机制和反馈机制，保证计划顺利实施与实施质量。

（4）创新合作的激励政策。数字园综合运用政府政策对企业与学校深度合作进行激励和引导，如一方面从教学组织、学生成绩考核、学生参加各级竞赛、解决就业、申请专利5个方面对合作企业的行为进行了规定；另一方面通过制定专利扶持、物业优惠、地方税收返还、产学研补助、其他费用减免等政策对企业进行激励和引导。

（5）创新教学的管理。第一，在企业导师配备上，明确规定合作企业按照每名技师带学生的规模不得超过4名来配备企业技师；第二，在理论知识学习上，明确规定在企业每周的工作例会中，企业技师需会同指导教师针对工作计划所需掌握的知识安排必要的理论授课和讲解，保证学生每周在课堂的学习时间不低于15个小时；第三，在岗位工作任务学习上，明确规定在每天工作例会中，企业师傅需以任务派遣单形式，对所带的学生安排具体的任务并会同带队教师检查学生任务完成情况。[①]

（二）点评

（1）极具创新价值的合作模式。宁波职业技术学院的校企合作不仅很深，而且有一系列突破性创新：将校企全过程一体化育人工作明确写入合作协议；将校企全过程一体化合作视为合作企业正常经营的一项业务；企业导师的配备；理论知识和岗位工作任务学习等做法都与众不同。该模式深值全国同行借鉴。

（2）有效的激励机制。该模式成功的关键因素是邀请政府部门合作，数字园拥有受委托而承担政府部分职能的权力。实施这些权力，综合运用政府地方税收返还、产学研补助、物业优惠、其他费用减免等政策，极大地调动了企业合作的积极性。这一做法值得兄弟院校学习借鉴。

三、"校行企研"合作模式

（一）模式介绍

1. 合作主体

（1）广西机电职业技术学院与南宁市焊接协会、南宁广发重工集团有限公司等企业三方合资建设广西机器人智能焊接创新服务平台——广西焊接技术中心。

---

① 贺剑颢，等. 基于数字科技园支撑的校企一体化育人模式［J］. 职业技术教育. 2012（27）.

（2）其依托技术中心，联姻中国焊接协会和广西焊接学会，共建"中国焊接协会机器人焊接（南宁）培训基地"和"广西焊接与切割高新技术应用研发推广中心"。

（3）广西焊接技术中心又与广西机械工业研究院、珠海汉迪自动化设备有限公司、广西柳工机械股份有限公司、广西机电技师学院、广西工业技师学院等多家单位建立紧密合作关系，形成荟萃顶尖焊接专家的技术团队。中心具备教学实训、焊接培训、生产实践、产学研合作、焊接工艺试验、技能鉴定和焊接技术服务等功能，成为"广西示范性实训基地"。

2. 教学团队

学校聘任中国航天科技集团公司的高凤林大师为客座教授，成立"高凤林大师工作室"，由大国工匠高凤林、广西名师戴建树、广西技术能手龙昌茂等专家领衔，打造"大师、名师、技师"三师领衔的教学团队。

3. 技术研发

以广西焊接技术中心为平台，以实际工程项目为载体，开展技术研发，推广先进技术。

4. 培养方式

依托广西焊接技术中心，焊接专业对接企业人才需求标准，构建了"三层递进，四位一体"的校企协同培养方式。"三层递进"，即学生焊接基础操作能力→焊接机器人操作编程能力→焊接机器人工艺设计能力。"四位一体"，即学生在理实一体课堂实施项目化教学→在焊接技术中心进行生产性实训→在科技社团开展创新型项目→在合作企业实践学徒制培养。

5. 运行机制

学校组建校企合作理事会，搭建产教融合平台，形成了学校与行业、系部与企业、专业教师与企业工程师"三层双元相向"校企合作运行机制。中心以技术为牵引、服务为驱动，实施基地共建、人才共育、过程共管、责任共担、成果共享的校企合作模式。[①]

（二）点评

（1）模式结构复杂。"校行企研"中的"校"，包括职业技术学院和技师学院两类，地域涉及全省；"行"，包括市、省、国家三级焊接协会；"企"，涉及省内外业界有名企业；"研"，包括省级的工业研究院和相关协会。其涉及面广，实力强大。

（2）教学团队规格高。该教学团队由"大师、名师、技师"三师领衔，特别是中国航天科技集团公司的高凤林大师领头。其水平高，影响大。

（3）合作体现深度。"三层递进，四位一体"的校企协同培养方式切合专业培养实际，设计合理，颇有深度，如能真正落实，效果一定很好。

四、"校企共同体"模式

杭州职业技术学院引入区域主导企业建设"校企共同体"，并冠名成立友嘉机电、金都管理、达利女装、临江管理、新通国际、青年汽车、普达海动漫艺术七个新型二级学院。

---

① 李宁，等. 智能制造催改革，服务产业促发展［N］. 中国教育报，2018-03-28.

（一）模式介绍

（1）建立"管理共同体领导机制"。按照企业出任理事长，校方出任副理事长，企方人数多于校方（一般是4：3）的原则安排理事会人员，保证企业对共同体的"主体发言权"和责任担当。二级学院院长、副院长由校企双方协商交叉选派，部分学院院长由企业总经理兼任。

（2）实行"师资共同体互补机制"。各学院聘请企业工程师、技术人员为学院兼职教师。企业根据需求或聘请学院专业教师担任相关部门副总经理、副总管，或根据学院要求安排专业教师进企业锻炼提升实践能力。在企业技师和学校教师"一对一"结对互助基础上，双方开展课程共建和企业实践，逐步实现双方的"身份互认、角色互通"。

（3）培育"专业共同体建设机制"。由企业提出最新岗位需求和标准，校企双方商定人才培养方向，增设相关专业，共同构建课程体系。校企双方共同组建课程开发团队，专业教师与企业教师共同完成课程教学设计、教材编写、教学项目选取、教学组织实施和教学成果评价。

（4）营造"产学研共同体创新机制"。企业"出人、出钱"建设合作培训中心，校企共同培训员工和学生，承担真实的制造和维修任务，建设合作研发平台，合作开发生产项目。

（5）建设"资源共同体互助机制"。企业资源支持和学院专业设置对接，推动企业资源和学院工作双向"融入"。如友嘉集团把友嘉机电学院作为集团的事业部，纳入集团整体规划和全球化发展战略，委派企业技师常驻学校承担教学工作，并提供价值数千万元的机电设备；学院则通过专业的对应和调整，为友嘉集团的设备维修、员工培训和补充提供服务。

（6）实现"文化共同体交融机制"。学校把达利集团"达己达人，利人利己"核心价值观和各个集团的徽标、企业元素等蕴涵企业文化的表述及象征融入学校建筑和环境设计中。学院按照企业员工培训的方式，请企业老总对师生进行行业及企业发展史及企业理念、企业文化的讲座。学校通过座谈会、教学反馈、评比企业兼职教师等方式，使企业管理层了解师生对教学质量的感受。学校管理层参加企业重大工作会议，企业把一些研发项目直接交给学院承担。教师则在实践中关注企业动态，结交企业朋友，服务企业需求，改变思维方式，提升教学和科研能力。[①]

（二）点评

（1）共同体体现合作深度。"校企共同体"由管理、师资、专业等6项内容组成。6项内容与学校内涵建设密切相关。这样的"校企共同体"构建，就是校企深度合作的表现。

（2）共同体体现合作广度。由6项内容构成的"校企共同体"不是1个，而是7个。这7个"共同体"既是7个二级学院，也是7个合作公司，覆盖学校绝大多数专业。其涉及面广，一定程度上体现出合作的广度。

（3）建议。这样的共同体不仅学制教育需要，职业培训、技能评价也需要。建议

① 程宇. 杭州职业技术学院"校企共同体"实践机制［J］. 职业技术教育. 2014（8）.

第五章　校企合作

职业学校将校企共同体建设横向扩展。

五、"内园外站"校企合作模式

常州机电职业技术学院创新共建、共管、共享的"内园外站"校企合作模式。

（一）模式介绍

（1）建设"内外呼应、资源互补"的"内园外站"模式。校内，建设建筑面积2.5万平方米的"产教园"。园内建立3个省级和4个市级技术应用中心、2家年产值超亿元的"校中厂"、1个国际师资培训中心、4个社会培训中心、7个技术应用中心、1个创新创业中心。校外，在学生顶岗实习和社会服务需求相对集中区域建立8个"校企合作工作站"，站内建立574家校外实训基地、8个"厂中校"、30个双师素质教师培养基地和50个兼职教师储备基地。"产教园"每年承担3 000余名学生顶岗实习、100余名教师进基地实践，聘请500余名兼职教师承担44%的专业课教学任务。

（2）实施"内外撬动、责权明晰"的"三方共建"机制。政府、学校、企业共同投资建设"内园外站"。学校投入3 000万元，武进区政府投入6 000万元，国内外知名企业捐赠价值6千万元的设备，共同建设"产教园"。学校与国内外知名企业合作共建"创新实验中心""技术服务中心""国际师资培训中心"等，企业以技术和设备投入为主，负责设备的维护与更新、技术升级，其产权归企业所有，使用权归学校所有。"校中厂"主要由中小企业投资，学校提供配套服务。政府提供政策支持，统筹企业资源，企业提供设备、岗位、兼职指导教师、场地等，学校派专职指导教师和管理人员，共同建设"工作站"。三方以共建的方式，构建了利益共同体，为形成责任共担、利益共享的运行机制奠定了基础。

（3）建立"内外统筹、绩效为重"的"四方共管"体制。组建由179家政府、行业、企业和学院成员组成的校企合作理事会，理事会下设常州、昆山等8个区域合作委员会和人才培养、社会服务等8个专门委员会，统筹协调校企合作平台管理。理事会制定"产教园"和"工作站"发展规划，政府负责平台对地方经济社会发展贡献度的考核，行业负责对服务产业发展、技术创新与积累等方面的评价，企业负责提供人才、技术需求信息和人才培养质量的反馈，学校负责"产教园"和"工作站"的日常管理工作。

（4）实现"内外开放、依存发展"的"五方共享"目标。服务学校：促进双师素质教师培养，提升人才培养质量，增强社会服务能力，提高客户满意度，提高高职教育吸引力。服务政府：开展地方产业发展战略研究，提高劳动力素质，推动地方经济发展。服务行业：开展行业共性技术研究和行业标准制定。服务企业：提供高素质技术技能型专门人才，开展员工培训和技术研发，推动产品转型升级，成为企业技术储备基地。服务社区：开展文化素质、教育辅导、现代生活技能等培训，提高全民综合素质。[1]

（二）点评

（1）合作平台多。这一模式的特点是实体性平台多：校内建有一个产教园，园内

① 程宇. 常州机电职业技术学院"内园外站"校企合作模式［J］. 职业技术教育. 2013（29）.

有各类平台22个；校外建有8个校企合作工作站，8个站里又建574家校外实训基地、8个"厂中校"、30个双师素质教师培养基地和50个兼职教师储备基地。合作平台包括产、学、研、教、培、创、服七大业务。众多平台为深度合作提供了相当优越的条件。

（2）政府投入大。产教园的建设是校、政、企三方共建的产物，政府资金投入最多。当地政府高度重视产教融合、校企合作对校企深度合作发挥了重大促进作用。

（3）权责关系处理得当。校内平台建设方面，企业以技术和设备投入为主，校企关系是：产权归企业所有，使用权归学校所有。学校不求所有，只求所用。具体培养方面，产教园负责设备的维护与更新、技术升级。工作站提供设备、岗位、兼职指导教师、场地，学校派专职指导教师和管理人员。权责清晰，分工明确。

（4）校企合作建社会。"内园外站"模式俨然一个工业区社会。其可以实现五个服务：服务学校、服务政府、服务行业、服务企业、服务社区。实施这样的模式，校企合作不仅有深度，而且效果好。

六、"校企合作3.0"模式

（一）模式介绍

深圳技师学院2000年就开始通过校企合作的方式培养深圳市场需要的技术技能人才，应该是全国第一批开展校企合作的职业院校。校企合作3.0模式的核心内容是：高端引领、深度合作。深圳技师学院从"产、学、研、训、创"等多方面与高端企业开展深度合作；每个专业都与深圳对应行业的领军企业签署战略合作办学协议；每个专业成立专业顾问委员会，聘请企业专家担任顾问。目前，学校签约合作企业150多家，其中包括世界500强企业14家及深圳各行业领军企业，比如华大基因、大族激光、铁汉生态、深圳园林等公司。校企共同探索出"新型学徒制、校中厂、厂中校、企业学院、技师工作站、校外公共实训基地"等多种形式，其中，"五个引高"体现"高端引领"：

（1）引进高端企业的技术标准，校企共同开发人才培养方案、课程和教材。比如，深圳市银宝山新科技股份公司为上市公司，是广东省机械模具科技促进协会会长单位，是机械模具行业龙头企业。该公司模具业务由德国专家团队负责运营管理，技术水平与德国先进水平同步。学校与该公司合作举办"银宝山新模具班"，引入企业先进技术标准，对课程设置、课程内容、实训设备等进行更新改造，校企共同开发专业人才培养方案、课程和教材，使学校的教学跟上行业前沿技术的变化。又如，学校与深圳比亚迪集团合作，引进该公司新能源汽车技术标准，建立新能源汽车维修专业，举办"比亚迪新能源精诚英才班"，培养新能源汽车维修与检测人才。

（2）引进高端企业的真实项目，开展工学结合教学，提高人才培养的针对性和有效性。学校深入推进工学结合一体化课程改革，开展工作过程导向的课程开发，将企业真实生产项目引入课程，引入课堂，教师的教学过程与工作过程对接，不断提高教学质量。比如，学校与周大福珠宝公司合作，在校内共建"周大福珠宝电商运营基地"，将周大福公司的销售运营项目引入校园，引入课堂，融入珠宝营销专业的教学中来，改进珠宝专业电商课程教材，实现了教学内容与工作内容的无缝对接。又如，学校与智汇谷集团合作共建"校内企业基地"，双方投入软、硬件设备总值1 630万元，改革传统课程体系和教学内容，把智汇谷集团的真实生产项目改造为课程内容，学生按企业要求做项目，"学中做，做中学"，学生综合素质和工作能力明显高于同类专业其他学生，受到众多企业充分肯定。该专业学生提前一年被企业预订，入职起薪达10 000元，部分学生被深圳腾讯公司提前录用。

（3）引进高端企业的专家，担任客座教授，参与专业建设和课程教学。学校实施"大师领航计划"，聘请高端企业专家担任客座教授，来校教学、授课，深度参与专业建设。华大基因集团是中国的国家基因库，学校与华大基因合作办学，聘请国家基因库高水平专家担任客座教授，全程参与生物技术专业的人才培养。组建高端企业专家与学校教师相结合的"混编师资团队"，共同制定技师培养方案，实行"工学交替+双导师制"，为国家基因库培养生物技术专业技师人才。又如，党新洲是深圳珠宝行业的技能大师，享受国务院津贴的专家，学校成立党新洲大师工作室，聘请党新洲担任珠宝首饰设计与制作专业的客座教授，指导珠宝首饰设计与制作的专业建设和技能竞赛。在党新洲大师的指导下，学校胡凡同学在第44届世界技能大赛上荣获铜牌，为国家争得了荣誉。

（4）引进高端企业的认证体系，提升学生的专业技能和就业竞争力。学校在与华为、丰田、宝马等世界500强企业合作过程中，不断引进其先进的认证体系，有效提高了人才培养质量和培养效率。比如，学校引进华为技术有限公司的通信工程师认证体系，组织学生学习认证课程，参加华为初级工程师、工程师认证考试。考取华为工程师证书的学生，其专业技能明显提高，就业竞争力显著增强，实习期工资就超过1万元。长城网科等上市公司专门来校设立奖学金，提前一年争取这些考取华为工程师证书的学生到公司就业。

（5）引入高端企业的先进文化，培育具有工匠精神的高素质技术技能人才。如学校"银宝山新模具班"单独设立教室，教室张贴银宝山新公司的宣传海报和宣传标语，播放公司的新闻和公告。该班学生日常穿着银宝山新公司员工的工作服，上课按照企业出勤要求打卡，实训车间的设备布置和管理规范按照企业技术要求执行。公司定期组织学生到企业参观、实习，或者派遣德国专家、培训经理来校授课，向学生传授行业技术，宣讲企业文化要求。通过上述措施，"银宝山新模具班"学生的学习主动性、纪律性、吃苦精神、团队合作意识显著增强，学习成绩和技能水平明显提高，企业文化对学生成长成才起到了明显的促进作用。

（二）点评

深圳技师学院的校企合作体现高度、深度、广度。"五个引高"体现学院"高端引领"培养高端企业所需高技能人才的办学方向。引进企业技术标准，校企共同开发人才培养方案、课程和教材；引进高端企业的真实项目；引进企业专家，担任客座教授，参与专业建设和课程教学等体现合作的深度；引进高端企业的认证体系和引入高端企业的先进文化体现合作的广度。

七、"班企合作办企业"模式

【典例一】

温州大学瓯江学院 2008 级国际经济与贸易（3）班与当地的外贸公司合作，以子公司形式注册了"小温商外贸有限责任公司"，通过各种电子商务平台进行跨境贸易，将眼镜销往全球各地，创新了"班企合作办企业"模式。

（一）模式介绍

这个班上的班长称"总经理"，副班长为"副总经理"，还有若干模仿企业职务的"中层干部"，同学关系之上加了"同事关系"。

该公司融资规模 10 万元，实行自负盈亏制，班级中 58 名学生大部分都有资金投入。其中，最大的股东——班长兼"总经理"投入 1 万元；经济不宽裕的学生，则可以通过技术入股。学生变成了企业股东，享受年终分红，且可以根据自己的收入再次进行入股。"小温商"按照外贸公司的构架，分设"业务部""美工部""财务部""后勤部" 4 个部门，并设总经理及副总经理各一名，采购、产品审核、美工、批发、客服管理等工作都由学生负责。根据学生的课时安排，公司实行打卡制度，早上 9 点上班，下午 5 点下班，每天每个部门安排一名学生值班，确保业务顺利开展。为了支持试点班，学院免费提供了 30 平方米办公场地，特聘多家公司负责人担任课外班主任，进行具体的外贸业务技术指导。几年下来，"小温商"与温州多家企业接洽，达成"班企合作"。

数据显示，与国际贸易专业普通班相比，试点班毕业生一年后自主创业率达 23.3%，显著高于专业平均水平，而直接就业的学生 3 年后年薪 10 万元以上的达 34.5%。2012 届试点班毕业生张某和金某某合作成立了爱乐百货商行，年销售额 2 000 万元；2014 届试点班毕业生江某成立温州学信通电子商务有限公司，获得智仕通控股公司股权投资，并拿到 1 000 万元天使投资。

2017 年，这种模式已在温州大学瓯江学院 7 届共 27 个班级运行，先后与 23 家企业合作。①

（二）点评

（1）校企合作形式发生变化：不是校企合作办班级，而是班企合作办企业。

（2）传统班级性质发生变化：既是"班级企业化"，又是"企业班级化"。

（3）实现了"三合"：教育与经济在学校基层的融合；市场运行与教育实践结合；专业教育与创业教育结合。

【典例二】

江苏仪征技师学院探索出"一班一企"模式。

（一）模式内涵

"一班一企"人才培养模式即一个班级合作一家专业对口的优质企业，校企共同打造"班级即公司""教室即职场""学生即员工""产品即项目""成绩即业绩"的实战化学习场景，校企建立深度合作互信关系，着力深构发展命运共同体，稳步提升学

① 蒋亦丰，等. 温州大学瓯江学院试水"班级企业化" ［N］. 中国教育报. 2017-01-06.

生职业素养和专业核心能力，着力打造产教融合型专业新品牌。

（二）具体做法

从 2018 年起，学校在电子商务专业中试行"一班一企"人才培养模式，班级化运作，企业化管理，学生干部即公司管理者，学生即客户经理，实训环境打造为职场环境，边学专业边开展孵化创业。校企之间开展"交流共研""协议共拟""学生共招""方案共商""大纲共定""基地共建""管理共担""课程共教""能力共评""就业共荐"的"十共"特色平台。

（1）交流共研：校企相互考察，建立校企互信关系，在紧密合作的企业中选择实力强、资源丰富、专业对口、管理规范并热衷于职业教育的优质企业。

（2）协议共拟：签订合作协议前，学院提供合作协议样本（班级名称，校企双方责任、义务）供企业参考并提出合作项目内容，明确双方责任、权利和义务。

（3）学生共招：共同商定招生计划数、招生层次和面试要求，按企业的用人标准通过面试的形式录取学生。

（4）方案共商：在遵循省部委人才培养方案的基础上，校企共同商定人才培养方案、育人目标，根据专业的特点和企业生产的要求，采用灵活的教学形式。

（5）大纲共定：聘请企业专家参与教学大纲制定、校本教材编制、教学计划制定等教学活动，使教学内容与科技发展、企业生产技术的革新同步。

（6）基地共建：校企双方从企业实际用工需求及对应专业核心能力需求的目的为出发点，整合和分享资源，互利互惠，共同搭建产教于一体的实训教学、项目科研、培训认证、成果创新的平台。

（7）管理共担：校企双方各安排一名管理班主任，共同履行职责，细心指导，帮助学生掌握必要的专业理论，获得实用的工作技能，提高他们的工作胜任力，增强他们对于工作的自我效能感。

（8）课程共教：校企双方共同开发校本课程，共同申报精品课程。根据每一门课程特点，发挥校企专长，合理安排校方教师或企业工程师授课。

（9）能力共评：校企双方共同制定课程考核要求，形成课程试题库。考核需要综合考虑学生学习阶段的各方面表现，突出思想道德、技能素质、职业发展等的权重，以体现行业性的职业能力鉴定的客观公正性。

（10）就业共荐：按照企业的用人标准，通过面试的形式录取学生，然后根据学业考试成绩择优录取，也可以根据学生的就业意愿，由合作企业出具推荐信推荐到其他企业就业。

（三）建设成效

（1）"一班一企"校企合作全面展开。时至 2020 年，在"一班一企"人才培养模式试行及推广下，仪征技师学院电子信息系校企合作共同招生"乐宝日化一班一企电商班""同征汽车一班一企电子班""金山国际玩具一班一企电商班""厚溥教育一班一企工业互联网班""唯康教育一班一企光电技术班""仪征融媒体一班一企影视制作班"。

（2）行业专家、学者把脉专业发展。在"一班一企"校企深度合作平台基础上，学校先后聘请江苏黑牡丹科技有限公司技术总监邓建军高级工程师（百名感动中国人物、国家级技能大师)、江苏同征汽车电子零部件有限公司董事长沈伟(同济大学博士)、同济大学汽车学院副院长谭丕强教授、同济大学交通学院磁悬浮实验室副主任潘洪亮教授和重庆电子工程学院陈良教授(国家级技能大师)为专业建设委员会委员和省电子名师工作室指导专家,为电子信息系专业建设和发展方向积极献言献策。

(3)促进教师教科研能力提升。近两年来,教师团队教科研能力及成果明显提升,依托"一班一企"特色平台,从 2018 年至今已成功申报省职业教育电子名师工作室和扬州市电子技能大师工作室各 1 个,培养国家级职业能力培训包开发专家 2 人(电子商务师),省市专业带头人 4 人,仪征市"三名工程"3 人。教师申请立项省市级课题 4 个,市级以上精品课程 2 项,申报国家专利 5 个,发表论文数篇。学生技能水平明显提高,获得省市级技能大赛、创新大赛二等奖以上 6 个,国家级二等奖 2 个。

(四)点评

(1)"十共"体现深度合作。实践证明:只有校企双方都受益,合作才能形成利益共同体,才能实现长期有效合作。

(2)"一班一企"体现广度合作。所谓校企广度合作主要表现在两个方面:一是"四个合作",即学制教育、职业培训、技能评价、技能竞赛;二是"两个所有",即所有专业开展校企合作,所有学生接受校企合作培养。

江苏仪征技师学院开展的"一班一企"能够让班级每个学生接受校企合作培养,属于广度合作的一种。值得高兴的是,该校校企广度合作是建立在校企双方"交流共研""协议共拟""学生共招""方案共商""大纲共定""基地共建""管理共担""课程共教""能力共评""就业共荐"的"十共"基础上,因此,江苏仪征技师学院的"一班一企"人才培养模式体现校企深广度合作,代表我国职业教育校企合作发展的方向。

八、校企"定向+订单合作"模式

浙江萧山技师学院在实践中认识到一般校企合作效果不佳,校企双方"定向+订单合作"才有效果。该模式主要运用于初中毕业起点五年制班级。

(一)模式介绍

第一步,前三年相互了解。学校确定多个合作企业为目标企业,签订定向培养协议,该校与企业双方定向培养并观察学生。

第二步,第四年企生双向选择,即学生在校学习三年后,让目标企业和学生双向选择。双向选择之后组建专业混合订单班,实施针对性培养。

第三步,校企一起制定培养方案、共同开发课程、共建师资队伍、共筑实训基地、共施一体化教学、共行学生管理、共评培养质量、共研新技术与新产品。

第四步,学生毕业后全部留在合作企业就业。

(二)点评

"定向+订单"合作模式特点是层次化。与全国职业学校校企合作的方式比,该模式最大的不同在于分两个层次:先是合作定向培养;后是合作订单培养。其本质是筛选,其方式是创新,其效果是三赢。学生一旦被选入自己喜欢的订单班,必定更加认真学习,成长更快;企业一旦明确这个班学生都是自己选要的,必定尽心尽力培养。

在企业和学生积极性都很高的情况下，学习的效果可想而知。

九、校中企"多专业组班"模式

宁波市交通高级技工学校创新"校企多专业组班"模式。

（一）模式介绍

以汽修专业为例，校中企——宁波公运智维车辆修理公司生产运行是由机修、钣金、喷漆、客服等专业人员按不同技术要求协作完成的。同一工种岗位跟岗学习人数的极限容纳量为20人，而学校班额在40人左右，企业一个工种岗位无法同时接纳一个班40位同学的生产实训。于是，班级学生数与企业岗位数之间存在不对接矛盾，即按班级方式跟岗学习，会因人数过多，既增加教学组织难度和教学成本，也影响教学实效和企业生产，产教对接教学难以有效展开。学校把按一个专业的学生编为一个班的传统形式改为多专业编班的形式。其具体做法是：

（1）专业群内细分专业。以汽修专业为例，学校根据宁波公运智维车辆修理公司的岗位设置，把汽修专业视为一个小专业群，群内细分为机修、钣金、喷漆、销售等专业。

（2）按企业岗位组班。学校按照对接合作企业的工作种类及岗位数量改革班级编制。该校根据宁波公运智维车辆修理公司正在运行的机修、钣金、喷漆和接待四个专业现状，将汽修专业班级学生综合组成一个50人左右的教学班。该班由4个专业组构成，每个专业组的学生数控制在15人左右——低于企业各岗位接纳量。

（3）多专业班专业课教学与企业生产岗位对接表，见表5-3。

表5-3　多专业班专业课教学与企业生产岗位对接表

企业	汽修企业 生产岗位	汽车机电 维修岗位	汽车钣金 维修岗位	汽车喷漆 维修岗位	服务顾问、 理赔员、 客服专员、 配件员等岗位
对接	↑	↑	↑	↑	↑
学校	多专业班 专业组成	汽车机电 维修专业	汽车钣金 维修专业	汽车喷漆 维修专业	汽车营销与 服务专业

（4）课程教学安排。同一专业群的学生，其公共基础课和专业基础课合并上课，专业课实行工学一体分组教学。

（二）点评

（1）多专业编班的定位。多专业编班是职业学校校企合作的产物，是职业学校教学组织方式的一种改革，其本质是生产与教学紧密对接，是深度合作的一种表现。

（2）多专业编班是校中企教学制度改革的方向。校内设办企业，既要完成企业生产任务，又要完成学生专业能力学习，难度相当大。如何做到两方兼顾？多专业编班是好办法。一是可使学校教学单位学生数与企业生产岗位数对接；二是可使学生跟岗、顶岗学习覆盖率与企业岗位利用率相适应；三是可充分体现生产过程与教学过程对接；四是学校可在场地和师资不增加的情况下减少设施设备的重置量，提高设施设备的利用率，节省培养成本。

十、"校企共培学制技师"模式

（一）模式介绍

北京市工业技师学院于 2008 年开始探索学制技师培养模式。要正确理解"学制技师"，我们需从技术工人等级制度说起。我国技术工人分为五级：初级技工、中级技工、高级技工、技师、高级技师。技师是精通某一类技能的高水平技术工人，在生产、服务、管理一线工作中具有示范和引领作用，是任何一个国家经济社会发展均不可或缺的高技能人才。但是，由于其技能要求高，培养难度大，因此，培养工作一般在企业进行。由企业在本企业实践岗位上培养出来的技师叫企业技师。我国职业学校中，只有符合校企深度融合、使用工学结合一体化课程教学、执行工学交替学习制度、实施校企双师联合培养等条件的技师学院经过省级人力资源和社会保障部门确认后，才可以采用学制教育的方式直接培养技师。采用学制教育的方式直接培养出来的技师就叫学制技师。并不是所有技师学院都可直接培养技师。我国多数技师学院受自身条件限制只能培养预备技师（预备技师毕业后须进入专业对口企业工作两年，经企业考核评价合格及论文答辩通过后才可确认为技师）。

北京市工业技师学院"校企共培学制技师"模式的主要内容为：专业定位+生源选拔+订单协议+六个共同。其具体做法是：

（1）专业定位。所培养的专业须高度契合北京市重点扶持产业中的知识技能型领域。

（2）生源选拔。生源为本校同专业高级技工班毕业生。毕业生自愿报名，经过理论考试、实操考试、答辩三个环节后由企业选定。一般是 3~4 个高级技工班学生才能入选 1 个。

（3）签订协议。学校与企业签订单培养协议，明确"订单培养+包就业"。让每一个学生明白：该企业就是毕业后就业的企业；在该企业可从事的若干岗位工作；入职后的起薪点；正常调薪后的工资水平；职业发展的空间。

（4）六个共同。一是共同确定方案。培养方案由定向培养的企业与学院共同制定、共同实施。二是共同确定课程。校企共定课程数量和课程内容。课程内容即项目任务。所有的项目任务均来自企业真实工作任务。企业在真实的工作任务中，会突出高精尖技术技能学习、重视攻关创新能力和综合职业能力培养。三是共同确定学习制度。采用工学交替的学习制度。双方指定相关人员负责落实该制度。四是共同确定教师团队。学校按双方商定的标准选定学校和企业导师。五是共同确定培养方式。采用"双导师制"培养方式，即在 2 年技师阶段，每名学生安排校、企两名导师全程指导课程学习，培养质量由两位导师共同负责。六是共同确定教学要求，教学过程、学习过程、工作过程三对接。

（二）点评

（1）校企深度合作。北京市工业技师学院学制技师培养成功的原因是多方面的。专业方向紧紧围绕北京市政府重点扶持产业、严格挑选高素质学生、订单培养等都是其成功的重要因素，但决定性因素是以"六个共同"为重点的校企深度合作。

（2）校企高端合作。我国经济社会发展需要各种技术技能人才，尤其需要技师类高端技术技能人才。北京市工业技师学院学制技师培养体现了高端引领的办学思想，展示出较高的社会贡献度。

第六章

专业建设

办职业学校，主要是建设专业。专业强，学校旺；专业弱，学校衰。专业建设是决定职业学校命运的系统工程。该工程由纵横双系列构成。横向系列由专业设置、专业发展、专业调整三个环节组成。纵向系列由课程、学习任务、学习活动三个层次组成。纵横皆具且交错运行的专业建设工程以循环往复的周期性形态运行。本章重点讨论横向结构。

第一节　专业设置的主要依据

从结构的角度看，构成职业学校的核心要素不是行政部门，也不是教学部门，而是专业。因为专业发展需要，所以才有相关部门的设立。专业建设包括三个阶段：专业设置、专业发展、专业调整。2014 年国务院《关于加快发展现代职业教育的决定》和 2019 年国务院《国家职业教育改革实施方案》分别提出"三个对接"要求：专业设置与产业需求对接，课程内容与职业标准对接，教学过程与生产过程对接。其中，第一个对接即指专业设置。第二、第三个对接均为专业发展的重要内容。

一、对专业设置的认识

（一）专业概念认识

"专业"指学校依据经济社会人才需求而设置的，为使培养对象得到应有教育所划分的与职业相对应的学业门类。这里的"依据经济社会人才需求而设置"，体现专业为经济社会发展服务的规律，既是专业建设的依据和方向，也是衡量专业是否具有社会贡献度的主要标准；"培养对象得到应有教育"体现专业为人的职业生涯发展服务的规律，是专业得以存在的价值表现；"与职业相对应"是教育与产业相融合的需要，是专业质量得以保证的关键所在。分专业门类开展教育既体现了学校培养专门人才的专业性特点，也符合"闻道有先后，术业有专攻"的治学道理。"以经济社会人才需求为依据"和"与职业相对应"，是理解"专业"这个概念的关键。

（二）我国专业设置制度改革简况

中华人民共和国成立以后至中国特色社会主义市场经济体制改革前的几十年时间里，我国学习苏联，实行计划经济体制。与之相适应，教育领域实行计划教育体制。计划教育体制的特点是计划性。全国非义务教育学校的专业设置实行政府审批制度。新生入学"按计划统招"，学生毕业"按计划统配"。学校无权自主设置专业；学校专业一旦设置就长期不变，课程和教材也相应地基本不变。国家实行社会主义市场经济体制改革之后，计划教育体制虽有缓慢调整，但专业设置由政府审批的规定几乎没有改变。不少学校的专业、课程、教材滞后于市场的需求，"学非所用"与"供不适用"并存的问题普遍存在。为扭转这一局面，2014年5月2日，国务院出台《国务院关于加快发展现代职业教育的决定》，提出"扩大职业院校在专业设置和调整、人事管理、教师评聘、收入分配等方面的办学自主权"。

（三）专业设置的时间范围

专业设置是专业建设的第一个环节。在职业学校可以自主设置专业的政策实施前提下，专业设置的时间范围为从学校发布增设专业的申报通知开始至该专业第一届新生正式上课止。

（四）专业设置与专业发展、专业调整的关系

从结构形态的角度看，专业设置是专业发展和专业调整的基础。没有专业设置，就没有专业发展，更不存在专业调整。从专业内容的角度看，专业设置环节的结束意味着该专业已经具备基本条件且开始运行。其中，人才培养方案的制定、课程体系框架的构建、教师队伍的形成是重点。当然，在实践中，这三个方面内容不可能静止不变。随经济社会人才需求变化而做出相应调整是常态。

二、专业设置的依据

专业设置是一项十分严肃和需要严谨处之的工作，不能随意决策，随大流设置而耽误学生。专业设置要有"四度一书"作为依据。即，一个专业可否设置，主要依据是：市场需求程度、社会贡献程度、学校能力程度、专业重复程度、职业资格证书或职业技能等级证书。

（一）对市场需求程度的认识

这里的"市场"包括人力资源市场和生源市场。人力资源市场主要指用人单位可能使用拟设置专业毕业生的情况；生源市场指家庭可能报读该专业的情况。这里的"需求程度"指一定时期内用人单位对拟设置专业毕业生质量和数量的可能性需求度和相关家庭及子女报读该专业的可能性需求度。落实在交易场面，就是层次与人数。大体了解用人单位和家庭对拟设专业毕业生需求的层次与人数，就基本完成了专业设置环节市场需求程度的把握。一般情况下，需求人数越多，市场需求程度越高。

（二）对社会贡献程度的认识

社会贡献程度主要体现在拟设置专业与本区域政府重点扶持产业对接上，可为区域政府重点扶持产业发展提供合格毕业生支持。在专业设置上，市场需求程度与社会贡献程度的区别在于前者侧重于考虑市场的需求状况，后者不仅要考虑市场的需求，而且要顾及市场之外的当地政府及当地社会的利益状况。如果说，市场需求程度的把

握直接针对企业和家庭，侧重为企业、家庭的利益考虑，那么，社会贡献程度的把握直接针对政府，侧重为国家的效益考虑。因此，在满足市场需求程度的前提下，学校选择当地政府重点扶持的产业设置专业，就体现了拟设置专业的社会贡献程度。

（三）学校能力程度的认识

学校设置一个专业，一般需要具备五个基本条件：够用的教育教学场地、够用的设施设备、适用的教师队伍、至少一个合格的专业带头人、必要的资金。满足上述五个条件，就说明学校已经具备了设置该专业的能力。

（四）对专业重复程度的认识

专业重复程度指本地区学校开设同类专业的情况。上海市将"专业设置重复度 8 视为判断某一专业是否属于重复设置的数量标准"①。从一个省的区域面积看，专业重复设置的数量标准设定为 8 比较合适。当然也不能一概而论，各省应根据本地区情况酌定。若是地市级区域，专业重复设置的数量标准应适度下降。可以说，专业重复程度指特定区域内不同院校开设同一专业的学校数。省级区域内超过 8 个不同学校设同一专业的，属于专业重复设置。专业重复设置意味着资金重复投入，人才培养的同质化，专业资源的浪费。其结果是毕业生就业难。

（五）对职业资格证书或职业技能等级证书的认识

1. 对"双证书"的认识

职业学校实行职业资格证书或职业技能等级证书制度是《中华人民共和国职业教育法》的规定。我国职业学校将在相当长的时期内面对两类"双证书"。第一类是学业证书+职业资格证书：对于所学专业属准入类职业资格的学生，学校除了要求其获得学业证书，还应依法要求其取得相关专业的职业资格证书。第二类是学业证书+职业技能等级证书：对于所学专业属非准入类职业资格的学生，学校除了要求其获得学业证书，还应依法要求其取得相关专业的职业技能等级证书。只要国家存在准入类职业资格，需要持证上岗的技术技能人才，职业学校就面临两类"双证书"。

2. 对证书"含金量"的认识

从制度设计的角度看，职业学校毕业证书包含职业技能的内容。毕业证书层次不同，所包含的职业技能水平也不同。毕业证书理应可以代表职业资格证书或职业技能等级证书。但实践中，办学模式、课程内容、教师能力、教学效果、考试要求等多方面因素的影响，职业学校毕业证书实际包含的职业技能水平与应该具有的职业技能水平之间存在明显差异。其既与当地政府主管部门备案的第三方评价机构同一层次职业技能评价水平存在区别，也与当地用人单位考核同一层次技术技能人才水平存在区别。尤其是本校所属机构负责对本校学生职业技能水平实施考核的学校，其考核的"含金量"偏低。这应该是多数职业学校均存在的情况，也意味着职业学校的毕业证书难以代表职业资格证书或职业技能等级证书。如何使职业学校学生技能水平考核具备应有的"含金量"，是所有职业学校应当高度重视的问题。

---

① 宗利永，孙绍荣，罗尧成，曹卫. 本科专业重复设置的现状、成因及应对策略［J］. 教育发展研究. 2007（12A）.

三、专业设置的方式

（一）把握市场需求程度的方式

把握拟设专业市场需求程度的方式是调研。开展科学有效的市场调研以摸清需求情况。市场需求程度调研的对象为可能使用拟设置专业毕业生的用人单位和相关家庭的家长、子女。用人单位需求程度调研的具体要求是：大、中、小三类企业兼顾，涵盖本职业涉及的各类企业。其调研工具包括两个表：

1. 毕业生层级和数量需求状况表

毕业生层级和数量需求状况表，如表6-1所示。

表6-1 毕业生层级和数量需求状况表

大型企业（ ） 中等企业（ ） 小微企业（ ）

层级	今年实际在岗人数		明年计划在岗人数		后年预计需要人数	
	总量	五级中占比	总量	五级中占比	总量	五级中占比
对应初级类人才						
对应中级类人才						
对应高级类人才						

使用此表的目的是了解本区域该行业大、中、小三类企业在岗毕业生的层级、总量和还需要毕业生的层级、总量情况。调研人员需要通过多种途径，采取多种方法求得企业的支持，由企业人力资源部门相关人员负责完成表6-1中项目的填写。

2. 毕业生市场需求程度表

在表6-1的基础上，进一步扩大调查范围，由学校调研小组填写表6-2。

表6-2 毕业生市场需求程度调查表

序号	形态	特征	拟设专业毕业生企业需求情况			结论
			大型企业（20~50家）	中等企业（30~50家）	小微企业（30~60家）	
1	无需求	拟设专业毕业生的需求已过剩	无需求占比 %	无需求占比 %	无需求占比 %	无需求占比 %
2	持续需求	拟设专业毕业生有潜在而持续的需求	持续需求占比 %	持续需求占比 %	持续需求占比 %	持续需求占比 %
3	下降需求	拟设专业毕业生需求呈现下降趋势	下降需求占比 %	下降需求占比 %	下降需求占比 %	下降需求占比 %
4	不规则需求	拟设专业毕业生的需求在不同时间内波动较大	不规则需求占比 %	不规则需求占比 %	不规则需求占比 %	不规则需求占比 %
5	饱和需求	拟设专业的培养能力和用人单位需求基本吻合	饱和需求占比 %	饱和需求占比 %	饱和需求占比 %	饱和需求占比 %
6	大量需求	拟设专业的培养能力小于用人单位需求	大量需求占比 %	大量需求占比 %	大量需求占比 %	大量需求占比 %

使用此表的目的是比较、判断该行业用人单位对毕业生的需求状况。上述六种形态基本囊括了专业设置与市场需求的关系。如果拟设置专业属于市场无需求的，那就不能设办；如果拟设置专业属于市场下降需求或不规则需求的，也不宜设办；如果拟设置专业属于市场持续需求和大量需求的，说明市场需求程度高，可以设置。家庭及子女报读需求程度的调研可以通过子女现读学校向子女本人调研和通过电话、微信等方式向家长调研。

（二）把握社会贡献程度的方式

首先，确定调研的对象与方式。调研对象以区域政府规划等相关政府职能部门为主，其他相关部门和行业企业为辅。调研方式以查阅政府产业发展规划和年度政府工作报告等文件为主，访谈、网络、电信、文献资料分析为辅。其次，明确调研的目的：拟设置专业对应的行业企业是否属于区域政府重点扶持的对象。再次，改革专业设置的传统思维定势，按照国务院专业设置与产业需求对接要求，采取专业链对接产业链的方式设置专业。

（三）把握学校能力程度的方式

1. 组织调研

在学校领导班子的支持下，调研小组根据职业学校专业设置条件要求组织相关调研。调研内容主要有：场地、设备、师资、专业带头人四个条件的目前情况、标准要求、须增情况三个方面的准确数据。学校能力程度调研是最容易被忽略的环节，需特别重视。建议以表格形式调研（如表6-3所示），形成调研报告。

表6-3　拟设专业学校能力程度调研表

项目	目前情况	标准要求情况	须增情况
专业带头人			
专业教师结构			
专业课教学场地			
公共课教学场地			
专业课教学实训设备与工位			
公共课教学设备与场地			
专业办公场地面积			
专业社团活动场地			

2. 灵活设办

设办专业的理想状态是具备上述四个条件。但实践中可灵活处理。由于最重要的专业课实训教学一般不在一年级开展，因此，多数情况下，只要具备专业带头人、部分教师、部分教学场地等条件就可设置。专业设置之后，学校在发展的过程中不断满足相关条件。

3. 选好专业带头人

一所学校办得好不好，关键看校长；一个专业办得好不好，关键看专业带头人。好的专业带头人会把专业治理得蒸蒸日上；差的专业带头人会让专业死气沉沉。专业设置阶段，一个十分重要的工作是选定一个以上合格的专业带头人。选择专业带头人，既要有教学、管理、研究等能力的一般性要求，也要有专业能力的特殊性要求。这一特殊要求是职业教育学校与普通教育学校在专业带头人选用方面的主要区别。职业学校的培养目标决定了对于专业带头人的选择要把是否具有与专业对口的职业经历和相应的专业能力放在特别重要位置。举个例子：有两位汽车技术专业带头人候选人。一位是硕士学历，副教授。没有汽车维修企业实践经历，专业实操能力一般。另一位是本科学历，讲师、高级技师。有多年汽车维修企业实践经验，是企业的中层部门负责人，参加省级技能竞赛获得表彰。我们应毫不犹豫地选择后者。以高学历和高职称为专业带头人选择标准的做法可能适用普通高校，但未必适用于职业学校。在政治等条件合格的前提下，职业学校专业带头人的选择，一要拥有专业能力并掌握较高水平的实际操作技能；二要拥有较强的管理能力；三要具有较高的教学水平；四要拥有比较丰富的科研经验。

4. 建设三种实训基地

学校能力程度包括场地和设备。在条件许可的情况下，专业设置阶段应规划建设三种实训基地：一是教学型实训基地；二是与企业合作建设生产型实训基地；三是网络型实训基地，包括线上虚拟工厂。

（四）把握专业重复设置程度的方式

虽然通过市场调查，学校根据毕业生市场需求程度表决定设办专业，但学校也要了解本区域同类学校同专业重复设置情况。

1. 开展调研

要切实掌握拟设专业与兄弟学校重复设置程度，也需要开展调研。学校可以通过×××专业重复设置程度调研表（如表6-4所示），调查兄弟院校同专业设办情况，形成调研报告。

表6-4 ×××专业重复设置程度调研表

院校名称	培养目标	培养层次	学生规模	主干课程	就业岗位群	结论

2. 灵活处理

同类院校同类专业情况调研结果要结合毕业生市场需求程度表的调研结果进行分析：

第一，拟设置专业若干年内均属于市场潜伏需求、过量需求的，说明毕业生市场需求量大，只要本地区院校同专业的毕业生仍处于供不应求的状态，就可以大胆设置。

第二，预计拟设专业第一届学生毕业时本地区院校同专业毕业生需求量呈下降需求形态，仍可设置。但学校要创造条件，依靠毕业生质量竞争就业。

第三，发现8个学校均已设置同类专业，通过调研，预计3年内，培养能力超过用人单位需求，且这些学校社会影响力均大于本校，建议谨慎设置。

（五）把握职业资格证书或职业技能等级证书的方式

1. 在调研阶段明确

在职业技能等级可多元化评价的条件下，拟设专业的调研计划中就应包括拟设置专业是否已经具有可供学生考核的对应等级的职业资格证书或职业技能等级证书。学校经过调研，如果发现已经具有，还应当明确已经具备证书的层级；如果发展拟设置专业属于新兴职业，国家、地方政府相关部门尚未开发这一职业的标准和职业资格证书或职业技能等级证书，那么，学校应将之纳入调研报告并附上调研组解决这一问题的意见或建议。

2. 无对应证书的处理

拟设置专业无对应职业资格证书或职业技能等级证书的怎么办？第一，如有相近且已有职业资格证书或职业技能等级证书的专业，证书的考取可往这类专业挂靠；第二，没有相近专业可挂靠的，可与企业合作培养，也可由合作企业认定或校企合作共同认定或由经政府职能部门备案的第三方评价机构认定。每个学校所有专业都不可避免地存在职业资格或职业技能等级认定问题。职业学校要将认定工作纳入该专业人才培养方案，并在当年的招生简章中明示。

在职业学校的毕业证书难以代表职业资格证书或职业技能等级证书的情况下，职业学校应该按照《中华人民共和国职业教育法》的要求，采取合适的方式解决学生职业技能水平的认定和证书发放问题，让每个学生在完成规定学业，获得学业证书的同时，再获得一个"含金量"比较高的职业资格证书或职业技能等级证书，以此"逼迫"学生掌握一技之长，以此凸显职业学校技术技能特色。

第二节　专业发展的基本要求

一、对专业发展的认识

（一）专业发展的主要任务

专业设置工作结束之后，专业建设工作就进入第二个环节：专业发展。专业发展既是专业建设的一个环节，也是专业推进的一种过程状态。介于专业设置与专业调整之间的专业发展是专业建设的核心环节。专业设置主要解决专业的有与无问题；专业调整主要解决专业是否与市场需求相适应问题；专业发展主要解决专业质量的优与劣问题。

（二）专业发展的特点

专业发展作为专业建设的一个环节，原则上应在专业设置阶段所确定的专业建设轨道内运行。当然，在其轨道内运行并不意味着一成不变。"变动不居"是专业发展环节的特点。这是因为人力资源市场对技术技能人才的需求呈阶段性变化。向人力资源市场输出技术技能人才的专业发展必然随市场需求变化而发展。这种发展要具体落实在课程体系、学习任务内容、学习活动内容、教师能力要求等方面。在专业建设目标不变的前提下，专业发展的变动不居是常态。

(三) 专业发展与学校作用

专业发展得不好，与学校层面没能尽责地发挥作用密切相关。校长应重视每个专业发展，并对本校每个专业发展的状况至少应做到比较了解。校长对本校各专业发展情况若"不知秦汉，无论魏晋"，学校的明天很难美好。在专业发展方面，学校究竟应发挥怎样的作用？也是"定体则无，大体须有"。从多地多校成功的实践看，学校层面至少应发挥四个作用：

1. 放权

专业发展的质量取决于三个积极性的联动：企业合作积极性、教师教学积极性、学生学习积极性。调动三个积极性当然是全校各部门都应参与的工作，但落实的重点部位在专业。调动三个积极性与人事、财务、管理、教育四项权力密切相关。学校应向各专业下放人事权、财务权、管理权、教育权，并指导各专业合理运用四项权力调动三个积极性，促进专业健康发展。

2. 服务

专业发展决定专业质量，直接影响学校的办学水平。学校应从服务专业发展的角度，制定促进专业发展的政策，提供专业发展的软硬条件，优化专业发展的环境。

3. 监控

专业发展变动不居的特点决定专业发展具有风险性。学校应采取有效措施，监控专业发展过程，促使专业始终朝着正确的方向发展。

4. 评价

学校向专业"输出"权力和服务后，效果如何，应当采取多种方式开展评价，以及时掌握专业发展的状况。专业发展状况应每年"年检"一次。学校应通过"年检"，总结经验，发现问题，及时改进。

二、专业发展的 15 个"一"要求

实践中，负责专业发展的机构是学校二级院系。专业究竟应该怎样发展？各地、各校、各院系在统一坚持技术技能人才培养目标的前提下，可以"百花齐放"。至于具体的工作标准，其应秉持"定体则无，大体须有"的原则探索前行。15 个"一"可以作为专业发展阶段工作要求，供各校参考，见表6-5。

表6-5　专业发展的15个"一"

1	制定一个德技并修的专业人才培养方案
2	执行一个校企深广度合作培养制度
3	推行一个体现工学一体特点的专业课课程体系
4	推行一个体现理实一体特点的公共基础课课程体系
5	开发一批学用结合的教材学材
6	构建一个教学过程与工作过程对接的对接教学模式
7	建设一支由企业实践专家组成的兼职教师队伍
8	健全一批实训基地

表6-5（续）

9	建设一个以上技术技能大师工作室
10	推行一个体现职业教育特色的学生管理模式
11	形成一批科研成果
12	组织一次技术技能节活动
13	推行一个技能评价制度
14	落实一批就业创业服务项目
15	实施一个职业技能培训工作计划

（一）制定一个德技并修的专业人才培养方案

制定本专业人才培养方案的目的是明确该专业发展的方向和目标，规定该专业课程数量、课程内容、培养程序和相关的规范性要求，为确保本专业人才培养质量发挥"舵盘"作用。主要做法：第一，明确德技并修要求；第二，明确包括 5 项内容的专业基本信息，即专业名称、专业代码、学制年限、就业（升学）方向、职业资格或职业技能等级；第三，确定本专业各层次人才培养目标；第四，制定本专业各层次和各类课程的教学计划表，并按学制周期安排各类课程、课时；第五，制定每一门课的课程标准；第六，提出本方案实施建议；第七，确定考核评价的要求。

（二）执行一个校企深广度合作培养制度

多年实践已经证明：学校只有进行校企合作，才能培养出合格的技术技能人才。校企合作越有深度，培养质量越高。建立校企深广度合作培养制度，可以使职业学校教育与经济社会发展保持紧密联系，可以解决技术技能人才的需求侧与供给侧"两张皮"问题。因此，建立校企深广度合作制度是学校每一个专业的要务。其主要做法是抓好"5个落实"：

1. 落实校企合作对象

合作对象的选择应符合四个基本条件：能安排学生跟岗实习和顶岗实习岗位的；能提供毕业生就业岗位的；具备合作培养条件的；愿与学校合作培养的。每个专业都应当根据当地企业数量等状况，参照四个基本条件，确定一批能为学生提供就业岗位的合作企业。

2. 落实"四帮"条件

"四帮"，即帮助企业解决技术技能类员工紧缺问题的相关条件；帮助企业提高在岗员工技术技能水平的专项培训所需的相关条件；帮助企业攻克技术难关所需的高水平教师等条件；帮助企业开发新项目、新技术、新工艺、新产品所需的高水平教师等条件。各专业要根据合作需要，不断优化条件，增强本专业对相关企业的吸引力。

3. 落实"两让"要求

"两让"，即让合作企业共享学校场地、先进设备等资源；让合作企业优先挑选并适当搭配合适的毕业生。

4. 落实校企深度合作

校企深度合作的基本标准是"十个共同"，即共招学生员工、共提员工水平、共克技术难关、共研新尖技术、共参专业建设、共建课程体系、共设实训基地、共组师资队伍、共评教学质量、共促实习就业。落实"十个共同"，体现校企合作的深度。

5. 落实校企广度合作

校企广度合作的基本标准是"四项合作+三个100%"。"四项合作"，即学制教育校企合作、职业培训校企合作、技能评价校企合作、技能竞赛校企合作。校企双方不仅在学制教育领域合作，也要在其他三个领域合作。"三个100%"，指学制教育的100%专业开展校企合作培养；100%的教师参与校企合作培养；100%学生接受校企合作培养。只要落实了"四项合作+三个100%"，就体现了校企合作的广度。

（三）推行一个体现工学一体特点的专业课课程体系

专业课的课程体系主要由专业课、基本技能课程（专业基础课程）按科学程序组成。主要做法是：在校企合作的背景下，按照国家关于"课程内容与职业标准对接"的要求，组织召开企业实践专家访谈会，根据规定的程序和步骤，确定并排序每个专业的课程名称、课程数量、课程内容等，体现工学一体特点。

（四）推行一个体现理实一体特点的公共基础课课程体系

现代职业教育要求专业课体现工学一体，即教师开展工作过程与学习过程学做合一教学；要求公共基础课体现职业教育特点，具体要求是理实一体，即理论教学与实践教学融通合一。职业学校不仅需要专业类课程，也不能没有公共基础类课程。专业类课程的主要任务是培养学生工学一体的专业能力，兼顾非专业能力；公共基础课程的主要任务是培养学生理实一体的综合素质，重点是非专业能力，包括思想政治教育、科学文化知识、职业素养等。只有专业课程和公共基础课程两个体系并举，专业才可能正常发展。由于公共基础类课程涉及多个专业，另有管理部门负责开发，因此，对于某个专业而言，主要任务是做好配合建设工作。其整体要求是体现理实一体的职业教育特点，具体而言，要求公共基础课程体系应包括思想品德、文体美劳、就业创业指导三类课程。

（五）开发一批学用结合的教材学材

使用这样的教材，可以促使学校所教、学生所学、用人单位（社会实践）所用"三所"对接，有利于稳定教学质量。主要做法是：第一，明确专业课教材编写人员构成，即课程开发专家、专业教师、行业企业实践专家；第二，明确专业课教材人员分工，即课程开发专家负责教材编写路径的把关，企业实践专家负责教材内容与市场需求对接的把关，专业教师负责具体编写；第三，明确专业课教材编写标准，即教学过程与工作过程对接；第四，编写体现立德树人、工匠精神、理实一体和职业教育特色的公共基础课教材；第五，编写的各类教材均应层次分明，梯度明晰，图、文、表并茂，生动而有趣味。

（六）构建一个教学过程与工作过程对接的对接教学模式

构建这个模式可以确保学生学习过程与企业员工工作过程二者学做结合，解决职业学校学与用相脱节问题。主要做法：

（1）认识对接教学的意义。"对接教学"指专业课教师的教学过程与工作过程对接。这个"对接"是国家要求，来源于国务院的两个文件：《关于加快发展现代职业教育的决定》的"五个对接"，即专业设置与产业需求对接，课程内容与职业标准对接，教学过程与生产过程对接，毕业证书与职业资格证书对接，职业教育与终身学习对接。国务院办公厅《职业教育改革实施方案》的"按照专业设置与产业需求对接、课程内容与职业标准对接、教学过程与生产过程对接的要求，完善中等、高等职业学校设置标准，规范职业学校设置"。对接教学要求意义重大，应成为专业课教学常态。

（2）提供对接教学条件。对接教学对相关条件要求比较高。条件不具备，直接影响对接教学效果。学校应创造条件，负责提供适应对接教学的师资、场地、设备、工位等教学资源。

（3）推行对接教学制度。对接教学要求高，难度大，与非对接教学相比，对接教学不仅需要技高，而且必须多劳。根据国家关于"多劳多得"和"技高者多得"的政策要求，学校应采取课酬系数提高、评先评优倾斜、职务晋升优先、外出培训激励等措施激励对接教师。

（4）实施对接教学督导。学校要统一在各院系实行对接教学督导制度。学校统一政策，学校和院系两级督导负责落实，通过督导专员的督、评、改，持续推进全校专业课实行对接教学模式。

（七）建设一支由企业实践专家组成的兼职教师队伍

由于种种因素影响，我国职业学校教师队伍整体状况与学习者的愿望要求不相适应。建立由企业实践专家组成的兼职教师队伍，有利于优化学校教师队伍结构，有利于培养缺乏企业历练的新教师，对提高教学水平和保证教学质量有积极意义。主要做法：一是学校实行企业兼职教师的激励政策，从参加实践专家访谈会的企业实践专家中选择兼职教师；二是合格的兼职教师课酬待遇要明显高于本校专业教师；三是对兼职教师必需的教学技能，学校应安排高水平教师对其进行指导和考核；四是有计划地安排学校新教师按照要求听课，重点学习兼职教师专业能力的展示方式和专业能力的传授方式；五是采取多元评价的方式阶段性评价兼职教师的教学质量。

（八）健全一批实训基地

职业学校的一大特色是技术技能训练。实施技术技能训练需要不同类型的实训基地。主要做法：第一，要建立教学型、生产型、虚拟工厂型三类实训基地；第二，教学型和生产型实训基地拥有与教学、生产需要相适应的两类设备，即普适性设备和引领性设备；第三，拥有基本够用的与教学需要和学生学习需要相适应的工位；第四，最大限度地提高三类基地的利用率；第五，加强三类基地的维护和管理，保证教学正常进行。

（九）建设一个以上技术技能大师工作室

在专业层面设技术技能大师工作室是我国职业教育改革创新的产物。这不仅可以培养新教师和高年级学生，还可以在攻克企业技术难关、开展"四新"业务等方面做出贡献。实践已经证明：建立这样的工作室，既利校，也利企，更利专业发展。主要做法：一是选聘专业对口的、当地在岗的或退休但身体基本健康可以继续工作的技术技能高手。二是学校或单独或与企业合作建设技术技能大师工作室。三是一个专业可以设一个或多个技术技能大师工作室。四是明确技术技能大师工作室功能：技艺传承，培养高年级学生，培养新教师，指导技能竞赛集训，指导技术难题攻关，共同研究新技术、新工艺、新项目。五是明确技术技能大师工作室人员结构。技术技能大师工作室不能只挂牌设室而无实质性运作。技能大师工作室应该由三类人员组成：技能大师、核心成员、见习成员。其中，核心成员由大师挑选的企业相关人员和学校该专业高水平教师组成；见习成员可以是学校的几个甚至一批新教师或一个小班的高年级学生。六是实行带徒制度。七是创造条件开展技术革新。技能大师和核心成员每年至少应完成一项专业技术研究任务。八是凡一个专业设两个以上技术技能大师工作室的，应各设一个高年级学生班。每个学期末组织考核，进行比较评价，提高技术技能大师工作室的贡献度。

（十）推行一个体现职业教育特色的学生管理模式

其中一个重要内容是建设一个以上以技术技能研修为特色的学生社团。这类社团，也可称为专业社团。职业学校若只有文体类社团，无技术技能类社团，则与普通教育无异，缺乏职业教育的特色。每个专业都建立学生技能社团，不仅可以体现职业教育与普通教育的不同，而且可以拓展学生对技术技能类科研的兴趣，还可以培养该专业参加各层次技能竞赛的种子选手。主要做法：第一，学校出台政策，规划场地，鼓励各专业学生业余时间组织各类技术技能社团；第二，学校学生管理部门牵头建立技术技能研修社团；第三，学生推选技术技能高手担任社团负责人；第四，学校预算学生技术技能社团年度专项资金，提供技术技能社团技能研修、技能竞赛所需经费，并按月为社团负责人发放激励性津贴；第五，实施技术技能社团综合素质训练制度，综合素质训练包括体能、意志、心理素质三项内容，把三项素质训练制度化、日常化；第六，创造条件，把技术技能社团建成选拔各级技能竞赛选手的基地，开展有计划的训练，参加各级各类技能竞赛；第七，创造条件，把技术技能社团建成技术技能研修的基地，让每位成员每年参加一项技术技能研修项目，培养具有创新能力的毕业生。

（十一）形成一批科研成果

科研成果包括论文、专著、新技术研发项目、发明专利等。其目的是"逼迫"每个教师重视科研，以较强的科研能力促进教学，提高教学质量。主要做法：一是学校应出台相关政策，让教师有时间开展教科研；二是学校制定激励政策，鼓励教师开展教科研；三是二级院系实施教师教科研促进办法，特别鼓励教师针对专业建设相关内容，结合改革创新实践开展研究，要求教师有阶段性教科研成果；四是每年形成一批质量较高的科研成果。

（十二）组织一次技术技能节活动

职业学校若无技术技能节，只有文体节或运动会，则与普通教育的院校无异。每年组织一次全校性技术技能节活动是职业教育特色之一。组织技术技能节活动有利于学校形成人人学技术技能、用技术技能的氛围，有利于提高全校学生的技术技能水平。主要做法：一是学校层面预算年度技术技能节资金，坚持每年举办一届历时一个月的技术技能节；二是规定全校学生人人参与，一年级新生可以参加公共基础课管理部门设办的相关竞赛；三是由教务管理部门牵头，学生管理、系院等相关部门配合执行；四是在规定时间内各系院按学校下拨的资金组织预赛；五是安排一周时间，全校停课，组织决赛；六是决赛期间可以邀请外校同专业同层次学生同台竞赛；七是邀请合作企业实践专家当竞赛裁判。

（十三）推行一个技能评价制度

具体思路：

1. 执行新"双证书"制度

（1）老"双证书"制度的概念。老"双证书"制度是学业证书+职业资格证书。其规定学生必须学业成绩合格取得学业证书+考取对应层级职业资格证书方可毕业。

（2）新"双证书"制度的概念。新"双证书"制度指两类"双证书"并存的相关制度。两类"双证书"中的第一类指与职业资格对应的专业的学生毕业时取得学业证书和职业资格证书；第二类指与职业技能等级对应的专业的学生毕业时取得学业证书和职业技能等级证书。

（3）新"双证书"制度的特点。国家职业资格制度改革后，相当长时期内，存在少量职业资格评价和大量职业技能等级水平评价的现象，因而，我国职业资格制度也会长期存在两类评价（认定）兼具、两种证书并行的特点。

（4）执行新"双证书"制度的依据。职业学校，包括技工院校执行新"双证书"制度既有国家部委的政策依据，也有法律依据。《中华人民共和国职业教育法》明确：职业教育要"实行学业证书、培训证书、职业资格证书和职业技能等级证书制度"。

2. 具体办法："一要+三可"

"一要"：要探索、制定、执行一个体现硬约束特点的新"双证书"制度计划。"三可"：一是可申请备案为职业资格实施机构的职业技能鉴定所站，对内对外开展职业资格鉴定评价；二是将职业学校视作用人单位，可申请备案为用人单位，按照"培考分离"方式，面向本校学生开展职业技能等级认定，即区域内同专业同层次学生按同一标准出题，考场可在本校但由外校人员监考，以无法作弊为底线进行；三是可申请备案为社会培训评价组织，面向社会开展职业技能等级认定。

（十四）落实一批就业创业服务项目

就业创业服务项目涉及校内学生就业推荐、创意、创新、创业指导等活动，校外劳动者就业创业服务等活动，包括每年开展一次毕业生就业质量跟踪调查活动。开展此活动的意义：一是落实2019年1月，国务院《国家职业教育改革实施方案》关于"严把教学标准和毕业学生质量标准两个关口"的要求；二是以此倒逼学校和二级院系更加重视培养质量。主要做法：一是主动配合学校招生就业处，采取毕业班班主任牵头开设的全班同学微信群和连接当地社保部门的社保信息系统等方式建立毕业生就业质量跟踪服务平台；二是明确每年一次调查本班同学的相关信息，如工作单位、专业对口、就业稳定、职务晋升、工资收入、能力提升要求等；三是对于需要提升职业能力的毕业生，由班主任负责联系学校职业培训部门，帮助毕业生报名参加培训班，并采取降低培训费等倾斜政策鼓励毕业生继续提升职业能力。

（十五）实施一个职业技能培训工作计划

按照国家要求，职业学校须学制教育与职业培训并举，每个专业均须开展职业培训。主要做法：一是根据学校职业培训管理部门要求制定本专业职业培训年度工作计划，明确本专业职业培训的指导思想、工作目标，主要项目方向，重点任务，分工安排等；二是与合作企业共同开发职业培训课程，构建职业培训课程体系；三是编写学用结合的培训教材；四是妥善处理学制教育与职业培训在教师、设备工位、课时安排等方面存在的矛盾；五是实施职业培训教学质量督导制度；六是执行职业培训教学过程性评价和终结性考核，确保职业培训质量。

三、专业发展的基本路径

（一）明确四个认识

（1）15个"一"是一些先进院校长期改革实践的经验归纳。其核心是校企合作、技术技能、"三个对接"、就业成才。其灵魂是教、学、用联通，具有鲜明的时代性、先进性、创新性特点。

（2）15个"一"的内容是普通教育所没有且不可能有的。15个"一"充分体现了职业教育作为一种独特教育类型的个性特点，若能大规模实践，就意味着我国职业教育完成了从参照普通教育模式向职业教育类型教育的转变。

（3）15个"一"都是市场经济条件下职业教育应该开展的重要业务，不仅体现职业教育的个性特点，也是职业教育的核心内涵。开展这15项工作，就是在开展职业教育内涵建设，就是在强化职业学校办学质量。

（4）职业学校可以将15个"一"视为其专业发展环节的1.0版的工作标准。各校可以此为据运作，并在过程中不断改进，创出更好的标准。

（二）具备三个条件

15个"一"要求高，实现之，不容易，需具备三个条件：

（1）思想条件。职业学校要想推行15个"一"，首先需要解决思想认识问题。全校教职员工在思想上应该认识15个"一"重要性和必要性。

（2）政策条件。15个"一"项目较多，实施难度大，关乎专业发展的水平和学校办学的质量，需要多方面的政策支持。比如，政府、学校两个层面资金政策、放权政策、待遇政策、职称政策的倾斜。

（3）资源条件。15个项目的实施不是一个接着一个进行，而是多个项目同时推进，需要具有多种资源。比如，实施对接教学所需的教师资源，场地资源，设备资源等；开展职业技能培训所需的项目资源，兼职教师资源，场地资源，设备资源等。

（4）开展两个层次评价。15个项目的总体目标一致：培养高素质劳动者和技术技能人才。但其具体目标不同。如"三类实训基地"与"就业创业服务"的目标就不可能一样；"构建公共基础课程体系"与"举办技术技能节"的目标肯定有区别。职业学校所设专业一般为十多个甚至几十个。每个专业15项工作开展情况怎样？需要通过评价，总结经验，发现问题，及时纠正，促进发展。15个项目的评价，各校可以求大同存小异，大体上可以与学校正常的学期总结和年度总结对应，分为两种：一是单个项目达标情况的学期评价，二是15个项目达标情况的年度评价。

第三节　专业调整的依据与方式

一、对专业调整的认识

（一）专业调整的概念

职业教育"命苦"。其原因是多方面的，其中之一是，新发展阶段的职业教育的专业建设与计划经济体制时代专业长期不变的情况不同，专业建设要紧跟人力资源市场的步伐走，须阶段性调整。只有这样，专业发展才能与人力资源市场需求相适应。阶段性调整涉及方方面面，事多事难，很累很苦。因此，在市场需要调整时，专业发展阶段结束，进入专业建设的第三阶段：专业调整。专业调整既是专业建设的第三阶段，也是专业建设一个周期的闭环性环节。

所谓专业调整，是指学校根据专业培养目标、市场需求、课程内容、教学水平、求学人数、毕业生就业质量等要素变化状况，以专业发展与市场需求对接为指向，对专业作出的新安排。

（二）专业调整的类型

专业调整一般有三种类型：专业缩小，专业停办，专业调优。

（1）专业缩小。专业缩小指受人力资源市场或生源市场影响，原专业被调整后缩小为某一专业的一门课程或一个模块，如数控加工专业，受人力资源市场需求变化的影响，被调整后压缩成某专业的一门课程；如焊接技术专业，受生源市场需求变化的影响，被调整后压缩成某专业的一门课程或一个模块。

（2）专业停办。专业停办指受人力资源市场或生源市场影响，或毕业生就业率过低或愿意入读的生源过少而停办。专业停办一般分为两个阶段：先是暂停招生，在校学生都毕业之后正式停办。

（3）专业调优。专业调优指学校统一安排，二级院系具体实施，每年召开专业调整工作会议，根据市场调研结果，校企双方共同讨论研究专业调整优化方案并付诸实施的过程。多数专业在调整优化中继续前行。当专业发展明显落后于市场需求时，专业发展阶段宣告结束，进入专业建设的第三个阶段：专业调整。

（三）专业调整的必要性

学校专业因为市场需求而问世，由于市场需求而发展，伴随市场需求消失而关停。相对于变动不居的市场需求，学校专业建设的"脚步"往往滞后于市场需求的发展。因此，学校专业需要根据市场需求变化而进行阶段性的调整。这是学校专业建设与市场需求之间的规律性表现。若违背这一规律，专业该调整而不调整或迟调整必然导致以下三种情况：

（1）毕业生不易就业——给社会造成职业学校不职业的信誉危机。

（2）学生被作为普工安排就业——给社会造成职业学校学生没特长的特色危机。

（3）就业不稳定——给社会造成学生老被"炒鱿鱼"的质量危机。

信誉危机、特色危机、质量危机积淀与综合的结果是学校生存危机。专业调整的实践经验证明：该调不调，"死路一条"。

（四）专业调整的艰巨性

在专业建设的过程中，专业调整环节的特点在于"挑战与重生并联"。"挑战"指调整面临的多种困难。不挑战，就无法适应市场需求，就难以"重生"。因此，职业学校专业调整是保存专业和发展专业的必经环节。但专业调整任务艰巨。一旦调整，专业的场地、设施、设备、教材都得"伤筋动骨"。特别是教师的分流，涉及其切身利益，处理不好，可能产生一系列不稳定问题。因此，学校既要明白专业该调不调，"死路一条"的道理，也要认识专业一调，"地动山摇"的风险。

二、专业调整的依据

一个专业是否需要调整，依据是"三个口"的情况：生源之入口——报读本专业新生数量情况；就业之出口——毕业生就业质量情况；教师之口——教学过程与工作过程对接情况。具体说，专业调整的依据主要是 3 个指标：

（一）新生注册率

新生注册率指该专业每年新生报到人数与计划招生人数之比。职业学校的专业是否具有吸引力或吸引力有多大？其衡量的主要指标是学生愿不愿意入读，即新生注册率。多数情况下，连续 3 年，新生注册率高，说明该专业对生源市场的吸引力强，专业正处于正常发展状态，不必调整；反之，则说明专业的吸引力弱，应将之作为专业调整的一个依据。

（二）毕业就业率

毕业就业率指该专业学生每年毕业应就业人数与实际就业人数之比。实际就业人数计算时间为毕业之日起 6 个月内。实际就业的书面凭证为毕业生与用人单位签订的劳动合同。灵活就业、自主创业毕业生只要有社区证明或工商执照，有劳动收入，有正常职业及活动，都可视为就业。继续升学人数不计入应就业和实际就业人数，另计升学率。多数情况下，连续 3 年，毕业就业率高位稳定或逐年提高，说明该专业培养质量好，专业健康发展，不必调整；否则，便是"带病"发展，可以将之作为专业调整的一个依据。

（三）教师对接教学率

教师对接教学率指该专业的专业课教师总数中，已在开展教学过程与工作过程对接教学的教师的占比。这个比率与教学质量密切相关。教学过程与工作过程对接的教师越多，对接率越高。对接率高，说明教、学、用三者结合得好，学生学到市场在用的技术技能。这个比率还与新生注册率、毕业生就业率密切相关。教学过程与工作过程对接教学的教师比率高，学生凭着真"本事"去竞岗，不仅容易就业，而且可能体面就业。就业率高，体面就业，学生们必然口口相传，波及社会，反过来会促进新生注册率提升；教师对接教学率低，说明教师所教、学生所学、用人单位所用三者不对接，教与学、学与用脱离，教学质量差，必然影响就业率和注册率。一般情况下，连续 3 年，专业教师对接教学率逐步提高，说明该专业与产业对接紧密，教师所教、学生所说、企业所用三者对接好，不必调整；反之，则应将之作为专业调整的一个依据。

三、专业调整的方式

（一）把握基本原则

（1）对接原则，即调整工作要聚焦专业与产业对接；课程内容与职业标准对接；教学过程与生产（工作）过程对接。

（2）平稳原则。"平稳"就是不发生激烈的矛盾冲突。专业调整涉及方方面面，容易产生各种矛盾，尤其是人员的调整，处理不好会"地动山摇"。学校要做深入的调查研究和细致的思想工作；要制定专门的调整政策，有相关专业的转相关专业，没有相关专业的，按照"一人一策"的思路妥善处理。

（二）建立专业调整预警机制

1. 制定预警制度

由学校教务部门牵头协调此项工作，制定一套科学的预警制度，包括预警工作的内容、程序、分级、预警通报等。

2. 专业调整的警级分类

专业调整的警级分类，一般可区分为 3 级：

（1）警示。学校发现某专业若干个环节出了问题，出示一般警示牌，要求院系进行及时的调整。如新生注册率、教师对接教学率、毕业就业率三项指标中的一项或两项连续三年均呈不规则下降趋势的。

（2）重警。学校发现某专业出现批量性重大问题，出示黄牌，要求院系进行及时的大调。如连续三年，新生注册率、教师对接教学率、毕业就业率三个指标均呈较明显下降态势的。

（3）危警。学校发现某专业出现特别严重问题，如重警之后，新生注册率依然下降、教师对接教学率 50% 以下、毕业就业率 60% 以下的专业，会被要求关停。

（三）建立专业调整制度

专业调整环节涉及面广，影响大，须十分慎重。做好专业调整工作的一项重点工作是建立以"一查一会"为主要内容的专业调整制度。

1. "一查"

"一查"即专业调整市场调查。调查由学校教务管理部门牵头，二级院系具体落实，制定具体的调研计划。重点调研与专业对应行业企业新知识、新技术、新要求、技术技能人才需求情况。

2. "一会"

"一会"即校企相关人员召开专门会议，讨论"一查"结果，根据警级，围绕"三率"，分析问题并提出调整的意见建议，形成某专业调整报告，呈报学校。

（四）优化全校专业布局

专业调整分个别专业调整和全校专业调整两类。从全校专业调整的角度看，其应考虑纵横双向结构：横向结构，即学校设产业系或产业学院。每个产业系或对接某产业链的上、中、下游，或对接中、下游，或对接上、中游，使该专业呈现横向扇形对接产业的态势（以专业链对接产业链），以此扩展专业的社会贡献度；纵向结构，即每个产业系或产业学院分三个层次分别为产业系→专业链→专业。调整后，每个产业系明确分三类专业：主干专业、特色专业、一般专业。如信息服务产业系专业设置，如表6-6所示。

表6-6 信息服务产业系专业设置

产业系	产业链	专业群	专业
信息服务产业系	上游	信息服务开发设计	移动互联网应用开发
			商务软件开发与应用
			网站开发与维护
			……
	中游	信息服务网络构建	计算机网络应用
			网络安全
	下游	信息服务终端应用	物联网技术应用
			云计算技术应用
			电子商务
			现代物流
			……

（注：转自广州工贸技师学院课程体系）

针对产业设系（院），以专业链对接产业链，工作的量和难度是加大了，但好处是多方面的。第一，可以较好地落实国务院关于"专业设置与产业需求对接"的要求，实现产教融合；第二，专业发展范围可以覆盖产业链上中下游，有利于培养复合型技术技能人才，体现专业更高的社会贡献度；第三，由于专业方向多，学生选择余地大，专业具有自主调节的空间，有利于专业发展。

第七章

课程开发

第一节　对对接型课程开发的认识

一、对接型课程开发的概念

对接型课程特指专业课程。把专业课程改为对接型课程，将专业课程开发改为对接型课程开发，其文字的调整不重要，重要的是模式的改革——将传统课程开发所形成的课程模式与国务院关于"课程内容与职业标准对接"的要求直接联系起来，把"对接"这一十分紧要的价值观在课程模式名称上直观地展示出来，更在课程模式内容上注入"对接"的"骨肉"和"血液"，不断提高吸引力，扩大影响面，逐步构建一个适应我国新发展格局要求，体现中国特色的职业教育课程模式。其最终目的是促进全国职业学校专业课课程内容与市场需求对接，解决我国技术技能人才供给侧与需求侧"两张皮"问题，为我国经济社会高质量发展提供强有力的技术技能人才支撑。

讨论对接型课程开发的概念之前，须先了解课程和开发的概念。

（1）课程的概念。课程的"课"，指教学的内容，可以理解为"课业"；"程"，包含法式、道路、次序等意思，可以理解为"法式"。"课业"，主要指课程的内容；"法式"，侧重于课程的规范，包括课程内容的方向、容量、深度、难度等要求。职业学校的课程，是相关人员为实现学校培养目标，按照规定程序确定内容和形式的教学载体。

（2）开发的概念。课程"开发"的"开"包含开拓、创建之意；"发"，包含发展、改进之意。将二者联系起来，即有开创和改进的意思。

（3）课程开发的特殊性。课程开发的核心价值在于解决教学内容的方向性和质量问题。职业教育课程开发的　个"铁律"是：不能搬用普通教育课程开发模式。职业教育是职业的教育，普通教育是学术的教育。职业教育是与普通教育不同的教育类型。类型不同，课程开发的"面貌"也不一样。以专业课课程开发为例，其具体对比如表7-1所示。

表 7-1　专业课程开发对比

项目	职业教育	普通教育
开发目标	培养高素质劳动者和技术技能人才	培养学术型和工程型人才
开发特点	职业性、实用性、技能性	科学性、系统性、知识性
开发重点	以职业素养培育与技术技能训练为重点内容，重视职业能力培养	以规律、原理、定律的掌握和科学的研究方法训练为重点，重视整体素质培养
开发形式	学校与企业合作	学校与社会合作
开发结果	构建课程内容与职业标准对接、学习过程与工作过程对接、动态调整的职业教育课程体系	构建基础扎实、科学严谨、基本稳定的普通教育课程体系

课程开发形成课程模式，课程模式影响培养质量。仅从课程开发的差异就可以看出：教育类型不同，课程"血型"迥异。

（4）对接型课程开发的概念。对接型课程开发是课程开发者以培养高素质劳动者和技术技能人才为目标，以技术技能训练和职业素养培育为重点，以课程内容与职业标准对接、学习过程与工作过程对接为标准，按照科学程序确定课程内容和课程数量，构建体现职业性、实用性、技能性特点的课程体系的行为过程。

二、对接型课程开发的层级安排

（一）层级安排的概念

"层级"，即层次等级的简称。课程开发的层级安排指的是课程开发要考虑学制层次和职业技能等级，所开发的课程须体现学制层次和职业技能等级的结合。

（二）层级安排的依据

对接型课程开发区分层级，参照系是用人单位人才层级制度，即课程层级安排的依据是企业技术技能人才层级制度。

（三）层级安排的原则

对接型课程开发层级安排的原则是层级对应。企业的技术技能人才制度设几个层级，职业学校课程开发也要有对应的几个层级。以技工院校为例，一般不考虑高级技师这一层级人才的培养及与之相对应的课程开发。

（四）层级安排的办法

以技工院校为例，课程层级限定为四级：初级技工、中级技工、高级技工、（预备）技师。其中，初级技工、中级技工课程层级用于普通技工学校，对应企业的初级技工和中级技工两个层级；初级技工、中级技工、高级技工三个层级课程用于高级技工学校，对应企业的初级技工、中级技工、高级技工。技师学院需设置初级技工、中级技工、高级技工、（预备）技师四个层级课程，对应企业的初级技工、中级技工、高级技工、（预备）技师四个层级。其中，初级技工层级课程列为基本技能课程的一部分，其余三个层级课程列为专业课程。其实，办学实践中，不仅技工院校如此，所有职业学校课程开发都须分出若干层次等级；不仅学制教育的专业课如此，职业培训专业课程开发也应如此；不仅专业课如此，公共基础课的课程开发，也应有所考量。

第七章　课程开发

三、对接型课程开发有限责任的定位

（一）对课程开发有限责任的认识

技术技能人才培养是一个系统工程，具有自身规律，需在实践中慢慢养成。严格地说，在校学习短短几年时间，多数学生很难成为真正的技术技能人才。即使在校企合作的条件下，多数学生也只能成为准技术技能人才，毕业后，在工作岗位上"摸爬滚打"若干年才可能真正成才。从终身职业教育的角度看，技术技能人才不仅需要校企双方共同培养，而且应明确培养的阶段分工：学生毕业前阶段，校企合作体现为学校教育为主，企业配合为辅；学生毕业后阶段，企业培养为主，学校开展继续教育配合为辅。只有经过两个阶段的培养，加上学生自身的持续努力，技术技能人才培养才可能有不断提升的质量保证。

明确了培养的阶段划分，就明确了：职业学校虽然要以高素质劳动者和技术技能人才为培养目标，但培养责任不是无限的，而是有限的。这里的有限责任相对于全部责任而言。技术技能人才培养的全部责任指学生从入学学习技术技能到毕业就业成为合格技术技能人才的所有培养任务。完成其中的一部分任务就是履行技术技能人才培养部分责任或叫有限责任。课程开发的有限责任决定于技术技能人才培养的有限责任。根据学校培养技术技能人才有限责任所确定的那部分任务进行的课程开发，就体现了课程开发的有限责任。

（二）对接型课程开发有限责任的界定

1. 设计有限责任公式

根据学校培养技术技能人才有限责任所确定的那部分任务进行的课程开发，需要有大体明确的标准。北京师范大学职业教育研究所原所长赵志群教授认为："一个职业通常包含 10~20 个典型工作任务。""一般情况下，一个典型工作任务就是职业学校的一门学习领域课程。"[①] 根据一个职业一般包括 10~20 个典型工作任务，一个典型工作任务可转化为一门专业课程的经验，我们可设计有限责任公式如下：

X（培养任务总量）-Y（企业阶段任务）=H（学校阶段任务）

有限责任公式以一个职业为单位。一个职业的技术技能人才培养任务总量一般为20 个典型工作任务。其减去学校无法胜任而应由企业完成的若干培养任务，剩下的任务便是学校课程开发应当承担的任务。学校可依据表 7-2 确定课程开发有限责任的任务数：

表 7-2 课程开发的过程

因	一个职业包括 10~20 个典型工作任务
且	一个典型工作任务可转化为一门课程
则	一个专业可对应一个职业
则	一个专业可设 10~20 门课程

① 赵志群. 职业教育工学结合对接型课程开发指南［M］. 北京：清华大学出版社，2009：33-34.

表7-2（续）

又因	一个代表性工作任务可转化为一个学习任务
且	一门课程可安排 3~5 个学习任务
则1	一个专业若设 10 门对接型课程可教 30~50 个学习任务（偏少，培养质量难以保证）
则2	一个专业若设 20 门对接型课程可教 60~100 个学习任务（偏多，办学成本过高且培养质量难以保证）
故	一个专业设 12~15 门课程可教 36~75 个学习任务比较合适

学校可把职业学校对接型课程开发的有限责任界定在：按课程任务总量的 60%~75% 的区间设置专业课程。一个专业设 12~15 门课程，每门课程设 3~5 个学习任务。学生在校阶段，最多可学到 75 个学习任务。学生凭着 75 个学习任务的"本事"去竞争就业，应可实现就业。

2. 明确有限责任不是推卸责任

学校将职业领域的工作任务开发成为职业教育领域的课程内容，不应当"照单全收"。"照单全收"就是责任"溢出"，不是有限责任，而是全部责任。那种认为专业课课程开发的任务应包括技术技能人才全部培养任务的观点是违背职业教育规律的。因为，要想让学生在学校学习阶段学完全部培养任务，必须具备与之相配套的条件，包括教师经验、学生精力、时间、场地、设施、设备、工位等，而这些条件，大多数学校不完全具备。如果强硬执行，其结果必定是不好的。而一旦确定了有限责任，那么，这有限责任便是学校应负的责任！定位有限责任不是躲避责任，而是遵循职业教育规律。

3. 有限责任公式与课程层级关系

有限责任公式与课程开发层级之间没有矛盾。以技工院校为例，培养任务总量是包括从初级技工到高级技师五个技术等级所有的工作任务减去企业应该承担的技师、高级技师阶段的培养任务，剩下的便是学校应该负责的培养任务。当然，剩下的四级：初级技工、中级技工、高级技工、预备技师也不是所有技工院校都能完成的。普通技工学校只能在校企合作的前提下完成初级技工、中级技工两个等级的培养；高级技工学校只能完成初级技工、中级技工、高级技工三个等级的培养；只有技师学院才可以完成初级技工、中级技工、高级技工、预备技师四级培养。即便如此，学校关于各级人才的培养也不能照搬企业各级人才所需完成的所有任务，只能选择各级任务总量中的代表性工作任务。即便是代表性工作任务，也不能是全部，只能根据学校情况，按照职业教育规律要求再次筛选出其中的部分进入实际教学的课程。

四、对接型课程开发的课程结构

在明确课程开发有限责任的基础上，需进一步明确课程结构。

对接型课程结构由"434"构成，如图 7-1 所示。

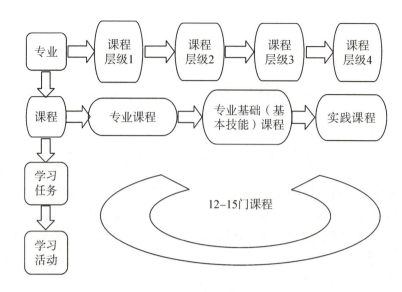

图 7-1 对接型课程结构

（1）"4"，指专业课程开发的层次结构。第一，须涉及四个层次：专业、课程、学习任务、学习活动。第二，须明确层次之间关系：专业由若干门课程组成，课程由若干个学习任务组成，学习任务由若干学习活动组成。

（2）"3"，指专业课程开发的类型结构。第一，明确三个课型：每一个专业的专业课都必须包括专业课、专业基础（基本技能）课、实践课三类课程。第二，明确三个课型承担的主要任务：专业课主要培养学生的专业能力、专业基础（基本技能）课主要是向学生传授基础理论知识和训练学生的基本技能（注释：教育部分管的职业院校称为专业基础课，内容以理论知识为主，兼顾基本技能训练；人力资源和社会保障部分管的技工院校称为基本技能课，内容以基本技能训练为主，兼顾理论知识）。实践课包括跟岗实习、顶岗实习。其主要任务是在真实工作岗位上综合检验学生在校几年期间学习收获的情况。第三，明确三个课型之间的关系：专业课是核心，专业基础（基本技能）课是基础，实践课是强化。专业课程犹如大鹏之躯干，其他两类课程仿佛大鹏之两翼。无"躯干"，则"两翼"不存；无"两翼"，"大鹏"无以"展翅"翱翔。第四，掌握课程数量。一个专业包括的专业课和专业基础（基本技能）课门数一般掌握在 12~15 门之间。

（3）"4"，指专业课程开发的层级结构。其要求每个专业须包含四个与企业技术技能人才层级对应的课程层级。以技工院校为例，其必须开发初级技工、中级技工、高级技工、（预备）技师四个层级的课程，其中初级技工课程可安排进入基本技能课程。

第二节　对接型课程开发

对接型课程开发须以"课程内容与职业标准对接"为指导进行，主要完成五项工作，见表 7-3：

表 7-3　对接型课程开发的五项工作

1	召开实践专家访谈会	解决职业学校每个对接型课程内容来源正确问题
2	转化实践专家访谈会成果	解决职业学校课程内容的职业性与教育性相结合问题
3	设计对接型课程学习任务	解决职业学校专业课"学习的内容是工作,通过工作完成学习"问题
4	制订对接型课程计划	解决职业学校专业人才培养路径引领问题
5	开发对接型课程资源	解决职业学校专业课对接教学适用性与有效性相结合的教材问题

对接型课程开发的重点和难度在"对接"二字。开发成果必须体现课程内容与职业标准对接。

一、召开实践专家访谈会

(一) 实践专家访谈会的概念

1. 实践专家的概念

实践专家指具有丰富工作经验,从事的工作与其所接受的教育专业对口,具有高级工及以上职业资格或职业技能等级,综合职业能力达到本专业先进水平,从事的岗位拥有一定决策权的生产、管理、服务一线工作人员。

2. 实践专家访谈会的实质

实践专家访谈会不是一般的会议,是一种特殊的调研方式,是确定一个专业各门课程内容的特别会议。会议由学校课程开发专家 1~2 人主持,邀请 10~15 名实践专家参加会议,采用头脑风暴、集体协商等方法完成五项工作:

> 划分职业生涯阶段
> 归纳代表性工作任务
> 提炼典型工作任务
> 将典型工作任务排序
> 描述典型工作任务

(二) 召开实践专家访谈会的目的

1. 可以解决课程内容与职业标准对接问题

因为生产、管理、服务一线的实践专家都是高水平的技术技能人才,这些人的职业道路就是职业学校学生毕业后大多数人应当走的道路。他们的昨天和今天,就是职业学校学生的明天和后天。让这些人来讨论、归纳他们经历过的每一个职业生涯阶段必须要完成的工作任务和必须掌握的技术技能,之后,通过学校老师按规定的程序和方法将之转化为学生应该学习的任务和必须掌握的技术技能,不仅可以实现"课程内容与职业标准对接",而且对学生具有说服力。曾有一位企业实践专家这样对笔者说:"按照我们说的去做,学生毕业后就有事做、有饭吃、有施展技术的空间。"

2. 可以让专业教师清楚地认识教学内容来源问题

实践专家访谈会既是确定一个专业各门课程内容的方式,也是一个对该专业所有教师开展成效明显的业务培训的机会。让该专业所有教师都参加实践专家访谈会全过程，集体观看实践专家划分职业生涯阶段、归纳代表性工作任务、提炼典型工作任务、将典型工作任务排序、描述典型工作任务的全过程，现场感受10~15名实践专家头脑风暴、集体协商的全过程，效果可想而知。

（三）职业发展阶段、代表性工作任务、典型工作任务三者关系

1. 什么叫职业发展阶段

"划分职业生涯阶段"是访谈会的第一个任务。职业发展阶段指实践专家在其职业工作过程中亲身经历过的，对本人的职业成长产生质的变化的区间段落。如高级工工作岗位和工作任务是一个职业发展阶段，技师工作岗位和工作任务又是一个职业发展阶段。

2. 什么叫代表性工作任务

"归纳代表性工作任务"是访谈会的第二个任务。代表性工作任务指职业人在特定的职业生涯阶段必定遇到并必须完成的具有挑战性特点、通过学习和反复努力可以完成、并在完成过程中能明显提高职业能力的具体工作任务。代表性工作任务是参考性学习任务设计的重要基础，很可能转化为学习任务，成为教学的内容。所以，归纳代表性工作任务的工作十分重要。

3. 什么叫典型工作任务

"提炼典型工作任务"是访谈会的第三个任务。典型工作任务指实践专家访谈会上实践专家提炼归纳而成的体现某个职业领域完整工作过程的一类工作任务的总称，也称综合性工作任务。典型工作任务是在已确定的代表性工作任务的基础上，由企业实践专家共同讨论、归纳而成的综合性工作任务。典型工作任务体现一组难易程度相当、工作要素相近的代表性工作任务的共同特征。

4. 怎样认识职业发展阶段、代表性工作任务、典型工作任务三者关系

职业发展阶段是两类任务的基础、依据。两类任务只有建立在职业发展阶段的基础上才有意义。代表性工作任务又是典型工作任务的基础和依据，没有代表性工作任务，就没有典型工作任务。典型工作任务包含着一类代表性工作任务。以维修电工为例。访谈会上，维修电工的实践专家们列出3个代表性工作任务：机械加工车间线路的安装；居室照明线路的改造；居室照明与动力的维修。3个代表性工作任务都在室内空间，都与线路安排有关，故实践专家将之归纳为1个典型工作任务，见表7-4。

表7-4　维修电工的典型工作任务

序号	代表性工作任务	典型工作任务
1	机械加工车间线路的安装	
2	居室照明线路的改造	室内综合布线
3	居室照明与动力的维修	

（四）实践专家访谈会的主要任务

实践专家访谈会的主要任务有五项：

1. 划分职业发展阶段

任何一个职业的人才层级都由不同的发展阶段组成。如工程类职业，发展阶段一般分为技术员、助理工程师、工程师、高级工程师、教授级高级工程师五个阶段；技能类职业，发展阶段一般分为初级工、中级工、高级工、技师、高级技师五个阶段。学校的专业要与市场的职业对接；学校课程的层级要与企业人才的层级对接，就应从职业发展阶段入手。学校只有这样，才能做到专业与职业对应；学制层次划分与职业发展阶段对应；课程开发的课程层级与企业人才的层级对应。

2. 提炼代表性工作任务

这项工作十分重要。因为：

（1）代表性工作任务具有特殊价值。每一个职业发展阶段都有许多工作任务，其中，必有一部分属于代表性工作任务。这部分代表性工作任务具有不可或缺、挑战性强、价值性高等特点，学会这些代表性工作任务，人的工作能力会得到明显的提高。

（2）代表性工作任务与参考性学习任务关系密切。北京师范大学职业教育研究所原所长，著名职业教育专家赵志群教授认为："代表性的工作任务，为今后的学习情境设计打下了重要的基础。"[1] 这里的"学习情境"就是专业课教学的"参考性学习任务"，也是教师必须教、学生必须学的"任务"。通过实践专家访谈会，将之提炼出来，可以进一步转化为参考性学习任务。换言之，代表性工作任务是职业学校学生应该学习的主要内容。职业学校学生专业课应学的内容主要是企业在用的代表性工作任务。

（3）学校教师难以成为提炼代表性工作任务的主体。每一个职业发展阶段都存在一些代表性工作任务。第一，如何判断和认定代表性工作任务？第二，即使实践专家集体协商后认定了该阶段的代表性工作任务，也不宜全部用来教学，必须有所选择，那么究竟选哪些？解决这两个问题，靠学校教师不行，但企业实践专家可以，他们置身其中，亲身实践过，最有发言权。

3. 提炼典型工作任务

赵志群教授认为："一个职业通常包含 10~20 个典型工作任务。""一般情况下，一个典型工作任务就是职业学校的一门学习领域课程，如'机械装置制造'是机械加工领域的一个典型工作任务，依据该任务形成数控技术应用专业的一门课程，该课程同样命名为'机械装置制造'。"[2] 具体见表 7-5。

表 7-5　提炼典型工作任务

职业领域的典型工作任务	可直接转化为	职业学校的专业课课程
职业领域的典型工作任务名称	可直接转化为	职业学校课程专业课课程名称

由此，典型工作任务就成为职业工作与课程设置之间的重要桥梁。换言之，明确了该职业的各个典型工作任务，就等于明确了该专业各门课程的名称和各门课程的主要内容。由此，提炼典型工作任务成为实践专家访谈会的重要任务。

① 赵志群. 职业教育工学结合对接型课程开发指南［M］. 北京：清华大学出版社，2009：52.

② 赵志群. 职业教育工学结合对接型课程开发指南［M］. 北京：清华大学出版社，2009：33-34.

4. 序化典型工作任务

序化，就是排序。10~20 个典型工作任务，究竟哪些应该排在前，哪些必须排在后，须按职业工作的规律要求和企业实际工作情况来安排。典型工作任务排序的意义在于：让生产、管理、服务一线的实践专家排好序后，学校专业教师就可以据之，遵循先易后难、循序渐进原则，安排学年、学期、单元的课程。

5. 描述典型工作任务

提炼典型工作任务主要解决专业课各门课程的名称和各门课程主要内容的认定问题，除此之外，还必须对 10~20 个典型工作任务的每一个典型工作任务细化。细化就是具体描述。其主要任务是完成五个方面工作的描述：

> （1）这一典型工作任务包括哪几个代表性工作任务？
> （2）完成这些代表性工作任务的对象应该是些什么人？
> （3）这些代表性工作任务的工作过程是怎样的？
> （4）完成这些代表性工作任务的工作条件有哪些？
> （5）完成这些代表性工作任务的工作要求有哪些？

描述典型工作任务的工作只能由实践专家集体协商完成，学校教师可以协助，但无法替代。

（五）召开实践专家访谈会的方法

鉴于企业实践专家都是在职一线员工，不能影响其上班是访谈会必须遵循的原则。因此，召开访谈会的时间一般安排在周末和晚上。而且，实践专家访谈会不是一个上午、一天就可以"搞掂"的。一个专业的课程开发时间一般需要一个学期和一个暑假的时间才可能基本结束。其中，大部分时间花在实践专家访谈会上。

召开实践专家访谈会这一重要工作须分会前、会中、会后三个阶段进行。

1. 会前"两选一训三备"

（1）"两选"。首先是筛选企业实践专家。其具体做法如下：一是根据以下 7 项内容掌握实践专家条件。

> （1）来自不同类型的代表性企业；
> （2）生产、服务、管理一线的高技能人才；
> （3）接受过与所开发课程相对应的职业教育；
> （4）2/3 有 5~10 年本职业工作经验，1/3 有 10~20 年本职业工作经验；
> （5）在工作中具有一定的自主性和决策权，其工作任务具有综合性；
> （6）归纳能力较强；
> （7）表达能力较强。

二是制作"×××学校企业实践专家情况表"，从工作单位、年龄、工龄、学历、技能等级、毕业学校、单位性质（国企、民企等）、工作简历、现从事岗位的职责和职务、获奖情况等方面设计项目，了解实践专家基本情况；三是采取邀请座谈、微信等方式发放并要求填写"×××学校企业实践专家情况表"；四是根据收集的表格，研究确定 10~15 名拥有一线工作经验的实践专家。印制企业实践专家聘书，通知实践专家访谈会的时间。

其次是筛选访谈会主持人。其具体做法如下：一是职务要求，即教研所（室）负责课程开发人员、课程负责人、专业带头人、院系部负责人、教务管理部门负责人；二是能力要求，即主持人要懂一体化课程开发程序，归纳能力强，表达能力强，会场掌控能力强，参与企业实践专家筛选；三是人数要求为 1~2 人。

（2）"一训"。会前组织一次培训。召开一次实践专家培训会议，让所有实践专家掌握访谈会任务和要求。其具体任务有三项：一是让实践专家明确访谈会的目的、任务、步骤、要求等，重点介绍访谈会须完成的五项任务，分别为划分职业发展阶段、提炼代表性工作任务、提炼典型工作任务、序化典型工作任务、描述典型工作任务；二是结合职业发展阶段自我分析表，以一个代表性工作任务为例，引导实践专家从以下 10 个方面确定和描述每个代表性工作任务。

（1）代表性工作任务的名称？
（2）实施这项任务的理由是什么？
（3）什么技术层级的人执行这项任务？
（4）依据什么工作标准或工作规范执行这项任务？
（5）完成这个任务需要哪几个步骤？
（6）每个步骤的技术技能要求是什么？
（7）每个步骤的质量要求是什么？
（8）每个步骤的时间要求是多久（按小时计）？
（9）形成怎样的成果？
（10）完成任务全过程需要注意的事项（知识、技能、素养、安全等方面）。

三是从"划分职业发展阶段""提炼代表性工作任务"要求角度给实践专家布置作业。要求实践专家在规定时间内完成作业，并通过电子邮件、微信等形式发送给访谈会主持人。访谈会主持人对作业进行点评后，将点评情况告知实践专家。

需要提醒的是，会前培训、完成培训作业、参加访谈会三项活动均属实践专家工作之余额外的工作，学校应付给足够的劳动报酬，以保证工作持续性和工作质量。

（3）"三备"。首先是设施设备准备。具体做法：安排一间可联排 6~8 块展示板的教室或会议室；足够的课桌椅；必要的电脑、投影仪等。其次是小物品准备。具体做法：每位实践专家两支油性笔；每位实践专家 30 张左右彩色纸片；适量的吸铁或小图钉。最后是专业教师准备。具体做法：一是准备学习业务。到会旁听实践专家发言，了解企业实践专家工作过程；重点记录代表性工作任务的名称、标准、步骤、质量要求、时间要求。二是准备会议记录工具。协助主持人记录及整理现场资料。三是准备帮助企业实践专家汇总所提取的典型工作任务。四是准备帮助企业实践专家完成"典型工作任务描述表"的填写。

2. 会中"八步三表"。

第一步：介绍访谈会议程。主持人先介绍参会的实践专家和学校教师，接着介绍研讨会的议程等，重点解释三个概念（职业发展阶段，代表性工作任务，典型工作任务）和五项任务（职业发展阶段划分，代表性工作任务提炼，典型工作任务提炼，典型工作任务列表、典型工作任务描述），宣布完成五项任务的时间安排。

第二步：引导实践专家列出职业发展阶段。主持人引导实践专家回顾从进入本企业岗位到成为实践专家的职业发展过程，要求每人结合本企业技术技能人才层级制度将自身的职业发展过程划分成3~5个阶段，并写上起止年份。专业教师一对一帮助填写。紧接着，主持人引导讨论，统一各职业发展阶段称呼。比如，初级工、中级工、高级工、技师、高级技师五个层次。

第三步：引导实践专家列出代表性工作任务。引导实践专家从每一个职业发展阶段中举出3~4个亲身经历过，具代表性特点的工作任务。代表性工作任务名称按"名词+动词"形式表达。之后，将以上内容填入表7-6。

表 7-6　职业发展阶段自我分析表

将本人从事本职业工作到成为实践专家的职业发展历程划分成若干阶段（最多5个）。		为每一阶段举出3~4个亲身从事过，具代表性特点的工作任务实例。这些任务不仅具有较强挑战性和较高价值，而且完成工作的过程能明显提高工作能力。
起止年份	职业发展阶段	列举具有代表性工作任务
		任务1：
		任务2：
		任务3：
		任务4：
		任务1：
		任务2：
		任务3：
		任务4：
		任务1：
		任务2：
		任务3：
		任务4：

第四步：实践专家简述个人职业发展历程。主持人引导每位专家简述自己所填表格的内容，目的是彼此借鉴、互相启发。每位实践专家发言后，主持人引导实践专家按职业发展阶段将代表性工作任务填写在彩色卡片上，并张贴在展示板上。专业教师一对一帮助实践专家填写和张贴。

第五步：引导实践专家采用头脑风暴、集体协商等方式确定代表性工作任务。这个环节十分重要，需要较多时间，需要耐心和细心。

（1）主持人引导，实践专家为主，其他专业教师配合，将各位实践专家用卡片形式贴在移动白板上的代表性工作任务进行归类，并确定每个代表性工作任务名称；

（2）将同类中名称相同的代表性任务归一，在白板上整理出实践专家集体认定的各阶段代表性工作任务；

（3）从完成任务应具备的职业能力要求角度，按照以下顺序讨论并确定每一个代表性工作任务。

（1）实施这项任务的理由是什么？
（2）什么技术层级的人执行这项任务？
（3）依据什么工作标准或工作规范执行这项任务？
（4）完成这个任务需要哪几个步骤？
（5）每个步骤的技术技能要求是什么？
（6）每个步骤的质量要求是什么？
（7）每个步骤的时间要求是多久（按小时计）？
（8）形成怎样的成果？
（9）完成任务全过程需要注意的事项（知识、技能、素养、安全等方面）。

第六步：引导实践专家提取典型工作任务。主持人引导实践专家在已经形成共识的代表性工作任务基础上提炼出典型工作任务。具体做法：

1. 主持人任意拿一张代表性工作任务卡片，要求实践专家找和它同类型的工作任务。
2. 将同类型的工作任务粘贴在一起。
3. 用"名词+动词"方式表述这一类工作任务，即典型工作任务。
4. 按同样方法将剩余任务卡归类并命名。
5. 把同一职业发展阶段的各类任务粘贴在一张展示板上。

第七步：引导实践专家排列典型工作任务。主持人引导实践专家按照时空顺序、渐进发展的规律，对各个典型工作任务进行排序，并将排序结果填入下表。

（1）典型工作任务列表，如表 7-7 所示。

表 7-7　典型工作任务列表

职业发展阶段	典型工作任务	代表性工作任务

（2）汽车技术专业典型工作任务列表，如表7-8所示。

表7-8　汽车技术专业典型工作任务列表

职业发展阶段	典型工作任务	代表性工作任务
中级	汽车维护	新车交接检查
		首次维护
		4万公里维护
		换季维护
	汽车发动机维修	发动机水温高故障检修
		发动机不能启动故障检修
		汽油发动机加速无力故障检修
		柴油发动机加速无力故障检修
		发动机动力不足故障检修
		发动机异响故障检修
		发动机机油警告灯亮故障检修
	汽车底盘故障维修	传动系统拆装与检修
		转向系统拆装与检修
		制动系统拆装与检修
		行驶系统拆装与检修
	汽车电气维修	电源系统拆装与检修
		起动系统拆装与检修
		灯光系统拆装与检修
		雨刮系统拆装与检修
		电动车窗拆装与检修
		中控门锁拆装与检修
		仪表系统拆装与检修
	汽车空调维修	汽车空调系统维护
		汽车空调系统部件拆检
		汽车手动空调系统控制电路检修

表7-8(续)

职业发展阶段	典型工作任务	代表性工作任务
高级	汽车总成大修	发动机大修
		手动变速器大修
		自动变速器大修
		驱动桥大修
	汽车发动机故障诊断与排除	发动机故障警告灯亮的故障诊断与排除
		汽车发动机起动困难故障诊断与排除
		汽油发动机不能起动故障诊断与排除
		汽车发动机怠速不稳故障诊断与排除
		发动机水温高故障诊断与排除
		柴油发动机不能起动故障诊断与排除
	汽车底盘故障诊断与排除	汽车驱动桥异响故障诊断与排除
		汽车转向沉重故障诊断与排除
		汽车制动力不足故障诊断与排除
		汽车行驶跑偏故障诊断与排除
		汽车自动变速器换档冲击故障诊断与排除
		起动机不运转故障诊断与排除
	汽车电气空调故障诊断与排除	汽车灯光不亮故障诊断与排除
		防盗系统工作异常故障诊断与排除
		安全气囊故障警告灯亮的故障诊断与排除
		汽车巡航系统不工作故障诊断与排除
		汽车空调制冷不良故障诊断与排除

表7-8（续）

职业发展阶段	典型工作任务	代表性工作任务
预备技师（技师）	汽车综合故障诊断	汽车油耗过高故障诊断
		汽车排放超标故障诊断
		汽车行驶无力的故障诊断
		汽车抖动异响的故障诊断
		汽车网络通信不良故障诊断
	汽车维修车间管理	汽车维修车间生产安全管理
		汽车维修车间维修质量监控
		汽车维修车间绩效管理
	汽车维修技术培训	企业维修业务培训
		一般维修技术培训
		新车型技术培训
		汽车新技术培训

第八步：引导实践专家描述典型工作任务。具体做法：一是根据专家的特长分组，并明确各组任务；二是学习"典型工作任务描述表填写规范"；三是主持人引导实践专家按照"典型工作任务描述表填写规范"，集体讨论，由专业教师协助，将实践专家分析结果填入"典型工作任务描述表"。

（1）典型工作任务描述表，如表7-9所示。

表7-9　典型工作任务描述表

典型工作任务名称（名词＋动词）		
典型工作任务描述		
工作对象要求	工作条件要求	工作规范要求
代表性工作任务		
任务名称（名词+动词）	任务描述	完成时间

（2）"典型工作任务描述表填写规范"，如表 7-10 所示。

表 7-10　典型工作任务描述表填写规范

典型工作任务名称（名词 + 动词）		
典型工作任务描述		
写法：任务描述包括工作内容、工作主体、工作过程、工作要求四个要素。 1. 工作内容：做什么？即通过完成哪几个代表性工作任务，生产哪些产品或提供哪些服务。 2. 工作主体：谁来做？即这类工作由企业哪个层级的哪些岗位人员完成。 3. 工作过程：怎么做？可按明确任务、制订计划、审定计划、实施计划、检查控制、验收总结六个环节描述。 4. 工作要求：如何做好？即完成任务所应遵循的标准、规范或合同要求。		
工作对象	工作条件	工作要求
写法： 描述每个工作环节中要做的事情，可参考"典型工作任务描述"中"工作过程"的内容。	写法： （1）工具类要求：列举各工作环节所需要的物资条件，如设备设施、工具、材料、资料等。 （2）方法类要求：列举各工作环节所需的方法。 （3）劳动组织类要求：完成工作任务过程中，以合作形式还是独立形式完成？	写法： 对应"工作对象"，明确完成各环节工作应遵循的规范、标准和要求，可从企业、法律法规、技术标准、顾客、从业者利益和社会需求等角度提出要求。
代表性工作任务		
任务名称（名词+动词）	任务描述	完成时间
	写法： 任务缘由、工作主体、工作内容、工作过程（步骤）、工作要求、工作成果。	写法： 一个对应层级人员完成该任务需要的工作时间。

　　填写"典型工作任务描述表"的"典型工作任务描述"时，必须完整地描述四个要素：工作内容、工作主体、工作过程、工作要求。其中，需要特别重视的是："工作内容"的填写一定要写明该典型工作任务所包括的代表性工作任务的名称和数量。如"汽车底盘故障维修典型工作任务描述表"（见表 7-11）的" 典型工作任务描述"中，就明确："汽车底盘故障维修一般包括传动系统拆装与检修、行驶系统拆装与检修、制动系统拆装与检修、转向系统拆装与检修等系统维修项目"。这里的"传动系统拆装与检修、行驶系统拆装与检修、制动系统拆装与检修、转向系统拆装与检修"4 个代表性工作任务就是下一步将其转化为学习任务的依据。这个地方要是不写明代表性工作任务的名称和数量，后面学习任务的选取就缺乏清晰的依据。

（3）例证：汽车底盘故障维修典型工作任务描述表，如表 7-11 所示。

表 7-11　汽车底盘故障维修典型工作任务描述表

课程名称	汽车底盘故障维修	基准学时	324

典型工作任务描述
原文：汽车底盘故障是指由服务顾问或车间技术人员经过诊断后确定的，通过调整、清洗、更换，能恢复其功能的故障。汽车底盘故障维修一般包括传动系统拆装与检修、行驶系统拆装与检修、制动系统拆装与检修、转向系统拆装与检修等系统维修项目。 　　点评：本段描述两项内容：一是汽车底盘简单故障的含义；二是汽车底盘故障维修"工作内容"，包括传动系统拆装与检修、行驶系统拆装与检修、制动系统拆装与检修、转向系统拆装与检修四个项目。以上工作较好地解决了"做什么"的问题。 　　原文：由于部件老化、磨损、使用不当、污染、意外等造成的汽车底盘系统出现制动不良、离合器打滑、行驶稳定性降低、转向沉重等故障现象后，客户前往汽车维修企业维修，经过服务顾问或技术人员诊断、确认故障点，交付车间主管，需要维修人员按照维修手册要求进行维修，消除故障，恢复底盘各系统的正常功能。 　　点评：本段描述两项内容：一是产生这类维修任务的原因；二是明确工作主体是汽车维修人员。以上工作较好地解决了"谁来做"的问题。不足之处：没有明确哪个技术层级人员执行该任务。 　　原文：汽车维修人员接受车间主管派发的任务委托书，确定维修内容，制定维修方案，方案经确定后，完成维修项目，自检确认无误后，交付检验，合格后移交服务顾问。 　　点评："接受车间主管派发的任务委托书"就是"明确任务"；"制订维修方案"就是"制订计划"；方案经确定就是"审定计划"；"完成维修项目"就是"实施计划"；"自检确认"是"检查控制"；"合格后移交服务顾问"就是"验收总结"环节，较好地解决了"如何做"的问题。 　　原文：工作过程确保安全并符合 5S 规范，工作时间符合汽车生产厂家和维修企业劳动工时手册规定，维修质量符合维修手册和《汽车小修竣工出厂技术条件》DB11/T 137 标准，涉及安全环保方面维修项目的填写过程检验单。 　　点评：对做好这项工作应遵循的标准、规范等角度提出要求，较好地解决了"如何做好"的问题。以上工作重点明确了"工作要求"。

工作内容分析		
工作对象： 　　原文：接受任务、制定底盘维修方案、确认、维修实施、自检、交付。 　　点评：本处参照"典型工作任务描述"中的"工作过程"描述。定了六个工作环节。符合要求。	工作条件： 　　原文： 　　1. 工具、设备、材料及资料： 　　工量具：套筒、开口扳手、棘轮扳手、万用表、扭力扳手、游标卡尺等 　　专用工具：刹车油更换机、离合器片定位器、转向助力油压力表等 　　材料：所更换部件及辅料 　　设备：四轮定位仪、举升机、解码器、扒胎机、轮胎动平衡机等 　　资料：维修手册、维修任务单 　　点评：本处对应"工作对象"，列举完成此类维修工作所需要的设备、设施、文献材料、器材等。符合要求。 　　原文： 　　2. 工作方法：故障再现方法、零部件拆装方法、总成的验及检测方法 　　点评：本处列举维修过程所需的三种主要技术方法。符合要求。 　　原文： 　　3. 劳动组织方式： 　　与主管沟通确认维修时间，维修增项与工具管理员沟通借用和归还工具与配件管理员沟通，领取配件与检验员沟通，进行质量检验与服务顾问沟通车辆完工及停车位置。 　　点评：本处描述完成工作任务过程中，与上级、同级、下级等部门和人员之间的沟通合作关系。符合要求。 　　（代表性工作任务的描述略）	工作要求： 　　原文： 　　确定委托书内容，与车间主管达成一致；发动机故障维修方案经组长确认，与服务顾问沟通，得到客户认可；按照维修手册要求，确保底盘系统维修所需工具、材料准备齐全、良好；工具使用规范，符合 5S 要求；按照汽车生产厂家和维修企业劳动工时手册规定的时间完成底盘维修作业；验收标准符 DB11/T 137 规定的底盘项目维修技术要求；任务委托书无漏项，签字齐全且通过检验员的验收。 　　点评：本处对应"工作对象"，明确完成维修工作应遵循的规范、标准和要求。符合要求。

3. 会后"三标"确认

实践专家访谈会结束后，学校应抽调相关人员，组成行业企业专家、学校教研机构人员、一线教师代表等参加的典型工作任务确认小组，深入企业现场，将访谈会确定的典型工作任务、代表性工作任务与企业现行的典型工作任务、代表性工作任务二者进行确认。确认的标准主要有三个：

（1）层级。访谈会确定的各职业发展阶段与本区域主流企业技术技能人才层级基本对应。

（2）内容。访谈会所确定的典型工作任务、代表性工作任务仍在本区域主流企业使用。

（3）时间。访谈会确定的各代表性工作任务的完成时间与本区域主流企业同类任务完成的时间基本相似。

如果比较的结果与访谈会结果基本相同，课程开发可转入第二个阶段；如果二者存在30%以上的差距，须重开实践专家访谈会采取措施，进行纠正，直至两种结果基本对应。

"三标"确认的目的是使企业岗位最新的技能需求有效融入职业学校的课程和教学之中，确保职业学校所教与企业所需基本对接。

二、转化实践专家访谈会成果

从角色角度看，在实践专家访谈会阶段，主角是实践专家，专业教师是配角。到了转化实践专家访谈会成果阶段，学校专业教师成为主角。

（一）成果转化的依据和任务

实践专家访谈会成果转化的依据是"典型工作任务描述表"，任务是填写"对接型课程转化表"，即把企业代表性工作任务（职业界内容）转化为学校专业课教学内容（教育界内容）。整体看，转化工作涉及四个层次，见表7-12。

表7-12　成果转化工作涉及的四个层次

层次1	一个职业发展阶段转化为一个专业培养层次
层次2	一个典型工作任务系列转化为一个对接型课程系列
层次3	一个代表性工作任务转化为一个参考性学习任务
层次4	一个代表性工作任务的工作时间转化一个参考性学习任务教学时间

具体看，成果转化工作完成四个项目的对应转化，见表7-13。

表7-13　成果转化工作完成的对应转化

1	"职业发展阶段及目标"与"专业培养层次及目标"的对应转化
2	"典型工作任务名称"与"对接型课程名称"的对应转化
3	"代表性工作任务名称"与"参考性学习任务名称"的对应转化
4	"工作时间"与"基准学时"的对应转化

（二）成果转化表的设计

成果转化表的结构由"二域双四"构成。所谓"二域"，是指职业领域、教育领域。所谓"双四"，是指两个领域各有四个要素。具体可见表7-14。

表7-14 二域四双

职业领域四个要素	教育领域四个要素
职业发展阶段	专业培养层次
典型工作任务	对接型课程
代表性工作任务	参考性学习任务
工作时间	基准学时

根据"二域双四"的相关要素，确定左边为职业界内容，右边为教育界，制定"对接型课程转化表"，如表7-15所示。

表7-15 对接型课程转化表

职业界内容				教育界内容			
职业发展阶段及目标	典型工作任务描述	代表性工作任务描述	工作时间	专业培养层次及目标	对接型课程描述	参考性学习任务描述	基准学时

（三）"职业发展阶段及目标"向"专业培养层次及目标"转化的要求

"职业发展阶段"中不同阶段的名称一般依据技术熟练程度来区分，分新手、熟手、能手、高手、实践专家五个层次。"专业培养层次"的不同层次一般是按照国家职业技能等级的规定来区分，分初级工、中级工、高级工、技师、高级技师五个层次。所以，两个不同领域的等级要对应，如表7-16所示。

表7-16 对接型课程转化表

职业界内容				教育界内容			
职业发展阶段及目标	典型工作任务描述	代表性工作任务描述	工作时间	专业培养层次及目标	课程描述	参考性学习任务描述	基准学时
新手阶段及目标				初级工层次及目标			
熟手阶段及目标				中级工层次及目标			
能手阶段及目标				高级工层次及目标			
高手阶段及目标				技师层次及目标			
实践专家阶段及目标				高级技师层次及目标			

（四）"典型工作任务名称"向"对接型课程名称"转化的步骤

1. 名称的确定

以计算机网络应用专业为例，在实践专家访谈会提炼的典型工作任务中，"高手阶段"有三个典型工作任务，名称分别是：局域网项目方案设计、局域网疑难故障诊断、网络管理员工作指导和技术培训。对接型课程"技师层次"的课程名称可以照搬，如表 7-17 所示。

表 7-17　计算机网络应用专业对接型课程转化表

职业界			教育界			
职业发展阶段	典型工作任务描述	代表性工作任务描述	工作时间	专业培养层次	课程描述	参考性学习任务描述	基准学时
新手阶段				初级工层次			
熟手阶段				中级工层次			
能手阶段				高级工层次			
高手阶段	1. 局域网项目方案设计 2. 局域网疑难故障诊断 3. 网络管理员工作指导和技术培训			技师层次	1. 局域网项目方案设计 2. 局域网疑难故障诊断 3. 网络管理员工作指导和技术培训		
实践专家阶段				高级技师层次			

需要提醒的是："局域网项目方案设计"等三个典型工作任务描述都需填入"局域网项目方案设计"典型工作任务描述表里的相关内容，不能只填写典型工作任务名称。课程描述则将"局域网项目方案设计"典型工作任务描述表的内容填入。

2. 课型处理

这里要把"新手阶段"的典型工作任务确定并转化为专业基础（基本技能）课程；把"熟手、能手、高手"三个阶段的典型工作任务确定并转化为对接型课程。

3. 数量对应

"对接型课程"与"典型工作任务"数量是否对应？可有两种情况：一是全对应；二是部分对应。具体采用哪一种，由学校专业课教师根据不同专业和学生实际集体讨论决定。若选择部分对应，那么，各培养层次所选的对接型课程数量不得低于对应阶段"典型工作任务"总数的 60%，即掌握在 12~15 门之间。

4. 课程比例安排

专业课"熟手、能手、高手"三个阶段的课程数量可掌握在12~15门之间，即中级工、高级工、技师三个层次不超过 15 门对接型课程。其中，中级工层次占 30%左右，约 4 个典型工作任务；高级工层次占 40%左右，约 7 个典型工作任务；技师层次占 30% 左右，约 4 个。其理由是：中级工层次的学生属于"新手"向"熟手"转化阶段，多方面因素决定其不宜参与过多工作任务学习。高级工层次的学生已经由"熟手"阶段进入"能手"学习阶段，对企业岗位的真实工作任务已有比较多的接触，积累了一定的工作经验，可以多安排一些工作任务；技师层次的学生多数时间在企业岗位上接受校企双方共同培养，可以直接参加企业较高难度的技术攻关等项目，校内的参考性学习任务可适当减少安排。

5. 课程描述

参照"典型工作任务描述表"，结合教育特点，由学校专业教师负责，描述每一门课程。

（五）"代表性工作任务"向"参考性学习任务"转化的步骤

1. 确定代表性工作任务

确定的依据是典型工作任务描述表中的"工作内容"项目所排列的工作任务。将确定了的代表性工作任务依次填入"代表性工作任务名称"栏目中。

2. 确定参考性学习任务的名称与数量

代表性工作任务的名称可以直接用为参考性学习任务的名称。参考性学习任务的数量掌握在每一门课程 3~5 个之间，最多不超过 5 个。

3. 填写确定的参考性学习任务

将确定了的参考性学习任务依次填入"参考性学习任务描述"栏目中。具体如表 7-18 所示。

表 7-18　典型工作任务描述表

职业界内容				教育界内容			
职业发展阶段	典型工作任务描述	代表性工作任务描述	工作时间	专业培养层次	对接型课程描述	参考性学习任务描述	基准学时
新手阶段				初级工层次			
熟手阶段		1. 办公台式电脑组装 2. 笔记本电脑日常维护 3. 办公室电脑故障排查与修复		中级工层次		1. 办公台式电脑组装 2. 笔记本电脑日常维护 3. 办公室电脑故障排查与修复	
能手阶段				高级工层次			
高手阶段				技师层次			
实践专家阶段				高级技师层次			

4. 参考性学习任务描述

参照"典型工作任务描述表"中的代表性工作任务描述，结合教育特点，由学校专业教师负责，描述每门对接型课程的每一个参考性学习任务。参考性学习任务的描述须包括以下 9 项内容：

（1）实施这项任务的理由是什么？
（2）什么技术层级的人执行这项任务？
（3）依据什么工作标准或工作规范执行这项任务？
（4）完成这个任务需要哪几个步骤？
（5）每个步骤的技术技能要求是什么？
（6）每个步骤的质量要求是什么？
（7）每个步骤的时间要求是多久（按小时计）？
（8）形成怎样的成果？
（9）完成任务全过程需要注意的事项（知识、技能、素养、安全等方面）。

（六）"工作时间"向"基准学时"转化的要求

1. 概念的认识

"工作时间"是指在职业领域，由一名员工完成一项代表性工作任务所耗费的时间，不是指完成一个典型工作任务的时间。确定这一时间包括六个步骤：明确任务、制订计划、审定计划、实施计划、检查控制、验收总结。"基准学时"是指在教育领域，由一名学生完成由这一项代表性工作任务转化而成的参考性学习任务（即学习任务）所需要的时间。

2. 转化工作的分工

工作时间与基准学时二者之间存在诸多差异：年龄差异、技术差异、经验差异、心理差异、工作条件差异等。这些差异无疑成为课程转化工作的难点。基准学时算少了，教师、学生可能因为时间不够，完不成任务；算多了，浪费课时，学校增加办学成本。因此，确定"工作时间"以实践专家为主，教师配合；确定"基准学时"以教师为主，实践专家配合。

3. "工作时间"的确定方法

其可以参考两种办法：一是由实践专家集体对每个代表性工作任务完成时间逐一讨论确定；二是请一位一般水平员工完成工作，据其实际时间确定该任务的"工作时间"。

4. "基准学时"的确定方法

其可以参考两种办法：一种是以教师为主，实践专家配合，依照企业员工完成此任务的工作时间，综合考虑学校的相关条件确定。相关条件包括学校的教学设施、设备、工位、人数、学期任务、学生水平等。另一种是创造一定条件，安排一位中等水平的学生按照六个步骤要求做一次，据其实际完成时间和其他因素，综合考虑确定该任务的"基准学时"。以台式计算机组装这一代表性工作任务为例，"关于参考性学习任务基准学时的计算，通常将参考性学习任务对应的代表性工作任务以一位同一层级熟练从业人员完成此任务的实际工作时间作为依据，结合实际教学需要加上学生学习的时间可确定基准学时。如台式机组装这个任务，熟练工须 1 个小时，而学生要完成这个任务，需要先学习、掌握计算机配件的主要参数和性能指标、装机清单的制定等知识和技能，学习和训练时间约需 12 学时，加上班级教学等其他因素，可以设置 14 个课时的基准学时"[1]。

---

① 张利芳，朱永亮. 一体化课程体系构建与实施［M］. 广州：羊城晚报出版社，2014：164.

（七）专业基础（基本技能）课程的设置

1. 专业基础（基本技能）课程的性质

专业基础（基本技能）课程包括专业基础理论和基本技术技能。其特点是基础性。

2. 设置专业基础（基本技能）课程的必要性

没有专业基础理论武装和基本技能训练，让学生一入学就上对接型课程是违背教育规律的。所谓基础不牢，地动山摇。以机械技术专业为例，钳工属于基本技能，包括划线、锯割、锉削、钻孔、扩孔、锪孔、攻螺纹与套螺纹、刮削、研磨等，是手持工具对金属表面进行切削加工的一种方法，是在加工过程中利用台虎钳、手锯、锉刀、钻床及各种手工工具完成机械加工所不能完成的工作。即使现在各种先进设备的出现也都离不开钳工。如不具备钳工的基础理论知识和基本技能，后面就很难掌握精度较高的样板、模具加工，机器设备的装配、调试和维修等高一级技术。二产业专业如此，三产业专业也是。比如，计算机基础与应用。若学生不学会基本知识和基本操作技术，肯定影响更高层次技术的学习。不仅刚入学第一年的学生需要学习专业基础（基本技能）课程，各个层次学生的学习都需要专业基础（基本技能）课程。

3. 专业基础（基本技能）课程设置的要求

（1）最低层级专业基础（基本技能）课的设置。实践专家访谈会上，实践专家提炼出来的最低层级的代表性工作任务可以转化成为入学第一年专业基础（基本技能）课程的部分内容。

（2）其他层级专业基础（基本技能）课的设置。学校可以依据课程目标和学习内容的要求，自行设计体现课程内容与职业标准对接特点的学习任务作为专业基础（基本技能）等课程。

经过上述一系列转化，学校可构建一个以专业为单位，以专业基础知识（基本技能）为基础，以对接型课程为主体，包括专业培养层次、专业培养目标、对接型课程描述、参考性学习任务描述、基准学时等要素的对接型课程框架体系。

三、设计对接型课程学习任务

设计对接型课程学习任务即对参考性学习任务进行必要的改造，将参考性学习任务确定为学习任务。其设计的依据是"对接型课程转化表"。设计的阶段性成果是学习任务描述表，设计的最终目的是建立对接型课程的学习任务体系。

（一）设计对接型课程学习任务的原因

1. 传承课程开发最珍贵成果的需要

对接型课程开发中的代表性任务主要包括 10 个方面内容：

（1）代表性工作任务的名称是什么？
（2）实施这项任务的理由是什么？
（3）什么技术层级的人执行这项任务？
（4）依据什么工作标准或工作规范执行这项任务？
（5）完成这个任务需要哪几个步骤？
（6）每个步骤的技术技能要求是什么？
（7）每个步骤的质量要求是什么？
（8）每个步骤的时间要求是多久（按小时计）？
（9）形成怎样的成果？
（10）完成任务全过程需要注意的事项（知识、技能、素养、安全等方面）。

代表性工作任务从"会前培训"开始出现，进入"实践专家访谈会"，经过"转化实践专家访谈会成果"环节的传承，成为参考性学习任务。可以说对接型课程开发的成果很多，但最珍贵的成果是由代表性工作任务转化而来的参考性学习任务。因为参考性学习任务体现课程内容与职业标准对接，依此教学就能实现教学过程与生产过程对接。源于代表性工作任务的参考性学习任务是教育领域对接职业领域的基础性单位，是产教融合、校企合作、工学结合最重要的载体，是教师应教的内容，是学生应学的内容，是教学效果评价的主要依据，是督导人员实施督导的重点方面，是课程开发者千辛万苦才获得的"宝贝"，需要很好地保护和传承。

2. 筑牢对接型课程计划"定海神针"的需要

对接型课程计划（专业人才培养方案）是指导整个专业发展的纲领性文件。构成这个文件的主要元素有多个，包括培养目标、课程类型、课时安排、课程标准、评价方法、实施建议等，但真正发挥"定海神针"作用的是学习任务。学习任务的质量决定课程标准的质量，决定专业发展的质量，决定专业人才培养目标有没有走偏。设计学习任务的目的，就是要让学习任务真正成为对接型课程计划的"定海神针"。这些"定海神针"必须在制定对接型课程计划前"落地"。

3. 参考性学习任务"深加工"的需要

在"转化实践专家访谈会成果"阶段，代表性工作任务转化为参考性学习任务。其实质是将职业界的任务改造成教育界的任务。其改造的主要任务是确定课程和任务的名称、数量、内容、时间。其中，最珍贵的成果是确定了参考性学习任务。但这一最珍贵的成果还不能直接用于教学，需要"深加工"，如任务内容方面，需要将参考性学习任务细分为包括知识、技能、职业素养三方面内容的学习任务，将参考性学习任务"是什么"改造成学习任务"教什么"。实现这种"深加工"的方法就是学习任务设计。

如果，缺乏这一"深加工"，将参考性学习任务直接纳入教学内容，表面看，课程内容与职业标准对接，实际上，这种对接会因为缺少"职业界内容的教育特点改造"环节而形成课程开发的脱节和"夹生"，从而影响教学效果。

（二）学习任务设计的要求

（1）学习任务设计者应按照企业工作要求，完整地完成学习任务工作实践。

（2）根据工作实践情况描述学习任务情境。

（3）根据学习任务情境和课程总目标制定本任务的学习目标。

（4）利用学习任务分析工具——鱼骨图，分析学习任务各工作环节所涉及的知识点、技能点、职业素养。

（5）以课程为单位，把"鱼骨图"分析结果列在"学习任务描述表"中，按照知识、技能、职业素养的渐进要求调整和确定各学习任务的内容，保证各学习内容为学习目标服务。

（6）每门课程各学习任务目标和内容的总和应涵盖该课程学习目标和内容。

（三）学习任务设计的工具

学习任务设计的主要工具是鱼骨图。设计一个学习任务须使用一个鱼骨图。

1. 鱼骨图的结构

鱼骨图的结构如图 7-2 所示。

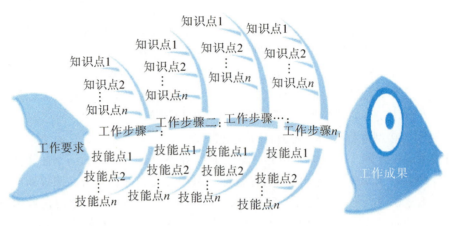

图 7-2　鱼骨图

（1）鱼尾巴。这部分表达完成这一学习任务的"工作要求"。

（2）鱼脊柱。这部分表达完成这一学习任务的过程，一般分为 6 个环节或步骤：明确任务、制订计划、审定计划、实施计划、检查控制、验收总结。

（3）大鱼刺。这部分表达学习内容，主要是知识、技能、职业素养三个方面内容。

（4）鱼头。这部分表达完成这一学习任务后形成的成果。

2. 鱼骨图工具的优点

学校以鱼骨图为工具，对每一个学习任务进行知识、技能、素养等方面的分析，至少有两个优点：一是可以避免一个专业的课程与课程之间，一门课程若干个学习任务之间内容的跳跃、重复或缺失，体现课程内容的系统性；二是可以构成纵横两个系列的学习任务系统。每一条鱼都分成鱼脊柱、脊上鱼刺群、脊下鱼刺群。鱼脊柱分成六节，与工作过程的六个环节（明确任务、制订计划、审定计划、实施计划、检查控制、验收总结）对应，形成由严谨逻辑支撑的横向系统；脊柱上鱼刺群用于填写知识点；脊柱下鱼刺群用于填写技能点；需要培育的职业素养用不同颜色穿插于上下鱼刺群，形成由严谨逻辑支撑的纵向系统。具体如图 7-3 所示。

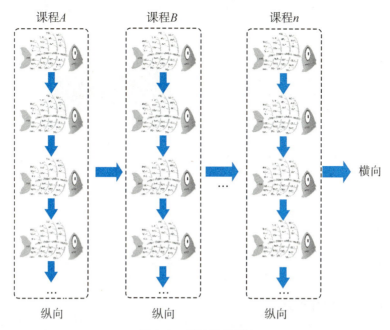

图 7-3　学习任务系统

3. 鱼骨图技术的使用

鱼骨图技术主要解决三个问题：确定学习过程、分析技术技能和职业素养、分析专业知识，具体如表 7-19 所示。

表 7-19　鱼骨图分析技术表

编写顺序	编写要求	样例
确定学习过程	●学习过程应按照完整的工作过程安排，包括明确任务、制订计划、审定计划、实施计划、检查控制、验收总结六个环节。 ●样例中鱼骨"▷"表示一个环节。 ●各环节的排列顺序从左到右，从"鱼尾"到"鱼头"。	以工作过程为基础的学习过程，▷表示其中的一个环节
分析技术技能和职业素养	●分析该学习任务每一环节应学习的技能和素养，统一在鱼骨的下半部分区域用大鱼刺形式表示。 ●关键点或难点用红色字表示。 ●工作规范等职业素养内容要求用绿色字表示。	操作技能分析：红色部分表示关键点或难点；绿色部分表示职业素养

表7-19（续）

编写顺序	编写要求	样例
分析专业知识	●分析该学习任务每一环节应学习的专业知识。 ●统一在鱼骨的上半部分区域用大鱼刺形式表示。 ●关键点或难点用绿色字表示。	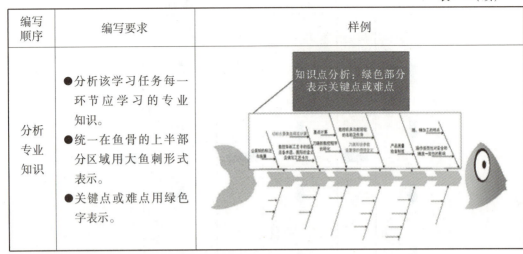

（注：以上图示选自人力资源和社会保障部一体化课程开发专家小组的相关资料）

（四）召开鱼骨图分析会

鱼骨图分析会的主要任务是：把每一个参考性学习任务分析为学习任务。其主要意义如下：一是把课程内容与职业标准对接的原则落到实处；二是培训专业教师，让每一位专业教师心里明白，下一步要教给学生的是些什么样的内容。

1. 做好相关准备

（1）时间准备。分析会的任务是按照"访谈会成果转化表"的参考性学习任务数量，逐个分析每一个参考性学习任务。要根据平均一个参考性学习任务分析的时间大体确定完成所有参考性学习任务分析的总时间。

（2）人员准备。一是确定一位会议主持人，一般由实践专家访谈会主持人担任；二是确定参加分析会人员，一般应有三类人员参加，即本专业任课教师、校系两级督导、企业兼职教师。

（3）物品准备。投影仪、屏幕等；1~2个移动展板；书写笔、贴纸等。

2. 分析会的步骤

以"客厅电器线路安装"学习任务为例。

第一步：确定鱼骨图基本结构。由主持人负责，相关人员配合进行。

> 一是按鱼尾、脊柱、鱼头三个部分绘出鱼骨图的基本结构；
> 二是将"工作要求"内容标识于鱼尾，将"工作成果"要求标识于鱼头；
> 三是将鱼脊柱分为6个节段，将明确安装任务、制订安装计划、审定安装计划、线路安装、调试与检修、通电验收6个步骤名称按从鱼尾向鱼头方向写在鱼的脊柱骨的6个段落上；
> 四是主持人引导教师讨论，最后采用举手表决方式通过。

第二步：确定大鱼刺名称。主持人在6个段落的中间部分画与鱼脊柱成60°夹角的上下各一根大骨刺。鱼脊柱之上的叫专业知识类大鱼刺；鱼脊柱之下的叫技术技能和职业素养类大鱼刺。第一段落的就叫"明确任务段知识类大鱼刺""明确任务段技能类大鱼刺"。第二段落就叫"制订计划段知识类大鱼刺""制订计划段技能类大鱼刺"。其余类推。（如图7-4所示）

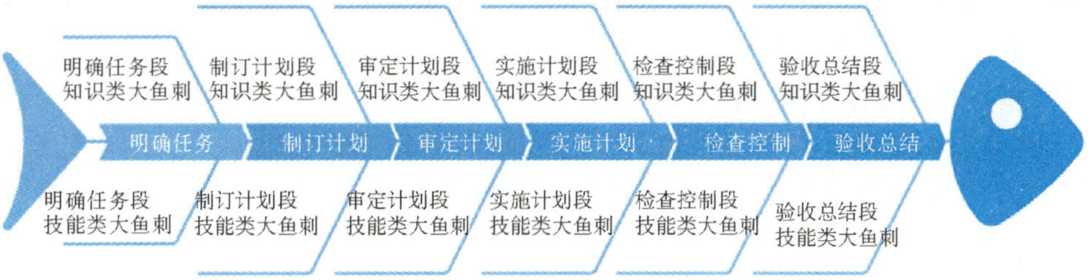

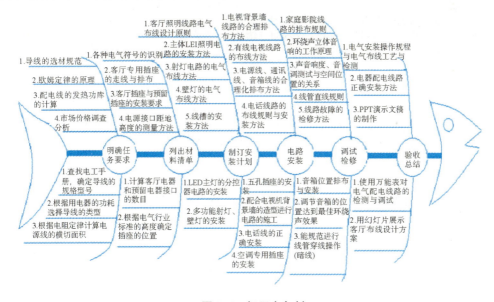

图 7-4　确定大鱼刺名称

主持人引导教师讨论，最后采用举手表决方式通过。

第三步：依据知识点、技能点重要性程度标示中鱼刺。与会人员在各大鱼刺朝鱼尾方向画若干根中鱼刺。每根大鱼刺挂的中鱼刺不超过 7 根，即每条鱼脊柱上、下的知识点、技能点都不超过 7 项。与会人员在每根中鱼刺上端写上经讨论形成共识的知识点或技能点的项目名称。知识点或技能点均按照重要程度排列，避免一门课程不同学习任务之间知识点、技能点的重复、遗漏、跳跃。具体如图 7-5 所示。主持人引导教师讨论，最后采用举手表决方式通过。

图 7-5　标示中鱼刺

图 7-5 所示鱼骨图，值得肯定的有三个方面：一是结构符合要求。鱼脊柱部分分成六个阶段；大鱼刺与中鱼刺的安排比较适当。二是项目划分基本到位，知识点与技能点的区分明显。三是在避免一门课程不同学习任务之间知识点、技能点的重复、遗漏、跳跃方面处理得较好。

其不足之处有三个方面：一是鱼脊柱的六个阶段标题表达不规范。"列出材料清单"的内容应并入"制订安装计划"，应增加一个"审定安装计划"的环节。二是知识点数量比技能点数量多，尤其是"电路安装"环节，按照规律，这个环节的主要任务，不是学习知识，而是训练技能。虽然不可能不涉及知识，但知识点应少于技能点。三是职业素养的培育缺乏标注。

第四步：评估学习任务设计的合理性。按照知识点数量、技能点数量、知识难度、技术难度、学制层次等指标评估本学习任务分析的合理性。

3. 填写"学习任务描述表"

利用鱼骨图工具分析学习任务之后，我们要把分析的成果填入"学习任务描述表"。

（1）利用"学习任务描述表"填写模板及要求，如表7-20所示。

表7-20　学习任务 n 描述表

对接型课程 n 名称		学习任务 n 名称		学习任务 n 学时	
学习情境描述					
要求： 1. 参考代表性工作任务的描述，结合学校教学条件，描述该学习任务做什么（工作内容）、谁能做（工作主体）、怎样做（工作过程）、做得怎样（工作要求）。 2. 研究学习者的兴趣、特点设计具有故事情节的学习情境，体现教学价值。					
学习目标					
要求： 1. 根据学习任务情境描述和课程目标制定本任务的学习目标。 2. 目标按工作过程（6个步骤）描述，不超过8条。					
学习内容					
要求：					
教学建议					
要求： 体现以学生为中心的思想，针对学生职业能力的提高、学习方法的培养、思维方式的训练，从设备、工具、场地、师生比、教学组织形式、考核评价等方面提出合理化建议。					

（2）"学习任务描述表"填写需要重视的相关问题。一是学习任务的"学习目标"须与"课程目标"对应。不同学习任务"学习目标"之和应能够饱和一门课程的"课程目标"。二是一门课程每个学习任务之间知识点与技能点的内容、技术难度既要有所区别，又要体现逻辑递进。三是注意对必备知识与技术技能进行必要和合理补充、拓展。

（3）建立对接型课程的学习任务体系。一个学习任务填写一个"学习任务描述表"。一门课程最多不超过5个学习任务，即5个"学习任务描述表"。一个专业三个层次对接型课程以平均14门计，共有70个"学习任务描述表"。由企业代表性工作任务转化而来的，体现工学结合的70个学习任务构成职业学校每个专业对接型课程的学习任务体系。

（五）"学习任务描述表"典例点评

以学习任务"家庭用电线路安装"为例进行点评，如表7-21所示。

表 7-21　学习任务描述表

一体化课程 5 名称	家庭用电线路安装		
学习任务 3 名称	客厅电器线路安装	学时	50
学习情境			

客户小明家客厅的实际面积有 30 平方米，20 世纪 80 年代装修时采用墙体外部明线线槽走线，由于客厅电器的增加，老化的电线已不能适应现代生活的需求，于是小明家决定重新装修客厅。他已找朋友设计好了装修图纸（包含电视、音箱、电脑等家用电器的位置摆放），现委托施工者完成客厅的电源线、照明线、空调线、电视线、电话线、电脑线、家庭影院的电气安装工程，并要求施工者通过市场价格分析选择物美价廉的电线和插座，能按照图纸的要求从墙体内部走线，严格遵守《国家安全用电实施细则》以及《电气布线操作规程》在 20 天时间内完成电气布线施工。

点评：本情境具备工作内容、工作主体、工作过程、工作要求四要素，情节基本清楚，但存在六个阶段区分不清晰等问题。

修改建议：

某日，您实习所在公司接到一位叫小明的客户关于他家客厅电器线路安装的业务。该业务基本情况如下：小明家客厅的实用面积有 30 平方米，（相关内容同上，省略）在 20 天时间内完成施工。公司认为，实习即将结束的您已经具备独立完成此项工程的能力，因此决定由您带两位助手负责实施此项工作，但要求您按照客户的装修图纸和任务要求制订安装计划，上交部门主管确认后实施。安装后要进行认真的测试和必要的检修，确认无误后，请客户现场通电验收。

修改的重点是在体现工作内容、工作主体、工作过程、工作要求四要素的基础上，按照工作过程的六个环节写明完成任务的要求：明确客户的任务要求、制订安装计划、部门主管确认、实施计划、测试与检修、让客户现场通电验收。这样就使整个任务情境的描述分成两个重点：一是客户的要求；二是完成任务的要求。前者是工作任务的要求，后者是完成工作任务程序的要求。这两项要求明确描述了，学生也就比较容易掌握。

学习目标			

1. 能根据客户对客厅布线要求，填写任务单。
2. 能通过施工现场勘查，识读施工图样，描述施工现场特征，制订工作计划。
3. 能根据任务要求和施工图样，列举所需工具和材料清单，准备工具，领取材料。
4. 能明确线路的距离，预算线管的长度，使用相关工具，根据接驳方法，对线管接驳处进行成型。
5. 能使用冲击钻等工具，明确紧固孔径大小及孔深，加工紧固位置。
6. 能明确线路走向并进行敷设。
7. 能使用螺丝刀等工具，明确线路与灯座连接的方法（如绕线法等），完成连接，并使用工具进行自检。
8. 使用线路检测仪，检测连通性并进行上电前自检。
9. 作业完毕后能清点工具、人员，收集剩余材料，清理工程垃圾，拆除防护措施。
10. 能正确填写任务单的验收项目，交付验收。

点评：按照要求，学习目标的描述要分总体目标和具体目标两类。总体目标可以采用"通过该学习任务的学习，学生能够达到解决某类工作任务的职业能力要求"的句式表达。其具体目标按工作过程相关要素描述，一般不超过 8 条。对比之下，上述两个要求，本学习目标都没有做到。

建议修改为：

总目标：通过该学习任务的学习，学生能够达到解决客厅电器线路安装的职业能力要求。

具体目标：

1. 能根据客户提供的装修图纸，结合自己的意见，与客户充分沟通后明确装修任务，并填写任务单。
2. 能准确、规范地进行施工现场勘查，识读施工图样，制定安装方案。
3. 能根据部门主管确定了的安装方案，列出所需工具和材料清单，并与相关部门人员及两位助手妥善沟通、协调，准备好相关工具，领取所需材料。
4. 能严格按照《国家安全用电实施细则》以及《电气布线操作规程》等规范要求，引领两位助手友好协作，规范施工。
5. 能使用螺丝刀等工具，线路与灯座连接等正确方法完成连接。
6. 能使用线路检测仪，检测安装后的线路连通性能并进行上电前自检。
7. 能和客户友好交流并现场完成通电验收。施工完毕后能清点工具，收集剩余材料，清理工程垃圾，拆除防护措施。
8. 能正确填写任务单的验收项目，交付项目完工报告。

这样调整，"学习目标"就兼顾了专业能力、方法能力、社会能力、职业素质培养的要求。

表7-21(续)

学习内容
1. 查找电工手册，确定导线的规格型号
2. 根据用电器的功耗选择导线的类型
3. 计算客厅电器的和预留电器接口的数目
4. 根据电气行业标准的高度确定插座的位置
5. LED 主灯的分控器电路的安装
6. 多功能射灯、壁灯的安装
7. 五孔插座的安装
8. 配合电视机背景墙的造型进行电路的施工
9. 空调专用插座的安装
10. 音箱位置的排布与安装
11. 规范进行线管穿线操作
12. 使用万能表对电气配电线路的检测与调试
13. 用幻灯片展示客厅布线设计方案

点评：根据学习任务设计要求，"学习内容"环节的设计，一要把学习任务鱼骨图分析的六个段落两类项目分成六项列于此栏；二要比较前后学习任务知识点和技能点的衔接，避免重复。两点要求中，第一点是重点。以此对比本栏目内容，建议作较大修改：

一、明确任务阶段的学习内容

1. 知识类项目完成导线的选材规范、欧姆定律的原理、配电线的发热功率的计算三项内容的学习。

2. 技能类项目完成查找电工手册，确定导线的规格型号、根据用电器的功耗选择导线的类型、根据电阻定律计算电源线的横切面积三项内容的学习。

3. 职业素养渗透建议。（略）

二、制定安装计划阶段的学习内容

1. 知识类项目完成各种电气符号的识别、客厅专用插座的走线与排布、客厅插座与预留插座的安装要求、电接口距地高度的测量方法、客厅照明线路电气布线设计原则、主体 LED 照明电路的安装方法、射灯电路的电气布线方法、壁灯的电气布线方法、线槽的安装方法九项内容的学习。

2. 技能类项目完成计算客厅电器的和预留电器接口的数目、根据电气行业标准的高度确定插座的位置、市场价格调查分析、LED 主灯的分控器电路的安装、多功能射灯、壁灯的安装五项内容的学习。

3. 职业素养渗透建议。（略）

三、确认安装计划阶段的学习内容

小组会集体确认的内容：小组讨论会上，每个同学口头汇报自己制定安装方案；回答同学提出的各种质疑；记录同学提出的修改意见；修改自己的安装方案；得到小组集体的确认。教师终审确认的内容：在每个学生安装方案上批示修改意见；指导学生修改；在学生方案上批示"同意实施"。

四、线路安装阶段的学习内容

1. 知识类项目完成电视背景墙线路的合理排布方法、有线电视线路的布线方法、电源线、通讯线、音箱线的合理化排布方法、电话线路的布线规则与安装方法四个项目的学习。

2. 技能类项目完成五孔插座的安装、配合电视机背景墙的造型进行电路的施工、电话线的正确安装、空调专用插座的安装四个项目的学习。

3. 职业素养渗透建议。（略）

五、调试与检修阶段的学习内容

1. 知识类项目完成家庭影院线路的排布规则、环绕声立体音响的工作原理、声音响度、音调测试与空间位置的关系、线管走线规则、线路故障的检修方法五个项目的学习。

2. 技能类项目完成音箱位置的排布与安装、调节音箱的位置达到最佳环绕声效果、能规范进行线管穿线操作（暗线）三个项目的学习。

3. 职业素养渗透建议。（略）

六、通电验收阶段的学习内容

1. 知识类项目完成电气安装操作规程与电气布线工艺与检测、电器配电线路正确安装方法、PPT 演示文稿的制作三个项目的学习。

2. 技能类项目完成使用万能表对电气配电线路的检测与调试、用幻灯片展示客厅布线设计方案两个项目的学习。

3. 职业素养渗透建议。（略）

Table 7-21（续）

教学建议

加强对线管穿线及客厅整体布线效果的学习。

点评：按照学习任务设计要求，"教学建议"设计要求体现以学生为主体的思想，针对学生职业能力的提高、学习方法的培养、思维方式的训练，从设备、工具、场地、师生比、教学组织形式、考核评价等方面提出合理化建议。以上述要求对比，可以看出本栏目的"教学建议"过于简单。建议修改。（建议略）

（注："家庭用电线路安装"引自2012年8月，人力资源和社会保障部《电子技术应用专业一体化课程方案·家庭用电线路安装》讨论稿）

四、制定对接型课程计划

学校建立对接型课程学习任务体系之后，应该制订一个专业的对接型课程计划，即《××专业人才培养方案》。一个专业的对接型课程计划管的是一个专业多个层次学制周期的课程安排、课程标准、实施意见。

（一）对接型课程计划的模板（以技工院校为例）

××专业对接型课程计划

一、专业基本信息

专业名称

学制年限

就业方向

职业资格

二、专业培养目标

（一）总体培养目标

（二）中级工层次培养目标

（三）高级工层次培养目标

（四）技师层次培养目标

三、课程安排

培养层次	课程类型	课程名称	基准学时	学时分配		
				第1学期	…	第n学期
中级工	对接型课程	课程1				
		…				
		课程n				
	公共基础课程	课程1				
		…				
		课程n				
	基本技能课程	课程1				
		…				
		课程n				

第七章 课程开发

·163·

高级工	对接型课程	课程1				
		…				
		课程n				
	公共基础课程	课程1				
		…				
		课程n				
	基本技能课程	课程1				
		…				
		课程n				
（预备）技师	对接型课程	课程1				
		…				
		课程n				
	公共基础课程	课程1				
		…				
		课程n				
	基本技能课程	课程1				
		…				
		课程n				

注：1. 此表可安排与三类课程相关的选修课等拓展类课程。

2. 不同学制课程安排应分别制表。

四、课程标准

对接型课程名称		基准学时	
课程描述			
教学内容分析			
工作对象：	工作条件：		工作要求：
	1. 工具、材料、设备与资料： 2. 工作方法： 3. 学习组织方式：		
课程目标			
学习内容			
学习任务			

序号	名称	学时
1		
2		
3		
...		
n		
教学实施建议		
教学考核要求		

五、《方案》实施建议

六、专业建设质量评价

对接型课程计划的制订，主要应围绕专业基本信息、专业培养目标、专业课程安排、课程标准、专业质量评价、方案实施建议六个方面进行。

1．"专业基本信息"的编写

专业基本信息包括专业名称、学制年限、就业方向、职业资格四个要素。

（1）"专业名称"和"专业代码"的编写。这两项须按国家相关部委颁布的专业目录填写，其中，"专业代码"应对接职业发展阶段和培养层次。

（2）"学制年限"的编写。"学制年限"也应涉及培养层次，如技工院校的中级工、高级工、（预备）技师三级，同时，高级工和（预备）技师两级还要考虑不同学制。比如，高级工学制：高中毕业生起点三年、初中毕业生起点五年；（预备）技师学制：高中毕业生起点四年、高级工起点两年。

（3）"就业方向"的编写。"就业方向"依据本专业学生毕业后可以就业的行业、企业和职业（岗位）类型确定"。一是要涉及行业、企业、岗位三个要素；二是要按校企双方合作调研形成的专业设置或专业动态调整报告的内容填写；三是要在学生就业的适应面上，可以适当放宽。比如：《汽车维修专业一体化课程规范》（注：类似对接型课程计划、专业人才培养方案）中的"就业方向"的制订。

中级工：面向汽车售后服务企业，适应汽车机电维修工等岗位工作，胜任汽车维护、汽车发动机简单故障检修、汽车底盘简单故障检修、汽车电气简单故障检修、汽车空调简单故障检修等工作任务。

高级工：面向汽车售后服务企业，适应汽车机电维修工、前台接待等岗位工作，胜任汽车总成大修、汽车发动机疑难故障诊断与排除、汽车底盘疑难故障诊断与排除、汽车电气与空调疑难故障诊断与排除等工作任务。

预备技师：面向汽车售后服务企业，适应汽车机电维修工、前台接待、技术负责人、质量检验员、车间管理等岗位工作，胜任汽车疑难故障诊断、汽车综合性能检测、汽车维修现场指导与技术培训等工作任务。[①] 其不足是："就业方向"仅仅定位在"汽车售后服务企业"，就业的适应面过窄，应该适当扩展到行业层面。其优点是：一是三个层次之间的技术难度、技术能力明显地拉开了距离；二是分三个技术等级，各用三个恰当的动词，即"面向""适应""胜任"，从三个层面明显区别地界定了就业方向。这种"就业方向"的界定法值得推广。

（4）"职业资格"的编写。正常情况下，这需要按照国家职业技能等级制度的相关规定编写。比如，汽车维修专业的"职业资格"：汽车修理工中级（国家职业技能等级四级）职业资格；汽车修理工高级（国家职业技能三级）职业资格；汽车修理工技师（国家职业技能二级）职业资格。如果所设专业是新兴专业，国家或具备资格的社会评价组织暂时没有现成的对应等级的职业技能等级证书，怎么办？建议：首先，与行业协会或行业中的主流企业合作创办专业，同时，明确所招学生毕业后的就业单位；其次，在招生简章中清晰告知无国家职业资格证书或职业技能等级证书但学业考核合格正常毕业后可在相关企业就业等相关事项；再次，从法律角度，学校、行业企业、学生家长三方签定协议，防范毕业后，个别家长因为"双证书"问题引发诉讼；最后，应向颁发职业资格证书或职业技能等级证书的职能部门说明情况并申请备案等。

2. "专业培养目标"的编写

专业培养目标包括两个层次：一是总体培养目标；二是层级培养目标。

（1）总体培养目标。总体培养目标就是该专业的人才培养目标。其编写要求是：按"培养面向××类型的行业企业就业，在这类行业企业中××职业、工种和工作岗位（群）上任职，能胜任××工作任务，在完成这些工作任务的过程中具备××职业素养的技能人才，取得××类型、等级的职业资格证书"的格式描述。比如，汽车维修专业的总体培养目标是：培养面向汽车售后服务企业，适应汽车机电维修工、前台接待、技术负责人、质量检验员等岗位工作，胜任汽车维护、汽车修理、汽车故障诊断与排除、汽车综合性能检测、汽车维修现场指导与技术培训等工作任务，具备运用现代诊断技术，实施车辆故障的远程网络诊断、自我学习、团队合作、沟通协调、独立分析与解决问题、组织管理、持续改进等职业能力和良好的职业素养，达到汽车修理工相应等级职业资格要求的技能人才。

（2）层级培养目标。层级培养目标包括中级技能人才培养目标、高级技能人才培养目标及（预备）技师培养目标。其编写要求与总体培养目标相似。比如，汽车维修专业的层级培养目标如下。

中级技能人才培养目标：培养面向汽车售后服务企业，适应汽车机电维修工等岗位工作，胜任汽车维护、汽车发动机简单故障检修、汽车底盘简单故障检修、汽车电气简单故障检修、汽车空调简单故障检修等工作任务，具备团队合作、执行5S管理规

---

① 资料来源：人力资源和社会保障部委托广州工贸技师学院等开发的《汽车维修专业一体化课程规范》。

定、安全操作、遵守工作制度等职业素养和职业能力，达到汽车修理工中级（国家职业技能四级）职业资格要求的技能人才。

高级技能人才培养目标：培养面向汽车售后服务企业，适应汽车机电维修工、前台接待等岗位工作，胜任汽车总成大修、汽车发动机疑难故障诊断与排除、汽车底盘疑难故障诊断与排除、汽车电气与空调疑难故障诊断与排除等工作任务，具备沟通与协调、自主学习、独立分析与解决非常规性专业问题等职业能力和良好的职业素养，达到汽车修理工高级（国家职业技能三级）职业资格要求的技能人才。

（预备）技师培养目标：培养面向汽车售后服务企业，适应汽车机电维修工、前台接待、技术负责人、质量检验员、车间管理等岗位工作，胜任汽车疑难故障诊断、车辆综合性能检测、维修现场指导、车间管理、技术培训等工作任务，具有运用现代诊断技术，实施车辆故障的远程网络诊断，具备独立分析与解决复杂性、关键性和创新性问题、统筹协调、业务管理、总结反思、持续改进等职业能力和良好的职业素养，达到汽车修理工技师（国家职业技能二级）职业资格要求的技能人才。

3. "专业课程安排"编制

"专业课程安排"包括培养层次、课程类型、课程名称、基准学时、学时分配5个方面的内容。"课程安排"应规定对接型课程、公共基础课程及基本技能培养课程的名称、基准学时和学时分配。对接型课程及基准学时安排应依据本专业对接型课程转化表中的对应信息确定。公共基础课程、基本技能培养课程及基准学时安排应依据本专业技能人才培养需求确定。学时分配应依据院校学制年限和教学安排确定。以高级技工班（初中毕业生起点五年）课程安排为例，其课程表如表7-22所示。

表7-22　高级技工班（初中毕业生起点五年）课程表

序号	课程类型	课程名称	基准学时	学时分配							
				第1学期	第2学期	第3学期	第4学期	第5学期	第6学期	第7学期	第8学期
1	一体化课程	计算机组装与维护	120	120							
2		办公软件应用	80	80							
3		IT桌面软件维护	80		80						
4		计算机网络综合布线实施	120		120						
5		小型局域网构建	120			120					
6		网络服务器安装与调试	120				120				
7		网络设备安装与调试	120				120				
8		局域网运行维护	80					80			
9		局域网安全管理	120						120		
10		企业网联调	80						80		

表7-22(续)

序号	课程类型	课程名称	基准学时	学时分配							
				第1学期	第2学期	第3学期	第4学期	第5学期	第6学期	第7学期	第8学期
11	基本技能培养课程	办公软件应用中级（考证）	80		80						
12		计算机网络管理员中级（考证）	160					160			
13		计算机网络管理员高级（考证）	160							160	
14		图形图像处理	120	120							
15		操作系统使用	40		40						
16		计算机外围设备维护	80			80					
17		网页制作	120			120					
18		IT产品销售	80				80				
19		网站页面布局	160					80	80		
20		网站功能开发	120							40	80
21		网络IT认证	160						40	120	
22		网络工程实施	160								160
23		项目方案编制	80								80
24	通用能力课程	职业素质课程	1 600	200	200	200	200	200	200	200	200
25		总学时	4 160	520	520	520	520	520	520	520	520

这是2014年，人力资源和社会保障部委托广州市工贸技师学院牵头制订的计算机网络应用专业"一体化课程规范"[①] 中的初中毕业起点五年高级技工班课程表。第五年安排实习。通用能力课程课时数占38%。该课程安排不足之处：一是高级技工班只是三个培养层次中的一个层次，一体化课程（对接型课程）安排10门，偏多。二是考证课列入基本技能培养课不合适，应纳入一体化课程（对接型课程）安排。

4. "课程标准"的编制

"课程标准"指一门课程的标准，包括课程名称、基准学时、典型工作任务描述、课程目标、学习内容、参考性学习任务、课程教学建议、课程教学考核8个要素。公共基础课程、基本技能培养课程的课程标准可参照对接型课程标准的样式，结合实际，另行制定。

5. "专业质量评价"的编制

"专业质量评价"指对本专业培养质量的评价，涉及四个层次的四种评价：一个学

---

① 注："一体化课程规范"类似本书的"对接型课程计划"；"一体化课程"类似本书的"对接型课程"；"通用能力课程"类似本书的"公共基础课程"。

习活动教学质量评价、一个学习任务教学质量评价、一门课程教学质量评价、一个专业培养质量评价。

6. "方案实施建议"

"方案实施建议"指实施好本课程计划的相关建议。"建议"可据区域、学校情况有所不同，大体上可以分为以下几个方面：

（1）"难点处理"的建议。比如，三类课程的内容区分，课时的占比，课程标准中典型工作任务描述与参考性学习任务的衔接等。

（2）"实施条件"的建议。比如，场地、设施、设备、师资、管理制度等。

（3）"教学技术"的建议。世界已经进入数字社会，"互联网+教学"的时代已经来临。方案制定者应当对技工院校各类课程的教学提出科学、先进的建议。

（4）"课程计划改进"的建议。没有一种计划是长期不变的，阶段性改进符合事物发展规律。职业教育尤其如此。对接型课程计划也要与时俱进，其阶段性改进具有绝对意义。在专业质量评价之后，制定人员一定会发现一些需要改进的问题。这要求对接型课程计划制定者对课程计划进行必要的改进。

（二）对接型课程标准的制定

1. 对对接型课程标准的认识

（1）明确对接型课程标准七要素。对接型课程标准包括课程名称、基准学时、课程目标、学习内容、参考性学习任务、教学实施建议、教学考核要求七个要素。

（2）明确对接型课程标准三原则。制定对接型课程标准应遵循三个原则：一是目标对接原则。对接型课程标准是对学生学习结果的规定。这种规定必须与专业培养目标对接。二是能力核心原则。对接型课程以职业能力培养为核心。对接型课程标准必须充分体现这个核心。对接型课程标准必须集中体现学生专业能力、社会能力和方法能力的培养。三是动态调整原则。对接型课程既是市场需求的产物，又必须随市场需求的发展变化而及时调整，以使课程内容与职业标准对接。

2. 对接型课程标准的制定

对接型课程标准具体如表7-23所示。

表7-23　××对接型课程标准

对接型课程名称	同对接型课程转化表中的对应信息。	基准学时	同对接型课程转化表中的对应信息。
课程描述			
同对接型课程转化表中的对应信息。			
教学内容分析			
工作对象：同对接型课程转化表中的对应信息。	1. 工具、材料、设备与资料： 同对接型课程转化表中的对应信息。 2. 工作方法： 同对接型课程转化表中的对应信息。 3. 学习组织方式： 根据对接型课程转化表中的对应信息，结合学校实际制定。		工作要求： 同对接型课程转化表中的对应信息。
课程目标			

表7-23（续）

编制要求： 1. 结合工作过程 6 个步骤提出课程目标； 2. 按照"能应用哪些方法和技术，按照什么工作标准或工作规范，完成什么工作，形成什么工作成果"的格式描述； 3. 目标内容既要有专业能力要求，也要有非专业能力要求； 4. 课程目标一般不超过 8 条。		
学习内容		
编制要求：根据课程目标逐条梳理课程学习内容。		
参考性学习任务		
序号	名称	学时
1	同对接型课程转化表中的对应信息。	同对接型课程转化表中的对应信息。
2		
…		
n		
教学实施建议		
编制要求： "教学实施建议"应依据"课程目标"和"学习内容"确定实施该课程所需的场地、设备以及采用的教学模式。		
教学考核要求		
编制要求： "教学考核要求"应描述本课程学习结束后考核的方式，可采用阶段性评价和终结性评价相结合方式，其中终结性评价一般采用学生未学过的且与已学过的参考性学习任务难度相近的任务作为考核评价的载体。		

（三）对接型课程计划典例点评

　　笔者本书以 2015 年厦门技师学院"计算机网络应用专业一体化课程规范"（"一体化课程规范"类似本书"对接型课程计划"）为例，力图通过点评进一步明确对接型课程计划制定的方法。

一、专业基本信息

(一)专业名称：计算机网络应用

(二)专业编码：计算机网络应用专业中级技能为0301-4；计算机网络应用专业高级技能为0301-3；计算机网络应用专业技师（预备技师）为0301-2。

点评：专业编码基本合规；"技师（预备技师）"后加"技能"二字，使之与上两项表述一致（下同）。

(三)学制年限：计算机网络应用专业中级技能为初中起点三年制；计算机网络应用专业高级技能为中级工起点三年制；计算机网络应用专业技师（预备技师）为高中起点四年制。

点评：人社部规定：高级技工学校、技师学院招收对口专业中等职业学校（包括技工学校）达到中级技能水平学生，培养高级技工的学制教育期限为两年。[①]据此，"计算机网络应用专业高级技能学制"可修改为中级工起点两年制。

(四)就业方向：

计算机网络应用专业中级技能：面向计算机网络服务与应用企业就业，适应计算机网络管理职业岗位群（如网络施工员、网络管理员、网站 UI 设计员等）的工作，胜任计算机组装与维护、办公文稿制作、IT 桌面软件维护、计算机网络综合布线实施、小型局域网构建、网站 UI 设计等工作任务。

计算机网络应用专业高级技能：面向计算机网络服务与应用企业就业，适应计算机网络管理职业岗位群（如网络管理员、信息安全员、网站前端设计员等）的工作，胜任网络服务器安装与调试、网络设备安装与调试、网络安全管理、建筑智能化系统建设、企业网联调、标准化网页制作等工作任务。

计算机网络应用专业技师（预备技师）：面向计算机网络服务与应用企业就业，适应计算机网络管理职业岗位群（如网络管理员、信息安全员、项目管理员等）的工作，胜任局域网项目方案设计、网络管理员工作指导和技术培训、网络工程项目管理等工作任务。

点评：该专业三个层次就业方向符合要求；岗位群分布也能体现等级岗位的区别，但重复性岗位偏多。比如，三个层次都有"网络管理员"；高级工和技师两类岗位均有网络管理员、信息安全员。这样的安排不无依据也不无道理，但区别性岗位偏少，不利于有效招生和就业。其原因可能是岗位群分布的调研不细。建议深入调研后，适度扩大就业岗位群的覆盖面，为学生提供更大的就业选择空间。

(五)职业资格：计算机网络管理员职业资格（国家职业资格四级）；计算机高级网络管理员职业资格（国家职业资格三级）；计算机网络管理师职业资格（国家职业资格二级）。

点评：该专业三个层次的三类职业资格定位准确，符合要求。

---

① 资料来源：《关于大力推进技工院校改革发展的意见》，人社部发［2010］57号。

二、专业培养目标

（一）总体培养目标。培养面向计算机网络服务与应用企业就业，适应网络施工员、网络管理员、信息安全员、网站 UI 设计员、网站前端设计员等岗位群的工作，胜任计算机网络综合布线实施、小型局域网构建、网络服务器安装与调试、网络设备安装与调试、局域网项目方案设计、网络工程项目管理、网站 UI 设计与标准化网页制作等工作任务，具备自主学习、团队合作、沟通协调、独立分析与解决问题，组织管理和持续改进等职业素养，达到计算机网络管理员相应等级职业资格要求的技能人才。

（二）中级技能。培养面向计算机网络服务与应用企业就业，适应计算机网络管理职业岗位群（如网络施工员、网络管理员、网站 UI 设计员等）的工作，胜任计算机组装与维护、办公文稿制作、IT 桌面软件维护、计算机网络综合布线实施、小型局域网构建、网站 UI 设计等工作任务，具备团队合作、执行"6S"现场管理（以下简称"6S"管理）规定、安全操作和遵守工作制度等职业素养，达到计算机网络管理员职业资格（国家职业资格四级）要求的技能人才。

（三）高级技能。培养面向计算机网络服务与应用企业就业，适应计算机网络管理职业岗位群（如网络管理员、信息安全员、网站前端设计员等）的工作，胜任网络服务器安装与调试、网络设备安装与调试、网络安全管理、建筑智能化系统建设、企业网联调、标准化网页制作等工作任务，具备沟通协调、制定计划、自主学习、独立分析与解决问题等职业素养，达到计算机高级网络管理员职业资格（国家职业资格三级）要求的技能人才。

（四）技师（预备技师）技能。培养面向计算机网络服务与应用企业就业，适应计算机网络管理职业岗位群（如网络管理员、信息安全员、项目管理员等）的工作，胜任局域网项目方案设计、网络管理员工作指导和技术培训、网络工程项目管理等工作任务，具备独立分析与解决复杂性、关键性和创新性问题，统筹协调、组织管理、总结反思和持续改进等职业素养，达到计算机网络管理师职业资格（国家职业资格二级）要求的技能人才。

点评："专业培养目标"的描述，要求分两个层次、三个技术等级来明确须完成的主要课程。该专业描述基本符合要求。

三、课程安排

计算机网络应用专业的课程包括公共文化课程、一体化课程、拓展课程。中级技能、高级技能及技师（预备技师）三个层次的教学计划见下表。

（一）中级技能层次教学计划表（初中起点三年）

	序号	课程名称	基准学时	学时分配					
				第一学期	第二学期	第三学期	第四学期	第五学期	第六学期
公共文化课程	1	入学教育	52	52					
	2	劳动课	26		26				
	3	语文	68	32	36				
	4	体育与健康	66	32	18	16			
	5	德育	68	32	18		18		
	6	英语	68			32	36		
	7	数学	100			64	36		
一体化课程	8	计算机组装与维护	160	160					
	9	办公文稿制作	160	160					
	10	IT 桌面软件维护	126		126				
	11	计算机网络综合布线实施	126		126				
	12	小型局域网构建	160			160			
	13	网站 UI 设计	152				152		
拓展课程	14	计算机绘图	98	26	72				
	15	平面设计	72		72				
	16	图形图像处理	114			114			
	17	Flash 动画制作	92			92			
	18	网页制作	100				100		
	19	中级网络管理员认证	152				152		
	20	企业实践	1 200					600	600
总学时			3 160	494	494	478	494	600	600

点评：

1. 企业实践时间调整建议。该学院的"企业实践"实为顶岗实习，将之纳入课程并计算课时的安排有道理，但时间过长。建议根据人社部、教育部等部委关于《职业院校学生实习管理规定》的要求，调整为 6 个月左右为宜。余下的课时用于社会能力、方法能力的培养。

2. 课时调整建议。除去"企业实践"课时，三类课型共 1 960 课时。三类课程课时占比如下：公共基础课程 448 课时，占 22.86%；一体化课程 884 课时，占 45.1%；拓展课程 628 课时，占 32.04%。中级工班学生拓展课课时偏多。

3. 课程类型调整建议。课程类型安排与人社部文件要求不同，建议调整。中级工层次班级可以不设拓展课，专设基本技能培养课程，安排足够课时，夯实基础。

（二）高级技能层次教学计划表（中级工起点三年）

	序号	课程名称	基准学时	学时分配					
				第一学期	第二学期	第三学期	第四学期	第五学期	第六学期
公共文化课程	1	入学教育	52	52					
	2	劳动课	26	26					
	3	英语	60	30	30				
	4	高等数学	90	30	60				
	5	语文	60	30	30				
	6	体育与健康	60	30	30				
	7	德育	78	30	30	18			
一体化课程	8	网络设备安装与调试	152		152				
	9	标准化网页制作	152			152			
	10	网络服务器安装与调试	114			114			
	11	网络安全管理	114			114			
	12	企业网联调	114				114		
	13	建筑智能化系统建设	152				152		
拓展课程	14	电工电子基础	90	90					
	15	电工电子实习	26	26					
	16	C 语言程序设计	90	90					
	17	网络操作系统	150	60	90				
	18	网页基础	72		72				
	19	网络数据库管理	76			76			
	20	Web 开发技术	114				114		
	21	高级网络管理员认证	114				114		
	22	企业实践	1 200					600	600
总学时			3 156	494	494	474	494	600	600

点评：

1. 学制调整建议。中级工起点高级工班学制两年即可，建议调整。

2. 课时调整建议。除去"企业实践"课时，高级工层次共 1 956 课时。三类课型课时占比如下：公共基础课程 426 课时，占 21.8%；一体化课程 798 课时，占 40.8%；拓展课程 732 课时，占 37.4%。与中级工层次的一体化课程课时相比，高级工层次一体化课程和课时应该最多才对，此安排反而少了，建议调整。

3. 课程类型调整建议。①拓展课包括专业基础课程、基本技能培养课程、认证课程、顶岗实习等。其涉及面太宽，建议调整。②专业基础课程应和基本技能培养课程合二为一，并按照基本技能培养课程的要求精简。③建议改拓展课程为基本技能课程。

（三）技师（预备技师）层次教学计划表（高中起点四年）

	序号	课程名称	基准学时	学时分配							
				第一学期	第二学期	第三学期	第四学期	第五学期	第六学期	第七学期	第八学期
公共课程	1	入学教育	52	52							
	2	体育与健康	60	30	30						
	3	英语	60	30	30						
	4	高等数学	90	30	60						
	5	语文	60	30	30						
	6	德育	78	30	30	18					
一体化课程	7	计算机组装与维护	160		160						
	8	办公文稿制作	160	160							
	9	IT 桌面软件维护	126	126							
	10	计算机网络综合布线实施	126		126						
	11	小型局域网构建	160			160					
	12	网站 UI 设计	152			152					
	13	网络设备安装与调试	152			152					
	14	标准化网页制作	152				152				
	15	网络服务器安装与调试	114					114			
	16	网络安全管理	114				114				
	17	企业网联调	114				114				
	18	建筑智能化系统建设与维护	152					152			
	19	局域网项目方案设计	114					114			
	20	网络工程项目管理	76							76	
	21	网络管理员工作指导和技术培训	190							76	114	
拓展课程	22	网络操作系统	114				114				
	23	C 语言程序设计	114				114				
	24	网络数据库管理	114					114			
	25	Web 开发技术	152					152			
	26	高级网络管理员认证	152					152			
	27	技术论文撰写与答辩	152							152	
	28	网络工程师认证	152							152	
	29	企业实践	600								600
		总学时	4 012	488	466	482	494	494	494	494	600

点评：

1. 课程类型调整建议。人社部《规范》要求设一体化课程、通用能力（职业素质）课程、基本技能训练课程，而该专业却设公共文化课程、一体化课程、拓展课程，建议依照人社部文件要求调整。

2. 课时调整建议。职业素质课程课时总量偏少，应占 30% 以上。三产业专业的职业素质课程的课时还应该更多一些。

3. 一体化课程调整建议。中级工、高级工、技师三个阶段的课程比例安排，应该依据以下原则进行：中级工阶段少些，高级工阶段多些，技师阶段少些。课时占比也是如此。

四、一体化课程标准

（一）计算机组装和维护课程标准（限于篇幅，仅点评一个课程标准，其余略）

一体化课程名称	计算机组装与维护	基准学时	160
典型工作任务描述			

　　计算机俗称电脑，是一种用于高速计算的电子计算机器，由硬件和软件两部分组成。其中硬件主要包括：主板、CPU、内存、硬盘、电源、显示器、键盘和鼠标等；软件主要包括操作系统和应用软件。常见计算机主要分为台式电脑、笔记本电脑、平板电脑等。计算机在使用过程中，需网络管理员对计算机的软、硬件进行安装、配置和维护。

　　网络管理员从业务主管处领取任务书（含配置单）和工作计划，与客户沟通，明确工作时间和要求；查阅资料，获取计算机组装与维护工作流程；根据任务书要求领取配件，准备工具；按照工作计划和流程，完成计算机的组装与维护；经调试，运行正常后交付客户验收，填写客户确认表和工作记录；完成后清理现场，将客户确认表和工作记录提交业务主管。工作过程中要具备成本意识，考虑客户的使用价值。

　　作业过程中，严格遵守行业企业安全守则、操作规范、《计算机软件保护条例》和 "6S" 管理规定；参阅软、硬件厂商提供的产品说明书、安装手册。

　　点评：《一体化课程标准》里的 "典型工作任务描述" 环节须完成 "四要素" 的表述，即工作内容、工作主体、工作过程、工作要求。

　　1. "工作内容" 的描述。此项描述，第一，一定要把 "小类名词" 写出来；第二，写出来的 "小类名词" 的任务的名称和内容一定要与后面的 "参考性学习任务" 的名称和内容一致。该要素描述："常见计算机主要分为台式电脑、笔记本电脑、平板电脑等" 中的 "台式电脑、笔记本电脑、平板电脑" 就是典型的 "小类名词"。符合要求。

　　2. "工作主体" 的描述。该要素描述只有一句话："计算机在使用过程中，需网络管理员对计算机的软、硬件进行安装、配置和维护。" 描述的主体是明确的：网络管理员。建议将此句话列为单独一段，以示此要素的独立性和重要性。

　　3. "工作过程" 的描述。该要素描述是："网络管理员从业务主管处领取任务书（含配置单）和工作计划，与客户沟通，明确工作时间和要求；查阅资料，获取计算机组装与维护工作流程；根据任务书要求领取配件，准备工具；按照工作计划和流程，完成计算机的组装与维护；经调试，运行正常后交付客户验收，填写客户确认表和工作记录；完成后清理现场，将客户确认表和工作记录提交业务主管。工作过程中具备成本意识，考虑客户的使用价值"。共有 6 个分号，表示工作过程分为 6 个阶段。基本符合要求。可以进一步分析：

　　（1）明确任务阶段：网络管理员从业务主管处领取任务书（含配置单）和工作计划，与客户沟通，明确工作时间和要求；

　　（2）制订计划阶段：查阅资料，获取计算机组装与维护工作流程，结合业务主管处领取的任务书和工作计划，制定完成该任务的工作方案；

　　（3）审定计划阶段：将工作方案送业务主管审定；

　　（4）实施计划阶段：根据审定过的工作方案，领取配件，准备工具，按照工作计划和流程，完成计算机的组装与维护；

　　（5）过程控制阶段：经调试，运行状况与工作方案要求相符，确认组装准确，运行正常；

　　（6）验收总结阶段：交付客户验收，填写客户确认表和工作记录；完成后清理现场，将客户确认表和工作记录提交业务主管。

　　根据上述分析，建议将工作过程重新描述如下：网络管理员从业务主管处领取任务书（含配置单）和工作计划，与客户沟通，明确工作时间和要求；查阅资料，获取计算机组装与维护工作流程，结合业务主管处领取的任务书和工作计划，制定完成该任务的工作方案；将工作方案送业务主管审定；根据审定过的工作方案，领取配件，准备工具；按照工作计划和流程，完成计算机的组装与维护；经调试，运行状况与工作方案要求相符，确认组装准确，运行正常；交付客户验收，填写客户确认表和工作记录；完成后清理现场，将客户确认表和工作记录提交业务主管。

　　4. "工作要求" 的描述。该要素描述是："作业过程中，严格遵守行业企业安全守则、操作规范、《计算机软件保护条例》和 '6S' 管理规定；参阅软、硬件厂商提供的产品说明书、安装手册。" 基本符合要求。

工作内容分析		
工作对象 1. 任务书和工作计划的阅读； 2. 与客户和业务主管等相关人员的沟通； 3. 资料的查阅，组装与维护工作流程的获取； 4. 配件的领取和工具的准备； 5. 计算机的组装、维护和运行测试； 6. 组装与维护工作的功能性、经济性和安全性评估。	工具、材料、设备与资料 1. 工具：常用五金工具（螺丝刀、镊子、钳子等）、专用清洁工具（粉尘刷、洗耳球等）、诊断工具（诊断卡等）、防静电工具（防静电手环、手套等）、软件（系统软件、应用软件）； 2. 材料：棉布、清洗液、绑扎带、标签纸、导热硅脂； 3. 设备：常见计算机配件（CPU、主板、内存、硬盘等）； 4. 资料：任务书、计算机组装流程、计算机维护流程、行业企业安全守则与操作规范、《计算机软件保护条例》、产品说明书、产品安装手册、工作记录表、客户确认表。 工作方法：资料的查阅方法、计算机的清洁方法、故障诊断与排除方法（观察法、拔插法、最小系统法、替换法等）、程序测试法。 劳动组织方式： 以独立方式进行。网络管理员从业务主管处领取任务书；与客户沟通，明确工作时间和要求；根据任务书从仓管员处领取配件；作业完成后交付客户验收；填写工作记录提交给业务主管。	工作要求 1. 根据任务书，明确工作时间和要求； 2. 与客户和业务主管等相关人员进行专业的沟通，记录关键内容； 3. 根据任务书、工作计划和企业工作规范等相关资料，获取计算机组装与维护流程； 4. 工具、材料和设备符合任务书的要求； 5. 从满足客户功能需求、使用价值和企业工作规范、安全性、成本效益等角度完成计算机的组装、维护和运行测试； 6. 作业过程严格执行企业安全管理制度以及" 6S" 管理规定，遵守职业道德，不安装未经客户许可的软件； 7. 对已完成的工作进行记录、评价、反馈和存档。

点评：基本符合要求。建议将"工具、材料、设备与资料""工作方法""劳动组织方式"三个内容归纳起来以"工作条件"为标题表述。即"工作条件"之下分三个小标题：
1. 工具、材料、设备与资料
2. 工作方法
3. 劳动组织方式

代表性工作任务		
任务名称	任务描述	工作时间（小时）
办公台式电脑组装	某公司业务部门承接了一笔计算机组装订单，需在三天内完成 40 台台式电脑的组装。现要求你到工作现场完成组装任务。 　　网络管理员从业务主管处领取任务书（含配置单），获取计算机组装流程；根据任务书要求清点配件，准备工具；按照工作计划和工作流程组装计算机；经调试，计算机运行正常后交付客户验收，填写客户验收单；作业完成后清理现场，规范填写工作记录并提交给业务主管。 　　点评： 　　1. 按典型工作任务描述的"四要素"要求描述各个代表性工作任务。 　　2. 对"四要素"中"工作过程"的描述，按照六步骤（明确任务、制订计划、审定计划、实施计划、过程控制、验收总结）要求进行。	24

任务名称	任务描述	学时
笔记本电脑日常维护	某单位 20 台笔记本电脑运行速度变慢，部分电脑出现蓝屏，需进行维护以恢复其工作性能。现要求你两天内对所有电脑进行清洁除尘、硬盘碎片整理、流氓软件清理、注册表冗余整理等维护。 网络管理员从业务主管处领取任务书和工作计划，查阅企业操作规范，获取电脑维护工作流程；根据任务书准备相关软件和工具；按照工作计划实施维护，并处理出现的简单故障；填写工作记录表，交用户签字确认后，提交给业务主管。	16
办公室台式电脑故障排查与修复	某单位有一批台式电脑陆续出现开机黑屏现象，严重影响办公。现要求网络管理员在一天内到现场完成故障排查与修复。 网络管理员从业务主管处领取任务书，与用户沟通，了解故障现象，初步分析、排查故障并确认原因；根据任务书准备工具；实施故障修复；经调试运行正常后交付客户验收，填写验收单；作业完成后清理现场；填写工作记录并提交给业务主管。	12
笔记本电脑升级与维护	某单位市场部和财务部分别有 8 台 Dell 笔记本电脑和 8 台 HP 笔记本电脑，近期升级为正版 Windows8 32 位专业版操作系统。近期，用户反映电脑在开机初期、文件移动、多文档处理和照片后期处理时均反应缓慢，鼠标指针跳动，无线网络信号相对较弱。经业务主管初步诊断，上述现象或与电脑硬件相关，建议增配内存，改装光驱、增配固态硬盘，优化无线网卡天线。现要求网络管理员根据主管要求完成笔记本电脑的升级与维护。 网络管理员从业务主管处领取任务书（含配置单）；根据任务书的要求清点配件，准备工具；按照企业工作规范和工作流程对笔记本电脑进行升级与维护；经调试，计算机运行正常后交付客户验收，填写客户验收单；作业完成后清理现场，规范填写工作记录并提交给业务主管。	16
磁盘阵列卡的更换及维护	某 SOHO 公司的一台服务器，以阵列卡组建 RAID15 磁盘阵列，用于资料存放和文件共享，5 年内未出现过故障宕机。近段时间，客户反映服务器传输文件过程中速度非常慢，且时有中断传输并提示"文件夹不存在"等问题。经业务主管诊断，发现阵列卡上几个电解电容顶部鼓包，需更换。现要求网络管理员根据主管要求，为客户寻找适合的磁盘阵列卡进行更换，并恢复磁盘阵列数据。 网络管理员从业务主管处领取任务书，与客户沟通，明确任务要求和时间；通过各种途径，寻找适合的磁盘阵列卡，并把相关品牌、型号、价格向主管报告，制定完成任务的流程；准备相关工具，按照流程更换磁盘阵列卡、恢复磁盘阵列及数据；检验后交客户验收，填写客户验收单；作业完成后清理现场，规范填写工作记录并提交给业务主管。	10

课程目标

学习完本课程后，学生应当能够胜任计算机组装和日常维护工作，编写计算机配置方案，严格执行企业安全管理制度和"6S"管理规定，养成在工作过程中爱护计算机、诚实守信的职业素养。其包括：

1. 能读懂任务书（含配置单）和工作计划，与客户和业务主管等相关人员进行专业、有效的沟通，明确工作时间和要求；
2. 能运用多种方法查阅企业操作规范等资料，获取规范的计算机组装与维护流程；
3. 能根据任务书的配置单，准确领取计算机组装与维护配件，准备工具；
4. 能按照任务书和工作计划，参阅产品说明书等资料，运用多种方法和工具，安全、规范完成计算机的组装，组装后的计算机能满足客户在功能性、扩展性和维护便利性等方面的要求；
5. 能按照任务书和工作计划，参阅说明书等资料，规范完成台式计算机和笔记本电脑的清洁除尘、硬盘碎片整理、流氓软件清理、注册表冗余整理等维护工作；
6. 能选择、运用合适的工具、方法，诊断与排除计算机常见故障；
7. 能使用多种方法和工具，检查计算机的配置，测试计算机的运行情况，确保符合任务书要求；
8. 能规范填写工作记录，按照"6S"管理规定整理作业现场，必要时向客户提供答疑服务和升级建议；
9. 能对工作进行总结，并对计算机配置方案及工作流程提出改进建议。

点评：基本符合要求。调整建议："课程目标"限在 8 个以内；第 6、7 两项可合并。

学习内容

本课程的主要学习内容包括：

1. 计算机基础知识。计算机发展史、计算机类型、计算机基本结构、计算机及其配件的品牌辨识、计算机的基本操作。
2. 计算机主要配件的辨识。
主板：南桥与北桥等芯片、接口与插槽类型、元器件用料、PCB 板及布线工艺等；
CPU：核心、线程、主频、外频、倍频、缓存、封装；
内存：频率、延时、接口、电压等；
硬盘：类型、容量、转速、缓存、接口及传输速度；
显卡：核心频率、显存位宽、容量与频率、接口、功耗；
散热器：类型、材料、结构；
电源：功率、输出接口类型、PFC；
机箱：尺寸、结构、材质。
3. 工具的选择与使用。防静电腕带、防静电手套、防静电工具、常用五金工具。
4. 材料的选择与使用。导热硅脂、绑扎带、光驱磁盘托架、外置光驱盒。
5. 计算机的组装。用电安全检查、计算机配件的辨识（正品与假货、新与旧）、计算机配件的拆装、系统安装盘的制作、BIOS 的设置、磁盘的分区、磁盘阵列卡的装调、操作系统的安装与配置、硬件驱动程序的安装、常用应用软件的安装、工位环境的整理。
6. 计算机的维护。清洁除尘、硬盘碎片整理、流氓软件清理、注册表冗余整理、计算机诊断的一般规律。
7. 计算机常见故障的诊断与排除。故障的诊断与排除方法：观察法、清洁法、拔插法、最小系统法、替换法；常见故障的诊断与排除。
8. 计算机配置的检查与性能测试。计算机配置的检查、计算机性能的测试。
9. 计算机配置单的填写。
10. 职业素质的养成。待客礼仪、沟通技巧、职业操守（诚实守信、守时等）。

点评："学习内容"部分的要求是：学生需要获取什么资源，学习和应用哪些知识和技能才能完成相应步骤的工作。该项描述基本符合要求。第 6、7 两项都要"诊断"的内容，可适度调整。

参考性学习任务

序号	名称	学时
1	办公台式电脑组装	60

2	笔记本电脑日常维护	12
3	办公室电脑故障排查与修复	52
4	笔记本电脑升级与维护	12
5	磁盘阵列卡的更换与维护	24

点评：参考性学习任务的名称、数量须与"典型工作任务描述"中的"小类名词""代表性工作任务描述"的名称、数量相一致，建议据此进行必要的调整。

教学实施建议

1. 教学组织方式方法建议

采用行动导向的教学方法。为确保教学安全，提高教学效果，建议采用分组教学的形式（3~5人/组）；在完成工作任务的过程中，教师须加强示范与指导，注重学生职业素养和规范操作的培养。

2. 教学资源配备建议

（1）教学场地

计算机维修学习工作站具备良好的安全、照明和通风条件，可分为集中教学区、分组教学区、信息检索区、工具存放区和成果展示区，并配备相应的多媒体教学设备、空气调节器等设施。

（2）工具、材料、设备

按组配备：常见计算机配件（CPU、主板、内存、硬盘等）、待维护的计算机、常用五金工具（螺丝刀、镊子、钳子等）、专用清洁工具（粉尘刷、吹气球等）、诊断工具（诊断卡等）、防静电工具（防静电手环、手套等）、软件（系统软件、应用软件）、棉布及清洗液、绑扎带、标签纸、导热硅脂等。

（3）教学资料

以工作页为主，配备教材、产品说明书、安装手册、配置单、工作记录表、行业规范标准等教学资料。

点评：制订"教学实施建议"的基本要求是：依据典型工作任务描述表中的"工作条件"、本课程的"课程目标"和"学习内容"三个方面，确定实施该课程所需的场地、设备、师资以及采用的教学组织形式。该"建议"涉及上述要求的要点。基本符合要求。

教学考核要求

采用过程性考核和终结性考核相结合的方式。

1. 过程性考核

采用自我评价、小组评价和教师评价相结合的方式进行考核；让学生学会自我评价，教师要善于观察学生的学习过程，参照学生的自我评价、小组评价进行总评并提出改进建议。

（1）课堂考核：出勤、学习态度、课堂纪律，小组合作与展示等情况；

（2）作业考核：工作页的完成、课后练习等情况；

（3）阶段考核：纸笔测试、实操测试、口述测试。

2. 终结性考核

学生根据任务情境中的要求，编制组装与维护方案，并按照企业标准规范，在规定时间内完成具体计算机的组装与维护，完成后的计算机配置和性能需满足客户需求。

考核任务案例：台式电脑升级

【情境描述】

某客户有一台台式电脑，主要用于家庭办公、大型3D游戏娱乐、数码单反照片处理和高清电影观赏。

其主要配置如下：

CPU：Intel E7400 2.8GHz（散热：超频三 青鸟）

主板：双敏狙击手 AK42 P35

内存：南亚 DDRII 1066 2G

显卡：MSIN260GTX-T2D896-OC

硬盘：西部数据 320GB 7200rpm 8M

光驱：先锋 16x DVD

电源：TT 暗黑 plus AH550P

机箱：Sliverstone 机箱

客户使用五年后，在游戏过程中电脑经常出现卡机、死机、蓝屏的现象，经专业人员多次诊断后仍未能找出问题原因。现客户拟趁商家年末促销时，对该电脑进行升级，预算 2 000 元左右。业务主管要求你完成此任务。

【任务要求】

请你根据任务的情境描述，在半天内完成：

1. 根据任务的情境描述，列出需向客户询问的信息；
2. 选择电脑升级方法（部分升级、全新购买、先售后买），并写出理由；
3. 根据你的升级方法，写出电脑升级配置单，并说明理由；
4. 列出组装电脑所需的工具和软件；
5. 完成计算机的组装与调试，交付客户验收确认。

【参考资料】

作业过程中，你可以使用所有的常见资料。例如：工作页、教材、产品说明书和安装手册等。

点评：采用过程性考核和终结性考核相结合的方式；三方评价的要求到位，符合要求。但需要进行以下调整。

（1）过程性评价的建议："阶段考核"三种测试方式需细化。

（2）终结性评价的建议：终结性评价的学习任务应该是平常没学过但难度与平常所学的任务相当的。该课程终结性考核的任务是：台式电脑升级。这与该课程平常所学的五个学习任务中的第四个："笔记本电脑升级与维护"相似。不符合要求。建议调整。

五、实施建议

（一）培养模式

本专业技能人才培养采用校企合作人才培养模式，学生在校学习期间以学校为主、企业为辅，在企业实践期间以企业为主、学校为辅。

中级技能阶段在校学习期间，学校模拟企业的工作情境，通过组织实施计算机组装与维护、办公文稿制作、计算机网络综合布线实施、IT 桌面软件维护、小型局域网构建、网站 UI 设计等一体化课程，培养学生技能操作的规范性和熟练度，促进其职业素养的养成与职业责任感的建立。

高级技能阶段在校学习期间，学校模拟企业的工作情境，通过组织实施网络服务器安装与调试、网络设备安装与调试、网络安全管理、建筑智能化系统建设、企业网联调、标准化网页制作等一体化课程，培养学生独立分析与解决专业问题的能力，促进其职业责任感的建立。

技师（预备技师）阶段在校学习期间，学校模拟企业的工作情境，通过组织实施局域网项目方案设计、网络管理员工作指导和技术培训、网络工程项目管理等一体化课程，培养学生分析与解决综合性故障问题及在企业工作环境下设计项目方案与技术培训等能力，促进其职业认同感的建立。

在企业实践期间（中、高、技师阶段），学生在企业职业导师的指导下，通过实施企业真实工作任务，培养解决实际问题的能力。

点评：中级工、高级工、技师三个层次共安排 15 个学习任务。数量符合要求。中级工层次的学习任务数量 6 个，与高级工层次一样。建议调整为 4 个为宜。高级工层次增加 2 个。

（二）师资队伍

在师资结构方面，学校已组建一支与办学规模、培养层级和课程设置相适应的业务精湛、素质优良、专兼结合的教师队伍，其中、高级技能阶段的人才培养的师生比不低于1：20，技师（预备技师）阶段人才培养的师生比不低于1：15；具有企业实践经验的专、兼职教师占专业教师总数的60%以上。

在师资能力方面，要求计算机网络应用专业教师能胜任技能人才培养要求中规定的职业典型工作任务，并将其转化成课程，组织教学和实施相应的考核评价，实现各层级技能人才培养目标。其中，培养中级技能人才的教师应符合《一体化教师标准》对三级一体化教师的能力要求，并具有小型局域网设计、构建与管理的实践经验；培养高级技能人才的教师应符合《一体化教师标准》对二级一体化教师的能力要求，并具有局域网构建、运行与维护的实践经验；培养技师（预备技师）人才的教师应符合《一体化教师标准》对一级一体化教师的能力要求，并具有局域网规划设计、运行管理及疑难故障诊断的实践经验。

点评："要求计算机网络应用专业教师能胜任技能人才培养要求中规定的职业典型工作任务，并将其转化成课程"的表述有误。"转化成课程"的工作在一体化课程转化表中已经完成。建议调整。

（三）场地设备设施

本专业教学场地应满足培养目标中规定的职业典型工作任务实施的环境及设备设施要求，同时应保证教学场地具备良好的安全、照明和通风条件，其中校内教学场地和设备设施应能支持资料查阅、教师授课、小组研讨、任务实施、成果展示等功能；企业实训基地应具备工作任务实践与技术培训等功能。

校内教学场地和设备设施已按培养目标中规定的职业典型工作任务实施要求进行配置，其具体要求如下：

类别	场地名称	主要设备	工位	适用课程
校内学习工作站	网络工程学习工作站	交换机、路由器、防火墙、VPN、IDS、IPS、SAN存储、无线控制器、服务器等（思科、华为、锐捷、H3C、D-Link、戴尔等品牌）	50	小型局域网构建、网络服务器安装与调试、网络设备安装与调试、网络安全管理、企业网联调
	综合布线学习工作站	实训场所模拟企业办公环境，配有二层钢结构大楼、开放机架、实训台、展示柜、福禄克电缆认证分析仪DTX-1800-MS、网络万用表Net-Tool、吉隆光纤熔接机KL-300T、光源、光功率计等	50	计算机网络综合布线实施
	软件开发学习工作站	实训场所按软件企业办公环境要求进行布置，分办公区和会议区，配有会议桌、演讲台、电子白板、多媒体系统、计算机等	50	办公文稿制作、IT桌面软件维护、网站UI设计、标准化网页制作、局域网项目方案设计、网络管理员工作指导和技术培训、网络工程施工项目管理

类别	场地名称	主要设备	工位	适用课程
校内学习工作站	计算机维修学习工作站	BGA 返修台、内存分区检测仪、硬盘维修工具、编程器、数字示波器、热风台、电焊台、故障诊断卡、全新计算机套件和打印机（针式、喷墨、激光）等设备；技嘉 I3、华硕双核的计算机套件	50	计算机组装与维护
	智能化工程学习工作站	建筑电气与智能化实践教学模拟楼层，分别模拟一栋建筑的机房、楼道、住户、垂直竖井和建筑周边。火灾自动报警及消防联动控制单元、可视对讲及室内安防系统实训组合单元、视频监控及周边安防系统实训组合单元、周边防范与入侵报警系统实训模块、智能一卡通系统实训模块、智能巡更管理单元、门禁系统实训模块、LED 电子公告屏显示系统实训模块、公共广播系统实训设备、智能停车场系统实训设备	50	建筑智能化系统建设
校外学习工作站	微思公司网络工程学习工作站	思科交换机、路由器、防火墙、网真、无线控制器、AP、入侵检测系统；IBM 机架式服务器、小型机、光纤存储系统、磁盘阵列柜；HP 服务器、光纤存储系统	30	网络服务器安装与调试、网络设备安装与调试、网络安全管理、企业网联调
	柏事特公司智能化工程学习工作站	监控设备、门禁对讲、防盗报警、公共广播、视频会议设备、智能交通、防雷设备	30	计算机网络综合布线实施、建筑智能化系统建设

上述学习工作站按照每个工位 3~5 人学习与工作的配置标准进行设备、设施的配备。

点评：基本符合要求。设置校内、校外两类学习工作站的做法值得推广。

（四）教学资源

本专业教学资源按培养目标中规定的典型工作任务实施要求进行配置，包括：

实施"办公文稿制作"典型工作任务的办公文稿制作类学习资源；

实施"计算机组装与维护""IT 桌面软件维护""计算机网络综合布线实施""小型局域网构建""网络服务器安装与调试""网络设备安装与调试""企业网联调""建筑智能化系统建设"等典型工作任务的局域网构建类教学资源；

实施"网站 UI 设计""标准化网页制作"等典型工作任务的网站设计类教学资源；

实施"局域网安全管理"典型工作任务的网络安全类教学资源；

实施"局域网项目方案设计""网络管理员工作指导与技术培训""网络工程项目管理"等典型工作任务的局域网设计与培训类、管理类教学资源。

教学资源包括工作页、教材、维修手册、工具书、设备说明书、技术规范、技术标准和数字化资源等。教学资源应按职业典型工作任务要求进行配置，组织教学团队与企业实践专家共同开发，在课程实施前 1 个月建设完成。

点评：

1. "教学资源应按职业典型工作任务要求进行配置"的提法到了"一体化课程规范"里，应当改为"教学资源应按完成学习任务的要求进行开发"。

2. "教学资源应按职业典型工作任务要求进行配置，组织教学团队与企业实践专家共同开发，在课程实施前1个月建设完成。"的提法到了"一体化课程规范"里，应当改为："教学资源应按完成学习任务的要求进行开发。开发工作由教学团队为主，企业实践专家为辅进行。开发任务最迟需在课程实施前1个月完成。"

（五）教学管理

学院已制订完善的教学质量管理体系，教务处作为教学管理组织部门实施统筹管理。对于日常教学管理，建立《校企共建专业实施办法》《校企共建课程实施办法》《督导工作手册》《教学质量管理办法》等制度。对于校内实践教学管理，建立《学生实习管理考核办法（校内）》《设备管理制度》《实训场地管理制度》《技能教学现场管理办法》等制度。对于校外实践教学管理，建立《学生实习管理考核办法》《校企共建共聘师资管理办法》《企业兼职教师管理制度》等管理制度。

本专业将探索建立"学校教育与企业生产相结合"的现代学徒制，与企业签订合作协议，在学生企业实践期间，明确学徒培训的期限、形式、内容、考核办法和双方责权利等，形成企业师傅在生产岗位上的"传、帮、带"的技能人才培养模式。

点评：教学管理制度有创新。

1. 相关管理制度名称可以直接改名，突出一体化课程教学管理特点。如《督导工作手册》可以改名为《一体化课程教学督导工作手册》；

2. 有些制度可以合并。如《校企共建共聘师资管理办法》《企业兼职教师管理制度》可以合为《校企共建一体化教师队伍管理办法》。

六、考核与评价

采取过程性评价与终结性考核相结合的方式，对课程教学情况和人才培养质量进行评价。

1. 计算机网络应用中、高级职业资格采用过程性和终结性考核方式进行课程认证。课程实施前，学校编写《一体化课程教学与考核方案》，报送福建省人力资源和社会保障厅审批、报厦门市职业技能鉴定部门备案。实施时，按照教学与考核方案要求，开展过程性考核，请职业技能鉴定部门进行技术指导和督查学生学习档案；每门课程结束时，提请职业技能鉴定部门组织相关考评员，依据考核方案进行终结性考核，若过程性和终结性考核均合格，则直接认定相应的职业资格等级鉴定合格，由厦门市职业技能鉴定部门颁发相应职业资格证书。

2. 技师（预备技师）职业资格可采用社会化职业技能鉴定方式进行考核认证。计算机高级网络管理员取得高级职业资格且任职两年以上，按照厦门市职业技能鉴定部门相关规定，可申报计算机网络管理员职业资格（国家二级）。

点评：采取过程性评价与终结性考核相结合的方式，对课程教学情况和人才培养质量进行评价解决学生不必考证问题，符合人社部《规范》要求。

调整建议：

1. 加大主管部门对过程性考核环节的监督、考查。

2. 终结性考核所考学习任务须是平时学生未学过，且难度与平常所学大体相当的项目。

五、开发对接型课程资源

对接型课程资源主要包括活页式教材编写、教学活动安排、课程制度建设、教学场所建设等内容。这里重点讨论活页式教材编写、教学活动安排两项内容。

（一）活页式教材

1. 对活页式教材的认识

（1）活页式教材的功能。活页式教材源于工业企业用的工作页。企业把完成一个工作任务的相关资料订成活页本，用以指导工作人员完成工作任务。随着工作任务的更新，工作页也更换。我国改革开放以来，职业学校在教材制度改革方面，引进工作页概念，将工作页作为学生学习的重要材料，发挥其指引学习的功能，帮助学生学会如何工作。

（2）活页式教材的特点。活页式教材的一个鲜明特点是学习内容的动态性。职业学校的活页式教材，不能像普通教育院校的教材那样，一旦确定，就多年不变。活页式教材内容必须跟着市场需求的变化走。学校应与企业实践专家及时沟通，根据地区经济社会发展和学生水平等实际情况，对活页式教材内容进行阶段性改造。

（3）活页式教材编写的依据。没有学习任务，就没有活页式教材。活页式教材编写的依据是学习任务描述表。活页式教材的主要内容是学习任务，其必须对应工作过程的六个阶段：明确任务、制订计划、审定计划、实施计划、检查控制、验收总结。

（4）活页式教材的容量要求。活页式教材的容量要求有两种：一是课程本，即一门课程编一本活页式教材，一门课程一般包括3~5个学习任务；二是学习任务本，即一个学习任务编一本活页式教材。一般情况下，学校可先采用学习任务本，一边使用，一边动态调整。等到相对稳定之后，再以课程为单位，印制课程本。以课程为单位的活页式教材编写应依据学习任务描述表和对接型课程标准的要求进行。

（5）活页式教材结构的安排。活页式教材结构应由三部分组成：预习的内容、课间学习的内容、作业的内容。

（6）活页式教材形式的安排。活页式教材形式须挣脱传统教材文字过多、画面过少，理论过多、实操过少，严肃有余、趣味不足的"绳索"，尽可能地运用人工智能等技术，创造多种多样生动活泼、形象可感的活页式教材。

2. 活页式教材的编写

（1）学习目标设计。学习任务本的活页式教材，其学习目标的设计可直接搬用学习任务描述表中的"学习目标"；课程本的活页式教材，其学习目标的设计可按照课程标准的"学习目标"进行。无论哪一种容量的活页式教材，其学习目标均要兼顾五个要求：项目方面，既要设计专业能力方面的目标项目，也要考虑非专业能力方面的目标项目；范围方面，可设计三个阶段目标，即课前学习目标、课中学习目标、课后学习目标；内容方面，应围绕工作过程的六个阶段（明确任务、制订计划、审定计划、实施计划、检查控制、验收总结）进行目标内容的设计；表达方面，学习目标表达方式统一采用"能够……"句式，一句话表达一个目标；数量方面，学习目标数量一般掌握在8个以内。

以"气缸压力的检测"学习任务的学习目标为例：

> 1. 能够明确维修工作交接程序，准确复述学习任务全过程和要求。
> 2. 能够规范化制订气缸压力检测的工作计划。
> 3. 能够正确拆装高压线圈、火花塞等零件，规范组装气缸压力表。
> 4. 能够严格把控测量运转条件，进行规范化测量。
> 5. 能够正确计算、分析测量结果，撰写测量报告。
> 6. 能够遵守安全操作规范，做好 6S 管理。

从项目看，前 5 个目标属于专业能力，第 6 个目标属于非专业能力，即两个方面的项目都兼顾了；从内容看，基本围绕工作过程的六个阶段进行；从表达看，全部采用"能够……"句式，一句话表达一个目标；从数量看，设计了 6 个目标，符合要求。

（2）知识学习设计。知识学习包括专业基础知识和相关理论知识。职业学校学生既要学会必须的技术技能，又要掌握够用的理论知识，做到理论知识学习与技术技能训练兼而得之。在活页式教材编写上，知识学习设计十分重要。编者主要应掌握以下几个要点：一是坚持知识够用原则；二是理论知识设计可涉及课前、课中、课后三个阶段；三是培养层级越高，理论知识内容占比越大；四是理论知识内容需要精心选择，要简明、到位；五是理论知识内容要置于技术技能学习之前。

（3）引导问题设计。引导问题属于技术技能学习范畴，是活页式教材的重点内容。引导问题主要从"学什么""怎么学""学得怎么样"三个角度设计。

①"学什么"的引导。这一引导应采用生动活泼的形式，告诉学生即将学习的工作任务的名称、过程及知识点、技能点、职业素养点。本步骤可安排在预习的内容中。

②"怎么学"的引导。这一引导应结合学校实际，从虚拟工厂、教学型实训基地、生产型实训基地三个角度入手，考虑如何让学生解决好"怎么学"问题；应紧紧围绕"明确任务、制订计划、审定计划、实施计划、检查控制、验收总结"六个阶段的每一步骤内容进行。建议可采用 2 种方式。一是方法提示。在每个步骤之后，直接点出用什么方法可以完成这一步骤。比如，方法 1：看小词典。方法 2：查××××。……二是差错提示。编者在方法提示之后，一般用小提示形式提示完成这一步骤可能出现的差错等，一般以活泼、趣味的图形等形式表现。

③"学得怎么样"的引导。这一引导应从成果验收、两级评价、两级总结三种方式进行。"成果验收"专指有实际产品或工作结果的任务。"两级评价"指自我评价和小组评价。"两级总结"指自我总结和小组总结。这一步骤引导的重点应该放在后两种。活页式教材编写中，编者应当设计"两级评价"和"两级总结"的模板和要求，让学生学习之后就明白：如何完成评价，如何完成总结。

（4）课后作业设计。课后作业设计是一个不可忽视的环节。编者主要掌握三个方面：一是要布置两个类型作业，即技术技能类作业，知识类作业。二是把握数量。课后作业的量不宜太少，也不能过多。一般情况下，技术技能类、知识类各一题即可。三是注重课后作业质量。课后作业不能形式化。学生须按时交作业；教师须认真批改作业。

（5）"气缸压力的检测"工作页典例分析

"气缸压力的检测"工作页的编写人为山东城市服务技师学院汽修教研室主任孙华老师。

气缸压力的检测工作页

17 级汽修上海通用冠名班

组别：＿＿＿＿＿＿＿＿

姓名：＿＿＿＿＿＿＿＿

气缸压力的检测

【点评】

校企合作课程开发类型可有多种，常见的是两类：单企订单型课程开发和群企普适型课程开发。单企订单型课程开发的课程只适用于在该企业就业的学生；群企普适型课程开发的课程适用于在同行业不同性质企业的学生。两种类型课程开发都需要通过召开实践专家访谈会、转化实践专家访谈会成果等方式构建由课程框架体系和学习任务体系支撑的《××专业对接型课程计划》，并据此计划进一步开发课程资源。但相比之下，单企订单型课程开发程序比较简单，只要学校的专业院系和一个企业协商开发课程即可。课程开发类型不同，活页式教材也不一样。该教材所用班级为上海通用冠名班，是山东省城市服务技师学院汽车专业与上海通用汽车公司合作培养的专业。由此可知，其课程开发类型属单企订单型课程开发。

课前自学

【学习目标】

通过自学微课、查阅资料，能够正确写出气缸压力检测前应做哪些准备工作。

【知识学习】

1. 气缸压力的概念。

2. 气缸压力检测前的工作准备。

【引导问题】

1. 通过分析任务书，写出待检测车辆出现了哪些故障？

＿＿＿＿＿＿＿＿＿＿＿＿＿＿＿＿＿＿＿＿＿＿＿＿＿＿＿＿＿＿＿＿＿＿＿＿＿＿＿

＿＿＿＿＿＿＿＿＿＿＿＿＿＿＿＿＿＿＿＿＿＿＿＿＿＿＿＿＿＿＿＿＿＿＿＿＿＿＿

2. 气缸压力检测前应做哪些准备？

＿＿＿＿＿＿＿＿＿＿＿＿＿＿＿＿＿＿＿＿＿＿＿＿＿＿＿＿＿＿＿＿＿＿＿＿＿＿＿

＿＿＿＿＿＿＿＿＿＿＿＿＿＿＿＿＿＿＿＿＿＿＿＿＿＿＿＿＿＿＿＿＿＿＿＿＿＿＿

【点评】

1. 课前自学部分安排三项内容：学习目标、知识学习、引导问题。"知识学习"＋"引导问题"刚好满足"学习目标"的要求。三项内容具备内涵逻辑的自洽性。

2. "学习目标"句式符合要求。

3. "知识学习"作业 2 个，"引导问题"2 个，数量合适。

课中导学

【学习目标】

1. 能够明确维修工作交接程序，准确复述学习任务全过程和要求。

2. 能够规范化制订气缸压力检测的工作计划。

3. 能够正确拆装高压线圈、火花塞等零件，规范组装气缸压力表。

4. 能够严格把控测量运转条件，进行规范化测量。

5. 能够正确计算、分析测量结果，撰写测量报告。

6. 能够遵守安全操作规范，做好 6S 管理。

【点评】

与"课前自学"的学习目标相比，其句式有所不同，但符合要求。

【知识学习】

1. 气缸压力表的使用方法和步骤。

2. 气缸压力单位的换算关系。

3. 气缸压力检测的步骤。

【点评】"知识学习"内容共 3 点，特点是简明。

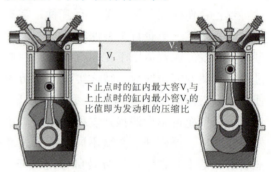

下止点时的缸内最大容 V_1 与上止点时的缸内最小容 V_2 的比值即为发动机的压缩比

【引导问题】

明确任务阶段问题：

1. 试说明什么是气缸压缩压力？（见图 7-6）

图 7-6　气缸解剖

_____

_____

2. 汽油机的气缸压力标准值应该是多少？

_____

_____

制订计划环节问题：

通过观看《气缸压力表的使用方法》的视频，回答以下引导问题。

1. 气缸压力表是由哪几部分组成的？（见图 7-7）

_____

_____

_____

图 7-7　气缸压力表

2. 根据气缸压力单位 bar、psi、kpa、mpa、kg/cm² 的换算关系，完成以下计算。

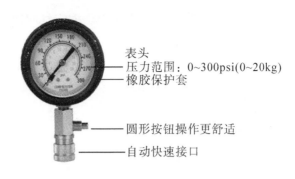

表头
压力范围：0~300psi(0~20kg)
橡胶保护套

圆形按钮操作更舒适
自动快速接口

5mpa = _____ kpa

1000kpa = _____ bar

14bar = _____ mpa

12bar = _____ psi

10kg/cm² = _____ psi

通过观看《缸压测试操作流程》的视频，回答以下问题。

图 7-8　气缸压力表

3. 气缸压力检测的步骤有哪些？（见图 7-9）（图 7-8 为气缸压力表表盘）

_____

_____

4. 气缸压力检测的思维导图绘制要点有哪些？

_____

_____

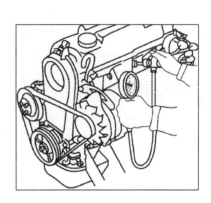

审定计划环节问题：

1. 检查自己的计划在哪些方面存在漏洞？

_____

_____

图 7-9　缸压测试示意

2. 你所绘制的思维导图，符合企业施工过程吗？请说明。

_____

_____

实施计划环节问题：

1. 你的小组名称是什么？你在小组中的角色是什么？

_____

2. 你的小组第一轮实施操作所分到的设备是实车还是台架，有什么特点？

_____

3. 实施操作过程中共需用到哪些工具？哪些防护用具？

_____

4. 你的小组测得的蓄电池电量为多少？正常吗？

_____

5. 实施测量前需要热车吗？若需要，那应该热车到多少度？（见图 7-10）

_____

图 7-10　汽车仪表盘

6. 拆卸火花塞之前要先用压缩空气吹净火花塞周围，为什么？（见图7-11）

_____
_____
_____
_____

图 7-11　吹净火花塞周围赃物

7. 测量前，是否需要断开喷油器的连接器和点火线圈插头？为什么？（见图7-12）

_____

8. 气缸压力的检测需要测量几次？最终的压力值如何计算？

_____

图 7-12　断开喷油器

9. 在第二轮互检过程中，你的小组所测得的数据和上一组所测得的数据相同吗？如果不同，请说明原因。

_____
_____

10. 在第三轮的比赛环节中，你的角色是什么？起到了什么作用？最终小组的名次是什么？

_____
_____

11. 你在第几轮充当了教师的角色？有什么感受？

_____
_____

12. "6S 管理"指的是什么内容？

_____
_____

检查控制环节问题：

1. 将检查小组的数据结果填在表7-24中。

表 7-24　各小组的数据结果

车型：		发动机型号：		
所测组号	第一缸	第二缸	第三缸	第四缸
第一次				
第二次				
第三次				
平均值				

2. 在过程控制环节中，教师提出过哪些问题？

_____

_____

总结评价环节问题：

1. 试着分析测量的结果，对汽车有哪些影响？

_____

_____

2. 总结自己在小组中的表现。

_____

_____

【点评】

1. 引导问题紧紧围绕工作过程 6 个阶段进行。

2. 每个阶段引导问题详略得当。6 个环节中，实施计划环节是重点，安排了 12 个引导问题，其余的多为 2 个引导问题。

3. 图文搭配合理。

4. 引导的问题与实际教学结合较紧。

课后拓展

【课后目标】

通过查阅资料，能够通过制作 PPT 来展示气缸压力不正常的影响因素。

【拓展任务】

任务一是必须完成项目，任务二为选做项目。

1. 能够制作 PPT 来展示气缸压力不正常的影响因素。（必选）

2. 能够正确写出气缸漏气量检测仪的使用方法和功用。（自选）

【知识学习】

国产 QLY-1 型气缸压力检测仪如图 7-13 所示。该仪器由调压阀、进气压力表、测量表、矫正孔板、橡胶软管、快速接头和充气嘴等组成，此外还须配备外部气源、指示活塞位置的指针和活塞定位盘，外部气源的压力相当于气缸压缩压力，一般为 600 ~ 900kpa，压缩空气按箭头方向进入气缸漏气量检测仪，其压力由进气压力表显示，随后，它经由调压阀、

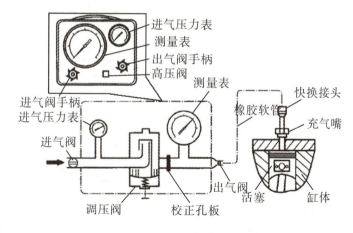

图 7-13　气缸漏气量检测仪

矫正孔板、橡胶软管、快速接头和充气嘴进入气缸，气缸内的气缸漏气量检测仪压力变化情况由测量表显示。

附件 2：维修工单

通用汽车服务中心

接 车 单 No：00000001

维修单位		车辆进站时间	年 月 日		服务顾问	
客户信息	☐车主☐送修人	地址			电话	

车辆信息	车牌号	车型	VIN码	发动机号	里程数

互动检查	是否有贵重物品	购车日期	保险日期	油箱油量 ☐空 ☐<1/4 ☐半箱 ☐<3/4 ☐满箱
	☐是 ☐否			暂留物品 ☐行驶证 ☐保险卡 ☐车钥匙

外出救援	☐是 ☐否	救援里程（往返）： （公里）	救援时间：

车身状况漆面检查，损伤部位在下图标注：

备注：

检查结果			
雨刮片清洁	中门滑轨清洁	安全带清洁
☐是 ☐否	☐是 ☐否	☐是 ☐否
车身检查			
车内检查			
发动机舱			

车辆外观检查 划痕掉漆：△ 撞伤凹凸：○

客户须知	客户故障描述	预报项目	材料费	工时费
1.客户提供资料，信息需真实有效。2.维修完成时间以通知客户接车时间为准。3.客户应在接到通知两小时内接车。4.客户违反"客户须知"产生的风险和损失客户本人自愿承担。				

客户确认：本人已周知并理解上述内容。 客户签字： 预估费用：

维修项目	备件名称	条件编码	数量	材料费	工时费	小计	维修人	客户签字

备注：1.此单一式三联，客户白联用于提车，红联用于系统开单，黄联车辆检修；2.通用汽车服务中心24小时客服热线：6666666；3.友情提示：请您将车内贵重物品及现金带走，如有遗失本公司概不承担责任；4.维修项目以维修工单为准。

【点评】

1. 课后目标是"能够通过制作 PPT 来展示气缸压力不正常的影响因素"，既与课前目标、课中目标不同，又有一定难度。

2. "拓展任务"作业有创新。一是必做题，二是选做题。

3. "知识学习"内容与之前内容相比，既不同，也有难度。

总评：从该教材内容看，比较简单，属于低年级学生教材。高年级活页式教材内容会多一些，篇幅会比较长一点。从上述点评看，这个活页式教材有诸多优点，值得同行学习借鉴。其中，鲜明的特点，一是简明，二是适用。因为简明，学生喜欢；因为适用，会有显效。

（二）教学活动安排

活页式教材编写之后，离实际教学最近的课程开发环节就是"教学活动安排"了。

1. 概念。这里的"教学活动安排"是该课程教师集体备课的产物，专指本课程所有任课教师对该课程每个学习任务的教学活动进行集体备课后形成的集体设计。该设计的成果是教学活动安排表。因此，教学活动安排表也可视为集体教案。其依据是：该学习任务的学习任务描述表和活页式教材。其"光荣"使命是：为下一步的教师个体设计教案奠定基础和指明方向。

2. 原则。"教学活动安排"应把握两个原则：一是对接性原则，须体现"教学过程与工作过程对接"的原则要求；二是框架性原则，在集体规定教学过程必须体现九个要素的同时，留下鼓励教师发挥个人优势的空间，体现教无定法的理念。

3. 结构。教学活动安排表由学习步骤、学习活动、学习目标、学习内容、学生活动、教师活动、学习资源、评价点、学时等要素组成。一个学习任务设计一个教学活动安排表。

4. 意义。为本课程所有任课教师规定教案编写的基本路径，有利于对教学资源的统筹安排；有利于教师教学水平的不断提高；有利于教学团队教科研工作不断拓展出新视野。

5. 关系。需要明确教学活动安排表与学习任务描述表、活页式教材的关系。

（1）教学活动安排表与学习任务描述表的关系。学习任务描述表来源于鱼骨图分析，是"教学活动安排表"的依据。由此而形成的教学活动安排表须与学习任务描述表的相关内容对应。教学活动安排表是对学习任务描述表的细化，是把学习任务转化为教学内容的必要措施。

（2）教学活动安排表与活页式教材的关系。首先，活页式教材编写先于教学活动安排表制订，也是教学活动安排表制订的依据。其次，二者形成互补效应。活页式教材的产生，为了向学生提供课内、外学习的材料，帮助学生完成学习任务；教学活动安排表的产生，是同一课程教学的教师集体备课的产物，是一种群体性的教学设计。活页式教材，以服务学生为主；教学活动安排表以服务教师为主。二者互相呼应，互相补充。

（3）教学活动安排表与教案的关系。教学活动安排表作为本课程教师团队集体备课的成果，指导个体教师备课和教案的编写。教案是教师进行教学的活动方案。教案的编写顺序应严格按照教学活动安排表中的"教学步骤"，并与活页式教材的相关顺序相呼应；教案的内容与教学活动安排表中的"教师活动"内容相对应，是教师活动内容的细化，更是教师组织教学方法思路的体现。在充分体现教学活动安排表相关要素及其活动的基础上，允许教师展示个性，发挥特长。

6. 教学活动安排表的模板。具体如表7-25所示。

表7-25　教学活动安排表模块

<table>
<tr><td colspan="10">教学活动安排表</td></tr>
<tr><td>课程名称</td><td></td><td colspan="4">学习任务
名称</td><td></td><td colspan="2">基准学时</td><td></td></tr>
<tr><td>教学
环节</td><td>学习
目标</td><td>学习内容</td><td>学生
活动</td><td>教师活动</td><td>评价点</td><td>资源准备</td><td>课时</td><td>场地</td></tr>
<tr><td>编制
要求：
对应
鱼骨
图脊
柱骨
六个
环节</td><td>编制要
求：对应
学习任务
描述表的
目标要求</td><td>编制要求：
对应鱼骨图
中各环节知
识、技能、
素养的分析
结果，完整
实现本学习
任务的学习
目标</td><td>编制要
求：对应
每一个知
识、技
能、素养
点设计学
生自主学
习的活动</td><td>编制要
求：对应
学生活
动，设计
教师引导
学生自主
学习的活
动，体现
教学设计
思路</td><td>编制要
求：对应
学习目标
设计可测
评的各项
目</td><td>编制要求：
列举各环
节所需要
的工具、
设备、材
料以及教
学所需资
料，为教
师教学设
计和教学
准备提供
依据</td><td>编制要求：
根据一体
化课程转
化表，结
合学校实
际情况估
算完成本
环节需要
的学时</td><td>编制要
求：根据
教学实
际情况
确定</td></tr>
</table>

（1）教学环节。应上承鱼骨图脊柱骨六个段落即六个步骤排序，下为后面诸要素的活动设计确定逻辑顺序。

（2）学习目标。与六个步骤中每个教学环节的学习目标对应。

（3）学习内容。一要与每个学习活动名称对应；二要明确该活动中学生应当学习的知识、技能、素养，体现学生主体和自主学习的理念。

（4）学生活动。一要与学习内容对应；二要明确在每个学习活动中，学生应该做什么和怎么做。

（5）教师活动。一要与学生学习活动对应；二要示范、引导学生自主学习、小组学习，完成学习任务。

（6）评价点。一要与学习活动目标对应；二要严格按目标项目要求设点并一一评价学生专业能力、方法能力、社会能力的提升情况。

（7）资源准备。一要与学习内容对应；二要提示师生完成该活动前应准备的设备、工具、材料、学习资料等。

（8）基准学时。一要与学生活动对应；二要为本课程的不同班级统筹安排课时。

（9）场地。一要与学生活动对应；二要为本课程的不同班级统筹安排教室、实训场地等。

7. 教学活动安排表实例点评

以厦门技师学院张利军主任设计的学习任务"多孔导向板加工"为例，对其6个环节的教学活动安排情况逐一分析、点评，具体如表7-26所示。

表 7-26　教学活动安排表

教学活动安排表									
课程名称		零件的加工中心加工			学习任务名称		多孔导向板加工	基准学时	26
教学环节	学习目标	学习内容	学生活动	教师活动	评价点	资源准备		场地	课时
1.了解客户需求	1.阅读任务书,明确任务要求 2.分析零件图纸,列举加工技术难点及填写切削可行性分析表	知识点: 1.视图、剖视、剖面及其他规定和简化画法 2.形位公差——平行度 技能点: 1.识读任务书,归纳任务关键要求 2.阅读零件图,读懂零件的材料、内、外形状、结构、尺寸精度和技术要求	1.学生独立阅读任务书(工作页),划出关键词 2.应用旋转木马教学活动,练习口头复述工作任务 3.独立识读零件图,查阅教材学习视图、剖视、剖面及平行度的表达方法 4.分析零件图纸,填写加工技术难点及切削可行性分析表	1.教师组织学生代表展示关键词选择并点评 2.教师组织旋转木马活动,维持活动规则及时间,点名表达欠缺的同学做全班展示 3.组织学生分析零件图纸,填写加工技术难点及切削可行性分析表,与同学形成共识	1.找关键词的全面与速率 2.复述表达的完整、清晰 3.书写的规则、内容的正确,查找的速率 4.加工技术难点分解及切削可行性分析表的合理可行	1.机械制图教材 2.加工中心零件加工工作页 3.任务书 4.零件图 5.电脑、网络		一体化教室	2

点评:
1. 值得肯定的方面
(1) 教学活动安排表9个要素齐全。
(2) 教学环节6个步骤齐全。
(3) "学生活动"项目对应"学习目标"项目。
(4) "应用旋转木马教学活动,练习口头复述工作任务"的安排有创新意义。
2. 需要改进的方面
(1) 对照该学习任务活页式教材发现:主要项目虽有对应但并非一一对应。
(2) 职业素养培育的内容欠缺。

表7-26（续）

教学活动安排表								
课程名称		零件的加工中心加工			学习任务名称	多孔导向板加工	基准学时	26
教学环节	学习目标	学习内容	学生活动	教师活动	评价点	资源准备	场地	课时
2.制定加工方案	1. 讨论加工工艺方案，填写工艺卡	知识点： 1. 工艺卡填写方法 2. 工序、工步 3. 立铣刀、麻花钻、铰刀、倒角刀的用途及选择方法 4. 切削三要素计算方法 N＝1 000Vc/πD F＝Fz×N×Z 5. 刀具材料、铝合金牌号性能 技能点： 1. 刀具手册查用 2. 机械工人切削手册查用 3. 绘制装夹示意图	1. 小组讨论工艺步骤，确定加工工序及工步，填写工艺卡工步内容 2. 小组讨论选用立铣刀、麻花钻、铰刀、倒角刀，完善工艺卡 3. 小组讨论、计算立铣刀、麻花钻、铰刀、倒角刀 N、F、H、Ac，完善工艺卡 4. 小组选择工、量、夹、刃及辅件，完善工艺卡	1. 讲解工序、工步及工艺卡片等内容，发放空白工艺卡片，组织学生讨论、填写 4 张工艺卡的工艺步骤 2. 组织讨论立铣刀、麻花钻、铰刀、倒角刀的用途及选择，组织学生完善工艺卡 3. 组织学习切削三要素计算方法，明确 Vc 与 D、N 的关系，F 与 Fz、N 点关系，Ac 与 H 的关系，组织学生完善工艺卡 4. 讲解平口钳装夹方法、游标卡尺、深度尺、千分尺选用及注意事项，组织学生绘制装夹示意图，完善工艺卡	1. 工艺文件合理性 2. 刀具选用的合理性 3. 选用工量具的合理性 4. 工作页的完成情况	1. 工艺卡片 2. 刀具手册 3. 电脑、CADCAM 软件 4. 工作页 5. 机械工人切削手册	一体化教室	1.5
	2. 加工方案陈述，制定成任务现场工作看板	知识点：任务现场工作看板 技能点：根据工作看板实施工作任务	1. 应用可视化教学法展示工艺方案 2. 小组独立制作任务现场工作看板	1. 教师组织可视化教学法展示活动，维持活动规则及时间，点评、审核、优化工艺卡完成情况 2. 组织学生制定工作任务工作看板	1. 工作看板表达得完整、清晰、合理 2. 工作看板制作效率、规范性	移动白板	一体化教室	1.5

表7-26(续)

教学活动安排表								
课程名称		零件的加工中心加工			学习任务名称	多孔导向板加工	基准学时	26
教学环节	学习目标	学习内容	学生活动	教师活动	评价点	资源准备	场地	课时
2.制定加工方案	3. 工作分工，填写工作计划表	知识点：工作计划编制方法技能点：无	1. 小组根据任务要求讨论、安排工作分工 2. 应用可视化教学法展示工作计划表	1. 教师组织学生讨论工作安排 2. 教师组织可视化教学法展示活动，维持活动规则及时间，讲解关键，与同学形成共识	1. 讨论活动组织效果、效率 2. 工作计划合理性	1. 任务书 2. 零件图 3. 电脑、网络 4. 工作计划空表	一体化教室	1
点评： 1. 值得肯定的方面 （1）知识点、技能点安排得当且区分清楚。 （2）学生活动安排充分体现小组学习、自主管理。 （3）"小组独立制作任务现场工作看板"安排具有创新意义。 2. 需要改进的方面 （1）老师若能展示自己制作的框架式加工方案供学生们参考，效果应会更好。 （2）"学习内容"中缺少职业素养培育的内容。								
3.加工准备	1. 制作刀具清单	知识点： 1. 立铣刀、麻花钻、铰刀、倒角刀的选用 2. 悬伸长度对加工精度的影响 技能点： 1. 刀具编号及刀具悬伸长度	1. 小组讨论选用刀具类型及刀具规格 2. 小组独立制作刀具清单，预设刀具编号，确定并标明刀具悬伸长度	1. 教师组织讨论活动，维持活动规则及时间，点评 2. 教师组织可视化教学法展示活动，点评、审核、各组刀具清单	1. 刀具清单表达得完整、清晰、合理 2. 刀具清单制作效率	1. 刀具清单空表 2. 电脑、网络	一体化教室	1

表7-26（续）

教学活动安排表								
课程名称	零件的加工中心加工				学习任务名称	多孔导向板加工	基准学时	26
教学环节	学习目标	学习内容	学生活动	教师活动	评价点	资源准备	场地	课时
3. 加工准备	2. 编程练习，仿真验证程序正确性	知识点：G02 G03G80 G81G82 G83 G73G74 G84G98 G99 指令格式用法 技能点：托板、推杆固定板、推杆底板及动模底板等导向板零件编程和程序校验	1. 小组独立学习 G02 G03G80G81 G82G83 G73G74G84 G98G99 指令格式用法 2. 小组独立完成编程小练习 3. 小组独立手工编写圆弧及孔加工程序，并利用仿真软件进行程序校验	1. 教师组织小组自学指令格式用法 2. 教师组织学生进行编程小练习 3. 教师组织学生完成托板、推杆固定板、推杆底板及动模底板等导向板零件编程和程序校验	1. 程序编写速率 2. 程序编写、校验准确率	1. 作业纸 2. 笔记本 3. 工作页 4. 工艺卡片 5. 加工中心编程与操作教材	一体化教室	3
点评： 1. 本环节第一个"学习目标"中的"制作刀具清单"可移入"制定加工方案"环节；第二个"学习目标"中的"编程练习，仿真验证程序正确性"可移入"零件加工"环节。 2. 本环节建议改为"审定加工方案"。								
4. 零件加工	1. 零件装夹，制作坐标零点设置操作说明	知识点：1. 六点定位原理 2. 夹紧力的位置、大小对工件的影响 技能点：1. 规范装夹工件 2. 对刀、设定工件坐标系 3. 录入或传输程序的方法	1. 小组加工前准备：机床润滑、预热，测量毛坯外形尺寸，判断毛坯是否合格 2. 装夹刀具，确保刀具安全性，找正、装夹工件并对刀 3. 程序录入、传输，独立制作坐标零点设置操作说明	1. 检查加工前的准备工作（机床、刀具、夹具、毛坯） 2. 示范程序录入/传输方法，空运行、首刀试切及注意事项 3. 组织学生制作坐标零点设置操作说明	1. 零件装夹可靠性 2. 工件坐标系设定正确性 3. 程序录入规范性和效率 4. 零点设置操作说明正确性	1. 加工中心 2. 电脑、CADCAM软件、传输软件 3. 平口钳、游标卡尺、深度尺、千分尺 4. 铝合金毛坯φ100×20，φ80×15，φ80×10，φ100×15 5. 工作页	一体化教室实训区	4

表7-26(续)

教学活动安排表								
课程名称		零件的加工中心加工			学习任务名称	多孔导向板加工	基准学时	26
教学环节	学习目标	学习内容	学生活动	教师活动	评价点	资源准备	场地	课时
4.零件加工	2. 完成试切，记录切削参数及形状补偿值	知识点：1. 机床日常保养方法 2. 机床操作规程 技能点：1. 规范操作机床加工零件 2. 观察切削状态、在线检测，调整参数	1. 规范操作机床试切削，根据切削状态适时调整切削用量，零件适时检测 2. 加工完毕后，进行自检 3. 机床保养、填写设备使用记录 4. 填写工作页	1. 检查并巡回指导 2. 检查机床使用记录、参数调整记录 3. 点评、检查工作页	1. 操作机床规范 2. 参数调整记录 3.6S规范 4. 信息收集 5. 工作页的完成情况	1. 加工中心 2. 电脑、CADCAM软件、传输软件 3. 平口钳、游标卡尺、深度尺、千分尺 4. 铝合金毛坯 φ100/×20, φ80×15, φ80×10, φ100×15 5. 工作页	一体化教室实训区	6

点评：
1. 值得肯定的方面
(1) 从"学生活动"栏目安排的活动看，学生学习内容和开展的活动过程与生产过程完全对接。
(2) 安排4个学时完成"制作坐标零点设置操作说明"。这既是技术能力培养，也是写作能力的训练。
(3) 老师"示范程序录入/传输方法，空运行、首刀试切及注意事项"的做法很好。
2. 需要改进的方面
(1) 老师"示范程序录入/传输方法，空运行、首刀试切及注意事项"的做法建议在第一个环节中也示范一次。让学生明白：即将操作的"零件加工"全过程是怎样的？
(2) "学生活动"中"加工完毕后，进行自检"的任务建议移至下一个环节"质量检测"中。这个环节的所有时间集中在人人都完成"加工"任务上。
(3) 安排6个学时完成"试切"，能否做到人人"试切"且人人过关？
(4) 建议"试切"一次，"实切"一次。因为，"试切"一次未必都能做到产品合格。
(5) 这个环节，教师要发挥"示范、巡查、纠错、控进度、控质量、控安全"等作用。

表7-26(续)

	教学活动安排表							
课程名称		零件的加工中心加工			学习任务名称	多孔导向板加工	基准学时	26
教学环节	学习目标	学习内容	学生活动	教师活动	评价点	资源准备	场地	课时
5. 质量检测	1. 制订检测方案,测量各项切削精度值,出具检测报告	知识点: 1. 误差分析方法 技能点: 1. 量具选用及检测 2. 形位公差——平行度检测	1. 小组根据图纸讨论、制定检测方案 2. 小组根据检测方案领取量具 3. 规范检测、填写检测报告 4. 判定零件是否合格,是否可以返修 5. 误差分析 6. 填写工作页	1. 讲解、示范量具使用方法 2. 发放零件检测表 3. 指导学生检测 4. 引导学生进行误差分析 5. 点评	1. 量具选用合理 2. 量具使用规范性 3. 量具是否保养 4. 误差分析是否准确 5. 检测表填写是否规范	1. 常用量具及检测工作台 2. 零件图 3. 零件 4. 检测表 5. 工作页	测量室	2
	2. 制作生产作业指导书	知识点: 无 技能点: 1. 制作加工全过程作业指导书	1. 小组查阅过程记录,讨论制定加工全过程作业指导书 2. 小组对作业指导书进行展示	1. 教师组织讨论活动,维持活动规则及时间,点评 2. 对作业指导书进行评价	1. 指导书制作效率、质量 2. 语言表达完整、清晰、合理	1. 任务书 2. 零件图 3. 工艺卡片 4. 过程记录 5. 工作页	测量室	2
	点评: 1. 值得肯定的方面:一项"制订",一项"制作",都既是专业能力的培养,也是写作能力、团队协作能力、沟通交流能力的训练。 2. 需要改进的方面:本环节活动名称可改为"检查控制",包括交付客户验收前的两项内容,即学生自检和小组互检。							

表7-26（续）

教学活动安排表								
课程名称		零件的加工中心加工			学习任务名称	多孔导向板加工	基准学时	26
教学环节	学习目标	学习内容	学生活动	教师活动	评价点	资源准备	场地	课时
6.交付验收	1. 展示汇报，技术分享	知识点： 1. 验收标准 2. 工作总结内容及要求 技能点： 1. 评价内容、权重、统计	1. 小组按验收标准进行工艺、功能预验收，填写验收单 2. 展示汇报 3. 独立填写工作总结表格	1. 教师组织小组进行预验收 2. 教师组织学生进行任务完成情况展示汇报 3. 教师组织对学习过程进行反思，填写工作总结	1. 语言表达清晰、逻辑性强 2. 工作总结有无技术深度 3.PPT完成质量	1. 任务书 2. 验收标准 3. 工作总结内容及要求 4. 过程考核评价表 5. 教学效果评价表 6. 工作页	一体化教室讨论区	1
	2. 交付验收，教学评价	技能点： 1. 交付验收、质量反馈	1. 小组向教师提交产品、质量检测报告 2. 清晰、准确、简明地向班组长反馈产品质量 3. 独立进行自我评价、轮值组长进行小组评价	1. 教师按图纸要求检验产品质量 2. 听取学生质量汇报 3. 组织实施自评、小组评价、对学生进行教师评价	1. 零件检测报告 2. 质量反馈意见建议表达效果	1. 电脑 2. 投影仪	一体化教室讨论区	1
点评：本环节名称可改为"验收总结"，包括三项内容，即验收、评价、总结。								

第三节　公共基础课程开发

国家对职业教育领域的公共基础课高度重视，对不同层次职业学校公共基础课的课程名称、教材编写等均有明确的规定。公共基础课程开发应当严格遵循国家规定。

一、对公共基础课的认识

（一）设置公共基础课的必要性

（1）公共基础课与学生素质教育密切相关。按照我国德智体美劳全面发展的教育方针，职业学校所设公共基础课课程可以归纳为思想政治素质、科学文化素质、身心素质、审美素质、职业素质五类，与全面发展的教育方针的要求基本吻合。可以说，职业学校的公共基础课的重要使命是人文素质培育，可对职业学校学生素质提升发挥巨大作用。

（2）新发展阶段技术技能人才培养需要公共基础课。我国已进入经济社会高质量发展的新发展阶段。与之相适应，用人单位对高素质技术技能人才的需求增大。职业学校培养高素质技术技能人才，不能仅靠专业课和基本技能（专业基础）课，也需要公共基础课。通过公共基础课教育，提高学生的思想政治素质、科学文化素质、身心素质、审美素质等。可以说，公共基础课是职业学校高素质技术技能人才培育不可或缺的重要平台。

（二）公共基础课与专业课关系

（1）各有所长，互相渗透。公共基础课与专业课各有所能，不可替代。专业课主要培养学生的技术技能；公共基础课侧重培育学生的人文素质。技术技能的培养既有利于学生毕业就业，又有利于学生毕业就业后的专业发展；人文素质的培养不仅有助于学生毕业就业的稳定，而且为学生职业生涯可持续发展奠定基础。公共基础课与专业课互相渗透。正如二者的区别客观存在一样，二者的联系也"亦此亦彼"地存在着。那些为专业课学习做准备的课程，如专业英语、应用写作、专业数学，无疑与专业课直接相关。即使是与专业课无直接相关的课程，也通过"素质"的桥梁，联系着两类课程对学生整体素质的修炼。由于两类课程都分担着培养整体素质的责任，因此，无论是专业知识的传授，技术技能的训练，还是思想品德的培育，实际上都在联系中运行。

（2）既具服务性特点，又具独立性功能。专业英语、应用写作、专业数学、职业素养、就业创业等课程是学生专业学习的一种基础性教育，对应专业课而设，具有为专业课服务的特点；思想政治、艺术等课程就具有独立性功能。为此，应该对职业学校公共基础课地位进行重新界定。既要认可其为专业课服务，也要承认其具有独立性功能。

（三）公共基础课结构

公共基础课结构由"横三竖四"构成，如图7-14所示。

（1）"横三"，是对公共基础课程开发类型结构的要求。"横三"，指公共基础课程由横向并列的三种课程类型构成：一是国家规定课程，如思想政治、语文、历史；二是其他基础课程，如数学、英语、计算机基础与应用、体育与健康等；三是职业素养课程，如自我管理、自主学习、理解与表达、交往与合作、信息检索与处理、就业与创业等课程。职业素养类课程是职业教育公共基础课区别于普通教育公共基础课的标志，属于必修课。倘不设置这类课程，职业教育公共基础课就等同于普通教育公共基础课。

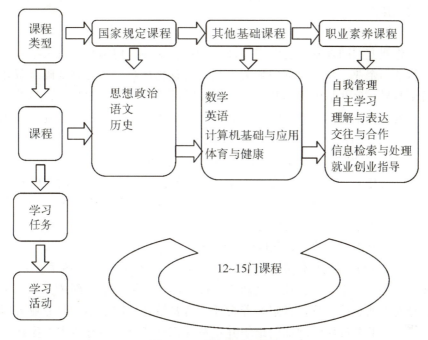

图 7-14　公共基础课结构

（2）"竖四"，是对公共基础课程开发层次结构的要求。每类课程均包括四个层次：课程类型、课程、学习任务、学习活动。课程开发的主要任务是按照课程类型，开发相关课程及课程所包括的学习任务、学习活动。

由于公共基础课总课时占一个专业总课时的 30% 左右，因此，公共基础课程数量不宜太多。国家规定课程、其他基础课程、职业素养课程三者的数量以 12~15 门区间为宜。

国家规定课程、其他基础课程、职业素养课程三类课程共同构成职业学校公共基础课课程体系。

二、公共基础课程开发的基本要求

（一）开发的范围

公共基础课程开发范围比较复杂。由于一部分公共基础课程教材由国家或省级行政管理部门统一开发和编制，因此，开发范围以职业素养课程为主，兼顾部分"其他基础课程"为宜。

（二）开发的主体

公共基础课程开发主体是学校公共基础课教师、社会相关单位人员。

（三）开发的机构

成立两级机构。学校层面，设立校社合作公共基础课指导委员会。其成员由学校，当地相应级别的工、青、妇组织，企事业单位，行业协会等相关合适人员组成，要像学习层面的校企合作协调指导委员会一样，指导全校公共基础课课程改革工作。公共基础课部层面，应设立校社合作课程开发小组。其成员由学校，当地相应级别的工、青、妇组织，企事业单位，行业协会等相关专业人员组成，具体协调、开展公共基础课课程开发工作。

（四）开发的形式

校社合作双方共同开发。这里的"社"指社会团体，包括相关机关事业单位、社团组织、行业、企业、社区等部门相关人员。信息化社会，与公共基础课程相关的内容信息日新月异。公共基础课程开发单靠本校教师不行，应走出校门，与社会相关人员合作，开发出让学生不是"睡中学，学中睡"，而是"做中学，学中做"的课程。

（五）开发的路径（以职业素养课程开发为例）

第一步，校社合作课程开发小组制定调研方案，包括调查问卷。

第二步，与相关企业人力资源资深干部、科研院所相关专家、同类院校职业素养课程教师、毕业学生代表所在单位联系，确定有经验、有代表性的人员作为参加职业素养访谈会代表人选，其也可泛称为专家。

第三步，召开专家访谈会，完成四个任务：

（1）确定职业素养典型任务。职业素养涉及面广，包括敬业、诚信、务实、表达、协作、主动、坚持、学习、自控、创新等方面。那么，学校是全部选择，承担全部培养责任，还是有所选择，承担有限培养责任，需要结合不同学生不同专业方向成长要求确定。学校公共基础课管理部门组织并主持专家访谈会，引导各类专家通过头脑风暴和集体协商方式确定不同专业学生都需要的职业素养公共基础类内容，确定职业素养典型任务，形成职业素养典型任务列表，如表7-27所示。

表7-27　职业素养典型任务

序号	典型任务
1	敬业与诚信
2	交往与合作
3	理解与表达
4	自主学习
5	信息检索与处理
6	自我管理
7	主动与坚持
8	通用职业行为
9	专项职业行为
10	解决问题能力训练
11	创新意识训练
12	就业创业指导

（2）确定职业素养层级和对应的典型任务。一要根据专业培养层级划分职业素养培育层级；二要根据职业素养培育层级明确与之对应的典型任务，形成职业素养培育层级和典型任务表，如表7-28所示。

表 7-28 职业素养培育层级和典型任务

层级	典型任务
一年级	敬业与诚信类任务
	交往与合作类任务
	通用职业行为类任务
	主动与坚持类任务
二年级	理解与表达类任务
	自主学习类任务
	专项职业行为类任务
	创新意识训练类任务
三年级	信息检索与处理类任务
	解决问题能力训练类任务
	自我管理类任务
	就业与创业类任务

（3）确定参考性学习任务。学校通过进一步研讨产生支撑典型任务的参考性学习任务。每个典型任务讨论产生 3~5 个参考性学习任务，汇总成参考性学习任务列表。如典型任务"理解与表达"确定了 4 个参考性学习任务，如表 7-29 所示。

表 7-29 参考性学习任务

参考性学习任务 1			
序号	名称	概要	学时
1	校园人物访谈	本任务要求学生在校园里找一位对自己有正面影响或感动自己的人物进行访谈，人物可以是老师、学生或校工，访谈主题要积极向上。访谈结束后学生能用课件、情景模拟、视频等形式分享访谈过程，通过学生、老师与被访者三方评价的方式对其进行评价，评选出优秀访谈小组	
2	专业产品推介	本任务要求学生选择一份专业产品，利用各种沟通方式收集专业产品信息，然后向老师和同学推介，完成专业产品班级推介。在这一过程中锻炼学生的面对面沟通和电话沟通能力，学生能够熟练运用沟通中的赞美、拒绝和化解冲突的方法和技巧	
3	设备维修文书撰写	本任务要求学生根据特定的工作情境，完成指定的工作文书。在完成工作的过程中要学会相应的应用文的撰写，能根据实际需要，独立规范地进行书面沟通	
4	职业素质主题辩论	本任务要求学生先学习非语言沟通的基本知识，掌握非语言沟通的基本技巧，学会察言观色，掌握职业姿态的基本范式，掌握职业沟通之与上司、同事、客户之间沟通的原则和技巧，逐步养成良好的职业沟通意识和习惯。之后，根据所学内容，自学《职业素质养成》，并围绕《职业素质养成》中的主题进行即席发言，交流分享心得体会。最后各小组派选优秀选手参加班级"职业素质养成"辩论赛	

注：此为广州工贸技师学院副院长张丽芳提供的材料

以一门课程平均确定 4 个学习任务计，12 门职业素养课程，就有 48 个学习任务。这 48 个学习任务就构成职业素养课程参考性学习任务体系。

（4）在职业素养培育层级和典型任务表和参考性学习任务列表基础上，构建出职业素养课程框架体系。

职业素养课程开发路径如此，"其他基础课程"，如数学、英语、计算机基础与应用、体育与健康等课程也可参照进行。把数学知识与学生毕业后从事工作所需的数学知识串联起来开发数学课程的学习任务；把英语知识与学生毕业后从事工作或日常生活所需的英语知识串联起来开发英语课程的学习任务；把计算机基础与应用与专业对口企业网络工作过程及相关业务结合起来开发计算机基础与应用课程的学习任务；把体育与健康课程开发与体育项目、心理健康项目结合起来开发相关课程及其学习任务。总之，学校不应按普通教育公共基础课课程开发模式，而应参照专业课对接型课程开发模式进行职业教育公共基础课课程开发。采用这样的办法开发课程，能使职业学校公共基础课课堂上的学生不是"睡中学，学中睡"，而是"做中学，学中做"。

三、公共基础课学习任务的确定

（1）确定学习任务的主体。公共基础课学习任务确定的工作由公共基础课教师集体讨论完成。

（2）确定学习任务的目的。确定学习任务的目的是将参考性学习任务列表细化、改造成可直接用于教学的学习任务。以职业素养课程为例，一门课程确定 3~5 个学习任务即可。

（3）确定学习任务的工具。每一个学习任务的细化和改造须统一按以下表格进行，如表 7-30 所示。

表 7-30　学习任务描述

课程名称			
学习任务名称		学习任务学时	
任务描述			
学习目标			
学习内容			

表7-30（续）

教学建议	
考核评价	

四、公共基础课课程方案的制定

在完成课程框架体系和学习任务体系构建的基础上，需进一步制定公共基础课课程方案。公共基础课领域的《×××课程方案》相当于专业课领域的《×××专业对接型课程计划》。

（一）明确参照系

制定公共基础课课程方案应参照对应的《××专业对接型课程计划》，特别是"职业素养课程"和"其他基础课程"中与专业课关系密切的课程标准的制定，至少与《××专业对接型课程计划》中的培养目标对接，体现服务性特点。

（二）公共基础课课程方案的结构

公共基础课分为国家规定课程、其他基础课程、职业素养课程，三者内容之间存在一定的"模糊地域"。课程方案的设置与对接型课程计划相比，具有特殊性：一是公共基础课课程方案应按课程类型分成三个，即国家规定课程方案、其他基础课程方案、职业素养课程方案；二是组成公共基础课课程方案的要素比较简单，主要有三个，即课程安排、课程标准、学习任务。课程目标、教学建议、考核评价等内容"下放"至"课程标准"中。

1. 课程的安排

学校可以参照下表设计课程安排表，如表7-31所示。

表7-31　课程安排

课程类型	序号	课程名称	学习任务	任务学时	学期学时安排					
					第1学期	第2学期	第3学期	第4学期	第5学期	第6学期

课程安排表的制定受公共基础课总课时影响。整体看，公共基础课总课时只能占

一个专业总课时的 30% 左右。三类公共基础课程，平均仅占 10%。以职业素养课程为例，专家访谈会提炼了 12 门课程，平均一门课程 4 个学习任务，共 48 个学习任务。实际运行中，每个专业每个层级的班级把 12 门课程全部上完是不现实的。各专业各层级的班级对于职业素养课程须有所选择。学校在制定课程安排表时，应由专业院系与公共基础课两个部门人员共同商讨决定。

2. 课程标准的制定

课程标准是公共基础课程开发的核心工作。它既是公共基础课程开发成果的集中展示，同时也是指导公共基础课教师教学科研的纲领性文件。

（1）课程标准制定的步骤和要求如表 7-32 所示。

表 7-32　××课程标准

课程名称		基本学时	
步骤	项目	要求	
1	课程描述	1. 对应校社合作确定的学习任务，阐述设置本课程的必要性 2. 描述完成本课程学习任务（学习任务不超过 5 个）的步骤，一般包括明确任务、教师示范、学生实施、互评验收、总结改进五个环节 3. 明确学生完成学习任务需要采用的主要方法	
2	课程目标	按照"通过完成什么工作，形成什么工作成果，提高什么能力"的格式描述。具体目标一般不超过 5 条	
3	学习内容	侧重社会能力和方法能力的训练内容	
4	学习任务	1. 学习任务名称 2. 每个学习任务的能力特征 3. 规定每个学习任务的教学学时	
5	教学实施建议	1. 教学组织形式的建议 2. 师资条件的建议 3. 师生配比的建议 4. 学材和相关资料的建议 5. 教学步骤的建议：主要教学环节可安排明确任务、教师示范、学生实施、互评验收、总结改进五个环节，可称为"五环教学法" 6. 场地与设备的建议	
6	考核评价要求	一门课程采用阶段性评价和终结性评价相结合的方式。一个学习任务结束时进行的评价相对于一门课程评价属于过程性评价。终结性是一门课程结束时的评价。终结性评价一般采用学生未学过的且与已学过的学习任务难度相近的任务作为考核评价的载体。课程成绩=过程性评价 60%+终结性评价 40%	

（2）《数字应用能力课程标准》案例点评如表 7-33 所示。

表 7-33　数字应用能力课程标准

课程名称	数字应用能力	学时	72
课程描述	数字运用能力是日常生活中和从事各种职业必备的能力之一。绝大多数工作都需要从业人员具备一定的数字运用能力。"数字应用能力"课程主要通过"在校生消费习惯的调查与分析""个人理财方案的制定""专业学习工作站的设计与优化"三个任务的训练，让学生根据生活与工作实际需要，学会并运用数据收集、处理、应用的方法与技巧解决问题，提高数字应用能力，提升职业素养 点评：符合"标准"规范要求。特别是写明该课程的三个任务和完成上述任务建议采用的方法		
课程目标	数字应用能力是人们生存与发展必备的能力之一。该课程旨在使学生掌握数据收集、处理和展示的办法，掌握数字运算与运用的方法与技巧 1. 通过"在校生消费习惯的调查与分析"，学习调查问卷设计的方法与技巧，锻炼学生数据处理和分析的能力 2. 通过"个人理财方案的制定"，学习理财知识，收集个人财务信息，利用财务知识，制定符合自身实际的理财方案 3. 通过"专业学习工作站的设计与优化"，培养学生将数学知识运用与测量、设计与绘画的能力 点评："目标"的描述规范、精炼、清晰		

学习内容

1. 调查指标的设计
2. 信度与效度的原则
3. 调查问卷的设计
4. 调查队伍的组建方法
5. 数据收集与记录的方法
6. 访谈技巧
7. 数据的整理与加工方法
8. 统计分析的方法
9. 统计表的制作
10. 统计图的制作

11. 调查报告的撰写
12. 商场促销折扣的计算
13. 分期付款的各种计算方法
14. 个人所得税的计算
15. 存贷款利息的计算
16. 保险产品的评估与购买
17. 测量的方法与技术
18. 读图的能力
19. 空间优化
20. 成本核算
21. 绘图能力

点评：第一，21项内容偏多；第二，主要是方法能力的训练，社会能力的内容欠缺。建议：在适当增加合作沟通能力训练等内容前提下，压缩训练项目

学习任务

序号	名称	能力特征	学时
1	在校生消费习惯的调查与分析	能采用适当方式收集数据、验证数据，并能对数据进行分类、汇总、处理和展示	20
2	个人理财方案的制定	能掌握理财相关数据的计算方法，以专业的方式展示计算结果，并能运用于个人生活	32
3	专业学习工作站的设计与优化	能综合运用数据收集、筛选、分类、归纳、整理、计算的方法，对生活、学习、工作中的问题进行分析、评价、设计和预测	20

点评：能力特征分析比较到位，但课时安排欠合理。建议："个人理财方案的制定"的课时可以减少到12课时。多出的20课时平分给第一和第三个任务

表7-33（续）

教学实施建议
1. 教学条件 （1）教学设备：多媒体教学设备、实物投影仪、展示板、计算机、张贴板、白板、录音笔、相机、摄像机、油性笔、白板擦 （2）学习资料：学习资源库、工作页。①"在校生消费习惯的调查与分析"的学习资料：工作页、各种说明书、学习任务书、计算机、网络资源等。②"个人理财方案的制定"学习资料：工作页、学习资源库、演示视频与图片、个人理财案例。③"专业学习工作站的设计与优化"的学习资料：工作页、央视《交换空间》节目、现有学习工作站的设计方案、绘图工具 （3）教学场地：学习工作站、职业活动展示室、计算机机房 （4）教师安排：①一般安排一名教师。师生比不大于1：40。如果需要，可以采用两名教师。一个主讲，一个辅讲。②教师须具备完成本课程的实际工作经验和一体化教学经验 2. 组织形式 （1）学生6~8人为一组 （2）以小组学习为主，教师课堂教学和学生独立学习为辅，三种方式可交替进行。行动导向教学法贯穿教学全过程 点评： 1. 肯定的方面："教学实施建议"主要包括"教学条件""组织形式"两个方面，比较详细。特别是三个任务分别有"学习资料"的建议 2. 不足的方面：缺乏"教学步骤"的建议
教学考核
1. 课程考核方式。该课程的考核方式是针对三个学习任务的内容分别设置的，具体如下： 任务一："在校生消费习惯的调查与分析"。通过运用获取数据的方法，组织并实施消费习惯的调查，以及消费习惯调查数据的整理和展示，考核学生数据应用和信息处理的基本能力 点评：这个任务考核的重点应是调查问卷的质量、数据应用准确度、数据分析准确度，因此，"任务一"调整建议如下："在校生消费习惯的调查与分析"的考核内容主要是调查问卷的质量、数据应用准确度、数据分析准确度。考核的方式建议为自我评价、小组评价、教师评价相结合 任务二："个人理财方案的制定"。通过对各种理财方法和手段的分析，归纳这些理财方法蕴藏的数学原理，考核学生归纳能力、运算能力与理解能力 点评：这个任务考核的重点主要是理财方法中的数学原理、学生的归纳能力、运算能力、理解能力，因此，"任务二"调整建议如下："个人理财方案的制订"的考核内容主要是理财方法中的数学原理、学生的归纳能力、运算能力、理解能力。考核的方式建议为自我评价、同学评价、教师评价相结合 任务三："专业学习工作站的设计与优化"。通过第三方评价的方式，对学生的设计方案进行评比，从而提高学生综合运用数据收集、筛选、分类、归纳、整理、计算方法的能力 点评：这个任务考核的重点主要是运用数据收集、筛选、分类、归纳、整理、计算方法的能力，因此，"任务三"调整建议如下："专业学习工作站的设计与优化"的考核内容主要是学生综合运用数据收集、筛选、分类、归纳、整理、计算方法的能力。考核的方式建议是第三方评价 2. 评价内容。调查问卷的质量、个人理财方案的可行性、学习工作站的改进程度 3. 评价方式。过程性评价与终结性评价相结合；自我评价、同学评价、教师评价相结合 4. 评价标准。以纸笔测试、口头测试、访谈过程技巧、调查数据的整理和展示、调查报告等为依据 点评：由于三个任务的评价内容和方式已经明确了，所以，"2"的评价内容可删。"3. 评价方式"可改造为："3. 评价方式。过程性评价与终结性评价相结合"。过程性评价成绩即三个任务评价成绩的加权。终结性评价即第三方评价成绩

（以上引自王红梅《通用职业素质课程方案》，机械工业出版社，2013年版，第105页）

3. 学习任务的安排

由于公共基础课总课时的限制，学校对公共基础课课程必须有所选择，不能开发多少使用多少，学习任务的安排也只能在所开发的学习任务体系中，随公共基础课课程的选择而选择3~5个。之后，相关教师将选定的学习任务填入与课程名称对应的位置。

五、公共基础课课程学材的编写

课程学材编写的依据是该课程的课程标准，一般是一门课程为一本学材。每本学材包括该门课程的若干学习任务。每个学习任务可以借鉴对接型课程开发方式，但不宜照搬，建议根据各课程类型实际，施行多步教学法，包括以明确任务、教师示范、学生实施、互评验收、总结改进五个环节为主要步骤形成的公共基础课的五环教学法。此法应与对接型课程明确任务、制订计划、审定计划、实施计划、检查控制、验收总结六个环节形成的六步教学法相区别。

1. 遵守国家规定

严格执行国家和省关于教材管理的规定，规范教材选用。同时，根据需要，编写反映自身特色的校本学材。

2. 确定编写人员

课程学材的编写人员应该是多主体合作的团队。其中，本校具有一线教学经验的骨干教师应是主体，同时，可以选择相关社会组织的专家参加。

3. 创新编写方法

课程学材的编写方法需要创新，建议参照广州工贸技师学院的"学习任务体验式编写方法"。该院的方法是：

（1）设立机构。组建由教学一线骨干教师为主体，邀请社会相关人员参加的学材编写小组。

（2）分配课程。根据教师业务特长、教学特点分配给不同的课程开发任务。

（3）布置"作业"。让教师明确将来需教的课程后，在规定的时间内接受学材编写小组布置的"学习任务教师体验作业"。该"作业"包含这门课程的所有学习任务。例如：学习任务教师体验作业本（节选），如表7-34所示。

表7-34　学习任务教师体验作业本

任务名称	体验时间
任务一：专业书籍的阅读与讲述	6月20日—6月22日
任务二：工作过程的观察与讲述	6月25日—6月27日
任务三：自选用品的维修与制作	6月29日—6月30日
任务四：指定课程的自学与授课	7月3日—7月5日

4. 完成"作业"。每位教师从参加编写的"学习任务教师体验作业本"中选择一个作为体验作业，按照以下要求，完成体验，并递交"作业"——写出该学习任务的体验报告。报告应包括但不止以下内容，具体如表7-35所示。

表 7-35　学习任务体验报告

体验任务名称	体验要点
任务一：专业书籍的阅读与讲述	选择该项目的原因
	学习或阅读过程情况实录（录像和照片）链接附件（可单独另建一个文件夹）
	遇到的困难及解决方案
	学习任务选择、实施及总结过程中需要的教学资源
	该任务"教学实施"的建议（课堂教学及 16 课时分配方案等）
	对学材编写的建议（注意的事项）

（5）分组与体验汇报程序。参加体验的教师按照课程大组和任务小组两个层次分组。任务小组每组 5 人，分成若干组。体验汇报分成任务组汇报和课程大组汇报两种，先在任务组汇报，集中大家意见修改后，再到课程大组汇报。

（6）体验汇报。所有任课教师都必须在任务小组上汇报自己的任务体验。

（7）样章编写。一是学材主编和学材编写人员要统一认识：一个学习任务为本门课程的一个部分。一门课程编写一本学材，所以，一个学习任务成为本学材的一章。二是学材主编负责选定一个学习任务作为"样章"。三是要求本学材的编写人员集中起来，坐在一起，根据书的体例、顺序，由主编统筹，逐节、逐段、逐句编写并经过讨论，统一学材内容的取舍、语句的表达、结构的安排、风格特点的选择等意见。样章编写出来之后，要求其他章节的编写都必须按照样章的样式和要求进行。以此确保学材编写的质量和学材使用后的效果。

六、教学活动安排表的制定

（1）概念。教学活动安排表是集体行为——凡是该课程相关的教师都应共同参与讨论、确定，属于集体设计（集体备课）。集体设计的成果形成"XX 教学活动安排表"。

（2）结构。教学活动安排表的容量是一个学习任务。一个学习任务安排一份教学活动安排表。每份教学活动安排表由学习活动、学习目标、学习内容、学生活动、教师活动、学习资源、评价点、学时、地点共 9 个要素组成。教学活动安排表模板如表 7-36 所示。

表 7-36　教学活动安排

教学环节	学生活动	教师活动	学习内容	学习资源	活动评价	学时	地点
明确任务							
教师示范							
学生实施							
互评验收							
总结改进							

公共基础课程的教学活动安排表与对接型课程的教学活动安排表相比，环节数量、环节名称、环节内容等均有所不同。其主要原因是：公共基础课程开发虽参照专业课对接型课程开发模式进行，但参照不等于照搬，课程类型不同，课程内容不同，课程教学步骤应该有所差别。当然，公共基础课程五环教学法只是职业学校，特别是高职院校公共基础课程的教学方法之一，而不是唯一。广大公共基础课教师可以探索其他更好的教学方法。

（3）制定步骤与程序。教师可参照对接型课程的教学活动安排表的步骤与程序，结合公共基础课程和本校实际情况进行。

第八章

课程教学

第一节　专业课教学

为确保学生学与用结合，职业学校应在推行对接型课程的基础上，推行专业课对接教学模式。

一、对对接教学模式的认识

（1）对接教学模式的概念。所谓对接教学，即教学过程与生产（工作）过程对接的教学。教学过程与生产（工作）过程对接就是生产（工作）过程与学习过程结合。其实质是工学结合，精准培养。换言之，对接教学，就是采用工学结合，精准培养模式教学。与对接教学相关的概念有：对接型课程、对接型教师。依据对接型课程要求，由对接型教师组织开展的将教学过程与生产（工作）过程对接的教学就叫对接教学模式。

（2）对接教学模式的依据。对接教学模式有两个依据：一是国家要求。国务院《关于加快发展现代职业教育的决定》（国发〔2014〕19号）提出，职业学校要"服务经济社会发展和人的全面发展，推动专业设置与产业需求对接，课程内容与职业标准对接，教学过程与生产过程对接，毕业证书与职业资格证书对接，职业教育与终身学习对接"。国务院《国家职业教育改革实施方案》（国发〔2019〕4号）也明确，职业学校要"按照专业设置与产业需求对接、课程内容与职业标准对接、教学过程与生产过程对接的要求，完善中等、高等职业学校设置标准，规范职业院校设置"。二是市场要求。人力资源市场要求职业学校的教学内容与之对接，学校培养出来的毕业生要适应就业岗位的能力素质要求。

（3）推行对接教学模式的必要性。职业教育专业课的神圣使命是坚定不移地解决学与用"两张皮"问题。只有通过专业课学与用相结合，才能使职业学校持之以恒地为我国保持技术技能人才需求侧与供给侧之间大体平衡，促进经济社会高质量发展作出应有贡献。而要实现学与用相结合，有效途径是开展对接教学。因为对接教学就是将所教、所学、所用"三所"对接。"三所"对接是实现职业教育由参照普通教育办学模式向企业参与、专业特色鲜明的类型教育转变的突破口。

（4）对接教学与产教融合的关系。对接教学是产教融合的具体化。因为教学过程与生产过程对接的"生产过程"这端就连着产业企业。连接产业企业需求的教学就是产教融合最具体、最扎实的表现。

（5）对接教学模式的结构。对接教学的结构是六步教学法，即按照明确任务、制订计划、审定计划、实施计划、检查控制、验收总结六个步骤实施教学。

六个步骤之中，只有"实施计划"环节与生产过程（工作过程）直接对接，属于生产性内容。其余五个环节都是教育性的内容。对接教学模式不赞同将学校的专业课教学内容简单化地与企业岗位工作内容划等号。学生只是兼准职业人身份，而不是企业员工。学会岗位工作，掌握专业能力是必要的，但不是唯一的。对于需要为身心健康成长打好基础的青年学生而言，非专业能力培养十分必要且受用终生。六步教学法的其他五个步骤的学习正是着眼于非专业能力培养。

六步教学法其实就是人力资源和社会保障部 2008 年开始探索，至今仍在推行，实践证明有效的工学结合一体化课程教学方法。将一体化课程教学改称为对接教学，使贯彻国家要求的意思更明白，词义更科学合理，也更便于扩大推广范围。对接教学模式应成为我国职业教育专业课教师教学的方向。

二、对接教学的备课

对接教学是保证职业学校培养质量的核心环节，与传统教学模式相比，具有独特性。要想上好对接型课程，教师需要运用新思维备课。

（一）备特殊性

教师备对接教学的课，需要面对五个特殊性：

（1）备课依据特殊。对接型课程教师备课的依据不是传统的教材，而是教学活动安排表和活页式教材。

（2）备课类型特殊。对接型课程内容从企业代表性工作任务转化而来。每个代表性工作任务均体现为由六个环节构成的完整工作过程。这六个环节就是：明确任务、制订计划、审定计划、实施计划、检查控制、验收总结。对接型课程模式对应六个环节，将每一个学习任务安排成六类课程。其分别是：明确任务课（一次）；制订计划课（一次）；审定计划课（一次）；实施计划课（若干次）；检查控制课（一次）；验收总结课（一次）。教务管理部门、教学督导部门、教师、教学评价工作都得据此调整原有的思维定势，改革原有的管理制度以适应之。

（3）备课内容特殊。对接教学的备课不是将传统的专业知识传授和技能实操分开来备课，分开来教学，而是将二者融合起来，围绕"学习的内容是工作，通过工作完成学习"的要求来备课。备课的内容须与工作过程六个环节一一对应。

（4）备课形式特殊。对接教学的备课不能按"节"备课，而要按"次"备课。一个环节备一次课并教一次课。每次课不是一节课而是几节课合起来连着上。

（5）教学组织方式特殊。对接教学不仅要分组学习，而且还需组内分组学习。

（二）备原则

结合上述特殊性，教师备对接型课程教学课需掌握两个原则：一是人人过关原则。凡非团队合作才可完成的任务，全班每位同学都得完成。二是进度与质量相结合原则。每次课都要做到既完成教学计划，又保证教学质量。

（三）备教材

教师在坚持两个原则的基础上，要"吃透"活页式教材，做到"懂""透""合"。"懂"，即教师对活页式教材的基本内容了然于胸；"透"，即教师对活页式教材内容不仅理解透彻，而且会做其中的工作任务，还对其逻辑联系相当清楚；"合"，即教师能将活页式教材内容与课堂授课的具体环节结合起来，二者优势互补。

（四）备学生

由于职业学校学生整体素质的特殊状况，教师教学压力特别大，特别需要对学生情况分析到位。一是备学生的基本状况。这些状况包括学生的知识水平、专业技能程度、学习能力、兴趣爱好、个性特点、健康情况、心理状况。二是备学生的结构。抓住"大头"，兼顾"两头"。"大头"指的是班上大多数学生的水平；"两头"指的是少数学习能力强的学生和少数学习能力差的学生。"抓住大头"，从哲学的角度看，就是抓住普遍性。"兼顾两头"，就是重视特殊性。"抓住大头"为重点，"兼顾两头"不放手。"两头"之中，可以把学习能力强的少数学生视为"强头"，学习能力差的少数学生视为"弱头"。教师备课时，对于"强头"，要设置"小灶"，在"大头"层次上提高难度，让其"吃饱"；对于"弱头"，可以采取课堂上特殊"关照"和课堂外个别辅导相结合的办法处理；对实在是"刀枪不入"者的学习进度和质量须有明确而可行的特殊处理方案。

（五）备自己

所谓备自己，指上好本次课的知识准备情况、能力准备情况、教学条件准备情况。

（1）知识准备情况：一是应该在课堂上教给学生的；二是准备让学生深一步、广一步提出疑问的。

（2）能力准备情况：一是专业理论与技术技能操作相结合教学的能力；二是课堂教学的技能。

（3）教学条件准备情况：一是教学环境；二是教学手段。比如，上课将使用虚拟工厂，备课时就应安排时间在即将上课的教室里现场预先演示，确保效果。比如，上课要向学生示范工作任务，备课时就应到实操现场预先做一遍，确保无误。比如，上课时学生将用的所有设备功能是否正常，工位是否足够，备课时都要亲临现场一一落实，确保都能正常运行。

（六）备教学助手

对接型课程教学需要准备教学助手。我国职业学校班级学生多数在 40 人左右，按 6 人一组，得分 6~7 个组。由于对接教学须坚持人人过关原则，每班教师即使安排主讲、辅讲两个老师也忙不过来。为了掌握进度和质量，教师需提前在课前培训小组长。两位教师利用第二课堂或晚自习时间各培训几位小组长，在上课过程中，各小组长就可以成为教学助手。这种方法对保障进度与质量都很有作用。因此，培训小组长应成为教师备对接课的重要内容。

每位教师都应该在备课前考虑上述"六备"的情况，并在此基础上，进行教学设计，写成教案。需要明确的是：PPT不等于教案。它只是教案的部分内容的屏幕展示方式。教师要按每个学习任务的六个环节备课。每个环节写一个教案。六个环节写出六个教案，如表8-1所示。

表8-1 对接教学的教案内容

序号	环节名称	教案名称
1	明确任务	《××学习任务·明确任务教案》
2	制订计划	《××学习任务·制定计划教案》
3	审定计划	《××学习任务·审定计划教案》
4	实施计划	《××学习任务·实施计划教案》
5	检查控制	《××学习任务·检查控制教案》
6	验收总结	《××学习任务·验收总结教案》

教研室要按照这个要求接受教案。教学督导要按照这个要求评价教学。

在此基础上，学校应鼓励教师在遵循教学活动安排表基本内容的前提下，发挥创造力，把教案写得不仅规范，而且有趣味、有创意。

三、对接型课程"明确任务"课教学

（一）为什么要单独设立"明确任务"课

1. 解决学生对学习任务全过程不明确而影响学习任务完成的问题

不少学校许多老师只告诉学生下一步做什么任务，但没有通过有效的措施让学生明白完成这个任务的全过程是怎样的。这就导致：教学过程中学生知道做什么，但不清楚该怎么做。所以，除了少数学生外，相当一部分学生是在半懂半不懂的状态下参与学习的。可是，因为老师是按小组布置任务、按小组评价任务完成情况的，所以，只要个别同学会做且完成了任务，大部分不会做或完不成的同学也被认为一同"过关"了。这样"被过关"的同学实际上成为滥竽充数的学习者。这种现象普遍存在，成为职业教育质量不高的重要原因。彻底解决这一重要问题的有效办法就是单设"明确任务"课，让学生不仅清楚要完成什么任务，而且明白完成任务的全过程是怎样的。学生只有明白了"应该怎样做""如何做好"，下一步工作才能正常地进行。

（2）解决既要培养学生专业能力，也应提高学生非专业能力的问题

对接型课程教学，关注学生的专业能力是必须的，但也是不够的。职业学校学生不仅要会技术技能，而且应懂得如何与人交流，要团结协作，对工作认真负责，具备良好的职业操守，拥有与职业岗位能力要求对应的非专业能力。"明确任务"环节单独设课，可培养学生多方面能力。这次课的任务，不是提高学生的专业能力，而是重点锻炼学生认识新事物的能力、师生之间沟通交流的能力、同学之间团结协作的能力以及方法运用的能力。换言之，"明确任务"课不是专业能力训练课，而是锻炼学生提高观察能力、信息收集能力、识记能力、学习能力、表达能力、团队合作能力、沟通交流能力的非专业能力训练课。这样的课很重要，但以往不被学校、教师重视。这样的

课有利于提高学生的整体素质，职业学校应该安排充足的课时大胆开设。

（二）"明确任务"课教学步骤

如何上好"明确任务"课，方法可以是多样的。建议如下：

1. 学生分组

学生分组工作需要明确三个方面内容：第一，分组原则，即学生自愿报名与教师统筹协调结合，做到上、中、下三个层次学生合理搭配；第二，确定小组人数，一组人数以6人为宜；第三，选好小组长，小组长人选可以相对稳定，也可以经常轮换，其目的是有效开展自主管理、自主学习，提高教学效果。

2. 明确任务

教师用PPT等方式展示和讲解本次课的学习任务及完成学习任务的全过程。其目的是让学生完整地了解学习任务。

3. 教师示范

教师现场示范或用PPT展示教师完成该任务的全过程。其目的是让每位同学现场目睹自己将要实施的工作任务全过程原来是这样的。

任务全过程的示范或展示可选用四种方式中的一种或多种：

（1）老师现场实操示范的方式。在时间允许的前提下，老师现场亲自完成学习任务的全过程，让学生们在现场耳闻目睹，了解任务全过程。老师在展示任务全过程的过程中，可用精炼的语言，有所选择地从应达标准、实施步骤、关键技术、质量要求、时间要求、注意事项等方面进行启发。

（2）用PPT展示老师实操示范的方式。在时间、场地等条件不允许老师现场实操展示任务全过程的情况下，老师可以利用课外时间实操任务全过程，同时请人摄录后制成PPT在课堂上展示。老师展示任务全过程的过程中，可用精炼的语言，有所选择地从应达标准、实施步骤、关键技术、质量要求、时间要求、注意事项等方面进行启发式、点拨式的描述。

（3）用PPT展示企业实践专家现场实操的方式。老师可与合作企业的实践专家协商，经其同意后，摄录企业实践专家完成任务的全过程，同时将之摄录内容制作成PPT形式在课堂上播放。老师可用精炼的语言，有所选择地从应达标准、实施步骤、关键技术、质量要求、时间要求、注意事项六个方面进行启发。

（4）用PPT展示上一届同学现场实操的方式。老师把事先摄录的上一届同学实施同样工作任务全过程的成功和失败的两个资料制成PPT，在课堂上展示。老师可用精炼的语言，从应达标准、实施步骤、关键技术、质量要求、时间要求、注意事项六个方面进行启发式、点拨式的描述。

上述四种方式中后三种任务全过程展示方式可以发到资讯区的电脑上，让学生随时查询，也可以发到同学的智能手机中，让同学们打开手机即可观看或反复学习。

4. 实地观察

需要到施工现场或对接式教学场所观察的，由小组长组织本组同学在现场进行讨论式的观察，老师巡回指导。其目的是锻炼学生的观察能力。

5. 学习知识

老师必须强调学习知识的极端重要性，不能将任务的完成仅限于技术技能的训练，要注意二者的结合。具体做法是：老师指导学生学习活页式教材。需要学生查阅相关资料的，由小组长组织在资讯区利用电脑或智能手机有指导、有合作、有效率、有检查地查阅相关资料，老师巡回指导。其目的是锻炼学生收集有效信息的能力。全组同学学习活页式教材相关内容，老师巡回指导。其目的是锻炼学生自主学习的能力。

6. 集体口述

小组长带头，其他同学配合，小组集体口头描述即将完成的任务全过程。老师应鼓励同学们"七嘴八舌"或"三言两语"，并巡回指导。其目的是打开学生不愿或不善表达的嘴巴，锻炼学生的表达能力。

7. 个人口述

小组长组织，每个同学在组内口头描述一次完成学习任务的全过程，老师巡回指导。其目的是再次打开学生不愿或不善表达的嘴巴，锻炼学生的表达能力。

8. 代表上台口述

老师主持，每组选一位同学上台描述任务全过程。其目的是第三次打开学生不愿或不善表达的嘴巴，锻炼学生的表达能力。

9. 教师点评

点评全班对学习任务全过程的认识。再次展示完成任务的 PPT。其目的是提醒同学完成工作任务应当注意的重点、难点问题。

四、对接型课程"制订计划"课教学

（一）为什么要单独设置"制订计划"课

学生明确工作任务之后，老师要让他们学会制订完成工作任务的计划。这是因为：

（1）工作规律的要求。按照职场规律，企业学徒或新入职员工不可能在明确任务之后马上开始实施任务。负责指导他的企业导师总要让他根据任务要求订个完成工作的计划或实施的方案，导师看了、改了，确认计划或方案可行了，才允许学徒开始实施计划。不仅是新入职员工，对于所有规范的用人单位的员工来说，制订计划是经常需要完成的一件"工作任务"。职业学校学生是准职业人，所要完成的学习任务就是实际工作任务转化而来的，因此学生应该遵循工作规律，学习工作计划的制订。

（2）完成学习任务的需要。第一次课，老师虽然让每个学生明白了工作任务的全过程，但初次动手操作，为确保安全，确保质量，确保程序规范，需要让学生通过"制订计划"课，学会规范制订工作计划，保证任务正常进行。

（3）可以锻炼学生多种能力。"制订计划"课与专业能力操作训练关系不大，但可以很好地锻炼学生收集信息资料的能力、沟通能力、协作能力、表达能力、写作能力等。这些能力，不仅对学生成长影响大，而且对企业也是非常需要的。

（二）"制订计划"课教学步骤

如何上好"制定计划"课，方法可以是多样的。建议如下：

（1）学生分组。学生分组既可与上次相同，也可有所变化。

（2）布置任务。每个同学制订一个完成工作任务的计划（即使是只能由小组合作完成的工作任务，也让每个同学制订计划，然后，吸纳个人计划的优点，汇集成小组计划。其目的是让学生接受制订计划环节相关能力的训练）。老师要提出相关要求：

①方式要求。制订前同学间可讨论交流，制订时应独立完成。

②标准要求。所订计划须与本任务应达标准（验收标准）对应。

③技术要求。鼓励学生运用互联网+技术或手机方式制订计划。

④格式要求。由于该工作计划需要审定后才能实施，因此，每个学生按照企业公文的规范格式写出正式的工作计划，即须由标题、正文、落款三部分构成。

（3）老师展示。老师展示自己制订的计划框架，允许学生参照，但不许照抄，必须有所修改。其目的是给初次制订计划的学生"一根拐杖"，使其明白工作计划应该怎样制订。

（4）每位同学独自制订一份"工作计划"。学生可以用电脑、IPAD、智能手机制订，老师巡回指导。

（5）小组长主持，每位同学在组里宣读自己的工作计划。

（6）小组长向老师汇报同学制订工作计划的完成情况。

（7）老师点评、收集全班同学的工作计划。

（8）课后，老师批改每个同学所订的工作计划，用于"审定计划"课教学。

五、对接型课程"审定计划课"教学

（一）为什么要单独设置"审定计划"课

（1）职场惯例。新入职员工制订计划之后，一般不能直接付诸实施，需经审定批准方可执行。譬如，二产业的新入职员工所订的工作任务计划，若未经师傅审定便实施，很可能出次品，很可能损设备，很可能出事故。三产业领域的情况大体类似。所以，业界形成惯例，即工作过程必须包含针对工作计划的审定环节。职业学校对接型课程的教学过程也应如此。

（2）有利于非专业能力培养。这个环节不是专业能力训练课，是计划修改能力、沟通能力、精益求精工匠精神等非专业能力训练课，特别是因为所订计划往往需要多次修改，这可以让学生养成精益求精修改好工作计划的习惯。

（二）"审定计划"课教学步骤

如何上好"审定计划"课，方法可以是多样的。建议如下：

（1）布置本次课任务。老师下发上节课收集并于课后批改（简称"一审"）后的工作计划，要求每个同学认真阅读、消化。

（2）学生修改计划。小组长组织，学生按照老师"一审"的意见修改计划。

（3）小组审议计划。小组长主持，讨论本组每位同学根据老师的"一审"意见进行修改的情况。凡组内多数同学认定不合格者均需返工，直至小组审定合格。老师要求小组长组织通过审定的同学一对一帮助未通过审定的同学。

（4）老师"二审"计划。老师当场对同学修改好的工作计划进行"二审"。合格的，签署同意实施的审定意见；不合格的发回，要求同学根据老师"二审"提出的修改意见再次进行修订。

（5）老师"三审"计划。老师当场对同学修改好的工作计划进行"三审"。直至全班同学的工作计划都通过审定。

（6）老师总结。

六、对接型课程"实施计划"课教学

（一）对"实施计划"课的认识

（1）重在实操。如果说"明确任务""制订计划""审定计划"三次课主要是锻炼学生社会能力、方法能力等非专业能力，那么，这次课主要是实操一项具体的工作任务，重点提高学生专业能力。

（2）占时最长。对接型课程教学的学习任务是代表性工作任务转化来的，因此在教学中，须安排试做一次的课时和实做一次的课时。完成一个真实的工作任务本来就需花费较长时间，加上人人过关的要求和学生难免做错须多次返工所需的时间，对接型课程一般要安排若干次课才能让全部学生完成，与其他课比，课时最多。

（3）难度最大。实施计划环节就是要每个学生完成一项具体的工作任务，须对照应达标准，运用关键技术，既要把握进度，也要保证质量，真正学会不容易。与前几次课的任务相比，难是其突出的特点。

（二）"实施计划"课教学步骤

如何上好"实施计划"课，方法可以是多样的。建议如下：

（1）课前训练教学助手。主讲、辅讲两位老师分工，分别安排时间（下午第二课堂活动或晚自习时间），提前训练班委或小组长，让他们先于同学完成学习任务，成为老师上课时的教学助手。

（2）再次展示完成任务全过程。上课后老师用 PPT 展示操作本学习任务全过程，并再次用精炼的语言表述应达标准、实施步骤、关键技术、质量要求、时间要求、注意事项。

（3）组内分组。课前接受训练的教学助手为各组组长。每个小组按照水平层次搭配原则细分成甲、乙两小组。两个组人数一样，以便于任务轮换。

（4）岗位分工与轮换操作。每个任务均需试做一次，实做一次。

①试做环节。试做的第一阶段，甲组为实施组，乙组为监控组。甲组按工作计划要求实施计划，乙组按工作计划监控甲组同学实施过程情况，包括工作步骤是否完成、关键技术是否规范操作、方法是否得当、进度是否合适、质量是否符合要求，好的方面要记下来，错误的也要准确记录，必要时可使用手机拍照。甲组同学实施结束，乙组同学将过程监控记录递给甲组同学看，双方友好交流。试做的第二阶段，甲、乙组同学岗位对换。乙组为实施组，甲组为监控组。监控组同学每人均需现场记录被监控同学实施的全过程。检查控制的依据是审定通过的工作计划。相关要求同第一阶段。

②实做环节。实做环节开始前，老师要对试做环节的情况进行简要小结，肯定好的，指出存在的问题，提出需要改进的方面。实做环节也要分为两个阶段，具体办法同试做环节。

（5）两位老师巡回指导。老师须发挥 7 种能力，开展 7 项工作：

①"示"，即操作示范能力。老师用适当时间进行必要的操作示范。

②"导"，即步骤引导能力。根据标准，老师要对学生进行必要的程序、步骤、方法等引导。

③"纠"，即技术纠错能力。老师要对出现差错的同学迅速予以纠正。

④ "控"，即进度与质量控制能力。老师要有效掌控全班学生实操的进度和质量。

⑤ "帮"，即帮助后进者的能力。两位老师组织教学助手，对进度落后、质量不佳，甚至不做任务的同学进行有效帮助或有效处理，包括组织先做完工作任务的同学一对一帮助未完成甚至很难完成任务的差生等。

⑥ "录"，即记录有价值资料的能力。对同学之间进行的沟通交流、团结协作、方法互帮、和谐实操以及对表现落后同学进步、优点的细节进行记录或拍照，并留存资料用于分析、总结、表扬。

⑦ "评"，即过程即时点评和任务结束总评的能力。老师要点评全班同学实施计划的情况。

（6）两位老师协作点评全班同学实施计划的情况。老师要对全班试做和实做两个环节的情况进行小结，肯定优点，指出问题，提出改进意见。

七、对接型课程"检查控制"课教学

（一）"检查控制"课设置依据

（1）教学过程与工作过程对接的需要。北京师范大学职业教育研究所赵志群教授明确指出：工作过程的复杂程度和范围是由工作任务的性质决定的。人们在工作生活中，完成任务过程的基本结构大体相同，即明确任务、计划、决策、实施、控制、评估反馈。而"控制，即在实施过程中采用适当的方式对工作过程进行质量控制，以保证得出所期望的结果"①。赵志群教授这里所说的"控制"就是"检查控制"。其在工作领域是需要独立存在和必须作为一个单独的环节来安排的。在教育领域，我们也应该单独设置一个环节来进行教学。只有这样，才能真正体现和实现教学过程与工作过程的对接。

（2）保证教学质量的需要。无论是在工作中，还是在教学中，"制订计划"与"实施计划"常常不能很好地统一起来。由于多种原因，计划的实施与所订的计划之间很容易出现偏差。而出现偏差，若不能及时纠正，就容易出现次品。所以，我们需要设置一个与"实施计划"密切关联的环节——"检查控制"。对接型课程的教学过程中同样存在这样的问题。多数学生在实施计划过程中的实施行为与所订计划之间难免存在偏差，必须及时纠正，不能失控。所以，"检查控制"环节不仅需要，而且重要。

（3）培养学生标准控制的能力。专门设置一个环节来检查控制任务完成的质量，有利于锻炼学生技术标准控制的意识和能力，有利于强化学生的质量意识，有利于培育学生精益求精的工匠精神。

（二）对"检查控制"课特殊性的认识

本次课具有特殊性：检查控制的内容与计划实施的内容联系紧密。

（1）"实施计划"过程同时存在"检查控制"。比如，组内分组的实施，监控组同学的工作就是"检查控制"。做与控并存，做在控中进行。

（2）"实施计划"之后的自检是相对独立的检查控制。自检工作在任务完成之后和客户验收之前。

---

① 赵志群. 职业教育工学结合对接型课程开发指南 [M]. 北京：清华大学出版社，2010：34-36.

（三）"检查控制"课教学步骤

如何上好"检查控制"课，方法可以是多样的。建议如下：

（1）介绍方法。老师用PPT形式展示自检的步骤、方法、要求。

（2）质量自检。学生自检或小组自检。老师要求学生以精益求精的态度认真自检。

（3）鼓励创新。在不影响产品质量要求和征得客户同意的前提下，鼓励学生从产品品质、艺术性等方面进行必要的创新。

（4）要求同学填写工作任务个人自评表。本次课结束之前，每个同学填写个人自评表，交给组长。要求诚信填表。

（5）要求小组填写工作任务小组自评表。老师安排足够时间，要求小组长负责，各小组认真讨论，实事求是地填写小组评价表后，交给班长。要求诚信填表。

（6）老师点评本次课任务完成情况。

（7）布置作业。老师布置两个层次的作业。本次课需安排时间讨论小组总结。两类总结均在课余时间完成，以备下一次课使用。

学生个人总结的要求：一是总结范围包括明确任务、制订计划、审定计划、实施计划、过程控制五个环节；二是完成时间明确为"验收总结"课的上课前；三是内容要求包括基本做法、主要成绩、存在问题、改进意见四个方面。个人总结要求难度较大，目的是锻炼学生的写作能力、总结能力。

小组书面总结的要求：一是总结范围包括明确任务、制订计划、审定计划、实施计划、过程控制五个环节；二是内容要求包括人人过关比例、值得肯定的方面、存在的典型问题、需改进的意见和建议四个方面；三是方式要求，每组选择一人，用PPT形式展示总结。小组总结难度较大，目的是锻炼学生小组的协作能力、交流能力、团队精神、总结能力。

八、对接型课程"验收总结"课教学

（一）"验收总结"课教学内容的界定

本次课的内容须按不同产业、不同专业确定，不宜一刀切。但总体看，应包含三项内容或叫三个小环节：验收、总结、反馈。

1. 验收

验收的范围是"实施计划"的全过程。学生做完学习任务，须经权威人士验收确定合格了，任务才算真正完成。验收的依据是"制订计划"阶段所定的"工作计划"。"验收"的对象是每个同学"实施计划"情况。

2. 总结

"总结"的范围是"明确任务""制订计划""审定计划""实施计划""检查控制""验收"六个环节。总结工作须在验收工作完成之后开始。总结的依据是"制订计划"阶段所定的"工作计划"和"验收"结论。个人总结的内容是本次课之前完成的个人总结和验收结果；小组总结的内容是本次课之前完成的小组总结和验收结果。

3. 反馈

"反馈"的范围是六个环节任务总结的成果。反馈工作须在总结工作结束之后。反馈的目的是补漏、纠正、改进。反馈的内容是：一是反馈什么？二是如何反馈？三是怎样补漏、纠正、改进。

（二）"验收总结"课教学步骤

如何上好"验收总结"课，方法可以是多样的。建议如下：

1. "验收"环节教学步骤

（1）小组对同学"产品"的验收。被验收者对自己的"产品"进行口头验收汇报。小组长主持，根据验收标准，结合监控组同学的记录意见和本人所填的自评表，对每位同学完成工作任务的情况进行评价：评分+评判。

（2）小组之间对"产品"的验收。如属小组为单位完成一个任务的验收，可由班委会组织，小组长负责，根据验收标准，以互评方式对小组的"产品"进行评价：评分+评判。

（3）老师对小组"产品"的验收。如属小组为单位完成一个任务的验收，老师对各组完成任务情况逐一评价：评分+评判。如属个人为单位完成一个任务的验收，则两位老师和教学助手协商分工，对每位同学完成工作任务的表现逐一评价：评分+评判。务必做到人人被验收，尽力做到人人都过关。

2. "总结"环节教学步骤

（1）完善个人总结。每位同学在课前完成的个人总结基础上增加验收结果及相关内容。

（2）完善小组总结。每个小组在课前完成的小组总结和PPT的基础上增加验收结果及相关内容。

（3）汇报个人总结。这里的个人总结是"检查控制"课布置写的个人总结与本次课第一环节"验收"的结果。每位同学在组内宣读经自己完善后的个人总结，小组提出修改意见，并建议同学修改、完善个人总结后交组长。组长汇总后交老师。

（4）汇报小组总结。这里的小组总结是"检查控制"课布置写的小组总结与本次课第一环节"验收"的结果。每组选择一人，将完善后的小组的总结用PPT形式在班上展示。老师、其他组同学可现场提出建议。小组修改、完善小组总结后交老师。

（5）老师总结。一是归纳六个步骤工作取得的成绩，对沟通交流、团结协作、互帮互学、使用信息化手段完成任务的人和有创意的人等予以表扬；二是指出六个步骤工作存在的不足；三是提出改进的意见。

3. "反馈"环节教学步骤

（1）召开"反馈"会议。两位老师、班委、教学助手协商四个方面问题：一是具体分析六个步骤工作存在的不足问题，包括一些或少数同学不会做、不想做、影响同学做等严重问题；二是解决的办法；三是反馈的方式；四是反馈的分工。

（2）落实"反馈"会议精神。两位老师、班委、教学助手按分工抓好落实。

上述六步教学法是职业学校专业课教学方式之一，不是唯一。各个学校专业课教师可以借鉴之，不可以照搬之，应根据学校实际情况，探索出既体现教学过程与工作过程对接要义，又千姿百态的专业课教学方式。

九、对接型课程教学实例点评

重点介绍山东省城市服务技师学院孙华老师的备课和教学。孙华老师讲授的学习任务为：气缸压力的检测。授课班级为汽修专业初中起点五年高级技工班三年级。该设计获得山东省烟台市教师职业能力大赛第一名，山东省教师职业能力大赛第四名。

（一）备课

教学前的教学设计环节，孙华老师主要做了以下工作：

1. 学情分析

该班学生前期已经学习了汽车维护、汽车电气维修等课程，完成了汽车燃油系统检查与维修、双杠同时点火系统和独立点火系统的认知与拆检等任务，对故障排除的流程有一定认识，具备基本的安全防护和岗位责任意识，具有完成本任务的基础。

2. 确定学习目标

在学情分析的基础上，结合具体工作任务，确定了以下学习目标，如表8-2所示。

表8-2　学习目标

课前	通过观看微课，能写出气缸压力检测前应做哪些准备
课中	1. 通过班组长、维修工人、客户等不同角色扮演，能够明确维修工作交接，准确描述学习任务要求。 2. 通过团队合作，能够正确制订气缸压力检测的工作计划。 3. 能够正确列出工具使用清单，并根据清单内容将工具提前放置到工具车。 4. 能够使用专用工具正确拆装高压线圈、火花塞等零件，规范完成组装气缸压力表。 5. 能够准确阐述气缸压力检测的步骤，并按照世界技能大赛标准规范完成气缸压力的测量和计数。 6. 通过信息检索，能够正确计算、分析测量结果，撰写测量报告。 7. 作业过程中，能够遵守安全操作规范，做好6S管理
课后	通过进一步深入分析测量结果，能够正确写出影响正常气缸压力值的故障原因

点评：该学习目标可借鉴之处有四：一是涉及课前、课中、课后三个方面，形成一次完整的教学闭环；二是课中学习目标没有超过8个，符合学习目标数量要求；三是学习目标包括专业能力、方法能力、社会能力，体现以职业能力为培养核心的要求；四是学习目标有高度——按照世界技能大赛标准规范完成气缸压力的测量和计数。

3. 描述学习任务

确定学习目标之后，孙华老师从教育教学的角度将工作任务改造成学习任务：

学习任务描述

> 车主王先生驾驶的科鲁兹轿车因出现不易起动现象到店维修。经燃油压力检测和点火波形测试，已排除燃油和点火系统故障，现诊断确定是由气缸压力过低导致，因而建议客户对发动机气缸压力进行检测。
>
> 车主王先生同意检测。车间主任进行任务分配，要求你所在的班组根据汽车维修手册的相关规定，在6个工时内完成气缸压力的检测。
>
> 你的班组从车间主任处接收气缸压力的检测任务后，准确分析维修工单、明确任务要求、查阅维修手册、确定作业流程与技术标准，交车间主任确认后，在规定时间内完成气缸压力的检测，并将测量结果进行数据分析后交车间主任验收。

点评：该学习任务描述的优点在于：完整地表达了四要素，即做什么（工作内容）？谁来做（工作主体）？怎么做（工作过程）？如何做好（工作要求）？

4. 确定三要素

三要素是知识点、技能点、职业素养。完成学习任务描述之后，孙老师运用鱼骨图技术对"气缸压力的检测"的工作过程和工作要求进行分析，梳理出学生完成本工作任务所需要掌握的知识点、技能点、职业素养，如图8-1所示。

图 8-1 鱼骨图

点评：该鱼骨图分析解决了三个问题：一是6节鱼脊柱对应学习任务6个步骤，解决了对接教学六个步骤的名称问题；二是各节鱼脊柱的上半部分标示本环节应教会学生掌握的知识点，下半部分标示本环节应教会学生掌握的技能点，解决了专业知识与专业技能相结合问题；三是解决了每个环节应传授哪些知识点和技能点问题。不足之处是职业素养培育没能用特别颜色直接标记于各个环节中。

5. 确定教学重难点

明确各环节进行内容之后，孙华老师认真分析并确定教学重难点及突破办法，如表8-3所示。

表 8-3　教学重难点

学习重点	重点内容	气缸压力测量结果的准确性
	确定理由	气缸压力检测结果的准确性直接关系到对汽车故障的诊断结果，从而对进一步的维修计划具有直接导向作用，因此是整个学习任务的重点
	突破方法	课前测试→引导学习重点 头脑风暴→查找注意事项 以教促学→掌握检测流程 依照国标→作为结果参照 小组互换→检验检测结果 人人参与→保证学习质量
学习难点	难点内容	气缸压力检测操作的规范性
	确定理由	气缸压力检测的规范操作是保证质量的前提，但也是学生最为缺乏和忽视的特质，因此需要不断强化
	突破方法	观看世赛→感受世赛规范流程 查阅手册→确定规范操作依据 角色扮演→体验企业岗位特点 观看演示→强化规范操作要点 模仿练习→发现实际操作不足 视频回放→检验操作规范程度

6. 制定教学流程图

实际教学之前，孙华老师以学生活动、教师活动、教学流程、工作过程为纵轴，以课前、课中、课后为横轴，制作本次教学流程图，如图 8-2 所示。

第八章　课程教学

·227·

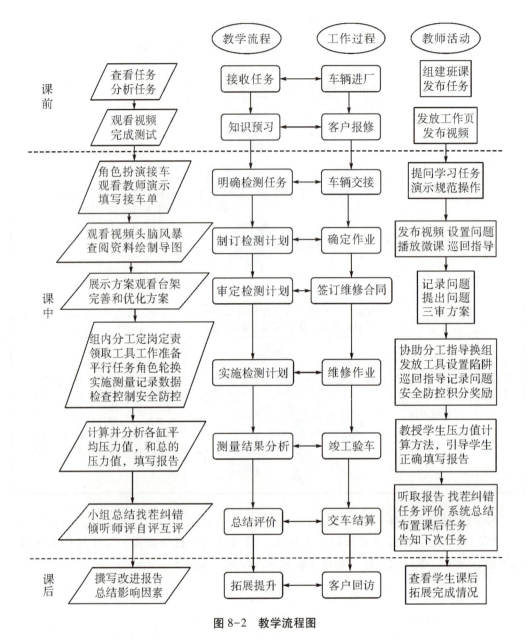

图 8-2　教学流程图

点评：制定教学流程图的好处：一是借此梳理教学思路，二是确认教学过程与工作过程对接，三是确保教学质量。

（二）教学

教学流程图制定之后，接下来的工作是完成教学过程，如表 8-4 所示。

表 8-4　教学过程

（一）课前学习				
教学环节	学生活动	教师活动	教学手段	教学方法
1. 接收任务	接收气缸压力的检测学习任务，分析任务要点，讨论任务要求	布置本任务工作内容，强调任务要点和要求	利用云班课上传任务描述书 微信群下发通知	任务驱动法
2. 知识预习	1. 观看汽车技术世界技能大赛宣传片，感受世界技能大赛精神 2. 学生通过自学微课视频，能够准确写出气缸压力检测前应做哪些准备 3. 完成教师在平台发布的课前测试题。关键点：此环节学生可反复答题，需达到 70 分以上才算合格 4. 就疑难问题在线与教师交流	1. 通过云班课上传有关气缸压力检测前准备工作的有关资料 2. 制作维修工单、工作页、任务书并通知课代表领取工作页 3. 利用云班课制作测试题，根据学生答题情况掌握学生各知识点的理解程度 4. 跟踪学生在云班课上的学习进度并为学生答疑解惑	1. 气缸压力检测工作页中的知识预习部分（设置了两个问题用于引导学生自主学习）	线上线下混合式学习 翻转课堂 自主学习法

点评：
课前学习环节安排的优点：观看世界技能大赛宣传片、自学微课视频、可反复答题且 70 分成绩算合格、疑难问题与教师线上交流等学生活动安排具有创新性；利用云班课上传任务描述书，通过微信群下发通知。以上说明教学手段先进。不足之处：难度偏大

（二）课中学习				
教学环节	学生活动	教师活动	教学手段	教学方法
1. 明确任务	1. 复述气缸压力检测任务要求 2. 各组长领取维修工单，并下发给各组成员 3. 小组代表进行角色扮演接车过程，其他成员仔细观看并点评 兴趣点：每一次任务表现优异的同学可以获得下次任务角色扮演的机会 4. 各组长组织成员讨论工单，正确填写车维修工单 5. 观看教师演示气缸压力检测的规范操作过程 6. 查阅维修手册、搜索网络资源，查找任务相关资料 7. 找出发动机气缸压力的标准数据 8. 填写工作页中关于明确任务环节的两个问题	1. 组织学生上课，检查并点评学生课前预习情况 2. 每组随机提问一名学生，检查学生任务理解情况，根据回答情况发放价值积分券 3. 发放维修工单和学习评价表 4. 组织学生通过角色扮演进行情景模拟 5. 演示气缸压力检测的规范操作流程，讲解注意事项 6. 引导学生查找资料自主学习，填写工作页 7. 关注学生自学情况，针对有问题的学生进行指导	1. 多媒体（展示学生课前预习情况和教师实时操作视频） 2. 维修工单（依据企业真实工单制作而成） 3. 网络学习平台（查找资料，获取信息） 4. 工作页（在明确任务环节设置两个问题）	角色扮演情景模拟演示法讲授法观察法

表8-4(续)

点评：

明确任务环节教学的重点任务是通过教师演示、学生表述等多种方法让全班学生明白自己将完成的工作任务的全过程

该环节教学的优点是：教师演示并讲解注意事项、引导学生查找资料自主学习、对有问题的学生进行指导这3项工作安排到位。不足之处：让全班学生都明白将完成的工作任务的全过程这个问题的处理缺乏到位的安排

（二）课中学习

教学环节	学生活动	教师活动	教学手段	教学方法
2. 制订检测计划	1. 观看《气缸压力表的使用方法》的视频，完成工作页引导问题 2. 观看《缸压测试操作流程》的视频，并在观看过程中记录要点，完成工作页中有关问题 3. 每个人根据维修手册、网络学习资料、教师演示操作过程、《缸压测试操作流程》视频等资源，独立制订工作计划 4. 各小组同学在组内复述气缸压力检测的工作计划，根据组内其他同学提出的问题修改自己的计划 5. 通过"七嘴八舌"的过程，讨论制订形成小组工作计划 6. 针对教师设置的"气缸压力检测的注意事项有哪些"这一引导问题，进行头脑风暴，积极参与回答 7. 根据小组工作计划和微课视频共同绘制气缸压力检测的思维导图	1. 通过云班课上传《气缸压力表的使用方法》的视频和《缸压测试操作流程》的视频，提醒学生在工作页的引导问题下观看视频，完成相关问题回答 2. 指导学生制订气缸压力检测的工作计划，过程中进行巡回指导，关注学生的学习过程 3. 关注学生在组内的复述情况，根据学生的个别差异给予指导，关注边缘化学生 4. 协助学生完成组内工作计划，做好过程控制 5. 设置气缸压力检测的注意事项问题，进行头脑风暴，通过抢答和接力的方式让学生扩散思维、积极思考、踊跃回答问题。根据学生回答情况，发放积分券 6. 播放有关思维导图制作方法的微课视频，方便学生制作思维导图	1.《气缸压力表的使用方法》的视频 2.《缸压测试操作流程》的视频（方便学生完成工作页相关内容和顺利制订工作计划） 3. 线上网络学习平台（为学生制订计划时提供海量资源） 4. 微课视频（利用微课方式说明思维导图的绘制要点） 5. 维修手册（在制订计划时方便随时查阅）	讨论法 观察法 头脑风暴 线上线下混合式学习

点评：

制订计划环节教学的重点是让每位学生学会制订计划或方案

该环节教学的优点颇多，具有创新意义和借鉴价值的：一是"复述"各自所订计划；二是通过"七嘴八舌"的过程，讨论制订形成小组工作计划；三是共同绘制气缸压力检测的思维导图

表 8-4（续）

（二）课中学习				
教学环节	学生活动	教师活动	教学手段	教学方法
3. 审定检测计划	1. 小组代表上台汇报展示气缸压力检测的工作计划，并负责解释说明计划实施的依据和理由 2. 根据教师"一审"，小组讨论并总结气缸压力检测的问题，进一步完善气缸压力检测的计划 3. 观看发动机台架，优化方案 4. 完善优化方案后，先进行自审，合格后再交由老师审阅 5. 教师对小组方案"二审"后，小组根据教师提出的修改意见再次进行修订，直至审定合格为止 6. 完成工作页中审定计划阶段相关的引导问题	1. 组织小组展示工作计划，强调汇报展示时应注意的问题 2. 详细记录各小组的工作计划要点并进行点评，着重点评学生的精神风貌、团队合作和口头表达情况，明确指出各小组的问题，此为"一审" 3. 点拨、提醒学生观看台架 4. 对各小组修改后的方案进行"二审"，合格的签署同意，不合格的发回重新修改 5. 总结各小组在审定计划阶段的情况，作为"三审"，保证全班同学的工作计划全部通过审定	1. 思维导图（通过思维导图展示各组工作计划，清晰明了直观） 2. 白板（有利于工作计划的张贴和展示） 3. 发动机台架（通过实物参观法解除学生困惑）	启发式教学法 讲授法 参观法

点评：
审定计划环节教学的重点是教师"三审"。
该环节教学教师"三审"到位，学生的相关活动安排合适。教学方法方面有创新：参观法——组织学生通过观看发动机台架，优化所订方案。

| 4. 实施检测计划
① 组内分工定岗定责 | 1. 组内分工。
一名负责讲解和安全质量监督
一名负责工具准备和过程录像
一名负责工作准备和记录数据
一名负责拆装组件和安表测量
2. 认真学习汽修车间安全操作规范 | 1. 协助小组分工，关注学生是否明白自己的具体职责
2. 准备好车辆、台架等相关设备
3. 检查分组情况，进行任务安全作业教育，树立"安全第一，预防为主"的思想
4. 强调作业规范要求 | 汽车车间安全操作规范（帮助学生树立安全意识） | 讲授法 |

点评：
上课之前安排了一项重要工作：组内分工定岗定责。其意义在于：每位同学都有岗位，都有事做。这解决了因工位不足，学生只能轮流操作，导致部分学生名为集中学习工作页，实则闲置浪费时间的问题

第八章 课程教学

表 8-4（续）

		（二）课中学习		
教学环节	学生活动	教师活动	教学手段	教学方法
4. 实施检测计划 ②领取工具做好工作准备	1. 学生通过有效沟通，准确表达意思，领取气缸压力检测所需的工具、仪器设备、劳保工具等 ①工具：梅花扳手套装、火花塞拆装专用工具、尖嘴钳 ②仪器：气缸压力表、压缩机 ③劳保用品：一次性橡胶手套、护目镜、实训服、翼子板三件套、座椅三件套、无纺布 2. 做好测量前的准备工作 ①穿戴好安全防护用品，利用防护五件套对车辆进行防护，放置车轮三角垫块 ②测量蓄电池电量，保证蓄电池电量充足 ③对发动机进行热车至70°左右	1. 检查学生个人防护穿戴，指导学生正确填写工单 2. 根据学生要求，发放气缸压力检测所需工具、仪器等物资 3. 为检验学生对气缸压力表的掌握情况，特意放置不合格的气缸压力表迷惑学生，看学生能否发现问题 4. 在其中的一辆车上放置电量不足的蓄电池，设置陷阱，观察学生是否能够正确排查故障点，识破陷阱	1. 工具（拆卸喷油器电线插头、火花塞等零器件） 2. 仪器（压缩机用来吹净火花塞周围赃物，气缸压力表用来测量气缸压力） 3. 劳保用品（更加规范、安全、有效的工作） 4. 备用电量充足的蓄电池（学生识破陷阱后提供）	迷惑作业法 设置陷阱法

点评：迷惑作业法、设置陷阱法的做法值得借鉴。

		（二）课中学习		
教学环节	学生活动	教师活动	教学手段	教学方法
4. 实施检测计划 ③角色轮换循环四轮	1. 平行任务，两组同学实车测量，两组同学台架测量 2. 每轮结束后，实车和台架的同学互换。互换后，组内分工角色也要轮换，但一人留在原地，教授他人 3. 循环四轮，四轮操作后，每个同学再把每个分工岗位都操作一遍，确保人人操作，人人过关	1. 根据学生个别差异性，因材施教，设置平行任务 2. 指导学生换组 3. 观察学生讲解时是否到位，不当之处，及时引导 4. 指导学生为小组整个操作过程录像	1. 两辆实车 2. 两辆台架 3. 手机录像	

表8-4（续）

说明：四轮操作中，每轮测量不同的气缸，工作内容基本相同，但主题不同，侧重点也不同。同时，难度也适当升级

第一轮：练一练，所有学生第一次尝试操作，能按照操作步骤完成工作即可（个别设备设置蓄电池电压不足陷阱）

第二轮：检一检，小组互换后，不仅让学生在不同设备上得到体验，同时可以检验上一组留下的数据是否准确，突出重点（虽为不同气缸，但因汽车性能良好，没设故障，所以不同气缸之间的压力差值应在5%内，结果可以得到检验）

第三轮：比一比，在这一环节设置比赛机制，看那一组做到又快又好，可以激励学生进取，还能提升学生兴趣（不设故障）

第四轮：验一验，最后一次完成后，小组的每个同学都经历了四遍操作，还要不断进步，按照企业要求规范操作，要最终通过教师的检验，突破难点（将节气门开度传感器拔掉，设置节气门无法开启的故障）

点评：

这是实施计划之前，孙华老师对实施步骤的布置。孙华老师因材施教而设置平行任务、编组换组、岗位角色轮换、"练一练"等四个"一"循环、确保人人操作和人人过关、手机录像。这些创新性教学办法的安排和实施不仅体现"学习的内容是工作，通过工作完成学习"精神，是"做中学、学中做"的典型表现，而且可以断定会收获高质量的教学效果。这些做法是孙老师在教学实践中探索出来的十分宝贵的经验，值得全国职业学校专业课教师借鉴

（二）课中学习

教学环节	学生活动	教师活动	教学手段	教学方法
4. 实施检测计划 ④ 实施测量记录数据	1. 拆下发动机装饰罩，取下高压分缸线，拔下点火模块电插头 2. 断开四个喷油器的连接器 注意：若不断开，燃料会进入气缸，若燃料蒸汽从火花塞孔喷出，可能会导致严重的爆炸，造成人身伤害 3. 拆下空气滤清器滤芯 4. 用压缩空气吹净火花塞及分缸线周围的脏物，吹净后用专用工具拆下全部火花塞 注意：在拆装发动机火花塞时，应注意防止异物进入发动机，造成发动机损坏 5. 选择合适的气缸压力表插头后，将压力表归零，安装在火花塞孔内并拧紧 6. 起动发动机，踩下油门踏板使节气门全开运行3~5秒，读取并记录气缸压力值 7. 按下泄压阀，指针归零，再测一次并记录。（气缸压力要测量2~3次，求其平均值）	1. 巡回观察，时刻检查学生操作情况，必要时给予指导与提醒，对于可能发生零件损坏、安全风险的操作及时制止并纠正。比如，工具使用不规范等问题 2. 观察学生操作情况，对操作中的主要问题和优点进行记录，控制操作时间。对于操作相对较慢的小组给予更多的关注与指导 3. 负责整个实操过程的安全控制，随时记录学生在操作过程中的表现，为教学总结点评做准备 4. 引导学生严格按照世界技能大赛规范操作，培养学生爱岗敬业的职业素养。比如，工具及零件的摆放等需规范	1. PPT（用来展示安全注意事项） 2. 白板（方便教师在过程中指导学生）	巡回指导法 实况记录法 实操时间控制法

点评：巡回指导法、实况记录法、实操时间控制法的做法值得借鉴

表8-4(续)

高等职业
教育概论

（二）课中学习

教学环节	学生活动	教师活动	教学手段	教学方法
4. 实施检测计划 ⑤检查控制 安全防控	1. 任务实施第二轮，组间互换后，小组要对上组成员操作结果进行复查，上组留下充当老师的同学，同时也是质量检验监督员，要依据《汽车修理质量检查评定——国家标准》对测量同学进行评价 2. 检查结束后，各组派代表向教师汇报检查结果 3. 每个任务实施环节，负责录像的同学将录像视频上传到蓝墨云班课，方便学生课后观看自己操作过程检查失误 4. 四轮操作结束时，先进行组内自检，再向教师申请交车，请求复查 5. 恢复工作现场，并清理场地	1. 巡回指导各组交换后的互检，并解答学生的疑问 2. 记录学生汇报的检查过程和结果，并进行答疑 3. 检查学生任务完成情况，现场反馈 4. 在学生操作过程中，提醒学生建立规范意识，及时指出学生不规范的操作，并向学生演示规范操作动作，突破难点 5. 学生操作过程中，严格把控安全，及时制止存在安全隐患的操作 6. 将个别学生操作过程片段录制成视频，方便后面总结评价 7. 确认车辆检修工作完成后，模拟安排学生向客户交车	1. 积分券（作为任务过程性评价的重要工具） 2. 手机（利用录像功能录制每位同学的操作过程视频）	答疑法 示范法 录像查误法 组内自检法 积分券法

点评：答疑法、示范法、录像查误法、组内自检法、积分券法值得借鉴。

（二）课中学习

教学环节	学生活动	教师活动	教学手段	教学方法
5. 结果分析	1. 对气缸压力检测数据进行计算，得出各缸压力、平均压力和压力差 2. 查阅维修手册，搜索气缸压力标准值 3. 测量结果参照《汽车修理质量检查评定——国家标准》进行比对分析。将得到的气缸压力值与正常的气缸压力值做出比对，得出结论 4. 填写测量报告 5. 填写数据分析报告	1. 教授学生气缸压力值的计算方法，引导学生根据自己所测的压力值进行计算得到平均压力值，作为每缸的最终气缸压力 2. 引导学生通过网上学习资源和维修手册得到所测汽车的正常气缸压力值 3. 引导学生正确填写测量报告和数据分析报告 4. 学生分析故障时，要给予引导和技术支持 5. 巡回指导，观察学生学习动态，对于表现好的同学发放积分券，作为奖励	1. 测量报告（方便将测量的结果记录并计算） 2. 数据分析表（在工作页中设置此表，方便学生对结果进行分析，得出书面结论）	讲授法 线上线下混合式教学法 积分券法

点评：
优点：重视线上线下混合式教学法的运用；重视书面总结能力、填写数据分析报告能力的训练。
建议：书面总结应置于验收总结环节；"过程控制、检查控制"的内容可与"结果分析"内容合在一起安排教学

表 8-4（续）

（二）课中学习				
教学环节	学生活动	教师活动	教学手段	教学方法
6. 总结评价	1. 每个小组针对自己小组的气缸压力检测操作过程中遇到的问题进行总结，并派一名代表向大家口头说明 2. 观看教师播放的操作过程录像，针对专业技能和职业素养方面的不足引导学生"找茬纠错" 3. 倾听教师总结并记录 4. 小组根据任务完成情况进行"一对一"互评 5. 核算整个学习过程中，小组得到的价值积分券总值，并上报教师	1. 听取每个小组的总结汇报，并根据汇报情况给予反馈，对各组进行表扬、点评与鼓励 2. 展示教学过程中的图片和视频，并引导学生"找茬纠错" 3. 对学生的工作过程和任务完成情况进行综合评价，根据发放积分券的总值，选出最佳小组 4. 总结本课内容，布置课后拓展任务 5. 提前告知下次课的主要内容和课前预备工作	1. 白板（小组总结时使用） 2. 一体机（"找茬纠错"环节使用） 3. 流转评价表（方便学生评价）	演示法 找茬纠错法 讨论法

点评：
优点：播放操作过程录像，针对专业技能和职业素养方面的不足引导学生"找茬纠错"和小组根据任务完成情况进行"一对一"互评的做法值得借鉴
不足：只有教师总结，没有学生总结

（三）课后学习				
教学环节	学生活动	教师活动	教学手段	教学方法
拓展提升	1. 将课上气缸压力检测的操作视频上传至蓝墨云班课，反复观看，查找问题 2. 自主选择其中的一项或两项来完成 ①能写出气缸压力值不正常导致的故障现象。 ②利用气缸漏气量检查仪测量气缸的漏气值	1. 要求学生将课上操作视频上传至蓝墨云班课 2. 布置分层学习任务，明确任务要求 3. 为学生提供技术支持	1. 蓝墨云班课（上传操作视频，反复观看）	分层教学法 讨论法

六、学业评价

学业评价以学习目标为依据，侧重于学生专业能力、社会能力和职业素养，参考《汽车修理质量检查评定标准—发动机大修》作为评价标准，采用学生自评、小组互评、教师点评的三级流转评价方式，层层推进任务开展，级级落实质量控制

表 8-4（续）

学习过程流转评价表

评价 环节	评价 要素	评价内容	分值	得分		
				自评	互评	师评
课前	专业能力	测试题达 70 分以上	5 分			
		云班课经验值达 60 个以上	3 分			
明确任务	社会能力	主动复述气缸压力检测任务的过程和要求	5 分			
	职业素养	是否角色扮演接车过程	5 分			
	专业能力	能否正确填写工单	5 分			
制订计划	方法能力	能否独立制订气缸压力检测的个人计划	5 分			
	社会能力	是否回答气缸压力表使用注意事项的问题	5 分			
	方法能力	制定的计划是否具备可行性	5 分			
审定计划	社会能力	是否上台展示并讲解气缸压力检测的思维导图	5 分			
	方法能力	是否完善优化计划	5 分			
实施检测 计划	社会能力	能否在 2 分钟内完成角色分工，小组合作良好	5 分			
	职业素养	小组互换时整洁迅速，能否在 10 秒内完成动作	5 分			
	社会能力	担当质检员和教师身份时，能有条理讲解 8 条以上操作步骤	2 分			
	专业能力	是否是在第三轮"比一比"过程中获第一名小组的学生	3 分			
	专业能力	是否将工具准备齐全	3 分			
	专业能力	是否热车到 60 度以上	3 分			
	专业能力	是否已断开油路	3 分			
	职业素养	是否将拆下的零件摆放整齐，横平竖直，间距均等	3 分			
	专业能力	能否正确使用气缸压力表	3 分			
	专业能力	启动发动机时是否控制在 3~5 秒	3 分			
	专业能力	测量时是否将油门踩到底，节气门全开	3 分			
	专业能力	是否重复测量 2~3 次	3 分			
	职业素养	是否按照 6S 管理整理场地	3 分			
检测结果 分析	专业能力	能否正确计算各缸平均压力值、压力差	2 分			
	方法能力	能否正确分析气缸压力检测结果，形成书面总结	2 分			

总结评价	方法能力	是否主动上台总结分析存在的方法问题	2分			
	专业能力	能否在"找茬纠错"时找到问题	2分			
课后	专业能力	是否能完成课后拓展项目	2分			
各评价主体分值			20	35	45	
各评价主体分数小结						
总体意见（教师）:			总分:			
点评：学业评价形成了以学生专业能力、社会能力和职业素养三者为主要内容，以学生自评、小组互评、教师点评的三级流转为评价方式，以层层推进任务开展、级级落实质量控制为效果追求的评价模式，具有创新性、有效性及可推广价值						

第二节　公共基础课教学

在教育领域，公共基础课与专业课相比，属于"弱势群体"。随着时代的发展，用人单位对学生非专业能力越来越重视，职业教育公共基础课的地位也将随之逐步改变。职业学校应该像重视专业课教学一样重视公共基础课教学。

一、教师教案设计的基本要求

公共基础课程教学的一个重要工作就是备课，也叫教学设计。备课或教学设计的"产物"是教案。从实践和发展趋势看，把具体工作任务或社会活动项目与公共基础课程的理论知识结合起来，分若干步骤实施教学，是全国职业学校公共基础课教学改革和发展的方向。教师备课应该重视或执行这样的思路。一些这样做的学校和老师，已经尝到甜头并总结出公共基础课备课的一些基本要求。

（一）更新备课观念

公共基础课的类型比较多。一些课程，既与普通教育学校课程内容存在一定的相似性，如与国家规定课程中的思想政治、语文、历史，其他基础课程中的数学、英语等的课程内容、教学方式都存在相似处，但其差异也十分明显，如职业性的彰显和对专业课对接教学模式的借鉴等。这种差异涉及教育思想、教育制度、课程思想、教学理念的改革。教师如果不更新思想观念，就可能备不好课，教不好课。

（1）更新备课依据观念。公共基础课教师备课，除依照国家规定的相关要求外，不应依据普通教育院校所用教材和职业学校传统教材，应依据课程开发成果之一的教学活动安排表和活页式教材。

（2）更新备课内容观念。教师不能只是传授传统的知识和技能，要把现代知识和技术技能渗透在学习任务中。类似于工学一体化课程教师的备课，须将备课的内容与工作过程的某一阶段任务相对应。

（3）更新教学组织形式观念。教师不能总是沿用传统的整班制上课，应视情况分别采取分组制、整班制教学与分组制结合等多种形式教学。

（4）更新教学手段观念。教师不能只是运用传统的教具，而是要普遍使用新一代信息技术和先进的教学手段，采取线上线下相结合的方式开展教学。

（二）坚持两个原则

（1）防止"滥竽充数"原则。无论是整班制教学，还是分组学习，备课过程和教案设计都要紧扣教学目标要求，特别是分组学习，容易出现全组虽过关，可并非人人真学会的情况。因此，教师备课要坚决防止"滥竽充数"原则，尽可能做到人人过关或大多数同学过关。少数过不了关的学生，应课后安排时间另外补教。

（2）进度与质量相结合原则。每次教学，教师既要掌握各组学生学习任务完成的进度，又要严格控制学习的质量。

（三）把握八个要点

教师备课需要掌握八个要点，如表 8-5 所示。

表 8-5　八个要点

1	依据教学活动安排表要求设计教案
2	根据学校条件，灵活运用新一代信息技术，从线上线下相结合的角度设计教案
3	注意教案与学习材料内容的衔接，防止出现"两张皮"问题
4	重视学情分析，在防止学生"滥竽充数"过关方面下足功夫
5	培养教学助手（标兵同学或高年级学生）
6	实施新一代信息技术与个性化助学系统，特别关注"两端水平"学生的学习进度和质量
7	构建师生以预习、课后作业批改为主要内容的微信互动平台，把好学生"预习关"和"作业关"
8	探索微信、抖音等先进技术参与教学的新方法

二、数学课程教学

数学课怎样进行有效的教学呢？请看广州市轻工技师学院数学课刘金娜老师"车床定位板主关尺寸的误差检验和统计"的教学实践。

（一）课程内容取自真实的企业工作任务

广州市轻工技师学院校企合作单位广州市机床厂，委托该校现代制造工作室生产加工一批 C6132A1 普通车床的定位板（如图 8-3 所示），现需要学生对 300 件产品进行终检。

图 8-3　C6132A1 普通车床定位板

刘金娜老师了解到这一信息后，立即与学校现代制造工作室联系，建议其结合数学教学协助完成此项工作。她的建议得到现代制造工作室领导的支持。这就为学生构建了一个基于真实工作过程的学习任务。刘金娜老师以此为支撑组织教学：由学生模拟企业技术人员对产品进行终检工作；要求学生抽取 30 件样本，进行测量检验，运用数学中方差、标准差等数学知识对产品尺寸进行误差统计，并根据产品精度要求制作产品的检测报告。

（二）教学场地不在传统教室里

为了创设真实氛围的工作环境，刘金娜老师积极协调，让学生在现代制造加工中心的一体化课室（包括集中教学区、质检区、工具存放区、资料查阅区和小组讨论区）完成此项学习任务，使数学教学过程变为生产过程，学习任务变为工作任务，让学生通过学习亲身体验工作。

（三）创新数学课教学目标确定的方式

刘金娜老师没有运用传统的"知识、能力、素质"教学目标表达模式，而是遵循"突出应用，培养能力，为职业服务"的原则，确定以下学习目标。

通过学习，学生能够：
1. 通过上网搜索和查阅学习材料，向同伴描述方差和标准差的定义、基本用途和计算方法；
2. 根据产品检验的要求，拟定对车床定位板内径尺寸进行误差检验的基本步骤，完成计划书；
3. 在教师的指导下，以小组合作的形式，运用适当工具测量、记录样本内径尺寸，利用计算器和公式计算测量数据的方差、标准差；
4. 在教师的指导下，根据产品检验的要求，根据方差和标准差数值，检验产品内径误差，正确填写检验报告；
5. 在教师的指导下，以小组合作的形式，展示学习成果，对学习过程和效果评价进行总结；
6. 以小组合作的形式，运用计算机软件优化计算，制作电子表格，进行知识拓展、迁移。

点评：该学习目标确定的特点是：形式方面，采用"能够做什么"句式；内容方面，在知识与能力结合的基础上强调多种能力训练。如"上网搜索""运用计算机软件"的要求就属于对"互联网+技术"运用能力的训练；"向同伴描述方差和标准差的定义、基本用途和计算方法""拟定对车床定位板内径尺寸进行误差检验的基本步骤"等内容是对数学知识运用能力的训练；"完成计划书"是锻炼写作能力；"以小组合作的形式，展示学习成果，对学习过程和效果评价进行总结"等是锻炼团队合作能力、语言表达能力、总结能力。

（四）实施六步教学法

刘金娜老师将任务驱动法、案例分析法、引导文教学法、头脑风暴法和思维导图法等多种具体教学方法穿插在整个教学过程中，共分六个步骤实施教学。以下为相关步骤的介绍：

步骤 1. 学习准备。学生进行异质分组后，教师通过案例引入，即播放企业质检人员真实工作流程的视频，使学生明确学习任务，填写车床定位板误差检验任务单。教师巡视检查

车床定位板误差检验任务单

企业名称	下单日期	交货日期	小组组名
产品名称	产品型号	产品数量	样本数量
产品内径标准尺寸		内径规定误差范围	
组长		日期	

点评："播放企业质检人员真实工作流程的视频"的活动环节在专业课教学中常用，但在公共基础课教学中罕见但其效果十分好。实践中，教师应安排多次播放并配合必要讲解，让每位同学都明白完成任务的全过程。

步骤 2. 搜集信息。小组通过上网、查阅资料找出方差、标准差的定义、计算方法和用途，填写资料搜集记录表

资料搜集记录表

统计方法		
测量工具		
定义、公式	方差	
	标准差	
方差、标准差的应用举例		

点评：收集资料的环节教学可以促进学生对相关知识的学习，也可以训练学生提高信息资料收集能力。

步骤 3. 拟定计划。各组通过头脑风暴法讨论：测量工具、检验方法和统计方法的选择；如何利用公式进行计算，时间和人员如何分配；任务过程中可能遇到的问题及拟解决方法等。最后，学生在教师引导下，达成一致意见，完成计划书

计划书

产品名称型号	统计方法	产品数量	样本数量	测量工具
内径尺寸误差检验步骤			负责人员	所需时间
1				
2				
3				
教师修改意见				

点评：拟定计划的过程，是学生头脑风暴法讨论的过程，是梳理、完成任务各个步骤的过程，更是知识、技能、交流和协作能力训练的过程。

步骤4. 实施与控制。各组运用合适的测量工具对30件样本内径尺寸进行测量，填写车床定位板内径测量尺寸记录表

车床定位板内径测量尺寸记录表

车床定位板内径测量尺寸记录表产品名称	产品型号	产品数量	样本数量	测量工具	产品内径标准尺寸
样本内径测量数据（30个）					

再利用计算器，计算所测得数据的方差和标准差，最后对样本进行误差检验和统计，填写车床定位板主关尺寸误差检验报告。教师在整个过程中，通过巡视监督学生的学习方法、进度和检查工作页，对学生教学目标的达成度进行检验

车床定位板主关尺寸误差检验报告

产品名称	产品型号	产品数量	样本数量	测量工具	产品内径标准尺寸
样本内径测量数据（30个）					

产品名称	产品型号	产品数量	样本数量
检验项目	标准尺寸	样本方差	样本标准差
检验结论			
教师意见			
组长		日期	

点评：实施与控制在对接型课程教学中是两个环节，这里根据任务的难易程度和学生学习的侧重点，有意将之合并为一个环节，体现课程类型的特殊性和公共基础课教学的灵活性。教学内容体现工作任务与数学知识的结合、师生互动的结合，符合要求。

（五）学业评价有特点

刘金娜老师设计了三方评价表，以评价表为评价工具，评价该次课学生的学习成果。

步骤5：学业评价							
学习任务名称			是		否		
自我评价	1	能利用网络、资料等查找有效信息					
	2	能描述方差和标准差的定义、用途和计算方法					
	3	能描述车床定位板内径尺寸误差检验的基本步骤					
	4	能选择适当工具正确测量、记录样本内径尺寸					
	5	能利用计算器正确计算测量数据的方差、标准差					
	6	能根据方差和标准差数值，判断产品误差是否在规定范围					
	7	能完成工作页的填写					
	8	能运用计算机软件制作方差、标准差计算的电子表格，运算结果正确					
	9	学习效果自评等级	优（ ）	良（ ）	中（ ）		差（ ）
等级			优（ ）	良（ ）	中（ ）		差（ ）
小组评价	1	在小组讨论中能积极发言、认真倾听					
	2	能清晰表达自己的观点与人沟通					
	3	能积极配合小组成员完成学习任务					
	4	能提出较好见解或能独立解决问题					
	5	积极参与成果展示汇报					
	6	积极参与拓展学习、小组间竞赛					
教师评价	1	能描述方差和标准差的定义、用途和计算方法					
	2	能描述车床定位板内径尺寸误差检验的基本步骤					
	3	能利用计算器正确计算测量数据的方差、标准差					
	4	能正确完成误差检验报告					
	5	能正确运用计算机软件进行知识拓展、迁移					
	6	能积极参与到学习活动中					
	7	具有团队协作、沟通表达能力					
	8	具有实施计划中的时间观念和精度意识					
综合评价等级： 评语： 　　　　　　　教师签名：　　　　　　日期：							

注：此表的自我评价由学习者本人填写，小组评价由组长填写，教师评价由教师填写。

点评：三方评价表有两大特点，一是简明，易操作；二是评价内容涉及数学知识、专业能力、非专业能力等多方面，符合要求。

刘金娜老师该次教学所用的教学设计曾获得 2013 年广州市技工院校教师职业能力竞赛公共基础课类一等奖。其在激烈的竞争中能够获得一等奖，主要原因有以下几个方面：一是大胆改革，创新数学课课程内容，将枯燥的数学知识与真实的工作任务结合，激发了学生学习数学的积极性；二是大胆改革，创新数学教学场地，把数学课从传统教室搬到实训场地，让学生在新鲜的环境中学习数学，有助于提高学习效果；三是大胆改革，创新教学方式，借鉴专业课六步教学法的某些步骤组织教学，让学生学习的内容是工作，通过工作完成数学知识的学习。

组织这样的教学，数学教师肯定辛苦，但是，教学面貌不一样，使得"睡中学，学中睡"变为"做中学，学中做"。所学的数学知识与工作任务结合在一起，也不容易忘记。

当然，这种教学方式也存在某种风险，要防止出现遗漏学生应学知识等问题。

三、语文课程教学

语文课教学既要培养学生的语文应用能力，也要服务学生的专业学习，促进学生文化知识水平和专业能力的提高。怎样取得好的教学效果呢？请看广州市工贸技师学院语文课蔡芝亮老师的教学设计"'中国绣·青年说'——事物介绍的方法和运用"。该教案获得第二届全国技工院校教师职业能力大赛公共基础课类一等奖。

（一）教学内容取自校园生活

与数学课刘金娜老师教学内容取材自企业真实工作任务不同，蔡芝亮老师的教学内容取材自校园真实生活。其依据的是语文教研室组织开发的学习任务之一——事物介绍学习任务书，如表 8-6 所示。

表 8-6　事物介绍学习任务书

任务名称	"中国绣·青年说"——刺绣工艺作品介绍
任务描述	学院要在服装设计与制作专业选拔出 4 名解说员，在学校一年一度的"非遗文化进校园——刺绣工艺作品展"上向观众介绍展区的刺绣作品。为促进选拔工作的顺利进行，开展"中国绣·青年说——刺绣工艺作品介绍"活动，要求学生灵活运用事物介绍的方法，用 2~3 分钟对所选刺绣作品进行口头介绍
任务要求	1. 了解中国刺绣的起源、发展和工艺特点 2. 了解"非遗文化进校园——刺绣工艺作品展"中的刺绣作品，弄清刺绣作品的创作背景、工艺特点 3. 选择一件刺绣作品，填写刺绣作品描述表 4. 运用事物介绍的方法，大方、得体、自信、清晰地开展刺绣作品的口语介绍

点评：该课程内容有几个特点，一是取材自真实的每年一次的校园重大活动，具有吸引力和挑战性；二是该活动被开发成比较典型的刺绣工艺类学习任务，具有形象性和过程性；三是完成该任务，对于绝大多数同学，具有新鲜感，会激发其学习兴趣。

（二）学习目标体现多种能力培养要求

> 1. 能分析学习案例，小结事物介绍的方法为先抓特征、后理顺序、再用方法，从而归纳出事物介绍的"六字口诀"，即"先抓后理再用"。
> 2. 能分析事物介绍在口语表达上的要求，并提炼出介绍刺绣作品时如何才能做到"准确清晰、通俗易懂、感染力强"。
> 3. 能运用事物介绍的方法，结合刺绣作品解说的要求，大方、得体、自信、清晰地开展刺绣作品的口语介绍。
> 4. 能对自己的刺绣作品介绍做自我评价，也能分析他人作品介绍的特点。
> 5. 能结合现代刺绣作品的发展特点，形成将传统文化与现代服装设计相结合的意识。
> 6. 能通过刺绣工艺美术大师的现场解说和演示，认同刺绣手工艺人专心专注、精益求精的工匠精神。

点评：其中，"1、2"是分析和归纳能力的目标要求；"3"是方法能力的训练；"4"是评价能力的目标要求；"5"是认知能力的目标要求；"6"是职业素养的主要内容，即工匠精神的培育目标要求。蔡芝亮老师关于学习目标确定的方式与数学课刘金娜老师的相似，他们都不采用把"知识、能力、素质"三要素分开分别提目标要求的方式，都采用"能够做什么"的既实用又实效方式提目标要求，且都在知识、能力、素养结合的基础上强调多种非专业能力训练。

（三）学习重点与难点分析到位

根据学习目标和解说员能力要求，结合学习内容和学情，蔡芝亮老师确定以下学习重点和学习难点，如表 8-7 所示。

表 8-7　学习重点与学习难点

	重点内容	事物介绍的方法
学习重点	确定理由	事物介绍是有方法的。方法对了，才能在有效时间内将最恰当的信息传递给受众
	突破方法	1. 学生尝试，发现问题。学生进入课堂学习之前，先尝试做一次刺绣作品的介绍。师生在此基础上进行讨论分析，能够发现事物介绍的一些共性问题 2. 大师示范，树立标杆。刺绣工艺美术大师走进课堂，为学生介绍刺绣作品、解说刺绣工艺，不仅能让学生感受刺绣的魅力，还能给学生树立刺绣作品介绍的标杆 3. 师生分析，提炼方法。师生以问题为引导，从事物特征分析、说明顺序分析、说明方法运用三方面入手，提炼出事物介绍的方法 4. 整合内容，降低难度。教师整合学习内容，引导学生将事物介绍的方法提炼成"六字口诀"，即"先抓后理再用"，这样易懂、好记、实用，有效降低学生学习难度
学习难点	难点内容	事物介绍在口语表达中的运用
	确定理由	学生口语交际能力差、表达能力不强，难以将学到的方法有效运用到口语表达中。此外，提高口语表达能力本就是一个逐步积累、厚积薄发的过程，具有较高难度
	化解方法	1. 案例引导，讨论分析。师生观看介绍刺绣作品的短视频，讨论分析口语介绍的要求和进行口语介绍时容易出现的问题 2. 师生合力，探究技巧。师生合力，结合刺绣作品介绍的要求，讨论分析刺绣作品介绍如何才能做到"准确清晰、通俗易懂、感染力强" 3. 学生挑战，积累经验。学生按照事物介绍"十二字要求"，运用事物介绍"六字口诀"，练习刺绣作品的介绍，积累对事物进行口头介绍的经验 4. 课后自评，检查效果。学生反思和自评，用关键词记下使事物介绍准确清晰、通俗易懂、感染力强的办法，检查学习效果

点评：该课程重难点处理有两个特点，一是确定的理由充分，具有较强的说服力；二是突破和化解的方法多，具有雄辩性和有效性，形成了一种值得推广的模式，即重难点内容+确定理由+多个解决方法。

（四）教学过程安排合理有效

该课程教学实践为 2 课时，教学对象为 2019 级服装设计与制作班。蔡芝亮老师根据教学目标，遵循"以理论指导实践，用实践深化对理论的理解"的教学思路，设计纵向八个环节："学习引入、大师示范、提炼方法、明确要求、学生挑战、效果评估、课堂总结、课后延伸"；横向六个要素："教学环节、教学内容、学生活动、教师活动、教学手段、教学方法"。现介绍四个要素，如表 8-8 所示。

表 8-8　四要素

教学环节	教学内容	学生活动	教师活动
1. 学习引入（引入学习主题）（8 分钟）	【以错促学，尝试介绍引出学习内容】学生在认真完成课前准备的基础上，基于自身对绣品介绍的理解，进行绣品的模拟介绍，时间为 2 分钟【学习任务及要求分析】灵活运用事物介绍的方法，在"非遗文化进校园——刺绣工艺作品展"上，用 2~3 分钟向师生介绍展区的刺绣作品。要求如下 1. 了解中国刺绣的起源、发展和工艺特点 2. 了解"非遗文化进校园——刺绣工艺作品展"中的刺绣作品，弄清刺绣作品的创作背景、工艺特点等 3. 选择一件刺绣作品，填写刺绣作品描述表 4. 运用事物介绍的方法，大方、得体、自信、清晰地开展刺绣作品的口语介绍	【上课准备】1. 整理衣冠后起立问好 2. 清点人数【尝试绣品的介绍】1. 推荐 1 名能说会道的同学根据自己的理解，尝试进行刺绣作品的介绍 2. 其他同学根据教师的引导问题，对台上同学的介绍进行初步评价，并找出刺绣作品介绍时存在的问题【明确任务要求】分析任务书，明确任务要求，确定完成任务所需要掌握的知识与技能	【组织教学】1. 清点人数，组织教学【请学生尝试绣品介绍】1. 回顾课前学习准备，请一个口才好的学生尝试做一次刺绣作品介绍 2. 引导学生分析此次模拟介绍中存在的问题【任务解读】任务解读，说明任务对知识及技能的要求，引出本课学习内容
2. 大师示范（大师示范绣品介绍）（6 分钟）	【以优促学，大师示范激发学习兴趣】1. 引大师进课堂，品绣品之美和工艺之精 2. 请大师做示范，听绣品的恰当解说 3. 分析大师示范，激发学生学习兴趣	【范例欣赏，文化熏陶】1. 认真观看大师对刺绣作品的介绍和对刺绣工艺的解说，感受刺绣的"精"和"美"2. 分析大师示范，明确学习目标	【引大师进课堂】1. 邀请刺绣工艺美术大师进课堂，为学生介绍刺绣作品、解说刺绣工艺，让学生感受刺绣的魅力 2. 引导学生分析大师的示范，激发学生学习兴趣

表8-8（续）

高等职业教育概论

教学环节	教学内容	学生活动	教师活动
3. 提炼方法（提炼事物介绍的方法）（25分钟）	【以问促学，合作探究积累介绍方法】 1. 事物介绍要介绍什么？ ①介绍特征 任何事物都有其自身的特征，它是区别于其他事物的标志。介绍事物时只有抓住事物的特征，才能让他人对事物有确切的了解 ②介绍哪些特征 事物的特征主要有外形特征、工艺特征、功能价值特征。外形特征包括形状、大小、颜色、质地、表面特征等；工艺特征包括物品制作所采用的特殊工艺；功能价值特征包括效能、用途价值等 ③如何抓准事物特征 要正确把握事物的本质和特征，必须一丝不苟地查阅有关资料，了解事物的来龙去脉；对事物进行细致观察，了解事物的形状、颜色、体态 2. 事物介绍用什么顺序？ ①时间顺序 按事物发展过程的先后来介绍某一事物，如说明生产技术、产品制作、工作方法、历史发展、动植物生长等 ②空间顺序 按事物空间结构的顺序来说明，如从外到内、从上到下、从整体到局部 ③逻辑顺序 按照事物的关系，如由浅入深、由易到难、由具体到抽象、由简单到复杂、由主要到次要进行说明 3. 事物介绍有什么方法？ 常见的说明方法：举例子、作比较、列数字、分类别、打比方、摹状貌等	【分析事物特征】 1. 猜谜，悟出"事物说明要抓准事物特征"  2. 案例分析，弄清事物特征包括哪几个方面 【理清介绍思路】 1. 阅读和分析文本，理清文本的写作思路  2. 参与课堂讨论，回顾说明文的写作顺序，理解要根据不同说明对象选择不同的说明顺序 【使用说明方法】 1. 阅读和分析文本，复习常见的说明方法 2. 参与课堂讨论，分析说明方法的使用效果和使用技巧 【提炼出事物介绍的方法】 1. 在教师引导下，提炼出事物介绍的"六字口诀"，促进知识的内化吸收 【绘图，分析刺绣作品】 1. 小组讨论，运用"六字口诀"，分析刺绣作品信息 2. 小组合作，绘制思维导图，张贴至展示区  3. 每组选派一个同学，简单介绍本组刺绣作品信息的整理情况	【引导学生分析事物特征】 1. 组织学生猜谜，引导学生悟出"事物说明要抓准事物特征" 2. 展示案例，引导学生分析事物特征包括哪几个方面  【指导学生理清介绍思路】 1. 指导学生阅读和分析文本，理清文本的写作思路  2. 引导学生讨论，进行小结：介绍事物要用表现事物或事理本身特征的顺序和符合人们认识事物、事物规律的顺序 【指导学生使用说明方法】 指导学生阅读和分析文本，引导学生复习常见的说明方法及其使用效果 【小结事物介绍的方法】 进行小结，引导学生提炼出事物介绍的"六字口诀"，帮助学生将知识内化于心 

表8-8（续）

教学环节	教学内容	学生活动	教师活动
	小结：事物介绍"六字口诀"为"先抓后理再用"，即在进行事物介绍时，要先抓住作品的主要特征，再按照一定的思路或顺序，然后采用恰当的说明方法对作品特征进行介绍 【以练促学，绣品分析促成方法运用】 1. 刺绣作品有哪些特征？ ①外形：刺绣图案寓意、绣品质地、绣线质地 ②价值：使用价值、艺术价值、收藏价值 ③工艺：刺绣种类、刺绣针法 2. 介绍刺绣作品可以依据怎样的介绍顺序？ ①产品制作顺序：设计绣稿——绣稿印至绣料——绣料绷至绣架——刺绣——松架——装框 ②空间顺序：从上到下、先正后反、整体到局部 ③逻辑顺序：由主要特征到次要特征、由外形特征到工艺特征 3. 介绍刺绣作品可以用哪些说明方法？ ①列数字：这个彩边是由绣娘一针一线缠绕而成，单单绕边一道工序就要1到2个小时 ②作比较：纯手工刺绣将花瓣绣制得均匀、干净、细腻、生动，这是机绣远远达不到的 ③作诠释：这是典型的苏绣，以套针为主，绣线套接不露针迹，三种不同的同类色线或邻近色相配，套绣出晕染自如的色彩效果		【布置课堂练习】 1. 布置课堂练习，要求学生小组合作，用"六字口诀"分析刺绣作品，并绘制成思维导图 2. 巡堂，根据实际情况对学生进行提醒和指导 3. 邀请刺绣工艺美术大师进课堂指导学生

表8-8(续)

教学环节	教学内容	学生活动	教师活动
4. 明确要求 (明确事物介绍的要求) (10分钟)	【事物介绍的十二字要求】 十二字要求：准确清晰、通俗易懂、感染力强 ①准确清晰：确保信息准确，勿模棱两可；确保思路清晰，勿逻辑混乱 ②通俗易懂：确保用词通俗易懂，勿生涩难懂；多用简洁明快的短句，勿用冗繁复杂的长句 ③感染力强：确保语音、语调、表情、动作等具有感染力，让听者乐意听、乐意接受	【归纳事物介绍的要求】 1. 观看和分析视频案例，参与课堂讨论，归纳出事物介绍的"十二字要求" 2. 参与课堂讨论，分析刺绣作品介绍如何才能做到"准确清晰、通俗易懂、感染力强"	【引导学生归纳事物介绍的要求】 1. 播放介绍刺绣作品的视频案例，组织课堂讨论，引导学生归纳出事物介绍的"十二字要求" 2. 用问答法、讨论法，引导学生分析刺绣作品介绍如何才能做到"准确清晰、通俗易懂、感染力强"
5. 学生挑战 (挑战刺绣作品的介绍) (20分钟)	【以用促学，课堂实践促成方法运用】 开展"中国绣·青年说——刺绣工艺作品介绍"课堂活动，要求学生灵活运用事物介绍的方法，用2~3分钟对刺绣作品进行口头介绍，具体要求如下： 1. 形象良好，仪态大方 2. 表情得体，动作恰当 3. 完整流畅，思路清晰 4. 重点突出，表达准确 5. 通俗易懂，简洁明快 6. 生动具体，语速适中	【参加课堂挑战】 1. 按照"十二字要求"，运用"六字口诀"，在组内练习刺绣作品的介绍，每组推选1个学生参加组间比拼 2. 推选出的4个学生进行"刺绣工艺作品介绍"的组间比拼 3. 其他学生认真观看小组代表的刺绣作品介绍	【组织课堂挑战】 1. 提出课堂挑战活动要求：按照"十二字要求"，运用"六字口诀"，介绍刺绣作品 2. 要求学生先在组内练习介绍刺绣作品，再每组推选出1个学生参加组间比拼 3. 组织推选出的4个学生有序进行组间比拼，并将过程录制下来
6. 效果评价 (评价刺绣作品介绍的效果) (7分钟)	【以评促学，多元评价加深方法理解】 1. 学生自评，反思自己的介绍是否准确清晰、通俗易懂、感染力强 2. 教师结合口语表达要求，根据学生对刺绣作品的特征描述进行评价 3. 大师根据学生对刺绣作品制作工艺的认识和描述进行评价 4. 学生上台为喜欢的同学点赞	【评价学习】 1. 反思，评价自己的介绍是否"准确清晰、通俗易懂、感染力强" 2. 听取教师的点评，记录下改进方向 3. 听取大师的点评，记录专家的建议 4. 为自己喜欢的同学点赞	【学生自评】 引导学生进行自我评价 【教师点评】 教师结合口语表达要求，根据学生对刺绣作品的特征描述进行点评 【大师点评】 邀请刺绣工艺美术大师根据学生对刺绣作品制作工艺的认识和描述进行点评 【学生互评】 组织学生上台为喜欢的同学点赞

表8-8(续)

教学环节	教学内容	学生活动	教师活动
7. 课堂总结（总结课堂学习内容）（4分钟）	【课堂总结，强化知识与技能】 1. 学习目标：灵活运用事物介绍的方法对刺绣作品进行介绍 2. 学习重点：事物介绍的"六字口诀" 3. 学习难点：事物介绍的"十二字要求"	1. 根据课堂总结，整理和补充笔记 2. 填写自评表，分析学习目标达成情况	1. 回顾本次课的学习目标和重难点 2. 组织学生自评，检查学习效果
8. 课后延伸（体验刺绣）（课后完成）	【课后延伸，体验刺绣以加深理解】 1. 参观刺绣大师工作室 2. 体验刺绣	1. 去刺绣工艺美术大师工作室参观，深入学习刺绣的工艺和文化 2. 体验手工刺绣，感受刺绣工艺的繁杂和精细	1. 带学生去刺绣工艺美术大师工作室参观，深入学习刺绣的工艺和文化 2. 带学生体验手工刺绣，感受刺绣工艺的繁杂和精细

点评：蔡芝亮老师的教学设计能够在十分激烈的竞争中获得一等奖的好成绩，重要原因在于其教学过程与众不同。

（1）在教学内容方面，纵向八个环节中，安排六个"促学"：

> 以错促学，尝试介绍引出学习内容；
> 以优促学，大师示范激发学习兴趣；
> 以问促学，合作探究积累介绍方法；
> 以练促学，绣品分析促成方法运用；
> 以用促学，课堂实践促成方法运用；
> 以评促学，多元评价加深方法理解。

（2）在教学方法方面，一是抓"六字口诀"，即"先抓后理再用"。老师引导学生提炼出事物介绍的"六字口诀"，帮助学生将知识内化于心。二是抓"十二字要求"，即"准确清晰、通俗易懂、感染力强"。按照"十二字要求"，运用"六字口诀"，在组内练习刺绣作品的介绍，每组推选1个学生参加组间比拼。三是把读、观、讲、画、试、赛、思、评等活动贯穿于小组学习和多种能力训练中。

（3）没有按照"明确任务、教师示范、学生实施、互评验收、总结改进"的"五环教学法"进行，而是自成一体，同样获得成功。

四、英语课程教学

职业学校英语课要想教出好的效果，同样要"告别"普通教育院校课堂灌输式教学，积极地"拥抱"社会生活，实施任务式教学。湖北东风汽车技师学院马丽老师的教学设计——"卡特彼勒整车交付清单的翻译"曾获得人力资源和社会保障部第一届全国技工院校教师职业能力大赛公共基础课类二等奖。该课程教学的对象是世界技能大赛重型车项目预选班学生，他们入班前为该院汽车工程系预备技师班三年级学生。以下来看看马丽老师的教学设计。

（一）教学内容来源

该学习任务从世界技能大赛重型车竞赛项目中提炼。世界技能大赛重型车竞赛项目对选手的要求为：

> 1. 独立阅读英文维修指令。
> 2. 独立查阅英文维修手册。
> 3. 与裁判进行英语技术交流。
> 4. 书写英文技术报告。

点评：

（1）教学场景。学生将在模拟世界技能大赛故障排除项目场景中学习。

（2）教学难度。整个比赛过程时长为三个半小时（210分钟），技术翻译不超过30分钟。对我国选手来说，读懂纯英文的检查清单至关重要。学生要在教师对特定翻译技巧的引导下，迅速识别技术英文句型中的主要成分，独立完成英文技术材料的分析；并能快速翻译，提高比赛效率，指导维修操作项目。

（3）教学内容来源。数学课刘金娜老师的教学内容选自企业真实工作任务；语文课蔡芝亮老师的教学内容选自校园真实生活；英语课马丽老师的教学内容选自世界技能大赛真实竞赛项目。这是三位老师教学获得成功的重要原因。

（二）教学目标确定

马丽老师这样确定该次课程教学的目标：

> 1. 专业能力
> （1）能分清句子的主句和从句。
> （2）能识别句子主干。
> （3）能正确处理句子从属部分。
> （4）能整合句子主次成分，优化译文。
> 通过以上四步，要求学生在规定时间内完成规定英文材料的翻译，且译文正确率能够达到75%，可以指导车辆检查操作。
> 2. 方法能力
> （1）能根据英文材料特征，探索合适的翻译方案。
> （2）能通过方案优化，总结翻译规律。
> （3）能利用学习辅助资源及工具，为今后的学习建立翻译词库。
> 3. 社会能力
> （1）能合理分工，认真完成自己在团队中的角色任务。
> （2）能具备安全意识，保证实操安全用具佩戴到位。
> （3）协作创新，能积极在小组讨论中贡献具有价值的思路。

点评：马丽老师的课程教学目标确定方式与刘金娜老师、蔡芝亮老师的相比，其共同点是都摒弃"知识、能力、素养"三要素分开分别表述方式，采用"能够做什么"格式确定。其不同点在于：第一，马丽老师教学目标确定的"触角"从非专业能力延伸至专业能力，对应世界技能大赛要求，切合参赛选手实战需求；第二，将教学目标分为专业能力、方法能力、社会能力，体现职业能力培养的特殊视野；第三，教学目标全是能力培养的要求，展示教学的高难度。

（三）学习重难点分析

学习重难点分析如表8-9所示。

表8-9　学习重难点分析

学习重点	重点内容	判断句子的主要和次要成分
	确定理由	区分主次是翻译技术材料的第一步，直接决定学生是否能在规定时间内正确翻译英文技术材料
	突破办法	课前，制定个性化小组工作页，将原文进行部分标记，但不做特别讲解，引导学生自行发现规律 课中，由小组成员上台阐述判定句子主次成分的标志 以错练兵，以学生实操得分最低的项目例句为讨论重点，用真实赛事解决真实问题，提高学生参与度 交叉分组，由提出优化方案的小组成员带队，带领组员再次进行讨论，互通有无 课后，学生通过拓展练习再次巩固提高
学习难点	难点内容	认识从句的重要性；正确处理并翻译从句
	确定理由	英文从句在竞赛材料中有两层含义：一是辅助操作项目；二是操作项目的前提条件，即操作规范说明。一旦此处失分，会导致学生在世界技能大赛及日后实际操作中漏做或误操作
	化解办法	课中实战演练：用学生操作中扣分或不得分的项目进行讨论；课后作业线下评论。学生在火山小视频中上传难点相关拓展练习的自主讲解视频，并观看他人的作业视频，进行互评

重难点突破流程，如图8-4所示。

图8-4　重难点突破流程

点评：马丽老师对教学重难点的分析与语文课蔡老师一样，都按照重难点内容+确定理由+多个解决方法的模式处理。其不同点在于马丽老师设计了重难点突破流程，明确标示出重难点解决和突破的环节。这有助于进一步理清思路，明确步骤，确保教学任务顺利完成。

（四）学习资源安排

马丽老师的学习资源安排也颇有特色：

（1）教学场地方面。直接使用世界技能大赛重型车项目训练场地，该一体化教室按真实世界技能大赛工作场景设置，如图8-5所示。

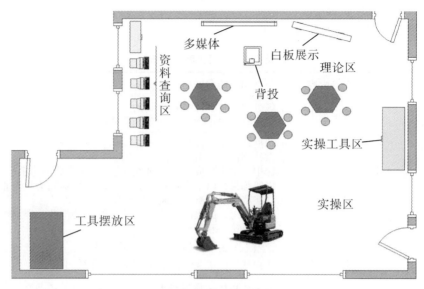

图 8-5　教学场地

（2）教学设备方面。使用电脑、投影仪、白板、挖掘机等。

（3）教学工具和教学材料方面。使用授课 PPT、工作页、彩色卡纸、彩笔、磁钉、实操工具及安全用品、火山小视频 APP、卡特彼勒整车交付清单英文版、《卡特彼勒整车发动机操作手册》节选英文版、《卡特彼勒操作维修手册》（供学有余力的学生自学）、汽车英语教材、英汉词典等。教学工具及设备，如表 8-10 所示。

表 8-10　教学工具及设备

内容	所处环节	用法
卡特彼勒整车交付清单	环节一到环节五	学生依据此清单进行翻译任务
《卡特彼勒整车发动机操作手册》节选	环节六	学生在课后将此材料作为拓展作业，复习本课所学内容，提高翻译技巧

表8-10(续)

内容	所处环节	用法
汽车英语教材 	环节二到 环节六	本教材供学生在实施课中或拓展任务时，查阅相关技术词汇或相关技术原理所用
英汉词典 	环节二	供逐字翻译的小组成员查阅材料词汇
PPT 讲义 	环节一 至环节六	贯穿课堂始终，用以展示教学和任务内容
工作页 	环节一到 环节五	由学生自主填写，协助完成任务

表8-10(续)

高等职业
教育概论

内容	所处环节	用法
雷达图表 	环节三	学生依据雷达图的五个维度标准，选出最佳方案。
挖掘机 	环节三	学生依据译文上车进行整车交付前检查，供裁判进行评分，以此判断译文的正确性。
实操手套 	环节三	学生上车操作安保设施，保护双手。
实操护目镜 	环节三	学生上车操作安保设施，保护眼睛。
安全帽 	环节三	学生上车操作安保设施，保护头部。

表8-10（续）

内容	所处环节	用法
火山小视频 APP	环节一到环节六	学生查看其他同学的术语朗读视频，留言评论； 教师查看学生视频，并留言评论； 学生查看教师、同学及网友的评论，进行改善； 对本课进行全程直播，与网友互动。
白板	环节二到环节五	学生展示译文； 学生展示雷达评比图； 配合教师讲解译文。
投影、卡纸、磁钉等	环节一到环节六	贯穿课堂始终，用以展示教学内容。

（五）教学过程设计

马丽老师的教学过程包括课前学习与交流等八个环节。她通过设计教学环节、教学内容、学生活动、教师活动、教学手段、教学方法等项目安排每个环节的活动内容，如表8-11所示。

表8-11　教学过程设计

教学环节	教学内容	学生活动	教师活动	教学手段	教学方法
1. 课前学习与交流	卡特彼勒液位检测相关英语技术术语的诵读	上传专业术语朗读视频到火山小视频软件 观看其他同学视频，予以点评 观看教师上传的术语朗读视频，自查并改善自己的发音	上传专业术语朗读视频到火山小视频 观看学生术语朗读视频，予以评论	翻转课堂（学生提前自学并背诵本课程所涉及的专业术语，提高学习效率）	自主学习心得共享

表8-11（续）

教学环节	教学内容	学生活动	教师活动	教学手段	教学方法
2. 准备工作（5分钟）	卡特彼勒液位检测相关英语技术术语的背诵	签到；组内用打扑克（单词卡片）的方式，抽查单词背诵情况	组织签到；巡视学生单词背诵情况	随机分组，提高学生参与感；单词游戏，为本课程热身	分组法游戏法
3. 环节一明确工作任务（5分钟）	任务发布及准备	观看世界技能大赛裁判发布的任务，了解世界技能大赛翻译任务与本课程的联系领取工作页，阅读工作任务要求和评分标准，明确工作任务	播放视频，发布任务发布卡特彼勒整车交付清单中的内容发放工作页，通过发布工作任务和评分项目，引导学生明确任务目标展示PPT，叙述任务要求	场景模拟（世界技能大赛任务结合学习任务，提高学生学习兴趣）评价导向（对任务完成标准和质量更加清晰）	工作情景导入结果导向
4. 环节二验证并确定实施方案（25分钟）	在指定时间内准确翻译卡特彼勒整车交付清单中"液位检查"部分，有哪些翻译方法？用雷达图评选最优方案	微方案实施分析微任务：原文听取教师概述；讨论技术材料有哪些翻译方式抽签决定本组的翻译方式分工翻译微方案互评：查看其他两组译文，对比自己小组的译文填写评分表；画出雷达图，评比三种翻译方式，选出最佳方案。最佳方案阐述最优方案组上台阐述方案思路。讨论重点问题	发布微任务：卡特彼勒整车交付清单中"检查液位"节选英文组织学生讨论可行的翻译方案引导学生实施微任务巡视学生分工情况微方案互评：组织学生小组互评最佳方案阐述：组织最优方案组上台阐述思路，提出重点问题：区分主句从句的标志是什么？如何快速识别句子的主干？	火山小视频直播（即时记录学生操作，实时连线世界技能大赛裁判，真实模拟世界技能大赛打分现场）白板展示（直观展示各组方案的可行性）对比分析（互通有无，增强互动，提高学生认知）	引导教学法白板演示法对比综合法雷达法

表8-11(续)

教学环节	教学内容	学生活动	教师活动	教学手段	教学方法
5. 环节三 实施任务 (10分钟)	依据最佳方案，上车操作	重新交叉分组，最优小组成员带队，带领组员学习最优方案，实施翻译任务；穿戴用品，依据译文，上车操作	组织学生重新分组 引导学生不断优化和完善计划 交待上车操作的安全问题，进行上车前检查 巡视学生上车实操及参观过程，与安全员一起维护现场安全秩序	互助学习（各组互通有无，提高效率）工学结合（将翻译任务与世界技能大赛任务相结合）	白板展示 现场讲解 比较分析 总结优化
6. 环节四 检查评价 (10分钟)	裁判对操作进行评分	查看裁判评分页，观摩他组操作，进行互评	联系裁判，进行评分；公布评分；组织学生观摩、互评	世界技能大赛模拟（采用裁判评分，检验译文正确性，使学生在操作中验证翻译方法，实用性更强）	任务驱动 在线评价
7. 环节五 总结提高 (难点突破) (25分钟)	思考问题：失分原因是什么 有哪些待优化的地方 如何处理句子的次要部分	思考难点问题，讨论优化方案 小组间讨论：本节课做了什么？出现什么问题？用了什么方法？还有什么需要改进	发布失分环节最高的项目；提出难点问题：断句标志词有什么特性？从属部分应该如何处理 总结：组织引导学生讨论，综述"分合法"的特点及具体步骤 评价各组任务实施的过程，向学生提出意见和建议	头脑风暴、对比综合、优化译文（培养学生创新思维，启发学生自我评判）	头脑风暴 相互评价

第八章 课程教学

·257·

表8-11(续)

教学环节	教学内容	学生活动	教师活动	教学手段	教学方法
8. 环节六任务拓展(10分钟)	完成《卡特彼勒整车操作手册》中"发动机停机前"的翻译任务	观看火山直播网友评论,互动讨论 课下运用总结的翻译技巧,翻译《卡特彼勒整车操作手册》中"发动机起动前"的部分 将翻译作业的讲解视频上传到火山小视频APP	评价: 组织学生自评、互评; 点评学生评价结果 展示火山直播网友评论。 拓展: 发布课下拓展作业	直播互动,课外拓展训练(汇聚课堂外的火山用户,连接课内外,培养知识迁移能力)	地毯法 互评对比

　　点评:马丽老师教学过程设计具有四个特点,一是涉及课前、课中、课后三个时空;二是实战性特点鲜明;三是教学环节不是"五环",而是"六环",设计合理;四是运用多种先进而实用的技术手段教学。

第九章

教师培养

第一节　对职业学校教师的认识

一、职业学校教师的概念

（一）教师类型

职业教育的课程分为三类：公共基础课程、专业基础（基本技能）课程、对接型课程。三个课程类型，所用教师两类即可。一类是公共基础课教师，另一类是专业课教师。专业基础（基本技能）课程和对接型课程教师可以通用。公共基础课程和对接型课程开发之后，学校需要培养与之对应的两类不同教师完成两类课程的教学任务。在确定两类教师的前提下，学校可以根据两类课型教学的需要作进一步细分。如公共基础课教师可以细分为思政课教师、语文课教师、体育课教师等；专业课教师可以细分为对接课教师、专业基础课（基本技能）教师等。

（二）能力要求

职业教育对公共基础课教师教学的能力要求是：具有传授理论知识能力和实践教学能力，做到理论知识教学和实践活动教学融通合一。这里的"理论知识"一词指科学文化知识和相关理论；这里的"实践活动"一词，指"教、学、做"结合。理论知识内容的教学和实践活动内容的教学之间不能隔有"玻璃门"，不能形成"两张皮"，而要融通合一地进行。公共基础课教师的能力要求有多个方面，但具有传授理论知识能力和实践教学能力，做到理论知识教学和实践活动教学融通合一是核心的能力要求，也是检验公共基础课教师知识教学与实践教学相结合程度与效果的主要指标。

职业教育对专业课教师教学的能力要求是：在具有相关科学文化知识和相关理论的基础上，拥有实践技能水平和专业教学能力，做到教学过程与工作过程对接合一。教学过程与工作过程对接合一与国家"教学过程与生产过程对接"的要求相一致。对职业学校专业课教师而言，这既是职业能力的新要求，也是教学能力的严要求和高要求。这意味着专业理论教学、技术技能实操示范、企业工作任务实施三结合开展对接式教学应成为发展方向，意味着这类教师必将成为我国职业学校专业教师的主体，意味着我国职业学校专业课理论和实操分开教学，两类教师并存的状况将成为历史。

（三）两类教师的概念

1. 公共基础课教师概念

公共基础课教师是具有传授理论知识能力和开展实践活动教学能力，组织理实一体化教学，做到理论知识教学和实践活动教学融通合一的教学人员。

2. 专业课教师概念

专业课教师是具有技术技能与专业教学的两种能力，组织工学一体化教学，能实现教学过程与工作过程对接合一的教学人员。实践中，所有的专业教师都应完成三个基本任务：

（1）企业顶岗实习。按照国家要求到企业顶岗实践，开展与教学任务相对接的企业岗位工作任务的实习。

（2）学校顶岗实习。回到学校，由同专业高水平教师指导，在教学岗位上，针对若干个学习任务，开展对接型课程教学的实习。

（3）课程开发实习。参与或了解本专业课程开发的五个环节：企业实践专家访谈会过程实习、企业实践专家访谈会成果转化过程实习、对接型课程学习任务设计过程实习、专业对接型课程计划制订过程实习、对接型课程资源建设过程实习。

二、"双师型"教师的概念

多年来，职业教育界一直在探索专业课"双师型"教师的内涵，试图给"双师型"教师界定准确的含义，但是，由于办学理念、办学方向、办学模式等因素的影响，总是众说纷纭，莫衷一是。

（一）国务院文件的定义

2019年1月，国务院《国家职业教育改革实施方案》采用加括号的非正规形式解释"双师型"教师内涵："到2022年，'双师型'教师（同时具备理论教学和实践教学能力的教师）占专业课教师总数超过一半"。这是中华人民共和国成立以来国家第一次为这类教师下的定义。但是随着社会经济的发展，这个定义存在一些不适应现在职业教育要求的地方。

第一，"实践教学能力"提法不到位。实践教学是教师实现培养目标的多种实践活动的总称。实践教学方式包括参观、调查、课堂练习、课堂师生互动、实验、跟岗实习、顶岗实习等。具备"实践教学能力"的要求，不仅适用于专业课教师，也适用于公共基础课教师。而文件明确只适用于专业课教师："到2022年，'双师型'教师（同时具备理论教学和实践教学能力的教师）占专业课教师总数超过一半"。这一定义没能将专业课教师与公共基础课教师的能力要求区别开来，适用性和针对性模糊。

第二，能力要求不到位。国家确定职业学校培养目标是培养高素质劳动者和技术技能人才。"技术技能"是这类人才的本质性要求。学校要培养这样的人才，一个重要条件是教师本身需要拥有与企业实际工作对接的技术技能。"双师型"教师的定位理应直击其本质，而这一定义强调的理论教学和实践教学两种能力都立足于"教"，没有对教师提出拥有技术技能这一本质性要求。

第三,"双师"的界定不到位。"同时具备理论教学和实践教学能力"即"双师型"教师。这是把理论和实践分开为两类教师,继而称之为"双师型"教师,要求偏低。

由于存在上述三个问题,该定义的实践指导意义有限。

(二) 中共中央、国务院文件的定义

2020年10月13日,中共中央、国务院《深化新时代教育评价改革总体方案》对职业学校"双师型"教师培养工作提出新的要求:"健全'双师型'教师认定、聘用、考核等评价标准,突出实践技能水平和专业教学能力"。言下之意,"双师型"教师认定、聘用、考核要以实践技能水平和专业教学能力为标准。

虽然,这也不是对"双师型"教师的正式定义,但既触及"双师型"教师要求的本质——"实践技能水平",又涉及教学能力要求,可以视为一种特殊形式的定义。其与国务院《国家职业教育改革实施方案》的定义相比,形式方面进了一步,内容方面与市场需要更契合,体现了"双师型"教师"职业技能"和"教学技能"的双能要求。

尽管如此,该定义仍存在对象范围泛化问题。"实践技能水平和专业教学能力"是职业学校包括"双师型"教师在内所有专业教师均应达到的"双能"要求,而"双师型"教师应是与普通专业教师有所区别的特殊类型的专业教师。

(三) 本书的定义

真正的"双师型"教师,应具备三个因素:

(1)"双能":实践技能水平和专业教学能力。

(2)"双证":相应层级专业技术职务证书和职业技能等级证书。如讲师+技师或讲师+工程师。讲师对应专业教学能力;技师或工程师对应职业技能水平。

(3)"一对接":能实现教学过程与工作过程对接教学。

"双能"相对于"双证",属内在能力,"双证"是"双能"的书面证明。仅仅依靠"双能"与"双证"定位"双师型"教师是不到位的,必须触及对接教学的高度。

所谓专业课"双师型"教师,指具有职业技能水平和专业教学能力,拥有相应层级专业技术职务证书和职业技能等级证书,组织工学一体化教学,能实现教学过程与工作过程对接的专业教师。

三、"双师型"教师的基本条件

(一) 属性

"双师型"教师作为教师职业的一个新分支,一种新类型,存在独特"门槛"。这种"门槛"建立在"双师型"教师基本属性基础上。职业学校"双师型"教师应具备三个属性,如表9-1所示。

表9-1 "双师型"教师属性

属性类型	属性要求
教育属性	要具备学历资格

表9-1（续）

专业属性	要具备职称资格
职业属性	要具备职业资格或职业技能等级

（二）条件

（1）准入资格。教师职业属准入类职业资格，按国家规定须持证上岗，应当具备职业准入资格。

（2）职称资格。教师从事的行业具有鲜明的专业特点，担任不同层次工作的教师均应具备相应等级的职称资格。

（3）职业资格。职业学校教师应是教学工作和企业工作的"双知"者，理论教学和实践教学的"两合"者，应具备相关职业资格或职业技能等级。

三个属性之中，职业属性既是职业教育专业教师与普通教育专业教师的本质区别，也是最重要的属性。

依据三个属性，结合教学实践，"双师型"教师区分为若干层级，需具备相关条件。普通专业教师要提升为"双师型"教师：一是要申报；二是需批准；三是批准后需接受系列培训；四是培训合格后按实际水平被聘为特定等级的"双师型"教师。"双师型"教师申报条件如表9-2所示。

表9-2 "双师型"教师申报条件

层级	名称	参考性申报条件
四级	准"双师型"教师	1. 具有教师资格证书，本专业一线教学经历满两年 2. 大专（相当于大专）及以上学历 3. 助理讲师或高级技工及以上职业资格证书（职业技能等级证书） 4. 具有不少于每两年两个月的企业实践经历 5. 具有教学过程与工作过程对接教学能力和经历
三级	"双师型"教师	1. 具有教师资格证书，本专业一线教学经历满四年 2. 讲师或技师职业资格证书（职业技能等级证书） 3. 具有不少于每两年两个月的企业实践经历 4. 具有教学过程与工作过程对接教学能力和经历
二级	"双师型"教师	1. 具有教师资格证书，本专业一线教学经历满六年 2. 高级讲师或高级技师职业资格证书（职业技能等级证书） 3. 具有不少于每两年两个月的企业实践经历 4. 具有教学过程与工作过程对接教学能力和经历
一级	"双师型"教师	1. 具有二级"双师型"教师资格 2. 作为二级"双师型"教师承担对应层次班级教学经历满四年 3. 具有不少于每两年两个月的企业实践经历 4. 具有教学过程与工作过程对接教学能力和经历

无论哪一级"双师型"教师，仅仅有职称和职业资格或职业技能等级是不够的，必须拥有教学过程与工作过程对接教学能力和经历。

四、"双师型"教师的层级划分

"双师型"教师既是教师职业的新分支，也是一线教学领域发挥核心作用的一支队伍。发展和优化这支队伍，需要区分层级，以便根据层级实施定向培养和科学管理。可将"双师型"教师分为四级：准"双师型"教师、"双师型"教师、"双高师型"教师、"双正高师型"教师。最高级别为"双正高师型"教师，具体如表9-3所示。

表9-3　"双师型"教师层级

等级	类型	构成
四级	准双师型	助理讲师+高级技工（助理工程师）+对接教学
三级	双师型	讲师+技师（工程师）+对接教学
二级	双高师型	高级讲师+高级技师（高级工程师）+对接教学
一级	双正高师型	正高级技术职称+省级技术能手、首席或特级技师（正高级工程师）+对接教学

由表9-3可知，"双师型"教师的条件要求高，尤其是一级"双正高师型"教师，需要同时具备两个不同系列的正高级职业技术职务和技术技能水平，难度极大。其中，四个级别依次递进，不能逾越。能力要求方面，高级别"双师型"教师涵盖低级别"双师型"教师。

第二节　"双师型"教师培养

一、"双师型"教师培训课程开发

我们在明确"双师型"教师的基本条件和层级划分后，应进一步解决"双师型"教师培训什么的问题。培训什么的问题需要通过培训课程的开发来解决。而"双师型"教师培训课程开发必须明确一个前提：开发出来的培训课程能让接受培训的专业教师的教学过程与工作过程对接。理论知识和技术技能二者不是人为撕开的"两张皮"，而是必须和够用的相结合。"双师型"教师的神圣职责和崇高使命是开展体现教学过程与工作过程相结合的对接教学。

坚持这样的前提，就保证了"双师型"教师培训课程开发具备正确的方向。在此基础上，我们需要明确培训课程开发的主体，因为课程开发的主体直接影响课程开发的内容。"双师型"教师培训课程开发的主体可以由职业教育实践型专家、"双师型"骨干教师、企业实践专家、学校教务和教研部门骨干等组成。培训课程开发的主要方式是召开实践专家访谈会。其中，职业教育实践型专家、"双师型"骨干教师是培训课程内容的选择者，企业实践专家是访谈会方向的引导者，学校教务和教研部门骨干是访谈会质量的把关者。访谈会由学校教务部门或教研部门骨干主持。实践专家访谈会的任务如表9-4所示：

表9-4　实践专家访谈会的任务

1	提炼出不同层级"双师型"教师的代表性工作任务
2	在代表性工作任务的基础上，进一步归纳出典型工作任务
3	确定"双师型"教师职业能力应达标准
4	将典型工作任务转化为各层级"双师型"教师培训课程

（一）确定"双师型"教师代表性工作任务

实践专家访谈会的第一个任务是确定"双师型"教师代表性工作任务。代表性工作任务指"双师型"教师必须掌握的可以直接用于教学的工作任务。其特点是具有挑战性。学习之后，教师职业能力会得到明显提升。代表性工作任务由具有教学过程与工作过程一体化教学经验的专业教师或已经是"双师型"教师的教学人员集体协商后确定。根据广州工贸技师学院等院校的经验，四级"双师型"教师（准"双师型"教师）必须掌握9个代表性工作任务，如表9-5所示。

表9-5　四级"双师型"教师必须掌握的9个代表性工作任务

1	教学目标设计
2	教学过程设计
3	教学质量评价设计
4	教学准备
5	教学实施
6	课后作业布置与检查
7	学生自我评价
8	小组评价
9	教师评价

准"双师型"教师是一般专业教师向"双师型"教师过渡的教师类型。新的专业教师经过企业顶岗实习、学校顶岗实习、课程开发实习之后，已经成为专业教师队伍中的"熟手"，但其还需要接受培训，学会上述9个代表性工作任务，培训后考核合格者，学校颁发证书，成为正式的"双师型"教师。

三级"双师型"教师必须掌握12个代表性工作任务，如表9-6所示。

表9-6　三级"双师型"教师必须掌握的12个代表性工作任务

1	学习活动1："明确任务"设计
2	学习活动2："制订计划"设计
3	学习活动3："审定计划"设计
4	学习活动4："实施计划"设计
5	学习活动5："检查控制"设计
6	学习活动6："验收总结"设计
7	课程管理制度制定

表9-6(续)

8	实训场所管理方案制定
9	信息化教学方案制定
10	培训项目开发
11	培训课程方案制定
12	培训资源建设方案制定

三级"双师型"教师为真正"双师型"教师队伍中最低一级。成为三级"双师型"教师很不容易,他们不仅要掌握准"双师型"教师的9个代表性工作任务,也要学会上述12个代表性工作任务。12个代表性工作任务中,前6个是一个代表性工作任务的6个环节,是教师培训最核心的内容。与准"双师型"教师代表性工作任务中的"教学实施"相比,要求更具体,难度也更高。学会这6个环节的教学,就实现了教学过程与工作过程对接。

二级"双师型"教师由三级"双师型"教师晋升而来,必须掌握12个新的代表性工作任务,如表9-7所示。

表9-7 二级"双师型"教师必须掌握的12个代表性工作任务

1	《专业课程安排》编制
2	《课程标准》编制
3	《专业质量评价方案》编制
4	《教学实施建议》编制
5	《培训教学资源安排》编制
6	《培训人才培养目标》编制
7	培训课程安排表编制
8	《培训课程标准》编制
9	《培训教学实施建议》编制
10	"双师型"教师培训教案编写
11	"双师型"教师培训资源安排
12	"双师型"教师培训效果评价

与三级"双师型"教师相比,二级"双师型"教师资格等级更高,业务能力更强,须掌握的代表性工作任务也更多。1~4个代表性工作任务属对接型课程计划中的内容;5~12个代表性工作任务属准"双师型"教师和三级"双师型"教师培训的内容。两类内容均为核心项目,难度大,均与培养质量密切相关。

一级"双师型"教师必须掌握10个代表性工作任务,如表9-8所示。

表9-8 一级"双师型"教师必须掌握的10个代表性工作任务

1	对接型课程开发成果验收报告撰写
2	对接型课程开发改进方案制订
3	对接型课程教学经验交流计划制订

表9-8（续）

4	二级"双师型"教师培训教案编写
5	二级"双师型"教师培训资源安排
6	二级"双师型"教师培训效果评价
7	"双师型"教师培训效果评估
8	"双师型"教师技能竞赛水平评价
9	"双师型"教师技能鉴定水平评价
10	"双师型"教师教学水平评价

一级"双师型"教师虽然是"双正高"，即正高职称和教授级工程师或省级技术能手、首席技师、特级技师，但未必会教学过程与工作过程对接教学。所以，他们还要不断学习新的"事物"。一级"双师型"教师不仅需要掌握这10个代表性工作任务，也要掌握准"双师型"、三级、二级"双师型"教师须掌握的代表性工作任务。四级任务相加，一级"双师型"教师须掌握43个代表性工作任务。

确定43个代表性工作任务的意义在于：第一，便于在此基础上进一步提炼典型工作任务；第二，下一步可将之转化为学习任务，成为"双师型"教师培训的具体内容；第三，由于这些代表性工作任务体现工作实际和企业实践专家的意见，因此学校掌握它们就可以解决职业教育长期存在的所教、所学、所用相脱离问题。

（二）确定"双师型"教师典型工作任务

"双师型"教师典型工作任务是"双师型"教师这一职业领域一类工作任务的总称，也称综合性工作任务。典型工作任务来自于实践专家访谈会成员对代表性工作任务的归纳。一般情况下，一个典型工作任务包括3~5个代表性工作任务。一个典型工作任务可以转化为一门"双师型"教师培训课程。一门"双师型"教师培训课程一般包含3~5个由代表性工作任务转化而成的学习任务。归纳广州工贸技师学院等相关学校的实践和广州市职业技术教研室张利芳主任的意见，职业教育四个层级"双师型"教师应掌握的典型工作任务共有12个：

（1）四级"双师型"教师应掌握的典型工作任务有3个：对接型课程教学设计、对接型课程教学实施、对接型课程教学评价。

（2）三级"双师型"教师应掌握的典型工作任务有3个：对接型课程教材开发、对接型课程相关资源建设、职业培训课程设计。

（3）二级"双师型"教师应掌握的典型工作任务有3个：对接型课程计划编制、职业培训对接型课程计划编制、"双师型"教师培训。

（4）一级"双师型"教师应掌握的典型工作任务有3个：对接型课程开发质量调研、二级"双师型"教师培训、"双师型"教师综合能力评价。[①]

由于一个典型工作任务可以转化为一门课程，因此，确定"双师型"教师典型工作任务为下一步明确各级"双师型"教师应该接受培训的课程奠定基础。

---

① 张利芳. 工作过程本位的双师型教师队伍建设机制研究［J］. 教育与职业. 2019（11）.

（三）确定"双师型"教师职业能力应达标准

学校在明确代表性工作任务和典型工作任务的基础上，应进一步分析每一层级"双师型"教师职业能力应达的标准。归纳广州工贸技师学院等相关学校的实践和广州市职业技术教研室张利芳主任的意见，各层级"双师型"教师职业能力应达以下标准：

（1）四级（准）"双师型"教师学习3个典型工作任务后，职业能力应达的标准为：第一，能独立完成所任课程相对应的工作任务；第二，能独立完成符合工学结合要求的教学设计；第三，能根据教学设计引导学生完成学习任务；第四，能采取过程性和终结性考核办法测评学生一个学期工学结合学习的成效；第五，能客观分析学生学习存在的问题并提出改进意见。

（2）三级"双师型"教师学习3个典型工作任务后，职业能力应达的标准为：第一，能编写或参与编写对接型课程教材；第二，能独立完成或参与完成对接型课程管理手册编写、教学短视频录制、设备设施管理等工作；第三，能根据职业培训质量要求，结合学员实际，完成或参与完成职业培训项目开发、对接型课程计划制订、培训教学资源建设。

（3）二级"双师型"教师学习3个典型工作任务后，职业能力应达的标准为：第一，能根据市场调研报告，协调召开企业实践专家访谈会，开发对接型课程；第二，协同合作企业共同确定对接型课程计划；第三，能根据"双师型"教师典型工作任务，编写培训方案，实施"双师型"教师培训与指导；第四，能对四级、三级"双师型"教师教学实施和课程开发情况进行指导，准确分析教学实施或开发过程中存在的问题，提出改进建议。

（4）一级"双师型"教师学习3个典型工作任务后，职业能力应达的标准为：第一，能依据对接型课程要求，调研某专业课程开发状况，撰写调研报告，提出课程开发改进等建议；第二，能根据二级"双师型"教师学制教育和职业培训课程开发与实施情况，进行针对性指导，分析开发和实施过程中存在的问题，提出改进建议；第三，能从技能竞赛、技能鉴定、教学质量3个方面进行评价并指导实施。

确定职业能力标准的意义在于：把握"双师型"教师独特内涵和价值，以此明确"双师型"教师培养的主要目的并将其作为"双师型"教师业绩考核的主要依据。

（四）转化典型工作任务

学校在明确代表性工作任务、典型工作任务、应达标准之后，需要将三者转化为可直接用于培训的课程。转化工作包括四项内容：

1. 典型工作任务转化为课程

学校要将实践专家访谈会的成果——各层级的典型工作任务转化为各层级的"双师型"教师培训课程。以三级"双师型"教师为例，见表9-9。

表9-9　三级"双师型"教师培训的典型工作任务转化

典型工作任务	转化 （名称和内容）	对接型课程
对接型课程教材开发		对接型课程教材开发
对接型课程相关资源建设		对接型课程相关资源建设
职业培训课程设计		职业培训课程设计

2. 代表性工作任务转化为学习任务

在将典型工作任务转化为培训课程之后，很重要的一项工作是把代表性工作任务转化为学习任务。转化的方法很简单：把每个代表性工作任务的名称和内容按培训特点改为相应学习任务的名称和内容。比如，二级"双师型"教师须掌握《专业课程安排》编制、《课程标准》编制等12个代表性工作任务，转化之后，就是《专业课程安排》编制、《课程标准》编制等12个学习任务，如表9-10所示。

表9-10 二级"双师型"教师培训的代表性工作任务转化

序号	代表性工作任务		学习任务
1	《专业课程安排》编制		《专业课程安排》编制
2	《课程标准》编制		《课程标准》编制
3	《专业质量评价方案》编制		《专业质量评价方案》编制
4	《教学实施建议》编制		《教学实施建议》编制
5	《培训教学资源安排》编制	转化	《培训教学资源安排》编制
6	《培训人才培养目标》编制	（名称和内容）	《培训人才培养目标》编制
7	培训课程安排表编制		培训课程安排表编制
8	《培训课程标准》编制		《培训课程标准》编制
9	《培训教学实施建议》编制		《培训教学实施建议》编制
10	"双师型"教师培训教案编写		"双师型"教师培训教案编写
11	"双师型"教师培训资源安排		"双师型"教师培训资源安排
12	"双师型"教师培训效果评价		"双师型"教师培训效果评价

3. 转化应达标准

学校将每个典型工作任务应达标准搬入对应的课程，成为该门课程学习的应达标准。

4. 确定学习任务课时

把实践专家访谈会上实践专家确定的每个代表性工作任务所需时间按培训特点转化为"双师型"教师每个学习任务所需的课时。

四项内容完成后，用表格形式确认"双师型"教师培训任务，见表9-11。

表9-11 "双师型"教师培训任务

层级	培训课程名称与内容	学习任务名称与内容	应达标准	培训课时
四级"双师型"教师				
三级"双师型"教师				
二级"双师型"教师				
一级"双师型"教师				

填写好"双师型"教师培训任务表，就意味着解决了"双师型"教师培训什么的问题。

二、"双师型"教师的培训

具体实施"双师型"教师培训，要依据"双师型"教师培训任务表进行。

（一）四级"双师型"教师的培训

四级"双师型"教师即准"双师型"教师。其培训任务是：完成3门课程共9个学习任务的培训。这9个学习任务如表9-12所示。

表9-12 四级"双师型"教师培训的9个学习任务

1	教学目标设计
2	教学过程设计
3	教学质量评价设计
4	教学准备
5	教学实施
6	课后作业布置与检查
7	学生自我评价
8	小组评价
9	教师评价

培训方式可以根据学校具体情况"百家齐放"。专家讲座指导、逐个试讲与专家点评、竞赛式交流等方式均可。

（二）三级"双师型"教师的培训

该级教师培训课程有3门共12个学习任务，如表9-13所示。

表9-13 三级"双师型"教师培训的12个学习任务

1	学习活动1："明确任务"设计
2	学习活动2："制订计划"设计
3	学习活动3："审定计划"设计
4	学习活动4："实施计划"设计
5	学习活动5："检查控制"设计
6	学习活动6："验收总结"设计
7	课程管理制度制定
8	实训场所管理方案制定
9	信息化教学方案制定
10	培训项目开发
11	培训课程方案制定
12	培训资源建设方案制定

表9-13中前六个即对接型课程六步教学法实践，是"双师型"教师的"试金

石"。可通过示教和试教相结合的方式进行培训。其他内容可以采取团队学习、行动导向式培训、案例分析式培训、参观交流式培训等方式进行。

（三）二级"双师型"教师的培训

该级培训共3门课程12个学习任务，如表9-14所示。

表9-14　二级"双师型"教师培训的12个学习任务

1	《专业课程安排》编制
2	《课程标准》编制
3	《专业质量评价方案》编制
4	《教学实施建议》编制
5	《培训教学资源安排》编制
6	《培训人才培养目标》编制
7	培训课程安排表编制
8	《培训课程标准》编制
9	《培训教学实施建议》编制
10	"双师型"教师培训教案编写
11	"双师型"教师培训资源安排
12	"双师型"教师培训效果评价

学校可采取专家讲座指导、案例分析式培训、网络专题学习、研讨、参观交流式培训、竞赛式学习等方式进行。

（四）一级"双师型"教师的培训方式

该级培训课程有3门共10个学习任务，如表9-15所示。

表9-15　一级"双师型"教师培训的10个学习任务

1	对接型课程开发成果验收报告撰写
2	对接型课程开发改进方案制订
3	对接型课程教学经验交流计划制订
4	二级"双师型"教师培训教案编写
5	二级"双师型"教师培训资源安排
6	二级"双师型"教师培训效果评价
7	"双师型"教师培训效果评估
8	"双师型"教师技能竞赛水平评价
9	"双师型"教师技能鉴定水平评价
10	"双师型"教师教学水平评价

（1）"对接型课程开发成果验收报告撰写、对接型课程开发改进方案制定、对接型课程教学经验交流计划制定"这三个学习任务属于课程开发内容。学校可以采用任务

布置、阶段性指导、成果点评验收"三环并联"的方式进行培训。

（2）"二级'双师型'教师培训教案编写、二级'双师型'教师培训资源安排、二级'双师型'教师培训效果评价"这三个学习任务属于教师培训内容。学校可采用六步教学法进行。

（3）"'双师型'教师培训效果评估、'双师型'教师技能竞赛水平评价、'双师型'教师技能鉴定水平评价、'双师型'教师教学水平评价"四个学习任务横向跨越多个领域，难度很大。学校可采取行动导向式培训、案例分析式培训、交流与研讨等方式进行。

（五）推行教师培训新模式

归纳上述 4 个层级、12 门培训课程、43 个学习任务的培训，可以将之称为"双师型"教师"4+12+43"培训模式。这个培训模式与众不同，难度自然很大，但实际效果好，它代表我国职业教育专业课教学发展方向，既需要政府相关部门政策支持，也需要学校提供所需条件：

（1）要制订规划。学校让全校教师了解"双师型"教师培养的意图，包括数量安排、质量要求、具体步骤。

（2）要创造条件。"4+12+43"培训模式需要多方面条件支持才能坚持下去。但许多学校缺乏相关条件，这需要学校协调各方，创造促进培训工作正常推进的条件。

（3）要政策倾斜。学校应从各个方面支持培训，包括激励措施。对获得"双师型"教师证书者，应该激励。如在课酬系数、外出培训交流、申报科研项目、绩效考核、评优评先、岗位聘用、专业技术职务评聘、职务晋升等方面予以倾斜。

（六）教师要全身心投入

（1）要端正态度。教师要寻找自身差距，积极参加培训。

（2）要制订计划。教师要根据自身条件，制订分级达标计划。

（3）要投身实践。教师要根据学校的安排，每年至少一次带着教学任务进入企业或校内生产性实训车间顶岗实习，掌握完成教学任务的能力。

（4）要参加课改。教师要积极参加本校对接型课程改革，掌握教学过程与工作过程一体化教学能力。

（5）要重视交流。教师要善于借鉴先进经验，不断提高自己。

（6）要关注科研。教师要善于把自己的教学实践与课程改革理论研究结合起来，形成自己的科研成果。

（7）要大胆创新。教师要按照因地制宜、因陋就简的思路，创造性地开展对接型课程改革和教学实践，大胆探索建设对接型课程模式，丰富我国的对接型课程改革经验。

第三节　公共基础课教师培养

一、公共基础课教师培训课程的开发

专业课教师培养与公共基础课教师培养形式不同。在多数情况下，专业课教师培训可以直接面向同专业所有专业课教师，但公共基础课不行。将公共基础课三个课程类型教师集中统一培训的方式所获效果肯定不佳。因为三个课程类型业务内容差异大，有些课程不是简单的一门课程，而是被压缩了的一个专业。如"其他基础课程"中的数学、英语等课程。从课程单位看，它是一门课；从课程内涵看，它是因学习需要而被大量压缩的一个学科。所以，公共基础课的课程开发只能按被压缩了的一个学科或一个专业的具体课程特性进行。与之相对应，公共基础课教师也要分为多类。课程类型和具体课程不同，教师能力要求也有差异，教师培训课程开发内容只能分开进行。专业课教师培训课程开发的一些方法虽然可以借鉴，但直接照搬是不合适的。

综上，公共基础课教师培训课程的开发不宜整体统一进行，学校应借鉴专业课教师培训课程开发的一些值得借鉴的方法，根据公共基础课具体课程的特性，开发每一个具体课程的教师培训课程。

二、公共基础课教师的条件

（一）属性

职业教育公共基础课教师也需要设置"门槛"。这种"门槛"也应建立在基本属性的基础上。公共基础课教师具备两个属性：学历资格的教育属性和职称资格的专业属性。

（二）条件

职业学校公共基础课教师所教的课程类型不同，需要拥有不同的资格：

（1）准入资格。教师职业属准入类职业资格，按国家规定须持证上岗，应当具备职业准入资格。

（2）职称资格。教师从事的行业具有鲜明的专业特点，担任不同层次工作的教师均应具备相应等级的职称资格。

（3）职业资格。职业学校公共基础课与普通教育公共基础课区别在于具有职业性特点。公共基础课三类课程中的"职业素养课程"直接体现职业界相关内容，从事职业素养课程教学的教师若具备相关职业资格或职业技能等级，对提高该课程教学质量有明显促进作用。

（三）层级

公共基础课教师与专业课教师不同，大多数课程不存在"双师型"教师，即讲师+技师或工程师。其专业发展层级与专业技术职称同步，但在国家资历制度发展过程中，凡所教课程存在对应职业资格或职业技能等级的，任课教师均应拥有与所教课程相关的职业资格或职业技能等级证书，探索培养公共基础课领域的"双师型"教师。

三、公共基础课教师的培训

（一）把握培训方向

普通教育院校的公共基础课程与职业领域活动基本不搭界。职业教育院校公共基础课程与职业领域活动存在或密或疏的联系。将这种联系纳入教学是职业教育院校公共基础课教师培训的一个鲜明特色。

以"国家规定课程"中的语文教师培训为例，除了培训教师掌握面向全体学生传授共性类语文知识和方法外，还需培训教师掌握面向该专业学生传授与其所学专业实际需要相对应的个性化语文知识和方法。如果语文教师培训只向学生传授共性类知识和方法，不考虑语文为专业服务的个性化特点，那么，这种培训就等同于普通教育公共基础课教师培训，就丧失了职业性，就偏离了职业教育领域语文教师培训的方向。

以"其他基础课程"中的数学教师培训为例，除了培训教师掌握面向全体学生开展数学基本知识的内容和方法外，还要培训教师如何深入企业调研，掌握学生所学专业涉及的企业工作任务和数学知识之间的联系点，之后，将联系点包含着的数学知识纳入教学内容实施教学。如果学校没有安排老师深入企业调研，职业学校数学教师如同普通学校数学教师那样根据教材"照本宣科"，那么课堂上必然出现"睡中学，学中睡"的悲哀场面。这样的培训就丧失了职业性，就偏离了职业教育数学课教师培训的方向。

职业性特点是职业教育公共基础课与普通教育公共基础课本质的区别。这种区别决定职业教育公共基础课教师培训的方向：不宜搬用普通院校公共基础课教师培训方式，三大课程类型的公共基础课教师培训须与职业活动相联系。

（二）坚持"两能两教"原则要求

具有传授理论知识能力和实践活动教学能力即"两能"，做到理论知识教学和实践活动教学融通合一即"两教"。"两能两教"既应贯穿公共基础课教师培训全过程，又应成为公共基础课教师培训考核的主要标准，还应作为公共基础课教师层级区分的主要依据。

（三）探索多种培训方式

针对职业学校公共基础课教师培训的方式很多。以下几种比较常见且效果较好：

1. 专家讲座式

专家讲座式，即邀请专家采取讲座形式培训公共基础课教师。一般情况下，经验与权威性与培训效果成正比。专家经验比较丰富，具有权威性，容易产生较好的培训效果。但是，并非所有专家讲座都能取得较好效果。

（1）需要明确一个前提：这里的专家不应是普通教育学校的。普通教育学校专家知识很丰富，但对职业教育不熟悉。这样的专家，若是将普通教育公共基础课教师培训的内容、方式搬到职业教育公共基础课教师培训班上，那么，结果可能是讲得越精彩，误导越深远。因此所邀请的专家应是对职业教育公共基础课研究比较深入且研究成果得到业界普遍认可的行家。

（2）需要明确一个要求：为了达到预期效果，对于来校讲座的专家，学校也应该提出明确的要求。如培训内容针对性与有效性相结合的要求。学校有关部门应将公共基础课存在的问题、公共基础课教师存在的问题、解决这两类问题的思路、教师培训应涉及的重点等具体问题汇集后发给专家，要求专家"有的放矢""对症下药"。

2. 教案点评式

教案，即教学方案的简称，也称教学设计。教案点评式指在特定场所对受训教师的教案（教学设计）进行当众评讲，肯定成绩，指出问题，帮助纠正的培训方式。一般由富有经验的专家点评。教案点评的基本依据是"两能两教"：是否具有传授理论知识能力和实践教学能力？是否做到理论知识教学和实践活动教学融通合一？点评要关注公共基础课教师培训的职业性特点，肯定成绩与指出不足兼顾，所有优点都要表扬到位，所有不足都应"和盘托出"。

3. "五课"培训式

"五课"即备一次课、讲这次课、上这次课、思这次课、评这次课。教案点评式培训限于备课环节，"五课"培训式涉及备课、说课、授课、思课、评课五个环节，是一种"全链条""实战式"的培训。要求公共基础课教师必须人人参与，做到人人过关，强调强制性。其具体要求如表9-16所示。

表9-16　"五课"培训式内容

序号	环节	培训关注的重点
1	备课	1. 学习目标的确定是否反映文化知识学习和职业素养提升两方面要求，学习目标是否明确、具体且可操作性强 2. 学习内容的确定是否包括文化知识学习和实践活动项目安排 3. 学习资源的确定是否体现学生在问题引导下的学习过程，其相关环境设计与社会生活或工作环境要求是否尽可能相一致
2	说课	1. 学习目标确定情况 2. 学情分析情况 3. 学习内容安排情况 4. 学习资源安排情况 5. 教学实施情况（教学环节安排、学生活动安排、教师活动安排、教学手段安排、教学方法安排） 6. 学业评价情况
3	授课	1. 教学过程是否分为若干个步骤，并做到理论知识教学和实践活动教学融通合一 2. 教学手段是否有效支持学习活动的开展，是否利用多种教学媒体以及信息化手段和数字化资源开展教学 3. 教学方法是否体现以学生为中心和以活动为导向的教学理念，是否适应具体学情，是否开展混合式教学，促进混合式学习，是否重视学生的适应与接纳情况，方法是否有效
4	思课	1. 学习目标确定情况 2. 学情分析情况 3. 学习内容安排情况 4. 学习资源安排情况 5. 教学实施情况（教学环节安排、学生活动安排、教师活动安排、教学手段安排、教学方法安排） 6. 学业评价情况
5	评课	1. 是否以学习目标为依据 2. 评价方式方法是否合理，易于操作 3. 能否有效解决实际教学问题，促进职业素养与职业能力的提高

从一个学校角度看，针对公共基础课教师的"五课"培训，学校应该制订计划，分批次、分阶段进行。每位教师培训结束后，应得到培训机构书面评价意见。

4. 综合培训式

综合培训式指安排几天时间，在一个学校里，集中一个地区公共基础课教师，按课程类型分若干组，采取全体集中+专家讲座、全国同行先进教师示范教学+专家点评、受训者作为"学生"参与、讨论交流+专家总结等多种方式有序进行。2017年暑假，青岛市部分技工院校公共基础课教师集中在青岛石化高级技工学校进行为期三天的培训。笔者受邀参加该次培训。其具体做法如下：

（1）学校委托笔者组织并主持该次培训。

（2）由笔者开一次技工院校公共基础课课程改革的讲座。

（3）由笔者在全国技工院校选择语文、数学、德育、职业指导4门课程4位先进教师到培训班上示范课（课件由笔者把关）。

（4）受训教师作为"学生"完成学习任务。

（5）受训教师讨论交流。

（6）笔者总结。

笔者邀请晋城、广州、深圳等地4位不同课程先进教师分别为4个课程教师开展讲座。讲座之后，组织受训教师、授课教师开展交流，笔者进行过程点评及最后总评。从受训教师反映情况看，培训收到较好效果。

四、教案点评式培训案例分析

（一）教案名称

教案各称为"围栏椅母材预算"。这是山西晋城技师学院公共基础课部陈佳老师开发的数学课程的一个学习任务。其中，围栏如图9-1所示。

（二）学习任务来源

学习任务见表9-17。

表9-17　学习任务

一、学习任务
焊接技术系接学院后勤处通知：为美化校园环境，需焊制10个校园围栏椅。其具体要求如下： 1. 围栏椅美观大方、结实耐用 2. 围栏椅形状为正八边形，靠背角度、高度合适、舒适，如图9-1所示 3. 用料经济、得当，不能浪费 完成该任务，需计算围栏椅的母材 焊接技术系的领导班子经过研究，决定将计算围栏椅母材的任务交给焊工高二班和该班的数学教师。要求该班在3天内完成任务

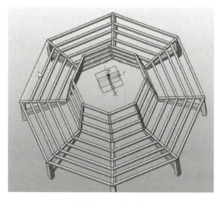

图9-1　围栏

笔者去过该校，看过校园套着树木可坐8人的围栏椅。可以肯定：该学习任务开发自该校真实的校园建设业务，是一项具技术含量的生产实践活动，对教师是否具有传授理论知识能力和实践教学能力，能否做到理论知识教学和实践活动教学融通合一是个考验。

（三）课程与专业的关系

"围栏椅母材预算"与焊接加工专业相关，是从焊接加工专业实际工作中提取的一项学习任务。

（四）该学习任务的价值

完成此任务不仅要求学生掌握解三角形相关知识，还要训练学生有一定的空间思维能力，能根据设计图纸分析已知条件，制定出正确的运算方案，最后结合实际生产需要计算出合理的预算数据。因此，此任务的学习对帮助学生提高数学运用能力和增强综合职业素养均有促进作用。

（五）点评

山西晋城技师学院陈佳老师"围栏椅母材预算"教学设计在国家人力资源和社会保障部组织的第一届全国技工院校教师职业能力大赛荣获二等奖。通过解剖这样一个例子，教师可以了解到：职业学校数学教师应该设计怎样的教案，才可能获得好的教学效果，成为一名合格的公共基础课教师。

1. 学习目标

学习目标见表 9-18。

表 9-18　学习目标

二、学习目标
1. 能完成课前泛亚平台线上解直角三角形和余弦定理的学习。 2. 能在图纸上采集正确、有效数据，并制定合理的预算方案。 3. 能运用所学数学知识完成计算任务。 4. 能结合实际工作任务给出合理预算数据。 5. 逐渐养成数形结合、严谨、正确的逻辑思维，提高综合素养。

点评：

（1）表达格式有新意。陈佳老师所定的学习目标没有搬用公共基础课教师常用的知识、能力、素养三要素模式，而是参照专业课对接型课程惯用的将知识、能力、素养三要素融合为"能做什么"的格式进行表述。这种格式有简明、便于执行等特点。

（2）内容安排到位。第"1"反映了对学生文化知识学习的目标要求，第"5"反映了对学生职业素养提升的目标要求。第"2""3""4"三个目标包括了文化知识学习和实践活动项目安排。

（3）"学习资源"安排体现先进性。如明确了"泛亚平台"和"线上"学习的要求。

（4）不足之处：一是内容上，第"5"个目标欠具体；二是表达上，没能采用"能做什么"格式，保持"学习目标"表达上的一致性。

（5）建议

①对陈佳老师的建议："学习目标"可分为课前目标、课中目标、课后目标分别制定。

②对全国职业学校公共基础课老师的建议：应该充分认识"学习目标"对教案设计、教学、评价、改进四个环节工作的指导价值，克服不重视学习目标确定的思想，并将之视为提高业务能力的一项重要工作。

2. 学习内容

学习内容见表9-19。

表9-19　学习内容

三、学习内容		
(一) 本节课学习内容如下：		
1. 学习任务描述		
根据学校后勤处下达的任务，现要为定制的十个围栏椅母材做预算。学生可参照产品三维设计图和平面设计图采集有效数据，利用课前翻转课堂学习的解直角三角形和余弦定理相关知识分析已知条件，小组协作制订有效、合理的预算方案，并通过审定计划、优化方案后协作完成计算过程，最后结合工作实际得出合理的预算数据。在完成整个任务的过程中，实现实际工作与数学知识运用相结合，提高学生数学学习兴趣，增强学生学习动力，使知识和技能相融合，提高学生综合职业能力。		
2. 主要学习内容		
知识	1. 学习解直角三角形和余弦定理的概念和运用等内容。	
技能	2. 在设计图纸上采集围栏椅的正确、有效数据。	
	3. 根据已知条件制定围栏椅母材预算方案。	
	4. 学习正确、规范的运算方法。	
素养	5. 养成理论计算数据与实际运用相结合的工作意识。	
	6. 锻炼提升团队合作、节约成本的职业素养。	
(二) 教学重难点分析：		
教学重点	重点内容	余弦定理的运用
	确定理由	解直角三角形相关知识在初中阶段已经学习过，本节课只需温习巩固即可，余弦定理是新学习内容，是解决本节课中解任意三角形时已知两边及其夹角求对边的重要方法。
	突破方法	1. 课前翻转课堂自主学习、平台互动。2. 通过工作页1巩固线上学习成果。3. 小组探究提高运用能力，掌握重点内容。
教学重点	难点内容	预算方案的制定
	确定理由	由工作任务转化成数学问题的数学建模过程是解决问题的关键点，但学生在此方面的能力较弱。因此学生根据已知条件制定合理有效的预算方案是本节课的难点。
	突破方法	1. 通过头脑风暴、小组探究、教师巡回指导等方法使学生逐渐产生数学建模思路。2. 通过计算方案展示，共同修订，优化方案。3. 通过小组展示计算过程，进一步加强、巩固每个环节的成果，从而突破难点。

点评：

(1) "学习内容"安排有新意。"学习内容"分为两个部分：一是"学习任务描述"；二是"主要学习内容"。前者是纵向过程化描述学习内容，后者是横向具体化明确学习内容。"学习任务描述"包括明确任务、采集数据、制订计划、审定计划、实施计划等环节和相关要求。这种安排有利于老师在备课阶段梳理思路，明确教学过程的相关步骤。"主要学习内容"分解知识、技能、素养三要素，细化教学内容。

（2）"教学重难点分析"到位。一是教学重点和难点分开分析；二是"两点"分析分别由内容、确定理由、突破方法三个方面组成。确定理由和突破方法均具有较强说服力。

（3）建议

①对陈佳老师的建议：可以将"学习任务描述"与"主要学习内容"合并表达，小标题为学习内容描述。

②对全国职业学校公共基础课教师的建议：一是按照"学什么"思路，从纵横两个方面描述"学习内容"。掌握这种方法，不仅可以梳理自己授课的思路，而且对高质量完成教学有积极意义。二是教学重难点分析由内容、确定理由、突破方法三个方面组成。这应成为每位教师每个教案设计的常态。

3. 学情分析

学情分析见表9-20。

表9-20　学情分析

四、学情分析	
本班级为焊工专业初中起点五年制高级工二年级学生，共有学生24名，全男生，根据学生特长，分为4组，每小组5人，其中4名学生是上节课的最佳表现个人，设置为本节课的记分员。现对学生情况及教学策略分析如下：	
学习能力	1. 理论学习能力弱，喜欢实践，从实际工作中提取的典型工作任务，能激发学生数学学习兴趣，提高数学应用能力。
方法能力	2. 数学建模能力弱，需通过多种教学方法和手段引导学生积极探究，提高建模能力。
社会能力	3. 学生自信不足，沟通表达、团队合作能力欠佳，故采用任务引领、行动导向等以学生为中心的教学法，锻炼提升学生综合职业素养。

点评：

（1）特点之一：学情分析与教学策略分析结合进行，强化二者之间的联系。这样操作有一定难度，但这是一种创新，对提升教师掌控教学过程水平具有积极意义。

（2）特点之二：将非专业能力中的学习能力、方法能力、社会能力三者区分开来，逐一分析，也是一种创新。

（3）建议

①对陈佳老师的建议：第一，"根据学生特长，分为4组，每小组5人，其中4名学生是上节课的最佳表现个人，设置为本节课的记分员"属于教学组织的内容，可以不在这里表达；第二，"两弱一不足"分析可稍具体一些。

②对全国职业学校公共基础课教师的建议：从学习能力、方法能力、社会能力三个方面分析学情；学情分析与教学策略分析结合进行。这两个做法值得借鉴。

4. 学习资源

学习资源见表9-21。

表 9-21　学习资源

五、学习资源				
学习资源配置表				
资源类型	序号	名称	运用环节及功能目的	
硬件设备	1	笔记本电脑	课前自我学习环节、课中制定计划和实施环节，利用互联网查询为学生答疑解惑	
	2	西沃教学一体机	播放视频、PPT、手机投屏，丰富教学手段	
	3	智能手机	在线学习、资料查询、计算器使用、师生交流互动	
	4	三角板、圆规、卡纸、黑红色记号笔、展示白板等	在制定审定计划、实施计划环节中帮助学生实现输出型任务，完成计算步骤	
软件资源	5	泛亚平台（学习通 APP）	平台线上学习、交流互动	
	6	西沃 LINK 授课助手	审定计划环节、评价汇总环节，通过手机投屏、分享资讯	
	7	超级计算器 APP	实施计划环节，计算三角函数值及复杂运算值	
	8	教材、学材	为学生提供理论及方法依据	
	9	评价表工作页	引导学生学会知识点、完成工作任务、评价指标导向、明确任务完成标准和质量	

点评：

（1）特点之一：学习资源配置表结构有创新。其主要表现在安排了"运用环节及功能目的"项目和内容。由于增加了这一项目和内容，就使学习资源配置表设计与众不同，即用什么——用在哪里——使用目的三者脉络清晰。

（2）特点之二：学习资源配置没有形式化和夸张性痕迹。学习资源分"硬件设备"和"软件资源"两个方面，硬件设备共 4 类，软件资源共 5 项。各项资源切实需要且安排合理。

（3）特点之三：学习资源配置体现先进性。

（4）建议：无论是参加教学竞赛，还是日常教学，学习资源的配置均要防止形式化和夸张性。

5. 教学流程及策划

教学流程及策划见表 9-22。

表 9-22　教学流程及策划

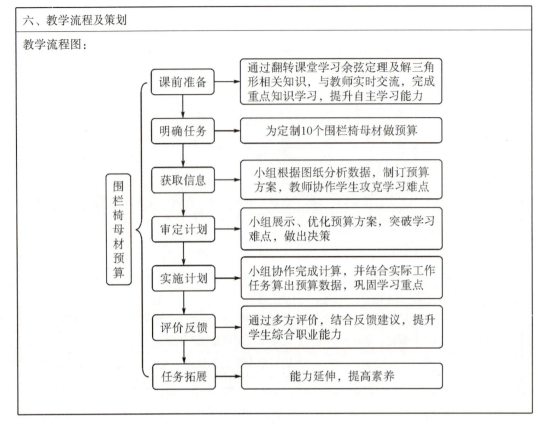

点评：

（1）合理区分教学步骤。"教学流程"源于"学习任务描述"，是"学习任务描述"的表格化，分课前准备、课中学习、课后拓展三个环节。其中，课中学习是重点，分为明确任务等 5 个步骤。

（2）明确各步骤任务。每个步骤应完成的任务用简练语言描述。以表格化形式展示教学流程及步骤任务，会使老师对本次课的步骤和任务了然于胸。

（3）建议：全国公共基础课教师，无论参赛，还是日常备课，都应设计好教学流程图。

6. 教学实施过程

教学实施过程见表 9-23。

表 9-23　教学实施过程

<table>
<tr><td colspan="5">七、教学实施过程</td></tr>
<tr><th>教学环节</th><th>学生活动</th><th>教师活动</th><th>教学手段</th><th>教学方法</th></tr>
<tr>
<td>课前准备：</td>
<td>1. 通过泛亚平台观看《余弦定理解直角三角形》视频、PPT 等素材，自主完成知识点学习。
2. 通过泛亚平台进行交流、互动，进一步完成知识点学习。
3. 完成习题，巩固学习效果。</td>
<td>1. 上传解直角三角形和余弦定理视频、PPT、习题等资料。
2. 在平台上与学生互动、交流，为学生答疑解惑，并掌握学生学习完成情况。
3. 督促学生学习、完成作业。</td>
<td>1. 数字化教学资源；
2. 信息化教学手段（学生进行线上课前学习和互动）。</td>
<td>翻转课堂法</td>
</tr>
<tr>
<td>环节一：
明确任务
（明确围栏椅母材预算任务的要求，5 分钟）</td>
<td>1. 观看 PPT，明确任务来源和任务要求。
2. 根据工作页，进一步研读任务要求。
3. 小组成员根据任务按角色进行分工。</td>
<td>1. 播放 PPT，导入任务。
2. 发放工作页。
3. 引导学生明确任务。
4. 巡回检查、指导小组明确任务及分工。</td>
<td>1. 任务驱动（熟悉的校园环境和真实任务激发学生的学习兴趣）；
2. 工作页（引导学生明确任务）。</td>
<td>1. 任务驱动法</td>
</tr>
<tr>
<td>环节二：
获取信息
制定计划
（采集数据、策划预算方案，20 分钟）</td>
<td>1. 小组协作分析围栏椅设计图，完成数据采集。
2. 小组分析讨论围栏椅结构，策划母材预算方案（可以通过上网、翻阅书籍查阅资料）。
3. 记分员实时记录活动过程。</td>
<td>1. 巡回检查各小组完成情况。
2. 给学生随时提供理论、技术援助。
3. 根据评价指标做好评价记录。</td>
<td>1. 网络查询（提高学生使用工具的能力）；
2. 小组活动（锻炼学生协作学习能力和解决问题的能力）。</td>
<td>1. 头脑风暴法
2. 讨论法
3. 行动导向法
4. 巡回指导法</td>
</tr>
<tr>
<td>环节三：
优化方案
做出决策
（展示、讨论、优化计算方案 15 分钟）</td>
<td>1. 各小组代表阐述预算方案策划思路。
2. 各小组展示并讲解预算方案，其他组补充。
3. 各小组根据反馈建议优化方案。
4. 记分员实时记录活动过程。</td>
<td>1. 引导各组展示预算方案。
2. 及时进行点评，并做好评价记录。
3. 引导各组间相互讨论，优化方案。</td>
<td>1. 信息化教学手段（通过学习通平台互动及手机投屏等手段完成方案展示）；
2. 小组活动（通过小组间相互补充，优化方案）。</td>
<td>1. 讨论法
2. 头脑风暴法</td>
</tr>
<tr>
<td>环节四：
实施计划
（完成预算，并展示预算结果，20 分钟）</td>
<td>1. 小组运用解直角三角形和余弦定理等知识协作完成计算，并结合实际情况算出合理预算数据。
2. 小组合作制作展示版面，要求图文并茂。
3. 小组代表讲解运算过程及结果。
4. 记分员实时记录活动过程。</td>
<td>1. 巡回检查各组并做好记录。
2. 实时给学生提供指导和帮助。
3. 引导各组展示运算成果，讲解运算过程。</td>
<td>1. 展板推演（提高学生的计算能力，检验所学知识）；
2. 展示汇报（锻炼学生的合作意识、沟通表达能力）。</td>
<td>1. 练习法
2. 巡回指导法
3. 展示汇报法</td>
</tr>
</table>

表9-23(续)

环节五：评价反馈（进行四位一体的综合评价，20分钟）	1. 小组成员自评，并填写自评表（见附件）。 2. 小组互评。 3. 记分员同学宣读个人、小组计分及课堂表现记录。 4. 认真聆听计分员对个人和小组意见反馈建议。 5. 认真聆听教师评价。 6. 填写改进措施表（工作页3）。	1. 组织学生自评、互评。 2. 专业课教师点评，并提出建议。 3. 授课教师点评、总结，并提出反馈建议。	1. 平台互动，手机投屏（多方评价、总结，让学生全方位认识自我，并进行改进、提升）； 2. 工作页（改进提高）。	1. 讲授法 2. 归纳总结法
环节六：任务拓展（课后活动）	1. 思考：如果只给出围栏椅座面的最大和最小口径的数据，让大家设计靠背和座椅的高度（考虑舒适度和经济适用性），应如何预算围栏椅的母材？ 2. 在学习通班级讨论群里探究。	1. 教师提出问题。 2. 与学生交流、探讨。	1. 信息化教学手段（进行课后的线上学习，提升学生自主学习能力）。	1. 任务驱动法 2. 探究法

点评：

（1）结构设计创新。实施过程设计了教学环节、学生活动、教师活动、教学手段、教学方法5个要素，可理解为是"学习资源配置"和"教学流程及策划"的综合和细化。这使教学设计成为详细的教学方案。

（2）内容体现职业性。以完成围栏椅母材预算任务为中心，1+5+1共7个环节串成一个完整的教学过程，在设计环节做到了理论知识教学和实践活动教学融通合一。

（3）教学手段先进。利用泛亚平台（学习通APP）、西沃LINK授课助手等多种信息化手段和数字化资源开展教学。

（4）教学方法先进。教师混合式教学，学生混合式学习，小组合作法、展示汇报法等教学方法适应具体学情，方法有效。

（5）建议：全国职业学校公共基础课教师借鉴这种以完成某项任务或项目为中心的教学模式，但并非都要具备六个步骤，也可以探索"五步教学法"，即明确任务、教师示范、学生实施、互评验收、总结改进。

第十章

教学督导

第一节　对教学督导的认识

一、教学督导的含义

督导，由"督"和"导"构成。从字义看，"督"，从目。东汉许慎所著的《说文解字》中提到："督，察也。"督的本义就是察看。"导"，从寸。《说文解字》中也提到："导，引也。"导的本义就是以手牵引。综合来看，"督导"，即察看和引导。察看，即了解情况，包括发现问题；引导，即在了解情况或发现问题后进行的帮助。教学督导是指督导人员根据督导工作的相关规定，通过听课、评课、交流等方式，发现并推介教师教学成功的经验、发现并帮助教师解决教学存在的问题、促进学校教学质量整体提升的活动。

二、教学督导的相关关系

（1）督与导的关系。教学督导的"督"与"导"之间存在微妙的辩证关系。"督"是督导工作的基础。督导的大量工作和多数时间聚焦在"督"上。没有深入而尽可能全面的"督"，"导"就可能因情况不明而产生"误"。"督"又是手段，通过这一手段，达到"导"的目的。督导工作要做到依督而导，以督促导，督导相因，循导促好。

（2）督导部门与教务部门、教研部门的关系。教务、督导、科研三个部门都与教师、教学有关，但各有自己的"一亩三分地"。教务部门主要负责专业、课程、教学的基本建设、教学活动运行、教师队伍建设、教学制度建设。督导部门主要负责教师教学情况的检查、引导。教研部门主要负责教师教学研究。三个部门"三足鼎立"，相关又相对，相辅又相成。教学督导对教务部门和教研部门的影响，主要体现在教师教学评价表和每月一期的《督导简报》上。教学督导的职能应严格限定在"督教"上，只履行教师教学质量督导的职能。

三、教学督导的原则

（1）促进对接原则。"对接"是指教学过程与工作过程对接。对接是国家的要求，也是市场的需要。只有将"教学过程与工作过程对接"落实在教学过程，职业学校才能真正完成培养任务。教学督导人员应该按照这个原则开展督导，发挥"指挥棒"作用，引导教师把国家的对接要求和市场的对接需要贯穿于教学全过程。

（2）追求实效原则。"实效"是指督导人员要做到所督查的问题真实存在，分析和引导的话说到点子上，促改的意见、建议有说服力。督导是一项直面教学，发现问题、解决问题的工作，不实、不准的意见可能出现"误督"，伤教师的"面子"，影响团结和工作。

（3）促进发展原则。"发展"是指学校、教师的进步。督导要为学校的内涵发展服务，为教师的职业发展服务。"督"，以发现问题为主要任务，但不是目的，只是手段，相对于"督"，"导"以帮扶为出发点，以促进教师职业发展、学校内涵发展为目的。表面看，督导是一项爱憎分明、扬弃有则、经常不给教师"面子"的履职活，其实也是一种以人为本、促进发展的良心活。督导人员应从促进学校发展、促进教师发展的角度，对每位被督导教师都保持公正和真诚帮助之心，以中肯的态度开展督导，不要让被督导的教师认为是在"肉中挑刺"，产生排斥心理。

四、教学督导常见的问题

（1）学校层面存在"四不"问题。一是督导权责定位不到位。其表现在："督"的对象范围偏窄，只督教师，未督教学部门。"督"的区域范围偏窄，局限在课堂教学；"导"的边界不清，程度不明。二是督导队伍建设不力。其表现在：舍不得把优秀教师安排在督导岗位。专职人员缺乏现代教学管理理论的系统学习，缺乏专业化训练；对兼职督导员作用缺乏应有的重视。三是督导广度不够。其表现在：过度模仿普通教育督导模式，重视课堂教学督导，轻视实训教学督导，忽视跟岗实习和顶岗实习督导，无视职业培训教学的督导。四是督导深度不够。其表现在：仅限于督教师教学效果和收到投诉后的专项听课，对教学存在问题的原因缺乏应有的追溯和处理。

（2）督导层面存在"四重四轻"问题。一是重"督查"，轻"引导"，忽视"促改"；二是重课堂教学督导，轻实操教学督导；三是重学制教育督导，轻职业培训督导；四是重校内督导，轻校外督导。这导致的结果是，督导工作成为"五子"："金牌子、空架子、老头子、找碴子、没位子"。

第二节　教学督导的制度建设

一、重新定位教学督导的职能

制度是指要求相关人员共同遵守的办事规程或行动准则。职能是指人、事、机构应有的作用。一般的工作制度建立在职能的基础上。什么样的职能决定什么样的制度。

我国职业教育督导制度深受普通教育督导模式影响。长期以来，督导标准与职业教育培养目标不相适应。如不改革，"金牌子、空架子、老头子、找碴子、没位子"的局面难以改变。职业学校应该根据国家职业教育政策调整而改革教学督导的职能定位。政府主管部门应该将教学督导视为教学质量的"质检员"，赋予教学督导更多职能，承担更多任务，形成"3322"的职能定位。

（1）横向承担三个任务：督查、引导、督改。职业学校教学督导的职能应适度扩展和进一步明确，不仅要督查和引导，还得增加一个职能：督改。督查阶段发现问题之后，督导人员不仅应该向教务管理部门反映，也应该与存在问题的教师进行交流并对其有所引导；引导之后，还得督促其改进。只有督查、引导、督改三个环节形成闭环，老师教学中存在的问题才可能得到有效解决，教学质量才可能得到切实保证，高水平的教师队伍才可能逐渐形成。

（2）纵向连接三个环节：督查教学过程、督查课程内容、督查专业建设。督导人员在实践中，往往会碰到这种情况：仅仅督查教学过程，发现不了问题的根源。例如，某校一位督导人员在听课过程中发现：某教师的教案规范，教学态度认真，教学有互动，语言表达符合要求，教学任务按时完成，可仍有学生"睡中学"或玩手机。课后，督导人员询问学生收获情况，不少学生反映教师教学效果不佳。在这种情况下，把教学效果不佳的"板子"打在老师身上，似乎说得过去但不尽合理，而应当查教材，查课程内容。一查发现：该教师使用的教材陈旧，但教材是院系定的，教师无权更改；教学内容滞后，但也是符合院系要求的，教师只能依规教学。在教师只能按照规定的课程内容和教材备课、上课的情况下，教学效果不佳，"板子"应打在院系课改不到位的"屁股"上。我们还可以继续往上一层次督查，发现更高一层次的原因：专业建设出现问题——专业该调整而未调整。教学效果不佳，"板子"还应打在专业建设存在问题的"屁股"上。综上，纵向三个层次督查可能发现教学过程、课程改革、专业建设三个层面存在问题。这样的督查，可能推动一个专业的大调整，可以更充分地展示教学督导的价值。

事实证明：职业学校教学督导不仅要敢于动"齿"，"咬"出教学过程教师教学存在的问题，保证日常教学规范而有质量地进行，还要敢于"亮剑"，"劈"出更高层面存在的问题。尤其值得重视的是，督查教学过程、课程内容、专业建设正符合国务院关于"三个对接"——专业设置与产业需求对接；课程内容与职业标准对接；教学过程与生产过程对接的要求，属于坚持"促进对接"原则的具体行动。

（3）涉及两种办学功能：学制教育教学督导、职业培训教学督导。学制教育和职业培训是两种不同的办学形式，但都以市场需要的技术技能人才为培养目标，都需要通过教学提高学生或学员的职业能力和整体素质，因此，都需要教学督导以保证教学质量。迄今为止，我国这方面工作存在不少问题，主要表现是许多学校只办学制教育，不搞职业培训。国家1996年颁发的《中华人民共和国职业教育法》已经明确规定，职业学校不仅要办好学制教育，也要开展职业培训。之后，国家相关文件也多次要求职业学校要学制教育和职业培训并举。但是，除了多数技工院校长期坚持外，职业学校实施的情况并不理想。与之相适应，多数职业学校教学督导是"单条腿走路"。自国务院2019年《国家职业教育改革发展实施方案》和2020年教育部等十四部门印发《职业学校全面开展职业培训促进就业创业行动计划》后，全国职业学校才开展职业培训工作。但教学督导工作并未跟上。教学督导在两种不同办学形式都得以正常开展有待时日。

（4）覆盖两个地域空间：校内教学区域、校外实习区域。职业学校与普通教育的一个显著区别是：教学场景不仅校内有，校外也有，如跟岗实习和顶岗实习。校内教学需要教学督导，校外实习也需要教学督导。因为无论是跟岗实习，还是顶岗实习，都属于实践课程，都在毕业之前的教育教学范围内。多年来，我国职业学校只开展校内教学场所的教学督导，对校外的实习过程并无涉及。这是管理制度不到位的表现。

二、完善督导制度的要素保障

在重新定位督导职能的基础上，学校应进一步完善督导制度的要素保障。督导制度的要素包括机构、人、政策三个方面。

（一）设立稳定的督导机构

健全机构，就是优化平台。职业学校应加强督导机构改革。第一，学校层面设立教学督导机构，负责全校教学督导工作；第二，督导机构应单独设立，不与教务管理合为一个部门或合署办公。督导机构的行政级别与教务管理部门同层级；第三，设立院系督导机构，并明确以院系督导机构为主体开展督导；第四，院系督导机构服从校级督导机构的业务指导。

（二）稳定的督导队伍

教学督导工作高质量开展，离不开一支专业化的督导队伍。为扭转督导"金牌子、空架子、老头子、找碴子、没位子"的局面，建设一支坚持"促进对接、追求实效、促进发展"原则的督导队伍非常重要。

（1）优化督导队伍结构。督导工作的性质决定教学督导具有权威性。"五子"中的"金牌子"就是权威性的形象比喻。但是"五子"中的"空架子、老头子"是严重影响"金牌子"的主要因素，也是督导队伍结构优化的主要对象。优化督导队伍结构的目标是：督导人员具有与权威性相匹配的修养和能力。为达此目标，第一，督导队伍要以专职、专业"两专"人员为主。人员不仅专职，而且要懂专业，体现正规化特点。第二，"两专"人员可由学校认定的在职骨干教师和学校退休的高级职称教师组成。第三，适当聘请企业实践专家或行业退休专家任兼职督导人员。第四，督导队伍分校级督导与院系级督导两级人员。其中，院系级督导人数比例应达60%～70%。

（2）提高督导队伍素质。督导是个"金牌子"，又为什么"没位子"？一个重要原因是督导人员缺乏职业培训，没有按照"促进对接、追求实效、促进发展"的原则开展让教师心服口服的督导。因此，督导业务培训成为提高督导队伍素质必不可少的措施。学校应当定期开设督导培训班，邀请相关专家指导，通过多种形式提高督导人员督导水平；要规定所有专、兼职督导均需接受教学督导培训班的专业培训，培训考核合格者方可上岗。

（三）有效的政策

学校应当制定支持督导的相关政策，包括教学督导实施的具体办法。由于督导政策与教师的切身利益相关，因此，督导政策应该经教职工代表大会审议通过后实施。

三、推行轮流督导制度

（一）轮流督导制度的内涵

轮流的对象是专职督导人员之外的所有任课骨干教师。也就是说，全校任课的骨干教师在规定的时间里，与专职督导人员共同根据督导规定接受督导任务，轮流当督导。

（二）轮流督导制度的目的

实行这一制度的目的：一是扭转"五子"局面，促使督导工作正规化；二是解决专职督导力量不足问题，壮大督导队伍，优化督导队伍结构；三是形成有时被人督导，有时督导别人，人人关注督导，人人当好督导，最终促进教学质量稳步提升的局面；四是形成个个理解教师的苦、人人体验督导的难，将心比心，客观公正开展督导的氛围，提高督导质量，促进学校发展。

（三）轮流督导制度实施的办法

（1）梳理教师存量。学校按照一个职业一般包括 10~20 个典型工作任务，一个典型工作任务可转化为一门专业课对接型课程，一个专业可对应一个职业，一个专业可设 10~20 门对接型课程，一个代表性工作任务可转化为一个学习任务，一门课程安排 3~5 个学习任务，一个专业设 13~15 门课程为宜的要求，调整各专业课程内容和课程数量，梳理专业教师的需求量和余量。余量教师可经督导教师业务培训，考核合格后进入专职督导队伍。

（2）认定骨干教师。需求量范围内的岗位教师，学校按骨干教师标准进行考核，合格的认定为骨干教师。之后，将所有骨干教师纳入轮流督导制度实施范围。在尽量不影响正常教学的前提下，规定每一位骨干教师轮流当一个学期的专职督导。

（3）骨干教师培训。所有在岗骨干教师均需接受督导业务培训班培训，培训考试合格者，由学校颁发专职督导证书。

（4）骨干教师督导待遇。总体上，骨干教师轮任督导教师期间，工资待遇与教学待遇持平。具体实施中，可设立档次，根据对教师督导业绩的考评结果适当拉开距离。

（5）及时总结完善。轮流督导制度实行过程中必然会出现一系列问题，需要督导部门相关人员在实践中针对问题"打补丁"，形成"升级版"，不断完善轮流督导制度。

四、推行督导人员备督制度

（一）督导人员备督制度的内涵

"备督"即督导前的准备。无论是学制教育的教学督导，还是职业培训的教学督导；无论是专业类课程的教学督导，还是公共基础类课程的教学督导，所有的专、兼职督导都要像教师教学必须备课一样，做好每一次督导的准备。

（二）建立督导人员备督制度的目的

建立督导人员备督制度的目的是：

第一，促使督导人员有备而督，督到点上，解决"找碴子"问题，让教师心服口服。第二，促进教学督导的规范化。学校从制度上设立备督环节，要求督导人员在有所准备的情况下开展督导，这既是督导制度更加规范的表现，也是提高督导质量的必要措施。第三，确保第三方评价的质量。增加备督制度，可以使督导人员作为教与学的第三方，以教学质量"质检员"的身份和有针对性的准备实施教学质量的第三方评价，既体现独立性、专业性、规范性特点，也展示督导工作的权威性。

（三）督导人员备督制度实施办法

（1）建立备督制度。督导部门制定《督导人员备督管理办法》，按"3322"职能定位，结合学校实际，规定备督工作内容和相关要求。其中，应确定一个重要原则：不得出现外行督导内行的情况。应明确督导的三个场所：课室、实训场地、实习单位。应明确督导的两种办学类型：学制教育、职业培训。应掌握三种情况：拟督教师相关情况，拟听课程内容情况，拟听班级学生情况。

（2）学校设计并印制备督计划表。要求每位督导根据督导任务填写督导计划。

（3）明确督导任务。督导部门根据学校教务管理部门印发的学期课程表，按学期给每一位督导人员布置每一周的督导任务。

（4）制订督导计划。督导人员根据部门布置的任务，明确拟听课程的类型，明确拟听课程的内容，明确拟听教师的情况，掌握不同课程的质量要求。按照"促进对接、追求有效、促进发展"原则和"质检员"要求，提前一周制订督导计划，并送部门相关领导。

（5）审定督导计划。部门相关领导按照《督导人员备督制度》审改督导人员备督计划，直至符合要求，并同意督导人员依此实施督导。

五、加强日常督导管理制度

（一）强化跨界督导

学校应要求督导人员既要开展学制教育课程教学督导，也要学会开展职业培训教学督导；力求通过督导"指挥棒"，改变职业培训教学督导流于形式的松散状况，促使职业培训的教学走上规范化道路。

（二）强化过程督导

督导人员以课堂听课为主要形式，检查评估教师的教学过程；对任课教师的教案、教学组织与实施过程、教学方法与手段、教学态度与效果，教学秩序的维护等各方面给予评价，并提出科学合理的建议；原则上每学年对每个督导对象的听课不少于2次。

（1）推行课上督察、课下引导、课后促改"三环联动"的督导方式。这种方式就是在督导人员数量合适和相关制度配套的条件下，让横向三个任务督导，这应该成为教学督导的主要方式，并且尽可能做到：分析存在问题让人"脸上红红"，引导纠正问题让人"心里暖暖"。力求每个教师每个学期至少被"三环联动"督导两次。在督导教师督导意见正确和督导程序合规的前提下，让接受两次"三环联动"督导的教师，不仅印象深刻，而且要"触及灵魂"。

（2）教学过程、课程内容、专业建设"三层兼顾"的督导方式。这种方式的本质是督导与课程改革、专业建设相结合。其触及面既广且深，有"惊天动地"的震撼效果，但在强力推行"三个对接"政策的形势下，既不可能经常出现，也不适用于每位教师。尽管如此，这种方式意义重大，所有督导人员应有"三层兼顾"督导的认识，应具备"三层兼顾"督导的能力，一旦遇到应该"三层兼顾"的情景时，必须紧抓不放，督出应有的成效。

"三环联动"和"三层兼顾"应该成为职业学校教学督导的主要方式。但不管采用哪种方式，都应该尽力做到"督挖推帮"四结合。"督"，即督问题；"挖"，即挖原因；"推"，即推亮点；"帮"，即帮进步。

（三）紧抓四类重点

一是青年教师督导。督导人员通过督查，发现问题，积极引导，督促改进和提高。二是实训实习督导。督导人员从技术技能学习、职业素养培育等方面进行"望闻问切"，确保实训实习质量。三是网络教学督导。对于网络教学，督导人员要重视通过网络平台教学数据的收集与分析，采用个别访谈、网络座谈等形式，了解网络教学情况，实施精准督导，确保线上教学的质量。四是专项督导。督导人员对教学中存在的普遍性问题或学生反映较集中的问题进行专项调研，专项督导。

（四）落实"四个一"工作机制

院系督导部门每月组织一次督导工作小结。学校督导部门每月编发一份印发全校的督导工作简报。学校督导部门每学期召开一次督导工作研讨会。每学期总结一次督导工作。

六、建立督导人员考核制度

（一）督导人员考核制度的内涵

这里的"考核"包括两种：一是教师对督导人员督导业绩的考核；二是督导部门对督导人员督导业绩的考核。由于教师是督导人员工作的直接对象，督导质量如何，教师最有发言权。因此，在每位督导人员考核总分中，教师对督导人员督导业绩考核成绩占比应达60%；督导部门考核占40%。督导人员考核制度每学期执行一次。

（二）督导人员考核制度的目的

建立督导人员考核制度的目的有：第一，可以促进督导人员与被督导教师之间形成互督、互帮、共进的关系和机制，有效促进督导工作的公正性、专业性、规范性；第二，可以"迫使"督导认真备督，精准督导，提高督导工作质量；第三，可以改变督导"金牌子、空架子、老头子、找碴子、没位子"的局面，使督导工作正规化、专业化。

（三）督导人员考核制度实施办法

（1）学校督导部门制定考核表格。考核表格由考核项目、考核要点、权重等构成。考核项目的确定要根据"促进对接、追求有效、促进发展"三个原则要求，重点考核督查、引导、促改三个环节的精准度和有效性。

（2）建立学校督导质量考核数据分析管理系统，负责考核相关数据，收集、分析和整理资料。

（3）根据相关数据和资料，形成考核报告。

（4）在学校督导网络平台公布考核结果。

第三节 教师教学评价表的设计

一、对教师教学评价表的认识

（一）教师教学评价表的内涵

教师教学评价表是一种工具。其内涵如下：

第一，须体现"二标"指引，即本专业培养目标、本课程教学目标指引。教师教学的每一次课——不管是教室，还是实训场地，评价项目都应紧扣上述"二标"。只有这样，评价表才能发挥"指挥棒"作用，引导教师培养市场需要的技术技能人才。

第二，须包括"三怎"内容，即教师教得怎样、学生学得怎样、整体效果怎样。评价表项目只有包括"三怎"内容，才能发挥督导人员"质检员"的作用，才能说明白这位教师这一次课落实"二标"的事实过程和实际效果。

第三，须分项打分。分项，才能接近整体评价和定性评价；打分，才能准确认定教师教学的效果和教学的能力。督导人员通过分项打分的方式体现定性和定量相结合评价的特点，反映教师教学水平。

可以说，教师教学评价表是督导人员深入教学现场，依据该专业培养目标和该课程教学目标，从教师教得怎样、学生学得怎样、整体效果怎样三项内容入手，采用分项打分的办法对教师教学水平进行评价的工具。

（二）教师教学评价表的功能

职业学校教师教学评价表应具有四个功能：一是诊断功能。分项打分就是督导人员对教师教学过程"望闻问切"之后的结果表达。"望闻问切"过程也是调查研究的过程。有了这样的过程，学校就知道这位教师教学好在哪里，不足在哪里。二是反馈功能。评价表分项打分结果既要让教师本人知晓，也要让教师所在的教学部门知晓。这就是反馈。只有及时反馈，才有反响。反响的情况有多种，但主流的意义是促进。三是激励功能。教师教学评价表要遵循督导工作的"促进对接、追求有效、促进发展"三个原则。其中的"发展"原则就是"两服务"，即为学校的内涵发展服务，为教师的职业发展服务。评价表要设计激励教师的有关项目，并通过评价促进教师职业发展。四是调控功能。评价表要通过项目设计、得分比重安排、打分评价，调控每一个教师在每一次教学时对接"二标"，认真教学，取得应有效果。

（三）教师教学评价表的类型

职业学校督导用的教师教学评价表类型比较复杂，学校须考虑多个层面：

第一，应考虑学制教育和职业培训两个办学类型。督导人员要通过督导业务培训，做到"双能"，既能督导学制教育教学，也能督导职业培训教学。由于学制教育与职业培训毕竟有所区别，通用一种评价表行不通，因此，学校应该分开设计适合各自特点的评价表。

第二，学制教育和职业培训各有三个课程类型。学制教育有对接型课程、专业基础（基本技能）课程、公共基础课程。三类课程也有所区别，通用一种评价表也行不通。这就需要三种不同的督导工具，即对接型课程教学评价表、专业基础（基本技能）教学评价表、公共基础课教学评价表。职业培训也需要三种督导工具，即应知课教学评价表、应会课教学评价表、通用职业素质课教学评价表。

第三，即使是三类课程的督导工具，也不能在本类课程中通用。比如，同样是专业课（对接型课程），医疗类专业与设计类专业的教师教学评价表无法通用；同样是公共基础课，历史类课程与劳动教育类课程督导用的评价表也不可能通用；同样是基本技能课程，不同专业需设不同的基本技能课程。因此，学校只能根据课程实际情况分别制定评价表。

专业课（对接型课程）领域，学制教育学校应以专业为单位制定教师教学评价表，职业培训部门应以专业、工种或项目为单位制定教师教学评价表。专业课程中的实训课程、跟岗实习和顶岗实习的督导又需制定不同的评价表。公共基础课领域，思想政治教育、语文、历史、体育与健康、劳动教育、职业指导等课程也需分开制定评价表。专业基础（基本技能）课程也大体应当分开制定。这样一来，教学督导人员用的评价表类型会比较多。表面看，这样分开制定很麻烦，太复杂，但实质是实事求是，是落实"追求有效"原则的表现，是负责任的督导应该采取的措施。

二、教师教学评价表的设计

教师教学评价表固然是个工具，但更是一根"指挥棒"。学校要通过它，让所有教师及其教学朝着国家、学校、专业、课程四个目标要求的方向前行。职业学校教师教学评价表的一个重要使命是：摆脱普通教育教师教学评价表模式，通过制定与国家"三个对接"要求相适应的职业教育教师教学评价表，促进建立现代职业教育督导评价模式。

（一）专业课（对接型课程）质量评价表设计的原则

（1）"对接"原则。"对接"是指教学过程与工作过程对接。教师教学过程中是否体现"对接"是第一重要的原则。

（2）专业能力与非专业能力兼顾原则。非专业能力是指与专业能力相对应的协作能力、沟通能力、方法能力、职业道德、工匠精神等。评价表不仅要有检验专业能力习得情况的项目，也要有检测非专业能力培养状况的指标。

（3）"三怎"原则。"三怎"，即教得怎样，学得怎样，整体效果怎样。评价表项目要体现"三怎"内容。

（二）专业课（对接型课程）教师教学评价表的设计

1. 项目设计

这里的项目即评价内容。项目即"指挥棒"朝向。项目设计解决"指挥棒"方向问题。因此，督导工作须十分重视评价表项目设计。在职业学校教学督导领域，学校需要改革传统督导评价模式，构建适合现代职业教育发展的评价表模式。传统督导评价表项目设计主要是教学检查、教学仪态、教学内容、教学组织、教学手段、教学方法、课堂管理、教学效果等八要素。其不足在于，一是没有突出教学过程与工作过程对接的要求；二是只强调教师的教，缺乏对学生学习效果的评价。按照对接型课程的教学要求，对接型课程教学质量评价应有独特的评价项目和评价表模式，即"6+3+1+

N"评价表模式。

"6"，即明确任务、制订计划、审定计划、实施计划、检查控制、验收总结六个环节。由于对接型课程按六个环节教学，每个环节至少安排一次课，因此，评价表也须对应地制定六个。

"3"，即评价表的一级项目："三怎"，即教得怎样，学得怎样，整体效果怎样。

"1"，即评价表的二级项目的公共项：教学过程与工作过程对接情况。其属于督导人员评价每次课的"规定动作"。

"N"，即评价表公共项之外由各教学部门、督导部门、任课教师共同制定的其他二级项目。对接型课程教师教学评价表如表 10-1 所示。

表 10-1 对接型课程教师教学评价表

课程名称		授课内容		听课时间		
班级		授课教师		教学场所		
一级评价项目		二级评价项目	评价标准		分值	评分
教得怎样	1	教学过程与工作过程关系	关系密切□ 一般□ 没关系□			
	N 如：	教师示范操作任务过程情况（供参考）	效果好□ 一般□ 没示范□			
		教学进度控制情况（供参考）	好□ 一般□ 不好□			
		互联网+技术运用情况（供参考）	好□ 一般□ 不好□			
		非专业能力培养情况（供参考）	好□ 一般□ 不好□			
		……				
学得怎样	N 如：	学生对学习任务全过程认识程度	效果好□ 效果一般□ 效果不好□			
		工作页内容学习情况	效果好□ 效果一般□ 效果不好□			
		方法能力学习情况	效果好□ 效果一般□ 效果不好□			
		团结协作情况	效果好□ 效果一般□ 效果不好□			
		沟通交流情况	效果好□ 效果一般□ 效果不好□			
		……				
整体效果怎样		1. 整体效果： 2. 主要不足： 3. 改进建议：			总分	

2. 分值安排

从教学要求角度看，"教学过程与工作过程对接"是需要贯穿于所有课程的原则。教学过程是否实现"对接"，关系该课程、该专业培养方向和培养质量，是我国职业教育保质提效最底层的"关口"，也是突破普通教育督导模式影响的一道"封锁线"。在一个较长的历史阶段内，学校要采取强制性措施，持续扭转局面，并形成职业教育督导评价特色。与之对应，"对接"也应该成为督导人员评价每位教师每次对接教学的

"规定动作"。正因如此，其分值比重不宜过高，可在 5~10 分之间酌情安排。

3. "N"的项目设计

"N"项目设计涉及具体课程和教学目标，情况比较复杂，应由学校相关部门根据该次课程教学目标要求确定，并在实践中逐步调整，直至合理。

其他五次课程教学督导也应按"6+3+1+N"模式设计。

（三）基本技能课程教师教学评价表的设计

1. 基本技能课程教学督导人员的要求

由于职业学校的专业课教师包括对接型课程教师和基本技能课程教师，即专业课教师既要会教对接型课程，也要会教基本技能课程。因此，学校不必另设单独的基本技能培养课程教师，可安排对接型课程教师负责基本技能培养课程教学。基本技能课程教学的督导人员须有基本技能课程和对接型课程教学经验。经过教学技能考核合格的企业兼课人员也可以担任基本技能课程教学的督导。

2. 基本技能课程教师教学评价表的主要内容

一是专业基础知识与专业基本技能训练兼顾，既要防止只讲知识理论，不练基本技能的偏颇，也要防止只抓技能训练，不教知识理论的倾向；二是教学过程体现五步教学法，即明确任务→教师示范→学生实操→互动交流→总结改进；三是基本技能学习任务人人过关，即人人都做，人人会做；四是运用"互联网+教学"，提高教学的形象性和趣味性。

3. 基本技能课程教师教学评价表模式

这可以参照对接型课程教师教学评价表。基本技能课程教师教学评价表如表 10-2 所示。

表 10-2　基本技能课程教师教学评价表

课程名称		授课内容		听课时间		
班级		授课教师		教学场所		
一级评价项目		二级评价项目	评价标准		分值	评分
教得怎样	1	教学过程与工作过程关系	关系密切□　一般□　没关系□			
	N如：	五步教学法执行情况	到位□　一般□　不到位□			
		教学进度控制情况	好□　一般□　不好□			
		"互联网+技术"运用情况	好□　一般□　不好□			
		非专业能力培养情况	好□　一般□　不好□			
		……				

表10-2（续）

学得怎样	N如:	学生掌握基本技能情况	效果好□　效果一般□　效果不好□		
		基本技能"人人过关"情况	80%以上过关 □　60%以上过关 □ 50%以上不过关 □		
		方法能力学习情况	效果好□　效果一般□　效果不好□		
		团结协作情况	效果好□　效果一般□　效果不好□		
		沟通交流情况	效果好□　效果一般□　效果不好□		
		……			
整体效果怎样		1. 整体效果: 2. 主要不足: 3. 改进建议:		总分	

（1）"五步教学法"是基本技能课程教学的主要手段。基本技能课程教学的过程即"五步教学法"展开的过程。评价表设计要以此为重点，在分值安排上可以明显倾斜。

（2）人人过关，即人人会做。其不仅是对接型课程第四个环节"实施计划"的要求，也是基本技能课程第三个环节"学生实操"的要求。现实中，由于多方面因素的影响，学生真正做到100%过关很难。因此，评价标准可以适当放宽。

（四）公共基础课教师教学评价表的设计

1. 公共基础课教师教学评价表的特点

（1）细类多表。职业学校公共基础课程可分为三类：国家规定课程、其他基础课程、职业素养课程。三类之中又可细分小类。因此，公共基础课程的教师教学评价表得根据细类制定课程教师教学评价表。这就形成细类多表的特点。

（2）理实一体。从教学要求的角度看，公共基础课教学不能只教理论，每次课程教学都应体现"理实一体"。这里的"理"是指理论知识；"实"是指实践活动，包括开展社会活动、完成学习任务、案例讨论等，让学生在"做中学""学中做"，形成理论教学与实践教学相结合的教学特点。对接型课程教师教学评价表的"规定动作"是"教学过程与工作过程对接"。公共基础课程教师教学评价表也有个"规定动作"，即"理论教学与实践教学相结合"。

2. 公共基础课教师教学评价表的模式

按照细类制定教师教学评价表必然带来公共基础课教师教学评价表较多的情况。但这种情况必须接受。因为它具有针对性强的事实和有效性明显的可能。在评价表项目设计方面，学校也可以借鉴"三怎"模式，按两级评价项目制定评价表。公共基础课教师教学评价表如表10-3所示。

表 10-3　公共基础课程教师教学评价表

课程名称		授课内容		听课时间		
班级		授课教师		教学场所		
一级评价项目	二级评价项目		评价标准		分值	评分

表10-3（续）

教得怎样	1	理论教学与实践教学相结合情况	结合密切□　一般□　没结合□		
	N如：	"互联网+教学"情况	效果好□　效果一般□　效果不好□		
		指导学生互动学习情况	效果好□　效果一般□　效果不好□		
		……			
学得怎样	N如：	方法能力学习情况	效果好□　效果一般□　效果不好□		
		团结协作情况	效果好□　效果一般□　效果不好□		
		沟通交流情况	效果好□　效果一般□　效果不好□		
		……			
整体效果怎样		1. 整体效果： 2. 主要不足： 3. 改进建议：		总分	

（1）不管公共基础课分成多少个细类，学校都可以此作为模板，再按照细类课程的个性化特点，进行适当改造而形成该课程细类的评价表。

（2）作为"规定动作"，"理论教学与实践教学相结合情况"的分值也可掌握在5~10分之间。

（3）学校应当创造条件，让督导人员的评价采用"互联网+技术"的方式进行。

三、教师教学评价表设计应注意的相关问题

（一）评价表制定主体的问题

这些类型的评价表，不应只由督导部门单独制定，而是督导部门牵头，协调教学部门、教务管理部门、科研部门共同制定。制定过程还应充分征求专任教师的意见。学校要把制定过程成为教学思想、教学督导观念教育转化的过程。只有让利益相关方共同参与，所定的评价表才可能具有可行性和权威性。

（二）评价表的确定问题

由于教师教学评价表评价的结果关系到教师多方面的利益，评价表拟定之后，学校应广泛征求全体教师的意见，最后报学校教职工代表大会审议通过后实施。

（三）评价表的优化问题

各类评价表都是教学改革和教学督导制度改革的产物，对教师成长和教学质量都具有指导价值，但这种指导价值不是无限的，需要根据课程改革和教学需要进行阶段性调整。只有这样，评价表才能具有长期的生命力。

第十一章

教学研究

第一节　对教学研究的基本认识

一、教学研究的概念

教学是指教师把知识、技能传授给学生的行为过程。研究是指人们考虑或商讨问题，探求事物的真相、性质、规律等的行为过程。教学研究是以专业建设、课程改革、教师队伍建设、教学过程、教学质量等为对象，运用科学的方法，探求教学现象，总结教学经验，揭示教学规律，解决教学问题，提高教学质量的理性思维活动。

教学研究的主体有教师、专业理论研究人员等，但教师是主要的主体。这不仅是因为教师人数多，更重要的是教师置身于教学一线，最了解教学，具有专业理论研究人员所没有的实践经验优势。笔者接触过不少一线教师，发现他们中不少人有丰厚的教学实践经验，也不是写不出好的教学研究论文，主要是教学和班主任工作任务过重，没有时间静下来思考、写作。

二、教学研究与教研活动的关系

（一）相同点

二者都以提高教学质量，促进学生发展为目标；都以教学活动及相关事务为对象；都具有商讨、探求的特点；都可提高教师专业能力和教学实践水平。

（二）不同点

不同点主要有三个方面：

（1）形式不同。教研活动多以教师群体参与的形式共同商讨具体的教学问题；教学研究多以教师群体参与和个体独立求索兼顾的形式探讨教学领域的各种问题。

（2）着力点不同。教研活动的着力点在解决专业建设、课程改革、师资培养、课程教学中遇到的实际问题；教学研究的着力点在探求其普遍性特点、规律性表现、发展路径等相关问题。

（3）表现方式不同。教研活动常以课、会等方式表现；教学研究常以论文、论著、教材等方式表现。

三、教学研究的类型

教学研究是探求普遍性特点、规律性表现或发展路径等问题的活动，可分为基础性研究、应用性研究、综合性研究三种类型。

（1）基础性研究。对教学基本内涵、基本性质、基本矛盾、基本原理、基本规律、基本制度、基本生态、基本问题等方面开展的研究属于基础性研究。基础性研究的重要意义在于帮助人们明确已知、发现新知、探索未知。

（2）应用性研究。运用基础研究的成果，根据教学领域改革发展的需要，针对教学领域某一特定问题开展的研究属于应用性研究。应用性研究的意义在于将理论实践化——解决专门化或专项性问题。

（3）综合性研究。针对教学领域某一方面工作的需要，运用基础性研究成果和应用性研究成果，着眼于研究对象各部分之间的联系而开展的具有把握整体特点的研究属于综合性研究。综合性研究的意义在于掌握教学领域宏观现象、揭示发展态势、构建相关的理论体系等。

（4）三者关系。基础性研究、应用性研究、综合性研究三者的相同之处在于都针对教学；都具探索性；都对教学产生影响。不同之处在于：

①功能不同。基础性研究的功能是科学基础，没有基础性研究便没有应用性研究和综合性研究；应用性研究的功能是具体实用，在解决具体问题方面优于基础性研究和综合性研究；综合性研究的功能是整体把控，其深度、广度和影响力均大于基础性研究和应用性研究。

②方向不同。基础性研究侧重于理论探讨，不大关注具体应用和实际问题的解决；应用性研究重视专门化和专项性目标，解决特定的实际问题；综合性研究侧重于教学现象的整体把握和教学发展趋势的探索。

四、教学研究的特点

（一）理论性

教学研究的理论性是指研究过程因使用思考、分析、辨别、说服、解释等抽象思维方式而呈现出鲜明的议论、说理、思辨的色彩。支撑理论性特点最常见的思维方式有两种：

一是分析。研究者针对研究对象的思考不是停留在零散的、感性的认识和案例或活动的一般描述上，而是运用缜密的逻辑和抽象的思维进行分析。一般情况下，分析层次越深，理论性越强。

二是概括。研究者针对研究对象，用高度简练的语言演绎思维过程，归纳思维成果，形成这一对象的普遍概念、基本认知、主要形态、发展方向。

分析是内容。概括是表达。内容分析+概括表达＝思辨色彩。内容分析越深刻，概括表达越简练，思辨色彩越浓郁。教学研究的理论性是教学研究指导性的基础。没有科学而坚实的理论性，就没有可靠而有效的指导性。

（二）创见性

教学研究属于学术研究范畴，必然要体现研究者的创新思想、独到见解。从根本意义上说，教学研究的价值在于它的创见性。这里的创见性主要针对现存问题、现行观点、现行模式、现行政策、现行制度等。其本质是"发人所未发，见人所未见"。研究者对对象的研究不是停留在人云亦云的观点上，而是触及观点创新性、先进性、独特性的高度。具体可以从两个方面理解：

（1）不同于前人。这要求研究者拥有历史状况的思想"探照灯"，并建立一个研究对象、研究成果纵横交错的"坐标系"。它的纵轴是对这个对象研究历史的把握——对所要研究的对象已有的研究成果"心中有数"。有了这种把握，研究者就不会把模仿或重复误以为是别开生面的创造。

（2）不同于他人。"不同于他人"虽也包含"前人"，但重点指与自己研究方向有关的当代同时期人们的研究成果。相对于历史的纵轴，了解同时代人的研究成果是横轴。有了这根轴，就不会轻易地把一篇只是用特定的形式传播陈旧思想或综述一般现象的文章误认为具有思想突破价值和现实指导意义的"大作"，从而摆脱那种"不知有汉，无论魏晋"的认知困境。一旦构建这样一个纵横交错的"坐标系"，研究者不仅会发现大量低水平的研究"垃圾"，而且可能从中形成"问题意识"，发现值得研究的重要问题。

2011年，笔者被国家人力资源和社会保障部聘为一体化课程开发专家组成员，参与全国技工院校一体化课程改革。曾与江苏省盐城技师学院孙海锋老师有过一次一体化课程改革方面的书面交流。孙老师提出的问题就不同于他人：

第一，学习任务人人过关与师生人数问题。孙老师认为这个问题不解决不利于学习任务人人过关。

第二，工作页设计中"引导问题"难度的把握问题。孙老师认为"引导问题"环节的内容对学生学习影响很大，难度更大，"引导问题"如何设计是个难点。不解决，不利于学生学习。

第三，一体化教学与教学硬件条件关系问题。孙老师认为目前一些学校普遍存在教学硬件条件不能满足一体化教学要求的问题，一定程度上会影响新教法质量。比如，查资料用的电脑数量不足，展示板、投影仪、摄像设备缺乏，相关专业资料不够等。

第四，主课和辅课教师分工问题。孙老师认为在授课教师的安排上，应让主课老师负责全班同学学习的进度和质量；辅课老师全面配合，但侧重于负责学生做到人人完成学习任务。

这些问题普遍存在但未有人提出，是孙老师在实践教学中体悟出的独到见解，具有"见人所未见，发人所未发"的特点。孙老师若将之梳理、归纳、提炼，就可以写成论文，发挥实践指导作用。

第二节 教学研究的实施步骤

教学研究，从研究的主体看，有群体的，有个体的；从研究的形式看，有单位集体合作编写教材的，有 1~3 人合作负责一个课题的，也有一个人"单干"的。其中，"单干"的人数众多，而且以论文写作为主。为此，这里讨论的重点是教师个人以写论文为主要形式的教学研究。基于此，教师教学研究的步骤一般可以分为六个：观察、选题、集材、列纲、拟稿、改定。

一、观察

观察是人类认识的基础。人类的一切新知都根源于观察。观察也是人的一种感知能力。人类大体相似的身体构造使每个人都具有感知能力。当人类到了一定年龄，这种感知能力便由于各种需要，形成不同类型的刺激-反应的心态。观察还是教学研究的基础。没有观察，就没有教学研究。教学研究领域的观察存在两种不同的心态：一是本然+实然；二是本然+实然+应然。不同观察心态收获不同观察"果实"。

（1）本然+实然心态。本然，即事物原本的样子，强调事物的客观性、自在性、必然性；实然，即事物当下实际的样子，强调事物的这种状态已经实际存在。本然+实然心态，即面对客观存在状态，认可之并执行之的心态。本然+实然心态者关注实际存在，认同现实情境，执行现存秩序。

（2）本然+实然+应然心态。应然，即应当是什么样子的，强调人对这种状态的追求。本然+实然+应然心态，即在认同事物客观性基础上和感知现存秩序状态中追问这种状态的合理性或趋向性。与本然+实然心态相比，本然+实然+应然心态存在创造、创新的可能。

从教学研究的角度看，对教学现象的创造性把握往往来源于研究者本然+实然+应然心态的实践。教学研究者应自觉修炼对教学领域所有问题的应然式观察力，在本然和实然的基础上能够自觉地进一步发问：这应当是什么样子的？通过发问、疑问、追问，引发新的观察，触动新的感知，促使自己采取应该采用的方式，朝着应该迈进的方向，去实现应该实现的需要。这类本然+实然+应然观察心态者，可能发现教学领域的新问题，产生新看法，形成研究新成果。

以职业学校实用数学课教学研究为例，一般数学教师以本然+实然心态对待教学：教材内容偏于理论，轻于应用，教学形式单一，教学方法陈旧，学生和教师对于教学效果均不满意。比如，广州市轻工技师学院刘金娜老师本然+实然+应然的心态使她的观察结果与众不同：

（1）建议改革课程模式。打破传统划分章节的模式，按照"有趣的数学、有用的数学和逻辑中的数学"三大模块来设计和组织教学。

（2）建议改革课程内容。将数学原理与专业学习结合起来确定课程内容，改变课程名称。传统教学内容与建议改革内容的对比如表 11-1 所示。

表 11-1　传统教学内容与建议改革内容的对比

传统教学的内容	建议改革的内容
简易逻辑（6 课时）	个人理财书的编制（6 课时）
数列（12 课时）	市场需求分析与商品定价（6 课时）
排列和组合（10 课时）	轻工爱心超市运营（6 课时）
数据统计初步（6 课时）	排列和组合（10 课时）
	车床定位板主关尺寸的误差检验与统计（6 课时）

改革后，课时总量不变，课程内容巨变：与学生所学专业"捆绑"起来；与市场需求结合起来。

（3）建议改革教学流程。借鉴专业课一体化课程六步教学法，将改革后的实用数学课程教学步骤确定为七步教学法：学习准备、搜集信息、拟定计划、做出决策、实施计划、展示评价、任务拓展。

这些大胆的改革思路使刘老师的教学研究成果——《技工教育中的〈实用数学〉课程改革》课题获得广州市技工教育优秀奖。该成果体现了本然+实然+应然观察心态特点。尽管作者未必意识到，但它客观上进行了实践并获得了好的效果。

实用数学的例子说明：本然+实然+应然心态的观察是教学研究体现创见性特点的重要途径。

二、选题

观察是教学研究的出发点。选题，是教学研究的第二步。选题，既可以理解为选择研究课题，也可以理解为确定题目。但更多的情况是二者合二为一。

（一）课题类型

课题类型从功能角度可以分为三类：

（1）基础理论课题。此类课题针对教学基本关系、基本矛盾、基本原理、基本规律等问题进行理论性研究，或对教学实践中的问题进行实证性研究。这类研究格外辛苦但十分重要。其科学研究成果对于教学实践具有根本性意义，需要研究者具备坚实的理论功底和多领域的学识视野。

（2）应用研究课题。应用研究课题是基础理论研究成果与教学实践问题相结合的产物。换言之，应用研究是"武装"着基础理论研究成果的实践性研究。其主要任务有二：一是在教学基础理论指导下研究教学实践问题并提出解决教学实践问题的意见、建议；二是在解决教学实践问题的过程中反思或发现教学基础理论的相关问题甚至修正或促进教学基础理论的发展与完善。

（3）综合性课题。综合性课题既具有理论性研究的特点，又具有实践性研究的特性，如《中国职业教育教学发展研究》《职业院校教学体系构建》《职业院校教学制度建设》等。综合性课题具备多重目的，甚至多个研究方向，能够帮助教师多角度深入研究问题。

（二）课题的价值审视

教学研究课题类型有三种，多数教师适合第二种：学术论文式的应用性研究。为此，我们重点讨论教师教学应用研究学术论文的选题。这类课题选择需要在观察基础上审视其科学价值。

2012—2014 年，人力资源和社会保障部《中国培训》杂志编辑部决定配合工学结合一体化课程教学改革工作，开设"一体化课程改革"专栏。该专栏每月一期，每期两篇。该专栏邀请笔者作为主持人，负责栏目策划、组稿、审稿等工作。以下是 2012 年 12 月，一位教师发来的一个选题及相关思路：

一、论文选题

论题：产品项目、过程任务、学习活动三级一体化课程任务载体

（一）"产品项目"。课程项目定位为"产品项目"：一是最直接地对接职业岗位的工作任务。工作任务围绕产品制造和实施项目而展开。二是最有效地实现工作任务向学习任务的转化，"产品项目"是职业技术技能最直接的载体。三是就能力本位的过程结构而言，可以将能力培养从最简单的生产和实施流程上开始加以落实。

（二）"过程任务"。完成课程项目的学习任务界定为"过程任务"，目的在于紧紧抓住工作程序这一核心，立足于"PDCA 过程循环"，建立与实际工作完全一致的工作程序，将复杂的能力培养系统工程落实在简单的过程结构之中。

（三）"学习活动"。课程的基点在于内容，即知识、技术和技能，目的在于培养学生的专门能力、方法能力和社会能力，"学习活动"的核心是过程方法，将职业岗位需要的知识技能融于"学习活动"中，装备引领技能、过程引领方法，构成有效推进一体化课程教学改革的课程结构。

二、论文研究思路

（一）形成"项目引领、任务驱动、行动导向"的专业课程结构模式，"产品项目"的广泛性奠定了这一模式应用于不同专业的普适性，"学习活动"的具体性又界定了各专业技术技能项目自身的特点，这一模式实现了专业建设、课程开发、教学改革之间的有效链接。

（二）充分体现具体专业内涵和规律，职业能力的核心在于职业素养和职业技能，以"严谨、规范"的职业习惯和"精密、精度"的职业技能为标志，就此而言，这一模式在具体专业中的应用可以充分有效地加以贯彻，既能全方位全过程地实现，又因其所具有的系统结构和控制体系而对学生的职业能力培养更加具体、规范和细致。

（三）以过程为核心实现综合职业能力培养目标。本课题研究致力于实现在职业技能的基础上有效地提升能力培养目标的层次，实现与"工学结合、校企合作、顶岗实习"人才培养模式的有效对接，在具体课程的课程结构、装备载体和学习过程中与能力培养目标体系相融合，对学生的能力培养实现科学有效的系统控制。

三、课题成效

（一）形成指导设计一体化课程学习任务的指导理论。

（二）在此基础上形成创新型的课堂教学模式。

该选题没被采用。主要原因如下：

一是作者将产品项目、过程任务、学习活动三个概念视为"三级一体化课程任务载体"的说法不准确。实际课改中，构成一体化课程的是课程、任务、学习活动三级。

二是产品项目、过程任务、学习活动三个概念解释有误。错误之一："最直接地对接职业岗位的工作任务"不叫"产品项目"，应叫代表性工作任务。错误之二：把完成课程项目的学习任务界定为"过程任务"不准确，正确的叫法为"学习任务"。"学习任务"须由代表性工作任务转化而成。错误之三："学习活动的核心是过程方法"的说法也不对。"学习活动"是"学习任务"的一个环节。

三是语言表达不准确。这样的选题若如作者所言"形成一体化课程学习任务的指导理论"，那么这种理论势必出现不良的导向性后果。

由此可见，作者对选题进行价值审视很有必要。实践中，判断选题是否有价值有四种办法：

（1）自审选题的针对性。选题是否针对教学领域普遍存在的且值得研究的问题。

（2）自审选题的创见性。选题是否具有"发人所未发，见人所未见"的特点。

（3）自审选题的规律性。有时候，有针对性和创见性的选题未必是好的课题。上述所举例子：产品项目、过程任务、学习活动三级一体化课程任务载体也具有针对性——都针对一体化课程教学，其中的不少提法从表面看来也体现了独特性，甚至创见性，但其既不符合一体化课程教学规律，也不符合职业教育研究规律。职业教育教学研究规律的要求之一是看选题是否具有理论建设意义和实践指导意义。也就是说，由选题而形成的论文能否对研究对象所属的理论领域或该理论体系有新的补充，使这一理论体系更加健全；能否具有指导实践的价值，体现明显的社会实用性。以此衡量，上述例子并不具备。当然，要求所有的选题及其论文都要具备上述两种内涵并不容易，也不客观。有些文章只具备理论建设意义，有些文章只具备实践意义，或者二者皆具但各有侧重，都是好的选题，都可能写成好的论文。我们不欢迎的是那些既无理论建设意义，又无指导实践价值的，观点平庸，于事无补甚至可能误导实践的选题和文章。

（4）自审选题的可行性。研究者应该"掂量"完成该课题的主客观条件。主观方面，研究者应"掂量"自身的研究经验、研究能力、研究时间等是否具备完成该课题的条件；客观方面，研究者应"掂量"课题价值、课题难度、实证数据、文献资料等条件能否保证。根据上述主客观条件，酌情选择自己能够胜任的课题。

（三）选题的一般方法

1. 运用应延思维选择课题

应延，即应该延伸的简称。应延思维是在人的应然心态支配下对某一事物的认识往纵向伸展的一种思维方式。其特征是深入性。其价值是深刻性。教学研究的选题可以借用这一方式。比如，当人们都将课堂教学作为研究主要对象时，你把教学、第三方评价、改进、第三方再评价联系起来，形成"四位一体"运行机制建构的选题。当多数研究者沉湎于传统教学研究，你的选题延伸到线上与线下相结合的教学评价路径的探讨。这些都属于应延思维选题。举个具体的例子，职业教育领域教学方法不少，如行动导向法、四阶段教学法、"头脑风暴"法、项目教学法、角色扮演法、案例教学法等，但由于教学方法只与教学内容联系，没有与工作内容"捆绑"，没能将教学方法、教学内容、工作内容三者相联系开展教学，因此，职业学校始终没能解决技术技能人才需求侧与供给侧"两张皮"的问题。国务院相关文件多次要求职业学校要做到"三个对接"。其中，与教学密切相关的是第三个对接："教学过程与生产过程对接"。这个对接，就是要求教学方法、教学内容、工作内容三者对接。从宏观角度来看，这是国家对职业学校办学的原则要求；从微观角度来看，这是教师应该身体力行的教学方法。教学研究者若能由此延伸思考，把教学方法、教学内容、工作内容三者联系起来延伸思考教学方法问题，那么就可能闪出"对接教学模式"的火花，确定很有创新意义的课题，创立教学方法的新范式。

2. 运用应逆思维选择课题

应逆，即应该逆向思维的简称。逆向思维，即"反其道而思之"，是对已成定论的事物或观点反过来思考的一种思维方式。其特点是独特性。其价值是创新性。这种思维也可以运用于教学研究选题。笔者于1978年考入福建师范大学中文系。在唐宋文学史课程中，我学习到宋初诗坛上声势最盛的诗歌流派——西昆诗派。以杨亿为首的17

位宋初馆阁文臣互相唱和，形成因《西昆酬唱集》而得名的"西昆诗派"。该诗派受历代诗界批评。其主要"罪名"是：辞藻华丽、声律和谐、对仗工整、内容贫乏、脱离社会、缺乏真情。西昆诗派领袖杨亿是福建人。课后，我查找资料作进一步了解。杨亿七岁能文，十岁赋诗，十一岁时在京城即兴赋诗《喜朝京阙》，宋太宗甚为赏异。宋真宗时，杨亿为翰林学士、户部郎中，知制诰。真宗后期，杨亿为群小包围，遭到排挤，处境艰危。但他为人正直，风骨铮铮，不愿苟且。我想：为群小包围，遭到排挤，仍能风骨铮铮，不愿苟且者不应该只有"内容贫乏，脱离社会，缺乏真情"的作品。再查杨亿其他文集，发现其许多诗作反映社会现实，具有真情实感。于是，我决定以此为选题深入探究。近两年时间，边上课，边搜集资料。资料越多，应逆思维越让自己下定决心为杨亿"翻案"。最后确定重点讨论三个问题：

第一，杨亿创建西昆诗派的目的之一是要矫正五代和宋初浅俗而缺乏文彩的诗风。

第二，杨亿有相当数量的作品内容丰富，富有人民性，富有爱国精神。

第三，杨亿的诗有清新自然和绮丽晦涩两种风格。文学史学术界对杨亿诗歌的美学价值和社会影响应作重新评价。

应逆思维确定的选题及促成的6 000多字的论文在《福建论坛》1982年第3期发表。之后，其被《光明日报》的"文学遗产"专栏摘要转载，在全国学术界产生了一定的影响。从内容看，上述例子不属于职业教育范畴，但从选题角度看，符合"反其道而思之"的要求。

3. 运用应聚思维选择课题

应聚，即应该聚焦的简称。应聚思维即把人的注意力、思考力等聚焦在应该特别注意的某个困难问题、某个关键处、某个爆发点。其特点是节点性。其价值是典型性。运用应聚思维选题，常见的是选题抓关键节点，不求大而全，宜小不宜大。对教学领域的问题，无论如何选择，最终确定下来的课题都宜小不宜大。课题涉及的面大，论文的范围广，需要更多时间、更多精力、更多资料。一些课题难度大、费时长、不好把握，往往写不下来。即使勉强写下来，也大都写不深、写不新、写不透。有经验的作者一般都用小题目做文章。像《职业教育教学管理改革研究》的题目，就不如《高职院校教学管理方式改革路径探讨》好把握。前者涉及职业教育两种类型三个层次的院校，后者只研究一个层次院校；前者教学管理涉及很多内容，后者只研究管理方式一项。范围窄一点，可以研究得深一些。如果有该领域其他方面好的观点，可以分篇探讨。又如，《高职院校专业课程教学研究》的题目，就不如《发动机课程混合式教学研究》《基础会计课程教学存在问题及对策》这样一些小题目容易写得深入。

三、集材

（一）何谓集材？

集材，即搜集材料的简称。课题确定后，研究者就应围绕课题搜集材料。搜集材料，就是研究人员对相关资料的收集、记录、选择、整理。收集材料有三个方面的作用：第一，可以了解他人对自己所选课题研究的状况，既便于确定研究角度，也避免重复研究，产生于事无补的学术"垃圾"；第二，可以依靠有理有力的论据论证有说服力的论点；第三，可以从他人研究成果中受到观点确立、方法使用、结构安排等启发，有助于拓展思路，使自己的研究成果更有质量。

（二）集材的方式

集材可以分为集他人之材和集自产之材两种。

1. 集他人之材。此即搜集他人研究的资料，主要有笔记卡片法和网络搜索法两种。

（1）笔记卡片法。笔记卡片法是传统方法。研究者购买专用的笔记卡片，装在随身携带的书包里，第一步是到图书馆或资料室查找索引和目录，记下资料的作者、出处等情况。第二步是搜集资料。第三步是阅读资料。阅读分为泛览和精读两种。研究者应先阅读一遍，泛览。阅读一遍之后感到该资料重要，那就要精读，即再读一遍。之后，研究者应先用笔记卡片摘录必要的资料和资料的出处，以便引用时如实注明出处。第四步是记下感悟。由于研究者是带着自己的研究课题阅读他人材料，因此，其在精读过程中常常会闪出自己的新认识、新发现，应该立即记在卡片之下或背面。第五步是整理资料。研究者应先将对课题有帮助的资料卡片分类整理。

（2）网络搜集法。网络搜集法是当代研究者常用的新方法。进入本世纪，信息通讯技术迅猛发展，利用中国知网等专门网站可以很容易地搜集到相当全面的资料，与传统的笔记卡片法相比，网络搜集法具有"多快好省全"等优点。尽管如此，研究者也得按做学问的规矩，踏踏实实地分步骤进行。笔记卡片法共分5个步骤，网络搜集法可以省去笔记卡片法的第一步，即"到图书馆或资料室查找索引和目录"的步骤，也可以改变第三步，把"动笔"改成"动键盘"。其余步骤还应一样执行。

2. 集自己之材

此即挖掘属于自己或关于自己的第一手材料。具体方法有实地调查集材法和教学一线集材法两种：

（1）实地调查集材法，即实地调查所得资料。例如，刊于《教育与职业》2019年第12期的论文——《基于现代学徒制的高职学生"软技能"培养》，就是扬州工业职业技术学院李建荣、杨润贤、王斌三位教师对长三角地区20家企业高层和人力资源部门负责人进行了近三年高职毕业生"软技能"满意度调查所得材料写成的。研究者集自己调查所得材料能写出既有理论意义，又有实践指导价值的论文。在很多情况下，单靠搜集他人资料，容易出现教学研究脱离教学实践的问题，容易形成从理论到理论的演绎、推导，写出的论文既没有理论意义，也没有实践指导价值。调查出真知。调查所得的材料因为体现真实性，所以具有雄辩性。

（2）教学一线集材法，即教学一线所得材料。教学一线所得材料包括自己的实践收获和与自己耳闻目睹所得材料。这两类材料都具有鲜活的生命力和说服力，对研究成果意义重大。在教学研究的实践中，教师对自己教学实践所得材料的搜集都比较重视，但对自己耳闻目睹的同事教学的材料的搜集却不够重视。因为不够重视，研究者有可能失去颇具价值的资料。江苏省徐州市财经高等职业技术学校刘景忠老师听会计技能实训课搜集材料的例子值得借鉴。刘景忠老师所听的课是真假币的鉴别。教学对象是五年制高职会计专业一年级学生。

> 　　上课开始，老师组织学生集体点钞。学生点了三次。点钞间歇，教师简单强调了动作要领，但没有点评。三次点钞，一名学生每次都是率先点好但老师没有表扬。接下来，老师让五名二年级学生上台演示点钞，也点了三次，老师同样没有总结点评。
> 　　随后，老师开始用PPT讲授本节课的主要内容：真假的鉴别。讲授过程中，老师安排两名学生上台，一名扮作银行工作人员，一名扮作办理存款业务的顾客。银行工作人员在点钞时发现一张假币，模拟情景随之结束。随着PPT的翻页，老师按照准备好的内容，讲述了鉴别真假币的眼看、手摸、耳听等办法。最后，教师把学生分成六组，每组发放一叠点钞券。其中有的含有假币，让六组学生分别报告鉴别结果。随后整堂课结束。

　　这是刘景忠老师对授课老师教学过程的概记。这种记录为现场实录，简明而完整地记录教学步骤、重点内容及相关方法，具客观真实性。作者没有停留在一般性的本然+实然观察上，而是在此基础上以本然+实然+应然心态观察并将其独到的感悟记下来：

> 　　这堂课由一位年轻教师主讲。他用心做了PPT，设计了高年级学生示范、模拟银行业务情境、分组鉴别真假币等环节，力求改变"我讲你听"的课堂教学局面。但从整体来看，这堂课并不理想。

　　刘景忠老师对授课老师的教学进行必要的肯定之后，提出自己的"感悟"：

> 　　1. 无论是本班学生练习，还是高年级学生示范，教师均应有点评。没有点评的练习和示范，教师的主导和引领作用何在？不仅要点评，还应该有表扬、有纠正、有督促。
> 　　2. 安排高年级学生示范体现了教师的用心，但仅仅是示范而已。如果把两个年级学生的点钞进行对比，如动作要领，速度，手法等，示范效果会立刻显现出来。
> 　　3. 教师安排情境模拟的用意非常好，却没有起到应有的作用。如果把情景模拟放在后面，里面有没有假币不告诉学生，让部分学生轮流真刀真枪地演练，效果就突出了。
> 　　4. 感觉教师还不习惯把课堂还给学生。即使是分组讨论，教师仍旧不停地讲。对于假币如何处理，不少学生显然知道正确答案，但教师还是亲自讲了出来。

　　刘景忠老师从四个角度指出教学的不足。从其感悟的内容看，这绝不是外行在"指手画脚"，而是"刀刀见血"的内行点评——有现场实录、必要肯定、整体评价、不足表现四个方面的记录，充分展示作者独到的感悟。这个材料不仅丰满，而且具有说服力。但是作者应然式观察的"脚步"没有停顿，而是继续深入到"怎么办"的层面：

> 　　这堂课如果这样上，效果会更好：事先把真假币的鉴别作为一项任务布置给学生，让学生利用课余时间查找资料、自我归纳、互相补充，教师随时进行辅导帮助，师生共同把鉴别真假币的眼看、手摸、耳听等方法总结出来，然后辅之以真实演练。这样可以真正实现让学生课后动起来，让课堂教学活起来的目标。

　　就这样，刘景忠老师把听这位老师课的感悟记录下来，连同其他材料，经过"排列组合"，写成文章，发表在2015年4月16日《中国教育报》的"职业教育·教改探索"栏目上。篇幅占了小半版的文章题目是《什么都变了，就课堂还是老样子》。

四、列纲

　　列纲，即列出论文提纲。提纲分粗纲和细纲两种。教学一线的职业学校教师在撰写教学研究的论文之前，应写出粗纲，必要的情况下，还应在粗纲的基础上写出细纲。

列纲实为处理材料，谋篇布局的工作。略过列纲环节直接拟稿的做法其实不"合算"。写学术论文，就是做学问的一种。做学问，就应有"冷板凳"＋"慢火炖"的思想准备。"慢火炖"包括要耐心列好两类提纲。

（一）列粗纲的方法

列粗纲的方法是：第一步，围绕课题将搜集的材料之间的逻辑关系理清后分类排列；第二步，初步确定论文的题目，即一级标题；第三步，根据题目内涵设计二级标题，由此构成以二级标题为主要标志的论文基本框架；第四步，把属于二级标题范围的材料放到二级标题之下。这就是论文的粗纲。2002 年，笔者从局机关调技工学校工作，曾选择技工学校工作规律的选题开展研究，搜集了大量的资料，也形成了自己的一些看法。尽管一级标题已明确为"技工学校工作规律初探"，且对文章内容不仅心中有数，而且胸有成竹，笔者仍在写作之前列出粗纲：

> 规律之一："五体合一律"
> 规律之二："四环互动律"
> 规律之三："三层转化律"

之后，根据三个二级标题，"填入"相关材料。该文发表于国家劳动保障部《劳动保障通讯》2003 年第 3 期后，被中国人民大学复印报刊资料的《职业技术教育》2003年第 4 期转载。

（二）列细纲的方法

列细纲的方法是：第一步，根据二级标题，细分材料，并列出三级标题；第二步，理清二级、三级标题内相关材料的主次关系与层次关系；第三步，检查一级标题（题目）、二级标题、三级标题及所属材料之间的逻辑关系，对逻辑不顺的予以调整。笔者在深圳高级技工学校（深圳技师学院）工作时，针对本校 2002—2006 年连续五年对口技能扶贫实践，选择技工院校技能扶贫的课题，搜集相关材料，最后确定以"技能扶贫的实践探索"为一级标题开展职业学校技能扶贫研究。该文写作前，笔者就列出了二、三两级标题的细纲。刊发于全国中文核心期刊《中国职业技术教育》2007 年第 26期的文章的二级标题有三个：

> 一、把好招生关
> 二、实施"三免、四提供、三加强"
> 三、做到"三个确保"

在每个二级标题之下，笔者又设计了三级标题。例如，二级标题的"把好招生关"之下设计三个三级标题：

> 首先，要确保技能培养的扶贫对象是真正贫困家庭的子女；
> 其次，要保证参加技能扶贫的学生具有一定的文化基础；
> 再次，严把身体关。

当然，一些特别重视细纲作用的作者还会根据需要，进一步列出四级标题，并根据各层级不同标题的需要整理相关的材料，如果发现材料不够或材料不典型，说服力不够，还应"掉回头"，重新或继续寻找更好的材料，直至满意为止。这就是列细纲的方法。

五、拟稿

拟稿，即写初稿，一般采用以下步骤：

（一）依写作提纲确定结构

依写作提纲确定结构，即依据已经拟定的粗纲或细纲厘定文章的结构。除非作者马虎应付地列纲，否则，已列的写作提纲理应成为初稿结构的依据。在列纲阶段，研究者虽然已经考虑了基本框架和逻辑层次，但毕竟比较粗糙。进入拟稿阶段，研究者首先应把文章结构梳理清楚，明确整篇文章分成几个部分，每个部分主要表达什么论点和内容。研究者如果结构问题不解决便匆匆地下笔，就可能出乱。

深圳高级技工学校于 2006 年率先在全国职业学校开展办学质量第三方评价并获得好评之后，笔者深知其创新意义，决定以此为选题写一篇论文。由于此项工作为笔者亲自指导、亲身经历，工作过程清楚，核心材料在手，笔者很快就拟定了一级标题，即人才培养质量社会评价机制的建构，并列出以下粗纲：

> 一、前言
> 二、社会评价的概念
> 三、社会评价与经济发展的关系
> 四、我国社会评价工作存在的主要问题
> 五、本校社会评价实践情况
> 六、探讨社会评价机制的构建
> 七、社会评价的三点认识
> 八、社会评价的三点建议

根据粗纲，笔者开始写作。一动笔，笔者发现粗纲有问题：二级标题太多，内容太多。经多次修改，全文结构定为 5 个部分：

> 第一部分：前言
> 第二部分：本校社会评价情况介绍
> 第三部分：社会评价五个基本要素的分析
> 第四部分：社会评价机制的建构
> 第五部分：社会评价的认识和建议

全文近 7 000 字。5 个部分形成某种程度的结构美：头尾两个部分篇幅都比较短，合约 1 000 字，结构形式上呈首尾呼应之势。中间三个部分是核心，合约 6 000 字。由于课题新，观点新，结构合理，本文很快就发表在全国中文核心刊物《教育发展研究》2007 年第 5A 期上。

（二）依应写意识表述内容

"应写意识"就是"应该意识"在写作领域的表现。最早提出"应写意识"的，在国外，当推苏联的惠列赛耶夫；在国内，要数伟大的鲁迅先生。

惠列赛耶夫先生在其专著《果戈理研究》第六章里，有这样的一段话：

> 应该这么写，必须从大作家们的完成了的作品去领会。那么，不应该那么写这一面，恐怕最好是从那同一作品的未定稿本去学习了。在这里，简直好像艺术家在对我们用实物教授，恰如他指着每一行，直接对我们这样说——"你看——哪，这是应该删去的。这要缩短，这要改作，因为不自然了。在这里，还得加些渲染，使形象更加显豁些。"

鲁迅的《且介亭杂文二集》里，有篇题为《不应该那么写》的杂文。文章的第一句话就说：

> 凡是有志于创作的青年，第一个想到的问题，大概总是"应该怎样写？"

那么，如何解决"应该怎样写"的问题呢？鲁迅先生告诉我们去看大作家的作品：

> 凡是已有定评的大作家，他的作品，全部就说明着"应该怎样写"。只是读者很不容易看出，也就不能领悟。因为在学习者一面，是必须知道了"不应该那么写"，这才会明白原来"应该这么写"的。

那么，如何解决"不应该这样写"的问题呢？鲁迅先生引用了惠列赛耶夫的言论，并给我们指出了一条学习"不应该这样写"的路：

> 新闻上的记事，拙劣的小说，那事件，是也有可以写成一部文艺作品的，不过那记事，那小说，却并非文艺——这就是"不应该这样写"的标本。只是对"应该那样写"却无从比较了。

上述两位，一个是理论家，一个是理论家、思想家兼作家。综合他们的意见，我们可以总结出：第一，应写意识包括"应该这样写"和"不应该这样写"两个方面。第二，把握"应该这样写"只有一个办法，即看已有定评的大作家的作品。第三，把握"不应那样写"有两个办法，一是惠列赛耶夫的方法，即看作者"同一作品的未定稿本"；二是鲁迅的方法，即看新闻记事和拙劣小说，识别其拙劣之处，然后反其道而行之。

上述两位大师的观点主要是针对文艺创作的，但其他类型的写作也可借鉴。可以说，一切文体写作都存在着"应该怎样写"的应写意识问题。教学研究论文拟稿，如何依应写意识表述内容？一般做法是：以文章题目为标杆，根据题目的内涵与外延，运用串联、解析、层推等方法表述内容。

（1）串联法。所谓串联法，就是在细纲的基础上，以文章题目为标杆，以二级标题为重点，将证明标题的材料用简明流畅的语言逻辑严谨地表达出来的方法。采用这种方法拟稿，得益于"列细纲"。提纲列得细，列纲功夫下得深，拟稿就比较轻松——将细纲内容逻辑地、通顺地表达即可。这种拟稿法适用于初学者。

（2）解析法。所谓解析法，就是对二级标题内涵的解释和分析的方法。多数作者都采用分级标题的方式拟稿。这种方式的好处不仅在于文章结构清晰，读者通过浏览标题可以很快了解文章主要内容，而且便于作者组织材料，把文章内容表达得富有逻辑性。抓住二级标题，组织材料，通过解析二级标题的内涵完成拟稿，是许多作者常用的方法。以笔者的《技工学校工作规律》为例，义章的第二个"二级标题"是："四环互动律"。写明二级标题之后，下一步任务就是对"四环互动律"的内涵进行解析：

> 从计划经济体制转到市场经济体制，技工学校的工作内容也相应地发生了变化。这种变化表现之一是学校工作主要是由四个环节构成：招生、教育、技能鉴定、推荐就业。这四个环节是学校正常经营的主要保证。

这一段文字表达三个意思："四环互动律"产生的时代背景，"四环"的具体方面，"四环"在学校工作中的地位。

> （一）招生环节。这个环节的成效如何，直接关系到学校生源及其质量，关系到学校规模与发展后劲，关系到学生毕业的就业率，应当高度重视。
>
> （二）教育环节。新生进入学校后，教育工作立即开始。技工学校教育工作主要包括三个方面：知识的传授、思想道德的培养、相关技能的训练。
>
> （三）技能鉴定环节。把"技能鉴定"单独列为一个环节，一是力图突出这项工作对技校学生特别的重要性；二是因为按照"考培分离"的法定原则，完成这项工作，主要不是学校而是由政府和校外合法的技能鉴定机构共同完成，是对学校的这项工作开展情况的权威判定。技工教育是"双证书"教育，这是它区别于其它性质学校的标志性特征。技校学生必须获得相应的职业资格证书才可毕业。对于技校毕业生而言，职业资格证书重于学历证书。因此，学校必须高度重视这一独立环节的工作。
>
> （四）推荐就业环节。这是技校工作的终端环节，也是体现学校质量、树立学校形象、影响招生质量的关键性工作。推荐就业关键看实际就业率。衡量是否真正就业的标准是学生成为员工之后是否与企业签订了劳动合同。就业率高，说明学校教育质量高，学校的社会影响就大，不用广告宣传，学生都愿意报考就读。反之，就业率低，说明学校办学严重脱离市场，就是花再多的钱做广告，人家也不愿入学。

上述这段文字采取三级标题的形式，介绍"四环"的具体内容。

> 上述四个环节之间存在着相互促动的关系。就业率高，来年的生源素质也高。生源素质高，教育起来就比较得心应手，参加技能鉴定，合格率也相应地高。

上述这段文字，解析"四环互动"的规律表现："三高良性互动"。

> 上述四个环节的确定，对于技校改革有重要意义。它起码对以下三个方面的工作有启示作用：
>
> （1）"教育"尽管是技校工作的重要环节，但不是唯一环节。如果认同这一见解，那么多年来，视教育为唯一环节、教育工作就是技校工作的观念应当改变。
>
> （2）"技能鉴定"环节的工作被普遍忽略了。通过理论知识和实际操作的考试获得政府部门颁发的合法职业资格证书，以此证书作为就业准入的通行证，是技校每个学生都必须面对的事，也是一个十分重要的环节，却被习惯地视为"教育"的一个组成部分，从而导致不良结果，如理论与实操一体化教学至今难以全面覆盖；学生实操课时严重不足；实操设备落后、不足。学生花费大量时间为考证而考证，影响实际技能的训练和提高，在一定程度上削弱了学生毕业后的就业竞争能力。
>
> （3）"推荐就业"工作的认识要提高。100%的推荐率是必要的，但还不够。只有100%的推荐率与比较高的实际就业率并存时，推荐就业率才有实际意义。因此，推荐就业工作应主动延伸到学生成为员工并与企业签订劳动合同为止。只有这样，才可以说这所技校培养了市场需求的合格技能人才。

上述这段文字涉及的三个问题是进一步解析"四环互动"规律对技工学校实际运营的指导作用，可视为本文的第四级标题。第四级标题是对第三级标题的深化，也是写作过程中不满足于粗纲，进而改造和细化粗纲的表现。

拙文的三个规律之间并无先后和主次之分，是并列的关系。解析的依据和解析的任务均系于二级标题。这是解析法的特点——适用于二级标题呈并列关系的文章的拟稿。

（3）层推法。层推法是指围绕文章一级标题，从其内涵关系分析入手，采取层层推进的方式表达文章的内容的方法。以笔者发表在2018年第21期《职业技术教育》上的《论职业教育的基本矛盾》为例，一级标题就是：论职业教育的基本矛盾。二级标题共四个，分别是：

```
一、基本矛盾的内涵
二、职业教育基本矛盾的概念
三、职业教育基本矛盾的特点
四、职业教育基本矛盾的运动形态
```

与解析法关注二级标题不同，层推法关注一级标题。

①文章的第一层次是"基本矛盾的内涵"。它因一级标题的中心词而"诞生"，又因一级标题的中心词而发挥承上启下的作用，可视为一次层推。

②文章的第二层次是"职业教育基本矛盾的概念"。与"基本矛盾的内涵"相比，"职业教育基本矛盾的概念"由于涉及职业教育，具体化了，下沉了一个层次。

③文章的第三层次是"职业教育基本矛盾的特点"。"职业教育基本矛盾的概念"讨论的是"概念"，"职业教育基本矛盾的特点"讨论的是"特点"。与抽象的"概念"相比，相对具体的"特点"的讨论又进了一层。

④文章的第四个层次是全文的重点。"特点"明确之后，进一步讨论全文的核心内容："运动形态"。与"特点"相比，又进了一层。"运动形态"讨论结束，文章也自然地画上句号。

层推法拟稿的特点是不关心论点，或者说，此类文章不止一个论点，而是一些论点。使用这种方法拟稿的作者，不会特地设置文章的所谓论点，不会像一些作者那样对所谓的论点必须进行所谓的首尾呼应。这类作者于写作之前和写作之中均没有考虑本文的论点是什么，也没有着意去提炼什么论点，更没有围绕论点选择论据精心论证论点正确性的意识。在一级标题的指引下，接受应写意识的驱使，"应该"怎么写，就怎么写。

（三）依规标明文献

这里的"规"，即论文写作约定俗成的规矩。例如，参考文献的处理。应写明所引文献的出处，含作者姓名，著作或论文名称，出版社或报刊杂志名称，出版时间或杂志期刊号等。论文拟稿应高度重视学术道德问题。教学研究，理应尽可能多地阅读相关资料，记录有用的材料，也允许在文章中引用别人的资料，但必须老老实实地注明出处。笔者在福建师范大学中文系毕业留校工作初期，指导老师就明确要求：写文章，搞研究，引用他人观点、材料，均需实事求是地注明出处。不注明出处，就是剽窃他人学术成果，是"学术小偷"，会遭到学术界鄙视和唾弃。职业学校教师开展教学研究，也应该严格遵守学术道德。

六、改定

拟稿结束，即初稿形成。初稿不等于定稿。初稿需要经过多次修改，最后才是定稿。文章初稿的改定可参考以下步骤：

（1）查改逻辑性。研究者从确保文章逻辑严密的角度，默读全文，检查文稿是否存在逻辑性不强等问题。如果存在，一一加以纠正。

（2）查改雄辩性。雄辩性，即说服力。理论性文章是否具有雄辩性，取决于材料是否典型和论证是否辩证。逻辑性强的文章未必都具有雄辩性。具有雄辩性的文章往往产生深远的影响力。从论证入手，第二次默读全文，检查文稿的雄辩性。雄辩性不足的，应该修改，确保文章具有较强的说服力。

（3）查改流畅性。流畅性是指行文是否流畅、遣词造句是否得当、是否存在可有可无的字句、段落安排是否合理、有没有错别字等。研究者可站在第二人称的角度，第三次默读全文，凡无助于逻辑性、雄辩性、流畅性的，一一修改。

第三节　教学论文的论证方式

研究性文章一般由论点、论据和论证方式三者组成。采用合适的论证方式组织有效的论据证明论点的正确性的拟稿行为叫论证。论证方式是论证的组成部分。没有论证方式就没有论证。论证方式对于文章写作的重要性成为将之单列一节进行专门讨论的主要原因。

教学论文的论证方式因人因文而异，下面介绍四种方式供教师们参考。

一、三段论式论证

三段论式原为逻辑学名词。其基本形式由大前提、小前提和结论三部分组成。例如，大前提：所有培养技术技能人才的学校教育都属职业教育。小前提：技工院校培养技术技能人才。结论：技工院校教育属于职业教育。实践中，一些人将逻辑学的三段论式用于写作议论文。逐渐地，凡先立论点，次依论点选择论据，再对论据和论点的联系进行证明的论证方式称为三段论式论证。

比如，写一篇关于"职业院校教学研究的本质"的论文。研究者可以先用一段话"亮出"论点：职业院校教学研究的本质是"教育性和职业性"。文章的第二段确立分论点 A：职业院校教学研究具有教育性特征。然后，依据分论点 A 寻找支持分论点 A 的论据并加以证明。文章的第三段确立另一个分论点 B：职业院校教学研究具有职业性特点。之后，依据分论点 B 寻找支持分论点 B 的论据加以证明。文章的第四段用一段话总结：职业院校教学研究的本质是"教育性和职业性"兼具的。

这种论证方式就属于三段论式论证。使用这种论证方式写成的文章，往往结构清晰，观点鲜明，也比较好写。

（1）只要能立下论点，应写意识的活动全部集中在为论点找论据上。而论据的寻找，从类属的角度看，可从理论论据和事实论据入手；从时间的角度看，可从古代、现代或当代入手。从论据价值的角度看，以凡能证明论点的正确为标准，符合这一标准的，统统可用，凡不符合这一标准的，统统排斥。符合论点内涵的论据可能很多，统统用上，难免繁杂。那就选择名家的，或者虽非名家但是最典型的。

（2）论证步骤简单，就是两步跳，大三段论式套小三段论式。

（3）把论点放在开头和结尾，以首尾呼应的形式强化论点的明确性。

当然，三段论式论证也存在不足。因为其所运用的逻辑是形式逻辑。形式逻辑是初级逻辑。它的核心内容是排中律、矛盾律、同一律。以排中律为例，其规定对事物的判定或评价，只以两极为基准。它强调事物的精准性，排斥事物的模糊性。对一个人的评价，要么好，要么坏，没有也不容许有好坏皆有或既不好也不坏的区分、判断、评价。如果用形式逻辑方式论证一种观点，那么在整个论证过程中，应写意识充满排中律力量。凡是对所要论证的论点不利的论据，统遭排斥。这就使这种论证滋生以下"毛病"：

①客观生活中，许多事物、许多问题无法用是或非、肯定或否定、好或坏这样非此即彼的简单的判定就能解决。用这种论证方法去论证一个问题，常将内涵复杂的事物进行极度简单化的处理。

②所论证的论点如果是正确的，那么，三段论式论证无法解释和说明这种正确论点的形成过程；所论证的论点如果是错误的，那么，三段论式论证便自然而然地成为错误论点传播的工具，不仅无法揭示其错误，相反，会使这种错误理论化。

③在我国，由于多数作者都不同程度地受到辩证逻辑的影响，所以在写作中，论点的内涵一般地都能体现"原则"上的"正确性"，但正因如此，它促使这种论证方式形成另一种弊端：此类作者的观点多趋向于对正确观点割裂式的表达，即在无法寻求正确观点形成过程的固有弊端中，写出大量观点平稳却无新意的文章。在当代学术刊物上，许多学术论文是缺乏学术新见的。

二、正反合式论证

（1）正反合式论证的表现。使用这种论证方式写就的文章会形成一种三级跳跃模式：

> 文章的开头→正向思维
> 文章的中间→反向思维
> 文章的末尾→辩证思维

论证的观点在文章的末尾。文章的开头部分是正向思维的"天地"。中间部分是反向思维的"天地"。末尾部分是上面两个"天地"主要精神的综合。比如，研究者要写《论职业院校对接教学模式》这样一篇论文，可以这样论证：

第一层次：正面论述对接教学模式。研究者要从概念、构成、特点、方法、效果等方面入手寻找一系列论据证明必要性和可行性。

第二层次：反面论述对接教学模式。研究者要从教师理念、教师经验、教学环境、教师能力、学校制度、教学条件等方面入手，寻找论据证明推行该模式的艰巨性甚至不可行性。

第三层次：正反面结合论述——既有肯定又有否定。一方面，研究者承认推行该模式面临诸多困难的同时，通过分析，将不可行性巧妙地"转移"至艰巨性的层面上；另一方面，研究者在评判可行性也存在局限性的同时，进一步分析不推行对接教学模式可能产生的严重后果。最后综合起来，从克服艰巨性的思想认识、创造推行对接教学模式条件等入手，论证推行对接教学模式的必要性。

（2）正反合式论证方式的特点。与三段论式论证相比，正反合式论证有其进步的地方。因为在这样的文章中，作者的论点不是先出现，然后简单化地根据论点选择对论点有利的论据。相反，它是立论与驳论相互补充的论证，在论点确立之前，有作者不满意的彼此互相对立的两种观点在遭受作者批评或分析之后，再当作自己论点的反面参照让人理解和接受自己的逻辑论证之后，再展示自己的独特见解。一般地说，对正、反两种意见的批评总是既有肯定，又有否定。最后，研究者将双方可肯定的部分综合起来进行"全面"肯定，或者将双方可否定的因素综合起来进行"正确"否定。这无疑包含着一分为二的辩证法，显然，正反合式论证具有远比三段论式论证深刻的优越性。

（3）正反合式论证方式的风险性。这种模式存在着肯定—否定—否定之否定三个阶段，比较深刻地揭示了事物之间普遍矛盾的发展规律：对立与统一。这种情形也同人类的三种思维活动形式——右脑的形象思维、左脑的抽象思维、胼胝体连合区的模糊思维相对应。研究者以此写出的文章能体现一定的深刻性，但也有风险：经验不够丰富的作者容易将肯定—否定—否定之否定的把握统一在一个平面内——在正向思维和反向思维这两级思维运动的成果内各取一部分进行简单相加或简单调和。研究者在关键环节的"合"的处理上不容易抓住事物内部的质，从发展的角度展示科学的或创新的"合"。如果不能妥善处理，此类文章的质量就大打折扣。

三、正反合转式论证

（一）正反合转式论证与正反合论证的区别

正反合转式论证不满足于正反合式的"三步跳"，对于问题内涵的探讨，力求极尽彻底。它要求论者把握"分析"这一有力武器，不仅对论据，而且对论点都"不客气"地进行有底气的分析：在相反中分析相成，在比较中分析异同，在异同中分析同中之异，异中之同，在归纳和演绎相结合中按逻辑的系统性向论点内涵作横向拓展和纵向深入，充分表现出与正反合式论证不同的逻辑力量。又以《论职业院校对接教学模式》为例，正反合式论证方式解决了"必要性"即止，但正反合转式论证要在"必要性"之后进一步解决"怎么办"的问题——分析其"操作性"。

（二）正反合转式论证的理解

正反合转式论证因为具备分析的深入性这一特点，成为科学的、辩证的、富有生命力的论证方式。这种方式中"转"的含义不能机械地理解为仅比正反合式论证多一个层次而已。它的正确含义应理解为：不断深入。它的深刻意义在于召唤论者不要停留在静止的两种相反意见的简单肯定或机械否定上，而要使应写意识在自我识察中不断深入事物本质内核。正反合转式论证作为辩证逻辑论证，它的生命力表现在多层次的分析上。

（三）正反合转式论证的例证分析

以笔者发表在全国中文核心期刊《东南学术》2007年第3期上的《社会经济发展对技能教育的制约与影响》为例：

（1）"正"——正面论述二者关系及社会经济发展对技能教育的制约。第一个层次解释技能教育和社会经济两个概念；第二个层次分析技能教育与社会经济之间存在的三个关系；第三个层次从规模、质量、结构、内容、手段五个方面分析社会经济制约技能教育的五种情况。三个层次可以理解为"正"——正面论述社会经济发展对技能教育的制约与影响，紧扣一级标题：社会经济发展对技能教育的制约与影响。

（2）"反"——论述技能教育反过来对社会经济发展具有促进作用。从题目看，文章分析社会经济制约技能教育的五个方面，似乎可以结束了。因为上述三个层次的论述已经完整地"回答"了题目的内涵要求。可是，文章用一段话过渡，进入一个新的天地：

> 从社会经济制约技能教育的五种情况看，社会经济状况决定技能教育状况，技能教育发展决定于社会经济发展。这是二者的本质联系。当然，技能教育对社会经济发展也具有反作用。

接着，文章从培养基地作用、调节器作用、蓄水池作用三个方面分析技能教育反作用于社会经济，促进社会经济发展的三种情况，完成了"反"的任务。

（3）"合"——将二者结合起来考量相适应与否的两种结果。文章又用一段话过渡，进入"合"的阶段：

> 上述，充分说明了技能教育为社会经济发展所必须，具有积极促进作用。但是，也要清醒地看到，技能教育对社会经济发展的影响既有正面的积极影响，也有负面的拖累作用。

接着，文章从社会经济发展与技能教育二者是否相适应的角度讨论技能教育可能拖累社会经济发展的三种表现，明确强调技能教育要从三个方面适应社会经济发展需要。

（4）"转"——讨论技能教育不拖累社会经济发展的办法，分析技能教育不拖累社会经济应该具备的五个条件：办学规模适度、校企合作培养、专业结构优化、教学质量稳定、能位匹配适宜。之后，结束全文。

第十二章

职业培训

第一节　对职业培训的认识

一、职业培训的概念

每个职业均有具体的岗位，每一个具体岗位都需要从事岗位工作的人。为了能人岗匹配地完成岗位任务，相关部门都要对想从事该职业具体岗位工作的人提出生理心理、知识技能、道德品质等方面的要求。凡是专门为实现这些要求所举办的培训均属于职业培训。随着人工智能、大数据、云计算等新一代信息技术的发展，线上线下相结合开展职业培训的方式受到受训者的欢迎。因此，职业培训是指由相关培训机构，根据职业标准，运用新一代信息技术，从线上、线下两个方面对受训者进行业务知识的传授和技术技能训练的活动。

二、职业培训的特点

（1）针对性。与学制教育比，职业培训针对性更强。表现之一：专业（工种）设置的针对性。无论是设置培训专业，确定培训工种，还是设立专项能力模块，都必须先组织开展市场调研，确认岗位的确有需求之后再予以设立，否则，没人或很少人会报名参训。表现之二：课程内容的针对性。职业培训与学制教育一样都涉及知识，但职业培训所教的知识相对简明：需要什么教什么；一样都涉及能力，职业培训更强调直接与具体的岗位能力对接；一样都涉及素质培育，职业培训更强调提高忠诚度和工匠精神。表现之三：教学过程的针对性。与学制教育比，职业培训学习时间短，学员年龄都比较大，对老师教学要求较高。老师的教学如果缺乏针对性，很快就会遭受学员的投诉。职业培训十分强调教学过程与岗位工作过程的对接，重应用，求适用。表现之四：管理关系的针对性。与学制教育比，职业培训机构对学员的管理也具针对性——只针对来校上课期间的表现。没有住宿，没有班级活动，没有食堂，没有校园活动，学员上完课就离开。

（2）灵活性。鲜明的针对性特点使职业培训比学制教育更加灵活。第一，培训形式灵活：既可以短期脱产（3~5天），也可以不脱产；既可以有学籍（非全日制学籍），也可以无学籍。第二，培训时间灵活：可以晚上上课，可以周六、周日上课，还可以节假日上课。第三，培训方式灵活：可以学校单独培训，可以校企合作培训，也可以线上线下结合培训。第四，培训期限灵活：几天的、几周的、几月的、几年的都可以。第五，培养对象灵活：新成长劳动力、下岗员工、农村转移人口、退役士兵、残疾人、大学生离校未就业者、在岗员工等，只要本人愿意都可参加。

（3）实操性。研究结果表明，人的职业能力的80%以上是在实践中形成的。实操，是最具体的实践，也是职业培训一个鲜明的特点。实操，就是"动手动脚"地练。技术技能与理论知识虽有联系，但更有不同。光靠脑不够，得练！学技术技能，只有多练，才能学会；只有多练，才能巩固；只有多练，才能提高；只有多练，才能精益求精；只有多练，才能精益求新。光说不练或少练的培训不是真正意义的职业培训。反复练是职业培训的生命力所在。

三、职业培训的原则

（1）就业为导。民生以就业为本，就业以培训为基，培训以就业为导。职业培训要坚持以就业为导向开展培训。学制教育要以促进就业为导向，职业培训更要坚持以就业为导向。因为职业培训比学制教育更接近人力资源市场，更接近企业岗位，更关切劳动者参加培训的目的，更能够使劳动者学会一项技术技能或进一步提升技术技能之后，促进就业或实现体面就业，解决生存或发展问题。如果不以就业为导向，而以名不副实的"考证"为导向，那么，此类培训不是真正意义的技术技能培训。因此，职业培训应坚定不移地坚持促进就业的方向。

（2）技能为本。职业培训要坚持以技术能力培养为根本开展培训。国家确定职业培训的类型主要包括三类：就业技能培训、岗位技能提升培训、创业培训。就业技能培训的对象范围最广。所有试图就业或再就业的劳动者在正式进入岗位工作之前接受的各类技术技能培训都是就业技能培训。岗位技能提升培训仅限于在岗员工这一对象范围。创业培训的对象范围包括两类：一是创意类培训。这类培训的重点是指导学员学会创新思维，但尚未注册公司。二是创业类培训，包括职业学校学员的"试创业"培训。无论哪一类，都要以技能训练为根本，通过技术技能训练，达到就业或创业的目标。

（3）质量为尺。职业培训要坚持以确保培训效果为标尺开展培训。职业学校开展职业培训务求培训效果，要将培训质量意识贯穿培训全过程，重点提高师资水平，确保培训教材质量、设备质量、教学质量。只有这样，才能达到受训者、培训者、用人单位、政府四方满意的要求。

四、职业培训的相关关系

（一）职业培训与职业技能培训的关系

（1）相同处：从范畴看，都是职业范围内的培训；从对象看，都以社会劳动者为主；从内容看，都包括知识、技术技能、素养；从功能看，都是促进就业或创业；从特点看，都注重针对性、灵活性、实操性。

（2）相异处：职业技能培训以技术技能为主，侧重培养技术技能人才；职业培训以多类能力为主，培养各类人才。职业培训的内涵与外延均大于职业技能培训。

（二）职业培训与学制教育的关系

（1）相同处：一是导向相同，都以就业为导向；二是专业（工种）相通，学制教育开设的专业，职业培训也可以开设；三是资源相似，学制教育的教师、设备等资源都可以与职业培训所需的教师、设备等资源在一定程度上共同调配使用。

（2）相异处：第一，办学形式存在差异。学制教育为全日制教育，职业培训是非全日制培养。第二，学习成果证明形式存在差异。对学制教育学员的要求是"双证书"：毕业证书与职业资格或职业技能等级证书，对职业培训学员的要求是培训合格证书。第三，培养对象存在差异。学制教育的对象主要是在读的学生，职业培训的对象主要是社会劳动者。

（三）职业培训与职业技能评价的关系

（1）相似处：第一，具体业务都涉及专业知识、技术能力和素养培育；第二，业务的开展均应与市场需求对接。

（2）相异处：第一，性质不同，培训是提高受训者专业知识、技术能力和与之相关的职业素养，评价是鉴定受训者专业知识、技术能力和与之相关的职业素养。第二，证书不同，接受培训且合格者，发给培训合格证书；被评价且合格者，发给职业资格证书或职业技能等级证书。第三，功能不同，对于培训内容，评价是指挥棒，二者是指挥与被指挥关系；对于培训效果，评价是检测器，二者是检测与被检测关系。培训与评价不仅是不同环节的两项业务，需要发放两种不同的证书，需要实施两种不同的管理，也是两个不同的工作体系，形成两个不同的实体市场。

五、职业培训的意义

职业培训对个人、企业、国家都具有重要意义。

（1）从个人角度看，职业培训促进人的就业。就业是人们生存和发展的重要平台，也是人们生存和发展的重要通道。但是，从事就业活动所需的知识、技能、素养不是与生俱来的，而是必须通过参加相关的教育培训，努力学习和反复实践才能获得的。正如马克思所说："要改变一般的人的本性，使它获得一定劳动部门的技能和技巧，成为发达的和专业的劳动力，就要有一定的教育或训练"。获得技能和技巧，成为专业的劳动力的人才比较容易实现就业，在就业的岗位上发挥才能，取得生活的资本并获得事业的发展的方式。

（2）从企业角度看，职业培训可增强企业的竞争力。竞争力是企业生存与发展的关键。任何企业，不仅依靠竞争力生存，而且依靠竞争力的持续或升级而得到发展。企业缺乏竞争力，必定走下坡路。而要提高并不断增强竞争力，职业培训是一个有效的手段。企业通过职业培训可以锻造一个属于企业自己的高水平技术技能团队，可以依靠它为企业生产高质量的产品或提供高质量的服务，有效促进企业的良性发展。

（3）从国家角度看，职业培训促进社会稳定。职业培训的核心是技术技能训练，目的是促进人的就业或再就业。掌握技术技能的人大多数是工人、农民及其他社会劳动者。这些劳动者人数多、分布广、影响大，既是阵营庞大的社会基层，也是能量巨大的阶级基础。他们的思想状况、生活稳定状况关乎国家安全和社会稳定。要让这些劳动者思想、生活稳定，一个很好的办法就是政府统筹，相关机构组织开展技术技能培训。通过培训，让他们凭一技之长实现就业，在就业过程中体现稳定。而稳定就业往往可能实现安居乐业。大多数劳动者安居乐业了，国家就康安了，社会就稳定了。

六、职业培训需要防止出现的主要问题

伴随经济社会不断发展，我国职业培训事业已经取得很大成绩。但由于多方面原因，职业培训至今存在"三被"困扰：被社会各界长期低估了其价值；被许多劳动者长期忽视了其利害；被就业的重要性长期掩盖了其必要性。职业培训需要政府相关部门、职业学校、民办职业培训机构、企业四类主体的协同推进，需要在相当长的一个历史阶段里防止出现一些严重影响职业培训事业健康发展的重要问题。

（一）民办职业培训机构应当防止出现的重要问题

民办职业培训机构是我国职业培训的"大部队"。这支"大部队"市场化程度高，运行机制灵活，数量多。多数民办职业培训机构应防止出现以下问题：有投入，但偏少；有规模，但不大；有设备，但不先进；有工位，但不足；有培训，但层次普遍不高。

（二）企业应当防止出现的重要问题

企业既是技能培训的需求方，又是技能培训的供给方。有培训能力的企业，只负责本企业新员工和在岗员工培训，不对外培训；无培训能力的企业，多数采取直接从人力资源市场招聘、校企合作等形式解决缺工问题。中小微企业应防止出现以下问题：由于担心员工培训后会要求加薪或跳槽而不开展技术技能培训，也不与职业学校合作开展培训。

（三）职业学校应当防止出现的重要问题

职业学校是我国职业培训最可靠的"阵地"，应防止出现"三重三轻五缺乏"的问题：

（1）"三重三轻"，即重学制教育，轻职业培训；重理论，轻实践；重与考证对接的培训（即考证对接类培训），轻与岗位对接的培训（即岗位对接类培训）。

（2）"五缺乏"，即缺乏主动开展职业培训的积极性；缺乏相对完备的培训设施；缺乏一支合格的培训教师队伍；缺乏科学的培训需求调研，导致实际培训与实际需求脱节；缺乏科学合理的奖惩政策，影响广大教师参与培训教学的积极性。

（四）政府部门应当防止出现的重要问题

政府相关部门是我国职业培训事业的规划者、指导者、监控者，应当防止出现以下问题：

（1）政策供给不到位。一是公共职业培训机构财政投入不够，导致实训设备更新慢，实训工位不足；二是公益类职业培训数量偏少，高精尖缺工种培训乏力；三是技术技能培训补贴的标准偏低，无法解决技术技能培训时间长、师资成本高、实训设备折旧成本高、实训耗材成本高等问题；四是公办职业学校教师参加职业培训教学的课

酬政策，国家虽已明确，但不少地方未能落实，仍然影响学制教育教师参加职业培训教学的积极性；五是未能妥善处理考证对接类培训与岗位对接类培训的关系，导致以技能鉴定为目标的考证对接类培训严重冲击以提高技术技能为目标的岗位对接类培训，带歪职业培训市场，严重影响职业培训质量。

（2）行政监管不到位。一是对违规的培训机构的处理或缺失，或力度不够，导致不少培训机构"带病"培训；二是对直接影响职业培训质量的技能实操训练环节监管不力，导致不少培训机构普遍存在培训质量差的问题；三是针对培训机构的一些考核评价措施不合理，考核重视数量而忽视质量，不合格培训机构退出机制不完善。

上述问题若不能得到有效防止，则可能导致我国多数地区职业培训出现机构杂、场地小、设备旧、教师缺、课时少、技术浅、考证易、市场乱等现象。

第二节　职业培训教师队伍建设

培训教师是实施职业培训的重要资源，也是提高职业培训质量的关键要素。

一、制定职业培训教师任职标准

职业培训领域的教师与学制教育领域的教师有相通之处，但也有一些区别。地方政府主管部门应该根据国家相关规定，结合本地区实际，组织调研，制定适用于本地区职业学校的《职业培训教师任职标准》，指导区域内各职业学校选聘。以下是笔者工作过的深圳第二高级技工学校使用的《职业培训教师任职标准》（注：笔者有修改），如表 12-1 所示。

表 12-1　职业培训教师任职标准

工种	要求
职业道德	1. 遵纪守法 2. 热爱职业教育，平等对待学员，尊重学员人格 3. 公正廉洁，不营私舞弊，不搞"学钱交易"
职业能力	1. 有较强的专业理论知识、专业实践能力、教学能力，尤其是教学过程与工作过程对接的教学能力 2. 熟悉行业的岗位技能要求 3. 能胜任线上线下教书育人工作
岗位职责	1. 教学人员职责 （1）承担专业理论课和实训讲授工作 （2）承担实训课的指导工作 2. 教辅人员 （1）承担实训课程的准备和课堂辅导 （2）能现场维修、维护实训设备，保证实训工作顺利进行

表12-1(续)

工种	要求
任职条件	1. 教学人员 （1）具有教师资格证 （2）实训课教师所具备的职业资格或职业技能等级应比任课级别高一级 （3）理论课教师须有本专业或相关专业本科以上毕业证书或大专毕业的高技能人才资格 （4）承担特种作业（特种设备）工种的须具有特种作业（特种设备）操作证 （5）承担特种作业工种教学的须持特种作业教师上岗证。 2. 教辅人员 （1）辅导初级工班的须具备中级工及以上职业资格 （2）辅导中级工班的须具备高级工及以上职业资格 （3）辅导高级工班的须具备技师及以上职业资格 （4）辅导技师班的须达到高级技师水平 （5）辅导特种作业（特种设备）工种的须具有特种作业（特种设备）操作证

培训教师的任职标准主要包括教学、教辅两类人员，职业道德、职业能力、岗位职责、任职条件四项内容。培训教师队伍可由学校教师、企业人力资源部门干部、一线技术技能人才、企业退休而身体健康人员及社会相关领域专业人员担任。愿意承担职业培训课教学的人员应根据学校制定的《职业培训教师任职标准》填写申请书，送学校职业培训管理部门审核。专业课教师不再细分专业理论教师和专业实操教师，即每位专业教师应当兼具应知、应会教学能力。公共基础课教师任职标准可参照学制教育公共基础课教师标准执行。

二、实行职业培训教师摸底评价制度

在符合职业培训教师任职标准的基础上，由学校职业培训管理部门负责进行摸底评价。摸底评价，就是学校根据制定的《职业培训教师任职标准》，对想进入职业培训教师队伍的人员进行专门的业务状况了解。了解的目的是防止名不副实的人员进入职业培训教师队伍，确保职业培训教师队伍的整体水平和教学质量。职业培训教师摸底评价制度主要由评估内容、评估制度发布、评估工具、评估制度实施四个部分构成。其评估内容主要包括学历、职称、职业资格、实操教学能力等方面的水平状况，但重点是从线上、线下两个方面考察职业道德、专业理论水平、专业实操水平、理论教学能力、实操教学能力。其评估工具可以采用表格形式展示，如表12-2所示。

表 12-2　职业培训教师摸底评价表

专业：_____　　　　　　　　　　　　　　　　　　　　　　年　月　日

姓名		性别		年龄		学历		技术职称		职业资格		拟教课程	
摸底评价情况	评估工种			摸底评价标准				摸底评价意见				得分	
	职业道德 （20分）												
	专业理论水平 （20分）												
	专业实操水平 （20分）												
	理论教学能力 （20分）												
	实操教学能力 （20分）												
摸底评价结论													

表 12-2 中，"摸底评价标准"由学校职业培训部门根据相关规定，结合学校实际制定。职业培训公共基础课教师也应该摸底评价，具体办法由学校自行制定。

三、实行职业培训教师试讲制度

在摸底评价的基础上，学校职业培训部门应当对每位职业培训教师进行上岗前的试讲测评。专业课培训教师试讲测评的主要标准是教学过程与工作过程对接情况和教学技能水平；公共基础课培训教师试讲测评的主要标准是理论教学与实践教学相结合情况和教学技能水平。试讲评价表如表 12-3 所示。

表 12-3　职业培训教师试讲评价表

专业：_____　　　　　　　　　　　　　　　　　　　　　　年　月　日

姓名		性别		年龄		学历		技术职称		职业资格		拟教课程	
试讲评价情况	评估工种			试讲评价标准				试讲评价意见				得分	
	专业理论水平 （20分）												
	专业实操水平 （20分）												
	理论教学能力 （20分）												
	实操教学能力 （40分）												
试讲评价结论													

试讲合格者，允许进入职业培训教师队伍，接受任务，准备教学。

四、建立兼职教师培养制度

多年的实践证明：在学制教育教师队伍真正合格的"双师型"教师紧缺的条件下，仅仅依靠学校本身解决职业培训教师来源问题是不现实的。由于职业培训一般是利用晚上、周末、节假日上课，因此，向企业、向社会其他方面招聘合格的兼职教师是可行的。具体办法如下：

（1）招聘在岗高技能人才。学校与企业协商，在不影响企业工作的前提下，将合适的并愿意参与培训授课的在岗高技能人才聘为兼职教师，利用工作之外的晚上、周末、节假日时间来校上培训课。

（2）招聘退休人员。学校把招聘的目光投向已退休但身体基本健康并愿意参与培训授课的企业一线技术技能人才、职业高等院校教师，通过摸底评估、试讲评价，将合格者聘为兼职培训教师。

（3）招聘校友。学校把招聘的目光投向职业学校毕业已工作 3~5 年并愿意参与培训授课的校友，通过摸底评估、试讲评价，将合格者聘为兼职培训教师。

（4）招聘与培训相结合。兼职教师也是教师。既然是教师，就要具备线上、线下教学的能力。而这三类人员中会有一些人缺乏教学技能，尤其是线上教学能力。因此，正式上课前，学校应该组织业务培训班，对这些兼职教师进行线上、线下教学技能培训，合格者才能上课。

（5）课酬与质量相结合。职业培训与学制教育一样，教师非常重要。高水平的教师才能吸引住学员，稳定住学员，并不断扩大生源，不仅能保证培训质量，还能扩大学校影响。上述三类人员都具有较高的技术技能，请他们上课，课酬要适当地高于本校教师，否则很难聘到。即使聘到也不可能久留；即使久留，教学质量也不可能稳定。

五、建立培训教师奖惩制度

职业培训既是一项事业，也是一个市场；既需要规范，也需要拓展。职业学校作为国家职业培训事业发展最可靠的"阵地"，建立科学有效的奖惩制度有利于吸纳更多优秀教师，有利于稳定教师队伍，有利于不断提高培训质量。学校应当出台文件，明确规定学校职业培训教师的奖惩措施。凡按教学过程与工作过程对接要求完成教学任务的专业课培训教师，其课酬不低于学制教育"双师型"教师的课酬；凡按理论教学与实践教学相结合方式完成教学任务的公共基础课培训教师，其课酬不低于学制教育公共基础课理实一体化教师的课酬。其考核评价可采取督导评价占比 40%，学员评价占比 60% 的方式进行。考核评价成绩作为竞争上岗、实施奖惩的重要依据。每个学年结束，应对考核评价成绩优秀的教师进行奖励，促使每位教师不断提高教学水平。

第三节　职业培训课程体系建设

一、对培训课程的认识

（一）培训课程的概念

培训课程的关键是"对接"。"对接"的要求来自国务院2019年1月颁发的《国家职业教育改革实施方案》。《方案》要求包括职业培训在内的职业教育要做到"三个对接"：专业设置与产业需求对接，课程内容与职业标准对接，教学过程与工作过程对接。这一要求具有重大意义：可以很好地解决"培不适用"问题；可以很好地保障职业培训质量问题。职业培训的生命力应该立足于"三个对接"。凡实现"三个对接"的职业培训，既可保证培训质量，也能促进就业。因此，所谓培训课程，就是培训机构相关人员按照国家"三个对接"要求，组织召开企业实践专家访谈会和培训对象座谈会，共同确定课程名称和课程内容，开发课程教材等教学资源所形成的教学载体。学校只有开发这样的课程，才能及时掌握受训学员的需求，才能体现职业学校高质量的职业培训，才能培训出满足企业需求的技术技能人才。

（二）培训课程原则

培训课程开发应当坚持三个原则：

（1）"六么"原则。"六么"即学员干什么，就学什么；学员缺什么，就补什么；学员要什么，就教什么。

（2）"三阶"原则。根据市场需求变化，阶段性开发适应市场需求的培训新工种；根据市场需求变化，阶段性地调整培训课程内容；根据市场需求变化，阶段性地增加与新工种相适应的培训设备。

（3）合作原则。学校单独开发培训课程往往难以适应市场需要，只有与企业共同开发，课程才可能与职业标准对接。教师按照这样的课程教学才可能吸引越来越多的学员参加培训。校企双方合作开发对接型培训课程应以企业岗位需求为主线，遵循职业能力要求和技术技能人才成长规律，以企业岗位代表性工作任务为载体，依据受训学员特点进行。

（三）培训课程开发的成果要求

课程开发是个复杂的过程，不仅应该按照科学的程序进行，而且要保证获得构建职业培训课程体系基本框架的成果。其基本框架主要由"3+4"构成。

（1）"3"，指"三个对接"，见表12-4。其应成为职业培训课程体系基本框架的"灵魂"。

表12-4　三个对接

专业（工种）层面	专业（工种）设置与产业需求对接
课程层面	课程内容与职业标准对接
教学层面	教学过程与工作过程对接

（2）"4"，指四个层次，见表12-5。其应成为职业培训课程体系的"四梁八柱"。

表12-5　四个层次

第一层次	工种（专业）对接型培训课程计划
第二层次	由课程名称、内容、数量组成的课程体系
第三层次	由学习任务名称、内容、数量组成的学习任务系列
第四层次	教材等教学资源库

二、培训工种开发路径

（一）培训工种开发的概念

何谓工种？百度的解释比较到位："工种指根据劳动管理的需要，按照生产劳动的性质、工艺技术的特征或者服务活动的特点而划分的工作种类。大多数工种是以企业的专业分工和劳动组织的基本状况为依据，从企业生产技术和劳动管理的普遍水平出发，为适应合理组织劳动分工的需要，根据工作岗位的稳定程度和工作量的工作饱和度，结合技术发展和劳动组织改善等方面的因素进行划分的，例如技术工种、非技术工种、特殊工种。""工种"，就是"工作种类"的简称。职业培训领域的"工种"，多数情况下大于等于职业，与学制教育领域的专业概念大体相当。培训工种开发指开发部门人员深入调研，根据人力资源市场需求，从职业培训方向和类型角度确定培训工种，为下一步职业培训课程开发开辟通道的工作过程。

（二）培训工种开发的路径

（1）针对当地政府重点扶持产业，开发"产业对接类工种"，即国务院要求的"专业设置与产业需求对接"。学校还可根据当地政府重点扶持产业开发专业或工种。比如，学校通过政府发改委、工信局等相关部门了解或根据政府年度工作报告了解相关信息后，寻找相关行业协会和合作企业，共同开发。

2. 针对政府购买培训成果的政策，开发"购买培训服务类工种"。随着全国经济社会发展高质量发展，国家越来越重视职业培训。相关的政府部门都会推出购买培训成果的公益性培训工种，如扶贫培训、企业新型学徒制培训、离校未就业大学生就业技能培训、退役士兵培训、军嫂培训、农民工培训、本地居民再就业培训、创业培训等。这类项目所涉及的工种需要符合条件的职业培训机构参与竞标，参与培训。政府主管部门投入财政资金，采取购买培训服务的方式促进职业培训，是全国通行的做法。职业学校应针对这类需求设置、开发工种并力争取得政府的认可和支持。

（3）针对职业资格目录制度，开发"持证上岗类工种"。我国职业资格证书制度改革之后，明确规定：凡涉及国家安全、公共安全、公共利益、人身健康、生命财产安全的职业（工种），必须持证上岗。国家制定职业资格目录制度，把这类职业（工种）称为准入类工种纳入职业资格目录，如危险化学品检验员、焊工等。这是政府强制推行持证上岗的培训工种。这类工种既是市场长期需要的，需求量也比较稳定，且收入也高，生源丰富，应当重视开发。

（4）针对旧新两类企业，开发"岗人缺位类工种"。"岗人缺位"即有岗无人。实践经验表明，旧新两类企业，尤其是中小型新办企业往往存在岗位缺人问题，很需要培训机构利用培训时间短，机制灵活等特点为企业"补缺补漏"。企业用人需要是职业培训的出发点和终结点。培训工种开发部门应该千方百计联系新旧企业相关人员，在想方设法了解该企业岗位空缺的大体情况后，主动提出合作开发特定工种、合作共同培训的建议，包括推行"六定+两对接"的合作培训模式，为企业解决岗人缺位问题。"六定"，即"定点、定期、定量、定标准、定专业、定岗位"；"两对接"，即培训与就业对接，课堂与岗位对接。

（5）针对个人职业生涯发展需求，开发"萝卜白菜类工种"。培训工种开发人员的眼睛不应只盯着政府、企业，也要盯住劳动者个人职业生涯发展需求。每个人的就业选择不仅是个人职业发展的需要，也应成为培训市场开发的热点。古语说："萝卜白菜各有所爱。"有些人参加培训是为了考到证，好就业；有些人参加培训是为了提高技术技能水平，好跳槽；有的人爱当厨师；有的人想维修汽车。个人的兴趣爱好有差异，培训需求自然不同。培训工种开发人员可以通过多种方式了解、收集、招收不同培训需求的个人，之后，归纳工种，形成班级，设班培训。

（6）针对行业协会规范管理需求，开发"行业规范类工种"。我国每个行业都设立行业协会。正常情况下，它是每个行业具有权威性的社团组织，履行管理、监督、指导会员的职能。每个行业都拥有大批企业和大量员工，每年还都需要招聘不少新员工。各类培训需求虽然量大，但由于行业组织属于松散型机构，受人力资源、经济实力、培训条件等限制，通常无能力直接开展大规模和长时间的行业类技术技能培训，需要职业学校或培训机构的支持。职业学校或培训机构培训工种开发人员应当主动与行业协会保持良好关系，并长期合作开发培训工种。

（7）针对跨行业的培训对象，开发"共同需求类工种"。职业培训开发人员应该重视开发虽然跨行业，但劳动者有共同需求的工种。如某培训学校开发人员开发了"营养配餐师"工种。该工种跨企业、医院、学校、军队、党政机关事业单位多个行业，其内部食堂工作人员都需要且都可以报名参训。

（8）针对职业培训的"空白"区域，开发"业务横移类工种"。"业务横移"，指的是所开发的工种不是新的，而是将别的区域已经成熟的工种迁移过来，根据本区域实际情况稍加改造即为新的成果。"培训空白区域"指的是未有同类培训机构或同类培训工种展开培训的行政地域（如区、镇、社区）、企事业单位、特殊部门（监狱、劳教所）等。这类区域存在诸多培训需求，但由于特殊原因，同类培训机构尚未涉及，同类培训工种尚未开展。培训开发人员应该敏感地"发现"并积极去开发，有计划地把培训点和培训工种覆盖到空白的区域。通过培训区域的开发，可以为培训学校增加新的业务量，成为新的效益增长点。

（9）针对学校职业培训班需求，开发"层次提升类工种"。多数职业学校已经开展职业培训，但存在培训班学员想继续升级培训的需求。培训工种开发的触角可以延伸到学校职业培训的班级上。具体办法是：适时开发高一级技术技能培训班，通过培训层次提升，引导学员培训合格之后继续报名升入高一层次的班级，学习更高层级的技术技能。当然，这类工种开发能否成功，很大程度取决于培训质量。若培训质量高，效果好，学员们觉得能学到新知识、新技术技能，他们就愿意掏钱继续升班学习。这种开发方式既可提高学校培训层次，又可不断提高员工素质，还能不断形成新的培训市场。[①]

三、培训课程开发路径

按照3+4的课程体系框架，工种之下的层次是课程。培训工种由市场开发部门开发之后，工种开发人员的任务结束。后面的开发工作由课程开发人员接手，他们需要根据工种要求，进一步开发培训课程。培训课程开发可参照以下步骤进行：

（一）统一认识

由学校职业培训机构的教学管理部门牵头，相关部门人员参加，学习提高对培训课程开发必要性的认识。在统一认识的前提下，了解职业培训课程开发的相关规则、基本要求、实施步骤。

（二）成立机构

由学校职业培训部门牵头，成立两个层级的机构：

一是组建由行业协会、代表性企业、职业学校对应或相关专业专业教师、职业培训专家等相关人员参与的学校培训课程开发委员会；二是组建由行业协会、企业代表性员工、专业教师、兼职教师、职业培训专家等相关人员参加的培训课程开发小组。

（三）明确职责

明确两个机构的职责：

（1）培训课程开发委员会的主要职责：一是调研确定工种层面的培训课程开发计划；二是制定培训课程开发政策；三是指导全校培训课程开发；四是评估培训课程开发小组工作成效；五是指导改进培训课程开发成果。

（2）培训课程开发小组的主要职责：一是负责本工种各培训课程开发，确保培训课程内容与企业岗位需求对接；二是负责与行业企业相关人员合作，共同编写该工种培训课程教材，确保培训教材内容与企业岗位需求对接。

（四）明确任务

完成应知（应该知道的专业知识）、应会（应该学会的专业技能）、通用职业素质三类课程的开发。应会课程必须是对接型课程，是课程开发的主要任务。应知、应会两类课程开发都应考虑线上、线下两个方面。通用职业素质课程应当包括职业道德、就业指导、工匠精神、质量意识、法律意识以及新知识、新技术、新工艺等内容。

职业培训拟开发的课程，学制教育已经开发的，应确认学制教育课程内容与企业岗位能力要求是否对接。若不对接，则自行开发，确保对接；若基本对接，则可参考利用对应的学制教育的课程内容，遵循职业培训的规律，结合学员的实际情况，按照适当删减课程内容，适当减少教学课时，适当调整教材内容的要求形成适合成人学习的课程和教材。

（五）开发步骤

（1）召开企业实践专家访谈会。参照学制教育对接型课程开发的路径召开企业实践专家访谈会。根据"六么"原则，结合职业培训学员实际，确定代表性工作任务，

① 吴志清. 职业培训市场开发 [J]. 中国培训. 2009 (4-5).

提炼典型工作任务，转化代表性工作任务和典型工作任务，明确每一个专业或工种的课程名称、课程内容、课程数量。

（2）召开培训对象代表座谈会。培训对象代表指参加过培训，并且考核合格的学员。其主要任务是根据"六么"原则，对已开发的该工种的课程名称、课程内容、课程数量提出意见或建议。

（3）分析和确定专业（工种）框架。由培训课程开发小组汇总、分析培训对象代表意见、建议，调整确定每一个专业或工种的课程名称、课程内容、课程数量。

（4）分析和确定课程结构。培训课程开发小组根据课程名称、课程内容、课程数量，进一步讨论确定学习任务名称、学习任务内容、学习任务数量。

（5）分析和确定课程教学内容。培训课程开发小组根据学习任务名称、学习任务内容、学习任务数量，进一步讨论确定每个学习任务应当设立的课次，每一课次的教学内容。

（6）编写活页式教材、学材。培训课程开发小组根据课程名称、课程内容、课程数量和每门课程的学习任务名称、学习任务内容、学习任务数量，以一个学习任务为一个单元，一门课程为一册，编写培训教材、培训学材。培训教材供教师用，培训学材供学员用。

（7）归纳提炼包括应知和应会两类课程的专业（工种）对接型培训课程体系。培训课程开发委员会召开专门会议审定开发成果，形成每一个工种的对接型培训课程体系。

（8）借鉴学制教育领域公共基础课程开发方法，结合职业培训制度和职业培训学员特点，开发与专业（工种）对接型培训课程体系相呼应的通用职业素质课程，形成职业培训通用职业素质课程体系。

第四节　职业培训实训基地建设

实训基地是保证教学质量的主要因素。基地建设主要分为两类：一类是实体性场地；一类是网络性平台。

一、实体性实训基地建设

（一）认识实体性实训基地内涵

职业培训，尤其是技术技能类培训应建立在实体性实训基地基础上。实体性实训基地是职业培训十分重要的平台。场地、设备、工位、管理是四个主要元素，其中，又以设备为要，其应达到"三个相适应"：

```
设备种类与培训工种要求相适应
设备数量与培训工种规模相适应
设备功能与培训工种层次相适应
```

设备充足，工位就充足，训练效果就好。职业培训领域实体性实训基地，指的是以培训场地、设备、工位、管理等元素为主体，以与市场需求相联系为导向，直接用于培训教学的可视性平台。职业学校开展职业培训，要像重视学制教育实训基地建设一样重视实体性实训基地建设。

（二） 坚持两个原则

实体性实训基地建设应当体现两个原则：

（1）多功能原则。职业学校要建设集技能训练、技能评价、技能竞赛等功能为一体的综合性职业技能实训基地。

（2）高端引领原则。职业学校的实体性实训基地应在多功能的基础上，开展以高端技术技能培训为引领，多层次技术技能实训并举的培训，要适应不同层次劳动者的培训要求。

（三） 建设两种类型基地

实体性实训基地又分教学型实训基地和生产型实训基地两种。

（1）教学型实训基地。所谓教学型实训基地，指的是学校安排的场地、购置的设备、形成的工位以该工种的教学为主，同时兼顾其他业务的实训平台。

（2）生产型实训基地。所谓生产型实训基地，指的是学校单独建设或学校与企业合作建设的在完成一定量的生产任务或对外有偿服务的前提下兼顾该工种教学的实训平台。

（四） 区分实训基地两个功能

职业学校用于职业培训的实训基地可分为实训区与服务区，体现实训和服务两个功能。

（1）实训区建设。实训区由实训中心构成，包括工作区、资讯区、教学区、工具区、展示区。实训中心可按照实训、评价、竞赛"三位一体"的需求设计和运行。

（2）服务区建设。服务区是由实训配套服务、行政后勤服务等构成。有条件的学校，服务区可设置储备区、竞赛直播及观摩区、创业实训区、成果展示区、大师工作室、后勤保障区、图书资料区、技能交流服务区、安全教育区、网络中心及产品测试区等。

无论是实训区，还是服务区，均要体现职业环境，符合安全、低碳环保要求。

（五） 购置和用好两类设备

职业学校职业培训设备应贴近生产实际，尽可能采用生产型实训设备。设备配置应体现新技术、新设备、新工艺、新材料要求，能承担相关层级的技能竞赛集训。职业学校职业培训设备可分为普适性设备和引领性设备两类。

（1）普适性设备。所谓普适性设备，指与本区域大多数企业所用设备功能相同或相近，适用于多数学员技术技能训练的设备。这类设备应占学校各工种培训设备的大多数。其培训的工位应满足学员的实操需要。

（2）引领性设备。所谓引领性设备，指比一般企业所用设备先进的设备。这类设备应占学校各工种培训设备的少数。公办职业学校拥有这类设备不难，难的是如何用好。不少学校拥有价格昂贵的引领性设备但长期闲置，十分可惜。引领性设备，使用着坏了是正常的，闲置着坏了是应该问责的。引领性设备，主要应用在四个方面：一是让企业用，吸引企业来办校中厂，即学校提供设备、场地、水电费等，企业提供技术人员、耗材、订单等，建成生产型实训基地；二是培训专业教师用；三是高年级学员训练用；四是训练技能竞赛选手用。

二、"互联网+职业培训" 教学平台建设

"互联网+职业培训" 教学平台是与实体性实训基地既相区别又相联系的网络性实训平台。

（一）对"互联网+职业培训"教学的认识

"互联网+职业培训"的实质是在线培训，也叫线上培训。这类培训具有虚拟、仿真特点。人类脑科学告诉我们：人脑随着人的进化而变化。最初的人类大脑重量大约是 1.25 磅（1 磅≈0.454 千克），现在的大脑将近 3 磅。人脑变大的主要原因是"前额皮质"在发挥作用。"前额皮质"宛如一个经验模拟器，能使人在大脑中体验未曾真实经历过的事物，并形成一种神奇的适应性和大脑记忆。这种记忆有助于人的真实行为的准确性。飞行员通过在飞行模拟器中训练来避免在真实飞行中产生失误就是一个很好的例证。[①] 学制教育和职业培训领域的实训，既可以是线下实体性的，也可以是线上模拟性的。"互联网+培训"的线上仿真模拟，也体现了这种神奇的适应性和大脑记忆。

职业培训的专业类内容包括应学会的知识（应知）和应掌握的技能（应会）两部分。应知内容的学习可以通过互联网网站、自媒体等形式进行。应会内容的学习多数需要线下实际操作来开展，有些部分可以通过线上仿真培训实现。"以智能技术和网络技术为基础的职业，通常可以直接进行在线实训，如德国推行'学习工厂4.0'；以管理技能为基础的职业，也可以采用角色扮演和动漫等方式开发使用线上实训系统进行模拟训练，如'商业管理竞赛系统'。针对现代制造和现代服务业的岗位和职业，运用数字孪生技术，将一线的工作情况以实时方式呈现在虚拟的工作空间，学习者可通过模拟实训方式，参与一线工作或企业训练项目，但最终仍需必要的线下实训才能真正完成全部学习任务"。[②] 因此，所谓"互联网+职业培训"教学，即指应知内容的学习通过互联网网站、自媒体等形式进行，应会技术技能的某些部分通过线上仿真模拟形式进行训练的教学活动。

（二）"互联网+职业培训"教学平台建设

"互联网+职业培训"教学是职业培训领域线上线下教学的重要组成部分，学校要想有质量地完成教学，必须建立并使用合适的平台。

（1）网络设备类平台建设。网络型模拟实训系统的建设，当然可以花钱购买专业公司开发的相关软件，但由于许多专业公司开发的软件不符合"三个对接"，特别是第三个对接，即教学过程与生产过程对接要求，所以，需要自己开发或在其基础上进行改造或合作开发建立。开发过程至少需要五步：第一步，建立特定的门户网站或移动APP或微信群等互联网平台；第二步，把相关工种的实训系统或实训室或实训设备、训练工具运用新技术制作成仿真模拟体现工作过程的软件；第三步，设计虚拟工厂或虚拟车间，构建仿真模拟式生产情境；第四步，提供教与学所需的资料和工具；第五

---

① 美. 克里斯. 安德森著. 演讲的力量［M］. 蒋贤萍译. 北京：中信出版社. 2016：88.

② 资料来源：中国就业促进会《构建新型职业培训供给平台和创新资金使用管理研究报告》2020 年 6 月.

步，通过互联网发送至电脑、手机、大屏幕。

（2）网络学习类平台建设。学校在完成网络设备类平台建设的基础上，应继续建设网络学习类平台。该平台应具备以下功能，见表12-6。

表 12-6 网络学习平台应具备的功能

序号	功能
1	培训工种查询
2	讲坛试听
3	学员试学
4	在线答疑
5	网上报名
6	网上缴费
7	在线学习
8	模拟实训
9	模拟考试
10	课程积分
11	成绩查询
12	领取政府培训补贴

其中，在线学习和模拟实训两个环节十分重要。在线学习须配套若干学习资源，包括动画、视频、文献、学材、图片、音频等。网络学习类平台要体现教学过程视频化功能；要直观、易懂、有吸引力；要让学员通过在线学习，对下一步在实体性实训场所如何操作有感性认识，为下一步实际操作打下基础。

第五节 职业培训教学模式建设

一、对线上线下教学模式的认识

（一）线上线下教学模式的概念

线上线下教学模式指以线上教学平台与线下实训基地为主要载体，以在线直播、视频回播、教师答疑、仿真模拟、视频演示、考核测试和线下实际操作为主要方式开展的教育活动。

（二）线上线下教学的原则

（1）对接性原则。培训教学内容须与企业岗位能力要求对接，不能停留在单纯的知识讲解和课本内容的学习，不能使用教学内容与岗位需求不对接的课程。

（2）实效性原则。教学要以就业为导向，以职业活动为主线，以岗位任务为载体，符合职业技能培训教学规律，切实保障培训质量和教学效果。

（三）线上教学尺度的掌握

线上教学可以节约受训者路途时间，可以节约培训机构培训成本，学习者可以随时随地学习。因此，只要能够放到线上教学的都应该放上去。但线上教学也有不足，学校不宜过分依赖线上教学。其原因如下：一是教师方面。教师不能及时了解学生的学习状况，会影响教学效果。二是学生方面。由于缺乏现场互动，学生的学习动力和学习兴趣会受影响。三是教学效果方面。教师难以即时通过学生语言、眼神、体态等信息掌握课堂教学情况，从而难以及时调整教学方向及教学方法，可能会因为教与学信息传递不畅而影响教学效果。职业学校和职业培训教师应该明白：线上教学只是补充，不能代替线下教学。

（四）线上教学的方式

线上教学的方式主要有以下几种：在线直播、视频回播、教师线上答疑、技能视频演示、学员模拟操作等。

二、线上线下应会课教学

线上线下应会课教学，指应会课程既需要线上进行，也需要线下开展。从纵向看，应会课的教学应该分课前、课中、课后三个阶段。其中的课中部分可以借鉴专业课一体化课程六步教学法进行。

（一）课前三步

第一步：通过手机微信布置线上预习作业。第二步：通过数字化教学资源库，安排预习教材，要求学员提前介入课程学习。第三步：通过数字化教学资源库，要求学员线上观看相关任务的视频。

（二）课中六步

第一步：明确任务

（1）线上学习任务：老师检查每个学员通过微信发来的预习作业完成情况；老师通过微信直接修改学员的作业，还可以通过微信语音功能与某个学员直接对话，解决学员预习中存在的问题；要求学员反复观摩老师提供的实训视频资料，熟悉操作的全过程并完成仿真实训的线上考核。

（2）线下学习任务：针对个别特殊情况的学员进行线下指导；在时间等条件具备的情况下，老师带学员进入实训场地，将学习任务做一遍，让学员实际看到学习任务完成过程。

第二步：制订计划

（1）线上学习任务：老师将"制订计划"的要求发送在微信上；提供相关资料，鼓励学员在不同地域空间查找资料，制订完成学习任务的计划；学员制订的计划须通过线上平台发送给老师；老师在线上接收学员已制订的学习任务计划。

（2）线下学习任务：针对个别特殊情况的学员进行线下指导，确保每位学员完成学习任务计划的制订。

第三步：审定计划

（1）线上学习任务：老师直接在线上修改学员发送的计划；把需要学员按照老师修改意见重新修改的计划发回学员修改，修改后再发回老师审定；直到每一个学员自己独立制订的学习任务计划都通过了老师的审定。

（2）线下学习任务：对特殊情况的学员进行线下指导；对线上多次修改仍然效果不佳的个别学员进行线下指导。

第四步：实施计划

（1）线上实施学习任务：二产业专业可以中途上网、用微信查找相关资料；三产业专业，凡可以在网络环境下完成的，鼓励学员线上完成。

（2）线下实施学习任务：本环节任务重在实操。每一个学员都必须亲自动手做；每一个学员都必须做到会做，即人人过关；不能过关的要求补做（周六、周日两天和每个晚上，学校培训实训室都应向前来自习、补训的学员开放），多次无法过关的，另外处理。老师的工作内容主要是：导（整体引导）、点（技术点穴）、控（控制安全、进度、质量）、评（点评）。

第五步：检查控制。

这个环节的主要任务是线下自检或调试。教师通过检查控制，确保任务的质量。

第六步：验收总结

（1）验收。三产业专业的学习任务，凡可以通过线上验收的，均可在确保验收质量的前提下采用"互联网+"等方式进行；二产业专业的学习任务应该以线下验收为主；要求学员互扮验收员按照规定程序验收。

（2）总结。明确总结的依据与内容：总结的依据是工作计划和验收意见；归纳前五个步骤工作（不仅仅是实施计划阶段）取得的成绩；寻找前五个步骤工作存在的不足；寻找存在不足的原因；提出前五个步骤工作中需要改进的地方。

（3）课后三步。第一步：给每个学员学习结果评定成绩，线上反馈和存档。第二步：按照上、中、下三类学员层次总结本次课效果，对存在问题提出处理意见并实施。第三步：对于没有做完任务的学员，安排时间补做。

三、线上线下应知课教学

应知课程教学应该采用线上线下相结合的方式开展教学。

（一）统一线上线下应知课教学的认识

应知课程教师应明白：第一，与应会课程相比，应知课程实施线上线下教学的空间更加广阔；第二，线上线下应知课程教学应该倡导理论教学与实践教学相结合，即理实一体化教学；第三，线上线下应知课程教学应该划分若干环节的活动，线上与线下结合进行教学。

（二）线上线下应知课程线上学习要求

线上线下应知课程线上学习是个与时俱进的好办法，但要切实做到位不容易。实践中，教师应力争实现"五在"，如表12-7所示。

表12-7 "五在"的内容

在线阅读	学员通过电脑或手机阅读预习作业、课程内容、相关资料
在线练习	学员通过电脑或手机，在网络开展练习，实现公开化学习
在线转载	学员可以转载与学习内容相关的资料

表12-7（续）

在线辅导	语音辅导、文字辅导、即时辅导、定时辅导
在线考试	在线组织考试、在线公布成绩、在线取得学分

线上线下应知课程的线下学习，需要按照工种至环节的次序，结合线上学习要求进行。教师在课堂上的主要任务：一是组织学员分组复习和巩固线上学习成果，二是接受学员咨询和帮助学员完成学习，三是指导学员完成工种的实际操作。

第六节　职业培训管理制度建设

职业培训是与学制教育并列的办学形式，需要科学有效的管理。

一、队伍管理

职业培训工作需要一支高水平的培训管理队伍，职业学校应重视培训管理工作。

第一，设立专门机构。每个学校都应该设立专门负责职业培训工作的部门，为管理人员工作提供必要的平台。

第二，组建精干队伍。人数可不多，能力应较强。其中重点岗位有两个：一是工种开发岗位。这项工作决定部门的生存和发展，极具挑战性。工作人员既要熟悉业务，又要善于公关，人员要特别能干。二是班主任岗位。培训部门的班主任都不是专职的，至少应兼管实训室或教学督导等其他工作，需要通过制定班主任管理制度规范班主任工作，确保班主任工作质量。

第三，实行目标责任制。学校对职业培训部门的管理应区别于校内的二级院系，可以实行年度目标责任制；与培训部门商定年度目标任务，同时要对完成任务情况进行严格的考核。

第四，实行激励机制。学校应建立体现能者多得的激励机制。完成年度目标任务的，应根据考核奖励培训部门，鼓励能者，多劳多得。

二、实训管理

（1）正确处理线上线下培训关系。职业学校开展职业培训，虽然应大力推行线上线下结合培训教学模式，但不能因此而"重线上，轻线下"。线下实训是确保培训质量的"定海神针"！特别是二产业工种的培训，线下实训的操作要求是"人人过关"。线下实训操作成绩的占比应在60%以上。

（2）建立实训设备和工位管理制度。线下培训需要操作的场地、设施、设备、工位、耗材。"工欲善其事，必先利其器"。要使线下培训达到目标要求，实训设备的购置、维护、更新，实训工位的设置、使用、维护等安排格外重要。学校只有执行科学有效的管理制度，才能保证培训的质量。

（3）高度重视线下培训课时的确定。实训管理的一个重要问题是实训时间的把握，特别是线下实操课时的确定。实际情况告诉我们：许多院校为了降低培训成本，大幅缩短线下培训的课时。线下培训决定培训质量。线下培训课时缩短，意味着学员技术技能实训时间减少，而技术技能的掌握恰恰需要足够的训练时间。大幅缩短线下培训课时的结果一定是培训质量的下降。因此，职业学校应当实实在在地按照课程开发时企业实践专家的意见安排每个课程学员的实操课时，让学员有足够的时间多动手，切实掌握技能。

三、质量管理

职业培训质量管理的手段有多种。教学质量的评价是重要手段之一。开展教学质量评价的主要工作是制定培训教师教学质量评价表，让学员和培训部门两个主体来评价教师教学质量。深圳第二高级技工学校长期坚持两种评价：学员评价；培训部门评价。

（一）学员评价

学校职业培训中心按照应知、应会、通用职业素质课三种课程类型分别制定学员评价表，分别采取纸质、网络微信等不同方式实施评价。其中，应会课程教师评价表只设计两个项目：教师师德和教师授课，但其基本精神与职业培训教师试讲评价标准要求相符，如表12-8所示。

表 12-8 应会课教师评价表

（学员评价用）

班级名称		任课教师			班主任	
教师师德						得分
1. 认真负责	10	8	6	4		
2. 平等对待学员	10	8	6	4		
3. 公正廉洁	10	8	6	4		
教师授课						得分
1. 理论与实践相结合教学能力强	5	4	3	2		
2. 运用"互联网＋"技术手段教学	10	8	6	4		
3. 授课内容与岗位能力要求对接	15	12	9	6		
4. 语言生动，讲解清楚	10	8	6	4		
5. 知识传授或技能操作示范正确	10	8	6	4		
6. 课堂管理严格，纪律好	10	8	6	4		
7. 能帮助学员解决技术难题	10	8	6	4		
合计得分						
意见和建议：						
					年　月　日	

提示：

1. 客观、公正、准确的评价是你成熟的表现，请同学们认真填写，并对各课程的教学提出宝贵的建议。

2. 每个评价项目分四个级别，每项学员只取一级评分。

该表有三个特点：一是表格设计简明，以尽量节约学员评价时间的方式达到每位学员都愿意完成评价任务的目的；二是评价项目不多但要求不低；三是评价项目既能够评出教师实际能力，也能够评出教学效果。

（二）培训部门评价

部门评价的工种较多。一级项目除了职业道德、工作业绩、廉洁从教之外，还增加了加分项和扣分项。二级项目的重点是三个：对外影响、教学效果、考证效果。具体如表12-9所示。在强调授课内容与岗位能力要求对接的前提下，深圳第二高级技工学校职业培训中心还要求培训教师要保证所教班级学员的考证通过率。

表12-9 应会教师评价表

（部门评价用）

专业与班级名称		任课教师		班主任	
考核内容	考核工种	考核标准及办法			得分
职业道德（40分）	教学态度（10分）	1. 对学员的疑问未作解答，且态度恶劣而引起投诉（0分） 2. 能及时为学员解答对所教课程的疑问（10分）			
	团队合作（10分）	1. 教学过程与同事合作不到位或出现问题（3分） 2. 与同事合作尚可，偶尔会有摩擦（6分） 3. 与同事合作良好（8分） 4. 与同事合作很好，也积极配合班主任工作（10分）			
	纪律性（10分）	1. 经常提前下课的（0分） 2. 未经批准，偶尔提前下课的（5分） 3. 按时上下课，从未迟到早退（10分）			
	对外影响（10分）	1. 有损害培训中心声誉的行为（0分） 2. 在任何场合，能维护培训中心声誉（10分）			
工作业绩（40分）	教学效果（20分）	1. 教学效果不佳，导致培训中心被投诉（0分） 2. 教学效果不佳，教师自身被五个以下学员投诉（10分） 3. 教学效果不佳，教师自身被个别学员投诉（16分） 4. 教学准备充足，教学效果好，全年无投诉（20分）			
	考证效果（20分）	1. 考证合格率一次达到60%（12分） 2. 考证合格率一次达到70%（16分） 3. 考证合格率一次达到80%（18分） 4. 考证合格率一次达到85%（20分）			
廉洁从教（20分）	廉洁从教（20分）	1. 向学员索要财物的（0分） 2. 向学员推销产品或复习资料的（0分） 3. 未向学员索要财物的（20分）			
加分项	业务开发	能为中心开发培训业务加10分			
扣分项	责任事故	出现一次重大教学事故扣10分			
合计得分					

在职业培训合格证书被职业资格证书或职业技能等级证书普遍掩盖、进而取代的

市场环境下，职业培训教师因为须接受教学效果和考证效果"双效"评价，所以，他们的任务比学制教育教师重，压力也更大。这也是职业培训教师的课酬应当高于学制教育同类课程教师的原因之一。

部门评价成绩与学员评价成绩的加权结果决定该教师是否继续受聘。学员评价属于教学服务对象评价。相对于教与学双方，部门评价属于利益相关方的第三方评价。一个培训教师面对两种"贴身"评价，一般来说，其备课、教学工作都不敢怠慢。深圳第二高级技工学校培训中心以这两张评价表为指挥棒，引导本校和外聘教师有质量地开展培训教学，其培训质量得到学员、用人单位、主管部门三方认可。

第十三章

技能评价

第一节　技能评价的发展概况

按国务院颁发的部门职能分工规定文件，人力资源和社会保障部负责全国技能评价工作。技能评价主要产生于工人技术等级评价制度和职业资格证书制度，其过程大体可分为四个阶段。

第一阶段（中华人民共和国成立至 1993 年）：实行工人技术等级考核制度。我国学习苏联工人技术等级考核制度，分为初、中、高三等八级开展评价。该制度的主要任务是：定标准、抓考核、评技能、发证书。其不足之处是：仅限在全国社会各界的工人层面，而社会各界其他层面和不同层次的专业技术人员技术能力评价缺乏。

第二阶段（1994—2006 年）：实施职业资格制度。以 1994 年 2 月劳动部、人事部联合颁发《职业资格证书规定》（劳部发〔1994〕98 号）为标志，启动职业资格制度，分初级工、中级工、高级工、技师、高级技师五级开展评价。该制度的主要任务是：定标准、建站所、抓考核、评技能、发证书、扩范围。其主要开展以下重点工作。

（1）建立管理体制。保障职业资格制度运行的核心是实行职业技能鉴定管理体制。职业技能鉴定实行政府指导下的社会化管理体制。

人力资源和社会保障部综合管理全国职业技能鉴定工作，制定规划、政策和标准；审查批准有关行业的职业技能鉴定机构。各省、自治区、直辖市人力资源社会保障行政部门综合管理本地区职业技能鉴定工作，审查批准各类职业技能鉴定指导中心和站（所）。职业技能鉴定指导中心负责组织、协调、指导职业技能鉴定工作。职业技能鉴定站（所），具体实施职业技能鉴定。

（2）制定并推行相关管理办法。根据管理体制和实际需要，我国先后制定以下有关规定和办法，见表 13-1。

表 13-1　我国制定的相关规定和办法

序号	规定、办法
1	参加技能鉴定人员的申报条件和鉴定程序
2	专业技术知识、操作技能考核办法
3	考务、考评人员工作守则和考评小组成员组成原则及其管理办法
4	职业技能鉴定站（所）考场规则
5	职业资格证书的印鉴和核发办法

（3）明确参加职业技能鉴定的对象。职业技能鉴定的对象主要有四类，如表 13-2 所示。

表 13-2　职业技能鉴定的对象

序号	对象	实施
1	各类职业技术学校和培训机构毕（结）业生	根据需要，自愿申请参加技能人员《国家职业资格目录》内的职业（工种）的技能鉴定
2	企业、事业单位学徒期满的学徒工	必须进行职业技能鉴定
3	企业、事业单位的职工	根据需要，自愿申请参加技能人员《国家职业资格目录》内的职业（工种）的技能鉴定
4	社会各类人员	根据需要，自愿申请参加技能人员《国家职业资格目录》内的职业（工种）的技能鉴定

（4）实行定期鉴定制度。省（自治区、直辖市）或行业职业技能鉴定（指导）中心负责制订鉴定工作计划。经省级人力资源社会保障行政部门批准后，向社会发布公告。职业技能鉴定公告可到省级人力资源社会保障行政部门官方网站上进行查询。鉴定公告包括鉴定的工种名称、类别、等级、专业技术知识和操作技能考核鉴定的时间、地点以及报名条件等基本内容。

我国职业资格制度顶层设计、整体方向、管理思路、相关政策无疑是正确的，在提高劳动者素质的同时，建立技能人才成长通道；引导职业教育与培训与生产实践及经济发展相结合；促进统一开放、竞争有序的人力资源市场建设；在促进就业、推动经济社会发展等方面发挥了巨大的作用。但由于多方面原因，实施过程中也会出现一系列问题。归纳起来，主要问题是"四太五不一槛"，如表 13-3 所示。

表 13-3　"四太五不一槛"

"四太"	资格内涵界定太宽——准入类和非准入类都视为职业资格
	资格管理部门太多——中央部委、地方主管部门、行业协会
	资格证书名目太杂——多部门自主设置，证书太多、太滥
	资格鉴定考试太乱——培鉴连接，为考而培，考试乱，水分多

表13-3（续）

	评价机构不严格执行职业标准
	评价人员素质不高
"五不"	技能评价机构软、硬件不完善
	考培不分离的现象普遍
	证书与能力不对应
"一槛"	职业资格证书成为影响就业、创业的一种门槛

第三阶段（2007—2017年）：清理职业资格证书。我国以国务院2007年12月《关于清理规范各类职业资格相关活动的通知》（国办发〔2007〕73号）为标志，在全国范围内开展清理规范职业资格活动。至2017年，共取消职业资格434项，占国家职业资格总数的70%以上，其中专业技术人员职业资格154项、技能人员职业资格280项。

第四阶段（2018年以来）：推行职业资格与职业技能等级两种制度。我国取消434项职业资格后，新建职业资格目录制度，将确认保留的准入类和水平评价类共140项职业资格纳入目录制度管理。国家明确我国职业资格制度包括两类：准入类职业资格和水平评价类职业资格。2019年11月27日，国务院常务会议决定：2020年年底前，将国家职业资格数量再压减1半以上，将技能人员水平评价类职业资格全部调出国家职业资格目录。之后，准入类职业资格继续保留，非准入类职业资格即水平评价类职业资格全部改为职业技能等级，评价合格者发给职业技能等级证书，实行职业技能等级制度。2020年7月，人力资源和社会保障部宣布74项技能人员职业资格于年底退出职业资格目录。2020年11月，人力资源和社会保障部印发通知，明确支持各级各类企业自主开展技能人才评价工作，发放职业技能等级证书。2021年，人力资源和社会保障部发文，明确以下重大事项：

（1）职业资格数量。国家将公共安全、人身健康等密切相关的消防设施操作员、焊工等8个职业资格（涉及13个具体职业）依法调整为准入类职业资格，具体如表13-4所示。

表13-4　职业资格

序号	职业资格名称		
1	消防设施操作员		
2	焊工		
3	家畜繁殖员		
4	健身和娱乐场所服务人员	（1）游泳救生员	
		（2）社会体育指导员	游泳
			滑雪
			潜水
			攀岩

表13-4(续)

序号	职业资格名称	
5	轨道交通运输服务人员	轨道列车司机
6	安全保护服务人员	保安员
		安检员
		智能楼宇管理员
		安全评价师
7	航空运输服务人员	民航乘务员
		机场运行指挥员
8	消防和应急救援人员	消防员
		应急救援员
		森林消防员

（2）水平评价类技能人员职业资格的处理。8个准入类职业资格之外的其他水平评价类技能人员职业资格全部退出国家职业资格目录。

（3）全国推行职业技能等级制度。人力资源和社会保障部依法制定、发布国家职业标准，建立职业标准体系。该体系包括国家职业标准、行业企业评价规范和专项职业能力考核规范。

（4）明确技能评价主体。明确了两类评价主体：一是企业等用人单位；二是社会培训评价组织。明确经政府主管部门备案的社会评价组织和用人单位按标准依规范开展职业技能等级评价、颁发证书。经政府主管部门备案认可的技工院校可设立相关机构，结合教学和职业技能培训，面向学生（学员）和社会劳动者开展职业技能等级认定，合格者取得相应职业技能等级证书。

（5）明确改革的目的和意义。人力资源和社会保障部明确：水平评价类技能人员职业资格退出职业资格目录，不是取消职业，也不是取消职业标准，更不是取消技能人才的评价，而是改变了发证的主体和管理服务方式。这种转变后的关键在于监管。政府放权后，要对相关评价、认定机构实行备案，加强事中、事后的质量监管。这实际上也是推动政府职能转变，形成以市场为导向的技能人才培养使用机制。正是在这个意义上，可称之为"一场革命"，因为它有利于建立更加符合市场经济体制需要的技能人才评价制度，破除对技能人才和弘扬工匠精神的制约，有利于支持技能人才队伍建设，有利于促进产业升级和高质量发展。

至此，我国职业资格制度改革进入"双制并存"时代：对于准入类职业资格，继续实行职业资格制度；对于水平评价类职业资格，实行职业技能等级制度。

第二节　对技能评价的基本认识

一、与技能评价相关的概念

（一）技能的概念

按《现代汉语小词典》的解释，技能是"掌握和运用专门技术的能力"。技能是技能学习者按照明确的意图，利用必要的条件，根据公认的标准，经过反复操练，达到行为恰当、成效稳定要求的一种内在行为方式。技能就是专门技术能力的简称。技能是一种内在形态，一旦外化即成技术。

（二）职业资格鉴定概念

职业资格鉴定指合法鉴定机构根据国家职业标准，通过对劳动者技能水平进行规范鉴定，合格者发给具有门槛性质、持证才能上岗的职业资格证书的活动。

（三）职业技能等级认定概念

职业技能等级认定是指经政府主管部门备案，具备评价资质的评价实施机构，根据国家职业标准，依据评价规范，对劳动者的职业技能水平进行评价，合格者发给职业技能等级证书的活动。

（四）专项职业能力考核概念

专项职业能力考核是指经政府主管部门备案，具备评价资质的评价实施机构，依据评价规范，针对小于"职业"，但具有一定技术含量，不可再拆分，不划分等级，可促使劳动者实现就业的最小技能单元，对劳动者的技能水平进行评价，合格者发给专项职业能力证书的活动。

（五）技能大赛评价概念

技能大赛评价是指地市级以上相关机构按照相关规定，对在以企业岗位练兵和技术比武为基础、以国家和行业竞赛为主体、国内竞赛与国际竞赛相衔接的职业技能竞赛中获奖者进行职业技能等级确认，并发给相应职业技能等级证书的活动。

（六）职业教育培训评价组织的概念

职业教育培训评价组织也称培训评价组织，在 2019 年 1 月《国家职业教育改革实施方案》中首次提出，其是指具有独立法人资质的企业等主体，经公开招募、择优遴选等程序，负责职业技能等级证书及标准开发建设，实施职业技能水平考核评价、颁证等相关工作，并对证书质量、声誉负总责的社会化评价组织。[①]

（七）技能评价的概念

技能评价指经政府主管部门备案，具备评价资质的评价机构，根据国家职业标准或行业企业评价规范，采取职业资格鉴定、职业技能等级认定、专项职业能力考核等方式，在规定的场地，按照考核规定要求，对被评价对象的技能水平进行考核，认定

[①]　资料来源：国家职业教育指导咨询委员会 2020 年 6 月 2 日发布的《职业教育培训评价组织遴选与监督管理办法（试行）》。

职业技能等级，对合格者，发给相应技术等级证书以供用人单位聘用的活动。

技能评价包括职业资格鉴定、职业技能等级认定、专项职业能力考核以及职业教育培训评价组织开展的职业技能水平考核评价活动。

二、技能评价与职业资格鉴定的关系

（1）相同点：评价或鉴定的重点内容都是技术技能；都要求评价或鉴定主体具备规定条件；都要遵循职业标准；都要通过考核方式对被评价或被鉴定者的技术技能等级进行认定；都要给合格者颁发相应等级的证书。

（2）不同点：第一，职业资格鉴定的范围窄。所评价的职业限定在涉及国家安全、公共安全、人身健康、生命财产安全、关系公共利益的范围内。职业技能等级评价的职业为社会通用性强、专业性强、技术技能要求高的职业（工种）。第二，开展职业资格鉴定业务须有法律法规依据。开展职业技能等级评价业务只需市场需求即可。第三，职业资格鉴定须行政许可，从业人员须持证上岗。职业技能等级评价无须行政许可，从业人员无须持证上岗。第四，职业资格鉴定因为须有法律法规依据并持证上岗，属于准入类评价。职业技能等级评价只需市场需求且限于技术技能水平认定，属于水平评价类评价。第五，职业资格鉴定合格者，获得职业资格证书。职业技能等级评价合格者，获得职业技能等级证书。

三、技能评价与办学职能关系

技能评价是职业学校办学职能之一。职业学校，特别是高等职业院校，应该明确四项办学职能：学制教育、职业培训、技能评价、就业创业服务。四项职能都应分别具有法人资格。技能评价是多种职业技能水平评价的总称，被视为职能有法律依据。1996 年颁布的《中华人民共和国职业教育法》第八条规定："实施职业教育应当根据实际需要，同国家制定的职业分类和职业等级标准相适应，实行学历证书、培训证书和职业资格证书制度。"2019 年 12 月，教育部《中华人民共和国职业教育法修订草案（征求意见稿）》第八条明确："实施职业教育应当根据经济和社会需要，结合职业分类、职业标准等，实行学历证书、培训证书、职业资格证书以及体现职业技能等级的证书制度"。无论是正在实施的，还是修订后即将实施的《中华人民共和国职业教育法》，均要求职业学校实行学历证书、培训证书和职业资格证书制度。三个制度实施主体均为职业学校。换言之，建立和执行这三个制度，是职业学校应当依法履行的三个职能。职业学校可以分别设立三个机构，以三个法人身份开展这三项工作。这就是职业学校应将技能评价作为一项职能来执行的法律依据。

四、技能评价与技能人才培养、使用、待遇关系

技能评价以品德、能力、业绩为标准，对于学制教育和职业培训，技能评价是一种"检测器"，也是一根"指挥棒"。学制教育和职业培训应根据技能评价结果适时和适度调整教育和培训，对于技能人才使用，技能评价是"桥梁"。用人单位依据评价结果确定使用的办法，对于技能人才待遇，技能评价是"推进器"。技能评价结果越好，享受的待遇越高。

五、职业学校技能评价与学业评价的关系

评价学生学业成绩的书面证明是学历证书（毕业证书）；评价学生技术技能水平的书面证明是职业资格证书或职业技能等级证书。但二者并非"水火不相容"。

（1）相似性。二者内涵存在交叉。技术技能的习得是学生学业的重要内容，学生的学业成绩必然包括技术技能训练的成绩。

（2）差异性。二者内容存在差异。一是评价范围的差异。学业评价包括但不限于技术技能成绩，所涉范围比技能评价的内容广。二是评价标准的不同。学业评价主要按学校标准进行评价，技能评价主要按市场标准进行评价。三是评价特点的不同。学业评价体现教育性特点，技能评价体现职业性特点。四是评价主体的区别。体现教育性特点的学业评价可以由学校直接评价；体现职业性特点的技能评价也可以由学校评价，但若全由学校自行评价，可能因不符合"考培分离"原则而出现"手下留情"等问题，难以保证评价的客观、公正与准确。因此，此类评价由政府主管部门介入，委托使用毕业生的用人单位主体或第三方机构主体开展评价。

（3）过渡性。在职业学校学历证书（毕业证书）还不能与毕业生的技术技能水平划等号，即学校标准、市场标准、国家标准还不能融通合一的历史时期内，技术技能作为职业教育鲜明特色，学生技术技能水平状况评价，不宜由学校"自培自评""自娱自乐"，学生除接受学校开展的学业评价外，还应接受第三方机构或用人单位组织的技能评价，获得"双证书"后毕业就业。这样的制度设计，是保证职业学校培养质量的一个过渡性措施，是解决技术技能人才需求侧与供给侧"两张皮"问题的一个可行的办法。等到我国职业学校的学历证书（毕业证书）切实包含或基本包含了与市场对接的技术技能时，"双证书"可以取消。学历证书（毕业证书）取代"双证书"。

六、推行职业学校技能评价的必要性

职业教育区别于普通教育的最大特色不是学历，而是技术技能。职业学校学生毕业后竞争就业的"看家本领"就是技术技能。设置技能评价环节，对于学生成长而言，是一种"检测器"，是一支"指挥棒"，也是一个"推进器"。如果所学专业属于准入类职业资格，那么，学生必须接受职业资格考核，通过测评，成绩合格者取得对应等级的职业资格证书，毕业后，持证上岗就业；如果所学专业属于水平评价类职业资格，那么，学生必须接受职业技能等级考核，通过检测，成绩合格者取得对应等级职业技能等级证书，毕业后，凭职业技能实际水平接受用人单位挑选，实现技术技能就业。技能评价的"检测器""指挥棒""推进器"功能可以引导、"逼迫"学生努力掌握就业需要的技术技能。不设置这一环节，不制度性地对学校、对院系、对教师、对学生实施严格的技能评价，职业教育就可能沦为普通教育。

七、职业学校推行"双证书"制度的必然性

准入类职业资格长期存在，因此，职业学校不仅应坚持"双证书"制度，而且还应坚持两类"双证书"制度，见表13-5。

表 13-5　两类"双证书"制度

职业资格类"双证书"	学历证书（毕业证书）+职业资格证书
技能等级类"双证书"	学历证书（毕业证书）+职业技能等级证书

所学专业属于准入类职业资格的学生，只能走学历证书（毕业证书）+职业资格证书的"双证书"通道。

所学专业属于非准入类职业资格的学生，只能走学历证书（毕业证书）+职业技能等级证书的"双证书"通道。

由于准入类职业资格数量少，因此获学历证书（毕业证书）+职业资格证书的学生会比较少。绝大多数毕业生获学历证书（毕业证书）+职业技能等级证书。

第三节　职业学校技能评价的实施

一、建立技能评价运行机制

职业学校开展技能评价，应建立由机构、制度、人、事等要素构成的技能评价运行机制。

（1）设立技能评价机构。作为学校的一项职能，技能评价是职业学校应长期开展的常态化业务，需要有专门的机构负责运营。这个机构可以叫职业技能评价所（站），性质如同学校职业培训中心，可为独立法人机构，行政级别与学校职业培训机构同等。

（2）制定技能评价制度。该机构应当根据国家职业资格鉴定制度和职业技能等级制度的法律法规和政策要求，制定相关管理制度，对本校技能评价工作实行规范管理。

（3）建立技能评价题库。职业资格制度改革后，准入类职业资格鉴定所用考题，仍从政府主管部门建立的题库中按规定抽取；职业技能等级认定所用技能评价考题，应由地方政府主管部门组织相关专家开发并建立试题库。所开发试题应对接职业标准，避免出现专业课对接型课程教学内容与职业技能等级认定试题内容两张皮的局面。

（4）建立考评员队伍。所谓考评员，指在规定职业（工种）、等级和类别范围内，按照职业标准及考核要求，对评价对象进行水平状况评价的人员。这类人员是我国技能评价质量的"防火墙""守门员"，分为考评员和高级考评员两级。其评价行为直接决定技能评价的质量。具备条件的职业学校技能评价所（站）应根据规定，建立考评员队伍。

①考评员队伍组成。这支队伍的成员可以是本校专业教师，特别是对接型教师，也可以是企业兼职教师，还可以是其他合适人员。

②考评原则要求。"三对接"：与市场标准、国家标准、学业质量评价要求对接。

③考评纪律要求。不管是哪一类人员，都要做到：第一，由技能评价所（站）组织，按照相关规定，考核认定；第二，采取组织考评员集体宣誓或书面保证的方式，保证其在考评过程严守纪律、严守程序、公正考评、绝不作假。

二、坚持两个原则

职业学校开展技能评价，应坚持两个原则：

（1）"两谁"原则。"两谁"即谁评价、谁承担责任。将评价机构的评价结果与评价责任挂钩，以严厉制裁措施回溯问责，解决以假乱真、以次充好、以低抵高、考试含金量低、证书与能力不对应等问题，促进职业学校形成诚信评价的良好习惯，以诚信评价换取用人单位对评价对象的待遇对应。

（2）考培分离原则。国家早已规定："举办职业资格考试的单位和机构一律不得组织与考试相关的培训。"① "考"，即评价；"培"，即培养、培训。"培养"，适用于学制教育的学生；"培训"，适用于职业培训的学员。"分离"，一是地点分离，学习地点与考试地点分开；二是师生分离，任课教师不能监考其授课的学生。考培分离，虽然需要较高的评价成本，但可较好地保证评价的质量。

三、开展五种技能评价

职业学校技能评价应依据相应等级的国家职业标准进行。未纳入国家职业大典的新职业（工种），应结合专业人才培养目标，向当地政府主管部门申报立项后，组织行业、企业、院校专家编制技能考核规范。职业学校所设职业技能鉴定所（站）可以在向当地主管部门备案后，开展两项业务：一是准入类职业资格的职业资格鉴定；二是水平评价类职业技能等级认定。前者数量少，范围窄；后者数量大，范围广。其评价方式主要有五种：

（一）职业资格鉴定

职业资格鉴定范围仅限于国家规定的准入类专业（2 种）。

职业学校学生所学专业属于《国家职业资格目录》内的，须继续按原来的职业资格鉴定考核方式进行。学校所设的职业技能鉴定所（站）根据当地政府主管部门规定执行。鉴定考核合格者，由职业资格实施机构颁发相应的职业资格证书。

（二）职业技能等级认定

职业学校设有职业技能鉴定所（站）的，可经人力资源和社会保障部等主管部门备案后由鉴定所（站）开展职业技能等级认定。认定对象包括本校学生、教师、社会劳动者三类。认定、鉴定、评价三者表述不同，含义相近。其实质都是考核。

1. 对本校学生技能水平的评价

职业学校学校鉴定所（站）对本校学生技能水平评价可分为学业类技能水平评价和证书类技能水平评价两个方面：

（1）本校学生学业类技能水平评价。本校学生学业类技能水平评价不颁发与社会培训评价组织评价所发的同等效应的职业技能等级证书，学业类技能水平评价成绩只作为该学期学业成绩的一部分。独具法人资格的学校技能鉴定所（站）作为教与学两个主体之外的第三方机构实施评价。

本校学生学业类技能水平评价的特点是：与学期专业课学业考核相结合。

---

① 资料来源：国务院办公厅《关于清理规范各类职业资格相关活动的通知》，国办发［2007］73 号。

本校学生学业类技能水平评价的重点是：终结性考核。由校内第三方机构——技能鉴定所（站）牵头，采取过程性考核与终结性考核相结合方法实施评价。

过程性考核由任课教师负责，采用学生自评、小组互评、教师总评的"三方评价"方式进行。

终结性考核由鉴定所（站）牵头组织实施，学校院系配合。具体做法：一是任课教师不得参与终结性考核全过程；二是技能鉴定所（站）按照规定程序要求，从技能鉴定所（站）的技能评价题库中抽取考核题目；三是全班每位学生都须接受考核；四是评价结果作为学生本学期技术技能成绩纳入学期学业评价中。

（2）本校学生证书类技能水平评价。本校学生证书类技能水平评价合格者，由学校技能评价所（站）颁发与社会培训评价组织同等效应的职业技能等级证书。本校学生证书类技能水平评价须采取"考培分离"方式进行，包括两种情况：一是在存在同专业的情况下，按照与相邻学校互换考试地点的方式，组织学生到相邻学校参加技能考试。二是在条件限制无法互换考试地点的情况下，组织学生在本校考试。如果在本校考试，那么，学校必须严格执行考培分离原则，按本校教师回避监考的方式进行。

此外，学校应创造条件，鼓励学生在专业群的范围内学习两项技能，参加两项技能考试，名副其实地获取两本职业技能等级证书。职业学校全日制学生在校学习时间或三年，或四年，或五年。在几年时间里，除学习本专业的技术技能外，学生可以挤时间再学一门与本专业相关的低一级的技术技能。深圳技师学院就实行过这一政策：高级技工班学生必须在考取本专业高级技工证书之外，再考取与本专业相近或相关的中级技工证书。实践证明此举可行，且企业也认可。这也是让学生掌握复合技能的一种方式。如果学校实行两项技能两本证书政策，那么，技能评价所（站）也要组织好学生参加两项技能考试，确保学校的规定落到实处。

（3）本校学生两类评价的目的。到一定时候，国家可将学业类技能水平评价和证书类技能水平评价合二为一，以学业类技能水平评价代替证书类技能水平评价。再到一定时候，进一步将学业类技能水平评价与毕业证书合二为一，所有毕业证书均包含学业类技能水平评价。

2. 对本校教师技能水平的评价

本校教师技能水平的评价主要针对专业课教师。每一位专业课教师的晋级，都要将技术技能水平评价结果作为重要参考指标。本校教师技能水平的评价工作由学校技能鉴定所（站）负责。教师技术技能水平的评价结果作为教师能力提升的证明，用于"双师型"教师的晋级和教学任务安排的依据。

学校技能评价应重点抓好以下几个方面工作：一是制订本校专业教师技能评价考试计划，结合教师本人的职业生涯规划，有计划地建立"双师型"教师、考评员两支队伍；二是创造条件让专业教师有更多的时间进行实操练习，切实掌握技能，并顺利通过相应等级的职业资格考试；三是本校专业教师的技能评价考试也要坚持考培分离原则，实行地点分离、师生分离，严把考试质量关。

3. 对社会劳动者技能水平的评价

这类考试应是学校职业技能评价所（站）的主要业务，学校应抓好两方面工作。

（1）评价条件要不断改善。评价条件指技能评价的软、硬两类资源。一是满足评价条件。学校应适当增加对技能评价工作的资金投入，不断提高学校技能评价能力，确保考试所需场地、考试所需设备、工位、考评员数量等。二是满足监控条件。监控对象包括考试者、监考者、场外可能存在的作弊者。监控设备不仅要360度监控理论考场，也要360度监控实操考场。学校通过有效监控，彻底铲除考场外可能存在的作弊分子或作弊集团。三是要从评价收入中抽取一定比例的资金用于改善评价条件，尤其是考试设备的先进性与考试的工位要符合多层次技能考试要求。

（2）评价质量要不断提高。评价质量指评价结果与参考者实际水平一致或基本一致，即常说的"含金量"。"含金量"不高是我国职业资格证书制度大改革的重要原因之一，也是改革之后职业技能评价制度行稳致远的根本保证。职业学校的技能评价具有批量性和持续性的特点。提高职业学校技能评价"含金量"至少应从两个方面入手：一是实行责任制。学校、评价所（站）、评价小组逐层签订质量责任书，明确各级责任部门和责任人，一旦发生问题，立即纠正。二是将技能评价纳入学校敏感政务范围进行严格监管。学校要出台严厉的惩处政策，对不廉洁的违规违纪行为严肃处理，坚决刹住评价考试方面的不正之风，确保职业学校技能评价具有较高"含金量"。

（三）社会培训评价组织评价

社会培训评价组织可以对职业学校学生进行能力评价，但这类组织应当是人力资源和社会保障部等主管部门筛选并公布过的，最好是实体类企业。职业学校学生自愿参加考评，合格者取得相关的职业技能等级证书。这种方式的好处是：满足学生学习多种技能的需求，提高学生就业竞争力。不足是：经济利益因素可能导致此类组织开展的技能评价"含金量"低。

（四）校企合作评价

校企合作评价的对象应是三类：职业学校学生、职业学校教师、社会劳动者。具体做法：由已经政府主管部门备案开展职业技能等级认定的企业，通过校企合作的方式，参与职业学校学生、教师技能水平的评价，合格者发给相应等级的职业技能等级证书。这种评价方式的好处是：把评价学生、教师技能水平与培养学生、教师技能水平结合起来。以企业生产服务实践标准为导向，使职业学校教学紧跟市场需求，"倒逼"校企深度合作，让学生所学能力、企业所用能力、证书所示能力"三能对接"，实现校企合作培养、校企合作评价、企业放心使用、员工稳定就业。这是职业学校作为培养主体参与职业技能等级评价应当坚持的重要原则和根本方向，也应该成为职业学校学生接受职业技能等级评价的主流做法。

（五）竞赛选拔评价

其具体做法是：组织学生参加技能竞赛，获得好的成绩的，按国家相关规定直接获得相关的职业资格证书或职业技能等级证书。人力资源和社会保障部规定：对在全国职业技能大赛中获得单人赛项前5名、双人赛项前3名和三人赛项前2名的选手，经人力资源社会保障部核准后，符合条件的授予"全国技术能手"称号；在全国职业技能大赛中获得金牌、银牌、铜牌及优胜奖的选手，按有关规定由相应职业资格实施机构或职业技能等级认定机构为其晋升技师（二级）职业资格或职业技能等级，已具有技师（二级）职业资格或职业技能等级的晋升高级技师（一级）。

四、构建一个评价质量技术保障模式

职业学校开展技能评价，必须有先进的技术等条件作为保障。具体而言，学校应该建立"考前充分自训，考培严格分离，考场电子监控，评价阳光操作"的技能评价工作模式。

（一）考前充分自训

工作月每天晚上规定时间内、周六、周日、节假日、寒暑假开放全校实训室，安排值班和指导人员，允许社会培训学员、全日制学生、专业教师在上述时间内接受训练。

（二）考培严格分离

所谓考培分离，是在劳动者进行职业技能评价时，技能考核评价与技能培训活动要实行分离，即职业培训单位不能自己考核评价自己培训的人员，技能评价机构不能又搞评价又搞培训。这是因为考试评价活动涉及到培训机构培训质量的评定和被评价者真实技术技能水平的评判，只有考培分离，才能建立公正的考核评价制度，形成权威的评价认证结果，才能客观地评价各种职业培训的教学质量和被评价者的实际水平。

实践充分证明，哪个地区、哪个学校的技能评价严格遵守考培分离原则，这个地区、这个学校的技能评价结果的"含金量"就高；反之，就低。考培分离，需要学校领导班子的自觉，更需要当地政府主管部门的坚持，需要坚定不移地做到"两分离一灵活"。

（1）"两分离"。一是地点分离。培训学习的地点必须与考试评价的地点分离，防止"考培同地点"，杜绝弄虚作假。二是师生分离。评价人员是任课教师的，对其授课学生的技能评价考试应予以回避。若不回避，就有可能出现作弊等问题，影响评价的客观性、可信度。学校可采取同一专业两个学校的学生互换考场，互派评价人员的方法进行评价。

（2）"一灵活"。即如果不具备同一专业两个学校学生互换考场，互派评价人员条件的，可以采取灵活措施：允许本校学生在本校考核，但其监考者必须是校外人员。

（三）考场电子监控

考场电子监控包括两个地域空间：一是考场内监控。学校在理论考场和实操考场均安装360度电子监控器，对两类考试进行全程监控，严禁考试作弊行为。二是考场外监控。学校在距考场一定距离范围内安装360度电子监控器实施监控，防止作弊团伙利用运输工具和先进技术手段进行内外配合作弊。

（四）评价阳光操作

评价阳光操作，即要求公平、公开、公正地开展评价工作。技能评价结果不仅可以证明被评价者的实际技术技能水平，促进被评价者就业，还可以成为被评价者享受城市入户等政府优惠政策的依据。因此，学校必须确保评价工作做到"三公"：公开、公平、公正。

第十四章

办学质量评价

职业学校内涵建设的"深水区"之一是办学质量评价制度改革。评价是一根"指挥棒"，对职业学校改革发展具有积极的促进作用。

第一节 对办学质量评价的认识

一、办学质量评价的概念

从区域范围看，职业学校办学质量评价涉及校内和校外两个地域空间。校内地域空间学校办学状况主要包括但不限于学业质量、专业建设质量的评价，校外地域空间评价主要针对包括学校管理质量、学生就业质量等内容的学校办学质量的评价。

从评价组织机构角度看，职业学校办学质量评价指的是相关机构对一所学校一定时间内的办学状况进行的评价。评价的组织者可以是学校本身，也可以是学校主管部门，还可以是社会从事评价业务的法人组织。但无论是哪一类组织开展评价，其指导思想须是国家确定的职业学校办学方向、培养目标和质量要求。可以说，职业学校办学质量评价是学校或学校主管部门或社会专业评价机构，根据国家确定的职业学校办学方向、培养目标和质量要求，运用科学的评价理论和评价工具，从校内、校外两个维度对学校办学状况进行评判，并将评判结果向社会公布的一种办学效益认定活动。

二、办学质量评价的特点

（1）客观性。客观性指评价过程和评价结果真实反映办学的客观情况。客观是办学质量评价的生命线。只有做到客观评价，才能保持评价的有效性和权威性。

（2）专业性。专业性包括三层含义：一是指评价机构。评价机构具有评价业务经验，评价指标体系的制定应体现评价规律和符合国家政策要求。二是指评价人员。评价机构的评价人员应具备数学、统计学、财务会计、法规政策、职业教育等领域的专业知识。三是符合资质和能力要求的评价机构和评价人员制定的评价指标体系科学有效，指标权重安排精细合理，评价工具选用得当，评价方式简便高效，评价结果或报告简明而有说服力，整改意见既具针对性，又具有效性。

（3）引导性。办学质量评价具有四个方面的引导作用：引导纠补"短板"；引导调整政策；引导监督；引导评价工作更加规范。

三、办学质量评价的类型

职业学校办学质量评价主要有三种类型：一是办学质量学校自我评价；二是办学质量主管部门评价；三是办学质量社会第三方评价。

（1）办学质量学校自我评价。办学质量学校自我评价属于内部评价，评价主体是本校相关人员，评价目的是及时发现和纠正存在问题，提高办学水平。其特点是自我问责，激发内生动力，评价的主要内容是：学业质量、专业建设质量、就业质量。办学质量学校自我评价的书面成果是办学质量年度报告。国务院《关于印发国家职业教育改革实施方案的通知》（国发〔2019〕4号）要求全国职业学校要"实施职业教育质量年度报告制度，报告向社会公开"。

（2）办学质量主管部门评价。办学质量主管部门评价属于系统内部评价，评价主体是学校主管部门所属的研究院或评价中心，评价模式可据需要而多样化。如表14-1①所示。

表14-1　评价模式

1	达标评价模式	专门针对职业学校基本办学条件、办学质量等内容而开展
2	分等评价模式	专门针对政府按等级差异标准，区分等级以便确定支持力度而开展
3	排名评价模式	专门评估职业学校办学状况，给出评估报告，并向社会公布排名而开展
4	绩效评价模式	专门从政府投入与学校产出的效益角度，设计评价指标，开展定期检测，为政府资金政策调整提供依据而开展

与办学质量学校自我评价相比，办学质量主管部门评价更具权威性。这种评价一般包括八个方面：确定评价目标；确定评价角度；确定评价范围；制定评价标准；明确评价步骤；实施评价；得出评价结果；处理评价结果。

（3）办学质量社会第三方评价。办学质量社会第三方评价的实质是社会评价，是局外人的外部评价。只要能处理好与被评价学校的利益关系问题，这种评价会比局内人的评价更客观、公正。

上述职业学校办学质量评价的三种类型既都为学校发展所需要，也都是国家明确要求开展的。三种类型之中，办学质量社会第三方评价因为属于外部评价，评价内容既涉及学校办学过程，又包括办学效果，特别是重视毕业生就业质量的检测，与其他两种评价相比更客观，更便于与政府激励政策挂钩，因此，越来越受到国家的重视和社会的欢迎。本章重点讨论学业质量评价、专业建设质量评价、办学质量第三方评价。

① 引自教育部评估中心原副主任、中国职教协会职教质量保障与评估研究会理事长李志宏研究员2020年6月11日在中华职教社职业教育第三方评估工作研讨会上发言。

第二节　学业质量评价

一、学业质量评价的内涵

（一）学业质量评价的内容

评价的内容包括相关知识学习、技术技能训练、职业素质培育三个方面。

（二）学业质量评价的时间

评价的时间因需要而定，既可以在校内学习期间，针对学生学习状况进行阶段性、局部性评价，也可以在校外就业期间，针对毕业生在校期间学习收获情况进行整体性、终结性评价。

（三）学业质量评价的作用

评价的作用主要有三个方面：一是水平认定作用。学校通过评价，认定学生在完成学习任务之后的实际水平，便于根据认定情况，采取必要的措施，确保全体学生学习效果达到培养要求；同时也能检验任课教师教学效果，提高任课教师整体教学水平。二是能力引导作用。学校通过评价，可以及时发现学生存在的"短板"，便于教学部门和教师采取针对性措施，引导学生补好"短板"，或引导成绩较好的学生向更高的目标努力。三是潜力激发作用。学校通过评价，能够激发学生的内在潜能，提高其学习的积极性和创造性。

（四）学业质量评价的类型

评价可包括三种类型：专业课学业质量评价、专业基础（基本技能）课学业质量评价、公共基础课学业质量评价。本章重点讨论专业课和公共基础课学业质量评价。专业基础（基本技能）课学业质量评价参照专业课学业质量评价方式，结合自身特点进行。

二、专业课学业质量评价

专业课学业质量评价的内容范围可由学校自主决定。全方位的评价可包括三个层次：一次学习活动课学业质量评价、一个学习任务课学业质量评价、一门课程学业质量评价。

（一）一次学习活动课教学质量的评价

（1）学习活动的概念。学习活动一个学习任务是最小的教学单元。一个学习任务通常包含明确任务、制订计划、审定计划、实施计划、检查控制、验收总结六个学习活动。以"明确任务"为例，这是一个学习活动环节，要安排一次课。

（2）学习活动课的时间安排。一个学习任务六个学习活动可以按5+X方式安排时间，组织教学。其中的"5"，指明确任务、制订计划、审定计划、检查控制、验收总结5个学习活动环节，每个环节可单独安排一次课。一次课可以是一个上午或一个下午；"X"专指实施计划环节。这次课的任务特殊，一个上午或一个下午完不成，往往需要若干个上午或下午，即需要安排若干次课。究竟需要多少次课，要根据课程开发时，企业实践专家确定的时间和转化后确定的基准课时而定。

（3）学习活动课评价频次的选择。评价频次的选择有两种：一是6个学习活动均安排评价；二是前5个学习活动集中起来安排一次评价。

（4）学习活动课评价主体的确定：学生、小组、任课教师。

（5）学习活动课评价方式的选择：学生自评、组间互评、教师评价——"三方评价"。

（6）学习活动课评价工具、手段的选择：自定评价表，选择手机、蓝墨云班课技术等评价工具、手段。

（7）学习活动课成绩比重的设计："三方评价"因学制层次不同，权重比例安排也不一样。

中级工：学生自评20%+小组互评20%+任课教师60%。

高级工：学生自评20%+小组互评35%+任课教师45%。

预备技师：学生自评20%+小组互评20%+任课教师20%+企业专家40%。

（8）学习活动课评价表的设计。

以学习任务"直流稳压电源的装配与调试"的第一个学习活动"认知直流稳压电源"为例，其评价表如表14-2所示。

表14-2 学习活动评价表

学习任务：<u>直流稳压电源的装配与调试</u> 学习活动1：<u>明确任务：认知直流稳压电源</u>

评价项目		评价内容	配分	评价分数		
				自我评价	小组评价	教师评价
专业能力	任务书	1. 工作任务内涵理解（3分） 2. 装配与调试工作进度单（3分）	6			
	工作原理	3. 能从框图上识别直流稳压电源构成，阐述功能作用（4分） 4. 能用示波器测量变压器I/O波形，阐述交流降压原理（4分） 5. 能用万用表测量二极管的电学特性（4分） 6. 能搭建整流电路，观察记录电流走向，口述整流原理（4分） 7. 能搭建滤波电路，观察电压变化，解释电容器充放电现象（4分） 8. 能绘制稳压二极管符号，查阅特性曲线，说明稳压原理（4分） 9. 能初步认知直流稳压电源基本工作原理（4分）	28			
	电学参数	10. 分析电压过低及过高对电路产生的影响（4分） 11. 确定普通LED灯的最大承受电压和电流值（4分） 12. 能列出直流稳压电源重要性能指标（4分） 13. 能识读生活电器铭牌参数值（4分） 14. 能根据LED亮度电路的参数，计算LED灯功率（4分）	20			
	技术文档	15. 能正确下载7805芯片和LM2596芯片的技术文档（4分） 16. 能写出7805和LM12596的最大输入电压、电流（4分） 17. 能比较两种稳压芯片性能，分析不选7805的原因（4分） 18. 能找出LM2596的输出电压可调电路（4分）	16			

表14-2（续）

评价项目		评价内容	配分	评价分数		
				自我评价	小组评价	教师评价
职业素养	集体观念	19. 团队合作意识强，善于与人交流和沟通（5分） 20. 自觉遵守劳动纪律，尊敬师长，团结同学（5分）	10			
	责任意识	21. 安全意识、责任意识、服从意识强（5分） 22. 劳动保护用品穿戴完备，仪容仪表符合工作要求（5分）	10			
	现场管理	23. 爱护公物，节约材料（5分） 24. 现场管理7S标准（5分）	10			
总分			100			
总评		自我评价×20% ＋小组评价×综合等级20% ＋教师评价×60% ＝	综合等级	教师（签名）：		

（注：该表由厦门技师学院教研室林琳主任提供）

该表用于中级技工班，故按中级技工等级计权重比例。评价表的结构由评价项目、评价内容、配分、评价分数、总分、总评、教师签名共7个要素组成。其中，评价分数包括了"三方评价"。

上述相关元素的结合构成一个相对合理的评价表。其优点：一是评价项目由两级指标构成的设计合理，二级指标内容因为具体，对学生学习的深入具有明显的引导作用；二是评价项目的一级指标中，职业素养分数占比高达30%，符合立德树人宗旨要求，也对接了企业对员工职业素养的具体要求；三是整个评价表包括了理论知识、专业技能、职业素养内容，其评价指向与国家技术技能人才培养目标对接。

当然，其也存在不足之处：如该次课的核心任务应该是让全班每个同学明确"直流稳压电源的装配与调试"这一任务的全过程是怎样的？但这个评价表没有解决这一核心任务问题。

（二）一个学习任务课教学质量的评价

（1）一个学习任务课的概念。学习任务课是学习活动课的集合。一个学习任务课包括明确任务课、制订计划课、审定计划课、实施计划课、检查控制课、验收总结课。

（2）一个学习任务课学业质量评价的概念。一个学习任务课学业质量评价指学生完成一个学习任务6次课学习后所作的评价。6次课指明确任务课、制订计划课、审定计划课、实施计划课、检查控制课、验收总结课。

（3）一个学习任务课学业质量评价的标准。由于学习任务是由6个活动环节组成的完整工作过程，因此，对学习任务的评价，要以市场标准，即行业或企业的质量标准为准绳客观评价学业成果。学习任务课评价的核心是要培养学生"100分及格"的产品意识、服务意识，使学业成果（制作的产品或提供的服务）达到行业或企业的验收标准。

（4）一个学习任务课学业质量评价的主体：学生、学生小组、任课教师、企业实践专家。

（5）一个学习任务课学业质量评价的形式。一是汇总式评价：将6次课每次课的

第十四章 办学质量评价

评价成绩汇总。二是一次性评价：6次课中不评价，6次课学完之后组织一次评价。

（6）一个学习任务课成绩评定的方式。一是汇总式评价：学习任务课成绩=6次课（自我评价+小组评价+教师评价）/加权平均。二是一次性评价：学习任务课成绩=（自我评价+小组评价+教师评价）/加权平均。

（7）学习任务课学业质量评价表设计。

案例1：一次性学习任务课评价表如表14-3所示。

表14-3　学习任务课评价表

评价项目	评价内容	配分	评价分数		
			自评	小组评价	教师评价
职业素养	劳动保护用品穿戴完备，仪容仪表符合工作要求				
	安全意识、责任意识、服从意识强				
	积极参加教学活动，按时完成各项学习任务				
	团队合作意识强，善于与人交流和沟通				
	自觉遵守劳动纪律，尊敬师长，团结同学				
	爱护公物，节约材料，管理现场符合6S标准				
专业能力	专业知识扎实，有较强的自学能力				
	操作积极，训练刻苦，具有一定的动手能力				
	技能操作规范，注重安装工艺，工作效率高				
工作成果	产品装配符合工艺规范，产品功能满足要求，产品制作质量高				
	工作总结符合要求				
总分					
总评	自我评价×20% +小组评价×综合等级 20% +教师评价×60% =	综合等级	教师（签名）：		

（注：该评价表由厦门技师学院教研室林琳主任提供）

使用说明：按照客观、公正和公平原则，在教师的指导下按自我评价、小组评价和教师评价三种方式对自己或他人在本学习任务中的表现进行综合评价。综合等级按A（90~100）、B（75~89）、C（60~74）、D（0~59）四个级别进行填写。

此为一个学习任务课一次性评价表。其优点：一是评价项目结构中增加"工作成果"一项。"工作成果"的第一项评价体现行业验收标准，要求高、严。第二项评价为总结能力训练的评价，要求新、严。二是把"职业素养"评价放在首位，突出立德树人宗旨。三是"总评"框里直接写明"三方评价"权重，对学生参与评价积极性和提高评价质量有促进作用。其不足之处也很明显：一是没有涉及6个学习活动环节的学习情况；二是配分欠具体。

案例2：课程"自动化设备电气系统安装与调试"的一个学习任务"物料分拣控制系统的安装与调试"，具体如表14-4所示。

表 14-4　物料分拣控制系统的安装与调试评价表

组别：＿＿＿＿＿＿　学生姓名：＿＿＿＿＿＿

序号	评价项目	评价内容	分值	自评（20%）	互评（20%）	教师评价（30%）	企业专家评价（30%）
1	思政元素	1. 课前阅读世界技能大赛获奖选手故事，分享感悟（课前准备阶段）	3				
2		2. 积极帮助有困难的同学（任务实施阶段）	3				
3		3. 互评过程中，表述清晰、客观、公正评价他人（评价反馈阶段）	3				
4	劳动精神	认真执行7S规范（任务实施阶段）	3				
5	环保安全	1. 实施操作符合企业安全生产制度及环保制度（任务实施阶段）	3				
6		2. 劳保用品穿戴齐全（任务实施阶段）	3				
7	方法能力	1. 根据课前导学清单，搜集信息并汇总（课前准备阶段）	4				
8		2. 在教师的引导下，明确任务并正确分解任务（明确任务阶段）	4				
9		3. 方案科学、可执行、安排合理（制定方案阶段）	4				
10		4. 对比学习，完善方案（作出决策阶段）	3				
11		5. 发现问题，自主解决问题（任务实施阶段）	5				
12	专业能力	1. 认识光纤传感器的原理与结构（课前准备阶段）	3				
13		2. 描述光纤传感器工作原理（明确任务阶段）	3				
14		3. 能对比使用条件和成本，正确选用传感器（制定方案阶段）	5				
15		4. 完成光纤传感器安装接线与灵敏度调节（任务实施阶段）	5				
16		5. 正确设置变频器相关参数（任务实施阶段）	5				
17		6. 按规范绘图并安装、接线（制定方案阶段）	8				
18		7. 根据控制要求，编制程序（任务实施阶段）	8				
19		8. 调试系统，实现功能（任务实施阶段）	10				
20	社会能力	1. 能积极参与讨论，协作小组制订实施方案（制定方案阶段）	5				
21		2. 汇报时，仪态大方表达清晰（评价反馈阶段）	5				
22		3. 能明确岗位职责，团结协作（任务实施阶段）	5				
		总分					

注：本材料由山西省冶金技师学院同帅老师提供。该教学设计获人社部举办的第二届全国技工院校教师职业能力大赛一等奖。

该表用于高级技工班，教学对象为高中起点三年级高级技工班。评价表设计的优点：一是评价表结构创新。评价表由评价项目、评价内容、分值、自评、小组互评、教师评价、企业专家评价、总分等要素构成，增加了企业专家评价的元素。二是评价项目创新。评价项目由思政元素、劳动精神、环保安全、方法能力、专业能力、社会能力构成。"思政元素、劳动精神、环保安全"三个项目是创新，而且这三个项目排在三种能力之前，突出了其重要性。三是评价内容设计到位。评价指标从课前准备阶段直至评价反馈阶段，涉及学习任务各主要活动环节。四是分值比例安排合理。教师评价权重仅占30%，低于学生评价的权重。其不足之处是：思政元素、劳动精神、环保安全三者与社会能力内涵之间的关系没能妥善处理。

一个学习任务课的学业质量评价偶尔可以邀请在岗企业实践专家参加，但不可能每个学习任务都邀请，因此可以多邀请企业在校兼职教师参加。一个学习任务课的学业质量评价主要采取"三方评价"方式，不宜采取过程性与终结性相结合的评价方式。过程性与终结性相结合的方式适用于一门课程结束时的评价。

（三）一门课程教学质量的评价

（1）一门课程学业质量评价的概念。一门课程学业质量评价是指相关主体对每一门一体化课程学习结束后教学情况的考核。这类考核的时间一般在学期末。

（2）一门课程学业质量评价的形式。学生一门课程学业质量评价可与学生的技能评价相结合，由学校技能鉴定所（站）牵头，院系及任课教师配合，采取过程性考核与终结性考核相结合的方法进行。过程性评价指对学生平时所学的每一个学习任务完成后实施的考核。其具体实施由任课教师负责，采用学生自评、小组互评、教师总评的"三方评价"的方式进行；终结性评价指一门课程学完之后的学期成绩评价。终结性考核题目由学校技能鉴定所（站）从技能鉴定所（站）技能评价题库中抽取，采取"考培分离"的方式进行。学生技术技能的评价结果作为技术技能成绩纳入学期学业评价中。

（3）一门课程教学质量成绩的评定。过程性评价成绩=（学习任务1+……+学习任务n）/加权平均，占课程总分的60%；终结性评价成绩=独立完成一个新的学习任务的成绩，占课程总分的40%。

（4）案例分析。请看广州工贸技师学院汽车维修专业的一次期末终结性考核。

汽车自动变速器故障诊断与排除终结性考核试卷		
班级： 姓名： 成绩：		
方案制定成绩（40%）	方案实施成绩（60%）	总成绩

【任务描述】
维修前台接待了一位车主，其座驾是2004款花冠EX轿车。据车主讲述，最近车的行驶感觉无力，加速不良，仪表盘上的故障灯点亮，耗油量增大。里程表显示，该车已行驶了80 000公里。主管安排你负责这部车的故障排除。

【考核要求】
请你根据车主的描述和该车维修手册，完成以下任务：
纸笔测试（制定完成工作任务的方案）：
1. 首先调取故障码，根据故障码查找故障原因。
2. 撰写自动变速器不升档的故障诊断流程图，并详细说明编写的依据。
3. 您需要询问车主相关问题或向车主提出相关建议，请把这些问题或建议整理成一份提纲，以便面谈时进行沟通和协调。
任务实操：解决方案完成后，请你针对故障车进行维修，实际排除故障现象。

【参考资料】回答上述问题时，你可以使用所有的常见教学资料，例如参数表、专业教材、车辆维修手册、个人笔记以及计算器等。

该终结性考核的优点：一是考核项目有两个，即纸笔测试（制定完成工作任务的方案）和任务实操，且涉及排查故障能力、制订计划能力、提纲写作能力、沟通协调能力、排除故障能力、信息资料利用能力，题目有一定难度，可以考出真实水平；二是实施开放式考核——可以参阅各种参考资料。其不足之处：一是所考任务似不属于学生未学过但与本学期已学过学习任务难度相近的工作任务；二是考核内容只涉及工作过程六个环节中的两个环节，即制订计划和实施计划。

三、公共基础课学业质量评价

新时代中国职业教育要求学生采取工学结合的方式学习专业课，采取理实结合的方式学习公共基础课。专业课学业质量评价包括三个层次：一次学习活动课学业质量评价、一个学习任务课学业质量评价、一门课程学业质量评价。公共基础课学业质量评价应按课程类型、科目开展符合课程类型、科目特点的评价。其整体要求：一是不再搬用普通教育评价模式，探索建立突出职业教育理实一体化特点的公共基础课学业质量评价模式；二是评价方式以"三方评价"为主。

（一）数学课学业质量评价

数学课教学课可以参照专业课六步教学法进行。一些先进教师已经尝到甜头，山西省晋城技师学院数学教研室主任陈佳老师就是其中一个。她的参赛作品曾获得人社部举办的第一届全国技工院校教师职业能力大赛二等奖。其参赛的教学设计方案题目为"围栏椅母材预算"，是课程"数字运用与决策"的一个学习任务。其教学对象为焊接加工专业初中起点五年制高级工班二年级学生。此任务的学习对帮助学生提高数学运用能力和增强综合职业素养有重要作用。该任务的学习目标是：

> 1. 能完成课前泛亚平台线上解直角三角形和余弦定理的学习。
> 2. 能在图纸上采集正确、有效数据，并制定合理的预算方案。
> 3. 能运用所学数学知识完成计算任务。
> 4. 能结合实际工作任务给出合理预算数据。
> 5. 逐渐养成数形结合、严谨、正确的逻辑思维，提高综合素养。

根据教学目标，陈佳老师设计了学生在学业质量评价方面的5项活动：

> 1. 小组成员自评，并填写自评表（见附件）。
> 2. 小组互评。
> 3. 记分员同学宣读个人、小组计分及课堂表现记录。
> 4. 认真聆听记分员对个人和小组意见反馈建议。
> 5. 认真聆听教师评价。

此外，陈佳老师又对如何实施学业质量评价给出了具体步骤及要求：

> 1. 组内成员自评：小组成员对本节课的个人表现情况，进行自我评价，并填写学生自评表。
> 2. 小组互评：通过小组任务展示环节，各小组互评，填写小组互评表。小组代表点评、记录各组亮点加分项。
> 3. 授课教师实时点评：授课教师在任务完成的各个环节，根据个人和小组表现进行实时点评。
> 4. 实训教师点评：实训教师根据实际工作情况对各组预算数据点评，更客观地评价预算数据的合理性。
> 5. 记分员同学宣读课堂记录表：各组记分员根据考核标准对整节课各个环节中个人及小组表现进行记录，客观反映课堂效果。
> 6. 授课教师汇总各方评价，总结点评，宣布本节课考核结果。

实施评价的过程中，陈佳老师使用了四个评价表，如表 14-5、14-6、14-7、14-8所示。

表 14-5　学生自评表

序号	评价项目	完成情况					得分	总分
		差	一般	较好	好	很好		
1	仪容仪表							
2	精神状态							
3	上课纪律							
4	知识掌握							
5	任务完成							
6	小组合作							
7	能力提升							
8	其他选项							
备注	选项得分为：差计 1 分，一般计 2 分，较好计 3 分，好计 4 分，很好计 5 分。							

（1）这节课你掌握的知识和技能有哪些？

（2）这节课对哪些知识还不太清楚？还需提升哪些能力？改进措施是什么？

表 14-6　小组互评表

评分小组组名		
小组组名	得分及表现	改进建议
备注		

表 14-7　记分员记录表

记分员姓名：

组名 / 小组成员	加分及表现	总分

表14-7（续）

组名		
小组成员	加分及表现	总分
小组情况		
改进建议		
备注		

表 14-8　授课教师评价表

班级：　　科目：　　任课教师：　　起止时间：

组名	成员	个人成绩	小组综合评价及成绩	总分

第十四章　办学质量评价

表14-8（续）

组名	成员	个人成绩	小组综合评价及成绩	总分

点评：

（1）三个创新：一是实训教师评价；二是记分员课堂记录；三是学习内容为真实的校园建设任务，又与焊接技术学习相关，其实质是混合型公共基础课，课程类型新颖。

（2）不足：小组互评表、记分员记录表、授课教师评价表三个表项目设计过简。

（二）语文课学业质量评价

以下介绍广州市工贸技师学院蔡芝亮老师的语文课程"中国绣·青年说——事物介绍的方法和运用"（该教学设计获人社部举办的第二届全国技工院校教师职业能力大赛一等奖）。其教学对象为服装设计与制作专业高中起点高级技工班的学生。该教学设计所选取活动的背景是：学校一年一度的"非遗文化进校园"系列活动，以"刺绣工艺作品展"为主题，展出中国四大名绣的刺绣作品。"非遗文化进校园"是学院的特色活动之一，学院多次聘请校外专家为参加活动的师生解说"中国汉字""华夏服饰"等主题展。活动筹备组会在服装设计与制作专业选拔出多名解说员，向参展师生介绍展区的刺绣作品。该课程教学安排与学校活动衔接。该班学生已完成说明文学习，但缺乏专业实践。为此，蔡芝亮老师确定以下学习目标：

> 1. 能分析学习案例，小结事物介绍的方法：先抓特征、后理顺序、再用方法，从而归纳出事物介绍的"六字口诀"，即"先抓后理再用"。
> 2. 能分析事物介绍在口语表达上的要求，并提炼出介绍刺绣作品时如何才能做到"准确清晰、通俗易懂、感染力强"。
> 3. 能运用事物介绍的方法，结合刺绣作品解说的要求，大方、得体、自信、清晰地开展刺绣作品的口语介绍。
> 4. 能对自己的刺绣作品介绍做自我评价，也能分析他人作品介绍的特点。
> 5. 能结合现代刺绣作品的发展特点，形成"将传统文化与现代服装设计相结合"的意识。
> 6. 能通过刺绣工艺美术大师的现场解说和演示，认同刺绣手工艺人专心专注、精益求精的工匠精神。

根据学习目标，蔡芝亮老师采用学生自评、老师点评、专家点评与学生互评相结合，线上评价与线下评价相结合的方式开展评价。

（1）专家点评表（从刺绣工艺描述角度点评），如表14-9所示。

表14-9　专家点评表

评价项目	一般	较好	很好
刺绣种类			

表14-9（续）

评价项目	一般	较好	很好
刺绣面料			
绣线种类			
刺绣针法			
图案寓意			

（2）教师点评表（从语言表达能力角度点评），如表14-10所示。

表14-10 教师点评表

评价标准		配分	得分
解说	条理清晰地完成了刺绣作品介绍	15分	
	对刺绣作品的特征介绍得比较到位	20分	
	对刺绣作品介绍得比较生动具体	20分	
	语言表达流畅，且符合口语习惯	15分	
礼仪	形象良好，仪态大方	15分	
	表情得体，肢体动作恰当	15分	
总分			

（3）学生自评表（反思刺绣作品介绍情况），如表14-11所示。

表14-11 学生自评表

评价要点	是	否
是否完成了刺绣作品介绍？		
思路是否清晰？		
表达是否流畅？		
重点是否突出？		
是否符合口语习惯？		
是否使用了恰当的说明方法？		
做得好的地方有哪些？		
哪些地方还需要改进？		
评价人：	日期：	

（4）学生自评表（评价课堂学习效果），如表 14-12 所示。

表 14-12 学生自评表

评价项目	一般	较好	很好
能分析学习案例，归纳事物介绍的方法			
能大方得体、自信清晰地开展刺绣作品的口语介绍			
能对自己和他人的刺绣作品介绍进行评价			
能让事物介绍准确清晰、通俗易懂、感染力强的办法有哪些？ 写下关键词：			
评价人：			日期：

点评：

（1）专家点评表的专家点评主要从刺绣工艺描述角度进行，根据学生对刺绣作品制作工艺的描述情况进行纠错，给出具体指导意见。这样的设计符合专家身份特点，能够发挥专家技术特长，可以展示其权威性和点评效果。

（2）教师点评表的教师点评从学生语言表达能力和礼仪角度入手，侧重评价学生的语言运用是否清晰流畅、内容是否通俗易懂、表达是否有感染力、仪态是否合适，并给出指导意见。这样的设计符合教师身份特点，能够发挥教师的教学特长，可以达到预期效果。

（3）学生自评包括两个方面：一是反思刺绣作品介绍情况；二是课堂学习效果自我评价。两个表都设计了"打钩式"和"问答式"两种形式，有创意。

充分肯定的同时，也要指出其不足：一是专家点评表设计过于简单，可以增加评价标准和配分项目；二是两个学生自评表均可增加评价标准和配分项目。

（三）英语课学业质量评价

1. 课程内容介绍

以下是湖北东风汽车技师学院马丽老师的"卡特彼勒整车交付清单的翻译"教学设计，获人社部举办的第一届全国技工院校教师职业能力大赛二等奖。新车交付单如表 14-13 所示。

表 14-13　新车交付单

\multicolumn{8}{c}{PDI INFORMATION}

SERIES	NO	ITEMS	P	F	N/A	Comments
LINK & LETTR 25%	1.1	Verify Product Link is installed correctly. Complete Product Link registration process and Activate the Air Time.				
	1.2	Ensure latest software part number for machine, display, and product link.				
	1.3	Check for Active Fault codes and clear any logged events.				
	1.4	Verify all Safety Product Improvement Programs (PIP) are complete.				
FLUID LEVES 25%	2.1	Prior to starting machine, ensure that there are no leaks in the engine compartment or under machine. If leaks are found, determine origin and repair.				
	2.2	While on level ground ensure the engine oil is between the add mark and the full mark on the dipstick.				
	2.3	While on level ground ensure the hydraulic oil level is between the min and max lines.				
	2.4	Verify Synthetic Oil Decal is installed. If applicable				
	2.5	While on level ground with the radiator in the closed position, ensure the glycol sight-glass is full and leak free. Ensure the glycol level is at the Full Cold and Full Hot Level on the recovery bottle.				
	2.6	(272, 297, 299) Fill DEF Tank if needed.				
	2.7	Fill Windshield Washer Fluid. Note: Washer Bottle is not filled at Factory.				
DRIVE TEST 25%	3.1	Safety Note: Ensure that the machine CANNOT MOVE when the safety arm bar is in the UP position and the hydraulic lockout light comes on.				
	3.2	Ensure all Interior and exterior lights are operational.				
	3.3	Ensure gauges and hour meter are functioning properly (Including LCD controls on D series)				
	3.4	Ensure manual / hydraulic / electric coupler pins work (Verify pins fully extend and the bucket does not disengage when tilted down and front tires / tracks are lifted off the ground).				
	3.5	When in low idle, ensure the dead engine lowering system works properly. The arms must float down in 20 seconds or fewer once the DEL				
	3.6	Ensure the back up alarm functions properly.				
	3.7	When applicable, ensure the optional features function such as Creep Control, Two Speed, Etc.				

表14-13(续)

PDI INFORMATION						
CAB 25%	4.1	Ensure the following items are included in the manual box / seat pouch: Ship sheet, red safety book, white supplemental book, matching parts.				
	4.2	If applicable ensure block heater cord is in manual box / seat pouch.				
	4.3	Verify cooling is at 20F below Ambient and Hot Air Blowing Heat.				
	4.4	Verify Seat Heater is functioning on Air Suspension Seats.				

本清单共分为产品连接检查、液位检查、驾驶测试检查、驾驶室检查四个部分，各项检查任务中又分有具体检查步骤的英文说明。裁判根据每个项目的操作要求，对选手的用时和操作进行打分。

2. 根据学情确定学习目标

本次课教学对象为该校世界技能大赛重型车项目预选班，入班前他们为该校汽车工程系预备技师班三年级学生。该学习任务从世界技能大赛重型车竞赛项目中提炼。该项目要求选手独立看懂英文维修指令，参赛选手中，只有10%的选手来自英语为非母语的国家，其中包括中国队。因此，对我国选手来说，读懂纯英文的检查清单至关重要。本次课程关乎世界技能大赛选手在查阅完英文指令后，是否能够独立且快速查阅该英文维修手册，从而指导世界技能大赛下一环节维修操作。为此，马丽老师确定以下学习目标：

---

1. 专业能力。能分清句子的主句和从句；能识别句子主干；正确处理句子从属部分；整合句子主次成分，优化译文。通过以上四步，要求学生在规定时间内完成规定英文材料的翻译，且译文正确率能够达到75%，可以指导车辆检查操作。
2. 方法能力。能根据英文材料特征，探索合适的翻译方案。通过方案优化，总结翻译规律。利用学习辅助资源及工具，为今后的学习建立翻译词库。
3. 社会能力。能合理分工，认真完成自己在团队中的角色任务。具备安全意识，保证实操安全用具佩戴到位。协作创新，积极在小组讨论中贡献具有价值的思路。

---

3. 根据学习目标确定评价方式

学习目标确定之后，马丽老师采用学生（小组自评、小组互评）评价、教师评价、技能大赛裁判评价的方式开展评价。

（1）学生小组自评、小组互评、教师评价，如表14-14所示。

表 14-14　教学项目综合考核评价表

评价名称	评价内容	分值	评价分数		
			小组自评	小组互评	师评
社会能力 30%	劳保用品是否穿戴整齐	10分			
	是否按时完成并上交学生工作页	10分			
	是否在讨论环节提出创新方案或思路	10分			
专业能力 40%	句子主次成分是否在2分钟内区分清	10分			
	句子主干是否翻译到位	10分			
	句子次要成分是否处理	10分			
	译文是否完整，是否符合中文行文规则	10分			
方法能力 30%	是否总结出技术材料的行文特点	10分			
	是否利用工具建立了翻译词库	10分			
	能否阐述出翻译英文技术材料的基本步骤	10分			
总分					
总评	自评（20%）＋互评（20%）＋师评（60%）		教师（签名）：		

（2）裁判评价，如表 14-15 所示。

表 14-15　裁判评分表

整车交付检查项目考核评价表（裁判填写）				
检查项目	项目序号	操作时长	操作得分	操作评价
部件连接 25%	1.1			
	1.2			
	1.3			
	1.4			
液位 25%	2.1			
	2.2			
	2.3			
	2.4			
	2.5			
	2.6			
	2.7			

表14-15（续）

整车交付检查项目考核评价表（裁判填写）			
驾驶测试 25%	3.1		
	3.2		
	3.3		
	3.4		
	3.5		
	3.6		
	3.7		
驾驶室 25%	4.1		
	4.2		
	4.3		
	4.4		
总分			

由于已经提前设置了若干处既定故障，学生需要先对本清单进行翻译，再对照清单内容进行检查，并及时填写检查项目的状态（表14-13中Pass表示"无误"，Fail表示"有故障"，备注中需要标明故障细节）。若未做清单中规定的项目检查，则记为无分；若进行了正确检查，则为满分。

点评：

（1）课程内容创新。公共基础课英语教学，其内容不仅与专业课程结合，为学生专业学习服务，而且与世界技能大赛项目结合，为学生参加世界技能大赛服务。

（2）评价主体创新。评价主体包括学生、教师、裁判三类，采用学生（小组自评、小组互评）评价、教师评价、技能大赛裁判评价三类主体评价，可谓新"三方评价"。

（3）评价项目创新。"三方评价"项目包括社会能力、专业能力及方法能力三种，体现社会能力、专业能力及方法能力并重特点，特别是"社会能力"项目设计了创新方案或思路的评价内容，体现课程教学鼓励学生创新创造的导向。

不足之处：一是学生评价包括小组自评、小组互评两种评价，缺乏学生个人自评要求；二是教师评价与学生评价合为一个教学项目综合考核评价表，但教师评价又包括裁判评分与教师评分，之间的关系过于复杂，不利于实际操作。

第三节　专业建设质量评价

专业建设是职业学校办学的核心要务。各个专业建设质量的成果集合既等于学校的就业质量，也等于整个学校办学质量。专业建设工作包括三个环节：专业设置、专业发展、专业调整。三个环节之间既相对独立，又相互关联。专业建设质量评价要从三个环节入手。

一、专业设置质量评价

（一）对专业设置质量评价的认识

专业设置质量评价的主体可以是学校主管部门，也可以是学校。其评价的目的是确认该专业设置的可行性，评价的时间是该专业第一届新生入读后的第二学年下学期。本书"专业建设"一章已明确：专业设置的依据是"四度一书"：

所设专业市场需求程度
所设专业社会贡献程度
所设专业学校能力程度
所设专业重复程度
所设专业职业资格或职业技能等级证书考取情况

任何拟设专业，只要符合"四度一书"要求，就可以设。专业设立一个学年后，可以按照"四度一书"的要求评价其设置的质量。

（二）市场需求程度评价

（1）市场需求程度评价的意义。学校通过评价，一是确认每个专业存在的价值；二是为该专业是否需要调整提供依据；三是为学校主管部门对学校投资决策提供依据。

（2）市场需求程度评价的方式。这里的"市场"包括人力资源市场和生源市场。评价一个专业生源市场需求程度高与低，时间方面，可通过调查去年、今年、明年三年生源情况后作出评价。其中，去年和今年的数据可从本校已入读学生数统计入手解决，明年可能入读人数可从生源学校、在读中学生、家长三个方面，采取问卷调查、电话访谈、微信交流等方式获取。学校通过连续3年数据的比较分析，得出这个专业生源市场的需求程度。

评价一个专业人力资源市场需求程度高或低，可用"×××专业人力资源市场需求程度评价表"，如表14-16所示。

表14-16　×××专业人力资源市场需求程度评价表

序号	形态	特征	所设专业毕业生企业需求情况			结论
			大型企业（20-50家）	中等企业（30-50家）	小微企业（30-60家）	
1	持续需求	所设专业毕业生有潜在而持续的需求	持续需求占比　%	持续需求占比　%	持续需求占比　%	持续需求占比　%
2	大量需求	所设专业的培养能力小于用人单位需求	大量需求占比　%	大量需求占比　%	大量需求占比　%	大量需求占比　%

根据毕业生市场需求程度评价表的结论，得出该专业设置的质量。

（三）社会贡献程度评价

（1）社会贡献程度评价的意义。该评价与国务院关于职业学校专业设置与产业需求对接的要求直接相关。其评价结果既可与该校是否落实国家办学要求直接挂钩，促使职业学校专业链对接产业链，也可以与该校第一责任人履职质量考核挂钩，促使每个职业学校办真正的职业教育。政府通过上述"两挂钩"，可以促使学校，特别是公办职业学校所设专业与该区域政府重点扶持产业对接，提高办学的社会贡献度。

（2）社会贡献程度评价的方式。评价一个专业社会贡献程度高或低，可用社会贡献程度评价表，如表 14-17 所示。

表 14-17　所设专业社会贡献程度评价表

序号	所设专业名称	本区域政府重点扶持产业名称	对接程度	结论
1			对接□ 基本对接□ 基本不对接□ 不对接□	对接□ 基本对接□ 基本不对接□ 不对接□
2			对接□ 基本对接□ 基本不对接□ 不对接□	对接□ 基本对接□ 基本不对接□ 不对接□
3			对接□ 基本对接□ 基本不对接□ 不对接□	对接□ 基本对接□ 基本不对接□ 不对接□
N				

（四）学校能力程度评价

（1）学校能力程度评价的意义。学校通过评价，可以查明学校所办专业是否具备条件，可以依此确认学校办学实力，可以判断学校第一责任人的办学态度和办学能力。

（2）学校能力程度评价的方式。评价一个学校设办专业能力程度强与弱，可用学校设办专业能力程度评价表，如表 14-18 所示。

表 14-18　学校设办专业能力程度评价表

项目	目前情况	标准要求情况	达标情况	须增情况	结论
专业带头人数量与能力					满意□ 基本满意□ 基本不满意□ 不满意□
专业教师结构与数量					满意□ 基本满意□ 基本不满意□ 不满意□
专业课教学场地面积					满意□ 基本满意□ 基本不满意□ 不满意□

表14-18(续)

项目	目前情况	标准要求情况	达标情况	须增情况	结论
公共课教学场地面积					满意□ 基本满意□ 基本不满意□ 不满意□
专业课教学实训设备与工位数量					满意□ 基本满意□ 基本不满意□ 不满意□
公共课教学设备与场地数量					满意□ 基本满意□ 基本不满意□ 不满意□
专业的办公场地面积					满意□ 基本满意□ 基本不满意□ 不满意□
专业的社团活动场地					满意□ 基本满意□ 基本不满意□ 不满意□

（五）专业重复程度评价

（1）专业重复设置的概念。根据宗利永等人的研究，上海市将"专业设置重复度8视为判断某一专业是否属于重复设置的数量标准"[①]。从一个省的区域面积看，专业重复设置的数量标准设定为8，比较合适。若是地市级区域，专业重复设置的数量标准可以适度下降。可以说，专业重复程度指特定区域内不同院校开设同一专业的学校数。省级区域内8个不同学校设同一专业的，属于专业重复设置。

（2）专业重复设置的类型。专业重复设置未必都是坏事，需要辩证看待。当本区域内设同一专业的8个及以上不同学校毕业生供给总量低于本区域内市场该类人才需求总量时，专业重复为需求性重复，这种重复需要持续；当本区域内设同一专业的8个及以上不同学校毕业生供给总量与本区域内市场该类人才需求总量大体相当时，专业重复为适度性重复，这种重复允许继续；当本区域内设同一专业的8个及以上不同学校毕业生供给总量超过本区域内市场该类人才需求总量时，专业重复为过度性重复，这种重复需要调整。

（3）专业重复程度评价的意义。通过评价，确定该区域学校专业重复设置的类型。一旦发现过度性重复，可采取有效措施调整，避免其在办学资源利用率、就业率、办学特色、社会影响度等方面给学校产生不良影响。

（4）专业重复程度评价的方式。专业重复程度评价可使用"×××专业重复程度评价表"，如表14-19所示。

---

① 宗利永，孙绍荣，罗尧成，曹卫. 本科专业重复设置的现状、成因及应对策略［J］. 教育发展研究. 2007（12A）.

表 14-19　×××专业重复程度评价表

序号	专业重复院校名称	培养层次	学生规模	就业岗位群分布	结论
1					需求性重复□ 适度性重复□ 过渡性重复□
2					需求性重复□ 适度性重复□ 过渡性重复□
N					

（六）等级证书考取情况评价

等级证书包括职业资格证书或职业技能等级证书两类。《中华人民共和国职业教育法》明确规定职业学校执行职业资格证书或职业技能等级证书制度。职业学校学生，不管是高职院校、中职学校、技工院校的学生，都要参加与所学专业对应的职业资格或职业技能等级考核，获得对应层级的职业资格证书或职业技能等级证书。专业设置质量评价时间一般安排在新生入学第二学年下学期。关于等级证书考取情况评价，只要到学校调查该专业该届学生实际备考职业资格或职业技能等级证书情况即可。其具体评价标准可由评价主体自定。可参考的标准是：

（1）所考的证书与所学专业对应；

（2）90%以上学生考取与所学专业对应的，评为及格；

（3）95%以上学生考取与所学专业对应的，评为良好；

（4）97%以上学生考取与所学专业对应的，评为优秀；

（5）学有余力者，在考取与所学专业对应层级证书的基础上，另考取相关专业证书的，按比例加分奖励。

二、专业发展质量评价

（一）专业发展的内涵

发展，是个表征事物变化的动词。从形态看，发展指事物连续不断变化的过程；从内容看，其变化过程既有量的变化，也有质的变化；从过程看，包括初级阶段、拓展阶段、质变阶段。专业建设包括专业设置、专业发展、专业调整三个环节。专业发展是专业建设的核心环节，也是最能体现办学实力的阶段。专业发展是专业成长的一种形态、一个过程。专业发展成果的集合就是学校成长的状态。

（二）专业发展的内容

专业发展的内容即学校办学职能内容。职业学校办学职能包括学制教育、职业培训、技能评价、就业创业服务。专业发展也应包括四项业务，四项业务涉及面广，包括15个"一"。15个"一"如表14-20表示。

表 14-20　15个"一"

序号	"一"的内容
1	制定一个德技并修的专业人才培养方案
2	执行一个校企深广度合作培养制度
3	推行一个体现工学一体特点的专业课课程体系
4	建立一个体现理实一体特点的公共基础课课程体系
5	开发一批学用结合的教材学材
6	构建一个教学过程与工作过程对接的一体化课程教学模式
7	建设一支由企业实践专家组成的兼职教师队伍
8	健全一批包括生产型、教学型、虚拟仿真型的实训基地
9	建设一个以上技能大师工作室
10	推行一个体现职业教育特色的学生管理模式
11	形成一批科研成果
12	组织一次技术技能节活动
13	推行一个技能评价制度
14	落实一批就业创业服务项目
15	实施一个职业技能培训工作计划

专业建设的任务纷繁复杂，做好这 15 项工作，该专业就能获得较高质量的发展。

（三）专业发展质量评价的时间

专业发展质量评价的时间至少应在该专业第一届毕业生就业之后，最好在该专业设办以来拥有三届毕业生之后。

（四）专业发展质量评价的方式

评价方式多种多样，以 15 个"一"为评价内容，以评价表为评价工具实施评价是多种方式之一。判断一个专业发展的质量高或低，可用"×××专业发展质量评价表"，如表 14-21 所示。

表 14-21　×××**专业发展质量评价表**

序号	评价项目及权重	评分标准与评分办法	得分
1	制定一个德技并修的专业人才培养方案（　%）	培养方案明确德技并修要求的，得　分；未明确的，得　分。	
2	执行一个校企深广度合作培养制度（　%）	落实"十个共同"。落实的，得　分；未落实的，得　分。 落实"四项合作+3 个 100%"。落实的，得　分；未落实的，得　分。	
3	推行一个体现工学一体特点的专业课课程体系（　%）	专业课课程体系体现工学一体特点的，得　分；未体现的，得　分。	
4	建立一个体现理实一体特点的公共基础课课程体系（　%）	公共基础课程体系体现理实一体特点的，得　分；未体现的，得　分。	

表14-21（续）

序号	评价项目及权重	评分标准与评分办法	得分
5	开发一批学用结合的教材学材（ %）	教材学材体现学用结合的，得 分；未体现的，得 分。	
6	构建一个教学过程与工作过程对接的一体化课程教学模式（ %）	教学模式体现教学过程与工作过程对接的，得 分；未体现的，得 分。	
7	建设一支由企业实践专家组成的兼职教师队伍（ %）	建立的，得 分；未建立的，得 分。	
8	健全一批包括生产型、教学型、虚拟仿真型的实训基地（ %）	三种类型兼具的，得 分；兼具两个的，得 分；只建一种的，得 分；未建的，得 分。	
9	建设一个以上技术技能大师工作室（ %）	已建且有效运行的，得 分；已建但成摆设的，得 分；未建的，得 分。	
10	推行一个体现职业教育特色的学生管理模式（ %）	体现职业教育特色的，得 分；未体现的，得 分。	
11	形成一批科研成果（ %）	未形成的，得 分；形成的，得 分。	
12	组织一次技术技能节活动（ %）	已组织的，得 分；未组织的，得 分。	
13	推行一个技能评价制度（ %）	已推行的，得 分；未推行的，得 分。	
14	落实一批就业创业服务项目（ %）	落实3个以上就业创业服务项目的，得 分；落实1~2个的，得 分；落实0个的，得 分。	
15	实施一个职业技能培训工作计划（ %）	实施一个职业技能培训工作计划的，得 分；未实施的，得 分。	

注：

1. 各评价项目权重、得分分数由学校自定。

2. "十个共同"：共招学生员工、共提员工水平、共克技术难关、共研新尖技术、共参专业建设、共建课程体系、共设实训基地、共组师资队伍、共评教学质量、共促实习就业。（详见本书专业建设章）

3. "四项合作"，即学制教育合作、职业培训合作、技能评价合作、技能竞赛合作。校企双方不仅在学制教育领域合作，也要在其他三个领域合作。"三个100%"，指学制教育100%专业开展校企合作培养；100%的教师参与校企合作培养；100%学生接受校企合作培养。（详见本书专业建设章）

三、专业调整质量评价

（一）专业调整质量评价的必要性

专业调整是专业建设三个环节的第三个，是职业学校办学的一项重要工作，是每个二级院系及专业带头人必须面对的一项常态化业务。任何专业，一旦设立，不可能长期不调整。即使是专业设置质量评价过关的专业，发展3年以上时间，一定会出现变化， 定需要调整。该调不调，死路 条。专业调整质量评价是学校针对各专业调整质量状况的认定。其评价的对象是各二级院系。学校层面要通过评价，认定其调整是否到位。调整到位的，予以表扬；调整不到位的，要求重新调整。只有这样，职业学校专业调整工作才能常态化开展，专业建设才能高质量前行，学校办学质量才能保持在高水平状态。

（二）专业调整质量评价的内容

专业调整质量评价需要从五个方面进行：

1	专业设置质量评价意见整改落实情况
2	专业发展质量评价意见整改落实情况
3	新生入读本专业数量连年升降的比率情况
4	专业教师教学过程与工作过程对接教学率情况
5	本专业毕业生真实就业率情况

（1）专业设置质量评价意见落实情况指学校在该专业新生入学第二学年下学期开展的专业设置质量评价所提整改意见的落实情况。

（2）专业发展质量评价意见落实情况指学校专业发展质量评价所提整改意见的落实情况。

（3）真实就业率的理解。真实就业率指每年自 7 月 1 日至 12 月 31 日期间就业的毕业生占全部毕业生的比例。值得提醒的是：真实就业率不是初次就业率。初次就业率指毕业生在离校前已落实就业单位的比率，是用"已就业人数"除以"应就业人数"计算得出。其中，"已就业人数"包括已经找到工作单位的、继续升学的、自主创业的、出国留学及出国工作的毕业生。初次就业率的做法存在两个问题：一是评价时间有问题。应届毕业生离校前已落实就业单位，甚至与用人单位签订相关协议的做法是允许的，但不能在这个时段计算就业率。其理由是学生还未毕业，还处在实习阶段。把实习期间只要有学生落实就业岗位就视之为就业并将之纳入就业率统计范围的做法明显违背办学规定，也会误导学校办学。国家设计毕业前的实习环节，目的是通过实际岗位实践，多方面考察学生前几年在校学习收获情况，肯定学习成绩的同时，发现存在的问题并设法纠正，使之毕业后，能够比较好地胜任就业单位工作。这样的实习制度设计符合教育规律，应该遵循。那些毕业之前就与用人单位签订就业协议毕业生，只有在毕业之后仍在就业的，才可纳入就业率统计范围。二是统计对象有问题。不少学校统计初次就业率是将升学、留学的毕业生都纳入。这种做法违背就业常识。升学或出国留学者的法定身份是学生。这些人没有进入就业岗位，身份不是职业人，不应该视为就业计入就业率。因此，职业教育领域，初次就业率的提法和做法应取消。

（三）专业调整质量评价的方式

学校可用"×××专业调整质量评价表"对每个二级院系每个专业的专业调整质量开展评价，认定其专业调整质量的高或低，具体如表 14-22 所示。

表 14-22　院（系）×××专业调整质量评价表

序号	专业名称	评价项目及权重	评分办法	得分
1	XXX 专业	专业设置质量评价意见整改落实情况（30%）		
		专业发展质量评价意见整改落实情况（30%）		
		新生入读本专业数量连年升降的比率情况（10%）		
		专业教师教学过程与工作过程对接教学率情况（15%）		
		本专业毕业生真实就业率情况（15%）		
2	YYY 专业	专业设置质量评价意见整改落实情况（30%）		
		专业发展质量评价意见整改落实情况（30%）		
		新生入读本专业数量连年升降的比率情况（10%）		
		专业教师教学过程与工作过程对接教学率情况（15%）		
		本专业毕业生真实就业率情况（15%）		
3	N			

注：

1. 五种情况评价的前提是针对需要整改或调整的问题。
2. 评分办法由学校根据实际情况自定。

第四节　办学质量第三方评价

一、对办学质量第三方评价的认识

（一）办学质量第三方评价的概念

所谓第三方，是与评价对象没有直接利益关系的"旁观者"。这里的"评价对象"指与评价直接相关的"双方"。相对于这"双方"的"旁观者"是第三方。比如，职业培训质量的评价对象是培训机构和学员。培训机构和学员是与评价直接相关的"双方"。"旁观者"是与评价对象没有直接利益关系的第三方评价机构。

职业学校办学质量第三方评价就是由具备合法资质的社会中介机构组织，运用调查问卷等评价工具，对学校办学水平开展评价并将评价结果向社会公布以促进学校改革发展的一种社会管理方式。

（二）办学质量第三方评价的主体

办学质量评价主体与评价内容直接相关，评价内容决定评价主体。办学质量第三方评价主体与学业质量评价、专业建设质量评价不同。学业质量评价的组织机构主要是院系，开展的是学生自我、学生之间、任课教师"三方评价"，评价主体以学生和教师为主；专业建设质量评价的组织机构主要是学校，开展的是对二级院系办专业情况的评价，评价主体以学校教务部门为主。职业学校办学质量第三方评价的内容一般是对整个学校教育质量、就业质量、学校管理质量等状况的评价，评价主体分别是毕业

高等职业教育概论

·374·

生、用人单位、教师。

（1）教育质量评价主体。毕业生是学校校内的服务对象，无论是在校学习，还是毕业就业，都是评价学校教育教学质量最有发言权的评价主体。评价学业质量最权威的主体应该是毕业生。因此，学校应安排毕业生站在与毕业前学业质量评价不同的角度评价教育质量。

（2）就业质量评价主体。用人单位是学校校外的服务对象——培养的毕业生就业的单位。由使用毕业生的单位评价毕业生的就业质量，可以清楚地掌握学校培养质量情况。评价就业质量最权威的主体应该是用人单位。因此，学校应安排用人单位评价就业质量。

（3）学校管理质量评价主体。教师是学校办学的主体力量，也是学校服务和管理的主要对象。教师天天工作在学校管理的环境中，由教师评价学校管理质量，比较有说服力。评价学校管理质量最权威的主体应该是教师。因此，学校应该安排教师评价学校管理质量。

（三）办学质量第三方评价的原则

办学质量第三方评价应坚持三个原则。

（1）独立性原则。独立性的核心是"两个没有"：第一，评价机构与评价对象之间没有隶属关系；第二，评价机构与评价对象之间没有直接利益关系。只有在"两个没有"条件下开展评价，评价机构才可能不受评价对象干扰而体现评价结果的客观性、公正性。我国办学质量评价的三种类型中，办学质量学校自我评价和办学质量主管部门评价都存在"两个没有"，因此，二者都不是第三方评价。一些社会评价机构虽然与评价对象之间不存在隶属关系，但向评价对象收取评价费用，存在直接利益关系，所以即使"号称"第三方评价，也只能算是"伪第三方评价"，不是真正的第三方评价。凡达到上述"两个没有"的评价才可称为独立性评价。办学质量第三方评价要想坚持独立性原则，其前提是：评价费用由当地政府主管部门通过招标购买第三方评价成果的方式解决。

（2）专业性原则。第三方评价的价值在于可以比较客观地评判职业学校办学质量。正因如此，这对评价和评价人员有较强的专业性要求。如评价涉及学制教育、职业培训、技能评价、就业创业服务四个功能；评价指标须有雄辩性依据；评价过程须获得具有说服力的数据；评价结论须有足够的证据；评价结果须及时发布，等等。其涉及的评价理论、评价技术、评价工具、评价程序等与其他两种评价类型有所不同，评价过程需要体现专业水平，评价人员需要学习很多有一定深度的评价类知识和技能，真正做到专业的事由专业的人做。

（3）规范性原则。规范即应当共同遵守的准则和依据。办学质量第三方评价领域的规范性至少应该包括业务、纪律两类规范。业务类规范如评价目标"跟着"国家目标"走"的规定；评价指标"跟着"评价内容"走"的要求等。纪律类规范如评价机构及人员与被评价学校之间经济利益关系处理的规定；评价机构及人员所采集信息客观、真实，不弄虚作假的规定；被评学校所提供信息客观、真实，不弄虚作假的规定；建立针对评价机构黑名单制度，将不能胜任的评价机构纳入黑名单的制度；建立针对评价人员的问责机制，取消在评价中弄虚作假，假公济私评价人员的评价资格的规定，等等。只有坚持规范性原则，才能保证第三方评价的质量，才能净化第三方评价环境，切实发挥第三方评价的社会管理方式的作用，促进职业教育高质量发展。

（四）办学质量第三方评价的意义

（1）第三方评价是社会力量介入职业教育的一种社会治理方式。与内部评价不同，第三方机构的实质是社会组织的"旁观者"评价，属于社会力量。由社会力量评价职业教育，是非官方组织和市场机制相结合的产物，是国家社会管理制度改革的一个重要组成部分。引入第三方机构评价职业教育质量，不仅是决策科学化、民主化的需要，更是破除职业教育管理"官本位"思想、打破部门利益藩篱、创新社会治理模式的需要，是一种创新性的社会管理方式，值得大力推行。

（2）第三方评价是职业教育评价制度的重大改革，推进了职业学校评价方式的改革。迄今为止，不少职业学校仍按普通教育评价模式评价学生质量。衡量一个学生是否达到学校标准的依据是学生是否拿到毕业证书。新的评价方式要求学校以国家标准和市场标准为主来评价培养质量：衡量一个学生是否达到国家标准的依据是学生是否考取相应等级的职业资格证书；衡量一个学生是否达到市场标准的依据是不仅要看学生是否与用人单位签订劳动合同书，还要看这个学生的专业对口就业、稳定就业和就业后的待遇水平以及用人单位满意度等多方面情况。办学质量社会评价方式的改革，对我国职业教育领域多年来"自培自评""自娱自乐""王婆卖瓜"式质量评价方式，无疑是个"伤筋动骨"的冲击。

（3）倒逼职业学校培养模式的改革。上述评价方式的改革，实际上是将评价方式与培养制度、培养内容、培养目标、市场需求等诸环节串成一线，以客观科学的评价方式倒逼职业学校实施符合评价方式要求的技能人才培养模式。这对于我国职业学校从学历至上的办学模式转向能力核心的办学模式，无疑是次触及灵魂的革命。

二、办学质量第三方评价的实施

（一）评前"两定"

（1）定评价内容。评价内容即评价项目。开展评价之前，第三方机构的一项重要工作是与被评价方商定或确认评价内容。因为确认评价内容对下一步确定评价主体有直接关系。职业学校办学质量评价内容应落实 2020 年 10 月 13 日，中共中央、国务院印发《深化新时代教育评价改革总体方案》的要求："重点评价职业学校（含技工院校，下同）德技并修、产教融合、校企合作、育训结合、学生获取职业资格或职业技能等级证书、毕业生就业质量、'双师型'教师（含技工院校'一体化'教师，下同）队伍建设等情况，扩大行业企业参与评价，引导培养高素质劳动者和技术技能人才。"归纳起来，职业学校办学质量评价的内容应包括：学校教育质量、学校管理质量、毕业生就业质量。

（2）定评价纪律。正规的第三方评价是在评价机构与评价对象之间没有隶属关系、没有直接利益关系的前提下开展。最理想的做法是学校主管部门通过购买第三方评价服务的办法解决评价机构费用问题，让评价机构可以遵循独立性、专业性、规范性原则开展客观公正的评价。在此基础上，评价机构与相关方要签订协议，明确评价纪律，包括评价机构、评价人员与被评价学校不得发生任何经济关系；评价机构所采集信息必须客观、真实，不得弄虚作假；被评学校所提供信息必须客观、真实，不得弄虚作假等。

（二）评中"五步"

第一步：制定评价表。评价表由评价内容（评价项目）、评价指标、分值、评分办法等要素构成。评价内容假设为三个：教育质量、就业质量、学校管理质量，那么，三个评价内容即三个评价项目。下一步就根据评价项目确定评价指标、分值、评分办法。上述相关要素构成办学质量第三方评价表。以高职院校办学质量评价为例，如表14-23所示。

表14-23　高职院校办学质量第三方评价指标表

评价项目	分值	评价指标	权重	评分办法	得分
1. 教育质量评价（学生评价）	100	1. 所学专业开展的校企合作对自己学业促进情况	10%		
		2. 所学课程内容与工作岗位能力要求对接情况	15%		
		3. 专业课教师教学内容与实际工作内容对接情况	15%		
		4. 公共基础课所学知识对自己的实际工作帮助情况	10%		
		5. 专业课所学技术技能对自己的实际工作帮助情况	10%		
		6. 班主任对自己在校期间学习和思想品德等方面的帮助情况	10%		
		7. 社团活动对自己在校期间学习和思想品德方面的帮助情况	10%		
		8. 所获职业资格证书（职业技能等级证书）与实际工作能力需求对应情况	10%		
		9. 就业满意情况	10%		
本项得分					
2. 就业质量评价（用人单位评价）	100	1. 对毕业生爱岗敬业的满意情况	10%		
		2. 对毕业生诚实守信的满意情况	10%		
		3. 对毕业生与人相处的满意情况	10%		
		4. 毕业生专业对口就业情况	15%		
		5. 毕业生专业知识与岗位要求的契合度	10%		
		6. 毕业生技术技能水平与岗位要求的契合度	15%		
		7. 毕业生稳定就业情况	10%		
		8. 毕业生薪酬水平情况	10%		
		9. 对毕业生工作业绩的满意情况	10%		
本项得分					

表14-23（续）

评价项目	分值	评价指标	权重	评分办法	得分
3. 学校管理质量评价（教师评价）	100	1. 学校实训教学设备和工位的数量和质量情况	10%		
		2. 学校行政部门服务教学的效果情况	10%		
		3. 学校校企深度合作的情况	10%		
		4. 学校专业与产业需求对接的情况	10%		
		5. 学校课程内容与职业标准对接的情况	10%		
		6. 学校"双师型"或"一体化"教师培养的情况	10%		
		7. 学校课程教学过程与工作过程对接的情况	10%		
		8. 学校学生管理的效果情况	10%		
		9. 学校学制教育与职业培训并举的效果情况	10%		
		10. 毕业生就业率情况	10%		
本项得分					
总得分					

制定评价表需要重视处理以下几个问题：

（1）毕业生对就业满意情况的评价。该项评价涉及就业形式。学生就业有多种方式：劳动合同式、自谋职业式、自主创业式、其他就业式。故学校不能局限于劳动合同式就业状况评价。

（2）用人单位对毕业生专业对口就业情况的评价。该项评价即专业对口就业率评价。专业对口就业率指毕业生就业岗位与所学专业对口的比例。这个评价指标的价值在于考察学校专业设置与市场需求是否对接。一般情况下，该项指标连续三年低于60%的专业应予以调整。依据这个指标考核评价学校，并将之与公办学校办学资金、评先评优等政策挂钩，会"迫使"学校专业设置与市场需求保持对接。

（3）用人单位对毕业生稳定就业情况的评价。稳定就业情况按稳定就业率要求评价。稳定就业率统计的时间范围是学生毕业之日起12个月的就业情况。稳定就业率的统计时间范围包括就业率统计的时间范围。这项指标可以评出学校培养质量。当一所学校毕业生的稳定就业率在60%以上，该校就业质量达合格水平；在61%~80%区间，该校就业质量达良好水平；80%以上的，表明该校毕业生就业质量达优秀水平。

（4）用人单位对毕业生薪酬水平情况的评价。此即毕业生就业一年后工资收入的水平。此项指标考察毕业生就业能力。其评价意义在于掌握学校培养效果对学生实际收入的影响。

（5）用人单位对毕业生工作业绩的满意情况的评价。该评价即用人单位满意度。满意度与满意率这两个概念常被人误用：用百分比表达满意度。满意率是指受过学校教育的学生总数中对学校教育表示"基本满意"以上的人所占的百分比，结果用百分比表示。满意度是指学生对学校教育满足其需求和期望程度的主观感受，结果用具体分值表示。这里的用人单位满意度指通过问卷调查，了解毕业生就业的用人单位（主要是企业）对毕业生整体素质和就业能力的满意程度。毕业生对学校教育质量的评价分值越高，表明学校教育质量越高。设置这个指标的意义：一是因为企业既是市场的重要主体，也是学校培养对象的"使用者"。学生就业质量如何，"使用者"最有发言权，评价也最权威，最有质量。二是通过这一指标，能够最真实地看出学校办学水平。

（6）毕业生就业率情况统计的范围。其主要指已与企业签订劳动合同书的常态就业者、有工商登记证明的自主创业者、有社区等组织证明的自谋职业者。但不包括升学、参军、出国留学三类人员。

（7）分值与权重的安排。三个评价内容总分为 100 分。其中，学业质量占 30%；就业质量占 40%；学校管理质量占 30%。为便于评价指标具体操作，三个评价内容又各按 100 分安排评价指标。使用中，可按三个项目所占比重进行转换统分。

第二步：制定调查问卷

（1）调查问卷的功能。调查问卷直接用于评价主体，由此得到的信息资料是评价结果的主要原料和主要依据，是第三方评价的主要工具。如果说评价指标表的制定只用于评价机构内部掌握，调查问卷则用于评价机构外部。

（2）调查问卷的内容。调查问卷的内容依据是评价指标表。学校根据评价指标表，结合调查问卷的形式特点，按照针对性与有效性结合，信息化技术与可操作性要求结合的原则设计职业学校办学质量第三方评价调查问卷。高职学校用调查问卷（参考）介绍如下：

①教育质量评价调查问卷（高职院校用）。

教育质量评价调查问卷

亲爱的同学：

　　您好！

　　为提高职业学校办学质量，根据中共中央、国务院《深化新时代教育评价改革总体方案》和国务院《国家职业教育改革实施方案》的相关要求，决定开展毕业生在校期间学习等情况的问卷调查，目的是帮助您的母校办得更好。您的看法、意见对我们开展此项工作具有重要意义。敬请您认真填写问卷。A、B、C、D 四项中，结合您的实际情况选一项并在对应的括号内打"√"。感谢您的支持。

×××××
年　月　日

（学生所在学校、所学专业等信息略，下同）

1. 所学专业开展的校企合作对自己学业促进情况
　A. 很有促进（　　　）
　B. 有点促进（　　　）
　C. 没啥促进（　　　）
　D. 毫无促进（　　　）

2. 所学课程内容与工作岗位能力要求对接情况
　A. 对接很好（　　　）
　B. 对接一些（　　　）
　C. 基本没对接（　　　）
　D. 根本没对接（　　　）

3. 专业课教师教学内容与实际工作内容对接情况
　A. 对接很好（　　　）
　B. 对接一些（　　　）
　C. 基本没对接（　　　）
　D. 根本没对接（　　　）

4. 公共基础课所学知识对自己的实际工作帮助情况
　A. 帮助很大（　　　）
　B. 帮助一些（　　　）
　C. 基本没帮助（　　　）
　D. 根本没帮助（　　　）

---

5. 专业课所学技术技能对自己的实际工作帮助情况
A. 帮助很大（　　　）
B. 帮助一些（　　　）
C. 基本没帮助（　　　）
D. 根本没帮助（　　　）
6. 班主任对自己在校期间学习和思想品德等方面的帮助情况
A. 帮助很大（　　　）
B. 帮助一些（　　　）
C. 基本没帮助（　　　）
D. 根本没帮助（　　　）
7. 社团活动对自己在校期间学习和思想品德等方面的帮助情况
A. 帮助很大（　　　）
B. 帮助一些（　　　）
C. 基本没帮助（　　　）
D. 根本没帮助（　　　）
8. 所获职业资格证书（职业技能等级证书）与实际工作能力需求对应情况
A. 对应很好（　　　）
B. 对应一些（　　　）
C. 基本没对应（　　　）
D. 根本没对应（　　　）
9. 就业满意情况
A. 很满意（　　　）
B. 基本满意（　　　）
C. 基本不满意（　　　）
D. 很不满意（　　　）

（2）就业质量评价调查问卷（高职院校用）。

毕业生就业质量评价调查问卷

用人单位相关领导：

　　您好！

　　为提高职业学校办学质量，根据中共中央、国务院《深化新时代教育评价改革总体方案》和国务院《国家职业教育改革实施方案》的相关要求，决定开展毕业生就业质量的问卷调查，了解该校在贵单位就业的毕业生所学专业与其岗位业务是否对口、职业道德、专业知识、专业能力、工作业绩、思想表现等情况，目的是帮助毕业生母校发现和纠正办学存在的问题，把学校办得更好。您的看法、意见对我们开展此项工作具有重要意义。敬请您认真填写问卷。A、B、C、D 四项中，结合该校毕业生的实际表现选一项并在对应的括号内打"√"。感谢您的支持。

××××
年　月　日

1. 对毕业生爱岗敬业的满意情况
A. 很满意（　　　）
B. 基本满意（　　　）
C. 基本不满意（　　　）
D. 很不满意（　　　）
2. 对毕业生诚实守信的满意情况
A. 很满意（　　　）
B. 基本满意（　　　）
C. 基本不满意（　　　）
D. 很不满意（　　　）
3. 对毕业生与人相处的满意情况
A. 都很满意（　　　）
B. 基本满意（　　　）
C. 基本不满意（　　　）
D. 很不满意（　　　）

4. 毕业生专业对口就业情况
A. 都很对口 （　　）
B. 基本对口 （　　）
C. 基本不对口 （　　）
D. 很不对口 （　　）
5. 毕业生专业知识与岗位要求的契合度
A. 契合度很高 （　　）
B. 基本契合 （　　）
C. 基本不契合 （　　）
D. 很不契合 （　　）
6. 毕业生技术技能水平与岗位要求的契合度
A. 契合度很高 （　　）
B. 基本契合 （　　）
C. 基本不契合 （　　）
D. 很不契合 （　　）
7. 毕业生稳定就业情况
A. 连续工作 12 个月 （　　）
B. 连续工作 8 个月 （　　）
C. 连续工作 6 个月 （　　）
D. 连续工作不足 6 个月 （　　）
8. 毕业生薪酬水平情况
A. 入职薪酬≧3 500 （　　）
B. 入职薪酬 3 000~3 500 （　　）
C. 入职薪酬 2 000~3 000 （　　）
D. 入职薪酬≦2 000 （　　）
E. 一年后薪酬≧3 500 （　　）
F. 一年后薪酬 3 000~3 500 （　　）
G. 一年后薪酬 2 000~3 000 （　　）
H. 一年后薪酬≦2 000 （　　）
9. 对毕业生工作业绩的满意情况
A. 很满意 （　　）
B. 基本满意 （　　）
C. 基本不满意 （　　）
D. 很不满意 （　　）

（3）学校管理质量评价调查问卷（高职院校用）。

学校管理质量评价调查问卷

老师：

您好！

为提高职业学校办学质量，根据中共中央、国务院《深化新时代教育评价改革总体方案》和国务院《国家职业教育改革实施方案》的相关要求，决定开展职业学校管理质量的问卷调查，通过教师回答问卷，了解贵校多方面工作情况。您的意见对我们开展此项工作具有重要意义。敬请您认真填写问卷。A、B、C、D 四项中，结合学校实际选一项并在对应的括号内打"√"。感谢您的支持。

×××××

年　月　日

1. 学校实训教学设备和工位的数量和质量情况
A. 效果很好 （　　）
B. 效果一般 （　　）
C. 数量不足质量不佳 （　　）
D. 数量很不够质量很差 （　　）

2. 学校行政部门服务教学的效果情况
   A. 效果很好 （　　）
   B. 效果一般 （　　）
   C. 效果较差 （　　）
   D. 效果很差 （　　）
3. 学校校企合作的情况
   A. 深度合作，并取得很好效果 （　　）
   B. 浅层合作，效果一般 （　　）
   C. 应付式合作，没啥效果 （　　）
   D. 没有合作 （　　）
4. 学校专业与产业需求对接的情况
   A. 对接很好 （　　）
   B. 对接一般 （　　）
   C. 基本没对接 （　　）
   D. 完全没对接 （　　）
5. 学校课程内容与职业标准对接的情况
   A. 对接很好 （　　）
   B. 对接一般 （　　）
   C. 基本没对接 （　　）
   D. 完全没对接 （　　）
6. 学校"双师型"或"一体化"教师培养的情况
   A. 效果很好 （　　）
   B. 效果一般 （　　）
   C. 效果较差 （　　）
   D. 效果很差 （　　）
7. 学校教师教学过程与工作过程对接的情况
   A. 对接很好 （　　）
   B. 对接一般 （　　）
   C. 基本没对接 （　　）
   D. 完全没对接 （　　）
8. 学校学生管理的效果情况
   A. 效果很好 （　　）
   B. 效果一般 （　　）
   C. 效果较差 （　　）
   D. 效果很差 （　　）
9. 学校学制教育与职业培训并举的效果情况
   A. 效果很好 （　　）
   B. 效果一般 （　　）
   C. 效果较差 （　　）
   D. 效果很差 （　　）
10. 毕业生就业率情况（统计时间：毕业之日起 6 个月内就业）
   A. 劳动合同式就业 （　　）
   B. 自谋职业式就业 （　　）
   C. 自主创业式就业 （　　）
   D. 其他方式就业 （　　）

制定调查问卷需要重视处理以下几个问题：一是明确调查问卷的对象，学业质量和就业质量的调查对象和统计口径为已毕业一年整的毕业生；二是调查和统计的对象必须是和只能是除去升学、参军、出国留学三类人员之外的毕业生，因为这三类毕业生的法定身份不是就业者；三是调查样本应达该届毕业生就业人数的 70% 以上；四是就业质量调查的对象是用人单位人力资源部门相关人员，学校管理质量调查的对象是教师、辅导员；五是就业率的调查可采取多种方式，包括通过辅导员（班主任）拿到毕业生通讯信息了解和通过社保系统了解。

第三步：发放和回收调查问卷。问卷制定之后，开始精心开展问卷发放的和回收工作。调查问卷可以采取网络、座谈等多种方式发放。通过网络发放问卷开展调查的方式虽简便，但也存在认真度不高和真实性受损等问题。建议至少应有 40% 的问卷需要线下进行，以此确保调查数据的客观真实性。问卷发放率应达 100% 以上，问卷有效率应达 60% 以上，问卷回收率应达 60% 以上。

第四步：统计和分析调查问卷。统计调查问卷的目的：一是统计结果填入评价表；二是为进一步分析调查问卷，撰写评价报告提供数据等资料。统计的工具可使用大数据等先进技术手段，也可使用统分表协助，如表 14-24 所示。

表 14-24　职业学校办学质量第三方评价调查问卷统分表（高职院校）

评价内容 （每项 100 分）	权重 （%）	评价指标与评分办法	评价指标 得分	评价内容 得分
1. 教育质量评价（学生评价）	30%	1. 所学专业开展的校企合作对自己学业促进情况（10%） 　　A. 很有促进（　　） 　　B. 有点促进（　　） 　　C. 没啥促进（　　） 　　D. 毫无促进（　　） 　　（评分办法：A=10；B=6；C=2；D=0）		
		2. 所学课程内容与工作岗位能力要求对接情况（15%） 　　A. 对接很好（　　） 　　B. 对接一些（　　） 　　C. 基本没对接（　　） 　　D. 根本没对接（　　） 　　（评分办法：A=15；B=10；C=5；D=0）		
		3. 专业课教师教学内容与实际工作内容对接情况（15%） 　　A. 对接很好（　　） 　　B. 对接一些（　　） 　　C. 基本没对接（　　） 　　D. 根本没对接（　　） 　　（评分办法：A=15；B=10；C=5；D=0）		
		4. 公共基础课所学知识对自己的实际工作帮助情况（10%） 　　A. 帮助很大（　　） 　　B. 帮助一些（　　） 　　C. 基本没帮助（　　） 　　D. 根本没帮助（　　） 　　（评分办法：A=10；B=6；C=2；D=0）		
		5. 专业课所学技术技能对自己的实际工作帮助情况（10%） 　　A. 帮助很大（　　） 　　B. 帮助一些（　　） 　　C. 基本没帮助（　　） 　　D. 根本没帮助（　　） 　　（评分办法：A=10；B=6；C=2；D=0）		

表14-24(续)

评价内容 （每项100分）	权重 （%）	评价指标与评分办法	评价指标 得分	评价内容 得分
1. 教育质量评价（学生评价）	30%	6. 班主任对自己在校期间学习和思想品德等方面的帮助情况（10%） 　A. 帮助很大（　　） 　B. 帮助一些（　　） 　C. 基本没帮助（　　） 　D. 根本没帮助（　　） （评分办法：A＝15；B＝10；C＝5；D＝0）		
		7. 社团活动对自己在校期间学习和思想品德等方面的帮助情况（10%） 　A. 帮助很大（　　） 　B. 帮助一些（　　） 　C. 基本没帮助（　　） 　D. 根本没帮助（　　） （评分办法：A＝15；B＝10；C＝5；D＝0）		
		8. 所获职业资格证书（职业技能等级证书）与实际工作能力需求对应情况（10%） 　A. 对应很好（　　） 　B. 对应一些（　　） 　C. 基本没对应（　　） 　D. 根本没对应（　　） （评分办法：A＝15；B＝10；C＝5；D＝0）		
		9. 就业满意情况（10%） 　A. 很满意（　　） 　B. 基本满意（　　） 　C. 基本不满意（　　） 　D. 很不满意（　　） （评分办法：A＝10；B＝7；C＝3；D＝0）		
本项目总得分				
2. 就业质量评价（用人单位评价）	40%	1. 对毕业生爱岗敬业的满意情况（10%） 　A. 很满意（　　） 　B. 基本满意（　　） 　C. 基本不满意（　　） 　D. 很不满意（　　） （评分办法：A＝10；B＝6；C＝2；D＝0）		
		2. 对毕业生诚实守信的满意情况（10%） 　A. 很满意（　　） 　B. 基本满意（　　） 　C. 基本不满意（　　） 　D. 很不满意（　　） （评分办法：A＝10；B＝6；C＝2；D＝0）		
		3. 对毕业生与人相处的满意情况（10%） 　A. 很满意（　　） 　B. 基本满意（　　） 　C. 基本不满意（　　） 　D. 很不满意（　　） （评分办法：A＝10；B＝6；C＝2；D＝0）		
		4. 毕业生专业对口就业情况（15%） 　A. 都很对口（　　） 　B. 基本对口（　　） 　C. 基本不对口（　　） 　D. 很不对口（　　） （评分办法：A＝15；B＝10；C＝5；D＝0）		

表14-24(续)

评价内容 （每项100分）	权重 （%）	评价指标与评分办法	评价指标 得分	评价内容 得分
2. 就业质量评价（用人单位评价）	40%	5. 毕业生专业知识与岗位要求的契合度（10%） 　A. 契合度很高　（　　） 　B. 基本契合　（　　） 　C. 基本不契合　（　　） 　D. 很不契合　（　　） 　（评分办法：A=15；B=10；C=5；D=0）		
		6. 毕业生技术技能水平与岗位要求的契合度（15%） 　A. 契合度很高　（　　） 　B. 基本契合　（　　） 　C. 基本不契合　（　　） 　D. 很不契合　（　　） 　（评分办法：A=15；B=10；C=5；D=0）		
		7. 毕业生稳定就业情况（10%） 　A. 连续工作12个月　（　　） 　B. 连续工作8个月　（　　） 　C. 连续工作6个月　（　　） 　D. 连续工作不足6个月　（　　） 　（评分办法：A=15；B=10；C=5；D=0）		
		8. 毕业生薪酬水平情况（10%） 　A. 入职薪酬≧3 500　（　　） 　B. 入职薪酬3 000~3 500　（　　） 　C. 入职薪酬2 000~3 000　（　　） 　D. 入职薪酬≦2 000　（　　） 　E. 一年后薪酬≧3 500　（　　） 　F. 一年后薪酬3 000~3 500　（　　） 　G. 一年后薪酬2 000~3 000　（　　） 　H. 一年后薪酬≦2 000　（　　） 　（评分办法：按一年后薪酬评分。E=10；F=8；G=6；H=0）		
		9. 对毕业生工作业绩的满意情况（10%） 　A. 很满意　（　　） 　B. 基本满意　（　　） 　C. 基本不满意　（　　） 　D. 很不满意　（　　） 　（评分办法：A=10；B=6；C=2；D=0）		
本项目总得分				
3. 学校管理质量评价（教师评价）	30%	1. 学校实训教学设备和工位的数量和质量情况（10%） 　A. 很好　（　　） 　B. 一般　（　　） 　C. 数量不足质量不佳　（　　） 　D. 数量很不够质量很差　（　　） 　（评分办法：A=10；B=6；C=2；D=0）		
		2. 学校行政部门服务教学情况（10%） 　A. 效果很好　（　　） 　B. 效果一般　（　　） 　C. 效果较差　（　　） 　D. 效果很差　（　　） 　（评分办法：A=10；B=6；C=2；D=0）		
		3. 学校校企合作情况（10%） 　A. 深度合作，并取得很好效果　（　　） 　B. 浅层合作，效果一般　（　　） 　C. 应付式合作，没啥效果　（　　） 　D. 没有合作　（　　） 　（评分办法：A=10；B=6；C=2；D=0）		

表14-24（续）

评价内容 （每项100分）	权重 （%）	评价指标与评分办法	评价指标 得分	评价内容 得分
3. 学校管理质量评价（教师评价）	30%	4. 学校专业与产业需求对接情况（10%） 　A. 对接很好（　　） 　B. 对接一般（　　） 　C. 基本没对接（　　） 　D. 完全没对接（　　） （评分办法：A=10；B=6；C=2；D=0）		
		5. 学校课程内容与职业标准对接情况（10%） 　A. 对接很好（　　） 　B. 对接一般（　　） 　C. 基本没对接（　　） 　D. 完全没对接（　　） （评分办法：A=10；B=6；C=2；D=0）		
		6. 学校"双师型"或"一体化"教师培养情况（10%） 　A. 效果很好（　　） 　B. 效果一般（　　） 　C. 效果较差（　　） 　D. 效果很差（　　） （评分办法：A=10；B=6；C=2；D=0）		
		7. 学校课程教学过程与工作过程对接情况（10%） 　A. 对接很好（　　） 　B. 对接一般（　　） 　C. 基本没对接（　　） 　D. 完全没对接（　　） （评分办法：A=10；B=6；C=2；D=0）		
		8. 学校学生管理的效果情况（10%） 　A. 效果很好（　　） 　B. 效果一般（　　） 　C. 效果较差（　　） 　D. 效果很差（　　） （评分办法：A=10；B=6；C=2；D=0）		
		9. 学校学制教育与职业培训并举的效果情况（10%） 　A. 效果很好（　　） 　B. 效果一般（　　） 　C. 效果较差（　　） 　D. 效果很差（　　） （评分办法：A=10；B=6；C=2；D=0）		
		10. 毕业生就业率情况（10%） 　A. 劳动合同式就业（　　） 　B. 自谋职业式就业（　　） 　C. 自主创业式就业（　　） 　D. 其他方式就业（　　） （评分办法：就业率达90%以上的，得10分；70%-89%的，得8分；60%-69%的，得6分；59%以下的，得4分。）		
本项目总得分				
3个项目总得分				

第五步：形成评价报告。根据问卷调查分析结果，写出体现独立性、专业性、规范性原则的评价报告。

（三）评后"两帮"

（1）帮助处理评价结果。办学评价结果处理应发挥三个作用：一是向社会公布，让当地社会了解被评价学校的办学情况，接受社会监督；二是评价结果为当地主管部门决策提供依据；三是促进学校改进存在的问题。其评价结果的处理一般是：采取学校主管部门组织召开新闻发布会或网络发布等方式向社会公布评价结果。其公布的内容既包括值得肯定的成绩，也包括需要整改的不足。

（2）帮助学校整改提高。在学校需要的前提下，相关机构根据调查报告发现的问题，由职业教育行家组成帮扶小组，制定相关方案，有偿指导学校整改提高。

第五节　深圳技师学院办学质量第三方评价的实践

深圳技师学院是在深圳高级技工学校的基础上建成的。当时的表述是：深圳高级技工学校（深圳技师学院）。笔者于 2002 年 4 月从深圳市劳动局法制处处长任上主动要求平调到深圳高级技工学校（深圳技师学院）工作。两年后，学校决定开展办学质量社会评价，分两步实施：

第一步，摸底自评。摸底自评的背景是：当时，深圳市各行各业都在紧锣密鼓地改革创新，学校也不例外。学校领导班子明确了两个目标：深圳高级技工学校（技师学院）要为深圳特区改革发展培养合格的高技能人才；要探索高技能人才培养经验并成为全国技工教育"排头兵"。落实上述两个目标，需推行一系列改革措施。借鉴国际惯例，通过有资质的第三方机构开展办学质量社会第三方评价是学校一系列改革措施之一。但在开展社会第三方评价之前，学校需先进行内部摸底，了解实际情况，做到心里有数。为此，学校决定用两年时间，即 2004—2005 年进行两次摸底调查自身办学质量情况，即办学质量学校自我评价。具体做法是：由招生就业处牵头，10 个系配合，29 个专业都接受评价。笔者参与制定评价方案，确定评价内容和评价指标，明确要求调查两类结果：满意率和满意度。以满意度为主，满意率为辅。此外，安排相关资金，组织专门队伍开展摸底调查。经过两年两次摸底评价，学校对情况基本清楚，心里有数了。

第二步，委托评价。学校委托深圳市企业家协会和相关协会，聘请具有资深行业经验的第三方机构——深圳市万人市场调查有限公司负责本校办学质量的调查、数据分析、撰写调查报告。现将一些主要内容介绍如下：

一、评价主体的确定

学校与评价机构认为，学校是提供教育服务的，服务得好不好，不是学校说了算，应由客户来评断。"客户"应该成为具体评价的主体。经过协商，学校确定了三个评价主体：毕业生、毕业生家长、用人单位。

确定毕业生为评价主体，是因为毕业生是技能教育的"产品"，让"产品"来评价"产品"的"生产单位"，会比较准确。

确定毕业生家长为评价主体，目的是了解毕业生家长对子女学习和就业状况的满意度。因为家庭是社会构成的重要组成部分，技能教育质量如何，技能就业效果怎样，社会是否基本认可，毕业生家庭的评价很重要。

确定用人单位（主要是企业）为评价主体，目的是了解毕业生就业的企业对毕业生整体素质的满意度。企业既是市场的重要主体，也是社会的重要构成，还是技能教育"产品"的"使用者"。"产品"质量如何，"使用者"最有发言权，评价也最权威。

二、评价内容的确定

本次评价定了三个内容：

（1）用人单位对毕业生在岗表现的评价，即就业质量。

（2）毕业生家长对学校工作及子女就业的评价，即学校管理质量和就业质量。

（3）毕业生对学校工作及自身就业情况的评价，即学校管理质量和就业质量。

其特点是：特别重视就业质量评价，三个评价主体均涉及就业质量。

三、评价指标的确定

（1）用人单位的评价指标是 10 个，重点是 7 个：专业基础知识与岗位要求的契合度、动手能力与岗位要求的契合度、吃苦精神、工作态度、集体协作精神、与人沟通能力、创新能力。具体如下：

深圳高级技工学校 2006 届毕业生用人单位问卷调查

您好！为了改善服务质量，受该校委托，我司组织了本次调研，您提供给我们的真实情况和想法对该校教育质量的提升非常重要。我们只会对所有被访人员的回答进行汇总和统计分析，不会涉及到个人的具体情况，请您不必有任何顾虑。

占用了您的宝贵时间，向您致以衷心的感谢。

深圳市万人市场调查有限公司
年 月 日

请您在选项中的英文字母上打"√"

1、您认为该校毕业生专业基础知识是否达到岗位要求？
A. 超过　B. 达到　C. 基本达到　D. 欠缺

2、您认为该校毕业生的动手操作能力是否达到岗位要求？
A. 超过　B. 达到　C. 基本达到　D. 欠缺

3、您对该校毕业生吃苦精神是否满意？
A. 很满意　B. 满意　C. 基本满意　D. 不满意

4、您对该校毕业生的工作态度是否满意？
A. 很满意　B. 满意　C. 基本满意　D. 不满意

5、您对该校毕业生集体协作精神是否满意？
A. 很满意　B. 满意　C. 基本满意　D. 不满意

6、您对该校毕业生与人沟通能力是否满意？
A. 很满意　B. 满意　C. 基本满意　D. 不满意

7、您对该校毕业生的创新能力是否满意？
A. 很满意　B. 满意　C. 基本满意　D. 不满意

8、您对该校就业推荐工作是否满意？
A. 很满意　B. 满意　C. 基本满意　D. 不满意

9、您对该校毕业生的总体评价如何？
A. 很满意　B. 满意　C. 基本满意　D. 不满意

10、您对该校毕业生就业工作有何意见与建议？（请在下面空白处写出）

用人单位盖章
年 月 日

用人单位评价的特点：一是专业基础知识与技术技能并重；二是强调两个对接，即知识教学与岗位要求对接，技能操作与岗位需求对接；三是重视非专业能力培养；四是重视创新能力培养。

（2）毕业生家长对学校工作的评价指标分为两个方面：一是 5 个对学校工作的评价指标，即教学工作、班主任工作、学生管理工作、后勤服务工作、就业推荐工作；二是 2 个对子女就业的评价指标，即就业岗位、月收入水平。具体如下：

深圳高级技工学校 2006 届毕业生家长问卷调查

您好！为了改善服务质量，受该校委托，我司组织了本次调研，您提供给我们的真实情况和想法对该校教育质量的提升非常重要。我们只会对所有被访人员的回答进行汇总和统计分析，不会涉及到个人的具体情况，请您不必有任何顾虑。

占用了您的宝贵时间，向您致以衷心的感谢。

深圳市万人市场调查有限公司
年　月　日

您孩子的专业是＿＿＿＿＿＿＿

请您在选中项的英文字母上打"√"

1、请根据平时与孩子沟通中了解该校的情况，评价该校的教学工作。
A. 很满意　B. 满意　C. 基本满意　D. 不满意
2、请根据平时与孩子沟通中了解该校的情况，评价该校班主任老师的工作。
A. 很满意　B. 满意　C. 基本满意　D. 不满意
3、请根据平时与孩子沟通中了解该校的情况，评价该校的学生管理工作。
A. 很满意　B. 满意　C. 基本满意　D. 不满意
4、请根据平时与孩子沟通中了解该校的情况，评价该校的后勤服务工作。
A. 很满意　B. 满意　C. 基本满意　D. 不满意
5、请根据平时与孩子沟通中了解该校的情况，评价该校的就业推荐工作。
A. 很满意　B. 满意　C. 基本满意　D. 不满意
6、请表达您对孩子的就业岗位的满意程度。
A. 很满意　B. 满意　C. 基本满意　D. 不满意
7、您孩子的月收入是多少（包括住房、福利等各种补贴）？
A. 1 000 元以下　B. 1 000~2 000 元　C. 2 000~2 500 元
D. 2 500~3 000 元　E. 3 000 元以上
8、您对您孩子的工资待遇满意吗？
A. 很满意　B. 满意　C. 基本满意　D. 不满意
请您对该校工作提出宝贵意见和建议。（在下面空白处写出）

家长评价的特点是：涉及学校主要工作，尤其是就业工作。

（3）毕业生对学校工作评价指标分为三个方面：

①就业状况的指标有 6 个：确定就业单位的方式、在就业方面最需要的帮助、影响就业的主要因素、目前收入水平、就业岗位与所学专业的匹配性、教学内容与实际工作的适应程度。

②在校学习状况的指标有 2 个：理论知识的掌握程度、操作技能的掌握程度。

③评价学校工作的指标有 2 个：就业推荐工作、教学工作。

深圳高级技工学校 2006 届毕业生就业状况调查问卷

您好！为了改善服务质量，受该校委托，我司组织了本次调研，您提供给我们的真实情况和想法对该校教育质量的提升非常重要。我们只会对所有被访人员的回答进行汇总和统计分析，不会涉及到个人的具体情况，请您不必有任何顾虑。

深圳市万人市场调查有限公司
年　月　日

您所学专业是_____
请将选中项的英文字母填在（　　）里，可以多选。
1、你是通过什么方式确定就业单位的?（　　）
A. 学校或老师推荐的　　　　　　B. 家长或朋友介绍的
C. 自己找的　　　　　　　　　　D. 其他
2、在就业方面你最需要谁的帮助?（　　）
A. 学校就业指导中心　　　　　　B. 班主任、专业课老师
C. 家人、朋友　　　　　　　　　D. 社会上的职业介绍所
E. 其他
3、你认为下列因素对就业影响最大的是（　　）
A. 个人的实际操作能力　　　　　B. 个人的知识水平
C. 所学专业　　　　　　　　　　D. 为人处世能力
E. 学校、老师的评价　　　　　　F. 社会关系
4、请你如实填写你目前的收入（包括住房、各种福利和补贴）。（　　）
A. 1 000 元以下　　　　　　　　B. 1 000~1 500 元
C. 1 500~2 000 元　　　　　　　D. 2 000~3 000 元
E. 3 000 元以上
5、你就业的岗位与所学专业是否对口?（　　）
A. 对口　　　　　　　　　　　　B. 基本对口
C. 不对口
6、你认为理论教学内容与实际工作相适应吗?（　　）
A. 很适用　　　　　　　　　　　B. 比较适用
C. 一般　　　　　　　　　　　　D. 不适用
7、你认为实训教学内容与实际工作相适应吗?（　　）
A. 很适用　　　　　　　　　　　B. 比较适用
C. 一般　　　　　　　　　　　　D. 不适用
8、你认为自己在校期间，理论知识的掌握情况如何?（　　）
A. 很好　　　　　　　　　　　　B. 好
C. 一般　　　　　　　　　　　　D. 不好
9、你认为自己在校期间，操作技能的掌握情况如何?（　　）
A. 很好　　　　　　　　　　　　B. 好
C. 一般　　　　　　　　　　　　D. 不好
10、你对学校的就业推荐工作满意吗?（　　）
A. 很满意　　　　　　　　　　　B. 满意
C. 基本满意　　　　　　　　　　D. 不满意
11、你对学校的教学工作满意吗?（　　）
A. 很满意　　　　　　　　　　　B. 满意
C. 基本满意　　　　　　　　　　D. 不满意
12、你对学校的综合评价是（　　）
A. 很满意　　　　　　　　　　　B. 满意
C. 基本满意　　　　　　　　　　D. 不满意
13、你对学校工作的意见与建议?

学生评价的特点是：指标数量最多，针对性强。

四、评价方式

（1）学校回避。第三方评价过程中，学校的工作有两项：一是负责向评价机构提供毕业生名单、就业所在单位、毕业生联系电话、用人单位人力资源部联系电话、毕业生家长联系电话；二是需要学校协助派人带路时，派人带领评价机构人员到拟调查的用人单位，与人力资源部门人员见面后，学校人员独自返回学校，留评价机构人员在企业开展问卷调查。其余的工作均由万人公司负责。学校自觉回避的目的是让第三方公司自主完成整个评价的各个环节，避免校方人为的主观因素的干扰，杜绝虚假信

息，保障评价数据的真实有效性。

（2）采用三种方式：问卷调查、座谈会、打电话。

（3）调查样本分配：为了较为全面地反映各评价群体的真实满意度。本次调查采用较大样本量。具体定额为：调查的用人单位数量占聘用该校毕业生就业的用人单位总数的70%；调查的毕业生人数占该届毕业生总人数的70%；调查的家长人数占该届毕业生家庭总数的60%。具体抽样以各系毕业生为单位，按照相应比例采取随机抽样的方式进行。

五、评价结果

万人市场调查公司调查时间为2006年9月15日~12月1日。调查结束后，形成我校《2006年办学质量满意度调查报告》，如图14-1所示。

图14-1　调查报告

现将当时调查报告中满意度和满意率的调查结果介绍如下：

（一）满意度情况

（1）用人单位对深圳高级技工学校的满意度得分为83.39分。

（2）毕业生家长对深圳高级技工学校的满意度得分为71.85分。

（3）毕业生对深圳高级技工学校的满意度得分为69.74分。

（4）用人单位、家长、毕业生对深圳高级技工学校办学质量的综合满意度得分为74.90分。

（二）满意率情况

（1）用人单位对深圳高级技工学校的满意率为98.05%。

（2）毕业生家长对深圳高级技工学校的满意率为94.00%。

（3）毕业生对深圳高级技工学校的满意率为93.81%。

（4）用人单位、家长、毕业生对深圳高级技工学校办学质量的综合满意率为95.29%。

我们可以看出，其满意度不到 75 分，但满意率高达 95.29%。可学校对满意率不以为然，看重的是满意度。评价之前，学校对满意度的期望分数是 65 分左右。其理由是：学校 2000 年才由三个不同技校整合而成，短短几年时间的改革创新，能够在第一次第三方评价及格，算是有个好的开头。

（6）评价结果处理。调查报告出来后，学校将评价结果报主管部门——深圳市劳动局，并建议由学校的主管部门召开深圳市新闻发布会，由电视、广播、报纸等媒体记者集中报道，向全市社会各界公布深圳高级技工学校（深圳技师学院）办学质量。评价结果公布之后，社会反响大，各界评价高。

（7）评价的影响。

①相关部门领导的评价。评价工作结束后，学校印制了一批调查报告精装本，分别送劳动系统、教育系统各级部门和相关领导，请求指导。给教育系统的领导中包括时任教育部职成所常务副所长余祖光教授。他对我校做法给以充分肯定。2020 年 1 月 22 日，笔者与远在美国的余教授微信交流，谈及此事。他的评价依然比较高："贵校的办学质量社会评价报告，是我见到的第一份难得的第三方评价报告。我记得登过职成所的《职教研究动态》，并在很多场合宣传此事。"一所学校办学水平怎么样，不由学校"王婆卖瓜""自娱自乐"。我校通过第三方评价，客观检测学校毕业生就业质量，发现问题，及时整改，努力为深圳经济社会发展提供合格的高技能人才。

②对学校招生工作的影响。第二年开始，报读我校的初、高中毕业生数量明显增加，生源质量明显提高。

③促进学校改革发展。此次评价之后，笔者召开会议，专门针对第三方机构的调研报告结果，研究学校、系部两个层面的整改方案，并将整改工作纳入学校督办范围。

最后可以得出这样的结论：无论是教育部的职业学校，还是人社部的技工院校，开展办学质量社会第三方评价的，深圳高级技工学校（深圳技师学院）是第一家。

（8）此次评价的不足。

①评价主体选择不够恰当。如学生这一评价主体的选择存在问题：评价主体是当年毕业生而不是上一年度的毕业生。其离校时间短，反映的问题和形成的评价不可能很准确，在一定程度上影响评价的质量。比如，离校时间不到一年，稳定就业率就不容易准确评价。

②指标项目设计不够科学。满意度和满意率指标项目设计均为 4 个，分别为：很满意、满意、基本满意、不满意。科学的项目设计应该是正面评价与负面评价项目数对等：满意、基本满意、基本不满意、不满意。

③独立性表现不够充分。万人市场调查公司作为第三方机构，与我校并无隶属关系，但其运行经费为我校提供。被评学校与评价机构之间存在经济利益关系。虽然学校自觉回避，客观上做到让公司不受干扰地独立开展调查，但从理论上看，此次评价还不具备完整的"独立性"。

学校治理篇

第十五章

教务管理

第一节　对教务管理的认识

一、教务管理的概念

教务管理是职业学校的重要业务，由三个方面内容组成：

（1）教学基本建设。其主要包括校企合作制度建设，专业建设，课程体系建设，师资队伍建设，教学资源开发，教风学风建设，教学制度建设，教学条件建设，与职业培训、技能评价、就业创业服务有关业务的项目建设等。

（2）教学运行管理。其主要包括年度教学计划的制定和推行，教学日常检查，课堂教学质量测评，教师请假调课审批，教学事故认定和处理，教务学籍管理，考试与纪律管理，学生成绩评定管理，教室与实践教学场所管理，教学技术手段运用管理，二级院系教务管理部门业务指导，与职业培训、技能评价、就业创业服务相关的教学事务管理等。

（3）教师队伍管理。其主要包括学制教育、职业培训教师教学经验交流、教师培训、教师教学竞赛、教师奖惩、教师职称申报等。

可以说，教务管理是学校教务管理部门人员以教学基本建设、教学运行管理、教师队伍管理为主要内容，以教学部门、教学人员和教学过程为主要对象而开展的规范性工作。

二、教务管理工作的特点

职业学校教务管理工作琐碎繁杂，而且细致，涉及面广，涉及人数众多，其特点主要表现为管理与服务相结合。

管理，指教务管理部门代表学校对全校教学事务的具体管控。以教学运行管理和教师队伍管理为例，教学日常检查，教师请假调课审批，教室与实践教学场所管理，教学技术手段运用管理，教学事故认定和处理，教务学籍管理，考试与纪律管理，学生成绩评定管理，二级院系教务管理部门业务指导，与职业培训、技能评价、就业创业服务相关教学事务管理等业务的开展需要教务管理部门组织、检查、协调、监督、处理。此过程之中，管理的特征比较明显。正因其具有管理特点，学校教学过程才得以规范运行。但是，教务管理又具有服务的特性。学校工作以教学为中心，其他部门的工作都要服务中心工作；教师是教学的主体，是学校生存和发展的重要支撑，服务教师是包括教务管理部门在内所有部门应当共同遵循的基本理念。一方面，教务管理不能排斥服务，要把教师和教学视为服务对象，开展优质服务；另一方面，教务管理又不能将管理变成"管制"，一味地要求教师和教学服从所谓的"管理"。教务管理部门的工作人员既要当好管理者，更要当好服务者，要将管理与服务结合起来开展工作。

三、教务管理的原则

（1）坚持"三个对接"原则

"三个对接"即专业设置与产业需求对接、课程内容与职业标准对接、教学过程与生产过程对接。国家明确规定：职业学校要"按照专业设置与产业需求对接、课程内容与职业标准对接、教学过程与生产过程对接的要求，完善中等、高等职业学校设置标准，规范职业学校设置"[①]。这里的"完善标准"，就是要调整标准；这里的"规范设置"，就是原来设置不规范，现在需规范。其实质是一场教育管理革命。教务管理是执行"调整标准"的重要"战场"，应当按照"三个对接"要求开展教务管理工作，力求每个专业、每类课程、每门课程、每次上课、每次评课、每次竞赛、每学期教学总结都体现"三个对接"要求。

（2）坚持"四能并举"原则

"四能"即学制教育、职业培训、技能评价、就业创业服务四个功能。其中，"学制教育"是全日制学习制度教育的简称，包括全日制学历教育和全日制非学历教育。"四能并举"体现《中华人民共和国职业教育法》精神，也是经济社会发展对职业学校办学功能的新要求。职业学校不应像普通教育的学校那样，只搞学制教育。教务管理的业务要面向学制教育、职业培训、技能鉴定、就业创业服务四个领域，展示学制教育、职业培训、技能评价、就业创业服务四个功能，形成"四能并举"的教务管理机制，并在四个领域把教务管理工作做得有理有序、有力有质。

（3）坚持"三体联动"原则

"三体"即教务、督导、教研。教务管理部门与督导部门关系密切。两个部门的工作对象都包括教师、学生、教学，但二者又有明显区别：第一，教务管理部门的管理体现服务性、指令性和规范性；督导部门的督导体现服务性、监察性和纠导性。第二，督导部门不仅督导教师教学，还可以对教务管理部门的教务管理状况提出意见建议。反过来，教务管理部门也可对督导部门工作情况提出意见建议。正因如此，督导工作不宜并入教务管理部门，需要单独设立，二者形成既相互合作，又互相监督的机制。

教务、督导、教研三者都与教学相关，但又各具特点。教务，负责教学基本建设、

---

① 资料来源：《国务院关于印发国家职业教育改革实施方案的通知》（国发〔2019〕4号）。

教学运行规范、教师队伍管理；督导，负责督促检查教务管理部门三方面工作状况；教研，源于教务管理、督导的实践，形成理论后又反过来指导二者。三者之间既有联系，又有区别，既要"三足鼎立"，又需"三体联动"，教务管理部门应当清晰地定位部门职责，做到既不越界，又自觉主动做好协作、配合工作。

四、教务管理的目标

职业学校教务管理目标的确定应该考虑三个层面：本部门层面、本校层面、国家层面。国家对职业学校培养目标是明确的，即培养市场需要的技术技能人才。学校对本校的培养目标必须与国家要求对应。作为代表学校负责全校教务管理工作的部门，其理应把培养市场需要的技术技能人才视为本部门工作目标。

其理想的状态是：所有职业学校都按照国家要求，把培养市场需要的技术技能人才作为工作目标，并根据这一目标制定发展规划。所有学校教务管理部门根据这一目标分解学校规划，制订本部门年度工作计划，确定具体的任务。院系一级的教务管理部门也将培养市场需要的技术技能人才作为培养目标，根据校级教务管理部门的年度工作计划，结合本院系实际制订本院系教务管理计划，确定具体的工作任务。如果每个学校都这样形成制度，长期执行，那么，国家确定的培养目标就可能实现，市场就可能获得需要的技术技能人才。

第二节　教务管理部门的职能改革

一、教务管理部门职能改革的必要性

2019年1月出台的国务院《国家职业教育改革实施方案》（国发〔2019〕4号）要求"经过5—10年左右时间，职业教育基本完成由政府举办为主向政府统筹管理、社会多元办学的格局转变，由追求规模扩张向提高质量转变，由参照普通教育办学模式向企业社会参与、专业特色鲜明的类型教育转变"。"三个转变"之中，意义最大、难度最大的是"由参照普通教育办学模式向企业社会参与、专业特色鲜明的类型教育转变"。

"意义最大"，是因为办学模式与办学质量密切相关。办学模式不转变，技术技能人才需求侧与供给侧"两张皮"问题就无法解决，培养技术技能人才的目标就难以实现。

"难度最大"，是因为办学模式转变与职教人思维定势密切相关。大多数职教人是"二门人"——从普通高校校门直接进入职业学校大门，都是普通教育办学模式的"产品"。其不仅接受了普通教育办学模式，而且在工作中形成了用普通教育办学模式办职业教育的思维定势。实践中，办学模式就是工作模式。原先驾轻就熟的工作模式已经习惯了，现在要求改变，要求建构不熟悉的新的职业教育思维定势，不仅仅要"伤筋动骨"，还得"触及灵魂"，难度极大。

但"模式转变之槛"必须跨越，否则，就不是办真正的职业教育，培养国家要求

的和市场需求的技术技能人才的目标就可能停留在"口号"意义上。

转变办学模式，需要许多部门勠力同心，其中教务管理部门是关键。因为这一部门的工作向下直接影响全校日常教学活动，向上直接影响学校办学方向和培养目标。转变办学模式，与教务管理部门职能转变密切相关。职能决定职责，职责决定制度，制度决定人事，人事决定成效。教务管理部门的职能如果不重新界定，或者界定了但不到位，即使学校明确了服务发展、促进就业的办学导向，明确了技术技能人才的培养目标，也会因为教务管理部门职能不到位而难以落实。

二、教务管理部门职能改革的建议

职业学校教务管理部门应该坚持"三个对接""四能并举""三体联动"原则，以立德树人为宗旨，以校企合作为主线，以技术技能训练为特色改革和发展教务管理工作。为此，笔者建议调整原有权责，增加或进一步明确以下职能：

（1）负责全校校企合作工作的统筹管理。主要工作：建立校企合作制度，制定全校校企合作年度计划，协调、监督、考核、总结校企合作工作。理由：

国家高度重视校企合作，广大企业迫切需要职业学校通过校企合作培养市场需要的技术技能人才；职业学校只有校企合作，才能培养出合格技术技能人才。作为代表学校管理全校教务工作的行政部门，理应把校企合作工作的统筹管理纳为部门的职能。

（2）负责全校专业建设的统筹管理。主要工作：制定专业建设制度，负责专业建设的年度计划，协调、监督、考核、总结专业建设工作。理由：

虽然不少学校也在开展专业建设工作，但缺乏制度规范，职能、机构、人员"三定"方案普遍缺乏或有方案未落实。办职业学校，主要是开展专业建设。专业强，学校强；专业弱，学校衰。专业建设的重要性决定了负责管理各院系主体业务的教务管理部门理应将之列为职能，代表学校履行这一职能。专业建设是个复杂的系统工程，包括专业设置、专业发展、专业调整三项内容。教务管理部门只有将专业建设工作分为专业设置、专业发展、专业调整三个方面来管理，才能把专业建设真正管理到位。

（3）负责全校教学运行管理制度改革。主要工作：制定专业课程工学一体对接教学管理制度、基本技能课程工学一体对接教学管理制度、公共基础课程理实一体对接教学管理制度，负责日常教务管理。理由：

①管理内容需要改革。多数学校教学运行管理制度对专业课教学管理并非以教学过程与生产（工作）过程工学一体对接教学为重点；专业基础课的教学依然是理论传授为主；公共基础课从课程名称、课程内容、教学效果等方面多与普通教育相似，缺乏或很少体现职业教育的个性。教学运行管理制度不改革，国家职业教育政策难以落实，学校培养方向和培养质量都将存在重大问题。

②课程类型需要改革。全国职业学校课程的主要类型应该定为四类，即公共基础课、专业基础课（基本技能课）、专业课、实践课。这里的实践课指跟岗实习、顶岗实习、社会实践等活动。

（4）负责全校教师队伍建设与管理。主要工作：实施教师梯级管理，落实教师企业实践制度，建设"双师型"或"一体化"教师队伍，建立师德考核负面清单制度。理由：

落实教师企业实践制度，建设"双师型"或"一体化"教师队伍，建立师德考核负面清单制度这三项工作是根据新时代新形势要求新增的，也是教师队伍建设与管理的重点。其中，"双师型"或"一体化"教师培养既是重点，也是难点。职业学校办学质量如何，具有职业技能水平和专业教学能力，能实现教学过程与工作过程对接教学，达到相应层级专业技术职务和职业技能等级的"双师型"或"一体化"教师是关键。

（5）负责组织全校技术技能节和技能竞赛的统筹管理。主要工作：组织各类技能竞赛，牵头举办全校技能节。理由：

第一，组织各类技能竞赛与每两年一届的全国职业技能大赛对接，应成为学校常态化工作；第二，技能竞赛项目一般都体现专业能力，有利于课程体系和技术技能训练体系的完善；第三，学生通过以赛代学、以赛代训可以开拓思路、增长见识、提高技术技能水平；第四，技术技能节活动可以营造学技术技能氛围；第五，举办技术技能节，体现职业学校以技术技能训练为特色，理应成为教务管理部门的职能。

（6）配合学校职业培训部门开展全校职业技能培训工作。主要工作：在师资、课程、教材、场地、设备、课酬等方面出台支持培训的相关政策，并形成制度。理由：

第一，绝大多数职业培训部门没有专职教师队伍，需要从本校教师或企业兼职教师中聘请，教务管理部门应该从人员、课程、教材等政策供给方面协调院系予以支持；第二，绝大多数职业培训管理部门没有专属的职业训练场地、设备、工位，需要与学制教育的实训场地、设备、工位资源共享，教务管理部门应该从场地、设备、工位等政策供给方面协调院系予以支持。

（7）配合学校技能评价部门开展全校技能评价工作。主要工作：在师资、场地、设备、评价事务等方面出台支持评价的相关政策，并形成制度。理由：

第一，学校技能评价部门需要从本校教师和企业等合适人员中聘请应知课程和应会课程监考人员，完成每次技能评价的相关事务。教务管理部门应该从政策层面配合支持。第二，学校技能评价部门没有专属的职业训练场地、设备、工位，需要与学制教育的实训场地、设备、工位资源共享，教务管理部门应该从政策层面配合支持。

（8）配合招生就业管理部门开展就业创业服务工作。主要工作：

①招生方面。第一，配合制定全校招生计划；第二，配合审核各院系招生宣传内容；第三，根据新生注册率、就业率、教师对接教学率调整相关专业的招生计划。理由：

招生工作与专业建设工作关系密切，代表学校管理全校教务工作的行政主管部门理应配合协调和支持招生工作。

②就业方面。第一，科学设置就业创业指导课程，协调指导各院系就业创业工作；第二，协调指导各院系推进实习转就业工作；第三，协调指导各院系做好就业企业储备和就业潜力挖掘工作，提高就业率。理由：

第一，法律规定。《中华人民共和国职业教育法》规定："职业教育是国民教育体系和人力资源开发的重要组成部分，是培养多样化人才、传承技术技能、促进就业创业，推动经济社会发展的重要途径"，"坚持产教融合、校企合作、工学结合、知行合一，培育工匠精神，进行职业指导"。依据《中华人民共和国职业教育法》相关规定，职业学校是国家、社会"促进就业创业"的"重要途径",要通过"职业指导"等方式开展就业创业服务。

第二,政策要求。2003 年 5 月 15 日,劳动和社会保障部《在技校就业训练中心和职业培训机构开展职业指导工作》(劳社发〔2003〕9 号)规定:"决定在技工学校、就业训练中心和职业培训机构普遍开展职业指导工作","对职业指导工作开展较好并达到一定规模的技校和培训机构,可批准设立就业指导和职业介绍机构"。职业指导工作就是就业创业服务的业务内容。技工院校设立的就业指导和职业介绍机构,其身份如同职业培训机构、技能评价机构,都属于学校管辖的中层性质的法人单位。技工院校如此,职业院校也可以如此。这种机构的业务范围不仅对内开展针对本校学生的职业指导服务,也可以对外开展针对新成长劳动力的职业指导服务。因此,就业创业服务应成为学校办学四个职能之一,代表学校管理全校教务工作的行政主管部门理应配合协调和支持就业创业服务工作。

(9)配合督导部门开展全校教学质量评价工作。主要工作:配合制定各类课程教学评价表;检查各院系对督导意见的改进、落实情况;接受督导部门对本部门工作的督导。理由:

督导部门不仅督导教务管理部门管理的院系教学情况,也督导教务管理部门的工作情况。

(10)配合教研管理部门开展全校教科研工作。主要工作:鼓励全校教师结合工作实践,开展教科研工作。理由:

全校各专业校企合作、专业建设、课程开发、师资培养、教材等方面的研究及研究成果的推广等需要教务管理部门密切配合,共同推进。

在学校明确以服务发展、促进就业为导向,以技术技能人才为培养目标的前提下,教务管理部门改革调整原有职能,按照上述十项职能履行教务管理职责,对确保学校办学质量具有重要意义。

三、教务管理部门职能改革应该重视的两个问题

(一)学校教务部门与院系教务部门职责分工问题

教务管理部门工作,横向涉及督导、科研、学生管理、职业培训、技能评价、招生就业等多个部门;纵向涉及学校、院系、教研室三层机构。其涉及面广,大量教务工作不在校级而在院系。院系教务管理起着承上启下的作用,全校教务管理的重心应该放在院系。因此,第一,应明确学校与院系二级管理部门的教务职责分工,即学校教务管理部门根据十项职能规定,主要负责规划、计划、检查监督、效果评价、工作改进;院系教务管理部门具体落实十项职能,特别是日常教学管理,由院系教务管理部门负责。第二,落实"三定方案"。学校应该在院系设立对应的教务管理机构和岗位,按照学生人数确定合理的教务管理人员比例,确保院系教务管理工作畅通运行。

(二)履行职能与调整职能问题

上述十项职能遵循了"三个对接""四能并举""三体联动"原则,也体现了国家新发展阶段职业教育对教务管理的要求。按照这十项职能设计和落实"三定方案",职业学校就可以真正走上以服务发展、促进就业为导向,培养技术技能人才的办学道路,

就可以奠定学校高质量发展的教务管理基础。但是，职能界定不应该一成不变。教务管理部门的"三定方案"也不能长期不变。经济社会总在发生变化，总会阶段性地对职业学校提出新的要求。为适应这一要求，学校教育也应有阶段性调整。学校只有及时而有效地实施调整，才能长期有效解决人才需求侧与供给侧"两张皮"问题。而职业学校教育的调整必然包括教务管理部门职能的调整。教务管理部门职能只有顺应市场需求进行阶段性调整，才能引领全校日常教学活动对接市场需求，保持学校教学质量的稳定。据此，无论是学校的上级主管部门，还是学校领导班子，都应该摒弃教务管理部门职能长期不变的落后观念，遵循职业教育发展规律，支持职业学校根据国家要求和市场需求，阶段性调整教务管理部门的职能。教务管理部门更应注意在履行职能的过程中把握职能履行与市场需求之间动态发展的关系，及时有效地提出调整职能的意见建议，确保教务管理职能的稳定性和有效性。

第三节　教务管理运行机制的建构

教务管理运行机制是一项复杂的系统，是教务管理的目标、原则等作用于学校教务管理实践的产物，是管理者通过制度化了的管理方法，使教学活动达到学校既定培养目标的过程。这种过程的特点，一是周期性，以或一个学期，或一个学年，或一个学制周期的时间形态周而复始；二是差异性，不同类型的学校，制度和管理方法不同，教务管理运行机制的构成与运行也不一样。职业学校教务管理运行机制至少应该包括以下六个要素：

一、以立德树人为宗旨

职业学校的"立德"包括职业道德、社会公德、个人品德。"立德"为了"树人"。"树人"既是目的，也是归宿。全国职业学校培养的技术技能人才应该是具有职业道德、社会公德、个人品德的人才。一个"无德"，甚至"德坏"的学生，技术技能水平越高，祸害可能越大。职业学校办学既不能像普通教育学校那样，只管知识的传授，也不能像社会培训机构那样，只负责技能的培训而忽视"德"的提高。职业学校办学要做到"知""技""德"三者兼顾。一是加强课堂德育，即以课堂为载体，以思想政治课为重点，以培养学生"能吃苦、能实干、能守信、能协作"的"四能"为主要内容，在所有课程中开展社会公德和职业道德教育；二是加强社团德育，即以学生社团为载体，通过第二课堂活动，培养学生品格，提高思想政治水平；三是加强个体德育，即从"课德""舍德""餐德""会德""仪德""话德"六个方面开展个体德育教育；四是加强实习德育，即以学生跟岗实习、顶岗实习为载体，对学生进行职业道德、职业规范、工匠精神、质量意识、安全环保和健康卫生等内容的教育。

二、以技术技能需求为导向

实践中的技术技能是以过程形态展示的，至少由三个方面组成：一是必须的理论知识；二是适用的专业技能；三是必要的非专业能力。学校以技术技能需求为导向，才能将教务管理运行机制与教务管理的目标、原则相衔接，才能使教务管理在遵循技术技能人才培养规律、职业教育规律、市场化就业规律的道路上前行。学校明确以技术技能需求为导向，就解决了职业学校教务管理运行机制的方向问题。实践中，每所职业学校应将这个"导向"贯穿教务管理全过程。一是构建并适时调整与技术技能需求相衔接的课程体系；二是要求各个专业，各门对接型课程都以技术技能培养为核心内容；三是强化技术技能训练，尽可能使学生人人掌握适用的技术技能。

三、以校企合作为主线

以校企合作为主线，主要指学校的教务管理过程要坚持校企合作办学。这实际上是学校教务管理领域的一场革命。实践充分证明：职业学校不走校企合作培养道路，必定是死路一条。从多年的实践看，我国任何一所职业学校的成功，都是校企双方建成利益共同体，形成互利共赢局面的结果。校企合作，是职业学校成功的法宝，是必须坚定不移地坚持的办学基本制度，是技术技能人才批量培养的成功模式，也必然地成为职业学校教务管理运行机制的主线。具体而言，一是教务管理应在专业设置、专业发展、专业调整、课程体系建设、教师队伍建设、教学内容、教学方法、考试形式、教学评价等各个环节都体现校企合作；二是建立本校校企合作负面清单制度，明确校企合作不能触碰的"红线"；三是建立本校校企合作容错制度，充分释放校企合作活力和创新力。这种旨在教务管理全过程均要体现校企合作的革命性要求，必将长期遭遇各种困难，但实践是检验真理的唯一标准。谁坚持实施这一主线，谁就一定能取得教务管理的巨大成功。

四、以技术技能训练为主要特色

技术技能人才是职业学校的培养目标。技术技能训练理应成为职业学校的主要特色，教务管理部门以技术技能训练为特色开展工作是应尽的责任。以技术技能训练为特色开展工作，其重点是"加强五技，狠抓两习"。

（1）"五技"，即技能实训课、技术技能节、技术技能社团、技能竞赛、职业技能等级认定。

①技能实训课。技能实训课即六步教学法中的"实施计划"课。上好这类课，要有"三个保障"：课时保障——课时要占专业课总课时的50%以上；工位保障——工位基本满足；教师能力保障——"双师型"或"一体化"教师基本达标。

②技术技能节。学校应每年组织一次与文体节分开、全校师生参加的技术技能节。预算专项经费，邀请合作企业参加，有竞赛、有论坛、有交流、有表彰。

③技术技能社团。学校要在每个专业设立技术技能社团，预算专项经费，安排指导教师，计算教师工作量，设计活动项目，对技能爱好者进行针对性辅导。

④技能竞赛。学校要有计划、有组织地参加市、省乃至国家的各种类型的技能竞赛。

⑤职业技能等级认定。所有职业学校学生都应接受职业技能鉴定所（站）的职业资格鉴定或职业技能等级认定。这种鉴定或认定应该是强制性的。毕业之前都需要通过权威性的考核和等级认定，获得反映实际水平的职业技能等级证书，为毕业后顺利

就业打下基础。

（2）"两习"，即跟岗实习和顶岗实习。其意义为：通过两种实习，学生不仅可实地解决职业思想问题，而且可实地验证和提高包括技能水平在内的整体素质，还可有效促进毕业就业。为此，学校应当建立"两习"考核制度，确保"两习"质量。

五、以教学过程与生产（工作）过程对接为根本标准

"教学过程与生产过程对接"是国家要求。教务管理部门以此为根本标准开展工作，学校培养市场需要的技术技能人才的目标就有可能实现。教务管理部门落实以教学过程与工作过程对接为根本标准，需要做到以下几个方面：一是应对旧的课程体系进行改革。开展以课程内容与职业标准对接为目标的课程开发。教务管理部门通过课程开发，建立工作过程与学习过程对接、体现工学一体特点的课程体系。二是在此基础上，要求各专业制定对接型课程计划。三是要求以代表性工作任务为载体，根据工作过程设计教案，开展教学过程与工作过程对接的工学一体化教学实践。四是以教学过程与工作过程对接为根本标准，对教师教学和学生学习情况进行过程性与终结性相结合的质量评价。

六、以加强教师队伍建设为保障

教师是任何学校得以生存与发展的重要支撑。职业学校由于自身的特殊性，加强教师队伍建设成为教务管理机制建构与运行的重要内容和保障性措施。教师队伍建设需要突破的"瓶颈"是专业教师教学过程与工作过程对接教学的能力。全国职业学校在教师队伍建设问题上最需要"发力"和"攻坚"的就是具有教学过程与工作过程对接能力的教师在全校专业教师中的比率。

综上，职业学校应以上述六个要素为核心内容形成制度，以二级院系为主要平台推行责任制，以智能化技术为手段展示效率，以学年度为周期总结成绩，寻找差距，及时改进，逐步建立具有中国特色的职业学校教务管理运行机制。

第四节　学分制管理

一、对学分制的认识

（一）学分制的概念

学分制建立在学年制基础上。所谓学年制，就是分年级、分专业、分班级，以两个学期为一个学年，按照统一的学期课程安排表，由相对固定的教师教学，由相对固定的班主任（辅导员）统一组织相关活动，根据学期考试成绩决定是否毕业的教育制度。由于学年制具有统一安排、集体学习、便于管理、互帮互学、平等竞争等特点，长期以来，学年制成为各类学校共同执行的教育制度。当然，该制度也存在不足。如统一教学的规定在一定程度上影响因材施教和学生主动学习的积极性；统一进度在一定程度上影响高水平学生成长；统一规定的课程也在一定程度上限制了课程的多样性，

教育内容的丰富性，这不仅影响学生的成长，也影响教师潜能的发挥；等等。因此，在学年制基础上，产生了学分制。学分制由学分、课程类型、学分类型、学分互认、学分替代、学分积点、管理制度七个要素构成。其中，学分是计算学生学习量和学习成效的基本单位，是学生学籍流动和能否毕业的主要依据，也是学校评选优秀学生、评定奖学金、申请自修、获取第二专业学历、提前毕业、推荐就业等的重要依据。课程类型指必修课、选修课。课程类型是学分计算的顶层载体。学分类型与课程类型对应，分必修学分和选修学分。学分互认指学分在一定范围和一定条件下可以互相认可。职业学校学分认可的范围比较广。不同学校相同专业之间，本校不同专业相关课程之间，本校学制教育、职业培训、技能鉴定之间均可根据相关规定认可学分。学分替代指学生所修课程考试成绩不及格时，可用其他可替代学分替代该门课程的部分或全部学分。如职业资格证书或职业技能等级证书学分可以替代相关课程学分；职业技能竞赛获奖成绩折算后的学分可以替代相关课程学分。学分积即学分积点又称学分绩点。学分积表示学生学习的质与量，用于区别学生学习成绩优劣的程度。学分积的计算方法是：某课程的学分积＝该课程的学分数×绩点数。一个学期的总学分积＝该学期各门课程的学分积之和。职业学校学分积范围可包括必修课与选修课、技能节、资格证书、顶岗实习等。管理制度指与促使学分正常而有效运用的规范。学分制以学分衡量学生学习效果，达到规定的最低学分者，可以提前毕业。

可以说，学分制是学校相关部门、教师、学生三方共同参与，以学分为计量单位，以课程类型为载体，通过自主选课、学分互认、学分替代、学分绩点等方式激发学生学习积极性，组织学生完成学业的教育教务管理制度。

（二）学分制的特点

与学年制相比，学分制有三个特点：

（1）自主性。其表现：一是可以自主选专业。当学生对入读专业不满意时，他们可以在符合相关条件的情况下，按规定另选自己喜欢的专业，也可以在学有余力的前提下跨专业学习。二是可以自主选课程。在学年制的条件下，学校课程也有选修课。但这里的选修课属于限选课，学生在规定的有限的范围内选择修读课程，并取得规定的学分。限选，也是某种意义的必选。学生选课的自主性弱。在学分制的条件下，选修课数量明显增多，任选课数量更多。学生选课的自主性强，选择余地大。三是可以自主选学习方式。在学分可以互认、替代的制度里，学生既可以通过听课获得某课程学分，也可以通过自学获得同样课程学分。

（2）跨越性。其表现：一是不同项目之间的跨越。如学制教育的学习成绩与职业资格证书或职业技能等级证书的获得之间可以折算学分进行互认。学制教育学习成绩与各类竞赛成绩、创新创业成绩之间可以折算学分进行互认。二是不同办学形式之间的跨越。如学制教育、职业培训、学徒制培养、继续教育等不同办学形式的学习学分可以打破界限，或互认，或替代。三是培养方案的跨越。如一些学校由原来的一个专业制定并执行一个培养方案变成一个学生制定并执行一个培养方案，由原来的"千人一课"变成"个人定制"，很好地促进了学生的个性化发展。

（3）灵活性。其表现：一是课程学分、项目成绩、不同办学形式学分可以互认或替代。这是一种变通式改革，对学年制无疑是巨大的制度性突破。二是以重修替代留级。学年制的留级规定对学生学习积极性和上进心的打击都比较大。但学分制规定凡重修学生可采取或插入本校职业培训同类班，或插入下届同类专业班，或个人自学、教师辅导等多种方式学习，参加考试。重修，并不意味着降低学习标准。质量要求不变，但方式方法改变，给学生更多机会克服不足，完成学业。三是弹性学制。与学年制固定学习年限的模式相比，学分制的学制要求不那么严格。优秀学生，获得毕业规定的学分即可提前毕业；由于学习能力或特殊原因暂时停学的学生可以后延 2~3 年获得毕业规定的学分后毕业。

（三）学分制的意义

职业学校的办学特点决定实行学分制具有特别的意义。

（1）推行学分制是职业教育的制度性革命。众所周知，长期以来，全国职业教育参照普通教育模式办学，与国家经济社会发展和市场人才需求不相适应，人才需求侧与供给侧"两张皮"问题长期存在。从教务管理制度看，职业学校与普通教育院校一样实行学年制，选读专业一旦确定一样不能改变，学习成效一样取决于期末考试，所学课程和教师一样由学校统一安排，学生无权自主选择，等等。这些"一样"，就使职业教育缺乏"个性"，培养的毕业生无法适应市场需求。这是教育制度选择不当导致的问题。学分制是学年制革命的产物。在学分制条件下，学生可以自主选择专业、课程、教师，可以通过折算、互认和替代等政策顺利完成学业，还可根据学分获得情况决定提前毕业或推迟毕业。学分制充满活力，可以促进职业学校高质量发展。

（2）推行学分制有利于职业学校"四能并举"。学制教育、职业培训、技能评价、就业创业服务四个职能并举应是职业学校的办学定位。许多职业学校已在执行但不自知。另有不少职业学校由于现行的教务管理体制承袭于传统学制教育的管理模式，或没能并举或残缺不全，明显影响职业学校高质量发展和应有的社会贡献度。建立互认、替代等灵活开放的学分制，有利于职业学校在"四能"之间实现业务相连、设备共享、人员通用、标准一致的有机衔接。

（3）推行学分制有利于职业学校实现人才培养目标。人才培养目标是建构学分制的直接依据。职业学校的培养目标是生产、建设、服务和管理一线需要的技术技能人才。学分制具有自主性、跨越性、灵活性特点，职业学校实施学分制，可以整合学校的有效资源，具有"逼迫"教师自我提高的特殊作用，有利于学生根据自身需求和特点自主选择课程，或提前毕业或取得多本技能等级证书，促进职业学校人才培养目标的实现。

二、学分制的实施

（一）确定课程类型

课程是学分制实施的载体。推行学分制，首先要明确课程分类。实施学分制的职业学校课程可分为四类：公共基础课、基本技能课、对接课程、实践课。其中，基本技能课与传统的专业基础课相似，但也有区别：除了专业基础理论的教学外，其特别重视基本技能的训练，因此，学校可以将传统的专业基础课改为基本技能课，使课程名称、内容与技术技能人才的培养目标更加契合。对接课程与传统的专业课程相似，但区别明显。将专业课程改为对接课程，不是文字游戏，而是改变职业教育长期搬用普通教育课程模式的被动局面的需要，是落实国家"课程内容与职业标准对接"要求的需要，是实现技术技能人才培养目标，建构中国特色职业教育课程模式的需要。实践课包括跟岗实习、顶岗实习、校企合作开展的课题项目活动。增加实践课的目的有二：一是通过这类课程，提供机会，检验学生整体素质和综合能力；二是将实习确定为课程，可以进一步强化学生未毕业的状态，防止一些学校将学生实习视为就业，不再承担毕业前仍应承担的教育与管理的责任。

（二）界定必修课和选修课范围

在确定课程类型的基础上，学校需要进一步界定必修课和选修课范围。

（1）对接课程领域，必修课和选修课范围的界定。第一，对接课程必修课所选课程范围的一个十分重要的原则是：应限定在实践专家、课程开发专家联合参加的通过企业实践专家访谈会集体协商所形成的课程开发成果的范围内。因为，这不仅是学校、企业、课程开发专家三方合作的产物，而且充分体现了国家关于"专业设置与产业需求对接、课程内容与职业标准对接、教学过程与工作过程对接"的"三个对接"原则。第二，必修课所选课程数量也应限定在实践专家、课程开发专家联合参加的通过企业实践专家访谈会集体协商所形成的课程开发的课程总数的四分之三范围内。按我国职业教育行动导向课程开发经验，一个职业一般包含 10~20 个典型工作任务。一个典型工作任务可以转化为一门对接课程。一个专业的对接课程总数一般不超过 20 门（包括初级、中级、高级三个层次）。必修课可以定在 12~15 门之间。低于 12 门，影响培养质量；高于 15 门，办学成本太高，对多数学生而言压力过大，难以达到预期效果。余下四分之一的对接课程可以列为选修课。[①]

（2）公共基础课领域，必修课和选修课范围的界定。公共基础课的课程范围比较杂。除了国家统一规定课程外，还有校本教材等。其总体上可以分为三类：思想政治教育类、文史体劳美育类、就业创业指导类。第一，国家法律规定的，如职业指导、创新创业等课程；第二，国家政策规定的，如思想政治教育、语文、历史、艺术、劳动教育等课程；第三，学校根据各专业发展需要必须学习的课程。这三类列为公共基础课的必修课，其他的均为选修课。

（3）基本技能课程领域，必修课和选修课范围的界定。凡与专业学习直接相关的课程列为必修课，其他的定为选修课程。具体由学校根据专业发展需要自定。

（4）实践课领域，必修课和选修课范围的界定。首先，实践课的范围只定在对接课程领域。其次，其只限在三个方面：跟岗实习、顶岗实习和校企合作课题项目活动。其中，跟岗实习和顶岗实习可定为必修课，校企合作课题项目活动可定为选修课。

（三）学制教育和职业培训学分安排

根据国家 1996 年颁布的《中华人民共和国职业教育法》要求，职业学校不仅要实施学制教育，还要开展职业培训。学分制的跨越性特点也决定职业学校学分制必须兼顾学制教育和职业培训两个领域。

1. 学制教育学分安排

（1）课型学分分配。这里的课型指必修课和选修课两个课程类型。课型学分分配

---

① 黄景容. 一体化课程开发与实施［M］. 广州：广东教育出版社. 2016：23.

的目的是让相关人员从专业层面掌握每个专业必修课和选修课总学分分配的标准，便于科学实施。其具体分配应当考虑两个方面：一是两个课程类型总学分的占比。根据必修课更加重要的原则，必修课可占总学分的60%~70%。选修课可占总学分的30%~40%。其中，二产业专业必修课与选修课之比以7：3比较合适。因为二产业对接课程的内容与职业标准对接的要求比三产业的既高也严。二是专业总学分与专业基本学分的确定。专业总学分即该专业必修课总学分与选修课总学分之和；基本学分即最低毕业学分线。学生取得基本学分即可毕业。一般情况是：基本学分为总学分的85%。

（2）培养层次学分分配。培养层次主要指三年学制、四年学制、五年学制三种。不同学制不同层次决定着不同的学习量。若不在培养层次上界定学分总量，就不利于学分制的推行。培养层次学分分配应考虑两个方面内容：一是不同学制周期总学分分配。由于培养层次与学制周期密切相关，因此，学校可以将学分分配在带有时间长度的学制周期上。如三年学制的总学分不低于×××分；四年学制的总学分不低于×××分；五年学制的总学分不低于×××分。二是不同层次课程结构学分比例分配。这里的课程结构学分比例指理论教学类课程与任务活动类课程之间学分的配比。理论教学类课程指对接课程、基本技能课、公共基础课三类课程中的传授理论知识的课程；任务活动类课程指对接课程、基本技能课、公共基础课中按学习任务或项目模块实施行动导向教学的课程。这二者之间的学分占比与学校办学导向直接相关，关乎"三个对接"原则的落实，关乎技术技能人才培养目标的实现，必须明确规定。如学校可以规定中级工培养层次：理论教学类课程和任务活动类课程分别约占总学分比例的40%和60%；高级工培养层次：理论课程教学类和任务活动类课程分别约占总学分比例的50%和50%；技师（预备技师）培养层次：理论教学类课程和任务活动类课程分别约占总学分比例的60%和40%。其规律是：培养层次越高，理论教学类课程占比越高。

2. 职业培训学分安排

（1）职业培训学分制的特殊性。与学制教育相比，职业培训至少有三个不同之处：一是，学员主要是社会劳动者，与学校的关系没有全日制学生那么密切；二是，所学的课程为应知（专业基础知识和基本技能）、应会（专业技能）、通用职业素质（包括必要的文化知识课程）三类课程；三是，学员主要是在岗员工，天天在岗位实践，因此不安排跟岗实习和顶岗实习，可以不设实践课。但其同样存在课型学分分配和培养层次学分分配问题。

（2）课型学分分配。这里的课型也指必修课和选修课两个课程类型。第一，应知课和应会课均可列为必修课；第二，通用职业素质课程可列为选修课；第三，两个课程类型总学分的占比分配方面，必修课与选修课总学分比例可确定为85%和15%。其中，应知课程可占总学分的30%，应会课程可占总学分的55%；通用职业素质课程可占总学分的15%。学员毕业的基本学分为总学分的85%。

（3）培养层次学分分配。职业培训不像学制教育那样，设计了规范和稳定的学制。学习时间长短不一是其鲜明的特点。但学校可以采用培养层次分配学分的办法推行学分制。如学校可以从四个层次确定总学分比例，即初级工层次：理论教学类课程和任务活动类课程分别约占总学分比例的25%和60%；中级工层次：理论教学类课程和任务活动类课程分别约占总学分比例的30%和55%；高级工层次：理论教学类课程和任务活动类课程分别约占总学分比例的 35% 和 50%；技师（预备技师）层次：理论教学类课程和任务活动类课程分别约占总学分比例的 45% 和 40%。

学分的计算是学分制重点环节之一。以下几个方面需要重点关注：

1. 学分类型的确定。普通教育院校通常学分制只有必修课程和选修课程（含限选课和任选课两类）的课程学分计算，职业学校的学分制因其办学导向、培养目标以及课程类型的不同，除了课程学分，还应有其他必要类型的学分。如学校可以分必修学分与选修学分。必修学分方面，除必修课程学分外，增加资格证书学分、技能节学分、军训学分等。选修学分方面，除选修课程学分外，可增加各类竞赛学分、科技发明学分、社团活动学分、其他特殊学分等。

2. 必修课程和选修课程的计算。其具体又分为以下多种情况：

第一，校内课程学分的计算。校内课程学分计算应以课程学时数为主要依据，学校可以明确教学课程以 16~20 个课时为 1 学分。

第二，跟岗实习和顶岗实习学分计算。两种实习的工作量和责任不同，虽然都是实践课，但学分应有区别。以顶岗实习为例，其实际工时与学分比例可为 40：1，而且，应按优、良、及格、不及格四级成绩评定，成绩为及格及以上的，方可取得实习学分。跟岗实习学分可按顶岗实习学分的 70% 比例计算学分。

第三，职业资格证书或职业技能等级证书学分的计算。学生取得本专业对应工种高级职业资格证书或职业技能等级证书的可获 4 学分。学生取得除本专业对应工种以外的国家职业资格证书或职业技能等级证书的，可以获得相应的奖励学分。其中：三级（高级）4 学分，四级（中级）2 学分，五级（初级）1 学分（含操作证）。学生参加本专业对应工种以外的专项技能考核，并取得专项能力证书，最高可获得 2 学分。

第四，技能节学分的计算。学生参加技能节活动，竞赛成绩达标者按每项目 0.2 学分计。

（五）学分的奖励、互认与替代

这三个要素特别敏感。处理过宽，影响学分制含金量；处理过严，影响学生积极性。

（1）学分奖励。职业学校的办学要积极培养学生参与市场竞争的意识和能力，应大力鼓励和支持学生参加各类技术技能、文体等竞赛，并以学分奖励的形式予以认可。如学生参加各类竞赛以及科技发明，根据竞赛成绩和级别奖励学分，可以之代替必修课、选修课学分。奖励类别可分国家级、省级、地市级以及县级四大类，又可按获奖名次或获奖等级的不同将奖项分为若干类别。国家级最高奖励学分不超过 25 分，县级最高奖励学分不低于 3 分。对于各类文艺、体育类竞赛，学校可以按照对应级别技能及发明竞赛奖励学分的一半执行。同一次活动获多个奖项者，以及参加选拔赛和上一级竞赛都获得名次的，均计其中最高名次学分，不叠加。奖励类别和名次与技能、科技发明类一样。国家级最高奖励学分不超过 15 分，县级最高奖励学分不低于 3 分。

（2）学分互认。学分互认是指不同学校或不同专业相似课程之间的学分在一定条件下可以互相认可。其包括不同学校相同专业之间、本校不同专业相似课程之间的学分互认。同时将学制教育、职业培训、技能评价三者的相近课程或相关工种的学习和

高等职业
教育概论

·408·

学分有机衔接起来，有利于职业学校多元化办学定位的形成。

（3）学分替代。学分替代是指学生在所修课程考试成绩不及格时，可用其他可替代学分替代该门课程的部分学分。如职业资格证书学分可以替代相关课程学分；专业技能竞赛获奖成绩折算学分可以替代相关课程学分。将职业资格证书或职业技能等级证书、竞赛和发明以及选修类等各类学分有机地融为一体，大大增强了学分计算的灵活性和开放性，保证了职业学校培养目标的实现。

三、应注意的若干问题

（一）学制教育与职业培训的差异性问题

在学制教育与职业培训两个领域都推行学分制，必要性明显，但差异性需要重视并妥善处理：一是修学学分要求不同。职业培训一般采取业余培训形式，必修课和选修课数量安排不可能与学制教育相比。同样是中级技工层次，学制教育学生修学学分理应高于职业培训学员，但二者之间的差异度究竟应该如何把握，需要各地各校根据实际情况探索。一般要求是职业培训总学分定在学制教育总学分的 85% 左右。二是学分计算方式不同，受训者多数为在职员工，具有实践经验。这就决定了职业培训学员在相关课程学时与学分换算上不能等同于全日制学生。如学制教育学生必须安排实习，而实习 40 个学时换算 1 个学分。职业培训学员一般不安排实习。那么少数需要安排的，怎么办？如果安排，理应用其实际岗位工作替代，那么，学分怎样确定？这需要各地各校探索。总之，二者的差异性客观存在。职业培训学分制可以参照学制教育学分制，但不能照搬。

（二）学分替代问题

学分替代是职业学校学分制灵活性和开放性特征的具体体现，但也需要规范，不宜"放任"。在具体实施中有四个问题需要注意：一是不同课程性质之间的学分替代问题。一般而言，必修课学分不能与限选课学分互换；必修课、限选课学分可以代替任选课学分；任选课学分不能代替必修课、限选课学分。二是非全日制学生转为全日制学生所修课程的学分替代问题。原则上，同一职业学校的非全日制学生转为全日制学生所修相同课程的学分可以替换；不同职业学校非全日制学生转为全日制学生的学分替代，须经所转入学校同意。三是实行学分制的学校之间转学、转专业，经转出转入院校同意。转入相同或相近专业，可根据学分互认办法获得原修学分；转入其他专业，与本专业已获得学分的相同课程可以免修，可直接获得相应课程的学分。四是从未实行学分制的学校转入实行学分制的学校，转入学校可根据学分互认办法，将成绩分值转换成相应的课程绩点学分。

（三）跟岗实习和顶岗实习学分计算与管理问题

国家设计跟岗实习和顶岗实习制度的目的是借此岗位对每个学生的整体素质和综合能力进行"真刀真枪"的检验。检验中总结成绩，发现问题，纠正问题，使之达到毕业标准，毕业后能够基本胜任就业岗位工作。虽然把跟岗实习和顶岗实习专列为实践课，但在学分计算与管理方面，自然存在区别：一是计算的参考依据不同。跟岗实习和顶岗实习学分计算依据是学生参加实习的工时数，而不是课时数。二是换算标准不同。课程学分的换算一般是 16~20 学时换算 1 个学分，跟岗实习、顶岗实习学分如何换算需要探索。一些学校顶岗实习换算办法是：顶岗实习 40 工时（一周工时）换算 1 个学分。跟岗实习工作量和工作难度都小于顶岗实习，因此，应该更少。三是考核不同。课程考核的主要形式或卷面考核与实操考核相结合，或过程性考核与终结性考核相结合；顶岗实习考核的主要形式是实习单位对学生实习期间技术技能水平、思想政治表现、职业道德表现等方面给予鉴定，并要求学生撰写实习报告。学校根据实习单位和学生实习报告按优、良、及格、不及格四级成绩评定，成绩不及格的，学分为 0；成绩为及格及以上的，可取得实习学分。

（四）智能化技术软件支持问题

职业学校实施学分制，体现了以学生发展为本的理念，学生所选课程大大增加，教师工作量加大，同时打破了"行政班"及固定学制的限制，这就使得课程门类、教室使用与安排、成绩管理、学籍管理等教务管理的工作量大幅度增加，其管理难度较学年制有明显提高。为更好地提高教务管理的效率，使之进一步适应现代教学的需要，必须引进智能化技术教务管理软件，并配备专门人员负责软件的正常运行和日常数据维护。

第十六章

学生管理

第一节　对学生管理的认识

一、学生管理的概念

（一）学生管理的范围

学生管理分校内、校外两个不同地域空间。校外学生管理主要指学生在校外活动期间的管理，重点是跟岗实习和顶岗实习期间学生的管理。由于学生在校内学习活动的时间比校外的长，因此，校内学生管理是学生管理的重点。校内学生管理又分为课内学生管理和课外学生管理。课内学生管理可分为课堂空间管理和技能实训空间管理；课外学生管理可包括运动场所、图书馆、阅览室、食堂、宿舍、厕所、走廊等空间学生活动情况的管理。

（二）学生管理的主体

学生管理的主体可分为自主体和它主体两类。自主体指班委会、学生会等学生组织；它主体指学生管理部门。两类主体均拥有学生管理的职责。二者相互配合，共同开展学生管理工作。当然，两类主体间的地位并非平等。由于学生管理部门是代表学校对包括学生管理自主体人员在内的所有学生实施管理的行政部门，学生管理的自主体的活动应服从于学生管理的它主体的规定。

（三）学生身份的认识

从学校培养目标的角度看，职业学校须培养高素质劳动者和技术技能人才。与之对应，职业学校的学生须具有两种身份：学生与准职业人。在学校教室和学校校园空间里活动，其身份是学生；其一旦进入技能实训场所、跟岗实习场所、顶岗实习场所，就在学生身份之上叠加了一个新的身份：准职业人。两种身份叠加培养符合职业教育规律。只有对学生进行两种身份的教育和管理，他们毕业后才能比较顺利地以职业人的身份走向技术技能人才的岗位。

（四）对学生管理内容的认识

由于职业学校管理的对象须兼学生和准职业人两个身份，因此，学生管理工作需要叠加两类内容：学生身份管理和准职业人身份管理。对象的第一身份是学生，所以要接受学生身份的管理，包括遵纪守法、参加学校规定的各种活动、遵守学生行为规范、遵守课堂纪律、养成良好的思想品德和行为习惯等；对象的第二身份是准职业人，所以要接受准职业人身份的管理，包括工匠精神、职业道德、团队合作、沟通交流、职业礼仪、职业行为习惯等。因此，职业学校学生管理的内容＝学生身份管理＋准职业人身份管理。

可以说，职业学校学生管理是学生管理部门和学生自组织两个管理主体，在校内、校外两个不同地域空间，针对学生兼准职业人两种身份，对学生除知识传授和技能培养之外的与学习、成长有关的工作进行计划、组织、协调和控制的活动。

二、学生管理的特点

（一）全天性

"全天性"指职业学校学生管理覆盖每天 24 小时。职业学校学生来源复杂，生源质量参差不齐，不仅白天需要严格管理，晚间也不敢放松。管理全天候是职业学校学生管理的常态。

（二）职业性

"职业性"既指职业学校学生管理的内容直接与职业相关，如学生参加技术技能实训、跟岗实习、顶岗实习期间也要开展学生管理，也指所有的学生管理工作都要结合培养目标对学生进行准职业人意识培育。职业学校是关乎职业的学校，是培养准职业人的学校，职业性是职业教育的一个重要特征，学生管理作为职业教育的一个组成部分，自然也具有这一特点。

（三）协作性

"协作性"指学生管理工作由多个部门、多类人员协作开展。学生管理部门是学生管理工作的责任部门，但仅靠其一个部门管不好学生，需要教学部门、其他行政部门，甚至校企合作的企业相关人员配合、支持。学生人数越多的学校，协作性特点越鲜明。

三、学生管理的原则

（一）严格管理与人文关怀相结合原则

严格管理就是强硬性约束。严格管理的依据是职业教育政策法律和学校规章制度。严格管理是必要的。如果不严加管理，不仅对学生成长不利，而且会影响其他同学成长，良好班风、校风的建设就很难正常进行，也很难达到国家要求的培养目标。当然，严格管理不是目的，是手段。其目的是使学生言行合规范，使人才培养工作按计划有效地进行。作为管理手段，可从三方面入手：

（1）从制度的科学制定与有效执行入手。看切合实际的学生管理规章制度是否得到有效执行。首先，要根据法律、法规和上级的有关政策，结合学校的实际，制定科学的学生管理制度；其次，要重视制度执行的有效性。检验制度科学性与执行有效性的标准是学生对制度认同的广度。凡绝大多数学生认同的制度，一般说，具有科学性，符合学生利益，执行起来，效果较好；反之，效果较差。

（2）从严重违规违纪事件的查处力度入手。看学生严重违规违纪事件是否得到及时处理。这是衡量一所学校学生管理力度的一个重要指标。对于严重违规违纪的学生，应及时依法处理，并能以事件处理为案例，教育大多数学生，警示大多数学生，减少、避免类似事件的发生。这就达到了严格管理的目的。反之，严重违规违纪事件发生了，学校碍于社会关系的插手，对有关人员或处理力度不足，或拖延未决。这不仅是在纵容违规违纪学生，而且可能引发更多学生无视校规校纪。笔者到深圳第二高级技工学校工作不久，根据学生出现的一系列问题，主持确定五条严格管理的措施：严禁涉毒、严禁赌博、严禁打架、严禁偷窃、严禁酗酒，并在全校学生范围内广泛宣传处理的办法。"五大禁令"实施一学年，严厉处理了 39 位学生。服用成瘾类药物、内外勾结涉毒、内外勾结打群架、赌球、高档手机失窃、酗酒等不正之风大幅度下降，校风逐渐好转。

（3）从纠正学生普遍存在的不良行为习惯入手。看学生普遍存在的不良行为习惯是否得到有效的纠正。普遍存在的不良行为习惯是学校学生管理的重点、难点，是良好学风、校风建设的主要障碍，也是耗费管理者最多时间和精力的重要方面。不良行为习惯是学生长时间养成的，要纠正，很不容易。但若不纠正，又会严重影响学生个人的成长，严重影响学校学风、校风的建设，严重影响学校培养目标的实现。职业学校学生不良行为习惯不少。归纳起来，其集中体现在以下六个方面：不爱学习的比例偏高；乱恋的比例偏高；摆阔的比例偏高；上课睡觉的比例偏高；上课玩手机的比例偏高；男同学抽烟的比例偏高。

比例偏高，就是普遍现象。不良行为习惯一旦达到普遍的程度，就是严重问题。因此，这些不良行为习惯都可纳入严格管理的范围。但是，由于破坏性与震撼性不及严重违规违纪事件，又因人数偏多，涉及面大，这些事情往往被学校相关部门以难度大、涉及面广、容易反复、耗时长等为理由，或没能引起有关人员应有的重视，或采取的整治措施前紧后松、虎头蛇尾，导致管理不力，学风、校风建设受到严重影响。

严格管理不良行为习惯的办法很多。实际工作中，其也因地因校而不同。但从规律和经验看，学校一般采取四种办法：一是制度上明确学校的态度；二是日常学习、生活中加强查处；三是个别批评与班集体通报相结合；四是一生一策特殊管理。上述四种办法虽有区别，但内部也存在逻辑关系，只要以学期为阶段抓紧并持之以恒，实际效果一定会逐渐显示出来。

实践反复证明：对学生进行严格管理，不仅是学校的需要，也是家长的要求，还是绝大多数学生的意愿。

当然，光是严格管理也不行，应该在严格管理的同时，对学生多一点人文关怀。打一个形象的比方，严格管理是板着面孔的管理，人文关怀是脸带微笑的教育。前者硬，后者软。二者的动机、目标是一致的，但效果各有不同。有时候，软的效果好于硬的约束。有时候，软硬结合交替进行，会收到意想不到的效果。

端午节到了，学校出钱，给在校住宿同学每人送两个粽子，一个甜的，一个咸的。这是借助中国传统节日的风俗习惯——吃粽子表达学校对同学的关心。结果表明效果很好。一个女同学对老师说："老师呀！我从上幼儿园到现在之前，都没有吃到学校送给我们的粽子，谢谢学校啦！"一个匆匆走路的男同学在回答校长问"吃了学校发的粽子了吗？好不好吃？"时说："吃啦，好吃！感谢学校！"端午节的第二天，一位班主任接到一些学生家长的电话，对学校端午节送粽子给学生的事很感动，也很感谢。从经济角度看，两个粽子不算什么，但从学校与学生、学校与家长、教师与学生的关系看，却明显拉近了距离，增进了理解，特别是让学生感觉到学校在关心他们。

深圳的夏天长而热。上午第四节课和下午第一、二节课的教师和学生都受困于热浪而影响教与学。2008年，笔者所在学校作为刚建校两年的学校，在宿舍已安装空调的情况下，千方百计说服相关政府部门，特别预算了2009年财政资金，让学校所有教室也安装空调。经过对比别的同类都没装空调的学校，无论教师，还是学生，都从心里感谢学校的人文关怀。学校对学生的人文关怀，可以体现在许多方面。集中地说，凡是能够体现学校对学生的学习、思想、身体、生活、未来的关心，都可视为人文关怀。把这样的人文关怀与严格管理结合起来，效果一定会很好。

（二）针对性与有效性相结合原则

学校学生管理工作的针对性有两个方面的含义：第一，学校出台的关于学生管理的政策应当具有很强的针对性；第二，学校管理学生的具体措施应当具有很强的针对性。总体看，没有一所学校对学生管理工作是不具有针对性的。具体说，学校出台的学生管理方面的政策和所采取的措施也没有不具备针对性的。问题是不少学校所定政策和所采取措施并没有达到预想的效果，即针对性与有效性并不对应。究其原因，针对性的质量有问题。

以学生课堂上睡觉为例，笔者在互联网相关网站上发现，某校出台的学生管理办法中，对学生课堂睡觉制定并实施了很有针对性的措施：课堂睡觉一次，教师叫醒；二次批评；三次扣成绩分；四次严重警告；五次取消评选先进资格。表面看，这些措施，不仅具有很强的针对性，而且属于典型的严格管理。但是，实施起来，效果肯定不好。其根据是没有考虑产生这类行为的复杂原因。实际上，学生课堂睡觉的原因是多种多样的：夜里因特殊情况（同学吵醒等）影响而难以入睡，导致次日上课需要补觉的；身体不适没睡好导致上课犯困的；教师教学效果太差听不懂不如睡觉的……笔者认为，如果要追究课堂上学生睡觉的责任，学生、教师、学校都有。学校的责任在于宿舍管理不到位，教师的责任在于教学效果不好。一般情况下，教师教学效果好，学生是不会睡觉的。即使仍有睡觉的学生，那也一定有特殊原因，且应该是极少数。如属于特殊原因，就应特殊处理，完全没有必要制定严管政策，采取严厉的措施强加约束。

所以，学生管理的政策措施只有建立在对象及其行为缘由科学分析的基础上，其针对性才具有有效性，针对性才可能实现与有效性的有机结合而形成正向效应。而具有有效性的针对性是很有征服力的。把学生管理的政策措施理性地建立在实施对象及其行为缘由科学分析基础上，当然是实现针对性与有效性有机结合的有效办法，但不是唯一办法。作为复杂系统工程的学生管理工作，不时地会面临各种"针对性"，于是，在自觉地以有效性为参照和指导的针对性要求及其与有效性的结合方法自然也因时因地因事而理应有所不同。

笔者所在的学校于2006年设办，当时还没有室内开大会的场所。2007年7月14

日下午，学校召开建校以来第一学年散学典礼。深圳高温天气的下午，全校学生大会当然不能让学生站在烈日下的操场上进行，典礼改为在教室里开广播大会。按照学生处的安排，散学典礼的一项内容是校长讲话。笔者决定改变以往散学典礼时学生只是听校长讲话的惯例，由每个专业选派一名学生写一篇短文，介绍本学期内让他（她）最感动的一件事，经学生处审核后由短文作者在广播室里宣读，让全校同学一起听。最后由校长作简短发言。那天下午，笔者和十多位发言的同学集中在学校广播室里，听着学生代表的发言，挺受感动。

汽修专业的一位同学感动于她所在班的辅导员罗老师：罗老师有时还带病来上班。那一天，罗老师来到我们班开班会，远远就能听到她猛烈咳嗽的声音。我们看到这情况后都劝老师回去休息，而她却坚持留下来。刚好那天班上的一名同学跟别班的同学发生了矛盾，连家长都来了。因为家长的情绪太过于激动，有打我班同学的冲动。这时，罗老师立刻挡在我班同学的前面，她担心家长伤害到同学。经过几位保安的制止，家长终于离开了。罗老师护着同学回到了班上。她一边咳嗽一边给我们讲道理。由于太激动，她哭了，我们都知道她是担心我们，在乎我们才会这样的。她这样关爱着我们，我们非常感动。

如今，由宋老师担任我们班主任。而罗老师却被学校调到形象设计班去了，我们都非常舍不得，甚至还有男同学哭了。能让男生哭泣的是什么？是感情啊！罗老师不仅仅是我们的老师，也像是我们的亲姐姐关心、爱护我们。在她到形象设计班的这段时间里，我们都很想念她，总是感到身边空空的。

物流专业的一位同学感动于宿舍同学的关爱：深夜里，因为睡觉时翻转的幅度过大，导致挂在我床上的蚊帐掉下去了，贪睡而懒惰的我，虽然已经知道蚊帐掉下，但没有及时地把它挂回。第二天清早，我迷迷糊糊地听到，宿舍里一位同学起来了，她悄悄地走到我的床前，停下脚步，拿起蚊帐，把它挂回原位。当时的我非常感动。她这个小小的举动，让我联想到了家，想起了上初中时每一个清晨，在床边打开蚊帐叫醒我的母亲。我起来后便对同学说了一声"谢谢！"她带着微笑，回答了四个字"举手之劳"。正是她这个"举手之劳"，让我从此把宿舍当成了家；正是她这个"举手之劳"，让我感受到了家的温暖，宿友们给我的亲切感；正是她这个"举手之劳"，让我觉得自己多了一个温暖而充满快乐的家，宿友们犹如我家人一样关心和爱护着我。此时的我，非常想再一次向这位同学说声"谢谢"，谢谢你，帮我把蚊帐挂好；谢谢你，让我知道有这个家的存在；谢谢你，第一次让我感受到了这个家的温暖。

让我们从现在开始，学会给能够让对方感动的一个眼神、一个手势、一个微笑，让对方感受到，他（她）被关注着、被爱着、被别人需要着，这些感动的举动，将会照亮我们美丽的世界。

所有的发言结束之后，笔者代表学校对上述发言作了点评。点评之后，用几分钟时间对暑假生活提出几点要求。简明扼要的发言结束了，整个散学典礼也划上句号。会后，笔者特地到几个教室，征询同学的"会后感"。从结果看，反映普遍较好。归纳起来，同学的感受主要有以下几点：一是从来没有经历过这样的散学典礼，很有意思；二是那些同学的发言，说的事都不大，但让人感动，也让人羡慕；三是不知不觉会议就结束了；四是校长的点评很有启发性。

散学典礼，是一项常规工作，有教育的意味，有管理的成分。应该说，散学典礼这件事，这类会，对于学生管理而言，毫无疑问具有针对性——针对学生一学期学习已经结束，暑假生活即将开始的特殊时刻进行必要的教育。但是，这种教育不是以校长讲话为主要内容的老一套，而是增加了学生回顾最受感动的一件事的议程，而且这一议程成为这次散学典礼的主要内容。实际上，发言主体主要不是校长，而是学生；受感动主体也主要不是校长，而是学生。这样的针对性就是与有效性很好地结合的针对性。

这一事例充分证明，把针对性与有效性相结合视为学校学生管理的一个原则不仅是必要的，而且是很有意义的。

第二节　改革社团活动制度

一、对职业学校社团组织的认识

（1）社团组织的概念。职业学校社团是由兴趣爱好相似的学生自愿申请参加并自主管理，学校提供相关条件，安排教师指导，打破班级、年级、专业界限开展活动的团体。

（2）社团组织的性质。社团是职业学校校园文化的重要载体，是职业学校第二课堂的重要组成部分，是学生兴趣展示与职业素质培育的场所、专业项目研修的基地、竞赛选手训练的平台。

（3）社团组织的作用。社团在加强思政教育、优化学生管理、培养技术技能人才、丰富校园生活等方面发挥着无可代替的作用。

（4）社团活动的特点。

①自组与校助结合。"自组"，即学生自己发起，自己组建相关社团。"校助"，即学校提供软硬件帮助。许多社团都是在自组与校助结合中建立和发展的。

②自主与指导结合。"自主"，即所有社团不仅由学生自己组建，而且由学生根据自己的兴趣爱好选择社团，参加社团，管理社团。"指导"，即教师指导。没有教师指导的社团，难以行稳致远。

③以趣促趣与素养渗透结合。社团是学生因为兴趣而加入，因为兴趣而促进成长的地方，也是学校借此平台对学生进行综合素养培育的处所。正常情况下，学校社团活动的过程也是学生兴趣爱好展示和职业素质培育相结合的过程。

（5）社团活动的原则

①学生"五自"原则。"五自"，即自建社团、自选社团、自我教育、自主管理、自我服务。在学校相关条件许可的前提下，鼓励学生自主组建社团，全体学生都可根据自己的兴趣爱好自主选择社团，在社团活动中自我教育、自主管理、自我服务。

②学校"五合"原则。"五合"，即多类社团并推与政策配套支持结合；"两因"（因地制宜、因陋就简）克难与创造条件结合；自主管理与教师指导结合；提高技能与赛手选拔结合；学期考核与积分鼓励结合。

二、职业学校社团制度改革的必要性

（1）普遍存在社团活动效果不满意问题。由于学生能力参差不齐，因此其组建的社团及开展的活动的质量也高低不一，或内容单一，或档次不高，或因组织乏力而使社团单调乏味，或因条件不足而缺乏吸引力。其结果，既直接影响学生参与的积极性，也直接影响学校社团应有的教育效果。

（2）普遍存在"五自"与"五合"不同步问题。"五自"是学校应当赋予学生关于社团组织和活动的原则。"五合"是学校促进学生社团活动应当坚持的原则。只有两个主体两个原则紧密结合，一个学校的学生社团活动才可能生机勃勃。遗憾的是，不少学校没能自觉地坚持两个原则的结合，"五自"放任，"五合"缺失，导致社团活动稀疏冷落，鱼龙混杂，良莠不齐，自生自灭。

（3）普遍存在"六不"问题。无论是中等职业学校，还是高等职业学校，学生社团程度不同地存在场地不够、经费不足、制度不周、管理不严、指导不实、效果不佳问题。其中，经费不足、指导不实、管理不严三个问题直接影响学生社团的质量和生存。

三、职业学校社团活动改革的基本思路

（1）明确社团活动责任主体。职业学校学生社团活动管理的责任主体仍以学生管理部门为主，但需公共课部和专业院系配合。学生管理部门应将学生社团组织及其活动的管理视为学生管理的重点工作，按学年制订计划，实施考核，并根据考核情况，总结经验，发现问题，及时纠正。公共基础课和专业课教师应当以学生社团活动指导教师的身份参与社团活动的指导。

（2）推行四类社团。所有职业学校都应当推行四类社团：文艺类社团、体育类社团、技能类社团、其他类社团。文艺类社团、体育类社团、其他类社团是全国包括普通中学在内的所有学校所共有的，但技能类社团为职业学校所独有的。技能，即技术能力的简称。所谓技能类社团，包括专业社团、技能俱乐部等。技能类社团是职业学校学生社团活动独有的"风景"。没有技能类社团的学校不是职业学校。换言之，所有的职业学校不仅都应该设立技能类社团，而且，应该一个专业至少设一个技能类社团。

（3）规范社团活动课程。将学生社团活动与第二课堂、职业素质培育三者结合起来，把第二课堂活动时间里与职业素质培育相关的活动项目称为第二职业素质课程。把第二课堂活动时间里与专业课程相关的活动项目称为第二专业课程。第二职业素质课程和第二专业课程定位为课程体系的组成部分，即扩大职业学校课程体系构成要素，学校提供对应的配套政策，将第二专业课程和第二职业素质培育课程纳入日常管理范围。

（4）指导教师分工。学校将第二职业素质课程和第二专业课程定位为课程体系的组成部分，将第二专业课程和第二职业素质培育课程纳入日常管理范围之后，公共课部教师负责第二职业素质课堂文艺类、体育类、综合类中相关的社团活动课的指导，专业系教师负责第二专业课程的技能类社团活动课的指导。

（5）规范活动项目。学校应根据不同类型的社团特点，尊重学生意见，确定常态

第十六章　学生管理

与动态、规定项目与创新项目相结合的活动项目。

（6）制定社团活动标准。学校应制定文艺类社团、体育类社团、技能类社团、其他类社团活动项目应达的基本标准。

（7）动态调整社团活动指导教师、课时、课酬。学校应根据第二职业素质课程和第二专业课程的项目标准，安排社团活动课的教师、课时；根据工作量、工作难度、创新度等要素核算社团活动指导教师课酬系数。第二职业素质课程和第二专业课程课酬掌握在第一职业素质课堂和第一专业课程课酬系数50%~80%区间计算工作量和课酬。

（8）"砌实"指导教师的"门槛"。学校要制定社团活动课专兼职指导教师的任用标准，并根据标准择优任用；组织培训，考核合格的人员才可担任社团活动课指导教师。

（9）制定并执行相关制度。学校制定社团活动督导、后勤保障等制度，确保社团活动有质量地进行。

第三节　调整学生提质思路

"学生提质"，即提高职业学校学生整体素质的简称。提高职业学校学生整体素质是学生管理部门的主要职责。学生整体素质包括学生身份素质和准职业人身份素质。

职业学校学生提质工作涉及多个部门业务。学生管理部门应参与其中，形成群体共育态势，举全校之力，提高学生整体素质。实际运行中，职业学校学生管理部门应当叠加学生、准职业人两种身份开展素质培育以实现学生管理的目标。

一、学生身份的素质培育

（一）对学生身份素质培育的认识

（1）学生身份。学生身份是学生的法定身份。典型的学生身份的素质培育主要在学校教室和学校校园空间里。这些空间里发生的与学生管理部门业务相关的事务，特别是与整体素质密切相关的非专业能力培育的事项，学生管理部门应当积极介入。

（2）素质培育。职业学校学生身份的素质培育是指学生管理部门以学生在中学阶段形成的身心特征、品质结构为基础，以提高学生身体素质、心理素质、劳动技能素质、道德素质、团队合作能力、沟通交流能力、解决问题方法能力、诚实守信水平等非专业能力为主要任务开展的监管、梳理、提升等相关活动。

（二）推行学生身份素质培育"二八六"管理模式

学生身份素质培育"二八六"管理模式由"调理两自""八化并举""六力协管"三个方面组成。

1. "调理两自"

"两自"，即自卑感、自信心。职业学校学生正处于身心素质和思想品德素质变化大、独立性特点表现鲜明的人生阶段。在这一阶段，学生管理部门加强管理，对其思想、心理的健康成长具有积极意义。可是，职业学校生源多数是学术教育中下等的学生，在以学习成绩为主要评价指标的学校环境里，他们曾遭受不公正的评价，时常表现出习得性、群体性兼具的无助状态。他们总认为自己学习能力差，很多方面不如人，自卑感常有，自信心常无。这些情况是职业学校学生普遍存在的问题。这个问题不解决，学生生活的积极性、学习的主动性都难以调动。因此，职业学校学生管理，首先应从"调理两自"入手。学校要"调理两自"，首要的工作，不是树立自信心，而是力克自卑感。自卑感越是减少，自信心越是增强。从学生管理部门的角度看，力克自卑感的方式方法很多，但设计机会，让批量性同学获得从未有过的成功，是一个永远有效的好方法。

例如，组织劳动技能比赛，先有意调低获奖标准，让学生较大面积地获奖，较大面积地克服自卑感之后，再逐步加大获奖难度。

又如，设计环保卫士奖，凡是在这个方面有突出成绩的，可按规定获得奖励学分。

再如，广东省中山技师职业学院开展以学生自我管理、自我约束、自我教育、自我成长为主要内容的"四自教育"，让学生有机会轮流担任辅导员助理、教工助理、教研室主任助理、院系主任助理，给学生提供成长的舞台，使同学们在实践活动中不断克服自卑感，增长自信心。

再如，学生管理部门协助教务管理部门组织每年一次全校技术技能节。只要参加项目活动，表现好，或者与上一年技能节相比有进步的学生，都可通过设计进步奖等名目发给获奖证书，予以鼓励。

设计类似的项目，安排类似的机会，让越来越多的学生被认可，越来越多的学生被赏识，越来越多的学生体验到成功的快乐，自卑感便逐渐消失，自信心就逐渐地显现出来！

2. "八化并举"

"八化"即教室文化、宿舍文化、食堂文化、手机文化、服饰文化、表达文化、厕所文化、活动文化。

（1）教室文化关乎学生"学的"，包括传统课室和实训场所，是学生学习和成长的最重要环境。职业学校教室文化建设的目标要求是：地面干净卫生，书桌摆放整齐，墙壁标语等布置简洁清爽，同学在教室活动期间关系和睦，互相帮助，学习态度端正。

（2）宿舍文化关乎学生"睡的"，是学生午休和晚休所在地，是关起门来学生"很自由"的地方，也是学生个体或群体的素质最容易下降的空间。宿舍文化建设的目标要求是：学生宿舍成为劳逸结合的休息室，学习心得的闲谈室，各种正确思想的交流室。

（3）食堂文化关乎学生"吃的"，是学生最容易出现浪费粮食，不讲节约的地方。食堂文化建设的目标要求是：营造良好就餐环境；培养学生文明就餐习惯。

（4）手机文化关乎学生"玩的"。手机已经成为广大学生的日常生活用品，也是学生信息收集、储存、交流的重要工具，是花费学生时间最多，影响学生休息和思想进步最直接，也是学生管理最难以有效掌控的平台。职业学校学生手机文化建设的目标是：用手机玩与用手机学有效结合，充分利用手机与防止手机伤身有效结合。

（5）服饰文化关乎学生"穿的"，是最可能因家庭贫富差异而产生矛盾和最直接表达学生文明素养的方面。服饰是反映学生审美观和职业观的重要载体，服饰同样可以发挥育人作用。职业学校学生服饰文化建设的目标要求是：日常学习生活时的着装符合年龄身份，符合道德规范，符合审美标准；实训实习时穿工装，体现职业素养。

（6）表达文化关乎学生"说的"，包括口头表达和书面表达，是最能体现学生思想文化修养水平的环节。职业学校学生表达文化建设的目标是：能正确地敢说敢写；能正确地会说会写；能正确地善说善写。

（7）厕所文化关乎学生"拉的"，学生是否文明如厕，特别是男厕所是否抽烟，是否存在乱写乱画等不文明行为，需要严加防范，堵住漏洞。厕所文化建设的目标是：厕所无臭味；如厕要文明。

（8）活动文化关乎学生"赛的"。学校不少活动具有比赛的性质。有个人赛的，有集体赛的。许多活动由学生管理部门组织。参与这些活动的学生应该达到怎样的素质水平以及应该怎样进行有效的管理？这需要责任部门高度重视。活动文化建设的目标要求是：不出重大安全事故；促进学生身心健康；展示学生才华；提高学生整体素质。

"八化"，是学校每一个学生都得面对的八项事务，涉及面广，对学生整体素质影响大。同时，八个项目也是学生管理部门必须面对的常态化工作。"八化"建设的具体方式方法很多，准军事化管理是一个好办法。吉林工业技师学院就实行对学生的准军事化管理。

首先，校军签订合作协议。学校与吉林军分区预备47师下属的工兵团即"吉林军威集团"签署合作协议，成立准军事化管理领导工作小组，建立准军事化管理组织机构，构建全员化教育管理网络体系，明确各岗位职责，由军管团接管学生公寓和校园安防工作，落实学生日常行为规范，组织军事训练等。

其次，实施校军管理模式，即实行"学校+军营""班级+连队""班主任+教官"的双重管理。选派年龄在20~35周岁，政治合格、品德端正，热爱教育事业的退伍士兵或警校毕业学员担任教官。

最后，建立班主任和教官联动机制。学校实行24小时值班制度，确保第一时间准确地了解和掌握学生学习情况和学生中的突发事件，以便有针对性地进行指导和部署工作，发现问题及时处理，有效地保证了准军事化素质教育与管理的实施。实施中，重点规范学生的一日操行，从仪容仪表、礼节礼貌、着装、站姿、坐姿、宿舍内务卫生等方面规范学生的行为，让学生养成良好的行为习惯

该校准军事化管理效果好。学生日常管理工作基本实现了团结紧张、严肃活泼、令行禁止、行为规范、纪律严明的良好局面；学生在校期间做到举止得体、仪态端庄、校园行走两人成行三人成伍；学生寝室做到环境整洁、规范有序；学生就餐做到排队就餐、文明礼让、勤俭节约、服从号令。

上述所引并非该校"八化"建设的全部，该校虽然只涉及宿舍文化、食堂文化、服饰文化内容，但已可知准军事化管理的效果。职业学校学生管理部门应该从文化的角度，结合本校实际，按照严格管理与人文关怀相结合、针对性与有效性相结合原则，建立"八化"制度，制定"八化"标准，实施"八化"管理。

3. "五力协管"

"五力协管"，即校级学生管理部门应该从行为规范、心理咨询、社团活动、宿舍管理、信息化管理五个方面设立专门小组负责协调，采取有效措施，促进学生行为规

范，提高素质。

（1）行为规范小组负责全校学生言行举止的规范。学校要校军合作，制定标准，借助军人的威势和力量，日日检查，周周评比，月月竞赛，届届紧抓，务必使绝大多数学生言行举止规范、文明。

（2）心理咨询小组负责全校学生的心理健康。学校在配备相关条件的前提下，要协调各二级院系设立由各班心理健康联络员为骨干的全校学生心理咨询系统，及时发现需要心理咨询的同学，解决学生个体心理问题。同时，要定时开展全校性学生心理素质状况调查，掌握全校学生心理素质状况，重点解决学生群体性自卑感和自信心问题，全面提高学生心理素质。

（3）社团活动小组负责全校学生社团组织工作。一要设立四类社团，其中，特别鼓励技能类社团的发展；二要采用民选方式产生学生社团团长；三要给社团团长发放月工资，以激励学生团长尽力开展社团活动；四要对指导教师进行严格考核，确保每个社团活动指导教师有水平、肯用心、有效果；五要定期组织社团活动竞赛，提高社团活动质量。

（4）宿舍管理小组负责全校宿舍管理。其主要任务：一是管好在宿舍期间学生之间的关系；二是以严格的制度实现学生手机的有效管理；三是以有效的措施督促学生按时休息；四是按月评比宿舍文化建设水平。

（5）信息化管理小组负责全校学生信息化服务管理工作。其主要任务是用大数据等先进信息技术手段建立"八化"管理系统，对学生行为进行综合、动态、科学的管理。

二、准职业人身份培育

（一）对准职业人素质培育的认识

（1）职业学校准职业人的概念。所谓准职业人，就是与真正的职业人相比，在专业能力和非专业能力两个方面存在差距但初步具备职业人应有的条件的学生。

（2）认识准职业人的典型地域空间。职业学校学生一旦进入职业技能实训场所、跟岗实习场所、顶岗实习场所、技能竞赛环节、劳动技能活动场地，其实际身份就发生叠加式变化：学生＋准职业人。认识其变化的意义在于：无论是教务管理部门，还是学生管理部门，都应该考虑学生的两种身份、两种需求，都应该制定二者叠加的政策，建立二者叠加的管理制度，实施二者叠加的管理，达到学生身份与准职业人身份叠加的管理效果。

（3）明确准职业人素质培育的主要内容。职业学校准职业人素质培育的主要内容包括职业技能，职业心态，职业道德，职业习惯，职业礼仪，劳动意识，合作精神，工匠精神，沟通能力等。这些内容贯穿于学校培养全过程和多方面。

（二）推行准职业人素质培育"三五二"管理模式。

准职业人身份素质培育"三五二"管理模式由"三元合作""五台培育""二规叠加"三个方面组成。

1. "三元合作"

"三元合作"即教务管理部门、学生管理部门、合作企业三个部门合作。合作的目的是共同培养学生成为准职业人。准职业人与国家要求的技术技能人才之间存在属种关系。准职业人是技术技能人才这个种概念的属概念。对于所有职业学校毕业生而言，其一毕业即为技术技能人才属于较高标准，一毕业即为准职业人是最低合格标准。职业学校学生中的大部分一毕业就可能是技术技能人才，而有些学生达不到技术技能人才的标准，但至少应该达到最低合格标准。所以，准职业人是职业学校非继续升学学生毕业后的最低要求。尽管是最低要求，但单靠学校一方依然很难培养合格的准职业人，必须校企双方合作培养才行。而现实中，学校一方参与合作的部门主要是教务管理部门、教学部门、教研部门。学生管理部门几乎不参与。这一状况需要改变。

准职业人培养，专业课程和公共基础课程教学是"主要阵地"，学生管理是"重要阵地"。学生管理部门组织的许多活动都应该也都可以渗透工匠精神培育、职业道德培育、职业礼仪养成、团队合作能力训练、沟通交流能力训练、职业行为习惯培育。学生管理部门若是不参与校企合作，不和教务管理等部门携手，积极参与准职业人培养，学校培养质量就势必大打折扣。因此，"三元合作"是对"校企合作"两个主体参与部门的扩展。我们应该明确：校企合作不应只是教务、教学、教研部门参与，学生管理部门、共青团组织、学生会组织也应参与，不能置之度外。第一，学校层面应该与合作企业协调，双方合作过程中，企业对学校一方的支持，不仅在于教学过程与生产过程对接，还应包括学生素质培育与企业要求对接；第二，学校关于校企合作的政策供给、计划制订、考核实施，都应将教务教学部门和学生管理部门联系起来一并布置，共同安排；第三，学生管理部门应该根据新职能、新要求，创造性开展准职业人素质培育工作。

2. "五台培育"

"五台培育"即准职业人的素质培育可借助五类平台进行。

（1）社团类职业素质培育平台。文娱类、体育类、技能类、其他类共四类社团是学生几乎天天活动的平台。四类社团活动都需要精益求精、精益求新的工匠精神培育，都需要诚实守信、服务同学的职业道德培育，都需要言行举止得体的职业礼仪养成，都需要团队合作能力和沟通交流能力训练。利用四类社团活动开展学生准职业人的素质培育。这是以前没有要求，如今应当履行的新职责。学生管理部门应当对这四类社团活动的职业素质培育问题进行新的规划；应当要求第二职业素质课程指导教师把职业素质的培育纳入指导内容；还应该通过社团制度、社团经费、社团竞赛、社团评价等方式向职业素质培育工作倾斜。

（2）节赛类职业素质培育平台。所谓"节"，是技能节、科技节；所谓"赛"，是各类竞赛。节与赛活动都很需要，但不宜过多。重点办好五个"节赛"：职业活动周、技能节、运动会、艺术节、技能竞赛。其中，职业活动周、技能节、技能竞赛三项活动直接体现职业素质。运动会、艺术节都要求学生掌握技能和技艺，有吃苦精神，有团队合作意识，学会与人沟通交流。这些都与准职业人素质培育相关。这些活动，有的虽然是教务管理部门牵头，但学生管理部门也要积极参与；有的需要学生管理部门直接组织。无论是哪一种，学生管理部门都应主动地将上述五个"节赛"与准职业人的素质培育结合起来推进。

（3）网络类职业素质培育平台。随着新一代信息技术进步，网络学习、网络交流、网络教育日益流行。学生每天花在各种网络媒体的时间越来越多。学生管理部门应该借助网络类平台，通过手机、电脑等工具，建立微信群、微视频、微课、微博、微信公众号、手机报、手机家校通 APP 等载体，结合学生管理需要，渗透职业素质培育的相关内容，对学生进行准职业人的素质培育。

（4）坛馆类职业素质培育平台。每个学校都有图书馆、阅览室、教室、宿舍、食堂、走廊、宣传栏、墙壁等空间。每个学校都定期不定期地组织不同专题的论坛活动。这些坛、馆、室、廊都是学生经常开展活动的场所。学生管理部门应当从形式和内容两个方面渗透职业素质培育。内容方面，如开设规范、持续、有效的职业道德讲坛，培养一届又一届学生宣讲员，形成学生自主开展职业素质培育的新格局；形式方面，如利用学校走廊、宣传栏、墙壁、教室等场地张贴古今著名工匠画像；具体活动方面，如班级的班会活动可以结合大国工匠典型事例融入工匠精神教育。

（5）实训实习类职业素质培育平台。实训，一般在校内完成；实习，分跟岗实习和顶岗实习两类，一般在企业完成。两类实习相比，顶岗实习更加重要。它是学生走向就业的必经环节，也是学生几年技术技能学习和职业素质培育效果综合考量的实战场所。开展实训和实习工作是教务管理部门分内之事。但由于对象的身份都是学生+准职业人，实训实习的地点又都是非传统课室，因此，学生管理部门应当主动配合教务管理部门，借助这两类平台，开展职业素质培育。

以顶岗实习为例，学生在企业顶岗上班，时间至少是 6 个月。从学生身份的角度看，这一时间段学生生活可能出现问题、思想可能产生偏差、同学之间可能不团结、下班之后自由活动可能因失控而出事。这个阶段学生出事，负行政责任甚至法律责任的不是企业而是学校。因为学生还未毕业，其法定身份还是学生。所以，顶岗实习期间的学生，学生管理部门不仅不能"撒手不管"，而且还应该加强管理，确保不出事。从准职业人身份的角度看，顶岗实习时期，学生的职业心态、职业道德、职业习惯、职业礼仪、劳动意识、合作精神、工匠精神、沟通能力等状况如何是可以看得最清楚的阶段，是学校"真刀真枪"淬炼学生职业素质的最佳场所。负责任的学校和学生管理部门应该叠加学生身份和准职业人身份，采取必要措施对学生进行有效的职业素质培育。比如，学校向顶岗实习的班级派合适数量的辅导员（班主任）。辅导员（班主任）在该班学生顶岗实习期间不安排其他任务，须每天轮流到在本市区不同企业实习的学生所在地了解每一位学生实习、生活、思想、职业素质等情况，处理相关力所能及的事情。自己无法处理的事务应及时与合作企业小组的相关人员共同处理。再不行，就应上报院系相关领导。

3. "二规叠加"

"二规"即两种规范：学生身份素质提高规范和准职业人身份素质提高规范。学生拥有两种身份，素质培育的规章制度也不应只有一个。但"素质"是一个边界不很清晰的概念。机械地区分学生身份和准职业人身份及其职业素质培育无补于学生管理实践。将两种身份和两类素质培育叠加起来制定规范和执行规范无疑是明智的选择。其具体要求是：第一，职业学校学生管理政策的制定应当考虑学生的两种身份和两类素质培育；第二，职业学校学生管理的实践应当包括两种身份和两类素质培育。只有这样，职业学校的学生管理才鲜明地区别于普通教育院校学生管理；只有这样，职业学校培养质量才能稳步提升。

第十七章

院系管理

第一节　对院系管理的认识

一、机构设置概况

多年的发展，我国职业学校机构设置大体定型。其一般设四级机构：

（1）学校一级机构。党委会、纪检会、校务会、职代会等。

（2）学校二级机构。党政办公室、人事管理部门、教务管理部门、学生管理部门、财务管理部门、招生就业部门、行政后勤部门、教学督导部门、职业培训部门、技能评价管理部门、信息资料服务部门、教学部门（院系）。

（3）学校三级机构。分行政和教学两类。行政类可根据二级部门的工作需要，设置相应的科级机构；教学类可根据院系的工作需要，设置相应的教研室。

（4）学校四级机构。有些办学规模大的学校教研室下设课程组。

机构设置方面，将企业内部机构设置的扁平化模式照搬到职业学校的做法并非科学。企业属于经济基础，其过程是生产产品或提供服务，采用扁平化机构模式，可通过减少管理环节以有效面对复杂的市场变化。学校属于上层建筑，其过程是"精雕细琢"地改变人、塑造人，几年时间的教育才培养一届毕业生，属于细活、慢活，适合采用多层次机构模式。特别是规模较大的学校，在教学需要强调个性化以确保质量的时代，教学系统的机构设置理应达到四个层次——学校、学院、教研室、课程组。

二、院系的概念

院系的产生与学校办学规模有关。职业学校分职业院校、技工院校。职业院校包括三个层次：中等层次的中职学校、大专层次的高职学校、职业教育本科院校。技工院校也包括三个层次：普通技工学校、高级技工学校、技师学院。中等层次的中职学校包括普通技工学校，其他属于高等职业学校。

中等职业学校办学规模普遍较小。其机构设置为二级制：学校、科室。这里的"科"，指行政职能部门，如教务科、财务科等；"室"主要指教学单位的教研室。"科"与"室"内部级别待遇一样。

高等职业学校办学规模普遍较大。其机构设置为三级制：学校、处系（部）、科室。其中，"处"为行政职能部门，"系"为教学单位，"部"为公共课教学部。三者内部级别待遇一样。

随着时间的推移，中等职业学校和高等职业学校都获得较大发展。不少高等职业学校把"系"改称为规格更高、对外交流更有"面子"的"院"；不少中等职业学校在"室"的基础上，也逐渐迈入"系"的行列。可以说，"院系"一词包括高等和中等两类职业学校的教学单位。

综上，所谓"院系"，是职业学校按专业归类形成的内部级别待遇与学校职能处室并列的教学部门，如计算机学院、印刷系、公共课教学部等。

三、院系的职能

职能体现权利和责任。随着国家经济社会高质量发展和学校治理结构不断完善，职业学校教学部门的权责也需相应地发生变化。具体而言，职业学校的院系职能应该包括以下 18 项：

（1）负责党建工作。在学校党委职能部门的指导下，负责本院系党建、统战、意识形态、思政、工青妇等工作。

（2）负责人事管理。根据学校与院系的事权划分政策以及人事处规定的岗位数量、岗位职责和履职条件自主聘用本院系人员。

（3）负责教务管理。在学校教务处指导下，负责本院系各专业教务管理和教学质量评估。

（4）负责学生管理。在学校学生处指导下，负责本院系学生管理工作。

（5）负责财务管理。根据学校财务处按院系学生人数核拨的年度预算经费额度自主安排财务支出。

（6）负责招生。在学校招生就业处指导下，完成年度招生任务并有效避免或减少学生流失。

（7）负责校企合作。在学校教务处指导下，负责本院系所有专业与企业开展深广度合作培养。

（8）负责专业建设。在学校教务处指导下，负责本院系专业设置、专业发展、专业调整工作。

（9）负责课程改革。在学校教务处和教研所（办）指导下，负责本院系各专业课程开发和改进工作。

（10）负责师资培养。在学校教务处和人事处指导下，负责本院系专兼职教师队伍建设工作。

（11）负责职业培训。在学校职业培训管理部门指导下，负责本院系对内、对外职业培训工作。

（12）负责技能评价。在学校职业技能评价管理部门指导下，负责本院系对内、对外职业技能考核评价工作。

（13）负责学生实习。在学校教务处、招生就业处指导下，负责本院系学生跟岗实习和顶岗实习工作。

（14）负责教科研。在学校教研所（办）指导下，负责本院系人员的教科研工作。

（15）负责就业创业服务。在学校招生就业处指导下，负责本院系对内、对外就业创业服务工作。

（16）负责教学资源管理。在学校总务处指导下，负责本院系教学设施、设备等固定资产管理及其他教学资源建设和管理工作。

（17）负责安全管理。在学校安全办或保卫处的指导下，负责本院系安全工作。

（18）完成上级交办的其他工作。

上述18项的前17项工作与职业学校内涵建设密切相关，与学校实现技术技能人才培养的目标密切相关，与职业学校培养质量稳步提升密切相关，属于职业学校必须抓紧抓好的事务。

各个院系这17项工作高质量，等于学校工作高质量。因此，学校，乃至学校的主管部门都应该将这17项工作的重要性与学校高质量发展挂钩，采取有力措施支持，如根据上述17项职能，明确机构的定位，配备对应的人员编制，提供足够的软硬件条件和资金，促使各院系正常地开展工作。

四、院系机构的设置

院系机构设置依据是院系的职能规定。

（1）设立党政办公室（综合办公室或综合部）。其在院系领导班子领导下负责院系党务和人事、财务等行政事务，并接受学校行政办公室、党委办公室、财务处的监督、指导。

（2）设立教务办公室。其负责院系教学、教科研、教材、教务、校企合作、专业建设、课程改革、师资队伍建设、实习、教学资源建设等工作，并接受学校教务处和院系领导班子双重领导。

①教务办下设专业教研室，具体负责各专业设置、专业发展、专业调整等工作。专业教研室下设课程组，负责各课程的开发、教学、改进。

②教务办下设教学资源中心，负责院系教学资源建设与管理、实训中心建设与管理等工作。

（3）设立学生管理办公室。其负责院系学生管理工作，并接受学校学生处和院系领导班子双重领导。

（4）设立职业培训与评价办公室。其负责院系职业培训和技能等级评价工作，并接受学校职业培训、技能评价、院系领导班子三重领导。

（5）设立招生就业办公室。其负责院系招生、学生就业推荐、学生就业质量跟踪工作，并接受学校招生就业处和院系领导班子双重领导。

五、院系管理的原则

（1）责权利统一的原则。明确学校与院系，院系与学校行政职能处室，院系与专业教研室三组机构之间的责权利界限；按照责权利对应规则开展工作；学校内涵建设的落脚点在院系；院系的办学质量之和即学校的办学质量。因此，学校应向院系下放人事权、财务权、管理权；要以事定人、以生定费。管多少事，给多少人；有多少学生，给多少经费。院系也要向各专业教研室适当下放相关权利。

（2）"三个对接"引领原则。"三个对接"即专业设置与产业需求对接；课程内容与职业标准对接；教学过程与生产过程对接。"三个对接"是国家对职业教育的原则要求，体现产教融合、校企合作、工学结合精神，院系专业建设、课程改革、教学教研三个主要工作均需坚持"三个对接"。

（3）"四能并举"原则。"四能"指学制教育、职业培训、技能评价、就业创业服务。其中，"学制教育"是全日制学习制度教育的简称，包括职业院校的全日制学历教育和技工院校的全日制非学历教育。"四能并举"体现《中华人民共和国职业教育法》精神，也是经济社会发展对职业学校办学功能的新要求。"并举"，即院系工作必须四者兼顾，均得发展。所有院系都应与所有职业学校一样，"四能并举"办学。

第二节　学校与院系权责界定

院系，对于学校，它是管理对象；对于专业教研室，它是管理主体。院系身份的特殊性导致相关关系发生变化。因此，我们需要区分学校的主管部门与学校、学校与院系、院系与职能部门三个方面的关系。

一、政府主管部门与学校之间的权责界定

政府主管部门的权责是：简政放权，规划引领，政策服务，监控督导。

（一）简政放权

简政放权的依据是国务院《关于加快发展现代职业教育的决定》要求下放的四项权力：专业设置与调整、人事管理、教师评聘、收入分配。如何下放四项权力？深圳市人社局是个样板。

1. 下放"专业设置与调整"权

2002 年，笔者从局机关到深圳高级技工学校工作，当时的主管部门没管过学校专业的设置，学校设什么专业，全由学校决定。

2. 下放"教师评聘"权

2013 年，深圳市人社局要求深圳第二高级技工学校试点，学校自设教师中、高级职称评委会，可以自主评审教师副高和中级职称，评审结果由政府认可。评委会成员由行企专家、深圳市相关院校教育专家、相关部门和行企技能人才评审专家、人才评价专家四部分人员构成，把关很严。

3. 下放人事管理和收入分配两项权力

2015 年，深圳市人社局出台《关于深圳技师学院、深圳第二高级技工学校人事制度综合配套改革的批复意见》（深人社函〔2015〕228 号），重点解决人事管理和收入分配两项权力的下放。

（1）人事管理权下放：要求两校按相关规定自主设立教学类机构和各类岗位及层级；两校的岗位设置方案经校领导班子研究，提交职工大会或代表大会审议通过后实施，并报局人事处备案。

（2）收入分配权下放：要求两校完善岗位绩效工资，淡化工作人员身份差别，将所有聘用人员纳入统一的工资分配体系，按岗取酬、岗变薪变，逐步实现同岗同酬的目标。同时根据财务状况建立健全福利制度。工资分配及福利方案经全体职工大会或职工代表大会审议通过后实施，并报局人事处备案。（注：该文件下发后因故未全面实施，但基本精神可以借鉴。）

（二）规划引领

1. 规划

规划即学校的主管部门从举办者的角度，在征求相关学校意见的基础上，从学校办学方向、区域布局、培养目标、专业建设、培养质量等方面，制定职业教育发展规划，提出全局性的要求。

2. 引领

下放四项权力不等于"撒手不管"，必须放权与引领相结合。放权之后，学校如何运用四项权力，怎样理顺相关关系等，就需要主管部门逐一做出指引。如深圳市人社局《关于深圳技师学院、深圳第二高级技工学校人事制度综合配套改革的批复意见》明确下放四项权力的同时，又对有关事项作出规定：

（1）启动改革后，两校不再实行编制管理。现有编制予以收回，现常设岗位聘用人员和参照执行原常设岗位管理的新进人员保留档案身份。除上级任命、政策性安置及高层次人才引进外，所有新进人员一律对外公开招聘。

（2）两校可按相关规定自主设立内设机构和各类岗位及层级，专职教师岗位数占岗位总数的比例原则上不应低于75％。

（3）两校的岗位设置方案经院（校）领导班子研究，提交职工大会或代表大会审议通过后实施，并报局人事处备案。

（4）两校应按照公开、公正、竞争、择优的原则，严格按照岗位职责和履职条件自主聘用人员。院（校）领导班子成员按原管理权限和程序聘用；原由局党组任命的常设岗位人员，保留档案身份，在岗位体系和管理中与其他人员同等竞聘，统一管理；岗位聘用一人一岗，不得"双肩挑"。

（5）两校应完善岗位绩效工资，淡化工作人员身份差别，将所有聘用人员纳入统一的工资分配体系，按岗取酬、岗变薪变，逐步实现同岗同酬的目标；同时根据财务状况建立健全福利制度。工资分配及福利方案经全体职工大会或职工代表大会审议通过后实施，并报局人事处备案。

上述五款，既下放权力，又彰显引领。

（三）政策服务

政府主管部门对学校的政策服务，主要体现在以下两个方面：

（1）办学条件优化的政策性扶持。政府主管部门对职业学校办学条件实施"三补"，即补缺、补短、补软；同时对诚信办学、规范办学的非营利性民办职业学校也应予以有力支持。

（2）学校改革创新的政策性支持。政府主管部门对学校行政管理制度和教学管理制度的综合改革中提出的有利于学校发展的措施予以大力的支持。

（四）监控督导

政府主管部门对职业学校监控与督导可以采取两种方式：

（1）办学效益的主管部门评价。由主管部门所属相关机构负责，从投入与产出的比例角度设计相关指标，考核学校履行四项办学职能的效果，以此监控、督导学校提高社会贡献度。

（2）办学质量的第三方评价。由主管部门预算专项资金，采取招标的方式，委托有资质的社会第三方机构，从教育质量、就业质量、学校管理质量三个方面对学校办学情况进行评价，将评价结果与政府的办学资金等支持性政策挂钩，以此监控、督导学校提高社会贡献度。

二、学校与院系之间的权责界定

（一）学校层面的权责

学校应下放"三权"，提供条件，规划管理，考核评估。

1. 下放"三权"

学校应向院系下放三个权力：人事权、财务权、管理权。

（1）人事权。学校应明确二级院系的人事权：一是，根据学校规定的岗位职责和履职条件自主聘用本院系人员；二是，岗位聘用一人一岗，除院系主任外，不得"双肩挑"；三是，落实员生比例；四是，以事定人，管多少事，给多少人；五是，以事定费，办多少事，给多少经费。

（2）财务权。学校应明确二级院系的财务权：以事定费+生均拨款，即院系级公共事务项+两个生均项拨款。所谓公共事务项，即每年全校各院系都必须开展的工作项目，也称公共项；所谓两个生均项，即注册新生人均数和毕业就业学生人均数。决定一个系部年度资金额度数量的依据有三个：上年度各院系公共事务项完成情况；本年度新生注册人数；本年度毕业生就业人数。公共课教学部的经费按照公共事务项+课程改革项目+教学生均数+第三方评价满意度计发。

（3）管理权。学校应明确二级院系的管理权：负责本院系的教务管理、学生管理、校企合作、专业建设、课程改革、师资培养、职业培训、技能评价、教科研、培养质量；配合招生就业处招生、就业推荐、毕业生就业质量跟踪服务工作。明确规定院系根据学校相关制度，结合改革创新需要，制度院系一级的规章制度。

2. 提供条件

学校应为各院系正常办学提供必要的软、硬件条件。

3. 规划管理

学校应制定学校发展规划，批准学校年度工作计划，通过行政职能部门，立足目标管理角度，从学制教育、职业培训、技能评价、就业创业服务四个方面宏观管理各院系工作。

4. 考核评估

学校应对各院系工作进行考核评估。考核评估结果与支持性政策挂钩。

（1）考核内容。学校应出台关于各院系工作年度考核评估的规定，明确考核的内容（见表 17-1），实施严格的考核。

表 17-1　考核内容

序号	考核内容
1	党的建设情况
2	廉政建设情况
3	安全管理情况
4	学生思想政治表现情况
5	学生身体素质情况
6	学生取得职业资格证书或职业技能等级证书情况
7	毕业生就业率情况
8	用人单位对学生就业质量满意程度情况
9	学校面向社会开展各类职业培训情况
10	技能评价情况
11	就业创业服务情况
12	师生参加各级各类技能大赛情况
13	教科研成果情况

（2）考核办法。学校层面可采取多种方法对各院系工作进行考核评估。如学校领导班子可直接委托有资质的第三方机构根据学校要求设计可操作的调查问卷；经校领导班子认可后，由第三方机构负责组织问卷调查，并形成调查报告。校领导班子据调查报告结果评价院系年度工作。调查结果在校园网的部门工作多元评价平台上公布。据调查报告中所列问题，责成被评价部门整改。当然，学校应为各院系的整改提高提供必要的条件。

（二）院系层面的权责

院系层面应执行党委会和校务会有关决定，按照责权统一原则，履行 18 项职能；结合院系实际，制定相应制度，创造性开展工作。

三、学校行政职能部门与院系之间的权责界定

学校行政职能部门既是学校的二级机构，又是代表学校行使该项职能的责任部门。其与各院系的关系比较特殊：内部级别方面，二者是并列平等的关系；业务工作方面，二者表面上是指导与被指导的关系，实质上却是领导与被领导关系。每个行政职能部门都是院系的"婆婆"。在公办职业学校管理体制里，各院系只能在"婆婆多"的环境中"埋头苦干"。

（1）教务管理部门与院系之间的权责界定。教务管理部门代表学校负责全校教务工作，其主要职责是落实学校相关决定，加强内涵建设，承担以下职责（见表 17-2）。

表 17-2　教务管理部门承担的职责

序号	职责
1	负责制定学校教育教学发展规划，制定各项教学建设规划，制定相关的教学规章制度和教学改革方案，并组织实施
2	负责全校对外交流工作（校企合作、校校合作、政校合作、国际合作、对口帮扶、扶贫）的统筹管理
3	负责全校专业建设的统筹管理
4	负责全校教学运行管理与改革
5	负责全校师资队伍建设与管理
6	负责组织全校技能节和技能竞赛的统筹管理
7	负责各层级各类技能竞赛工作
8	负责学校课程设置和教材开发、管理的统筹管理
9	负责图书馆工作和统筹实训室管理
10	完成学校交办的其他相关事项

各院系应在上述 10 个方面接受教务管理部门领导，并在学校教务管理部门指导下，负责本院系各专业教务管理工作。各院系在学校教务管理部门和教研管理部门指导下，负责本院系各专业课程开发和改进工作。各院系在学校教务管理部门和人事管理部门指导下，负责本院系专、兼职教师队伍建设工作。

（2）学生管理部门与院系之间的权责界定。学生管理部门代表学校负责全校学生管理工作，其主要职责是落实学校相关决定，加强学生管理，承担以下职责（见表 17-3）。

表 17-3　学生管理部门的主要职责

序号	职责
1	负责制定学生思想教育工作、德育工作、心理健康工作、班主任队伍建设工作、学生管理等方面规章制度和改革方案，并组织实施
2	负责学生思想教育工作、德育和心理健康工作
3	负责班主任队伍建设与管理
4	负责校园文化建设，统筹学校年度文体节，配合组织年度技能节
5	负责学生行为规范和军训、征兵工作
6	负责学生宿舍、学校广播站、电视台、学生活动场所管理工作
7	负责学生学籍管理和学籍档案管理工作
8	负责学生勤工俭学工作和国家助学、减免学费工作
9	负责指导学生社团工作
10	完成学校交办的其他相关事项

各院系应在上述 10 个方面接受学生管理部门领导，并在学校学生管理部门指导

下，开展包括但不限于 10 个项目的更多、更具体的本院系学生管理工作。

（3）人事管理部门与院系之间权责的界定。人事管理部门代表学校负责全校人事工作，其主要职责是落实学校相关决定，加强人事管理，承担以下职责（见表 17-4）。

表 17-4　人事管理部门的主要职责

序号	职责
1	负责制定学校人才规划，制定人才人事管理等方面规章制度和改革方案，并组织实施
2	负责学校的机构设置、人员编制管理工作
3	负责学校组织、人事方面的制度建设工作
4	负责全校教职工工资、津贴、福利（社会保险、职业年金、住房公积金等）工作
5	负责学校干部工作
6	负责统筹教职工的教育、管理、培训、考核、奖惩、退休、退职、调动等工作
7	负责组织拟订学校师资队伍建设规划，负责学院师资引进、培养与管理工作
8	负责学校职称评审委员会日常工作和岗位聘用委员会的日常工作
9	负责统筹教师资格认定、新进人员培训和转正定级等工作
10	负责完成各类人事统计和档案的管理工作
11	指导、监督、考核各院系人事管理
12	承办学校交办的其他工作事项

各院系应在上述 12 个方面接受人事管理部门领导，并在学校下放的人事权的范围内，自主开展本院系人事管理工作。

（4）财务管理部门与院系之间权责的界定。财务管理部门代表学校负责全校财务工作，其主要职责是落实学校相关决定，加强财务管理，承担以下职责（见表 17-5）。

表 17-5　财务管理部门的主要职责

序号	职责
1	负责学校预算管理、财务管理、内控管理、内审工作、国有资产账务管理等方面的制度建设
2	负责全校年度财务预算管理
3	负责学校内控和内审工作
4	负责全校费用支出审核把关
5	负责全校财务管理、财务档案管理和国有资产账务管理
6	负责各院系财务管理的指导和监督
7	完成学校交办的其他相关事项

各院系应在上述 7 个方面接受财务管理部门领导，并在学校下放的财务管理权的范围内，自主开展本院系财务管理工作，包括实行按岗取酬、岗变薪变、同岗同酬目标的分配制度改革等。

（5）招生就业部门与院系之间权责的界定。招生就业部门代表学校负责全校招生就业管理工作，其主要职责是落实学校相关决定，加强招生就业管理，承担以下职责（见表17-6）。

表17-6　招生就业部门的主要职责

序号	职责
1	负责统筹就业市场的调研，为各专业招生计划的制订提供就业信息依据
2	负责组织各院系完成全校年度招生任务
3	负责统筹各院系做好应届毕业生顶岗实习和就业推荐工作
4	负责统筹顶岗实习学生的巡查、考核、管理等工作
5	负责协调各院系完成毕业生就业质量跟踪工作
6	完成学校交办的其他相关事项

各院系应在上述6个方面接受招生就业管理部门的协调，具体负责本院系的招生和就业推荐等工作。

（6）信息服务部门与院系之间权责界定。信息服务部门代表学校负责全校信息服务工作，其主要职责是落实学校相关决定，提供先进和优质的信息技术服务和管理，承担以下职责（见表17-7）。

表17-7　信息服务部门的主要职责

序号	职责
1	负责制定学校信息化建设规划，制定信息化管理等方面规章制度，并组织实施
2	负责全校信息化建设，具体负责智慧校园建设
3	负责与学校内涵建设密切相关的信息平台建设和管理，包括校企合作信息平台、专业建设信息平台、课程改革信息平台、师资培养信息平台、学生成长信息平台、职业培训信息平台、毕业生就业质量跟踪服务平台、部门工作多元评价平台、学生管理平台、教学管理平台、财务管理平台、人事管理平台、安全管理平台、固定资产管理平台、宿舍管理平台、食堂管理平台、OA办文平台等
4	负责为各院系工作所需的信息技术工作提供服务
5	负责信息安全管理工作
6	完成学校交办的其他相关事项

各院系应在上述6个方面接受信息服务部门的协调、指导，配合学校信息服务部门开展本院系信息技术应用和服务工作。

（7）职业培训和技能评价部门与院系之间权责的界定。职业培训和技能评价部门代表学校负责全校职业培训和技能评价部门工作，其主要职责是落实学校相关决定，承担以下职责（见表17-8）。

表 17-8 职业培训和技能评价部门的主要职责

序号	职责
1	组织开展校内外就业技能、岗位技能提升、创业三类培训
2	组织开发各工种课程
3	建设职业培训专兼职教师队伍
4	建立健全职业培训管理制度
5	指导、监督、考核各院系职业培训工作
6	完成学校交办的其他相关事项

各院系应在上述 5 个方面接受职业培训部门的协调、指导，配合学校职业培训部门开展本院系职业培训工作。

（8）技能评价部门之间权责的界定。其主要承担以下职责（见表 17-9）。

表 17-9 技能评价部门的主要职责

序号	职责
1	负责全校学生学业类、证书类技能水平评价工作
2	负责全校教师技能水平评价工作
3	组织开展校外人员职业技能等级评价
4	指导、监督、考核各院系技能评价工作
5	完成学校交办的其他相关事项

各院系应在上述 5 个方面接受技能评价部门的协调、指导，配合学校技能评价部门开展本院系技能评价工作。

（9）后勤管理部门与院系之间权责的界定。后勤管理部门代表学校负责全校后勤服务和管理工作，其主要职责是落实学校相关决定，承担以下职责（见表 17-10）。

表 17-10 后勤管理部门的主要职责

序号	职责
1	负责制定学校后勤管理规章制度，并组织实施
2	负责学校固定资产实物管理，配合财务管理部门定期进行财产盘点
3	负责学校校园基础建设
4	负责学校办公、宿舍、教学楼、食堂等建筑物及设施设备维修管理，各种用具的购置、管理与维护
5	负责卫生及防疫工作，管理医务室
6	负责学校车辆（含租用车辆）的调派、管理与使用，做好驾驶员的安全教育工作
7	负责学校日常能源管理，保障水、电、气等供应和相关设施、设备的管理维护工作；负责学校消防、安防设施保养及管理

表17-10(续)

序号	职责
8	负责后勤服务社会化建设，监管物业公司做好安保、日常保洁、绿化及设施保养、管理等工作，监管食堂为师生提供优质安全的膳食服务
9	完成学校交办的其他相关事项

各院系应在上述9个方面接受后勤管理部门的协调、指导，配合学校后勤管理部门开展本院系后勤服务与管理工作。

（10）教学督导部门与院系之间的权责界定。教学督导部门代表学校负责全校教学督导工作，其主要职责是落实学校相关决定，承担以下职责（见表17-11）。

表 17-11　教学督导部门的主要职责

序号	职责
1	负责全校教学督导工作制度，并组织实施
2	负责指导、监督、考核各院系教学督导工作
3	负责指导各院系对教学督导发现问题的整改
4	负责教学督导工作的宣传，定期出版《督导简报》（内部版）
5	负责学校教学质量评价体系建设，并组织开展教师评价工作
6	完成学校交办的其他相关事项

各院系应在上述6个方面接受教学督导部门的领导，配合学校教学督导部门开展本院系教学督导工作。

（11）教研管理部门与院系之间权责的界定。教研管理部门代表学校负责全校教科研工作，其主要职责是落实学校相关决定，承担以下职责（见表17-12）。

表 17-12　教研管理部门的主要职责

序号	职责
1	负责制定学校教科研规章制度，并组织实施
2	负责组织全校性的教育教学研究和学术活动，为学校决策提供依据，为教育教学的顺利开展和教学改革的实施提供指导
3	负责组织校级教科研项目及纵向、横向课题的立项、结题评审及日常管理
4	负责学校学术委员会的日常工作，定期组织学术委员会开展各项学术活动
5	组织新教育教学技术的研究、开发、运用和推广，指导各院系开展基础性、应用性、综合性三类教学研究
6	完成学校交办的其他相关事项

各院系应在上述6个方面接受教研管理部门的指导，配合学校教学教研管理部门开展本院系教科研工作。

第三节　院系管理的基本路径

院系管理上连校级管理，下接室、组管理，处于十分重要的地位。在学校下放"三权"，明确院系职能，厘清与相关部门职责关系的条件下，我们需要进一步明确院系管理的基本路径。

一、育、培、评、就并举

"育"，即学制教育，也称全日制教育。"培"，即职业培训。"评"，即职业技能评价。"就"，即就业创业。这四者即职业学校办学的四项职能，也应该成为二级院系办院系的四个职能。院系管理人员应该转变参照普通教育办学模式办学的思维定势，转变重学制教育，轻职业培训、技能评价、就业创业服务的办学思想，立足于这四个基本职能开展院系管理。

（一）优化学制教育

其优化的路径：一是走以技术技能为特色，培养技术技能人才的办学道路；二是坚持"三个对接"原则，每个专业都做到专业设置与产业需求对接，课程内容与职业标准对接，教学过程与生产过程对接；三是深广度校企合作，要求每个专业不仅做到共招学生员工、共提员工水平、共克技术难关、共研新尖技术、共参专业建设、共建课程体系、共设实训基地、共组师资队伍、共评教学质量、共促实习就业，而且要在职业培训、技能评价、技能竞赛、就业创业服务等领域，也与企业开展合作；四是实行"双证书"制度，要求每个学生持职业资格或职业技能等级证书、学业合格证书毕业。

（二）加强职业培训

职业培训是职业学校依法办学的职能之一，也是院系理应重视抓好的一项重要工作。

（1）解决认识问题。学校和院系领导班子成员应带领教职员工摒弃重学制教育，轻职业培训的理念，充分认识职业培训对培养技术技能人才的重要性，对促进劳动者就业的重要性，对职业学校提高社会贡献度的重要性。

（2）解决"四缺"问题。一缺培训需求调研。一些院系为节省成本，省去了培训需求调研这个环节，造成不清楚市场和劳动者对培训的需求到底是什么，导致实际培训与实际需求脱节。二缺培训设施设备。一些院系职业培训设施不完善，设备不足，工位不够，导致实训环节敷衍了事。三缺既有教学经验，又有实践经验的培训教师。四缺激励机制，导致教师参与培训的积极性不高。

（3）高质量开展职业培训。一要设立职业培训机构，配足相关人员。二要建立三支队伍：高效能的培训生源开发队伍、高质量的培训教师队伍、高水平的培训管理队伍。三要探索三种模式：就业技能培训模式、岗位技能提升培训模式、创业培训模式。四要完善五个机制：培训项目开发机制、校企合作培训课程开发机制、培训课程教学机制、培训质量评价机制、培训管理机制。五要确保培训项目、培训质量与企业需求、劳动者个性化需求对接。六要应用新技术加强培训过程的监管，确保培训的质量。

（三）加强技能评价

技能评价是职业学校的一项新的职能，应当与学制教育、职业培训一起规划、实施、管理。

（1）明确院系职能新定位。职业学校既是技术技能人才培养的主体，也是技术技能水平评价的主体。在学校职业培训和技能评价管理部门领导下，院系应当积极履行技能评价职能。

（2）执行两类"双证书"制度。所谓两类"双证书"，一是毕业证书+职业资格证书，即学生所学专业为准入类职业资格的，须取得职业资格证书和毕业证书毕业；二是毕业证书+职业技能等级证书，即学生所学专业为水平评价类职业技能等级的，须取得职业技能等级证书和毕业证书毕业。前者是少数；后者是多数。

（3）建立完善专业教师考评员制度。即，支持院系专业教师考取本地区技术技能评价的考评员、高级考评员，积极参与社会化技能人才评价工作。

（4）实行职业培训与技能评价"考培分离"制度。即，学生或学员进行职业技能考核时，技能考核与技能培训活动要实行分离，即职业培训单位不能自己考核自己培训的人员，职业技能评价机构不能又搞评价又搞培训。培训教学的人员与评价考核的人员必须分开，以此保证"双证书"的"含金量"。

（5）建立技能人才评价使用联动机制。与行业企业深度合作，探索建立突破学历、资历和身份限制，以职业能力为导向，以工作业绩为重点，注重职业道德和职业素质的技能人才评价使用联动机制。

（四）加强就业创业服务

就业创业服务分对内和对外两个方面。

1. 对内就业创业服务

其服务对象主要是学生。

（1）就业方面。一要配合学校职业指导教研室，设立职业指导课程，对各专业学生进行规范的就业指导；二要密切与人力资源服务机构、行业企业的合作，共同开展招聘会、就业指导、政策宣传等多样化就业服务，为学生提供有效的就业信息；三要积极推荐毕业生实现多种形式的就业；四要为申报从事灵活就业的毕业生按规定纳入各项社会保险和享受相关鼓励政策提供服务；五要安排专人对实现就业的毕业生就业创业状况进行长期跟踪，定期评估毕业生就业质量，为毕业生就业后创业或再就业提供服务。

（2）创业方面。一要开发具有专业特色的创新创业课程，对自谋职业和具有创业意向的学生进行创业意识、创业知识、创业能力等方面的培训，为学生提供规范的创业指导；二要争取当地政府相关部门支持，设立和完善学生创业孵化器，引进企业专业人士组建创业辅导团队，为有意向创业且创业项目比较成熟的学生提供专业的、全程的创业指导、扶持和创业资金、创业场地等方面的支持；三要积极参与举办创业训练营、创业创新大赛、创新成果和创业项目展示推介等活动，搭建创业者交流平台；四要落实国家要求，实施大学生创业引领计划，鼓励和支持学生在校期间开展的"试创业"实践活动。

2. 对外就业创业服务

其服务对象主要是社会劳动者、失业人员等。

（1）就业方面。一要配合当地人力资源社会保障部门及工青妇等群团组织，实施离校未就业高校毕业生就业促进计划；二要对接当地人力资源社会保障部门及工青妇等群团组织，面向长期失业青年、农村留守妇女、大龄失业人员等，开发周期短、需求大、易就业的就业技能培训项目，促进其就业。

（2）创业方面。一要建立高水平、专兼职的创业培训师资队伍，配合当地政府开展"双创"工作；二要支持建设创业基地，为创业者提供服务；三要参与共建创业孵化基地、众创空间、网络平台等，开展创业意识教育、创新素质培养、创业项目指导、开业指导、企业经营管理等培训，提升有创业意愿者的创业创新能力。

二、"党、政、军"联动

这里的"党、政、军"，指院系的党组织、行政部门、军训教官。联动，包括两层意思：一是院系工作实行党政联席会议制度管理；二是院系学生工作实行院系行政、院系党组织、院系聘请的军训教官三方共同管理。

（一）推行院系党政联席会议模式

党政联席会议模式指党组织负责人与行政系列负责人共同参加召开会议，讨论决定院系重大事项的一种议事制度。一般情况下，此会议两周一次。党政联席会议是院系工作的最高决策机构，由党总支书记、党总支委员会委员、院系负责人、院系工会主席、专业教研室等相关部门负责人等组成。学校应明确规定二级院系的书记和院长既要抓党的建设也抓要业务工作。无论是党建还是业务工作，出了问题都要同时追究双岗双责，并实行交叉任职制。党员行政主要负责人兼任党组织副书记，其他党员副院长全部担任党组织委员。

（1）明确会议范围。需提交党政联席会议讨论决定的事项主要包括三类：一是规划计划类，包括院系发展规划、年度工作计划、年度工作总结的审议；二是重要业务类，如专业建设、实训基地建设、师资队伍建设、重大科研项目、招生计划、就业工作、安全稳定和重大突发性事件处理等；三是敏感政务类，如组织人事方面的人才引进、人事调配和岗位聘任、先进评选、职称晋升、学年考核等，资金财务方面的院系财务预算、大宗经费使用、津贴分配与学年考核奖发放、职业培训收费、技能评价相关事务等。

（2）明确议事制度。联席会议定期召开，特殊情况随时召开。专业教研室等部门拟定议题，须于会前协调好相关部门，并商定解决问题的多个方案上会，让党政联席会议决定。除特殊情况外，党政联席会议研究部门议题，不搞问答式、讨论式，实行选择式。这种安排的好处，一是锻炼部门负责人提出问题的能力和协调能力；二是节约会议时间。（注：中山技师学院经验）

（3）明确议事程序。党政联席会议议事程序是：产生议题→会前沟通→确定会议主持人→讨论决定→形成会议纪要。

第一，产生议题。议题由相关部门提出。提出议题的部门为议题责任部门。所有议题责任部门中，唯党政办公室特殊。它既可以是议题责任部门，也是其他部门所提议题的协调部门。议题分两类：一是部门所提议题。部门议题按程序送党政办。党政办按照党政联席会议制度规定的程序要求，对各议题进行把关后提出是否上会的意见报会议主持人。会议主持人确定上会的议题后，议题正式产生。二是党政负责人所提议题。此类议题由党政办负责走相关程序。

第二，会前沟通。党政办将会议主持人确定的议题做必要的沟通，并提前印发给参会人员。

第三，明确主持人。行政工作类会议，由院系行政负责人主持；党务人事类会议，由党务负责人主持。

第四，讨论决定。与会人员充分发表意见后，主持人综合归纳意见并对相关规定作出决定。

第五，形成会议纪要。会议由党政办负责记录并形成有编号的《××院系党政联席会议纪要》。纪要须由党政主要负责人共同签字确认后印发。

（4）督办落实事项。院系党政办应负责每次会议纪要须督办事项的督办。第一，会议结束，马上按要求逐项发出包括时限要求的督办函；第二，下一次党政联席会上通报上一次会议决定事项督办情况；第三，对超过时限应落实而未落实的单位应在院系内部网站通报。

（二）"党、政、军"合作管理模式

该模式以院系学生管理办公室为主，党组织和部队退役军人参与学生管理。其具体改革思路是：

（1）支部建在教研室。院系党总支委员会在各专业教研室设党支部。一些党员人数多的专业教研室可在党支部之下设党小组。院系应创建党组织管班级制度，并让党支部参与管理各班级。

（2）专业教研室管辅导员或班主任。院系学生管理办公室将辅导员或班主任按照专业分配到各教研室，以加强专业教研室学生管理力量。

（3）"党、政、军"合作。院系应以班级为单位，党支部或党小组成员、辅导员或班主任、教官三类人员发挥各自优势共同管理班级。其中，党组织在学生思想政治表现方面发挥统筹指导作用。

（4）管理目标。学生的思想政治觉悟，人生观、世界观、价值观等方面的教育工作由党支部或党小组牵头，其他力量配合，确定标准，努力达标；学生的仪容仪表、礼仪礼貌、着装、站姿、坐姿、早操、课间操、晚自习、环境卫生、教室卫生等日常行为习惯管理由部队教官牵头，相关力量配合，按准军事化标准严格管理。院系学生管理办公室负责定期评比。

三、管、放、考兼顾

院系管理涉及方方面面。其重点事务，除了把握"育、培、评、就"办学方向和"党、政、军"管理机制外，还应特别关注"管、放、考"。

（一）"管"

"管"就是管理，包括人、财、物、事。

（1）人的管理。四项之中，人是核心，涉及编制、工资福利、职称、职务、退休等敏感事务，包括院系领导班子成员自己的管理、全体教职员工特别是教师的管理和学生的管理。梳理这些人的关系，是一个重大任务，也是参与者品德、能力、事业心的考验。其目标是形成清、净、谐的工作氛围；原则是严格管理与人文关怀结合；依据是执行上级相关制度和制定实施院系相关制度。

（2）财的管理。首先，院系应按学校"下放三权"的财务政策规定，在学校财务管理部门领导下执行；其次，院系应关注上级相关政策动态，根据相关政策的变化而作出相应的反映；最后，院系应关注与职业培训、技能评价有关的各级政府资金和财务政策变化，因应而为。

（3）物的管理。物，这里主要指院系办学设施设备等软硬资源。其原则是：因地制宜，因陋就简，逐步改善，充分利用。其重点是教学设备及其管理。院系应该按不同专业分别拥有普适性和引领性两种设备，普适性设备为主，引领性设备为辅。这两类设备，学校应该支持。院系也应根据自身实力，逐年有所增添和改造。同时，院系应该制定物的资产管理和运行管理制度，实施有效性与安全性相结合的管理。

（4）事的管理。"事"的类型有多种，情况复杂，但都与人、财、物相关。院系的事，简单地分，主要是党务、行政、教学三类事务。三类之中，党务类事务的重点是发挥引领、监督、保障作用；行政类事务的重点是为教师教学和学生成长服务；教学类事务的重点是立德树人，教书育人，是院系工作的中心。院系关于"事"的管理，应该按照上述分类进行年度计划、布置、管理。

（二）"放"

"放"就是向专业教研室放权。院系是学校的二级机构。专业教研室是学校的三级机构，也是院系的直属机构。可以说，专业教研室是决定学校办学质量最基层的一级组织，是学校决策与教师行动之间的重要桥梁，是提高教师教学质量和展示学校培养实力的重要平台。

（1）把握"放"的前提。院系向专业教研室放权的前提条件有两个：一是存在三个以上专业教研室，每个专业教研室都有三个以上班级；二是每个专业教研室都有一个专业能力强、教学能力强、管理能力强的专业带头人。

（2）下放两种权力。院系的权责主要有党建、人事管理、财务管理、教务管理、学生管理、招生、校企合作、专业建设、课程改革、师资培养、职业培训、技能评价、学生实习、教科研、学生就业、教学资源等18项。18项权责中，每一项都离不开专业教研室。特别是决定院系和学校办学质量的校企合作、专业建设、课程开发、课程教学、教学督导、师资培养、教学管理、职业培训、技能评价、教科研活动等项目，只有依靠专业教研室，才可能"落地"。换言之，专业教研室工作质量决定了学校办学质量。因此，学校向院系下放"三权"，与之相对应，院系也应向专业教研室下放相关权力。如一定范围内的人事管理权；一定金额内的财务管理权；教师评价权；职称评聘建议权；专业调整权；校企合作实施和建议权；课程改革实施和建议权；教科研活动实施和建议权；其他工作的实施和建议权。

（三）"考"

"考"就是年度业绩考核。其考核范围方面，应包括党务工作、行政服务工作、教学教研工作；考核内容方面，主要针对16项职能履行情况；考核主体方面，应包括学校有关部门代表、院系教师、学生代表、家长代表、用人单位代表；考核结果处理方面，应在院系内部网站公布考核结果并按学校或院系业绩考核的制度妥善处理考核结果。

第十八章

干部管理

我国高职院校实行党委领导下的校长负责制。不仅高职院校，其他各类各级职业学校的干部管理都必须在党组织领导下进行。

第一节　职业学校干部的基本要求

职业学校干部主要指校级领导干部与中层领导干部。校级领导干部由党委书记（一般兼任校长）、校长（一般兼任党委书记或党委副书记）、专职党委副书记（一般兼任纪委书记）、副校长（一般兼任党委委员）构成，个别学校设置了副校级专职工会主席的，一般也按照校级干部管理和使用；中层领导干部分为行政系列中层领导干部和教学系列中层领导干部。但是，不管哪一级、哪一系列的领导干部，从身份看，都是干部，因而，都应该有统一的基本要求。那么，职业学校干部有哪些基本要求呢？至少要有六个。

一、有本事

有本事，就是有能力，就是具备了当干部的重要条件。结合职业学校实际工作对干部的要求，凡是具备以下 8 个条件者，就大体上可称之为有本事的干部。

（1）有较高的政治觉悟和思想文化素质；

（2）有较牢的专业知识基础；

（3）熟悉职业教育规律；

（4）熟悉与职业教育有关的法律、法规、政策；

（5）熟悉职业学校工作规范；

（6）能很好地履行岗位职责；

（7）能出色完成学校交给的其他任务；

（8）能创造性地拓展工作。

前两项是对有本事干部的基础性要求；"三个熟悉"是对职业学校有本事干部的业

务素质要求。这一要求当然要以较高的思想文化素养和专业知识水平为基础。"三个能"是对职业学校有本事干部的业务能力要求。这一要求当然要以较高的组织协调能力和解决实际问题能力为支撑。要求不算高，难度不算大，但做到不容易。

二、肯干事

干部有本事了，还要看他肯不肯干。有的人既有本事，又肯干事，不仅爱岗敬业，一心扑在工作上，而且过关斩将，所向披靡，很有成绩。有的人有本事，但不肯干事：一是待价而干。看学校给什么待遇，什么承诺而决定干不干事。有的人竟然公开提出条件要学校答应后才肯干事。二是看"气候"干事。某位校长快退休了，这时候，他不肯干事；某个事件发生了，学校工作可能发生变化，"气候"复杂，此时积极干事可能对自己不利，于是不肯干事。三是视声誉而干事。凡是对自己声誉有利的，能赢得人心的，干；反之，不干。四是遇挫不干事。干事过程中遭受挫折，尽管是自己的原因造成的，也要寻找其他理由罢干或拖着不干。

上述四种情况只是部分例子，在现实生活中，有本事但不肯干事的类型还不少。这四种情况一方面说明学校干部队伍中确实存在有本事但不肯干事的情况，需要学校高度重视，采取有效措施纠正，否则，会严重影响干部队伍建设；另一方面，对干部也是一种教育。学校要通过分析讨论上述四种情况，教育广大干部坚决杜绝有本事但不肯干事的不正风气，同时，要在干部中形成有本事但不肯干事的干部不是职业学校欢迎的干部的共识。

三、干成事

除有本事、肯干事之外，对干部还应有个结果性要求，即要把事干成。要是没把事干成，把事干坏了，或者干得费时、费钱、费力而结果不佳，群众意见大，这样的干部就不符合职业学校干部的基本要求。干得成事的"成"字，内涵比较明确：一是包含"应该"的意思，即应该干的事按时或及时干成了；二是包含"质量"的意思，即该干的事干得有质量、效果好。

综合起来说，干得成事，就是能按时或及时干成有质量、效果好的事。按照这样的概念要求，干成事不是每个干部都能做得到的。特别是学校里的"三门干部"，干成事更不容易。职业学校的"三门干部"，指的是从"家门"到"大学校门"再进"职业学校校门"的干部。这类干部多数知识丰富，头脑敏捷，思想解放，工作也有热情……这些，都是有益于学校发展的积极因素。然而，"三门干部"也有需要克服的"缺门"，这就是对职业教育规律认识不清，对职业学校与众不同的特点把握不准，特别是没进"企业之门"，没能深入企业实践，不熟悉用人单位对职业学校以及对毕业生综合素质的要求。

有些"三门干部"对职业教育规律认识不清，表现在分析问题、解决问题时照搬普通教育类型惯性思维，无法从理论上分清楚职业教育与非职业教育的根本区别。对职业学校与众不同的特点把握不准与其对职业教育认识不清有密切关系，这在实践中存在更大的弊端，表现在他们提出的意见或建议往往缺乏可操作性，说起来头头是道，一旦实施，四处碰壁。"三门干部"最大的"缺门"，还是没进"企业之门"。所谓

"企业之门"，就是毕业生可能就业的用人单位。这样的用人单位，任何职业学校都要善待，都要友好合作，都要经常交往，都要想其所想、急其所急，按照用人单位的要求制定学校的政策，健全学校的制度，教育学校的师生，培养合格的人才。干部尤其应当深入用人单位，深刻了解其需求，然后根据其需求，结合学校特点，针对性地开展工作。这样的干部才称得上进了"企业之门"的干部。可以这么说，没进"企业之门"的干部，很难成为职业学校合格的干部，也很难把事情干成并且达到有质量、效果好的程度。

四、不出事

不出事，就是不违规，不腐败，不违法。这"三不"，就是"不出事"的主要含义。它们之间不是意思的重复强调，而是意义相连但性质、程度不同的三种出事类型。"不违规"的"规"，对于职业学校而言，主要指党、政府、学校的政策规定。违反了党的、政府的、学校的相关规定，就是违规，就是出问题，就叫出事。"不腐败"的"腐败"，就是思想堕落、经济受贿、作风败坏。职业学校一般都有若干敏感政务，比如人事、财务、招生、设备采购、基建等。虽说不存在惊心动魄的危险性，但干部身处各类敏感政务、各种人情世故之中，稍不小心，就可能滑向腐败的深渊。"不违法"的"法"，就是法律、法规。轻微的违法就是严重的出事；严重的违法就是犯罪，要遭受牢狱之灾。

职业学校的干部，必须有本事、肯干事、干好事，这是基本要求。但是，不出事地干事，干干净净地干事，也应当是基本要求。这种要求，既是职业学校事业发展的需要，干部队伍建设的需要，也是培养干部、教育干部、爱护干部、保护干部的需要。

一段时间以来，职业学校中也出现了有本事、肯干事、干得成事但出了事的事例。个别干部政治不坚定，自律不严格，反腐不到位，结果出了事。因为出了事，原本的有本事、肯干事、干成事的效果被出事造成的恶劣影响淡化了，不仅给个人，而且给学校都造成了极为不利的影响。

客观地说，干部在干事的过程中，要求不许出任何差错，那也是强人所难，违背客观规律的。但重要的是要区别出事的性质。限于客观条件或改革探索中不可避免的"出事"，与因腐败、公然违法而"出事"不同，前者是犯错，后者是犯罪。干部应当尽量减少犯错，必须坚决制止犯罪，绝不能在这方面"出事"。职业教育事业方兴未艾，任重道远，职业学校所有干部都应该时时想着"不出事"，事事做到"不出事"。既要有本事，又要肯干事；既要干得成事，又要"不出事"。

五、不搞事

不搞事有几个方面要求。对干部自己而言，不搞事，就是不无事生非，将维护学校利益与修炼个人品格结合起来，从团结的角度出发，妥善处理一切事务；对他人、他事而言，不搞事，就是不挑拨离间，不拉帮结派，不给学校、校长制造人为的麻烦。

如果说，有本事、肯干事、干得成事、不出事，主要是对干部的工作态度、工作能力、工作业绩、工作纪律的明确要求的话，那么不搞事，主要是对干部个人品质的要求。搞事的干部，就是闹不团结的人，不珍惜工作岗位，不珍惜团队利益，不珍惜自己的职业生命，把个人利益看得高于学校利益。这种干部有两个特点：一是采取各种手段维护自己的利益。自己负责的业务针插不入，水泼不进。人、财、物、事最好谁也别管，由他一手掌控。一旦有人干预他的事，就不高兴，就搜集黑材料，以无中生有的手法从最敏感的经济问题、生活作风问题入手，打印匿名投诉信，到处散发，搞得学校鸡犬不宁。二是拉帮结派，兴风作浪。这种干部在"搞事"方面，既"有本事"，又"肯干事"，还能"干得成事"而"不出事"。他们城府颇深，手段高明，喜怒不形于色。一所学校倘有这样的干部，是一种不幸！我们应当高度重视，并采取有效措施分化瓦解他们。同时，学校要在适当场合反复强调干部的人品问题，讨论职业学校干部人品的具体标准，要求每个干部根据人品标准严格对照。学校应把人品表现列入学期干部考核项目，由部门人员无记名打分。通过这些办法，制造人品氛围，减少甚至杜绝搞事行为，形成职业学校干部有本事、肯干事、干得成事、不出事、不搞事的工作环境。

六、能共事

"共事"就是共同做事。"能共事"的关键内涵在"能"字。"能"的含义有两个：一是"可以"与大家共同做事，二是"善于"与大家共同做事。"可以"型共事是基本度要求，"善于"型共事是满足度要求。职业学校干部要求，最起码要做到"可以"型共事，最好应该争取达到"善于"型共事。

能共事的好处很多，主要的结果是同事间友好相处，团结共事，心情舒畅，再苦再累也心甘情愿。不能共事的坏处很多，主要的后果是人际关系紧张，大家互相猜忌，工作提心吊胆，心情一片灰暗，身体逐年变差，学校难以发展。

能共事是一种素质，也是一种能力。在一个部门或一个单位里，不同的人有不同的性格，不同的学历、阅历，不同的处事风格，不同的职业追求。一个干部，要能切切实实地把大家团结起来共同干事，不是一件容易的事。对于职业学校干部来说，要想做到"能共事"，就要首先提高自身素质，以诚待人，以理服人，以情感人，以法治人，妥善处理各种各样的矛盾，凝聚各个方面的智慧和力量，调动上下左右的积极性，团结该团结的人共事、干事。

能共事也是一种责任。职业学校工作复杂，变化大，要求每个干部在自重、自爱、自省、自律的基础上，把团结部门人员，配合全校工作视为一种神圣的责任，自觉维护全校的团结大局，主动加强上下左右的协调、配合工作。如果是部门一把手，那就更要把团结共事，友好协作，增强班子的凝聚力、战斗力和创造力作为自己工作的一项职责，尽心履行，以形成合力。

能共事还是一种纪律要求。能共事，不仅仅关系到干部个人的影响，更重要的是它关系到这个部门的工作氛围、工作业绩，也关系到学校事业的发展进度。学校工作不仅需要干部本人要做到能共事，他们还要引导、指导、督导部门中的其他人也要做到能共事。只有这样，一个部门、一所学校才能形成风清气正，团结协作，心情舒畅的干事环境，才能促进学校事业的健康发展。因此，一个干部能否做到团结共事理应成为学校干部的一条纪律。任何干部必须遵守这一纪律，不能违反这条纪律，违反了，要接受批评，甚至必要的处理。只有这样把能共事提到纪律的高度，并形成制度，落到实处，才能使一个部门、一所学校形成良好的团结干事的好环境。

做到能共事并不容易，许多干部在长期的实践中总结了不少好的做法。我们认为，主要应抓住两点：

（1）"三不"共事法。一是不搞个人说了算。干部要做到能共事，首先要养成民主作风，要注意发扬民主，要建立切实可行的民主制度。遇事时要虚心听取多方面意见，在多倾听、多商量的过程中，汇集各方面的意见，然后进行正确的决策。二是不搞"小山头"。"小山头"就是拉帮结派，就是搞事，闹不团结。职业学校干部一定要克服这一弊端。任何干部对人均要一视同仁，不搞亲亲疏疏，要搞"五湖四海"。三是不存偏见。工作中难免意见相左，交往中可能看法不一，上下级关系上偶尔也会有误解……不管出现怎样的情况，干部之间、干群之间、上下级之间都不应该存在偏见。因为一旦出现偏见，势必影响共事，影响合作，影响关系，影响工作。为此，我们要求干部对人对事都要宽容大度，特别是给自己提过意见的同志，不管提得对不对，都要本着有则改之，无则加勉的态度泰然处之，不能事后留下小心眼，不能平时看不顺眼，不能有了成绩还不给脸。一个干部如果真正做到了上述"三不"，就具备了能共事的基本条件。

（2）讲情义。在"三不"的基础上，干部要讲究同事共事中的"情义"，即有情有义地对待每个同志。简言之，就是和同事们相处、共事，要有人情味；要善于关心、爱护、帮助该得到关心、爱护、帮助的人；当同事有了困难的时候，要主动去帮助；当工作中有失误，需要有人承担责任的时候，要敢于并且主动去承担责任，承担的是责任，换来的是信任，是尊敬，是友谊，是人品的展示；当工作取得成绩需要有人去接受这一荣誉的时候，要主动地把荣誉让给别人，让给下属，让出的是荣誉，换来的是感动，是敬佩，是更加饱满的工作热情和在同事中的声誉；当同事或下属犯了错误或受到挫折时，要主动亲近他、安抚他，展示出你真诚的心灵，舒缓他难受的心理，帮助他，提高其抗挫能力，帮助他渡过眼前的难关，迎接新的工作挑战。

综合起来，职业学校干部的基本要求是：有本事、肯干事、干成事、不出事、不搞事、能共事。

第二节　职业学校中层干部管理

职业学校分职业学校、技工院校。两类院校又各包含三个层次。中层干部的要求既有差异点，又有相似处，应区别对待。

一、掌握中层干部工作状况

从学校的角度看，中层干部管理的第一步工作是掌握中层干部状况。只有了解他们的思想状况、工作状况，才能管好他们。简单搬用他校他人方法实施管理，容易形成"缺芯少魂"的"玻璃门"管理法，难现预期效果。掌握中层干部工作状况的有效方法是调查与分析。

(一) 调查

笔者曾采取微信的方式，在全国技工院校范围内，通过中层干部自身、一线教师、校长三个方面了解全国技工院校中层干部的状况。

（1）向部分中层干部调查。调查的问题是：作为中层干部，您认为影响自己做好本职工作的因素有哪些？汇集后，筛选出 10 个意见：

1. 协调上下难，调动积极性难；
2. 制度有，但不便于实施；
3. 责任模糊不清，责权利不合理；
4. 人治大于法治；
5. 责权利不到位和个人能力不足；
6. 学校绩效管理机制不健全，激励考核不到位，影响工作推进；
7. 各种各样的会太多；
8. 院领导授权程度；
9. 学校整体做事氛围不好，对真正做事干部的保护少，上升空间小；
10. 责任与权力不对等，工作制度和机制不健全。

（2）向部分一线教师调查。调查的问题是：您以为中层正职应具备哪些能力？汇集后，筛选出 10 个意见：

1. 具有前瞻性、有符合企业发展的工作思路，以一线教师为本，处理好与领导和其他各处室关系；
2. 总揽全局、务实创新、领域专家、胸怀宽广；
3. 计划能力、创新能力、全局把握能力、组织实施能力、团队协调能力；
4. 沟通与表达能力、时间管理能力、计划决策能力；
5. 对技工教育规律与特点的研究和把握能力，善于协调共事；
6. 做好表率，有一线专业技术，有观察能力和组织协调能力；
7. 熟悉业务，有表率作用，能有效上传下达，为本部门争取最大利益，能让下属有展示机会；
8. 具备统筹谋划能力，有较强的管理能力；
9. 懂所管理部门的主要业务，并对业务发展起指导作用，有带团队的组织、沟通、协调能力；
10. 业务水平高，有良好的管理能力。

（3）向部分学校校长调查。调查的问题是：对中层正职的能力有何要求？汇集后，筛选出 10 个意见：

一是徐州某校长：执行能力、协调能力、专业能力。
二是广州某校长：理解力强、执行力强、学习能力强。
三是贵州某校长：执行能力、沟通能力、协调能力、创新能力和带队伍的能力。
四是乌鲁木齐某校长：学习力、执行力、协调力。
五是苏州某校长：业务能力、执行能力、管理能力。
六是杭州某校长：全局意识强、协调能力强、团结能力强、执行能力强、创新能力强。
七是中山某校长：执行力、管治力、创新力。
八是长春某校长：较强的沟通、协调能力，过硬的专业知识和技能，敢于担当、勇于创新。
九是珠海某校长：计划能力，协调能力，执行能力。
十是佳木斯某校长：学习力、执行力、发展力。

(二) 分析

从以上三个方面进行调查，学校大体可以掌握全国技工院校中层干部的能力状况和存在的主要问题。调查之后，很重要的工作是分析。

（1）分析教师和校长对中层干部的能力要求。学校可以通过梳理，归纳出中层干部的能力共需项；在此基础上，制定中层干部培训方案，开展针对性与有效性相结合的培训，从集体培训、个别谈话、微信交流、工作过程指导等多角度提高中层干部的能力。

2. 分析中层干部反映影响自己做好本职工作的因素的问题。学校应该做进一步确认，确认符合实际情况之后，进一步认真分析，结合学校实际采取必要措施。在分析影响中层干部做好本职工作的因素中，笔者发现：

①学校因素占85%。影响中层干部做好本职工作的因素，属个人原因的只占1.5条（第一条的协调上下难，调动积极性难和第五条的半条：责权利不到位和个人能力），其余的8.5条几乎都是学校原因。即，中层干部本职工作没做好，85%的原因在学校。

②责权利不清因素占比大。10条意见中，有3条直接涉及责权利不清问题，有2条间接涉及责权利问题（第4条的人治大于法治、第8条的院领导授权程度）。即，中层干部本职工作没做好，85%的学校原因中，责权利不清的占比较大。

③制度、机制因素占比大。10条意见中，有3条直接涉及学校制度、机制问题。这说明学校一些制度、机制有问题。

（三）建议

经过调研，得出结论：建设一支强有力的中层干部队伍，主要责任在学校，重点工作是选拔优秀干部、明确责权利、优化相关制度。我们建议：一是中层干部应适时换届，公开公正开展竞争上岗；二是学校应通过下放人事、财务、管理三项权利等办法解决二级机构责权利不清问题；三是建立相关制度，明确中层干部的岗位职责、履责清单、问责办法。

从更广角度看，调查—分析—结论—建议，也是一种管理。

二、定期竞争上岗

（一）竞争上岗的必要性

中层干部是学校干部队伍的中坚力量。学校办学效益、办学质量、改革发展与中层干部这支队伍息息相关。干部管理必须严格，出事必问责。党建、意识形态、安全管理工作都是实行一票否决制。工作责任越来越大，对上，领导的要求越来越高，下达的任务越来越重；对下，可用的资源和激励手段越来越少，管理难度和管理压力越来越大；对己，几乎没有对外交流的渠道和机会，晋升到校级干部的机会少之又少。一些中层干部不管多优秀，部门一把手的位置差不多就是"终身归属"了，职业生涯进一步晋升的可能性很小。因此，职业学校的中层干部职业倦怠越来越突出。在这种情况下，定期竞争上岗不仅是公正、公平、透明地考察、甄选优秀中层干部最有效的方法，是缓解中层干部职业倦怠的不二选择，也是确保中层干部队伍质量的最佳措施。广东省中山技师职业学院等院校的实践也充分证明：通过竞争上岗选出的干部权威性和说服力更高，因为是经过层层选拔选出来的，不是跑来的、要来的；是在工作岗位上干出来的，不是靠熬资历熬来的。通过竞争上岗选出的干部干事创业的内生动力更大，因为不是你要我干，而是我主动要求干；通过竞争上岗选出的干部紧迫感和危机感更强，前有标兵、后有追兵，不好好干、抓紧干、创新干，聘期一到就会落聘，回到原点。因此通过竞争上岗选出的干部一般都能比较出色地履行二级部门职能和创造性开展工作。

（二）竞争上岗的原则

（1）公开原则。所有岗位、岗位聘用条件、聘用程序、选拔过程都向全校公开。

（2）自愿原则。竞争上岗者须是自愿参与者。只要符合中层干部岗位素质和能力要求的，都可以报名参加。

（3）群众认可原则。"群众认可"，即自愿报名的人员名单须在正式考核之前向全校教职员工公示。选拔过程采取适当方式听取群众意见，选拔结果必须公示，公示期内若有有效投诉者不能聘用。

（4）透明原则。竞争上岗的全过程必须公开接受教职员工监督。竞争上岗是能力的比拼，也是个人职业发展的转折点，不仅关系到个人的发展前途，也关系到一个部门工作的质量。所以，中层干部竞争往往激烈而复杂。组织和竞争的过程只有透明，才能选出真正优秀的人才，才能让教职员工信服。

（三）竞争上岗的相关要求

（1）形成制度。竞争上岗应该成为学校中层干部管理的一项制度。每次竞争上岗工作方案经学校教职工代表大会和党委会审议后才可实施。

（2）定期举行。竞争上岗随换届进行，换届之前组织竞争上岗。

（3）设立机构。成立竞争上岗组织机构，除学校党政纪检部门人员外，可邀请学校主管部门、学校教职工代表等人员参与进行。

（4）严格考核。考核以上一个聘期或近三五年来的工作实绩为主，突出业绩导向，避免以分取人、以考取人。全过程由学校纪检部门人员严格监督。

（5）自愿报名。竞争上岗安排在换届之际，中层干部不再想干的可以不报名；愿意继续干的需要报名；想继续干但希望转岗的可以提出书面申请后报名；不是中层干部的教职员工只要符合条件的同样可以报名。

（6）组织批准。此即竞争上岗的考核成绩出来之后，学校按规定程序审核、任命，批准其上岗。

从更广角度看，竞争上岗，也是一种管理，而且是一种有效的管理、主动的管理。当前还不具备通过竞争上岗选拔中层干部的学校，可以从有计划地实施中层干部轮岗计划着手，以点带面，为全面实施干部竞争上岗创造条件。有计划地轮岗，既是避免干部出事和缓解干部职业倦怠的有效方式之一，也是培养干部多领域能力、换位思考能力的有效措施。

三、探索有效管理方式

通过竞争上岗的方式选拔干部很重要，有效管理干部更重要。有效管理产生核心竞争力。职业学校中层干部管理因校而异。管理方式也因校而不同。但不同的学校都有一些可借鉴的好方法。

（一）培训管理

培训管理是指学校区分不同业务内容，组织参加各种培训，使中层干部深化某些认识，吸纳某些经验，提高某些能力，达到提升中层干部管理水平的目的。如笔者曾经组织一个全国技工院校教务处长培训班。培训班有经验交流,有专家讲座,有讨论,有总结。其重点是讨论教务处长必须拥有的 6 项能力:专业能力、执行能力、管理能力、协调能力、改革能力、科研能力。由于立足培养目标,紧贴市场需求,从改革传统教务管理制度入手讨论新时代技工院校教务处长新的能力要求和具体办法,处长们普遍反映效果好。

学校既可以推荐中层干部参加全国、全省的培训,也可以区分行政系列和教学系列的不同,分别组织本校的培训。不管哪一类培训,都需要精心策划,力使每一次培训体现针对性与有效性结合的特点,防止出现针对性不强,有效性有限的问题。

新疆安装职业训练院曾邀请笔者到校给该校中层干部做以管理能力提升为主题的培训。我与该校领导沟通之后,通过发放调查问卷了解情况。调查问卷设计之后,经该校领导同意后发放。调查问卷如下:

学校干部管理能力提升专题调研

各位领导:

为有效开展贵校干部管理能力提升的培训讲座,我列出以下 9 道调研题,请不署名填写,并请于下周一上午发我邮箱。我将根据大家反馈的情况,通过互动,讨论相关问题。敬请支持,谢谢!(邮箱号:(略))

作为学校干部,面对维稳、安全、教学、培训等多项工作交叉,任务繁重,您的困难或问题有哪些?您是如何应对的?

答:

二、作为学校干部,您是否经常结合本职工作,主动且有针对性地学习,努力提高自己的业务能力、管理水平、理论修养?如果没有,请简谈改进的计划。

答:

三、作为学校干部,应当具有较好的文字功底,较强的写作能力(写作包括工作计划、总结、工作方案、调查报告、论文等相关文章)。请问:

1. 您是否具有?

2. 若不具有,怎么办?

3. 担任学校干部以来,您最成功的一次写作是什么?最失败的一次写作是什么?

答:

四、有些干部对待工作,安于现状,无意争先,缺乏闯劲,挑战性弱,习惯于"差不多就行"。如何帮助这类干部改正?请站在学校整体利益的角度,谈谈您的意见。

答:

五、作为干部,必须拥有三类能力:学校决策的执行能力;本部门工作的统筹推进能力;与相关部门的协调合作能力。即出现三种情况:全部拥有?部分拥有?都不拥有?您属于哪一种?怎么办?

答:

六、有些干部不注意言行举止。摆架子,打官腔,说"三观"(世界观、人生观、价值观)不正的话,如何纠正,谈谈您的意见。

答:

七、有些干部个人利益看得过重,有些干部团队意识差,有些干部担当意识弱,有些干部大局意识不好,如何纠正?请站在学校整体利益的角度,谈谈您的意见。

答:

敢于创新,敢于打破传统工作模式是新时代技工院校干部应有的素质,您是否也具备?如果尚未具备,怎么办?

答:

九、为提高学校干部管理水平,学校层面应该有哪些举措?

答:

问卷转由该校书记分发,故回收率100%。从填写内容情况看,参加填写问卷干部态度端正,所答内容真实、针对性强;敢于站在学校大局和利益角度谈自己、谈别人、谈

学校，同时，也发现一些值得领导班子重视解决的问题。笔者根据调研结果，开展针对性较强的培训，并从学校发展角度，向领导班子提出若干建议。整个培训取得较好效果。

（二）任务管理

任务管理指的是学校通过布置任务，检查任务执行过程，总结任务完成情况。这种管理方式的特点是：寓管理于任务之中；通过任务，体现和实现管理。具体实施方面，任务可以是全校性的，可以是局部式的，可以是个别的。任务管理常见的方式是比较与点评结合式管理。

（1）比较。如行政管理方面，学校提出教学为中心的管理理念，开展行政部门为教学一线提供优质服务的活动。同样是行政部门，为什么教师对教务管理部门的评分高于学生管理部门？同样是行政部门，为什么针对财务部门的投诉最多？校领导可以通过比较，发现中层干部管理问题。如教学方面，全校开展一年一度的技能节活动，为什么某个学院的技能竞赛有企业师傅与教师同台竞赛而别的学院没有？为什么所有学院都开展校企合作，只有某学院合作的企业设立专项奖学金？如学生管理方面，各个学院都有学生社团活动，为什么只有 2 个学院除了文体类社团，还有技能类社团活动？每个月的学生宿舍评比，为什么 A 学院总是第一名？同样的任务，不同的部门，不同的中层一把手会有不同的表现和不一样的任务完成结果。虽然是一种常态，但也包含着异态，从中可见管理者水平的差异。学校领导在检查各部门完成任务过程的时候，在总结各部门完成任务情况的时候，需要通过比较，发现中层干部管理问题。

（2）点评。发现问题之后，需要解决问题。解决问题的过程就是提高中层干部水平，实现干部管理的过程。解决问题的方法很多，可以大会总结，可以小会总结，可以个别谈话。最常见的是大会谈普遍性问题，个别谈话讲个别性问题。通过布置任务→比较做法→妥善点评，引导中层干部认识问题和改进问题。在此基础上，积累集体性管理和个别性管理相结合的经验。

（三）会议管理

会议管理是指学校通过召开会议的方式提高中层干部水平，实现中层干部管理。

例如，校务会。部门拟上议题，需于会前协调、商定解决问题的两个以上方案上会，让校务会决定。除特殊情况外，校务会研究中层部门议题，不搞问答式、讨论式，实行选择式。这样规定的好处是："逼迫"中层一把手在日常工作中锻炼决策能力、协调能力、解决问题的能力，克服把矛盾上交校务会的弊端；同时，也节约校务会会议时间，提高会议效率。

又如，学校工作例会。一般是一个月一次。主要议题有两类：一是汇报一个月来部门重要工作开展情况；二是解决分管校领导解决不了和校务会议题之外的一些问题。此类会应由校长主持，所有校领导和各部门一把手参加。各部门一把手按规定顺序汇报一个月以来的重要工作及需解决的问题。部门一把手汇报之后，分管校领导发言，最后，校长总结、拍板。办公室记录后按校长拍板的意见实施督办。这类会讨论的问题的特点：一是比较急的；二是涉及相关部门。这种场合可以看出部门一把手的工作能力和管理水平。本校各部门一把手之间也可以通过这样的会议发现自己的不足，潜移默化地提高自己。

再如，临时性任务。校长带中层一把手到兄弟院校参观学习，出发之前，应要求各部门一把手明确到该校参观学习的具体任务。学校办公室主任把关之后，由办公室汇总并提前与受访学校沟通好。参观当天，办公室又协调完成各一把手要看的、听的、谈的内容的具体安排。当天晚上饭后必开会汇总白天参观学习的收获。各部门一把手必须汇报与本部门业务相关的经验和不足，本人的收获及回校后下一步工作的计划调整。之后，校长总结。办公室当场记录，回校后汇总形成考察报告。这期间，各部门一把手的观察学习收获及其会上表达等都反映着部门一把手的水平。各部门一把手一一汇报，就是一种"赛马"，一种一把手水平的展示。校长的总结，对于他们也是一种示范，有助于他们观察能力、表达能力、总结能力的提高。

（四）考核管理

按照规定，中层干部要接受学年度考核。考核过程体现干部管理。

（1）考核内容要求。考核的内容至少应包括两个方面：一是部门分管工作情况；二是本人履职情况。中层部门正、副职干部都应如此。

（2）考核的范围。中层干部应接受三个层面的考核：

一是接受本部门工作人员的考核。中层干部须按考核内容要求，从分管工作情况和履职情况两个方面写出书面总结，并在本部门年度工作总结会上宣读。本部门工作人员对中层干部的评价即部门考核。评价工作通过院系内网无记名形式完成，评价结果在院系内网公开。本部门工作人员是中层干部领导的对象和服务的对象。由领导和服务的对象评价领导的业绩，能体现考核的真实性、权威性。

二是接受学校中层一把手的考核。学校召开部门一把手考核工作会议。各部门一把手分别在会上述职。各部门一把手按照学校规定在学校内网对其他一把手业绩进行无记名评价。各部门一把手之间在工作过程中常有交织，都是一把手，都有一定水平，都比较了解。从这样的层面开展评价，也可体现客观性、真实性。

三是接受学校党委和领导班子的考核。学校领导班子应该召开专门会议，听取部门工作人员考核、部门一把手考核情况汇报，从干部管理和工作质量两个方面逐一评价部门一把手。

（3）考核结果的处理。三个层面考核的成绩出来之后，学校领导班子应该将考核结果的处理视为教育和管理中层干部的重要机会来对待。一般由校长协调，领导班子成员分工，以个别交流的方式，肯定中层干部工作成绩的同时，帮助中层干部正视存在的问题，改进不足，进一步做好工作。

第三节　职业学校校长能力的基本要求

与普通教育的校长相比，职业学校的校长能力要求区别大。对其的基本要求至少应该具备以下诸项：

一、处理职业教育两类矛盾的能力

（一）基本矛盾

职业教育的基本矛盾就是学生学习收获需求与教师教学效果供给之间的矛盾。换言之，职业教育的基本矛盾即教得怎么样与学得怎么样之间的矛盾。这个矛盾包括学校设立的意义，包括学生入读的初衷，关系着学校的生源数量和学校声誉，是学校必须面对的诸多矛盾中最根本的矛盾。学校校长应当首先了解学生学习收获需求的内容；其次，创造必要条件，促使教师的教学教育，满足学生学习收获的需求。学生学习收获需求与教师教学效果供给之间的矛盾是否得到妥善调处，与校长认识基本矛盾和处理基本矛盾的能力密切相关。

（二）主要矛盾

职业教育的主要矛盾就是人力资源市场对技术技能人才的需求与职业教育对技术技能人才的供给之间的矛盾，换言之，就是技术技能人才供得怎么样与求得怎么样之间的矛盾。技术技能人才供与求之间的矛盾之所以能够成为职业教育的主要矛盾，主要是因为技术技能人才供与求规定和影响着其他矛盾的存在和发展，也决定职业教育发展的进程和方向。技术技能人才供与求之间矛盾的典型表现之一是学校毕业生失业率高，不仅没能解决用人单位的用人需求，而且还给国家就业工作增加沉重的负担。一个学校能否让不再继续升学的毕业生都能就业，而且适应用人单位岗位要求，取决于校长认识主要矛盾和调处主要矛盾的能力。

基本矛盾和主要矛盾对职业学校的影响是巨大的。职业学校校长应该将这两类矛盾列为学校课题，形成定期调研制度。根据调研情况，确定矛盾调处对策，促进两类矛盾相互"押韵"地发展。（注：详见本书第二章）

二、遵循职业教育三个规律的能力

（一）职业教育与人的发展需求相适应规律

职业学校校长一方面要明白人的发展需求从人的身心成长、人的生存需要、人的价值发展需求三个方面制约职业教育发展，另一方面也要清楚职业教育可以通过思政引导、学业教导、就业指导影响受教育者的世界观、人生观、价值观；可以通过促进技术技能就业，满足受教育者的生存需求；可以通过促进技术技能成才，满足受教育者实现自身价值发展需要。职业学校教育的对象是人——学生。职业学校的教育如何与学生的发展需求相契合应成为职业学校校长脑子里一根紧绷的"弦"。

（二）职业教育与社会发展需求相适应规律

这里的"社会发展"，主要指社会经济和社会政治的发展。职业学校校长一要明白：社会政治通过行政、经济、法律三个手段对职业教育进行制约，而职业教育通过巩固阶级基础、维护政治制度、促进社会稳定三个方面反作用于社会政治。二要清楚：社会经济通过规模、质量、结构、内容、条件五个方面对职业教育进行制约，而职业教育通过发挥人才基地、"人才调节器"、"人才蓄水池"三个方面作用对社会经济发展产生积极影响。作为职业学校校长，一方面要从校长能力角度，"检讨"自己的工作是否遵循了这一规律；另一方面，要从学校发展实力角度，"检讨"学校工作是否遵循了这一规律。之后，其要依据"检讨"的结果，采取必要的"补短板"措施。

（三）职业教育与技术技能人才培养需求相适应规律

这个规律具体表现为：六体协作律、四环互动律、三层转化律。

（1）六体协作律。所谓"六体"，是保证职业学校日常运作的六个主体：

> 培养机构主体：学校；
> 教学主体：教师；
> 学习主体：学生；
> 家庭教育主体：家长；
> 接收就业的主体：用人单位；
> 培养机构管理主体：主管部门。

这六个主体的联系和互动，是职业学校赖以存在的基础。六个主体关系如何？之间的互动是否处于良性循环状况？哪一对关系比较紧张？作为一校之长，应该了然于胸。在若有差距应正视，若有差别应行动，若需差补应到位等方面展示能力。

（2）四环互动律。所谓"四环"即招生、教育、技能评价、就业创业服务。就业创业服务工作的重点是毕业生就业率。就业率高，来年的招生容易——生源数量就多，挑选的机率就高，生源质量也好。"出口"带动"入口"，招生阶段不用广告宣传，家长、学生都愿意报考入读。招生好，生源质量高，教育环节的工作也得心应手。学生参加技术技能考试，合格率也会相应地高。反之，就业率低，其他三个环节的工作质量也会相应地下降。职业学校校长应该在创造条件等方面展示能力，根据"四环互动"的要求，将"四环互动"需求与"六体协作"需求结合起来，促进学校工作。

（3）三层转化律。所谓"三层转化"，是市场、技术技能、就业三者之间的转化。这三者及其相互作用构成了学校在市场经济条件下赖以生存与发展的命脉。以市场为导向，以技术技能为特色，以就业为目标三者之间存在着层级转化关系。职业学校校长应当遵循三层转化规律，指引学校走中国特色职业教育道路。（注：详见本书第三章）

三、实践 10 个二元组合办学原理的能力

与普通教育不同，职业学校办学原理包括 10 个二元组合：

> 1. 职业教育性质的二元组合：国民教育与人力资源开发
> 2. 办学职能的二元组合：学制教育与职业培训
> 3. 培养主体的二元组合：学校和企业
> 4. 培养目标的二元组合：成才与就业
> 5. 学习任务的二元组合：知识与技能
> 6. 专业教师能力的二元组合：专业教学能力与专业技术能力
> 7. 学生身份的二元组合：学生与准职业人
> 8. 教学过程的二元组合：学习过程与工作过程
> 9. 校园文化的二元组合：学校文化与企业文化
> 10. 服务对象的二元组合：学生与企业

（注：详见本书第四章）

每一个二元组合都是客观存在。每一个二元组合都在不声不响地影响学校发展。10 个二元组合构成与普通教育办学原理截然不同的职业教育办学原理。只有认同这一原理，职业教育这一复杂的"方程"才可能得"解"。职业学校校长只有认同并实践这一原理，学校工作才可能真正完成从照搬普通教育办学模式到发展职业教育办学模式的转变，才能以此为指导，调整、创新学校制度，办出真正的职业教育。

四、指导 11 项内涵建设的能力

在处理职业教育两类矛盾，遵循职业教育三个规律，实践 10 个二元组合办学原理

的基础上，职业学校校长应该重视学校的内涵建设。职业学校的内涵建设任务主要是以下11项：

```
 1. 校企合作
 2. 专业建设
 3. 课程改革
 4. 师资培养
 5. 对接教学
 6. 教学研究
 7. 教学督导
 8. 职业培训
 9. 技能评价
10. 质量评估
11. 内部管理
```

（注：详见本书"内涵建设篇"和"学校治理篇"）

这11项任务之所以可称之为职业学校内涵建设的主要内容，是因为它们都不是物理性内容，都是软实力项目，都是学校可持续发展的有力支撑点，都对学校办学质量产生直接影响。这11项任务应该成为学校的核心工作群、校长的主要工作面、学校资源的主要集聚线。这11项任务应该成为评判职业学校校长是否为内行型校长的基本标准，成为评价校长是否优秀的主要依据。

五、掌握三种动态的能力

所谓"三种动态"，是政法动态、市场动态、学生动态。

（一）政法动态的掌握

所谓政法动态，主要是指与职业学校事业发展相关的政策法规信息及其变化情况，包括法律、法规、规章、政策性文件、会议资料等。职业学校校长掌握政法动态，一是可以及时了解国家和各级政府对学校工作的要求，提高校长的法律意识和政策水平；二是用以指导本校工作，促使学校依法办学，按政策办事，确保学校工作方向正确。校长掌握政法动态，要把提高自身政策水平与推动学校发展结合起来。

（1）纵向掌握政法。这里的"纵向"，指按时间顺序出台的国家、省、市直至学校主管部门出台的与本校业务相关的法律法规和政策文件。校长对这类政策法规的新提法、新目标、新政策、新要求应当很熟悉地掌握。校长要特别注意与学校直接相关的条款，区分有利与不利两类，对有利条款，积极行动，努力争取；对不利条款，按相关规定，或纠正或规避。

（2）横向掌握政法。这里的"横向"，指兄弟省、市包括兄弟院校出台的政策法规文件。这类文件虽然对本校工作无约束力，但具有参考性。校长应了解、掌握之，并通过比较，发现问题，提出问题，促进工作。

（3）解读宣传政法。对于重要文件，学校可以召开相应范围会议，校长亲自解读宣传文件内容，结合本校情况，提出落实的意见；在不断提高自身政策水平的同时，也促进学校工作。

总之，通过把握政法动态，校长必须养成一种懂政策法规的思维，练就一双看政策法规的眼睛。任何职业学校的政策法规均能进行有效过滤，深刻认识政策法规，不断提高执行政策法规的能力。

（二）市场动态的掌握

职业学校要面对生源市场、就业市场以及培训市场、技能评价市场，在生源市场上，要解决新生量与质的问题；在就业市场上，要解决毕业生就业率、就业质量和为劳动者就业创业服务等问题；在培训市场上，要解决培训层次、培训数量、培训质量等问题；在技能评价市场上，要解决本校学生的职业资格或职业技能等级认定的数量和质量问题，解决本校职业技能评价机构对社会劳动者的职业资格或职业技能等级评价的数量和质量等问题。

以生源与就业两个市场为例，校长对生源市场动态的掌握应主要表现在生源学校推荐率、毕业学生报考率和家长认同率三个方面。校长对就业市场动态的掌握主要集中在"三业"动态上。所谓"三业"，即企业、行业、产业。产业发展情况影响行业和企业的发展状况，也与职业学校的专业建设相关。产业发展情况可通过政府相关部门了解。行业变动情况既是市场动态，也是市场对技能人才需求的信号。行业发展情况可通过行业协会了解。职业学校校长应当认识到行业动态与本校专业的设置或调整之间的逻辑联系，仔细观察，认真研究，并做出相应决策。

"三业"之中，最微观的是企业的动态。企业是市场的细胞，其发展变化以微观形态影响着行业、产业的发展。对于职业学校而言，企业又是与专业设置、师资培养、课程改革、教学开展、毕业生实习和就业等关系最为密切的主体，因此，职业学校对企业动态应予以特别的重视和深入的把握。职业学校掌握的重点应该放在与本校相关专业相对口的企业"五新"内容上。"五新"即新材料、新设备、新工艺、新技术、新用工需求。校长可以通过以下渠道把握"五新"：一是深入开展有成效的校企合作，特别是通过聘请企业人员为学校专业顾问来了解"五新"动态；二是定期召开已就业的往届毕业生代表座谈会了解"五新"动态；三是依靠专业院系、教研室人员深入企业了解情况后的汇报；四是建立专业调研制度，每年调研一次，根据市场动态适时对专业课程进行微调；五是校长经常深入企业，与企业领导交上朋友，经常联系，及时了解"五新"情况。

（三）学生动态的掌握

这里的"学生动态"，指学生学习动态、生活动态、思想动态。这三种动态反映全校学生的整体状况。学生，既是学校教育的对象，也是学校服务的对象，更是学校办学能力的证据。没有学生便没有学校，关心学生动态，发现学生问题，促进学生健康成长是一校之长履行职责之要义，其应做到阶段性掌握。

学习动态、生活动态、思想动态中，学习状态是重点，生活状态、思想状态固然对学生学习也产生影响，但二者毕竟都因学生入校学习才产生，没有校园的学习，就没有校园的生活和相应的思想。因此，生活和思想受学习状况影响更大。了解学习状态，最重要的是对教、学、用三者联系状况的观察，即观察所教、所学、所用"三所"是否对接。把学生学习是否实现"三所"对接的检查落实工作全部交给分管副校长，认为这不应该是校长所为的意见是值得商榷的。以"三所"对接与否为核心内容的学生学习动态直接关系到学校培养质量。事关学校办学质量的事，校长不直接分管可以理解，但不掌握其动态，则不利于正确决策。掌握学生动态不能限于教室、宿舍、食堂、操场、图书馆、阅览室，还要深入实训处所，特别是在跟岗实习、顶岗实习的现场，看学生是不是真的在跟岗，是不是真的在顶岗。如果是真的在跟岗、顶岗，那么，应当进一步了解：学习效果怎么样？生活环境怎么样？思想状况如何？动态的掌握，目的是把握全局和重点，及时发现问题、解决问题，确保学校重点工作正常进行。

第四节　职业学校副职领导的基本要求

职业学校的副职领导主要包括三个层次：一是校级副职；二是处级副职；三是科级副职。层次不同，责任不同，能力要求也不同。但是，他们的共同点都是以一把手助手的身份负责某方面工作，都要注意处理好相关关系，提高执行能力。

一、处理好相关关系

（一）职级与能级关系

所谓职级，就是职务级别；所谓能级，就是能力级别。职级与能级的关系，指的就是一名副职要有与履行副职职责相对应的能力，即所承担的岗位职责要与应具备的能力相匹配。你是一名副校长，就必须具备履行并胜任副校长职责的工作能力，你的副校长职务与副校长能力相对应了，你就是一个职级与能级对等的副职领导；反之，职级与能级不对等，不相适应，你就不是一个合格的副职领导。而检验职级与能级是否匹配，标准有两个：一是岗位职责的履行是否正常进行；二是面对与岗位职责相关的新情况、新问题是否能妥善处理。职级与能级不相对应，一般有两种情况：一是占据副职岗位却缺乏与之相对应的工作能力；二是身居副职岗位而能力高于副职岗位的能力要求。前者可称之为能级不足者，后者可称之为能力超出者，不管是前者，还是后者，妥善处理好职级与能级关系，都是十分必要的。

1. 能级不足者相关关系的处理

首先，要有紧迫感。任何一个学校都由若干不同岗位、不同性格、不同层次的人组成。人、岗、校之间都客观地形成一种"场"效应。在这一独特的"场"中，任何个人都无时无刻不被他人比较、评价。"场"的运动中一项很重要的内容就是人岗结合质量的比较及评价。不管哪个层次的副职，能级与职级不相匹配，都会在"场"里被人比较和评价。人总是有意无意地运用"应然"理论，从应该怎样，不应该怎样的角度结合职级与能级的匹配标准，对每一个领导，包括副职进行长期的比较和评价，并且会自然地将比较和评价的结果形成民识。这种民识对副职干部的履职很不利——工作难以推进。因此，任何副职，如果能级达不到两条检验标准时，都应当增强紧迫感。这类副职首先应该明白自己的不足在哪？应当怎样克服？用多久时间克服？其次，要抓突破口。其应抓住某项重要工作，虚心求教，民主协商出有效办法，群策群力完成；以谦虚的态度、民主的作风赢得群众的好感和工作的进展，逐渐消除群众因自己的不足而产生的长时间的聚焦。再次，努力提高自己。其应该全身心地投入工作，尽可能全面深入地熟悉分管的工作，尽可能深入地理解和把握分管工作的规律性特点，在对分管工作拥有绝对发言权的同时，对每个阶段工作做到心里有底数，脑中有思路。

2. 能级超出者相关关系的处理

能级超出者心理张力大，这是一种社会心理的规律性效应，其心理运动的特点表现为对人对事见解深刻而反应快速。无论简单还是复杂的事物，他都能积极面对，并且很多时候可以立即反应出若干可行且有效的解决办法来。归纳其工作能力与业绩，可以用一句话表达：忙但不难，有时候是不忙也不难。与其他副职接受一样的任务，人家还在忙得不可开交，他三下五除二就符合要求地完成任务了。不仅如此，心理张力强大的副职中不少人还具备较强的承挫、抗挫能力。这是因为其经验积淀为他们提供了自信的精神支撑，一般性工作挫折很难动摇其意志。

能级超出者的优势是明显的，但也有"硬伤"，那就是往往缺乏度的有效调控，对上不时地"声高盖主"；对下不时地"唯我独尊"；对其他副职则不时地"鹤立鸡群"。上述三种情况中，只要出现任何一种，都说明此副职没能处理好职级与能级关系。倘若出现上述两种甚至三种情况，其后果就比较严重。这不仅可能影响个人进步，而且可能影响学校团结。因此，能级超出者也要妥善处理好职级与能级的关系，明确副职应有的三种身份，确保能级即使超过职级也始终处于"安全地带"。

（1）正职的助手身份。副职领导无论何时何地都要头脑清醒，在思想上要树立两种意识：一是"配角"意识：你不是正职、主角，只是正职的助手、配角，要有副职权力有限的意识。二是"护核"意识：你必须要有"一把手"是本单位核心，自觉维护这个核心是纪律要求，也是岗位责任的意识。在树立"配角"和"护核"两种意识的前提下，要形成两种思维定势：第一，在"一把手"无法分身要求你出面时，不能固守"配角"身份，要按一把手要求，代替一把手出面；第二，在"一把手"不便出面要求你出面时，不能固守"配角"身份，要根据"护核"纪律要求，挺身而出，勇于出面。

副职的工作只能到位而不越位。所谓越位，就是说了不是副职应该说而是正职说的话，做了不是副职应该做而是正职做的事。越位就是违规，就可能失去"一把手"的信任和民心。副职的工作只能补台不能拆台，在"一把手"工作考虑不周之处，难免失误之时，副职应予以提醒并与之商量出妥善的办法及时纠正，而不应以幸灾乐祸的态度在背后非议其失虑或失误，更不能暗中搞鬼，干出不利于树立正职权威，不利于班子团结，不利于学校发展的坏事来。除此之外，作为"一把手"的助手，副职还要注意做到助手不甩手，服从不盲从，揽事不揽功，参谋不拍板。只有按照上述要求行事，副职才能真正成为一个让"一把手"信任、欣赏的副职。

（2）同级副职的合作者。能级超出者往往看不起能力不如自己的其他副职，这种态度往往导致副职之间的关系紧张。因此，能力超出者尤其要树立副职之间分工不分家，协作谋发展的思想，要明确认识"相互补台好戏连台，相互拆台一齐下台"的道理。副职之间可以竞争人品，可以竞争能力，可以竞争业绩，但不可以把竞争变成斗争；要在良性竞争中强调协作，对于副职之间交叉的工作，更要积极协商，妥善处理，不可推诿，不可负气，不可任由事态恶化而当"甩手掌柜"。

（3）下属的同事。不管是校级副职，还是处级、科级副职，都不要不把自己当回事，也不要太把自己当回事；对下属，不要摆官架子，要把自己和下属捆绑在"同事"的关系上；尽可能地以同事的身份与下属商量工作，并在此基础上布置任务，促进工作。

（二）管理与服务的关系

副职处理好管理与服务的关系意义重大。一是副职都有分管的部门或工作，都要各司其职，各尽所能，各负其责。各个副职处理好管理与服务的关系，整个学校管理与服务的关系就基本理顺了。二是副职处理好管理与服务的关系更容易把工作做实。因为副职抓管理与服务与"一把手"对全校的、全处的、全科的工作布置不同，副职所抓的是条的工作，一把手负责的是面的工作，比较而言，条的工作更容易落实。

首先，副职处理管理与服务的关系，要树立管理就是服务的观念。公办职业学校毫无疑问地具有行政管理职能，校内一些事务需要行政部门审批才能办理，因此，具有政府行政部门的某些属性，把它们定位为行政管理不无道理。但是，学校的本质是服务：对上而言，要为国家利益服务，为当地政府经济社会发展服务；对内而言，要为师生服务，为教学服务；对外而言，要为用人单位服务。从这个意义上说，学校的任何管理，都是管理式的服务。管理与服务二者不是并列的关系，而是从属的，限定式的关系。服务对于管理，是中心词，是本质性的；管理对于服务，是限定性的，从属性的。

其次，副职处理管理与服务关系，要从三个方面淡化管理，强化服务：

一是善于"通道"，就是为下属，为师生，为分管部门顺利开展工作排忧解难，疏通渠道。副职工作主要是管理式服务，其要利用手中的权力为下属工作，为师生的教与学实实在在地办实事，办好事，切不可高高在上，指手划脚，发号施令，更不能遇到小事，以不宜"事必躬亲"为由而拒之；遇到难事，以"部门理应自己搞掂"为由而推之。

二是敢于"揽过"。这里的"过"专指工作领域的过失所涉及的领导责任。为谁"揽过"？为下属，为分管部门工作。对于副职而言，"揽过"不仅是一种责任，是一种人品表现，也是管理式服务的一项必要内容。副职领导主动"揽过"，是妥善处理管理与服务关系，更好地促进工作的一种措施，一种方法，一种手段。任何工作都难免出现失误，任何下属也难免出现"千虑一失"的情况。在出现这种情况时，作为理应承担领导责任的分管副职领导有两种选择：一种是按党纪规定选择自己承担领导责任；一种是把责任推给下属。如果选择前者，那么，副职在承担应该承担责任的同时，得到的回报将是下属的信任和爱戴；如果是选择后者，那么得到的回报则是下属的不信任、不配合、不支持、不拥护、不团结。

三是善于"求法"。管理式服务讲究方法。方法很多，从类的角度看，至少有权力服务法和非权力服务法两种。所谓权力服务法，就是利用副职职责赋予的权力，通过运用主持会议的权力、审批方案的权力、向上汇报解决问题的权力等方式完成管理式服务的任务。所谓非权利服务法，就是副职利用自己的知识、能力、观念、态度、人品、风格等非权力因素帮助下属解决问题，帮助师生的教与学取得更好的成绩。在此过程中，副职渐渐赢得下属、师生的认可和赞许，树立较好的人品形象，为进一步做好分管工作打好基础。当然其也可以二者结合起来开展服务。

（三）规范与效率的关系

副职领导及其分管部门的工作是否规范，工作效率是高是低，对全校工作关系重大。如果每个副职领导分管的部门与人员工作既规范，效率又高，那么学校工作哪有做不好的呢!

规范,就是约定俗成或明文规定的标准。在学校里,规范主要指以文件形式确定的校规校纪。效率,就是单位时间内完成的工作量。在学校里,效率主要指工作人员在一定时间完成工作任务的速度。简言之,就是在最短的时间内干成事。

规范与效率是一对矛盾。规范追求的是规矩、规则,按部就班,以制度为载体;效率追求的是时间与数量的速度关系,以数量和效益为指导。规范,既是工作目标,也是实现目标的基础和手段;效率是工作任务完成速度的追问。二者的内涵差异较大,很难统一,但又应该统一,这就出现了工作难度。但正因为有难度,其才成为考验副职领导水平的一个重要方面。

学校工作既需要规范运作,又需要高效率的运作。而副职领导分管的工作如果都能做到规范而有效率,那么全校工作就能既好又快地发展。

副职领导处理规范与效率关系,重点应关注以下两点:

(1)建立和完善相关制度。这里的"制度"指分管部门及人员应共同遵循的行为准则与办事规程,其性质如同"立法"。其内涵包括四个方面:一是所有制度必须是学校办学理念的具体化,符合职业教育规律;二是所有制度作为依"法"办事的依据,必须具备可操作性;三是不同制度之间不能留下"真空",须无缝衔接;四是制度规范也要与时俱进地被修改完善。

(2)依"法"提高工作效率。这里的"法"即制度、规范。有了规范之后,副职就要在规范办事的基础上强化工作效率,要求分管部门及人员不仅要干成事,而且要快干事。具体办法有三:一是简化办事程序。在保证依"法"规范办事的基础上,能简化的程序尽量简化,在规范办事和简化程序的基础上,实行限期办结制度和督办制度,确保规范与效率的相统一。二是讲究工作方法。采取最合适的方法做到既符合规范要求,又提高工作效率。三是利用现代化手段。运用数字化等信息化手段开展工作,也是提高工作效率的有效办法。

二、提高执行能力

"执行能力"就是"做事并做成事的能力"。作为副职,必须要有"做事并做成事的能力",在工作中必须注意提高自己的执行能力。

(一)要注意区别两个概念

(1)"一把手"怎么说就怎么做不等于副职执行能力强。首先,正职正确的意见副职当然要有效地执行。问题是"一把手"不是万能者,更不是永远的正确者,他不可能做到每句话、每件事都正确。当副职明显认识到正职的意见或决策不对时仍将错就错地执行,这样的副职执行力就不是人们所希望的。人们期待的副职的执行能力来自对正职整体思想的理解、认同,在此基础上,结合正职的具体决策和意见去执行。碰到正职处理某件事的意见与整体思路不符,在没有特殊情况的背景下,副职应以参谋助手的身份,从服从不盲从的角度予以提醒,求得正职对自己决策的自我纠偏,并按其调整后的正确意见执行。这种帮助正职纠偏后的执行力很宝贵,表面看,副职竟敢纠正正职,不给正职面子,实际上是副职站在单位或部门利益的角度展示执行能力,是从大局利益维护正职权威的良性行为。

因此副职对正职意见正确的执行力应该表现为：认为正职所说的是正确的时候，应当坚决执行并执行好；认为正职所说的与学校整体规划、整体利益以及正职一贯思想不相符合时，应当首先采取合适的方式提醒正职自我纠偏，再根据正职纠偏后的意见执行。如果经提醒，正职明知有误却强令执行，所令执行的如果涉及原则性问题，副职可采取灵活性与原则性相结合的原则，或建议进一步开会，或在执行中纠编处理。

（2）马上执行不等于副职执行能力强。我们要从两个方面理解这一概念。一是凡需马上执行的事项往往不是学校既定规划、计划，多数属正职临时对某事做出的决定。执行这种决定，当然是执行力的表现，但是，与执行既定规划、计划以及班子集体决定的重大事项相比，这样的执行力含金量并不高。需要引起注意的是学校不应以此类执行力的评价代替更高层次执行力的评价。二是马上执行可能因为情况不明，信息不全，布置不细，过程缺乏检查，突发性情况难以预料，结果缺乏评价等原因而不利于把事执行好。

（二）要防止"三度"走样

学校执行力不够的表现是多方面的，但最重要的表现为"三度"走样。一是标度走样。标度走样就是标准程度把握不均衡，部门之间或某一部门在执行同一决议过程之中标准尺度时有变化。二是速度走样。重大决议刚出台时，各级部门都"马上""立即"执行，但是一段时间后，出现"执行疲倦"。"马上"变成"缓慢"；"立即"变成"休息"。三是力度走样。重大决议公布之初，各级部门很重视，也很积极执行，但一段时间后，前硬后软，虎头蛇尾。"三度"走样不利于执行力的强化，都应予以重视并妥善处理。

（三）提高六种执行技能

（1）意图分析技能。所谓意图分析，主要指副职干部对学校决策和正职意见的正确理解。要求提高这一技能，有利于"令行禁止"，有利于培养副职干部对学校和正职的信任感。以学校招生为例，学校决定今年招生，生源数量上要达到XXXX人，质量要明显高于去年。作为副职，就要对这一决定进行分析，在充分认识必要性的前提下形成明确的拥护意识。这一技能的合格性要求为：意图内涵解读→必要性与可行性确认→拥护与落实思想的确立。

（2）时间规划技能。所谓时间规划，就是对即将执行的工作进行科学、合理的时间安排，目的是确保工作按时保质完成。这一技能的提高有利于副职干部时间观念、工作效率意识的培养，对防止执行中速度走样问题有积极作用。以招生工作为例，每年招生工作都具有明显的阶段性，需要有大体明确的时间安排，否则工作会乱，效果会差。这一技能的合格要求是按招生工作的规律特点，把招生任务分出时间段，再按时间段分配应当完成的工作任务并以表格形式表达，即时间段→任务群→表格化。

（3）标准设定技能。所谓标准设定，就是在时间规划技能的"任务群"中，对应该完成的工作任务订出执行标准，使执行者不仅明确规定的时间，而且明确规定的任务，还明确完成任务的标准。这一标准，既是学校决议要求的细化，又是对下属职能部门执行任务起指导作用的准则。这一技能的提高，有利于解决副职干部执行中标度走样的问题。以招生为例，分管招生工作的副校长应当根据学校招生工作的决议，召集职能部门进行讨论，定出各阶段相关工作标准。在执行过程中形成以学校为标准的指导，以各项工作标准来落实学校总要求的格局。这一技能合格的要求是：把握学校总标准→细化为各项工作标准→明确责任制。

（4）岗位行动技能。所谓岗位行动技能，就是明责（明确岗位职责）与履责（履行岗位职责）。提高这一技能，有助于培养副职干部明岗、爱岗、护岗的责任心和表现力。这一技能的合格要求是：明责→履责。在掌握了意图分析技能、时间规划技能和标准设定技能的基础上，明确副职干部作为一个执行者应有的明责与履责要求，强调岗位能力，这对于落实学校意图，落实时间规划与实现执行工作的标准化，都具有促进作用。

（5）过程监控技能。所谓过程监控，就是副职干部要对执行过程进行监督控制，确保工作按预定要求正常进行。其必要性：一是有助于解决执行力度走样问题；二是因为多数工作的执行只能由分管副校长各负其责。因此，这一技能的合格要求是：掌握执行信息→化解干扰因素→确保正常执行。

（6）结果评价技能。所谓结果评价，就是对某任务执行结果进行总结。以招生为例，每年招生工作结束后，都要召开总结大会，分析问题，表彰先进，肯定成绩，为明年进一步做好该项工作打下经验基础。因此，这一技能既有利于终结性地检验副职干部的执行能力，又有助于明年此类工作的更好开展。这一技能的合格要求是：客观→全面。

第十九章

人事管理

第一节　对人事管理制度的认识

一、对职业学校职能与人事部门职能关系的认识

（一）人事管理的概念

职业学校人事管理是优化内设机构和岗位设置，依规培养、选拔、聘用、考核、奖惩岗位工作人员，合理匹配人与事，使人与事、人与岗位达到最佳契合的计划、组织、控制等活动。职业学校人事管理属于学校敏感政务。

（二）人事部门的职能

职业学校人事管理部门的职能取决于学校的办学职能。学校的办学职能取决于政府主管部门对学校社会贡献度的合理要求。

1. 职业学校的办学职能

职业教育进入新时代。新时代对职业学校职能有新要求。职业学校应由原先单一的学制教育（全日制教育）职能转变为四个职能：学制教育、职业培训、技能评价、就业创业服务。增加的职能均具有必要性和可行性，其体现在以下 3 个方面：

（1）市场需要。国家经济社会发展所需技术技能人才不仅需要学制教育形式培养，也需要职业培训形式培养。社会劳动者从业所需技术技能水平需要职业学校利用现有资源作为技术技能等级认定主体，参与技术技能等级的评价。职业学校还应该开展对内、对外两个方面的就业创业服务。

（2）法律要求。在职业培训方面，《中华人民共和国职业教育法》规定："职业学校教育和职业培训并重"。在技能评价方面，《中华人民共和国职业教育法》规定："实施职业教育应当根据经济和社会需要，结合职业分类、职业标准等，实行学历证书、培训证书、职业资格证书以及体现职业技能等级的证书制度。接受职业学校教育的学生，符合条件的，取得相应的职业资格证书和体现职业技能等级的证书"。在就业

创业服务方面，《中华人民共和国职业教育法》规定："职业教育是国民教育体系和人力资源开发的重要组成部分，是培养多样化人才、传承技术技能、促进就业创业，推动经济社会发展的重要途径""坚持产教融合、校企合作、工学结合、知行合一，培育工匠精神，进行职业指导"。依据《中华人民共和国职业教育法》相关规定，职业学校一要开展学制教育；二要组织职业培训；三要推行毕业证书+职业资格证书或职业技能等级证书的"双证书"制度；四要开展职业指导等就业创业服务。

（3）学校具备条件。职业学校的教师、设备、工位、场地、经验等要素可以承担上述四个职能。

职业学校不仅要履行学制教育、职业培训、技能评价、就业创业服务四个职能，而且在质和量两个方面都应提出要求。例如，办学条件达标的学校，职业培训的规模应与学制教育规模相当。学制教育、职业培训、技能评价、就业创业服务质量均符合人力资源市场需求。

2. 人事部门的职能

职业学校的办学职能决定人事部门的职能。

（1）人事部门的职能。职业学校人事部门的职能应与职业学校四个职能对应，即按照学制教育、职业培训、技能评价、就业创业服务四个职能界定人事部门的职能。学校人事部门牵头，相关部门配合，制定学制教育、职业培训、技能评价、就业创业服务四者并列的"三定方案"，并根据学校实际情况，自主设岗、自主定员、明确经费来源，实行学校人事自主管理。

当然，我们也要看到，许多职业学校连学制教育都没能从参照普通教育办学模式中转变过来，要求一下子再增加 3 个职能，其压力大，需要一个过渡期。

（2）学校人事自主管理的依据。职业学校自主开展人事管理的依据是国家文件。国务院 2014 年《关于加快发展现代职业教育的决定》（国发〔2014〕19 号）中明确规定：扩大职业学校在专业设置和调整、人事管理、教师评聘、收入分配等方面的办学自主权。地方政府主管部门应当支持职业学校开展人事自主管理，特别是职业培训和技能评价机构的设立、岗位的设置、人员的聘用、经费的保障。

二、对以事定费制度的认识

（一）以事定费的内容

这里的"事"即学校应该履行的职能：学制教育、职业培训、技能评价、就业创业服务。四项职能便是四件事。这里的"事"可以视为区别于一般政务、业务的重大事务，亦可成为一级事务。在学校具备履行条件的基础上，政府应该要求职业学校履行上述四项职能，同时，按年度预算履行四项职能所需的经费，以充分发挥职业学校特殊功能，展示应有的社会贡献度。

（二）学校以事定费的前提

职业学校实行以事定费的前提是政府财政部门关于职业学校财政政策推行以事定费。政府财政部门关于职业学校财政资金拨付原则应该是机构+事项，即根据机构的性质与人才培养的项目活动兼顾。在解决学校正常运营所需的经费之外，重点考虑学校发展必须的项目经费，包括校企合作、课程开发、生产型实训基地建设、实训设备更新、技能竞赛、"双师型"（"一体化"）教师培养、试创业、职业培训、技能评价等。学校以事定费应该在上述前提下进行。当然，四个职能性质区别影响经费的确定。学制教育属于纯公益二类业务，职业培训、技能评价、就业创业服务介于公益性与盈利性之间，兼具非营利性与营利性特点，因此，四个职能尽管都是学校应当履行的职能，但"事"的性质差异，决定其"费"的来源和处理方式有所区别。学制教育职能的履行所需经费由地方政府财政拨付，职业培训、技能评价、就业创业服务职能的履行所需经费应采取基本设施投入+收支两条线的方式解决，即学校职业培训、技能评价、就业创业服务机构运行所需的设施设备由政府主管部门投入，在此基础上，年度收入100%上缴财政，财政根据学校培训工作实际需要100%还拨。

（三）"以事定费"的方式

根据政府主管部门对学校"以事定费"的职能定位和经费供给情况，人事管理部门制定新的"三定方案"，在校内，针对学制教育、职业培训、技能评价、就业创业服务四个职能，设置校内机构，推行相应的"以事定费"制度。例如，对于学制教育，其可根据行政系列和教学系列设立相关部门。在预留行政部门所需的合理经费外，对于二级院系，人事管理部门可采取"专业+入读人数+毕业人数=年度经费数"的方式定费，明确专业建设与年度经费挂钩制度；既考虑新生实际入读人数，更考虑该专业毕业生就业人数。入读人数与毕业人数所占经费之比可掌握在4∶6左右。对于职业培训、技能评价、就业创业服务，人事管理部门可采取"成本费用+再发展费用+业绩奖励+学校分成=财政还拨经费"的方式定费。

三、工资收入分配原则的认识

现行的学校工资制度过多考虑教职员工工资收入的平衡性，工龄、学历、工作量成为主要考核依据。以量定薪、平均主义、收入固定在一定程度上影响教职员工的工作积极性，也影响了工资收入方面的公平公正。

（1）以岗定薪。学校根据信息职能设定机构，根据机构职责设定工作岗位，按照岗位职责任务确定薪酬。

（2）多劳多得原则。学校在以岗定薪的前提下，按教职员工工作量计酬。工作量越大，劳动付出越多，收入越高。

（3）技高者多得原则。学校在以岗定薪的前提下，按教职员工技术技能水平计酬。技术技能水平越高，工作贡献越大，收入越高。

第二节　推行岗位管理制度

一、岗位管理的概念

（一）对岗位的认识

岗位，指特定的人在规定的处所履行职责并承担相关任务。例如，学校办公室主任是管理服务岗位系列的一个岗位。办公室张主任这个人在办公室主任应该涉及的地域空间履行办公室主任职责，承担属于办公室主任应该承担的工作任务。职业指导课教学是专业技术岗位系列的一个岗位。陈老师在与职业指导课教学相关的地域空间履行职业指导课教学职责，承担职业指导课教学任务。这就是职业学校岗位的概念。这里的"岗位"，绝不是顾名思义的静态的处所，一定是人和事的结合。它是职业学校人事管理最基本的单元，也是人事管理部门开展工作的一个重要抓手。

（二）对岗位管理的认识

岗位管理指相关部门遵循以事定岗、以岗定人原则，根据学校四个职能履行所需，从职责、范围、能力、素养、纪律、质量标准、工作效率等方面实施有效规范的活动。其内容主要包括岗位结构安排、岗位设置、岗位职责界定、岗位聘用、岗位薪酬、岗位考核等。

二、岗位结构安排

学校岗位可以分为专业技术岗位和管理服务岗位两个系列四个类型。

（一）专业技术岗位

专业技术岗位是指承担专业技术工作职责，具有相应专业技术水平和能力要求的工作岗位。专业技术岗位又分为教学岗位和教辅岗位。

（1）教学岗位是指承担教育教学、科学研究、公共服务工作职责，具有相应专业技术水平和能力要求的工作岗位。

（2）教辅岗位是指为教育教学和科学研究工作提供技术支持或辅助服务，具有相应专业技术水平和能力要求的工作岗位，主要包括管理研究、工程技术、设备设施的操作和维护、会计、图书资料和档案管理、编辑、医务卫生等技术类岗位。

（二）管理服务岗位

管理服务岗位主要是行政系列人员，又分为管理岗位和服务岗位两类。

（1）管理岗位是指承担领导或管理职责，具有相应管理水平和能力要求的工作岗位。其包括学院领导岗位、内设管理部门领导岗位和其他承担管理职责的岗位。

（2）服务岗位是指为满足学院教学、科研和日常运行等需要，承担物资器材管理、教学辅助服务、后勤保障、其他基础业务及相关服务等职责，具有相应服务水平和能力要求的工作岗位。

综上，职业学校岗位结构由技术技能、管理服务两个系列四类岗位组成。

三、学校岗位总量确定

岗位结构确定之后，学校接下来的一项重要工作是确定两个系列四类岗位数量的占比。

（一）学校岗位总量的计算

学校岗位总量是指当前乃至今后若干年内，学校发展规模所需的工作岗位总数。这个总数的确定应立足学制教育、职业培训、技能评价、就业创业服务四个职能，应按照"教学人员从宽、教辅人员适度、管理服务人员从紧"的原则，优先满足学制教育、技能培训教学的需要，应执行政府有关文件的规定。学校在此基础上，建立学校岗位总量核算公式，科学、合理确定学校岗位总量。学校人事部门根据在校生总数计算出全校现阶段应设置的岗位总数。

（二）两个系列比例的计算

学校人事部门按专业技术岗位数占学校岗位总数 75% 以上的比重计算出全校专业技术岗位应设置的数量；按管理服务岗位数占学校岗位总数不高于 25% 的比重计算出全校管理服务岗位应设置的数量。

（三）四类岗位比例的计算

（1）教学岗位比例计算。教学岗位的重要性为四类岗位之最。此类岗位数量的计算依据是两个数据：一是教师岗位数须占专业技术岗位总量的 80% 以上；二是须按师生比不低于 1∶18~20 的比例确定教师岗位数量。

（2）教辅岗位比例的计算。专业技术岗位总数−教师岗位数＝教辅岗位数。其总量不得超过专业技术岗位总量的 20%。

（3）管理岗位和服务岗位比例的计算。管理、服务两类岗位数占学校岗位总数的 25% 以内。学校人事部门根据这一比例，结合学校实际情况进行合理安排。

四、岗位等级与结构比例

四类岗位比例明确之后，为了便于实施，学校还需要进一步划分岗位等级与结构比例。岗位等级与结构比例对应表如表 19-1 所示。

表 19-1　岗位等级与结构比例对应表

		岗级	占比
专业技术岗位	教学岗位	1 级	12%
		2 级	30%
		3 级	40%
		4 级	18%
	教辅岗位	2 级	30%
		3 级	50%
		4 级	20%
管理服务岗位	管理岗位	1 级	党政正职
		2 级	其他校领导
		3 级	内设机构正职
	服务岗位	4 级	内设机构副职
		5 级	按管理服务岗位数减去领导岗位数的 15% 设置
		6 级	按管理服务岗位数减去领导岗位数的 25% 设置
		7 级	按管理服务岗位总数减去 1~6 级管理岗位数设置
		8 级	按管理服务岗位总数减去 1~7 级管理岗位数设置

说明两点：

（1）专业技术岗位的四个层级可与职称层级比例对应。

（2）管理服务岗位等级为学校便于人事管理而自设，与国家、省、市所设事业单位现行管理岗位等级不挂钩。

五、岗位设置

（一）内设机构设置

学校按照精简与效能结合、行政为教学服务的原则，根据学制教育、职业培训、技能评价、就业创业服务四个职能需要设置教学部门、教辅部门、管理服务部门三类机构。其中，学制教育和职业培训均应设置教学部门、教辅部门、管理服务部门，技能评价、就业创业服务只设置管理服务部门。

（1）教学部门。教学部门可分为两类：一是院系；二是公共基础课部。教学部门下设教研室、综合办公室。

（2）管理部门。职业学校一般设置15个管理部门：办公室、党委办公室（纪检监察室）、教务处、人事处、督导室、科研所（办）、学生处、团委、招生就业处、总务处、财务处、工会、信息处（信息中心）、职业培训中心、技能评价中心。不同时期，不同学校根据实际情况可以适当增减所需部门。

各管理部门配备部门正职（管理三级）1个，各部门平均配备部门副职（管理四级）原则上不超过2个。

职业培训中心、技能评价中心一般均为法人单位，规格层次可稍高于其他中层部门。其一把手应由分管校领导兼任，配一位与中层部门一把手同级别的常务副职主持日常工作。

各部门管理服务岗位五至八级人员配置根据部门职能和工作量大小在管理服务岗位总量内确定。

（二）岗位设置

学校根据上述确定的两个系列四类岗位占比，结合部门设置，确定岗位。

1. 教学部门岗位设置

干部配备方面，学校可定部门正职1个，副职2~3个。教研室设立标准与教研室主任配备标准由学校制定。教学部门设立综合办公室，配备办公室主任1名、行政秘书1名、教学秘书1名。学校还可设置实训实验辅导人员、器材管理员、学生辅导员岗位。岗位人数按照学校相关规定执行。

2. 教辅部门岗位设置

学校可根据学校工作需要设6类岗位：

（1）管理研究类岗位。本岗位是指在学院管理服务部门从事职业教育与技工教育研究、学院发展研究、教育管理研究、为校内外提供咨询服务等工作的专业技术性工作岗位。

（2）工程技术类岗位。本岗位是指从事学院工程建设、工程管理、实验（实训）室建设及管理、仪器设备维护维修、系统维护、网络信息技术、教育技术、辅助教学及为教学提供技术支持等工作的专业技术性工作岗位。

（3）会计（审计、经济）类岗位。本岗位是指从事学院财务会计、审计、经济、统计等工作的专业技术性工作岗位。

（4）图书资料（档案）类岗位。本岗位是指从事学院图书管理、资料管理、档案管理等工作的专业技术性工作岗位。

（5）编辑类岗位。本岗位是指从事学院校报、学报、职教信息、音像等编辑、设计、采编以及发行等工作的专业技术性工作岗位。

（6）医务卫生技术类岗位。本岗位是指从事学院师生医疗卫生保健、卫生防治、医疗卫生教学或辅助教学等工作的专业技术性工作岗位。

教辅岗位按专业技术岗位总数减去教师岗位数确定，其总量控制在学院专业技术岗位总量的 20% 以内。

3. 管理岗位设置

（1）一级、二级为学校领导岗位。一级、二级管理岗位数量，根据上级主管部门机构编制标准中关于学校领导数量的规定设置。

（2）三级、四级为内设管理部门领导岗位。三级、四级管理岗位数量，根据上级主管部门机构编制标准的有关规定，综合考虑学校内设管理部门职能定位、重要程度、工作量大小、人员数量等因素设置。

（3）五级、六级为业务骨干岗位。五级管理岗位数量，按照管理服务岗位数减去领导岗位数（含学校领导及内设管理部门领导岗位）的 15% 设置。六级管理岗位数量，按照管理服务岗位数减去领导岗位数（含学校领导及内设管理部门领导岗位）的 25% 设置。

（4）七级为一般管理岗位，八级为辅助服务岗位。七级、八级岗位数量，按管理服务岗位总数减去一至六级管理岗位数设置。

岗位设置须重点考虑几个因素：

（1）统筹考虑学制教育、职业培训、技能评价、就业创业服务四个职能设置所需岗位。四者之间，学制教育是重点。

（2）学制教育岗位设置应特别重视与学校内涵建设密切相关业务的岗位保证。例如，教务管理部门的重点工作：校企合作与专业建设、课程改革与对接教学、师资培养与教学质量等应设置若干岗位，由专人负责管理。

（3）教学岗位须考虑从企业聘请的兼职教师所需岗位。

（4）学校根据各部门现有情况下达岗位数。各部门必须严格按照学校下达的岗位总数进行聘用，不得突破。

六、岗位职责确定

岗位设置之后，学校须根据岗位类型设定岗位职责。

（一）教学岗位职责

深圳技师学院教学岗位分为四级，每一级岗位的职责如下：

1. 一级岗位基本职责

一级岗位基本职责见表 19-2。

表 19-2 教学岗一级岗位基本职责

岗位基本职责	1. 忠诚国家教育事业，贯彻国家教育方针，遵守师德规范，热爱学生，关心学生全面发展，为人师表，教书育人； 2. 指导系部的专业建设和教研室、实训（验）室建设，负责校企合作、技能竞赛、技能俱乐部以及实习就业等工作； 3. 密切关注本专业和相近专业领域的前沿发展，对本专业建设进行规划； 4. 承担青年教师的培养和指导工作。

表19-2(续)

岗位基本 工作量	1. 教学：教学基本工作量每学期平均为 12 课时/周，在教学中执行教学规范，教学效果良好。 2. 教科研：教科研基本工作量为一级岗位人员在聘期内科研分达到 X 分，就视为完成教科研基本工作量。 3. 公共服务：公共服务基本工作量为 20 天/学期（40 天/学年）。
教学部门规定 需完成的任务	略

2. 二级岗位基本职责

二级岗位基本职责见表 19-3。

表 19-3　教学岗二级岗位基本职责

岗位基本职责	1. 忠诚国家教育事业，贯彻国家教育方针，遵守师德规范，热爱学生，关心学生全面发展，为人师表，教书育人； 2. 指导或协助指导本系部的专业建设和教研室、实训室建设工作； 3. 独立承担两门或两门以上课程的主讲，完成规定的教学工作量； 4. 指导学生毕业设计、毕业论文、社会实践、社会调查等； 5. 主持和参加科研、教研课题研究，并在国内外刊物上发表学术论文、出版学术专著、编写教材，完成规定的教科研工作量； 6. 主持和参加实训室、实训基地建设； 7. 在专业建设中发挥关键作用； 8. 指导青年教师； 9. 负责校企合作、技能竞赛、技能俱乐部以及实习就业等工作； 10. 担任班主任工作。
岗位基本工作量	1. 教学：教学基本工作量每学期平均为 12 课时/周，在教学中执行教学规范，教学效果良好。 2. 教科研：在聘期内科研分达到 X 分，视为完成教科研基本工作量。 3. 公共服务：公共服务基本工作量为 20 天/学期（40 天/学年）。
完成教学部门 规定的任务	略

3. 三级岗位基本职责

三级岗位基本职责见表 19-4。

表 19-4　教学岗三级岗位基本职责

岗位基本职责	1. 忠诚国家教育事业，贯彻国家教育方针，遵守师德规范，热爱学生，关心学生全面发展，为人师表，教书育人； 2. 了解本专业现状及发展趋势； 3. 掌握本专业的教学规律和教学方法，具有扎实的理论基础，独立承担两门以上课程的主讲和教学辅导工作，完成规定的教学工作量； 4. 参与教研、科研工作，达到学院规定的教科研工作量要求； 5. 参与本专业的课程改革、专业建设、校内考试监考； 6. 指导或协助指导学生实习、社会调查、毕业论文或毕业设计； 7. 参与校企合作、技能竞赛、技能俱乐部以及实习就业等工作； 8. 担任班主任工作。

表19-4(续)

岗位基本工作量	1. 教学：教学基本工作量每学期平均为12课时/周，在教学中执行教学规范，教学效果良好。 2. 教科研：三级岗位人员在聘期内科研分达到X分，就视为完成教科研基本工作量。 3. 公共服务：公共服务基本工作量为20天/学期（40天/学年）。
完成教学部门规定的任务	略

4. 四级岗位基本职责

四级岗位基本职责见表19-5。

表19-5　教学岗四级岗位基本职责

岗位基本职责	1. 忠诚国家教育事业，贯彻国家教育方针，遵守师德规范，热爱学生，关心学生全面发展，为人师表，教书育人； 2. 协助一级、二级、三级岗位人员从事教学活动； 3. 独立承担一门以上课程的讲授，完成学校规定的教学工作量，参加学院组织的教师教学能力培训，提升教学水平； 4. 积极参与教科研教研工作； 5. 参与本专业的课程、专业建设、校内考试监考； 6. 指导或协助指导学生实习、社会调查、毕业论文、毕业设计； 7. 参与校企合作、技能竞赛、技能俱乐部以及实习就业等工作； 8. 担任班主任工作。
岗位基本工作量	1. 教学：教学基本工作量每学期平均为12课时/周，在教学中执行教学规范，教学效果良好。 2. 公共服务：公共服务基本工作量为20天/学期（40天/学年）。
完成教学部门规定的任务	略

深圳技师学院四级教学岗位职责优点有以下三个方面：一是职责分为基本职则、基本工作量、任教部门具体任务三个层次。虚实结合，细致明确，可操作性强。二是基本职责中包含了校企合作、专业建设、课程改革、技能竞赛、技能俱乐部、教师培养等内涵建设的核心内容，基本职责若得落实，可以保证培养质量。三是增加了"公共服务"要求。"公共服务"是指在教学和科研之外，教师应该参与的如技能节、技能竞赛、学生社团指导以及需要教师参与的全校性、阶段性、突击性任务等。这个工作量规定主要针对不坐班教师。有些活动没有教师参加不行。表面看，这增加了教师的负担，但从学校整体利益和实力展示角度看，是一种工作需要。

四级教学岗位职责界定的不足有两点：一是没有涉及职业培训教师的岗位职责；二是没有涉及企业兼职教师的岗位职责。

（二）教辅岗位职责

深圳技师学院教辅岗位共分三个层级。

1. 二级岗位基本职责

二级岗位基本职责见表19-6。

表 19-6　教辅岗二级岗位基本职责

岗位基本职责	1. 精通业务，主持或参与制定专业技术工作规程； 2. 主动为教学、科研、管理工作提供技术服务； 3. 具体负责综合性业务课题、工程或改革、调研工作； 4. 积极钻研业务，指导本部门的业务学习或科研工作，联系本职工作实际，撰写较高水平的专业技术报告、工作调研报告或在国内外刊物上发表学术论文等； 5. 指导二级以下专业技术人员的业务工作。
岗位基本工作量	1. 技术服务。技术服务是教辅岗位的主要工作，正常履行岗位职责，完成学校和部门交办的任务，则视为完成技术服务基本工作量； 2. 科研工作。聘期内科研分达到 X 分； 3. 公共服务。若正常履行岗位职责，则视为完成公共服务基本工作量。

2. 三级岗位基本职责

三级岗位基本职责见表 19-7。

表 19-7　教辅岗三级岗位基本职责

岗位基本职责	1. 具有良好的职业道德，认真执行专业技术工作规程； 2. 主动为教学、科研、管理工作提供技术服务； 3. 参与综合性业务课题、工程或改革、调研工作； 4. 积极钻研业务，联系本职工作实际，撰写专业技术报告、工作调研报告或在国内外刊物上发表学术论文等。
岗位基本工作量	1. 技术服务。技术服务是教辅岗位的主要工作，正常履行岗位职责，完成学校和部门交办的任务，则视为完成技术服务基本工作量； 2. 科研工作。聘期内科研分达到×分； 3. 公共服务。若正常履行岗位职责，则视为完成公共服务基本工作量。

3. 四级岗位基本职责

四级岗位基本职责见表 19-8。

表 19-8　教辅岗四级岗位基本职责

岗位基本职责	1. 具有良好的职业道德，服从工作安排，服务态度端正； 2. 初步掌握本专业的理论知识和业务知识，独立承担一般性专业技术工作； 3. 勤于思考，善于总结，在指导下独立撰写业务性工作计划、总结或业务报告。
岗位基本工作量	1. 技术服务。技术服务是教辅岗位的主岗工作，正常履行岗位职责，完成学校和部门交办的任务，则视为当然完成技术服务基本工作量； 2. 公共服务。若正常履行岗位职责，则视为完成公共服务基本工作量。

深圳技师学院三级教辅岗位职责优点有：教辅岗位职责分为教学、科研、管理三个方面；强调服务特性；重视调研和科研。

三级教辅岗位职责界定的不足有两点：一是三级职责要求均偏低。同样是二级岗位，教辅二级岗位职责要求和工作难度远不如教学二级岗位。二是没有明确教辅岗位服务职业培训、技能评价的职责。

（三）管理服务岗位基本职责

管理服务岗位基本职责见表 19-9。

表 19-9　管理服务岗位基本职责

岗位基本职责	1. 一级管理岗位：按照上级有关规定履行职责。 2. 二级管理岗位：按照学校党委确定的职责分工执行。 3. 三级、四级管理岗位：主持或分管本部门的管理工作，或专职从事特定的高层次管理工作；负责或协助学校领导制定有关工作方案；主持或协助开展重要业务课题研究；审核管理重要公文或文稿，起草重要的研究报告、文稿等；参与制定并落实学校有关政策，做好协调和组织工作；负责本部门管理及业务工作。 4. 五级、六级管理岗位：负责部门内设科（组）的管理及业务工作或承担某方面的专项业务及管理工作；独立起草本职管理工作中的文稿；参与学校、部门重大业务研究课题，起草课题研究报告；指导本科（组）人员开展工作。 5. 七级管理岗位：承办具体的行政事务，起草本职管理工作中的一般性公文或者文稿。 6. 八级辅助服务岗位：承担设备设施的操作和维护、物资器材管理、教学辅助服务、后勤保障、其他基础业务及相关服务工作，满足学校教学、科研和日常运行的需要。
具体岗位职责	各级管理岗位的具体职责由学校岗位聘用工作委员会依据具体岗位的工作性质和目标任务，编制岗位说明书，在岗位说明书和聘用合同中予以明确。

深圳技师学院管理服务岗位基本职责的优点是：岗级职责划分清晰；职责要求明确；重视文稿写作；区分基本职责和具体岗位职责。职责界定的不足如下：一是强调管理，忽视履责要求；二是强调管理，忽视为教学服务；三是依然将职业培训和技能评价视为学制教育中的两项普通业务和两个普通机构，没有特殊的职责设计和工作量要求。

岗位职责确定之后，岗位聘用、岗位交流、岗位薪酬、岗位考核等工作就可以依次开展。

第三节　推行职称评审制度

一、改革教师职称"三唯"评审模式

学校应建立以职业道德、职业能力、工作业绩为主要依据的评审模式。

一是摒弃唯论文、唯资历、唯学历和强制性外语、计算机考试的职称评审模式。职称评审应由重学历、重资历、重科研成果，轻职业技能、轻教学能力转向以职业道德、职业能力、教学能力为主，兼顾学历、资历、科研成果。二是推行"两不"要求：不将论文作为职业学校教师职称评审的限制性条件；不对职称外语和计算机应用能力考试作统一要求（特殊的除外）。三是重视职业道德评审。职业道德不良的申报人实行一票否决制。四是同样提高非教师人员职称评审难度，探索建立与职业学校职能定位、岗位管理、绩效分配等人事管理制度相衔接的，评聘结合的职称评聘制度。

二、建立三类专家组成的教师职称评聘机构

（1）评审专家的结构。传统的教师职称评审由单一的职业教育专家完成，评审主

体单一，评审程序、评审方式照搬普通教育教师职称评审模式，没能体现出职业教育特点。评审主体改为由职业教育专家、行业企业管理专家、相关部门和行企技能人才评审专家、人才评价专家四类人员组成。四类人员合理搭配实施评审，一是切实发挥同行专家在评委会评审中的作用，实施真正意义的同行专家业内认可评价机制；二是推进建立职业学校教师职称评审工作与市场需求接轨的机制，使评价结果达到政府认可、市场公认、同行肯定、学校满意的效果，确保职称评审的公信力和权威性。

（2）评审专家库建设。教师职称评审委员会平时就要收集这三类人员名单，建立教师职称评审两级专家库：高级职称专家库、初中级职称专家库。高级职称专家库人数在 80 人以上，其中正高级职称评审专家不少于三分之二。初中级职称专家库人数在 100 人以上，全部为中级及以上职称，其中高级职称评审专家不少于三分之二。

（3）评审专家条件。高级职称评审专家的条件：一是在本专业同行专家中具有较高权威和知名度，具有专业高级职称；二是从事本领域专业技术工作，深入了解本专业发展趋势，系统掌握相关理论知识，实践经验丰富。中级职称评审专家的条件：一是熟练掌握本专业基础理论知识和专业技术知识，熟悉了解本专业技术发展状态和发展趋势，具有中级及以上职称；二是从事本领域专业技术工作，具有一定的研究能力或有效解决复杂问题的能力，实践经验较为丰富。

（4）评审专家库管理。评审专家库实行逐级推荐、分级管理、动态管理制度。根据评审工作实际需要以及评审工作发展变化，评审委员会按规定程序调整充实专家库，每年更新一次入库专家名单并公示。每一次评审，由政府主管部门从专家库中抽取专家名单组成评审委员会。评审委员会可以有本校人员作为专家参加评审，但人数比例不得超过 50%。评审委员会以校外优秀同行专家为主。

三、创新评审项目

职称评审的核心是评职业能力、教学能力、工作业绩，可以学制教育的表现为主，但也要兼顾职业培训和技能评价。职业学校教师职称评审决不能照搬普通教育那一套，其应结合实际工作，新设教学竞赛、技能竞赛、职业培训新工种开发、教学设备研发、指导学生参加竞赛获奖、大师名师工作室、教师到企业顶岗学习等项目，引导教师钻研教学，研究技术技能，研发教学设备，掌握企业岗位能力，指导学生技能成才。此外，职业学校还可以创新加分项目，如对长期担任班主任、长期担任技能评价的考评员、多次上示范课并获同行高度肯定、承担职业培训旧工种升级和改造成功、多次参加技能评价题库建设、主持实训室建设工作的申报者给予加分，体现职业教育三个职能并举的特色。

四、改进评价方式

职称评审一般采取说课讲课、面试答辩、专家评议、实践操作、材料评审等方式。

（一）职称评审与岗位能力评价结合

学校把教师日常岗位能力表现作为岗位能力评价的重要依据，建立通过讲课评议，了解岗位教学能力。

①专业课教师岗位能力评价。专业课教师岗位能力评价有两种选择：一是，学校

针对专业课教师职称申报者，根据其申报的专业，依据本职工作（工种）的特点，参照相应工种职业技能鉴定实操考核要求，设计出能反映实际生产过程的具体操作要点、细节等类型的试题，考核教师的实际技术水平和实际操作能力。二是，在不干扰日常教学进程安排的前提下，评审专家采取随机到达实训处现场观摩评议的方式，对专业课教师职称申报者的专业课教学能力进行评议评分。这样做，可以更加科学准确地考核申报者真实的职业技能水平和教学能力。

②公共基础课教师岗位能力评价。学校针对公共基础课教师职称申报者，设置非专业课教师教学能力现场考核环节。在不干扰日常教学进程安排的前提下，评审专家采取推门听课的方式，对申报者的讲课进行评议评分。这样做，可以更加科学准确地考核非专业课教师职称申报者的教学能力及授课实际水平。

（2）职称评审与学校日常管理结合。由于对申报者各方面情况最了解的是申报者所在部门，因此，学校应赋予申报者所在部门评价权，其具体办法是：

①申报资料审议。学校确定评审资格后，由申报者所在部门在本部门内网有限期内公布申报者申报资料，接受本部门全体人员对申报者申报资料的审议。

②部门量化评价。申报资料审议通过后进入部门量化评价环节。部门负责人主持会议，组织本部门人员对申报者情况按规定要素进行量化评价。评分结果需在申报者所在部门内部进行公示，体现群众监督权，保证评价结果的公平公正。

③上报评价意见。内部公示无异议者，由部门名义签署意见并上报。

（3）职称评审与积分制度结合。具备条件的学校可以从助力教师职业生涯发展角度，按照国家和地方政府主管部门相关政策，结合学校实际和对教师工作的要求，分专业课和公共基础课两类教师商定教师成长积分项目和积分计算办法，经学校教代会审议通过后，形成教师成长积分制度。教师职称评审、岗位晋升、评先评优、入编等均按积分多少确定资格。如职称评审，按积分的高低确定各级职称评审资格。

第二十章

招生就业管理

第一节　对招生就业的认识

一、招生与就业的关系

职业学校学制教育主要包括四个环节：招生、教育、技能评价、就业。四个环节之中，招生与就业二者处于两端：一个是"入口"，一个是"出口"。二者的关系是："入口"影响"出口"，"出口"带动"入口"。生源质量好，教育过程就"顺手"，就业质量也高。就业质量高，社会影响大，学校美誉度高，报读本校的人就多，学校择优录取空间就大，生源质量就好。如此良性循环，学校越办越好。反之，学校"默默无闻"。

深圳技师学院的前身是深圳技师学院。该院是深圳市政府投资兴办的以培养高技能人才为主的职业学校，2006 年就已经是全国技能人才培育突出贡献单位。如今，其设置设计学院、中德智造学院等 12 个二级学院，开设 37 个与深圳市产业发展对接的专业，全日制在校生近 11 000 人，每年面向社会开展职业技能培训、技能鉴定约20 000 人。

（一）"入口"

在全国不少院校招生不看分数、登记入学的情况下，深圳技师学院招生形势火爆，学位几乎年年是"一位难求"。

（1）初中毕业生生源：初中毕业生报考人数与录取人数比例最高达 33∶1；录取分数线与深圳市区的重点中学比肩。

（2）高中毕业生生源：报考的高中毕业生覆盖全国近 30 个省市；报考人数与录取人数比例平均达 7∶1 左右，少数专业达 12∶1；录取的高中毕业生中除扶贫生之外，高考分数达到大专线以上者达 100%。

（二）"出口"

（1）供不应求。在大学生就业困难的形势下，深圳技师学院毕业生供不应求，提前一年就被华为、华大基因、腾讯、大族激光、周大福等行业领军企业争相抢订。

（2）就业率高。多年来，每届毕业生就业率都在97%以上。

（3）工资水平高。初次就业平均薪酬高于广东省本科毕业生。

（4）毕业生就业质量高。多数学生提前一年被华为、华大基因、腾讯、大族激光、周大福等行业领军企业预订，且毕业后就留在这些企业就业；部分毕业生被大族激光、华大基因等企业派驻美国、欧洲等地工作，实现了国际化就业。

二、招生、就业与教育、技能评价的关系

从职业学校学制教育四个环节的角度看，决定招生和就业质量的不是招生和就业本身，而是教育和技能评价两个环节。"教育"环节的特点是时间最长，内容最多，影响最大。"技能评价"环节是职业教育与普通教育存在本质区别的环节。它依照《中华人民共和国职业教育法》关于职业资格或职业技能等级要求而设立，与职业学校培养目标——技术技能人才直接对应。该环节的存在及影响，促动"教育"环节脱离普通教育的"样子"，重视技术技能的培养，体现职业教育的特色，与"技能评价"环节共同发力，促使职业学校学生成为合格的准职业人。

三、招生就业的原则

（1）指导性原则。指导性原则指招生就业管理部门对院系招生就业工作的业务指导。学校要将招生和就业两个方面的要求通过制定规程的方式明示，指导各院系按规定的流程、步骤、纪律要求开展招生就业工作，确保全校招生就业任务完成。

（2）真实性原则。真实性原则指真实招生，真实就业。换言之，不允许浮夸招生，不允许就业造假。招生宣传内容与学校实际情况相符；毕业生是否就业必须实事求是。

（3）本土化原则。本土化原则指招生就业原则上在省内完成。学校要本土招生，解决本地区家庭子女接受职业教育和技能成才问题；解决因技术技能人才外流而影响本地区经济社会发展问题。人才外流情况在全国多数省区存在，学校不采取必要措施，必定影响本省经济社会发展。招生总量中，本省生源应占60%以上；就业总量中，本省就业人数应占60%以上。

四、招生就业的规律

（一）经济发展状况决定职业学校招生就业不可能"春光无限"

国家和地方经济的发展状况从岗位需求数量上决定职业学校招生就业状况。经济发展状况不可能直线发展，波澜起伏是常态。受此影响，职业学校的招生和就业也必定出现"春夏秋冬"的"季节"变化。任何学校毕业生的招生和就业都不仅取决于学校的办学质量，更取决于经济发展状况。当经济发展进入加速时期，岗位量扩大，技术技能人才需求增加。这种情况下，职业学校可以增加新生数量和毕业生数量，甚至可以适度增加职业学校数量。当经济发展进入低谷时期，企业遭遇困难，普遍裁员在所难免，市场对技术技能人才的需求必然减少，职业学校必然陷入毕业生"产能过剩"

和"产品滞销"的困局，毕业生失业率上升，学校社会贡献度下降。"出口"一有问题，"入口"必受影响。这时期，职业学校应该减少招生量；否则，既影响招生就业，也影响学校的发展。

（二）经济结构优化升级决定职业学校专业结构不可能"铜墙铁壁"

国家也好，地方也好，经济结构的调整优化是一种正常的发展趋势。无论是国家政策导向，还是市场需求导向，都在推进并强化着这种趋势。于是产业结构出现"两转一升"的情况不可避免，即产业转移、企业转型、技术升级。与之相对应，用人单位出现"两少一高"的情况也不可避免，即用人单位减少、用人单位用人数量减少、用人单位对员工能力要求提高。产业结构"两转一升"和用人单位"两少一高"的变化必然要求职业学校与之相适应。其相适应的最佳表现是：一调整和三对接。"一调整"，即学校实行与"两转一升"和"两少一高"相适应的专业结构调整；"三对接"，即每个专业都做到专业设置与产业需求对接、课程设置与员工能力要求对接、教学过程与生产过程对接。只有这样，学校的专业结构才可能与本地区的产业结构相适应，才可能较好解决招生和就业问题。否则，毕业生就业困难在所难免。"出口"之难必然导致"入口"之忧。如此循环往复，最终的命运便是学校关闭。

（三）职业学校招生规模过度扩张决定"入口""出口"不可能良性循环

在学校办学条件相对稳定的条件下，招生规模过度扩张必然导致生源质量下降，办学条件变坏，工作难度加大，培养质量变差。其结果必然影响毕业生就业率和就业质量。这无疑是违背办学规律之举。长期以来，我国各类院校自报毕业生就业率，政府没有确认制度和措施。在此条件下，为了学校声誉，为了招生，就业率造假就成为公开的秘密。这种做法，长此以往，必然"校将不校"。

第二节 促进招生的基本路径

多方面因素的影响，使我国职业学校普遍存在生源数量偏少，生源质量不高的招生难问题。化解招生难困局，"密钥"不在招生阶段，而在其他方面。借用陆游的一句诗，可谓"汝果欲学诗，诗在功夫外"。

一、浇筑化解招生难的根本：把学校办好

从"招生"一词看，"招生"的主体是学校，是学校招收学生。在生源紧缺的条件下，职业学校能否招收到学生有个前提：学生和家人愿意。要是学生及其家人不认可拟招生的学校，学校是无法"捆绑"学生入学的。这是所有学校招生都客观存在的一般道理。

学校招生，需要面对的不仅仅是"抢夺"生源的竞争对手，更需要动脑筋的是不声不响的学生和家长。尤其是学生的家长，他们中的绝大多数会采取"耳闻"与"目睹"的方式理性地帮助子女选择学校。甲学校办得好，家长就劝子女报读甲学校；乙学校办得不好，其招生手段再高明，也不会有很多学生报读。这是职业学校招生领域的"择优入读"的家长心态。这种心态在任何时候都在生源流向上占领主导地位。

表面看，把学校办好与每年一度的招生工作无直接关系，但从招生实际效果看，具有根本性意义。学校办好了，招生工作很轻松；学校办得一般，招生工作就不轻松；学校办不好了，招生工作就很艰难。

想把学校办好，首先要把学校办对。所谓把学校办对，就是要把学校办得像职业学校。办得像职业学校的标准是：按照国家关于职业学校办学导向和培养目标的定位办学。国家要求职业学校要以服务发展、促进就业为导向，以培养高素质劳动者和技术技能人才为办学目标。只要真正地按照国家的这两个要求办学，学校就办对了。长期以来，我国职业教育领域存在两条不同的办学路径：

第一条办学路径是：以学历为特色，以升学为导向，培养国家不缺的学历人才。这条办学路径培养的人才普遍缺乏与市场需求相适应的职业能力，学与用脱离，失业率高。

第二条办学路径是：以技术技能为特色，以就业为导向，培养国家紧缺的技术技能人才。这条办学路径培养的人才普遍拥有与市场需求相适应的职业能力，学与用结合，就业率高。

走第二条办学路径的院校是把学校办对的职业学校，办的是真正的职业教育。而第一条办学路径的院校是没把学校办对，办的是传统的普通教育。

凡是走第二条办学路径的，都属于学校办对的职业学校。没把职业教育办对的职业学校招生，因为有高学历"诱惑"，一段时间内，招生形势会不错，甚至会比较"火"，但"中看不中用"久了，"火势"会逐渐熄灭。而走第二条办学路径的职业学校会开展校企合作培养，在办对的基础上，再把学校办好，招生也就不难。

以重庆市隆化职业中学为例，学校按"学校+企业+社会"模式办学。前园办学，后园办厂，行业文化进校园，企业文化进教室，形成了"学校即企业，教室即车间，车间即战场，实践即产品"的人才培养循环链。学校还创新"招生招工，岗课融通"育人机制。根据校企合作协议，按照企业岗位要求，"学校招生·企业招工"。企业每年为学生设立奖学金、助学金。助学金每人 800 元/年，奖学金每人 1 200 元/年。顶岗实习期间享受员工待遇。学校同国内外知名企业进行深度合作，保证了学生进口旺、出口畅、技能好、就业稳，受欢迎。[①]

隆化职业中学是普通中职学校，为什么会"进口旺、出口畅"？其根本原因不是招生就业部门工作出色，而是"校企合作+招生招工+岗课融通"。

二、夯实化解招生难的基础：把专业办响

办职业学校，主要是办专业。从招生的角度看，把学校办好，主要指把专业办响。专业办响，等于学校办好。许多职业学校开设的专业大同小异，但毕业生就业情况则大异小同。有些学校，学生还在顶岗实习，许多企业已虚岗以待；有的学校，许多学生已经毕业，仍无就业单位。其原因就在于专业不响，因而对用人单位缺乏吸引力。办得不响的专业，学生不容易就业，更不容易实现体面就业，而学生、家长都很关注

① 杨士连，韦娜，杨毅. 打造现代职业教育创新发展新样本：重庆市南川隆化职业中学校人才培养模式的调查 [N]. 中国教育报. 2018-03-06 (12).

能够实现体面就业的专业，并以此作为学生选择专业入读学校的重要依据。

专业响不响，与专业设办的时间长度无关，与专业名称的新或旧无关，有关的是这个专业校企合作深不深，教师队伍强不强，学生技术技能功夫硬不硬，企业喜不喜欢，毕业生就业好不好。换言之，专业办得响的标准就是本书"内涵建设篇·专业建设"所提的15个"一"，其中最重要的是"三度"：校企合作深度、教师队伍强度、学生技术技能水平高度。因为，表层的校企合作、传统的教师队伍很难使学生拥有较高的技术技能水平。而现实中，专业要办响，就必须让学生拥有较高的技术技能水平。要让学生拥有较高的技术技能水平，至少要具备两个条件：开展深度校企合作，有一支高水平的教师队伍。

深圳职业技术学院信息通讯技术专业就办得很响。因为该专业2006年开始就与深圳华为公司合作，与华为"共建专业、共建课程、共训师资、共建平台、共育人才"，"课程体系和华为工程师认证体系共生共长，在教学过程中融入企业培训认证体系，学生在知行合一中习得真功夫，在学校所学知识、技能与企业岗位需求无缝对接"。[①]

与世界一流企业"共建专业、共建课程、共训师资、共建平台、共育人才"是这个学校相关专业办得响的秘密所在。因为与华为合作办专业，学生能取得华为证书，所以，专业"响当当"。2006年，其毕业生平均月薪就达5 622元，毕业生供不应求，招生报名相当火爆。

三、掌握化解招生难的关键：把对接教学抓到位

招生和就业，是每个职业学校每年都得面对的两大要务。如果将二者比作沉甸甸的"大箩筐"，那么，挑起两个"大箩筐"的"扁担"就是对接教学。对接教学的核心是教学过程与工作过程对接。把对接教学抓到位，每个职业学校都能够解决培养质量问题进而出现"出口畅，进口旺"的局面。

（一）对接教学会让学生对学习感兴趣

对接教学包含着学习的内容是工作，通过工作完成学习；手脑并用；教、学、做合一等先进学习理念和有效学习方法。它可以使学生从"睡中学，学中睡"变为"做中学，学中做"，不仅饶有兴趣地学习，而且因为越学越有信心，敢于参加校内外各种活动，包括各种竞赛。他们一旦竞赛获奖，不仅增添学生本人的荣誉感、成就感，也会鼓舞学生家长，吸引学生家长关注学校，肯定学校，还会在学生中、家长中、不同学校的同学或师弟师妹中口口相传，潜移默化地产生影响力，有利于学校的招生。

（二）对接教学会让学生容易实现就业

对接教学具有理论教学和实践教学融通合一，专业学习和工作实践学做合一，能力培养和工作岗位对接合一的特征。教师教给学生的知识、技术技能与学生毕业后就业岗位的能力要求基本对接。因此，凡是接受对接教学的学生，一旦毕业，很容易被用人单位接收。大多数学生入职不久就可能实现体面就业。对接教学使学生容易就业和体面就业的现实会逐渐成为学生、家长、企业的共识。久而久之，"就业好"这一"出口"，必然很好地带动"招生易"这一"入口"，从而形成"就业优化招生，招生

---

① 刘盾. 课程共生长 携手育人才［N］. 中国教育报. 2019-08-05.

促进就业"的良性循环，学校对家长和企业的吸引力会逐渐增强，学校对社会的影响力也会与年俱增，招生难的问题必然在很大程度上转变为不仅招生不难，而且生源质量不断提升。

职业学校的各个专业若都实行对接教学，学校就等于修成了一根柔韧坚实的好"扁担"。这根"扁担"能够挑起招生和就业两个沉重的"大箩筐"。教学如果不对接，教、学、用三者分离，就等于"扁担"不坚实，就完全可能被招生和就业两个沉重的"大箩筐"压断。在生源普遍紧缺的历史阶段，实施对接教学，是从根本上解决招生难问题的最佳办法。抓对接教学就是抓招生。

四、开发化解招生难的方式：把朋友交熟

广交、善交、多交朋友是帮助学校解决工作实际困难的有效途径之一。把朋友交熟同样能够顺利化解学校的招生难的问题。

（一）校校交友式

这是指学校将普通中学、职业高中、职业中专、技工院校的领导、班主任老师作为交友重点，不是招生季节才去交流，而是经常交流；不是请吃送礼交友，而是工作上互相帮助交友。山西晋城技师学院在这方面尝到甜头。学校十分重视与本市初中学校领导、老师、学生交友。学校学生社团工作有一张很响亮的"名片"：学生道德讲坛。该讲坛分校系两级，有一整套管理制度，很能锻炼学生。论坛由教师指导，学生主讲，竞争激烈，培养了一届又一届高水平的学生道德讲坛讲解员。在此基础上，学校与本市大型初中学校联系，让晋城技师学院的学生去初中学校给学生开道德讲坛。有些主讲学生就是这个初中学校毕业进入晋城技师学院入读的学生。这样的学生回到母校演讲，特别有吸引力、说服力。一位初中学校校长听了讲座后感叹：在我校，这是个"癞痢头"，想不到，入读晋城技师学院，变得这么优秀。道德讲坛次次成功，获得初中学校校校好评。初中学校学生羡慕、老师羡慕、校长叹服，一到招生季节，学生就踊跃报名。老师、领导也积极支持。学校之间关系如同密友。

（二）校企交友式

校企合作是职业学校办学的基本制度。这个基本制度必须贯穿办学各环节和全过程，不仅在教育阶段，而且在招生和就业两个阶段都要落实校企合作制度。即，校企双方合作促进招生，做到招生即招工，入校即入企。浙江萧山技师学院就是一个典型案例。学校的做法是：校企合作招生+校企定向培养+校企订单培养。

第一步，校企共同招生。每个班与多个企业合作共同招生后组成混合班。第二步，校企定向培养。学校、企业、学生三方签订定向培养协议。协议时间三年。明确告诉学生：两次双向选择。学校与企业双方定向培养并观察学生。第三步，校企订单培养。第四年开始，企业与学生第二次双向选择。双向选择之后组建专业混合订单班，实施针对性培养。第四步，校企"八共"培养。校企共定培养方案、共同开发课程、共建师资队伍、共筑实训基地、共施一体化教学、共行学生管理、共评培养质量、共研新技术新产品。第五步，学生毕业后全部留在合作企业就业。

"校企合作招生+校企定向培养+校企订单"的培养模式属于精细化校企合作。其特点：一是招生、就业都是紧紧依靠校企合作；二是五年时间两次双向选择；三是企

业培养积极性、学生学习积极性都很高。学生一旦被选入自己喜欢的订单班，必定更加认真学习，成长更快；企业一旦明确这个班学生都是自己想要的，必定尽心尽力培养。在企业和学生积极性都很高的情况下，这样的班级学习的效果可想而知。

（三）校政交友式

这是指学校与当地政府部门、乡镇、街道、社区的领导、工作人员交友，在基层办事所、街道社区服务点摆放学校招生简章等，与各基层办事部门合作招生。

总之，学校要采取多种方式，广交朋友，拓展生源，建立一批相对稳定的生源基地，化解学校的招生难问题。

第三节 促进就业的基本路径

把学校办好、把专业办响、把对接教学抓到位三者不仅是职业学校做好招生工作的三个根本性方法，也对学校促进毕业生就业具有积极意义。在此基础上，职业学校还应结合学校和就业形势，不断探索新的就业促进办法。

一、建立合作学院促进就业

合作学院，也称为产业学院，即学校与企业共同建立一个合作培养企业所需人才的平台。其本质是校企深度合作，深度的表现是包括就业在内的"一条龙"合作。新疆轻工职业技术学院就这样：

学校每一个专业牵手一家知名企业，建立一所合作学院。让企业自己在学校开办属于自己的学院。学校主要负责日常学生管理和公共课教学，而师资、实训、顶岗实习、毕业生就业主要由企业负责。招生、课程体系的构建、培养方案的制定、师资配备由双方共同研究确定。由于是自己的学院，培养的是自己需要的人才，企业愿意投入相关设备、必要资金，也愿意设立奖学金。五年时间，新疆轻工职业技术学院与新疆 20 家企业合作成立了 20 个"合作学院"。正是因为有这样一批"合作学院"，学校每年绝大多数毕业生的就业渠道并不是校园招聘会，而是看不见的校企合作平台。[1]

新疆轻工职业技术学院的"合作学院"始于 2004 年。那时的新疆，经济并不发达，知名企业有，不会很多，但学校领导能够坚定信心，拓展出"合作学院"的办学路径，并在促进毕业生就业方面取得如此好的成绩，确实难能可贵。这也证明，新疆轻工职业技术学院应该是我国较早开展深度校企合作的职业学校之一。

如果，全国所有职业学校都能像新疆轻工职业技术学院这样，各个专业或大多数专业都与本区域愿意举办"合作学院"的企业"联姻"，学校又为"合作学院"提供必要条件，那么，学校毕业生就业工作不仅能够顺利完成，而且，可能出现毕业生大面积实现体面就业的局面。

---

① 蒋夫尔. 就业率实现"逆市飘红"的秘诀［N］. 中国教育报. 2009-05-04（7）.

二、抓实顶岗实习转就业

顶岗实习，是指学生接受若干年专业理论和职业能力培养之后，服从学校安排，到与所学专业对口的岗位，在用人单位师傅指导下，以学生身份上岗，参加相对独立的岗位工作的一种特殊教育活动。它是学校教育教学的一个不可缺少的环节。通过这个环节，综合、全面地检测之前在学校所学知识和技能的情况，发现问题，及时纠正，以实现从学生身份向准职业人身份的转变，为毕业后正式就业，成为一名真正的职业人奠定基础。

正常的顶岗实习是学生实打实地在企业上班。上班过程既是实习过程，也是接受企业考察的过程。顶岗实习结束，企业的考察也结束。企业满意的学生，一般会受邀留下来转为正式员工。所以，与学校教育的任何环节比，顶岗实习离就业最近。顶岗实习也因此成为我国职业教育一项十分重要的制度。它符合职业教育规律、技术技能人才培养规律、人力资源市场规律，可以促进学生顶岗实习结束后转就业。

要顶岗实习转就业，从招生就业管理部门的角度看，应重点抓好两件事：

（一）落实顶岗实习岗位

落实顶岗实习岗位，即确保每一个学生都有岗可上。国家明确规定：顶岗实习学生的人数不超过实习单位在岗职工总数的10%，在具体岗位顶岗实习的学生人数不高于同类岗位在岗职工总人数的20%；不得安排顶岗实习学生加班和上夜班。这种情况下，招生就业管理部门应负责协调各院系，千方百计落实顶岗实习岗位。否则，顶岗实习很难实现转就业。笔者所在学校的做法是：学校规定每一个院系须为每一个学生提供3个深圳市范围内的与学生所学专业对口的顶岗实习岗位。在此基础上，学生须从中选择一个。选择之后，不得攀比，不得无故离岗，必须完成实习任务。

为每个学生提供3个与学生所学专业对口的顶岗实习岗位供选择，难度相当不小。这就意味着每个院系必须拥有数量足够且愿意接收学生实习的合作企业。没有这样的校企合作基础，职业学校很难开展货真价实的顶岗实习。顶岗实习转就业也就是一句空话。

这也进一步说明：校企合作不仅要有深度，而且须有广度。校企合作不仅可助招生，也可助就业。

（二）顶岗实习转就业

1. "敲定"转就业名单

100%学生顶岗实习的同时，各院系要与接收学生实习的企业加强联系，确定接收实习学生毕业后留在企业就业的名单。

2. 落实毕业相关工作

顶岗实习学生回学校后，各院系要抓紧安排毕业生完成的相关任务。学校在此基础上，将顶岗实习学生分为两个部分处理与就业有关的事务：一是"名花有主"的，在与学生确认留在顶岗实习企业就业外，还与其家长取得联系，告知其子女毕业后去向。取得毕业证书后，学校招生就业管理部门协调，毕业生与企业签定就业协议或劳动合同。二是"名花无主"的，召开专门会议，由就业指导教师对其开展必要的就业指导，准备参加学校协调召开的就业推介会。

3. 线上线下推介就业

顶岗实习未能转就业的毕业生，回到学校后，接受学校组织的线上线下两种方式的就业推介。招生就业管理部门指导各院系开展以下工作：

（1）推荐资格审查。各院系做好就业推荐资格审查，考试不合格，未能获得毕业证书者不予推荐就业。

（2）毕业教育。各院系做好毕业生就业前的思想、安全、纪律和法规等教育工作。

（3）鼓励学生自主洽谈。鼓励毕业生通过各种就业招聘平台与用人单位洽谈，确定就业单位。

（4）组织线上招聘会。各院系组织供需双方线上洽谈、招聘。

（5）组织线下招聘会。各院系收集、整理已联系到校参加招聘会的用人单位招聘资料。招生就业管理部门组织校园招聘会，供需双方洽谈、招聘。

（6）协调签定协议。用人单位确定了人选后，各院系协调学生与用人单位签定就业协议。

（7）线上、线下招聘之后，仍未就业的，继续推介，也可以增加其他办法，如发动创业成功的校友协助招聘等，直至有就业愿望的毕业生绝大部分就业。

（8）推荐就业纪律。各院系不得以任何方式强迫毕业生签订就业协议或劳动合同；不得将毕业证书发放与毕业生签约挂钩；不得以户档托管为由劝说毕业生签订虚假就业协议；不得将毕业生顶岗实习证明材料作为就业证明材料；上报的毕业生就业统计表不得虚假。对查实的弄虚作假等问题将追究院系领导和具体工作人员责任，并在全校通报。

三、毕业生就业状况跟踪调查

（一）毕业生就业跟踪调查的内容

调查内容主要包括用人单位对毕业生就业状况的评价、毕业生对学校相关工作的评价、毕业生家长对学校办学的意见和建议。

1. 用人单位对毕业生就业状况的评价

用人单位对毕业生就业状况的评价具体见表 20-1。

表 20-1　用人单位对毕业生就业状况评价

1	对毕业生爱岗敬业的满意情况
2	对毕业生诚实守信的满意情况
3	对毕业生与人相处的满意情况
4	毕业生专业对口就业情况
5	毕业生专业知识与岗位要求的契合度
6	毕业生技术技能水平与岗位要求的契合度
7	毕业生稳定就业情况
8	毕业生薪酬水平情况
9	对学校办学的意见和建议
10	毕业生就业先进典型事例

2. 毕业生对学校相关工作的评价

毕业生对学校相关工作的评价具体见表20-2。

表20-2　毕业生对学校相关工作评价

1	所学专业开展的校企合作对自己学业促进情况；
2	所学课程内容与工作岗位能力要求对接情况；
3	专业课教师教学内容与实际工作内容对接情况；
4	公共基础课所学知识对自己的实际工作帮助情况；
5	专业课所学技术技能对自己的实际工作帮助情况；
6	毕业生对学校教学与管理工作的意见和建议。

3. 毕业生家长对学校相关工作的评价

毕业生家长对学校相关工作的评价具体见表20-3。

表20-3　毕业生家长对学校相关工作评价

1	根据平时与孩子沟通中了解学校的情况，评价学校的教学工作；
2	根据平时与孩子沟通中了解学校的情况，评价学校班主任老师的工作；
3	根据平时与孩子沟通中了解学校的情况，评价学校的学生管理工作；
4	根据平时与孩子沟通中了解学校的情况，评价学校的后勤服务工作；
5	根据平时与孩子沟通中了解学校的情况，评价学校的就业推荐工作；
6	对您孩子的就业岗位的满意程度；
7	对学校工作提出宝贵意见和建议。

（二）毕业生就业跟踪调查的方式

毕业生跟踪调查的方式以问卷调查和实地走访为主，以座谈会、企业研讨会、微信、电话访问等形式为辅。毕业生座谈会和企业研讨会由招生就业处牵头，各院系协助组织。

（三）毕业生就业跟踪调查信息的收集与整理

各院系将本院系的调查信息进行收集、整理后报招生就业处，由招生就业处汇总毕业生、用人单位和毕业生家长的意见和建议，对问卷的相关数据进行统计、分析，撰写出年度毕业生就业跟踪调查报告。

（四）毕业生就业跟踪调查信息的应用

（1）学校召开专门会议分析年度毕业生就业跟踪调查报告，肯定成绩，安排整改存在的问题。

（2）各院系根据学校专门会议提出的整改要求，召开专题会议，落实整改措施。

（五）毕业生就业跟踪调查的时间

调查时间原则上在每年的10月至12月之间完成。每届毕业生跟踪3年。

综上，只要学校专业办响，对接教学到位，合作学院落实，顶岗实习转就业常态化，那么，招生任务、就业任务就都能正常地完成。笔者工作过的深圳两所学校都是这样。每当招生、毕业季节来临，没有"如临大敌"式地全校动员，没有"千斤重担众人挑，人人身上有指标"的要求，都是正常安排工作，如期完成任务。招生也好，就业也好，如同昼夜一般地有规律地循环。

第四节　职业指导的基本路径

职业学校履行就业创业服务职能的一个重要工作是校内学生职业指导。职业学校应设职业指导教研室，专门负责全校学生职业指导工作。

一、职业指导的概念

所谓职业指导，是教育与就业服务部门根据社会需要及职业活动对从业者的素质和能力要求，采用一定的科学方法和手段，针对每个人的个性特点，帮助学生与求职者选择适合的专业或职业，帮助用人单位选择合适的劳动者，促进人与职业优化组合的过程。[1] 我国著名教育家黄炎培老先生深刻地阐明了职业指导的广泛适应性、必要性和社会意义，他说："职业指导外适于社会分工制度之需求，内应天生人类不齐才性之特征……苟社会分工制度一日不废，而人类天生才性一日不齐，职业指导永远存在可也。"[2]

二、职业指导面临的主要问题

（一）知识与技术技能关系认识不当

其表现之一是：一些学生忽视知识的学习，认为既然毕业后是当技术技能人员，懂技术、会操作就行，专业知识应当学，一般的基础知识不重要，特别对在初中阶段就很头疼的语文、数学、英语更不愿意去学。毕业后，到了就业岗位才发现：计算、英语等基础知识非常重要。许多外文资料看不懂，不仅影响工作，也直接影响进步。表现之二是：一些学生轻视技术技能，认为搞技术技能成不了才，不能出人头地。因此，人虽然进了职业学校，心却在准备考大学上。

（二）就业观念陈旧

就业观是现代职业观念的一项重要内容，也是市场经济条件下职业学校毕业生进入就业市场前应当解决的一个重要认识问题。我国就业方针是：劳动者自主就业、市场调节就业、政府促进就业。这一就业方针的实质就是市场化就业。对于就业者个人而言，就是要转变从前由政府或学校统一安排就业的观念，了解市场化就业的规律和特点，通过市场竞争，自主解决就业问题。

（三）不愿意走技术技能成才之路

尽管社会对技术技能人才需求量越来越大；尽管国家明确规定技术技能人才也是

---

①　劳动和社会保障部. 中国劳动和社会保障年鉴［M］. 北京：中国劳动出版社，1997：519.

②　劳动和社会保障部培训就业司，中国就业培训技术指导中心. 职业指导应用基础［M］. 北京：中国劳动保障出版社，1999：52.

人才，职业学校相当部分学生依然深受传统成才思想的影响，依然不把技术技能人才当回事，也不愿意以技术技能成才。

（四）缺乏面试经验

笔者曾参观一些企业在本校举办的企业招聘会。从观察的情况看，职业学校学生普遍缺乏面试经验：一是凡未开设职业指导课班级的毕业生，应对面试的能力普遍较差。一些同学面对考官的提问不知所措，有的甚至一言不发。二是英语水平普遍较差。考官无论用英语问话，还是要求完成一段汉译英，能够正确回答的学生不到 50%，有的学生面对汉译英的口译题不敢开口。三是专业基础不牢。各个专业毕业生在回答一些专业基础问题时，都有一些人出现错误。四是心理紧张。由于来校现场招聘的企业多是著名大企业，工作条件好，工资水平高，竞争激烈，学生担心竞争不过其他同学，加上没经历过这样大的场面，生怕答错或答得不全面而影响面试成绩，有的学生面对考官大汗淋漓；有的同学手在发抖。而用人单位考官也感到失望。中国移动通讯深圳分公司的考官说，本来有些同学水平不错的，因为太紧张，发挥不好，影响了成绩。深圳地铁公司人事部经理对笔者说：建议你们学校加强学生心理素质的训练。

三、职业指导的基本路径

（一）观念转变指导法

与社会化职业指导不同的是，职业学校职业指导有规定的课时、规定的教室、规定的学生等有利条件。职业学校应重视这个条件，采取认真备课、实物引导、互相听课、取长补短等办法，让学生明白应该明白的职业信息、职场规律等。同时要认识到：学生普遍存在的四个问题属于观念问题，观念不转变，其他问题难以解决。应把转变学生职业观念放在首位，要求学生树立三种新的职业观念：

一是树立必须和够用知识的观念。所谓必须的知识，主要是一个社会成员，在为人、处事，特别在具体岗位的工作中通常会用到的科学文化知识，包括仍在发挥作用的科学文化知识和新的科学文化知识。所谓够用的知识，主要是合格地履行某岗位职能，完成岗位相应的任务必需的最基本的专业知识。这要求学生明确知识与技术技能的关系，认识"知识丰富人生，技术技能改变命运"的道理。

二是树立市场化就业的观念。这要求学生明确认识国家新的就业方针，认识市场化就业的内涵，树立自主就业观念、实力竞争观念、自律就业观念、能力决定收入观念、持续发展观念；

三是树立技术技能成才的观念。职业指导教研室要对学生分析技术技能人才的形势、职业学校特点，以典型案例教育学生，即技术技能可以成才，你们可以成才。技术技能人才大有可为。

（二）模拟面试法

模拟面试就是通过模仿正式的面试考察学生竞争岗位的能力。它的好处是通过模拟，可以发现学生不该出现的一些毛病，会使学生认识到自己的表现哪些方面是有用的，哪些方面存在不足，应当改正以及如何改正。笔者所在学校采取以"三个吃透""三个应该""四个环节"为主要内容的"三三四"面试训练模式。

（1）"三个吃透"即吃透自己、吃透岗位、吃透考官。其要求学生在面试之前，要透彻地了解自己、了解竞聘的岗位、了解即将面对的考官，做到心里有数，坦然面对。

（2）"三个应该"即面试时应该诚实，应该灵活，应该适当地"王婆卖瓜"。其要求学生以诚实的态度，灵活的方法，大胆地表现自己。

（3）"四个环节"即状态佳、认真听、思考好、从容答。其要求学生在"三个吃透""三个应该"的基础上，以饱满的精神状态，认真听取考官问的问题，明智而冷静地思考清楚后，从从容容地回答。笔者要求职业指导教研室不惜花费一个学期三分之一的课时量，结合"三三四"的训练模式进行模拟面试，要求每个学生都要"过关"。从实际情况看，"三三四"训练模式是有效的。当年毕业生面试中，绝大数学生心态平稳，表现积极，发挥正常。有一位系级名学生在一家大公司人事部经理面前很巧妙地说："诸位考官，根据你们的要求，我要适当地'王婆卖瓜，自卖自夸'了。"他的话把考官们逗笑了，然后侃侃而谈，由于他的"瓜"确实比较"甜"，所以，很快就被录取了。深圳地铁公司人事部同志在面试结束后，这样回答我的问话：你们的学生在面试过程中的表现与年龄、经验、文化程度等方面都很相称，面试中比较敢于和善于与我们沟通，发挥正常，到目前为止，无异常现象发生。

从反应看，绝大多数同学认为很有必要进行模拟面试。他们觉得在面对全班同学和老师时，心理确实有些紧张，但一旦涉及专业问题，就渐渐不怕了，这一试就有底了，遇到真面试，也知道自己应该怎样对付了。学校也有体会。有个班的同学因为课任老师没对同学进行模拟面试，结果，企业来学校招聘面试，这个班被淘汰率最高，结果很惨。

（三）外出参观法

观念转变指导和模拟面试都是在教室内进行，外出参观是让学生在特殊的环境下接受职业指导，效果一定不一样。从实践看，后者效果更好。笔者所在学校规定，每个学期每个班外出参观两次：一次去市人才市场，让学生现场感受真实的面试，增加面试的感性认识；另一次去与本专业相关的企业，让学生现场感受未来岗位真实的工作情况，增加专业的感性认识。学校提供来回车辆，要求学生参观回来后，每人写一篇感想。从学生的作业情况看，外出参观效果很好。

（四）心理测试法

学校心理咨询室是职业指导的另一支队伍，另一种力量。职业学校应充分发挥心理咨询老师的作用，对有必要进行心理测试的毕业生，在自愿的基础上，对其实施心理测试。通过测试了解其素质水平和发展潜能，帮助毕业生选择适合自己的职业，同时制订合理的未来发展计划。

（五）"五指标"追踪调查法

"五指标"即毕业就业率、专业对口率、稳定就业率、工资水平、用人单位满意度。学校把"五指标"的工作指标分解到招生就业部门和相关的系（部），作为各部门年度工作的一项内容。职业指导教研室配合招生就业部门建立进企业调研制度，要求做到"三个一"；每个有本校毕业生的企业每年至少走访一次；每次走访至少带一份调查问卷；每年要与就业学生座谈一次。通过落实"三个一"来掌握"五指标"。通过"五指标"追踪调查法，了解职业指导服务工作存在的问题，讨论改进的办法，进一步提升职业指导工作的效果。

后 记

这是我 2011 年 9 月主动要求辞去深圳第二高级技工学校校长职务，专事职业教育研究 10 年来出版的第三本书。

从大职业教育角度写书的念头形成于 2014 年。因为相继出版《技能教育的理论与实践》《景容短语：技能教育杂谈》两本技能教育的书之后，本人认为：技能教育虽然很重要，但毕竟只是职业教育的一部分，有必要写一本更宽领域、适用于各类职业学校的书。但由于那时的技工教育战线更需要一本从微观层面具体指导一体化课程开发、教学、管理方面的书，因此，直到第七本拙著：《一体化课程开发与实施》于 2016 年 6 月问世，"念头"才转化为"动手"。

而使"动手"衍变为"产品"的"推进剂"是"三度缺"＋"两路径"合成的责任感。

"三度缺"是指本人自 2010 年开始陆续发现的问题：我国职业教育理论界虽有许多研究成果，但整体看，缺乏广度、深度、效度"三度"兼具的、能够有效指导职业学校培养技术技能人才的著作。

"两路径"是指本人从 2012 年开始多次提出的看法：我国职业教育领域存在两条不同的办学路径，即一是以学历为特色，以升学为导向，培养学历人才的办学路径；二是以技能为特色，以就业为导向，培养技能人才的办学路径。

将"三度缺"和"两路径"联系起来推演我国职业教育发展状况之后，我便明确：所写之书应根据党和国家关于职业教育的政策意见和经济社会发展需要，以服务发展、促进就业为导向，以培养适应市场需求的技术技能人才为目标，应涉及职业教育各主要业务，特别要突出职业学校内涵建设和学校治理两个重点，体现市场需求的适应性和各类院校的可行性两个特点，应在一定程度上助推职业教育高质量发展，为国家技术技能人才培养事业奉献绵薄之力，为建构真正的中国特色职业教育模式添砖加瓦。

写作本书，首先得益于本人近 20 年职业教育的实践体会。除了主持两个学校工作、参与具体教学、撰写相关著作、开设"景容观点"微信公众号、主持十多个技工教育微信群、参加职业教育领域十多个业务微信群交流之外，迄今为止，已受邀到 28 个省举办讲座。讲座对象以技工院校为主，也有部分职业院校。每到一所学校，本人都尽量安排时间参观、了解该校办学情况，因此掌握了不少职业教育一线资料。其次得益于参与人社部和中华职业教育社的相关活动，参与国家教育行政学院讲座，得以与一些高职院校领导作经常性交流；也参加一些全国性调研课题，得以到一些高职院校观察课堂教学、借阅教师教案、了解教学督导工作等。上述相关活动的参与，使自己对全国职业学校改革发展，特别是内涵建设和学校治理等情况有了较多的了解。再次得益于对业界同行研究成果的吸收和对本人研究成果的利用。书中的部分内容改造自原先出版过的拙著，也借鉴了一些同行的实践经验和研究成果。在此，向被我借鉴其成果的同行表示深深的感谢。

鉴于水平和时间等原因，本书的不足一定不少，以下两点不足却是本人有意为之：

一是没有安排系统介绍外国职业教育经验的章节。长期以来，咱们国家职业教育领域如饥似渴地向外国学习。中华人民共和国之后，学苏联；改革开放之后，学西方。这是应该的。遗憾的是学习的方向和度没有掌握好。相对而言，美国职业教育对我国的影响甚于德国。美国普通教育是绝对主体，职业教育只是附属性、边缘化主体。这种做法，我国照搬。中学教育阶段，美国职业教育仅以少数课程形式存在于综合高中。这种做法，我国照搬。高等教育阶段，美国高等职业教育的主流载体是社区学院。而社区学院的主要功能是升学。这种做法，我国照搬。在职业教育专业设置和人才培养方面，美国注重学生个体的生涯发展，不重视制造业技术技能人才培养。这种做法，我国照搬。参照变成照搬，痴迷盲目导致"水土不服"。本书也借鉴西方国家一些先进思想和经验，但没对外国职业教育进行崇拜式宣传。其意在于：借鉴但不迷信，吸收但要改造，主张立足本国国情和职业教育领域域情，气定神闲地助力构建属于中国的、或许应该引领世界的职业教育模式。

二是直接使用现有职业院校办学经验的内容偏少。书中表述的一些做法，引用的一些例子，技工院校的多于职业院校的。除了在"校企合作"一章引用职业院校的例子比较多之外，其他章节，用得少。其实，本人也拥有不少职业院校方面的资料，但反复权衡之后，还是较多地选用了技工院校的。这绝不仅仅是本人熟悉技工教育的缘故。尽管如此，我坚信：书中的许多"东西"适用于所有职业院校。

本书原名为《职业教育概论》，是和人社部职业能力建设司张立新司长商定的。2020年11月，承蒙四川省职业院校师资培训中心常务副主任李兴荣院长推荐，拙著纳入四川省高职院校新入职教师岗前培训教材系列，改名为《高等职业教育概论》。

本书的出版得益于不少同事的热诚帮助。南京城市职业学院教务处长江景教授校改了与教学有关的5章；深圳技师学院招生就业处李胜玉老师帮我找到15年前深圳高级技工学校开展办学质量第三方评价的原始资料，招生就业处原处长曹辉林校阅了"办学质量评价"一章。在此一并致谢。

这本书的出版，是对我果断提前申请离开校长岗位，集中时间和精力潜心研究职业教育10周年的一种纪念，更是我向伟大的中国共产党诞生100周年奉献的一份小礼物。我希望这份小礼物能对国家职业教育高质量发展产生一点作用。

倘真如此，我将倍感自豪。

黄景容
2021年2月19日于福建省仙游县龙泉村祖屋